* 查士丁尼一世镶嵌画，其右侧为贝利撒留

漫漫征途　　与书为伴

西方史学名著译丛　陈恒/主编

HISTORY OF WARS

地中海战争史

———— ————

【东罗马】普罗柯比　著

崔艳红　译

陈志强　审校注释

上

中原出版传媒集团
中原传媒股份公司

大象出版社
·郑州·

图书在版编目(CIP)数据

地中海战争史／(东罗马)普罗柯比著；崔艳红译. —
郑州：大象出版社，2021.9
（西方史学名著译丛／陈恒主编）
ISBN 978-7-5711-1147-2

Ⅰ. ①地… Ⅱ. ①普… ②崔… Ⅲ. ①地中海区-战
争史 Ⅳ. ①E19

中国版本图书馆 CIP 数据核字(2021)第 154174 号

地中海战争史
DIZHONGHAI ZHANZHENG SHI

[东罗马]普罗柯比 著
崔艳红 译
陈志强 审校注释

出 版 人	汪林中
责任编辑	刘东蓬
责任校对	钟 骄
封面设计	王莉娟

出版发行	大象出版社(郑州市郑东新区祥盛街 27 号 邮政编码 450016)
	发行科 0371-63863551 总编室 0371-65597936
网　　址	www.daxiang.cn
印　　刷	北京汇林印务有限公司
经　　销	各地新华书店经销
开　　本	890 mm×1240 mm 1/32
印　　张	24.875
字　　数	536 千字
版　　次	2021 年 9 月第 1 版 2021 年 9 月第 1 次印刷
定　　价	186.00 元

若发现印、装质量问题，影响阅读，请与承印厂联系调换。
印厂地址 北京市大兴区黄村镇南六环磁各庄立交桥南 200 米(中轴路东侧)
邮政编码 102600　　　　　电话 010-61264834

目 录

中文版前言
1

英译者序言
1

第1卷

波斯战争（上）
1

第2卷

波斯战争（下）
81

第3卷

汪达尔战争（上）
173

第4卷

汪达尔战争（下）
245

第 5 卷

哥特战争（上）

326

第 6 卷

哥特战争（中）

429

第 7 卷

哥特战争（下）

525

第 8 卷

哥特战争（尾声）

649

译后记

771

中文版前言

一

《地中海战争史》(以下简称《战史》) 是普罗柯比完成的一系列作品中最重要的一部,在我们翻译出版了《秘史》后,翻译出版《战史》具有特殊意义。

首先,有心的读者会注意到,作者在这两部作品中采取了完全不同的写作风格和政治立场,其写作时的心态似乎发生了180度的巨大转变。同一位作家能够在自己的两部作品中对同一事件给出完全不同的描述和评论,这不能不说是一个有趣的现象。作为现代读者,应该如何对待前人留下的记载,这不是我们面临的一个费解的问题吗?

其次,读者还会发现,《战史》平静而生动讲述的故事使作者平和的心态表露无遗,特别是他在娓娓道来中不时给出的评论和通过他人之口所作的演讲,或富有哲理,或充满智慧,对恶劣品性的抨击,对善良人性的褒奖,无不透射出一个伟大作家对人生的理解,反映出那个时代优秀知识分子的心智。这些在《秘史》中则呈现为扭曲变态的一面,多少误导了我们的读者。可见,保持良好的心态对于知识分子,特别是作家具有重要的意义。

再者，如何看待查士丁尼及其时代也是仁者见仁、智者见智的问题，《战史》的出版能够使读者更全面地了解东方盛唐来临之前西方文明世界的情况，因为这部书不仅仅记载了波斯战争、汪达尔战争和哥特战争这三件决定那个时代历史进程的大事，而且比较全面地记录了那个时代欧洲地中海世界和西亚的民族风土，使很多几乎在历史沉积中湮没无闻的记忆重现在读者眼前。欧洲一些民族最早的历史线索可能要在他的这部书中寻觅。

《战史》的可读性很强，因为作者秉承了古典历史写作的传统，尤其是在历史事件过程的细节描述中加入了大量富有激情的演说词，其中荡漾的忠勇礼智信等古风对今人不无教育意义。出版《战史》《秘史》等古典作品中文译本的主要目的是为了让更多人阅读古典作家的著作，以便从这些作品中汲取智慧。

二

读一部史书首先应该了解其作者。这里我们引用一篇相关的文字，因为它极为准确地描述了《战史》作者的情况：

"普罗柯比（Procopius，约公元500—约565年）是查士丁尼的同代人，根据史家的考证，他比皇帝小近18岁。也就是说，当查士丁尼于45岁登基正式成为皇帝时，普罗柯比刚刚出道。由于他结识了当时杰出的军事将领贝利撒留而受到重用，才华得以施展。仕途的顺达和才尽其用使他对查士丁尼的雄才大略深感折服。

"事实上,普罗柯比如同当时其他拜占庭地方贵族子弟一样,为了获得仕途发展的机会,极力争取进入帝国政府,为此,他接受了系统的贵族文化教育,并按照拜占庭当局的规定全面接受法律学习,在离凯撒里亚不远的著名的贝利图斯(Berytus)法律学校中攻读法学,经过四五年的学习,再进入君士坦丁堡大学深造。系统的教育使天资过人的普罗柯比很快就成了一名辩护律师。特别是他多才多艺,通晓多种西亚语言,并擅长古典风格的写作为他赢得了声名,他的一些习作甚至成为低年级同学的写作蓝本。

"527年,青年将军贝利撒留被提升为帝国东部波斯边境达拉要塞的统帅。这个地区长期受到古代叙利亚文化的影响,无论在民间还是在官方文件中普遍使用叙利亚语。由于普罗柯比通晓叙利亚语,所以被任命为贝利撒留的秘书兼法律顾问。从此,普罗柯比开始其追随贝利撒留的生涯,而后者也因为其卓越战功权势日隆,此后成为普罗柯比的保护人。533年6月,贝利撒留被任命为远征军最高统帅,奉命出征北非汪达尔王国。普罗柯比作为其顾问也随军出征,成为这位杰出将领的主要幕僚。由于他渊博的学识得到贝利撒留的倚重,故与之过从甚密,成为其家庭中亲密的成员,甚至参与了他的一些私人事务。

"大概就是在这个时期,普罗柯比开始打算写一部以贝利撒留为主的历史,以记述查士丁尼发动的恢复帝国梦想的伟大战争,并开始留心记录下他所经历的事件。最初,这一打算并未形成完整的计划,因此,他收集的素材也失于简单,以至他后来在真正动手写作《战史》时,只能简略地描述第一次波斯战争。[1]

"534年,贝利撒留在取得对汪达尔人的胜利后,将被征服的非洲地区的军事指挥权移交给拜占庭将领所罗门,他本人奉召返回君士坦丁堡,接受皇帝查士丁尼为庆贺其卓越战功举行的盛大凯旋式。当这位声名显赫的将军离开非洲后,普罗柯比继续在非洲留任。在此期间,他目睹了536年初驻扎北非的拜占庭军队因军饷问题发动的兵变,亲身感受到当地柏柏人土著居民袭击拜占庭军队造成的巨大恐慌,这更加深了他对贝利撒留军事才能的佩服。因此不久以后,普罗柯比主动请求离开北非,前往意大利,再度回到贝利撒留麾下,成为指挥远征意大利的拜占庭军队的统帅贝利撒留的幕僚。535年,贝利撒留受命统领拜占庭远征军前往意大利,首先在西西里岛登陆,挑起了哥特战争。这场战事从535年一直持续到554年,由于哥特人早已经熟悉了拜占庭人的战略战术,因此双方几乎势均力敌,战争进行得异常艰苦。最初,贝利撒留攻陷了亚平宁半岛西南部的那不勒斯,占领了罗马与拉文纳,而后就陷入拉锯战,双方互有胜负。在相持战中,朝廷中出现了不利于贝利撒留的传言,他也因此于540年应召回京。正是在他逗留君士坦丁堡期间,哥特人在极具天赋的国王托提拉领导下,迅速扭转了失败局势。540年,拜占庭帝国在意大利东部的首府拉文纳陷落,普罗柯比被迫与贝利撒留一同回到首都。544—548年,贝利撒留再次被派往意大

---

[1] Procopius, *History of the Wars*, tran. By H. B. Deving, Harvard Univ. Press 1996, I, i, 2-20.

利，但他也未能取得重大胜利，甚至还一度使拜占庭军队遭到惨重伤亡，曾经征服的土地被哥特人悉数收回。罗马城在拜占庭军队与哥特人的拉锯战中已成为一片废墟。552年，查士丁尼再派帝国将军纳尔泽斯增援，使拜占庭远征军取得了最后决定性胜利。而后，拜占庭人继续进兵比利牛斯半岛，进攻西哥特王国。查士丁尼还向西地中海远端派遣海军部队，征服了西地中海上全部岛屿、许多沿海城市与要塞，最终使地中海再次成为帝国的内海。

"从此以后，普罗柯比除了奉旨偶尔出访外地或外国，几乎没有离开过君士坦丁堡，因此他目睹了542年发生在京城的大瘟疫。这次瘟疫是地中海世界爆发的第一次鼠疫，其传播速度之快，危害范围之广，病患死亡人数之多，造成的破坏之严重可谓空前绝后。在这次瘟疫中，查士丁尼也未能幸免。

"在皇帝患病期间，人们以为他也难逃一死，因此为他准备了后事，还初步确定了皇位继承人。然而，查士丁尼躲过了死神的打击，从大病中逐渐恢复过来。他错误地认为朝野贵族中存在密谋反对自己的阴谋，并进行了大清洗，贝利撒留也被卷入其中。虽然后来的审理证明并无可靠的证据表明贝利撒留涉嫌此事，但因其功高盖主，不久后仍被解除了军事统帅的权力，其部分财产也被没收。作为贝利撒留亲信的普罗柯比也难逃厄运。

"当贝利撒留的许多朋友都因利害关系而被禁止或主动中断与他联系时，普罗柯比可能还继续保持与这个被冤屈和冷落的帝国功臣的关系。也许正是他对贝利撒留的忠诚阻碍或至少延误了他的仕途发展，他在帝国行政部门再也没有获得升迁的机会。他中断了在帝国朝廷机构中的生涯，被迫重操旧业，在法庭中作了辩护律师。

"在从事律师职业期间，他审理的许多案件涉及中央政府，由此发现了查士丁尼的改革措施对律师职业的不利影响。随着年龄的增长和对帝国朝野事务的深入了解，普罗柯比的思想发生了变化。其贵族背景使他对查士丁尼的看法由不满转变为厌恶，而后由厌恶变为憎恨。也是在他长期留住京城君士坦丁堡的岁月里，他完成了几部杰出的作品，即《战史》（History of the Wars）、《建筑》（The Buildings of Justinian）和《秘史》（Secret History or Anecdota）。《战史》记述查士丁尼为恢复昔日伟大的罗马帝国疆域而发动的波斯战争、汪达尔战争和哥特战争，《建筑》颂扬查士丁尼在帝国各地进行的建筑活动，而《秘史》则揭露贝利撒留及其妻子安东尼娜的丑行，抨击皇帝查士丁尼和皇后狄奥多拉的专制统治。其流溢着古典文风的大量散文与书信也流传下来，与其三部名著一起成为后世研究查士丁尼时代历史的最重要甚至是唯一的资料来源。其优美典雅的文笔使其作品成为拜占庭文学史中的上乘之作。

"544年，贝利撒留再度受宠，并被委任为拜占庭军队统帅，第二次出征意大利（544—548年）。大概就是在此期间，普罗柯比对贝利撒留的态度由崇敬逐渐转为鄙视，他认为这个受到不公正待遇的帝国功臣不应该再为查士丁尼效劳，这种鄙视后来转变为敌意。他曾抱怨说，贝利撒留根本没有兑现其对朋友们的诺言，显然这是指他的这位保护人违背诺言失信于普罗柯比的行为。

"关于普罗柯比的后期职业生涯，我们缺乏任何确切的史料。但从他的书中，我们还是了解到，普罗柯比后来还获得过"显贵者"（*Illustres*）的称号，表明他确实拥有过很高的行政职位并成为元老院的成员。也许，脱离了贝利撒留保护的普罗柯比，凭借其出色的写作才能获得了皇帝的青睐，并因此获得了朝廷中的重要职位和贵族称号。

"后世史家根据普罗柯比同时代作家的记载了解到，562 年曾有一位同名的普罗柯比担任了君士坦丁堡市长。但是，人们难以确定这位身居高位的普罗柯比是否就是那位妙笔生花的历史学家普罗柯比，因为，以普罗柯比为名的作品再也没有出现过。或者，同一个普罗柯比因为公务繁忙而无暇写作了也未可知。无论如何，人们至今也无法证实普罗柯比是哪一年去世的。"

三

对于《战史》，英译本序言作了简洁的介绍，我们无须多言，读者应该保持对它阅读前的一些神秘感。

另外，为了读者的方便，我们认为还是有必要给出一些导读性质的提示，因为要清楚地阅读一部史书，必须具备某些当时人的时空观念，否则作者讲述的事实在现代人的理解中就失去了坐标。我们应该感谢本书英文译者，他在翻译过程中按照我们的纪元清楚地标注了每个重要年代，随时加入了对这些年代的说明。这些年代的注释是准确可靠的，因为英文翻译者同时也是本书的研究者。但是，关于作者提到的许多空间概念，英文译者没有提供更多的说明，特别是在本书开始的若干部分里，许多地名（包括江河湖海、山川地理）缺乏必要的解释。也许，这些地名对于西方读者并不陌生，但是对于生活在东方文化背景中的读者来说，不提供这些说明就会使初读这部历史巨作的人感到如坠五里雾中。事实上，英文译者在《战史》后面几卷中给出了适当的说明，只是我们的读者不可能从书的后面读起。例如多瑙河在书中称为伊斯特尔河、亚得利亚海被称为爱奥尼亚海，而"亚得里亚海"则是指南到非洲、西到西西里和意大利、东到希腊和伊庇鲁斯的地中海，普罗柯比的"爱奥尼亚湾"指的就是现在的亚得里亚海，等等。还有一些民族名称如阿拉伯人被称为萨拉森人，法兰克人被称为日耳曼人，而作者信手拈来提到的许多古希腊神话中的人名、事件也是普通中文读者难以了解的，对这些类似的更加具体的名词我们在适当的地方加入了注释，并注明"中译者"字样，而英文译者的注释则尽量保持原样，也未做说明。换言之，没有加注"中译者"字样的注释均为英文译者的原注。同时，中文译者认为英文注释不够完整并加入新内容的则以"（英）中译者"注明。总之，为了读者阅读的方便，我们加入了若干页下注释，以便随时解决阅读中的困惑。

最后还要指出，正文中多处出现的括号及其中的文字，大多为普罗柯比本人所加，因为他作为当时著名的作家，在古风流行的时代，刻意模仿古典作家，为了不影响遣词造句讲求合辙押韵以保持文字流畅的特点，使用括号说明未尽之意是可以理解的。英文译者在翻译时只是部分地保留了作者原著中使用的括号，但同时为了正确反映作者原意，也在必要时适当地加入了一些括号。可惜的是，无论英文译者还是中文译者都未能十分贴切地将普氏那种合辙押韵的散文风格翻译出来,因此希腊原文的那种美感也难以表现出来。就此而言,英文和中文译者应该向《伊利亚特》的译者罗念生和王焕生学习,翻译不仅要做到"信""达",还要"雅"。而所谓"雅",又不仅仅是英文和中文的通顺流畅,还要真正表现出希腊原文特有的韵律之"雅"。这个世界性的难题还是留给后人解决去吧。敬请读者记住,普罗柯比在当时人眼中并非历史作家,而是修辞家和散文作家,是位才气横溢的文人。

本书是根据哈佛大学出版社1914年首次出版、1996年重印的德温(H. B. Dewing)的希腊文英文对照版翻译而成的。

陈志强

英译者序言

查士丁尼时代（527—565年在位）的史学巨匠普罗柯比出生于5世纪晚期巴勒斯坦的凯撒里亚。其早年生活情况和受教育程度目前尚不清楚，但通过现存史料可以知道，他曾取得律师资格，年轻时便到君士坦丁堡寻求发展，很快受到重用，在527年就成为贝利撒留的法律顾问和私人秘书[1]。而此时贝利撒留也正春风得意，刚刚被提升为将军，是查士丁尼的手下爱将。此后不久，查士丁尼与其舅舅查士丁共治罗马帝国。四个月后，查士丁逝世，查士丁尼成为罗马人唯一的皇帝，从此，普罗柯比随同其心目中的英雄贝利撒留一同登上时代舞台，成为这一时期波澜壮阔的历史和贝利撒留丰功伟绩的记录者。

普罗柯比随同贝利撒留转战于美索不达米亚（527年）、非洲（533年）和意大利（536年）。多种因素结合使普罗柯比成为最适合记述这一时期历史的人：他是贝利撒留的密友，亲身经历了战争，认识当时的许多军队统帅，并能够接触到与之相关的政府机构的公文，再加上他生活的时代经历了重大事件，这些其他史家难以企及的优越条

---

[1] ξυμβουλos，普罗柯比：《战史》第1卷，第12章。他也被称为παρεδροs或υπογραφευs。

件使他的记载生动、详尽、可靠，极富历史价值。同时，我们应该理解其叙述中的若干不公正立场，因为作为官方史家，普罗柯比必须站在对君士坦丁堡朝廷有利的角度来叙述这段历史，否则很难赢得皇帝的恩宠。因此普罗柯比在著述中时有颠倒黑白、阿谀奉承之处，此为瑕不掩瑜。

普罗柯比的三部著作颇为全面地记述了截至公元560年以前的查士丁尼时代的历史，其态度、观点和立场各不相同。他最早的也是最伟大的著作是8卷本的《战史》，此书并非严格按照编年顺序叙述历史，三大战争均独立成篇。前两卷记述波斯战争，第三、四卷再现了对非洲汪达尔人的战争，第五、六、七卷描写了意大利对哥特人的战争，这七卷书是同时发表的。而作为补充本的第八卷则一直记述到554年，总结性概括介绍了帝国不同部分的战况。普罗柯比对战争的分述也有重叠现象，因为当罗马人奋力抵抗波斯入侵者之时，他们同时也在非洲作战。事实上，拜占庭帝国正努力去恢复昔日的疆域，要求蛮族人归还罗马帝国的领土，查士丁尼一心想恢复统一的罗马世界，他耗尽了国家的资源以实现他的梦想，虽然这一梦想很辉煌，但注定要失败，因为大厦坍塌之势已成，纵有回春妙手也难以恢复昔日光荣。

这部历史比它的题目所涵盖的内容要广泛得多，几乎记载了那个时代所有的重大事件。在我们读到许多发生在古罗马帝国边界的蛮族战争的同时，也会了解到诸如市民的尼卡暴动（532年），关于542年大瘟疫的发病症状以及当时医学方面的一些详细情况。

在8卷《战史》之后，普罗柯比还写了《秘史》一书，在这本书中，他把自己从敬仰和恐惧中解放出来，一反其在《战史》中隐匿和虚饰，直抒胸臆，无情地抨击了查士丁尼及皇后狄奥多拉，甚至还包括贝利撒留和他的妻子安东尼娜，揭露了社会的黑暗，是一部公众和私人的放荡与罪恶、无耻与堕落、阴谋与丑闻的详细记载。很明显，其中有夸张的成分，令人难以相信。但是，这部著作为我们提供了另一个审视《战史》的视角。应该说，普罗柯比在叙事过程中存在相互矛盾之处，作者尤其直率地把狄奥多拉作为他恶意中伤的牺牲者，记述了其既令人震惊又令人作呕的早年生活。当然我们大可不必信以为真。这样一本书在作者生前是不可能发表的，直至565年查士丁尼死后才在世上流传。

随着时间的流逝，有人开始对《秘史》的可靠性产生怀疑，因为乍一看来，一位以平静的语调记述《战史》和以高度赞扬的笔调撰写《建筑》的作者是不可能写出充满诽谤、诬蔑之词的《秘史》的。

然而，我们逐渐发现，这种怀疑缺乏可靠的证据。现在，我们仍然相信《秘史》是普罗柯比所作。极端痛苦使他的作品充满了诽谤夸张，丧失了理性，不过我们也可以将其看成是反对拜占庭宫廷空虚生活的一种进步思想。

第三本著作《建筑》很明显是为迎合查士丁尼而作。我们只能推测其问世的原因：显然，《战史》的发表没有引起查士丁尼的重视，因为其中不但没有赞美皇帝，反而在字里行间流露不满的态度；同时，普罗柯比对其心目中的英雄贝利撒留的赞美也必然招来嫉妒。因此，普罗柯比必须撰写一部歌颂查士丁尼丰功伟绩的作品。《建筑》一书分成 6 册。普罗柯比在介绍查士丁尼时代帝国各地所有的公共建筑情况的同时，不失时机地赞美其皇帝。此书文风华丽，辞藻优美，是歌功篇、赞美辞的典型代表。但不幸的是，它得到了当时和以后的拜占庭文学界的极大喜爱，产生了不良的影响。尽管这部作品缺点十分明显，但其选题恰当，内容丰富，是一部关于帝国内部行政资料的宝库和研究这一时代的最重要的文献。

普罗柯比的写作风格明晰、直率，用简练的语言表达事实真相，不掩恶、不虚美。同时很注重修辞艺术的应用，他尤其喜欢在演讲中引入朗朗上口的习语和格言警句。古典作家的影响在普罗柯比的作品中随处可见，他尤其喜欢模仿历史学家希罗多德和修昔底德的写作风格，从他们那里借鉴了许多词语和句子的表达法。但他的希腊语不是纯正的阿提卡方言，许多证据表明他的语言深受当时民间口语的影响。

普罗柯比以一位基督徒的角度和立场写史，但也受当时弥漫在整个社会的希腊古典宗教残余思想的影响。无疑他对古典作家的学习导致了他的这种倾向，这很可能是无意识的，而且对他来讲也不是一成不变的。出于政治上的考虑，他坚信基督教，但同时也模仿修昔底德的话语风格。

本书是根据豪里在 1905—1913 年发行的"托伊布纳（Teubner）丛书"编译而成的。

第 1 卷
波斯战争（上）

第 1 章

这部战争史由凯撒里亚的普罗柯比[1]所撰，记载了罗马皇帝查士丁尼[2]在位期间与东西方蛮族人之间的战争以及一系列相关史实。倘若史家不将他们记入史册，那么这些重大的事件就会因时光流逝而湮没于历史长河之中。普罗柯比认为，记载这些事件会是一件伟大的事情，它既能帮助同时代的人也能为后世子孙提供借鉴，说不定后人也会面临同样的困境。当人们准备发动战争或迎敌时，就可以从相似的历史事件中寻求帮助，获知古人在同样的战争中的结局，这样，他们至少就可以尽可能小心谨慎地制定计划，预见当前事件的进程与结果。此外，普罗柯比肯定自己完全有资格撰写这部历史，不为别的，单从他当时恰巧被任命为贝利撒留将军的顾问，从而成为其所属历史事

---

[1]《战史》作者普罗柯比在行文中有时采用第三人称写作可能是为了使读者记住他。——中译者
[2] 查士丁尼（482/3—565 年）是拜占庭帝国皇帝，518 年即控制实权，527 年登基直至去世。——中译者

件的亲历者这一点,就可以看出这部书正是上天赋予他的使命。他认定修辞需要睿智,诗歌需要创新,而历史则应当真实。根据这一原则,他准确地记载了历史人物的每一件善行或恶迹,从不文过饰非,即便那是他最亲近的人。

显然,人们一定能从这部书中找到最为重大辉煌的事迹,这些战绩要比其他我们所熟悉的战史更为非凡,只要他们愿意以事实为依据作出评判,而不是只以古人为荣,蔑视当今的成就。这类崇古的人把当代士兵说成"弓箭手",却愿用最高贵的诸如"直接交手的战士"或"持盾牌者"一类的词语来称呼远古时代的士兵。他们认为,古人的勇猛没能为今人继承——这种观点实在轻率,与事实完全不符。他们从没想过荷马笔下的弓箭手就不幸地因源于他们技艺的称呼[1]而受到嘲弄。他们既没配备马匹也没有矛和盾的保护[2]。事实上,他们根本就没有护体装备;他们步行参加战斗,只能到处躲藏,或者以战友的盾牌为屏蔽[3],或者在小山丘上的墓碑后藏身[4]。这样的躲藏在部队溃败时根本无法保护他们,更难以应对突袭之敌。尤其是当他们在空地上参与一场决定性的战斗时,他们还常常偷盗敌对士兵的东西。除了这些之外,这些弓箭手对箭术的练习敷衍了事,拉弓时也只把弓弦拉到胸前[5],他们

---

[1] 见《伊利亚特》第 11 卷,τοξοτα, λωβητηρ, Κεραιαγλαε, παρθενυπιπα, τοξοτης 在荷马的作品中仅使用了这一次。("你这个美发自傲的弓箭手、吹牛家、献媚者",参见罗念生、王焕生译荷马史诗《伊利亚特》,人民文学出版社 1997 年版,以下同此)——(英)中译者
[2] 见《伊利亚特》第 5 卷。
[3] 见《伊利亚特》第 8 卷。
[4] 见《伊利亚特》第 11 卷。
[5] 见《伊利亚特》第 9 卷。

射出的箭软弱无力，根本不会对敌人造成伤害[1]。这是过去弓箭手的表现。现在的弓箭手则大不相同，他们上穿束身甲，下挂护膝甲，头戴护盔，右侧吊箭袋，左侧悬佩刀，有人还随身佩带长矛，在肩部还有不带夹子的护肩，以保护脸部和颈部。他们都是经过专门训练的骑兵，纵马驰骋时也能准确地射中目标，也可以在追逐敌人或被追逐时射中目标。他们能把弓弦沿着前额拉到右耳的位置，拉满弦时射出的箭有足够的动力杀死敌人，任何铠甲都阻挡不住。尽管如此，仍有一些不考虑这些因素的人，他们尊崇古代，不相信现代的改良。即使存在这样的思想，但仍不能阻止我们从最伟大最令人瞩目的战争中涌现出的事迹得出的结论。这些战争的历史开始于遥远的古代，讲述的是罗马人和波斯人战争中的幸运、失败和胜利的历史。

第 2 章

（408 年）当拜占庭帝国的皇帝阿尔卡狄乌斯（Arcadius）行将就木之时，他的幼子塞奥多西（Theodocius）尚未断奶。阿尔卡狄乌斯不仅为儿子的将来担忧，也为自己政权的不保而苦恼。他意识到，如果他将儿子托孤于某位大臣令其摄政，这无形中就培植了一个合法篡位的敌人，如果他让儿子自己统治帝国，那会让许多人觊觎皇位，在一个不懂事的小孩子那里如愿以偿地捞取利益，很快这些气焰嚣张的人就会反对政府，杀死幼主，

---

[1] 见《伊利亚特》第 11 卷。

谋夺皇位。在拜占庭没有任何亲人可以保护这个孩子，虽然这孩子远在意大利的伯父洪诺留（Honorius）[1]可来帮忙，但眼下意大利一片混乱，洪诺留能抽身来这里的希望渺茫。此外，波斯的虎视眈眈也令阿尔卡狄乌斯寝食难安，他害怕这些蛮族人会欺负小皇帝，给罗马人带来无可挽救的伤害。当阿尔卡狄乌斯面对这一困境时，尽管他在其他事情上表现得并不精明，但在他与宫中某位学识渊博的顾问磋商或是获得了神灵的某种启示之后，阿尔卡狄乌斯制定了一个保全他儿子性命和皇位的计划。在他的遗嘱中，指定儿子为皇位继承人，指定波斯国王耶兹德戈德（Isdigerdes）为其小儿子的保护人。后来发生的事情证明了阿尔卡狄乌斯的远见卓识和识人有术。阿尔卡狄乌斯死后，这一私人安排作为国家意志公布，耶兹德戈德看到了这份文书，他为自己能在阿尔卡狄乌斯这样一个品格高尚的君主那里赢得这样的声誉而受宠若惊。波斯国王郑重考虑了阿尔卡狄乌斯的请求之后，采取了继续保持与罗马人和平相处、保留塞奥多西统治的帝国的决策，他给罗马元老院修书一封，同意作小皇帝的庇护人，并对任何阴谋推翻他的人兵戎相见。

当耶兹德戈德病逝时，塞奥多西已长大成人。（441年）继任的波斯国王瓦拉兰尼斯（Vararanes）率大军入侵罗马领土，虽然战斗中波斯人损失很小，但亦毫无斩获。拜占庭东部战区将军（General of the East）阿纳托利乌斯

---

[1] 洪诺留（Honorius, 395—423年在位）曾于393年被任命为罗马帝国皇帝，后于395年赴任西部帝国皇帝。——中译者

(Anatolius)被塞奥多西皇帝委任为和谈特使,他独自一人,未率一兵一卒步行来到波斯人的军营。瓦拉兰尼斯看到这位孤胆勇士,十分震惊,便向属下打听此人的身份,属下禀告说这是罗马人的将军。波斯国王被他的勇敢和坦率所打动,以至于拨转马头回师,其他的波斯人都跟随其后。当他回到本国领土时,盛情款待了特使并与之签订和约。但他又在和约中提出了一项条款,规定不允许双方在两国边境线上修筑新的堡垒。和约签订后,两国相安无事,各自忙于内政。

第3章

若干年后波斯国王波尔泽斯(Perozes)与白匈奴人(White Huns)因边界纠纷而发生战争。白匈奴人就是埃夫萨利泰人(Ephthalitae)[1]。他们与匈奴人是同一祖先,但不和他们混居。他们皮肤白皙,貌如其名。他们选择了一块既不与其他匈奴人毗邻又距离他们并不太远的地方居住。他们的国家就在波斯的北部,他们的城市戈尔戈(Gorgo)正位于波斯边界上,因此两国经常因为边界问题发生纠纷。他们和其他过着游牧生活的匈奴人不同,已经过着定居的生活。他们除了与波斯人联合以外,从未单独入侵过罗马人的领土。他们是匈奴人中唯一一支白皮肤、面容不丑陋的民族。他们的生活习惯也与他们的亲族不同,没有那么

---

[1] 埃夫萨利泰人(Ephthalitae)是拜占庭人对西迁部分的匈奴人的称呼,其起源是一个极为复杂且争议颇多的学术问题。——中译者

野蛮。但他们都由一个国王来统治，制定法律约束人们的行为，以正义、公平作为国与国、人与人之间交往的准则，其道德礼仪绝不逊色于罗马人和波斯人。富裕的白匈奴人有供养20个以上食客的习惯，食客与主人以朋友相交，共同分享他的财产和权利。当这位被食客簇拥的人死时，按传统风俗食客们也得陪葬。

波斯国王波尔泽斯率军征讨白匈奴时，罗马皇帝泽诺（Zeno）派往波斯的使节尤西比乌斯（Eusebius）随军出征。白匈奴人制造假象让敌人感到他们因为害怕敌人的进攻而溃逃，他们逃到一处四周都有陡峭悬崖并有茂密树林的地方，这里四面都是陡崖，中间一条羊肠小道，乍一看似乎延伸到远方，实际通向半山腰。波尔泽斯完全没有想到这是陷阱，也忘记是在敌国行军，盲目追敌。一小股白匈奴人在他前面溃逃，大部队则隐藏在敌军后面的荒郊野外，他们没有被敌人发现，这样便于诱敌深入，使之有来无回。一些波斯将士意识到大难将至，但不敢妄言，他们请求尤西比乌斯去提醒浑然不知的国王。尤西比乌斯没有直言相告，而是给国王讲了一则寓言故事：一头狮子看见一只山羊被拴在小山上哀叫，狮子想饱餐一顿，便猛扑过去，却落入一道深沟中，这是一条环形的沟，看似有出路却根本没有出口，实际是山羊主人设下的陷阱。波尔泽斯听出了寓言的弦外之音，心生恐惧，下令大军停止前进，派兵四处侦察，但为时已晚，白匈奴人一拥而出，封死了波斯人的退路，将他们全部包围在山谷中。白匈奴国王派使节面见波尔泽斯，毫不留情地责备了他有勇无谋，害人害己。白匈奴人提出可以放他们走，但条件是波尔泽斯必须在白匈奴国王面前俯首称臣,发誓永不再起战端。波尔泽斯难以定夺,便与随军出征的三个麻葛(琐罗亚斯德教高级教士)[1]商量对策。教士们回答说,可以按白匈奴人的意愿去发誓,至于停战问题则是可以耍手腕钻空子的。教士们还提醒波尔泽斯说,波斯人有每天在太阳升起之前俯卧在地向太阳祈祷的习俗,他可以在黎明前去见白匈奴国王,伺机而动,面向初升的太阳跪拜称臣。这样,既满足了敌人的要求,又不丢脸。波尔泽斯一一照办,最终率领大军毫发无伤地回到了祖国。

第4章

此后不久,波尔泽斯便背弃誓言。为了一雪前耻,他在全国范围内招兵买马,准备再次攻打白匈奴。他仅留下年及弱冠的科巴德(Cabades)留守国内,其他三十多个王子全部随军出征。白匈奴人听说这一消息,追悔莫及,批评国王放走了背信弃义的波斯人。国王放声大笑,问属下他是否曾将土地、武器或其他东西拱手让与他人?臣子们回答说他从未这样做过,只是放弃了一次消灭强敌的绝佳机会。白匈奴人摩拳擦掌准备迎战。国王让他们稍安勿躁,因为此时尚未得到波斯人越过国境入侵的消息。足智多谋的白匈奴国王再次给波斯人设下陷阱,他命士兵在波斯人必将经过的平原上挖了一条又宽又深的大沟,中间留出一

---

[1] 琐罗亚斯德教(Zoroastrianism)是伊朗古代两元论宗教,以拜火为特点。——中译者

条道路，宽度可容10匹战马穿过，在壕沟上铺芦苇，再盖上土。然后给白匈奴人军队发出指示，要他们在后退到沟所在的地方时，聚成密集队形慢慢穿过中间的那条道路，以防掉入沟中[1]。然后他在王旗顶端挂上盐，以示波尔泽斯违背了不再侵犯匈奴人的誓言。此时，只要他得知敌人还在其本国领土内，就按兵不动；但当他打探到敌人已经出现在位于两国边界的戈尔戈城要从那里进攻时，立即下令迎战。他将自己和大部队留在壕沟后面，派一小股部队出击，指示他们在远处引诱敌人，让敌人看到就可以了，当敌人看到他们并开始追击时，便全速逃跑，尽量跑到壕沟处，当他们顺利通过壕沟中间的那一小块通路后，就迅速并入大部队中。波斯人不知有诈，全速追赶，欲杀尽敌人以雪前耻，谁料马失前蹄，全部落入壕沟之中，包括波尔泽斯和他的儿子们。据说就在落入壕沟的一刹那，波尔泽斯意识到大祸临头，便抓住他右耳上佩戴的珍珠耳环抛了出来。这颗珍珠硕大无比，洁白完美，价值连城，无疑，此举是为了使它不落入他人之手。这是一个编得太完美的故事，好像在他之前没有其他国王曾经带过这样的珍珠。而我个人认为这个故事是不可信的，因为人在如此危急的情况下是很难作出这种反应的，我猜想他可能是在落入壕沟时刮破了耳朵，使珍珠耳环掉了下来。据说后来罗马皇帝欲出重金购得此宝而不得，因为当时白匈奴人费尽周折也没有找到这只耳环。不过传说最终他们几经周折还是将

---

[1] 在平原地带挖的沟是一条长长的直线形深沟。白匈奴人的军队在沟的后面，直面来犯的波斯人，一部分白匈奴人越过深沟诱击波斯人。

其找到并卖给了波尔泽斯的幼子科巴德。

虽然未必可信，但仍有必要讲述一下波斯人中流传的关于这颗珍珠的故事。据说，在冲刷着波斯海滩的大海中有一只牡蛎，它就在这片海滩附近游来游去，当它的两片贝壳张开时，其中孕育着一颗硕大无比、美丽绝伦的珍珠，之前没有任何一枚珍珠可以与之媲美，不论是大小还是美丽的程度。一只凶猛的嗜血巨鲨非常喜欢这颗珍珠，一直守护在牡蛎旁边，牡蛎游到哪里，巨鲨就跟到哪里。即使不得不寻找食物时，也只是在周围找到一些可吃的东西，一旦发现食物后，便迅速捕获快速吃掉，然后又回到牡蛎身边，守护着它的宝贝。据说一个渔夫发现了这颗珍珠，因害怕那只鲨鱼而没敢取走它。渔夫把这件事禀报给波尔泽斯，波尔泽斯急于想得到这颗稀世珍宝，便对渔夫恩威并用，一方面许以重金、高官，一方面用权威压服。渔夫慑于君威，只能以命相搏。临行前，他对波尔泽斯说："我的君主，虽然钱财对于一个人很珍贵，但生命更珍贵，而最珍贵的是他的孩子们；为了孩子，一个人可以做任何事。为了能使您拥有这颗珍珠，现在我要去挑战鲨鱼。如果我成功了，您，万王之王一定会重金赏赐，这对我来说也就足够了；如果我没有得到什么赏赐，我就视自己为主人的帮手；如果我不幸被鲨鱼吃掉，这种可能性很大，我的君主啊，请把我的死讯告知我的孩子们，并为他们提供生活费，您会因这一善举而赢得巨大的声誉，这也是对我施恩，因为对死者的慷慨才是真正无私的慷慨。"说完之后，渔夫便朝海边走去。经验丰富的渔夫没有立即去取珍珠，而是耐心等待时机。终于等到鲨鱼离开珍珠去觅食了，渔夫马上全速游向牡蛎，夺下珍珠，以最快的速度游向岸边。这时鲨鱼已经发现了他，全速追来，渔夫自知难逃一死，用尽全力将珍珠抛到岸上，旋即便被鲨鱼吞噬。岸边的人拾起珍珠，交给国王并禀报了事情的经过。这就是波斯人关于这颗珍珠来历的故事。下面我们言归正传。

（484年）波尔泽斯的大军全军覆没，侥幸没落入壕沟的人也沦为阶下囚。惨败的教训使波斯人制定了一条新法律：在敌国境内行军作战时，决不允许追击敌人，即使在敌人落荒而逃时也不允许。留守国内的波斯人推选唯一幸存的小王子科巴德为国王[1]。波斯惨败之后沦为白匈奴的臣属国，年年交纳贡赋。两年后，科巴德羽翼渐丰，力量日益强大，纳贡遂告停止。

第5章

随着时间的推移，科巴德变得越来越专制残暴。他竟然修改法律，其中有一条就是，波斯人可以共同享有彼此的妻子。这一法令引起国人的强烈不满，（486年）他们起事推翻了科巴德，将他披枷戴锁打入监牢。根据波斯法律，只有在皇室全族灭绝的情况下，平民出身的波斯人才可被推举为国王，否则将被视为非法。人们推举波尔泽斯的弟弟布拉泽斯（Blases）为国王。新君即位面临的第一个问题就是如何处置废帝科巴德，布拉泽斯召集群臣商议此事，

---

[1] 科巴德即卡瓦德一世（Kavadh I, 488—531年在位）是萨珊波斯第19位国王。这里普罗柯比有误，因为在卡瓦德一世之前还有一位国王，即卡瓦德一世的叔叔瓦拉什（484—488年在位）。——中译者

大多数人不同意处死他。这时,声誉卓著的波斯将军古斯纳斯塔德(Gousanastades)发表意见,他负责管辖波斯与白匈奴交界的省份,按照波斯人的称呼叫"查纳兰吉斯"(Chanaranges)[1]。他手里拿着一把波斯人常用的修指甲的小刀,大约一指长,刀身又细又窄,不到手指的三分之一,并说:"你们看这把刀,多小啊,但这一刻却可以成就大事业,一件再不去做就连两队精兵良将都无法完成的大事。"这句话的意思是如果不消除隐患,处死科巴德的话,波斯人就会面临困境。他的话虽有道理,但大臣们还是不愿处死一位王室成员,最终决定将他囚禁在一座城堡中,这种刑罚被称为"幽禁"(Prison of Oblivion)。这不仅是肉体上的囚禁,而是让人们将此人完全遗忘。因为波斯法律规定任何人不许提及幽禁者的名字,违者将被处死。然而在亚美尼亚的史籍中却记载了一件波斯人可以暂时解除幽禁令的事,其经过如下:

从前,在波斯人与亚美尼亚人之间发生了一场旷日持久的战争,持续了近32年。当时帕库里乌斯(Pacurius)[2]为波斯人国王,亚美尼亚国王是阿萨塞斯(Arsaces),他是阿萨西德(Arsacidae)家族的后代。连年征战劳民伤财,两国国力行将耗尽,尤其是亚美尼亚。但双方互不信任,谁也不愿示弱首先提出停战议和的要求。碰巧这时波斯人又与亚美尼亚附近的另一蛮族开战。亚美尼亚为表达议和的诚意,决定帮助波斯人与蛮族人作战。

---

[1] 意为将军。
[2] 帕库里乌斯可能指帕科鲁斯(Pacorus I, 78—105 年在位)。——中译者

他们出其不意地攻入蛮族领地，杀个鸡犬不留。帕库里乌斯得知后非常高兴，派他最信任的朋友去见阿萨塞斯，邀请他来见面，并保证他的安全。阿萨塞斯到达后，帕库里乌斯非常友善地款待了他，像对待亲兄弟一样与他平起平坐，两人庄重发誓，波斯人与亚美尼亚人从此结为盟友，永不为敌。阿萨塞斯安全地回到了祖国。

不久之后流言四起，说阿萨塞斯阴谋叛乱。帕库里乌斯轻信谣言，传阿萨塞斯前来面谈。阿萨塞斯心胸坦荡，只带几名最勇猛善战的侍从——其中包括既是他的将军也是其谋臣的智勇双全的瓦西修斯（Bassicius）——前来会谈。帕库里乌斯当面责备辱骂了阿萨塞斯和瓦西修斯背信弃义，图谋不轨。阿萨塞斯坚决否认，发誓从未背叛誓言。起初，帕库里乌斯将信将疑，便将阿萨塞斯及其随从软禁起来。稍后，他向琐罗亚斯德教麻葛们询问如何处置此事。麻葛们认为如果没有掌握背叛的明确罪证就施以惩罚，难以令人信服。他们献上一计，让国王在帐篷内一半地面撒上波斯的土壤，另一半撒上取自亚美尼亚的土壤，国王一一照办。然后麻葛们施法术使帐内的土地产生魔力。帕库里乌斯传召阿萨塞斯，与他谈话，麻葛们则留在帐内作见证人。帕库里乌斯严厉谴责了阿萨塞斯，说他不遵守自己的誓言，令波斯人与亚美尼亚人重开战端。阿萨塞斯坚决否认并发下毒誓。但当他走到帐中央，双脚踩到亚美尼亚土地时，就如同中了魔法一般，语气大变，咄咄逼人，威胁说一旦回到国内定将为所受到的侮辱实施报复；而当他脚踩波斯土地时，语气明显改变，可怜巴巴地哀求、解释，再踩到亚美尼亚土地时，又用恶毒的语言相威胁。如此反复几次,暴露了他的所有秘密。麻葛们一致判定他违背了誓言和协定。帕库里乌斯不但活剥了瓦西修斯的皮,而且用他的皮做了一个口袋,装满谷壳挂到一棵树上示众。帕库里乌斯不想杀死一位王室成员,所以就把阿萨塞斯幽禁起来。

几年之后,波斯人进攻一个蛮族国家,一位阿萨塞斯亲近侍从随军出征。他作战勇猛,为波斯人立下汗马功劳。帕库里乌斯非常欣赏他,答应满足他的任何要求。这位亚美尼亚人希望能服侍幽禁中的君主阿萨塞斯一天。这个要求使国王非常恼怒。但为了实践诺言,他被迫违背祖训,答应了这个要求。当这位忠心耿耿的侍从被带到幽禁处,见到阿萨塞斯时,两人情不自禁,抱头痛哭,互述别情。哭述完毕,他便开始服侍阿萨塞斯洗浴,穿上皇袍,全身上下收拾一新。侍从施展厨艺,为阿萨塞斯做了一顿适合他口味的王室盛宴。席间两人举杯畅饮,侍从尽力赞美颂扬阿萨塞斯,使他在幽禁中一片阴霾的心再次充满阳光。畅谈一直到深夜,气氛达到了高潮。最后,两人依依惜别。对于阿萨塞斯来说,这是他一生中最快乐的一天。他告诉看守他的卫兵说,在与最忠实的侍从欢聚之后,他再也不愿过这种痛苦的幽禁生活了,说完之后,他当着士兵的面用在晚宴中偷的一把餐刀结束了自己的生命。这就是亚美尼亚历史中叙述的阿萨塞斯的故事,也是幽禁令唯一一次被打破的特例。下面我们言归正传。

第 6 章

　　科巴德被幽禁起来后,他的妻子经常去探望他,带去许多食物,照顾他的生活。监狱看守垂涎其美色。科巴德得知后,让妻子主动勾引看守并委身于他。看守和这个女人关系日益亲密,甚至深深地爱上了她。为此看守破例放宽限制,使她可以随意探访科巴德,离开时也不必受到检查,这为科巴德越狱提供了可乘之机。适逢一位叫塞奥塞斯(Seoses)的贵族是科巴德的至交,他经常在幽禁地附近侦查,寻找机会解救科巴德。一天,塞奥塞斯通过科巴德的妻子传达口信给他,说自己已带领人马埋伏在离监狱不远的地方。这天傍晚,科巴德的妻子与他更换外衣,假冒他坐在屋里,科巴德本人则身披妻子的外衣,顺利地在卫兵们的眼皮子底下逃出了幽禁地。黎明之际,卫兵们看到穿着科巴德外衣的人坐在屋里,依然以为那是科巴德本人,直到几天之后才发现真相,而此时科巴德已经远走高飞了。我无法确切描述这位勇敢女子的悲惨命运及其所受的刑罚,因为波斯人对此事的说法各不相同,所以我只好省略对此的叙述。

　　科巴德和塞奥塞斯甩开追兵,逃入白匈奴国界。白匈奴国王很赏识科巴德,把女儿嫁给他,让他统率精兵讨伐波斯人。由于以前的惨败,波斯人对白匈奴军队心有余悸,在战斗中一触即溃,望风而逃。当科巴德率军开进古斯纳斯塔德(Gousanastades)统辖的行省时,他对塞奥塞斯说,他要把统辖该省的"将军"(chanaranges)一职委任给今天第一个向他俯首称臣的人。此言一出,科巴德立刻后悔了,因为波斯法律规定这一官职只能授予贵族,如果第一个向他投降的人不是贵族,那他就只能违反法律来实践诺言了。幸好第一个归降的是一个叫阿德古顿巴德斯(Adergoudeunbades)的年轻将领,他既是古斯纳斯塔德的亲戚,又是一位勇冠三军的战士。他首先向科巴德俯首称臣,鞠躬行"主仆"礼。(488年)在阿德古顿巴德斯的带领下,科巴德大军长驱直入,不费吹灰之力便占领皇宫,抓住了毫无反抗之力的布拉泽斯,挖出他的双眼。这是波斯人惩治罪犯常用的刑罚,即用滚烫的橄榄油浇入双眼,或用烧红的铁针刺入眼中,就这样布拉泽斯在统治波斯仅两年后便被废黜。科巴德处死了古斯纳斯塔德,任命阿德古顿巴德斯代替他任将军之职。塞奥塞斯更是平步青云,任"大将军"(adrastadaran salanes,意为"勇士之首")之职,拥有高于所有军政人员的权力,其地位在一人之下,万人之上。在波斯的历史中,这一职务只授予过塞奥塞斯一人,可谓前无古人,后无来者。科巴德拥有机智的头脑和过人的魄力,在其统治下波斯日益强盛,国力蒸蒸日上。

第7章

时隔不久,白匈奴国王向科巴德追讨为帮助他进攻波斯的军费和荣登皇位所支出的款项。科巴德无力偿还,于是请求罗马皇帝阿纳斯塔修斯解囊相助。阿纳斯塔修斯与幕僚们商议如何处理此事,他们都不同意借钱,因为波斯人和白匈奴人都是罗马人的敌人,借钱给敌人以换取和平实为下策，罗马人应尽力离间他们双方。（502年）科巴德遭到拒绝，恼羞成怒，在师出无名的情况下发动对罗马的远征。他入侵的第一个目标是亚美尼亚。由于行军神速，当亚美尼亚人得知入侵的消息时，敌军已兵临城下。措手不及的亚美尼亚人失去了大部分国土。接下来，科巴德兵行诡道，出其不意地包围了位于美索不达米亚的阿米达（Amida）[1]城。尽管时值隆冬，科巴德仍下令攻城。由于当时是和平年代，所以阿米达城既无军队，更无战备物资。但他们面临困难和强敌，表现十分英勇，发誓绝不向敌人屈膝投降。

顺便提一件事，有一个叫雅各布斯（Jacobus）的叙利亚人，他是虔诚信教者，为了更好地静心思考，多年前他就居住在离阿米达城一天路程远的恩迪耶隆（Endielon）。当地人为了帮助他静思修行，在他周围竖起篱笆墙，篱笆之间有空隙，这样便于人们接近他并与他谈话。他们还在他的头上搭了一个小屋顶，以遮避雨雪。雅各布斯不畏酷暑严寒，潜心静坐，只靠吃一种稻米维持生活，不是每天都吃，而是很长时间才吃一次。一些征服该城的白匈奴人看到静坐的雅各布斯，就想放箭射他。但是，他们突然浑身僵硬，无法动弹，更别提开弓放箭了。当这件事传到科巴德耳中时，他想亲眼目睹。当他和随从亲眼目睹了这一奇迹后，大为震惊。他请求雅各布斯原谅这些蛮族人的冒犯。雅各布斯念了句咒语，这些人便解除痛苦恢复原状。

---

[1] 阿米达（Amida）位于今土耳其伊苏里亚山区，该城是拜占庭和波斯之间争夺的要点。——中译者

科巴德答应满足雅各布斯提出的任何请求，因为他猜想雅各布斯可能会索要一大笔钱，出于年少的莽撞他还承诺断不会拒绝他的任何要求。但这位圣人却提出，要那些在战争中流离失所的人被允许在他这里得到庇护，不再受战乱之苦，科巴德答应了他的要求，并专为此事签发了一纸命令。于是，不出所料，来自四面八方的人蜂拥而至，到他这里寻求庇护。这件事从此广为流传。

科巴德包围阿米达城后，用攻城锤撞击城墙，但城内居民用长矛破坏攻城锤的锤头[1]。科巴德很快发现这样攻城根本无济于事，攻城锤只能撞动城墙，但完全不能将其撞破，可见前人修筑的城墙有多坚固。科巴德一计不成，又生一计，他命令士兵用土堆成一座高过城墙的假山，这样他的士兵就可以在山上放箭射杀守城的居民。但守城居民亦有应对妙计：他们从城内挖地道，一直挖到假山下，偷偷向外挖土，直到挖空了整个假山，但从外表一点也看不出来。当假山高过城墙时，波斯士兵拥上山顶，准备攻城。但山顶的人聚得太多，已经被掏空的假山经不住重压，轰然而倒，山上的人全军覆没。科巴德无计可施，决定放弃攻城，命令部队第二天一早撤军。守城的居民看敌人已退却，便出城来大肆嘲弄他们，其中更有一些妓女毫不知耻地脱去衣服，将不该露出的部位展示给近处的科巴德，以挑逗他。随军的琐罗亚斯德教士目睹此状，便劝说科巴德不要撤军，因为阿米达人表现得过于无礼，而且他们的行为已经暴露了他们守卫的部署。科巴德听从建议，按兵

---

[1] 见《修昔底德》，第 2 卷。

不动。

几天以后,一名波斯士兵在塔楼上发现了一个废弃的地道,其入口只是粗略地盖了几块石头。他借夜色掩护摸清了入口和路线,成功地进入城墙内部。第二天一早他向科巴德禀报了这一发现。当天晚上,国王亲自带几名随从去那个地道,把备好的梯子靠到墙上。这次好运再次降临到他头上:离地道口最近的城墙是由一些虔诚的基督教士看守,他们是经抽签抽到才来防守此处的,恰逢这天是每年一次的宗教节日,宗教仪式后教士们都十分疲劳[1],已经酣然入睡,完全没有发觉迫在眉睫的危险。波斯士兵分小股通过地道进入堡垒,登上城墙。教士们仍在梦乡中,波斯士兵大开杀戒,将这伙倒霉的教士杀得仅剩一人。此时天将破晓,邻近瞭望塔上的守军发现敌人已经破城,便全速驰援。双方在城墙上展开拉锯战,都想把对方逐下城墙。波斯士兵寡不敌众,渐渐不支。科巴德眼见登上城墙的士兵被敌方杀败,驰援的部队行将溃散,他抽出腰刀,来到登城梯下,亲自督战,下令后退者斩。波斯人见国君亲自督战,士气大振,一呼百应,蜂拥而上,这样,阿米达城在坚守80天后(503年1月11日)被一举攻破。波斯士兵大肆屠城,无所忌惮。这时,一位城中的老牧师来到科巴德马前,恳请他显示出大国君主的风度,网开一面,不要屠杀无辜。科巴德问:"为什么你敢反对我?"老人旋即回答:"上帝注定阿米达城落入您手中,不仅因为您的军队作战勇猛,还因为您皇恩浩荡。"科巴德对这个回答十分

---

[1] 见本书第7卷,第26章。

满意,下令制止士兵杀人,但将所有财物劫掠一空,将幸存者贬为奴隶,连贵族也不放过。

此后,科巴德任命波斯人格罗尼斯(Glones)为阿米达城统帅,留下1000人驻守,还有一些阿米达城内的注定要为波斯人效力的居民负责满足留守波斯人的日常需求。他本人率领大军押解俘虏得胜还朝。科巴德对俘虏很友善,不久之后就将他们释放回家,但对外宣称是他们自己逃走的[1]。罗马皇帝阿纳斯塔修斯得知阿米达人不畏强敌,英勇作战的事迹后,不但免去该城7年的赋税,还给每个居民大量赏赐。于是阿米达人很快就忘记了曾经发生的不幸。后来灾难再次降临到他们头上。

第8章

阿纳斯塔修斯皇帝得知阿米达城被围的消息,火速派兵驰援。援军由若干人数不等的部队(Symmory)[2]组成,各队均有统领。最高统帅权由四位将军执掌:前西罗马帝国皇帝奥利布里乌斯(Olyvrius)的女婿阿雷欧宾杜斯(Areobindus)任东部将军,御林军(palace troop)统帅塞勒(Celer)(罗马人习惯上称这个职位为"卫队长"),此外,还有驻扎在拜占庭城(Byzantium)的陆军司令菲里几亚人(Phrygian)帕特里丘(Patricius)和皇帝的侄子伊帕提乌(Hypatius)。除这四位将军外的其他将军还包括后

---

[1] 见《修昔底德》,第1卷。
[2] 每支部队人数不固定。

来在阿纳斯塔修斯驾崩后登上皇位的查士丁（Justinus）、帕特里修鲁斯（Patriciolus）及其儿子维塔里安（Vitalianus），后者不久即发动反对阿纳斯塔修斯的叛乱并成为君主，还有勇冠三军的斗士科尔奇斯人（Colchis）法莱斯曼尼（Pharesmanes）、哥特人戈狄吉斯克鲁斯（Godidisklus）和贝萨（Bessas），这两人是没有跟随狄奥多里克从色雷斯到意大利的哥特人，而且都是贵族出身，在长期战争中积累了丰富的经验。另外还有一些身居高位的将领也加入这支队伍。他们说，这支援军的阵容在罗马人对抗波斯人战争中可谓空前绝后。但这支部队的致命弱点是缺乏统一指挥，将领各自为政，分别统领自己的部队出征、行军。全权负责管理援军后勤的财政总管是埃及人（Aegyptian）阿皮昂（Apion），其地位显赫，能力过人，是皇帝明文指定的皇权共治者，这样他才能有足够的权威管理帝国财政。

援军未能按时集结，耽搁了不少时间，行军速度又十分缓慢，所以在罗马帝国境内根本没有遇到蛮族人。因为波斯人的战术是发动突袭得手之后即带着战利品回国，行动非常迅速。将军们根本不想去碰阿米达城，因为它早被粮草充足、兵精将广的波斯人占领，但他们又不想空手而归，便准备攻入波斯。然而他们没有齐头并进，而是分头行动，分开扎营。科巴德刚刚撤军，尚未走远，得知此事后，他出其不意地杀了个回马枪，命令全体军队全速掉头攻击罗马人。但是，罗马人得知波斯人来犯，以为只是一些散兵游勇，根本没有在意。阿雷欧宾杜斯下令部队在距离康斯坦提纳（Constantina）两天路程远的阿尔扎蒙

(Arzamon)安营扎寨,而帕特里丘和伊帕提乌在希普里欧斯(Siphrios)扎营,这里离阿米达城至少有350斯塔德[1]远,塞勒就更是远远地落在了后边。

当科巴德大军杀到时,阿雷欧宾杜斯立时惊惶失措。面对数倍于己的敌主力部队,他只能放弃营寨,仓惶逃往康斯坦提纳城。科巴德兵不血刃占领了营寨,将武器钱财劫掠一空。斗志昂扬的波斯军队杀向希普里欧斯。此时恰逢帕特里丘和伊帕提乌打了个胜仗,他们全歼了一支增援科巴德的白匈奴部队约800人,士气正旺,但是却错误地以为敌军主力已被消灭,放松了警惕。此时正值午餐时间,罗马士兵到旁边的小溪中去洗要吃的肉块,更有一些士兵难耐酷热脱去盔甲跳到小溪中去洗澡,因此清澈的溪水变得混浊起来。科巴德正好从下游经过,他敏锐地发现了溪水的混浊,断定罗马人已放松戒备,便下令军队全速突击。(503年8月)罗马士兵正在快乐地享用午餐,手无寸铁,面对强敌的猝然进攻,毫无斗志,只能仓惶逃命。许多人被杀、被俘,一些人惊慌失措跑上旁边的小山,结果都从山崖掉下摔死。这一战罗马人全军覆没,帕特里丘(Patricius)和伊帕提乌侥幸逃脱。大获全胜的科巴德班师回国,但很快又同犯境的匈奴人刀兵相见,率其国民在疆域北部进行了另一场持久的战争。与此同时,其他参加这次远征的罗马部队也先后赶到,但由于缺乏统一的指挥,他们的战绩微乎其微,只有塞勒率军渡过尼姆费翁河

---

[1] 斯塔德,古希腊长度单位,斯塔德约合607—738英尺,相当185米。——中译者

（Nymphius），这里靠近马提洛波利斯（Martyropolis），离阿米达城约 300 斯塔德远，他对阿扎里尼人（Arzarene）发动了袭击，将他们的村庄洗劫一空。这次阵容强大的远征损失惨重，徒劳无功，最终草草收场。

第 9 章

此后不久，皇帝下诏调阿雷欧宾杜斯回拜占庭城任职。上次远征的其他将领为雪失败之耻，组织军队包围阿米达城，冒着冬季严寒攻城。在历经多次血战未果的情况下，罗马人不得不改变战术，围而不攻，意图将守军困死、饿死，因为他们已经知道城中粮草即将告罄。同时，罗马人的部队也因严寒和持续攻城而兵困马乏，又担心波斯人前来援救，便急于达成协议。城里的波斯人也忍饥挨饿，又不敢暴露缺粮的事实，便做出给养充裕的假象，渴求能荣归故土。双方都急于尽快结束目前的局面，所以一拍即合，达成协议：波斯人将阿米达城交给罗马人，罗马人付给 1000 镑黄金作为赎城费。双方对这样的结果都很满意，格罗尼斯的儿子收到钱后，将阿米达城交给了罗马人。格罗尼斯没有出现，因为他已经阵亡，事情的过程是这样的：

当罗马人包围阿米达城时，一个乡下人来见帕特里丘将军。这个乡下人经常偷带一些家禽、面包和其他美味食品进城，高价卖给格罗尼斯，因此和格罗尼斯比较熟悉。乡下人对帕特里丘说，只要给他好处，他可以把格罗尼斯和 200 名波斯士兵交给罗马人。帕特里丘答应事成之后给以重赏。于是，这个乡下人将外衣撕破，装出一副委屈受气的样子去见格罗尼斯,他捶胸顿足、痛心疾首地哭诉道:"噢,主人,我搜罗了全村的好东西孝敬您,没想到碰上几个如狼似虎的罗马士兵(你们也知道,他们经常分成小队在村中巡逻,强夺农民财产),这些野蛮的罗马人打我耳光,抢走了所有食物,这些混蛋,只会欺负农民,一见波斯人就屁滚尿流。而您,我的主人,想想该怎样保护您自己和其他波斯人了。因为现在附近村子的食物越来越少,都快被罗马人抢光了。"格罗尼斯闻听此言,不禁怒火中烧,决定袭击罗马人的巡逻队,杀一杀敌人的嚣张气焰。他问乡下人需要多少波斯士兵。乡下人说大约50人就可以了,因为罗马人的每个分队只有4—5人,为防万一,应带100人,如果再加一倍人马,就可稳操胜券。于是格罗尼斯精选200名骑兵,命乡下人做向导带路。但乡下人坚持他自己先去侦察一番,回来禀报罗马人具体的部署情况,这样波斯人知己知彼,定可大获全胜。格罗尼斯认为他说得有理,就同意他先去侦察。乡下人立刻来到帕特里丘处密报一切。帕特里丘派两名副将和1000名士兵出战。乡下人让罗马士兵埋伏在锡拉萨蒙(Thilasamon)村,此处位于林木茂盛的峡谷中,离阿米达城40斯塔德远,他本人再次回到城里,报告格罗尼斯猎物已出现。格罗尼斯深信不疑,亲率200名骑兵出发,准备迎头痛击罗马人。乡下人将波斯军队引入峡谷,埋伏的罗马人待波斯人全部进入埋伏圈,一拥而出,封死峡谷口,杀向波斯人。格罗尼斯及部下措手不及,退路又被封死,只能背水一战,但终因寡不敌众,200名骑兵被全歼,格罗尼斯本人也葬身青山峡谷之中。他的儿子得知父亲的死讯,悲痛欲绝,同时又为没能保护好父亲而内疚，一怒之下，他放火烧毁了阿米达城中圣人西米恩的神殿，他父亲生前就住在这里。这种烧毁神殿的行为是没有先例的，无论是格罗尼斯、科巴德还是其他波斯人在占领阿米达城时都没有毁坏过任何建筑。下面让我们续说前文。

就这样，阿米达城在被波斯人占据两年后，（501年）又回到了罗马人手中。当罗马军队进城后，马上发现上当了。通过对城中剩余粮食和波斯士兵人数的推算，城中粮草只够维持7天。实际上从围城开始，格罗尼斯就停止给老百姓供粮，粮食仅供士兵食用，老百姓只能忍饥挨饿，还发生了吃人肉、喝人血的事情。罗马将军们后悔不已，责备士兵缺乏自制力，失去了一次良机，只要再坚持几天，阿米达城将不攻自破，生擒格罗尼斯的儿子易如反掌。现在却花费大笔金钱赎回这个城市，真是太窝囊了！此后（506年），波斯人因忙于与匈奴人开战，便与罗马人签订和约，罗马将军塞勒和波斯将军阿斯佩贝德作为双方签约代表[1]。和约规定双方军队各自撤军，至少维持7年的和平状态。如我所述，罗马人和波斯人的战争就这样结束了。下面我要讲一讲关于卡斯皮亚之门[2]的事情。

---

[1] 这里所指即拜占庭帝国与波斯王国之间于506年订立的和约。——中译者
[2] 卡斯皮亚门的地理位置在《战史》中表述前后有矛盾之处，请读者注意。——中译者

第 10 章

位于西里西亚的托罗斯山脉[1]横亘千里,绵延不绝,横跨卡帕多西亚、亚美尼亚、佩尔萨门尼亚、阿勒巴尼亚、伊比利亚[2]等国家和地区。这些国家有的是独立的,有的是波斯的臣属国。当你沿这条山脉旅行时,会感到天地高远,视野开阔,行至伊比利亚边界时,山势变得异常险峻,四周是不可逾越的万丈峭壁,中间有一条50斯塔德长的山涧小道,路的尽头是一道天然形成的石门,如同人工制成一般,古人称之为卡斯皮亚之门。穿过这道石门便是一望无际、水草丰美的大牧场,牧场的尽头是美丽的迈奥提克(Maeotic)湖。匈奴人世代居住在这片大牧场之上。通过卡斯皮亚之门,匈奴骑兵无须翻越崇山峻岭就可轻易进入波斯和罗马疆域。除此之外,别无其他路径。腓力(Philip)的儿子亚历山大(Alexander)[3]最早认识到卡斯皮亚之门的战略价值,在此处设立要塞,派兵常年驻守。斗转星移,时光荏苒,最后一个驻守要塞的匈奴人将军安巴祖塞斯(Ambazouces)病入膏肓,行将就木。他是罗马皇帝阿纳斯塔修斯的朋友,想以极低的价钱把这个重要的要塞拱手让给罗马人。阿纳斯塔修斯经过仔细斟酌,认为

---

[1] 西里西亚的托罗斯山脉位于今土耳其西南部,沿东地中海西里西亚海地区。——中译者
[2] 伊比利亚是高加索西北部的古代称呼,位于今天格鲁吉亚共和国境内。——中译者
[3] 亚历山大(公元前336—公元前323年)是马其顿王,亚历山大帝国的创立者。其父为腓力二世(公元前359—公元前336年在位)。——中译者

此地十分贫瘠，无法供养一支部队，周围又没有罗马的臣属国，一旦发生战端难以驰援，于是他拒绝了朋友的好意。不久安巴祖塞斯病逝，科巴德趁机挥兵进犯，打败了安巴祖塞斯的儿子们并占领了卡斯皮亚要塞。

话说阿纳斯塔修斯在与科巴德签订和约之后，在达拉修筑了一座以皇帝本人名字命名的城堡[1]。此处离尼西比斯98斯塔德远，离波斯、罗马边境线仅28斯塔德，城高墙厚，固若金汤，军事地位十分重要。波斯人极力反对该城的建设，但苦于卷入与匈奴人的战争，无法抽身阻止。一俟与匈奴战争结束，科巴德立即派使节去见罗马人，指责他们违背和约[2]，在波斯边界修筑城堡。阿纳斯塔修斯威胁、贿赂、蒙骗、拉拢，用尽手段，最终使科巴德消了火气，撤回指控。不久，罗马人又在亚美尼亚靠近波斯边界的佩尔萨门尼亚修建了一座城堡，这里本来就有一座小村庄，如今成了一座城市，并以皇帝塞奥多西的名字命名[3]。该城同样壁垒森严，完全是军事要塞的规模。这两座靠近边境的城堡使波斯人如鲠在喉，发誓必将其拔除而后快。

第 11 章

不久后阿纳斯塔修斯驾崩，（518 年 8 月 1 日）查士丁

---

[1] 达拉（Dara）军事要塞为阿纳斯塔修斯皇帝所建，此后为帝国东部前线防务中心。——中译者
[2] 见第 1 卷，第 2 章。
[3] 佩尔萨门尼亚位于今天土耳其的埃尔祖鲁姆省（Erzeroum）。

(Justinus)继位登基。他马上开始剪除阿纳斯塔修斯的亲信宠臣,尽管他们人数众多并颇有才华,也未能幸免。这件事对科巴德刺激很大,他担心自己去世后波斯人会同样推翻他的家族。他不相信哪一位王子能平安顺利继位而无人反对。根据法律,他的长子考塞斯(Caoses)有权继承王位,但科巴德不喜欢他,取消了他的继承权,这样做是违反波斯法律和习俗的。二王子察梅斯(Zames)有一只眼睛被刺瞎了,也不能继承皇位,因为法律规定身体有残疾的人不能成为波斯国王。科巴德最宠爱的是三儿子科斯劳(Chosroes),他母亲是阿斯佩贝德(Aspebedes)的妹妹。然而全体波斯人都非常崇拜察梅斯,因为他具备一个勇士的所有优点。科巴德担心波斯人会给他和他儿子的统治带来威胁,而最好的解决办法是与罗马人重修旧好,结束战争,同时效法先人,让科斯劳作查士丁的养子以寻求庇护,从而保证科巴德驾崩后其家族统治的稳固。于是他给查士丁修书一封,大致内容是:如您所知,罗马人对待我们波斯人是不公平的,但我愿意大度地忘记过去的一切,因为真正的胜利者是心胸坦荡之人,他们不在乎朋友之间的索取与赋予。我有一个建议,这个建议可以使我们和我们的臣属国之间关系更加密切,给我们两国带来和平安定。这个建议是让我的儿子,王位继承人科斯劳做您的养子。

查士丁收到这封信后,十分高兴,他的外甥,也是实际上的皇位继承人查士丁尼(Justinian)也认为这件事情有利可图,准备依据罗马法律制定收养文书。但是皇室顾问、拜占庭市政长官普罗克鲁斯(Proclus)反对这件事。他是一位公正廉洁,铁面无私的清官,从不收受贿赂,因此他既不随意立法也不轻易阻拦已定计划的实施。但此时他起身提出反对意见："对新事物进行刁难并非我的风格,事实上我比任何人更敬畏它们,因为一旦有所变革,国家的安定就无法保障。我相信,眼下没有什么事比把罗马帝国拱手让与波斯人这件事更重要的了。他们的目的很明显,没有任何矫饰,这就是明目张胆地抢夺我们的帝国,他们的欺诈伎俩是幼稚的,表面善良的背后隐藏着不可告人的目的。你们应该全力反对蛮族人的这一企图,你,皇帝,当然不想成为罗马帝国的最后一任皇帝,而你,将军,当然不想为自己继承皇位制造障碍。他们的花言巧语下隐藏着更多的诡计,例如这个使者直截了当就说要让科斯劳成为罗马皇帝的养子,这个要求有其弦外之音,你们考虑一下:父亲所有的遗产本应属于他的儿子们,尽管由于人的天资有差异,不同国家的法律多少会彼此相冲突,但在这一点上,无论是蛮族人还是罗马人都持一致的意见,不同的法律都有相同的条款,认定儿子有权支配其父的遗产,他一旦成为您的养子,理所当然享有对皇位的继承权,你如果接受了,是要承担所有由此带来的后果的。"

普罗克鲁斯的话引起了皇帝和查士丁尼的深思。这时科巴德又派使节送信来,要求罗马人派一位地位相当的贵族去签订和约并商定养子收养仪式的规格标准。普罗克鲁斯再次坚决反对,严厉谴责波斯人,重申他们的目的是要逐步控制罗马帝国。他按照自己的想法建议,应尽快与波斯人签订和约争取和平,为达此目的,皇帝应派一些最高贵的重臣去谈判,而且当这些重臣被询问收养科斯劳采用何种礼节时,他们一定要平静地回答科巴德,应该要用蛮族人的礼仪，他的意思是说蛮族人收养子，不是依据文书，而是靠武器和盔甲。就这样，查士丁听从建议，先打发走使节，允诺很快便派员前去谈判签约。他需要一些时间安排诸如谈判地点和谈判内容等具体事宜，同时他也给科巴德修书一封重申对此事的关切。不久，谈判团衔命出发，其成员包括先帝阿纳斯塔修斯的侄子、帝国东部军队统帅伊帕提乌[1]、西尔瓦努斯（Silvanus）之子、年轻贵族中的翘楚鲁菲努斯；波斯一方则派出权倾一方、获"勇士之首"（adrastadaran salanes）[2] 称号的塞奥塞斯（Seoses）和监督官（magister）梅波迪斯（Mebodes）。双方在波斯、罗马边境线某处进行谈判，力求消除分歧、实现和平。此时科斯劳也来到底格里斯河畔距尼西比斯城有两天路程的地方，他准备等双方谈判一有结果就去出席收养仪式。但谈判双方分歧很大，尤其是塞奥塞斯提出了关于科尔奇斯（Colchis）的归属问题，声称此地原为波斯属国，后被罗马人强夺去，改名为拉齐卡[3]，而罗马人在这里的统治不得人心，摇摇欲坠。罗马使节听后十分气愤，指出拉齐卡的归属根本不在此次谈判的范围内。为了报复波斯人，罗马人提出因两国礼仪不同，科斯劳被收养后只能按蛮族人的礼仪规格对待。波斯人当然不能同意，双方不欢而散，各自回国。科斯劳一腔热情却倍受冷遇，无功而返，自尊心受到极大的伤害。他发誓要向罗马人报复，洗雪这一耻辱。

---

[1] 伊帕提乌（？—532年）因其皇族血统被"尼卡起义"民众推举为帝，后因此被杀。——中译者
[2] 拉丁语，意为 Leader of the warriors。——中译者
[3] 拉齐卡（Lazica）位于南高加索地区，今天隶属于格鲁吉亚。——中译者

回到波斯后，梅波迪斯向科巴德进谗言，说塞奥塞斯违背国王指示，故意提及拉齐卡的归属问题，目的是破坏和谈，又说此人之前与伊帕提乌有过谈话，而伊帕提乌自然是偏向其祖国有意破坏和谈阻止科斯劳被收养。塞奥塞斯的政敌也对其群起攻之，他因此而受到审判。于是所有波斯官员聚到一起对塞奥塞斯进行审判，然而这场审判不是基于对法律的尊重而是出于嫉妒。因为他们对其头衔心怀妒意，毕竟那是他们闻所未闻的称号，自然，嫉妒之心人皆有之。另一方面，塞奥塞斯为人公正廉洁，从不受贿，又有些骄傲自大，加之身居高位，手握重权，这使他得罪了很多人。尽管塞奥塞斯的这些品性在当时波斯官员中十分普遍，但控告者认为，他的缺点已经恶性膨胀，他们还指责他信仰奇异的神，违反波斯风俗，土葬亡妻。根据这些罪状，法官判塞奥塞斯死刑。科巴德尽管非常同情他的好友，但却以不能违反波斯人的法律为由袖手旁观，其真正原因是他同那些波斯官员一样嫉恨塞奥塞斯。尽管塞奥塞斯曾救过国王一命，但最后仍被处死。他死后，其职位一直虚位以待，但一直没有人配得上"勇士之首"这一称号。鲁菲努斯也向皇帝查士丁诽谤伊帕提乌，说他在谈判中态度粗鲁，阻挠和谈与收养科斯劳的话题。结果，皇帝罢了伊帕提乌的官职，对他的手下严刑拷打，却发现这一诽谤毫无事实根据，这样，伊帕提乌没有受到任何其他伤害。

第 12 章

此后不久,科巴德意图再犯罗马,但如下所述之事成为他发动战争的障碍。伊比利亚人居住的地方北邻卡斯皮亚门要塞,西接罗马属地拉齐卡,东连波斯帝国。伊比利亚本为波斯属国,但笃信基督教,这使科巴德十分不安,视其为心腹之患。于是他命令全体伊比利亚人改信琐罗亚斯德教,沿用波斯的风俗习惯,例如不准对亡故的亲人实施土葬,而应把尸体扔给鸟和狗去吃。这个命令强人所难,伊比利亚人无法接受。伊比利亚国王古尔根尼斯(Gourgenes)被迫投奔查士丁,希望罗马帝国能承认伊比利亚为臣属国,保护其不受波斯人的侵犯。查士丁慨然应允,派先帝阿纳斯塔修斯之侄普罗布斯(Probus)[1]携巨款前往博斯普鲁斯地区招募匈奴雇佣军驰援伊比利亚。博斯普鲁斯位于海滨,如同一面船帆楔入黑海,离罗马帝国的边界车绳城(Cherson)[2]有 20 天的航程。两地之间的沿海地域是匈奴人的天下。当时博斯普鲁斯是一个自治城邦,后来臣服于查士丁皇帝。普罗布斯在那里没能招募到足够的人马,无功而返。查士丁直接派彼得将军率一支匈奴人部队去拉齐卡全力支持伊比利亚人。科巴德得知这一消息,不甘示弱,派人称"瓦里泽斯"(Varizes)[3]的伯

---

[1] 普罗布斯也是皇族血统,但在"尼卡起义"中逃出京城,幸免于难。——中译者
[2] 车绳半岛位于黑海北部克里米亚半岛南端,长期成为拜占庭帝国北部边疆地区中心。——中译者
[3] Varizes, Victorious, 胜利之意,有可能是族姓。——中译者

斯（Boes）将军征讨伊比利亚。波斯军势如破竹，势单力孤的伊比利亚人节节败退，罗马援军同样无法阻遏其攻势。所有伊比利亚贵族名流都逃到了拉齐卡，古尔根尼斯及妻儿老小也在其中，还有他的弟兄，以佩拉尼乌斯（Peranius）最为年长。到达边界时，他们担心追兵赶来，便穿上粗布破衫，装扮成农民躲在村庄里。但追兵没有出现。因为伊比利亚是一块贫瘠的土地，波斯士兵搜刮不到战利品，而且对伊比利亚未开化的环境不适应，便撤兵回国了。

此后伊比利亚人便定居在拜占庭境内。皇帝召见了彼得鲁斯（Petrus），命令他帮助拉齐卡人保卫边疆，即使他们并不乐意接受这样的保护，他还是派埃雷纳尤斯（Eirenaeus）带军队前去支援。因此，拉齐卡便出现了两个军事要塞[1]，其中一个位于伊比利亚边界，由当地人负责守卫。这里条件很恶劣，不出产谷物、酒和其他食物，后勤物资只能通过一条狭窄的小路用人力运输。好在本地出产一种小米，拉齐卡人已经吃惯了这种食物。防守另一座要塞的罗马士兵是皇帝调派来的守备队，由拉齐卡人提供军粮。后来，罗马士兵不能忍受贫苦的生活，弃城而走。波斯人不费吹灰之力就占领了这两个要塞。这就是发生在拉齐卡的事情。

此时查士丁尼开始与他的舅舅共治罗马帝国。他派自己的侍卫西塔斯和贝利撒留领军征讨波斯的臣属国佩尔萨

---

[1] 见第8卷，第13章。

门尼亚。这两名将领虽然年纪尚轻,"嘴唇上刚长胡子"[1],但在战斗中表现出过人的军事才能。他们旗开得胜,势不可挡,劫掠了佩尔萨门尼亚大部,俘虏了为数众多的亚美尼亚士兵。当罗马人第二次攻入亚美尼亚时,纳尔泽斯和阿拉蒂乌斯(Aratius)两人偶遇西塔斯和贝利撒留的部队并加入这支部队,他们立下战功,受到嘉奖,也获取了许多战利品。后来这两人离开东部前线随贝利撒留远征意大利。另一支罗马军队由色雷斯人利贝拉里乌斯统率,表现欠佳,在进攻尼西比斯城的战斗中不战自溃。皇帝将利贝拉里乌斯革职查办,任命贝利撒留为达拉军队统帅。也就在这时(527年),这部历史的作者普罗柯比被委任为贝利撒留的顾问。

第 13 章

在查士丁宣布他的外甥查士丁尼为共治皇帝(527 年 4 月 1 日)后不久,(527 年 8 月 1 日)就驾崩了,查士丁尼正式成为整个帝国的统治者。他派贝利撒留在罗马与波斯交界的明杜欧斯(Mindouos)建一座要塞,左邻尼西比斯。贝利撒留领旨后立即召集大批工匠,建城的速度很快。波斯人不能容忍罗马人在重镇尼西比斯旁边修建要塞,他们威胁要诉诸武力。贝利撒留兵力不足,难以对抗波斯大军,因此查士丁尼命令另一支部队前往支援。这支军队原来驻

---

[1] 见《伊利亚特》第 24 卷;《奥德赛》第 10 卷。

守在黎巴努斯（Libanus）[1]，由色雷斯将领库泽斯（Coutzes）、布泽斯（Bouzes）兄弟统率。这两人年轻气盛，血气方刚，一接到命令马上拔营出发。援军日夜兼程，很快赶到尼西比斯，与波斯军队开展激战，结果罗马人惨败，死伤无数，包括统帅库泽斯在内的大批士兵成了阶下囚。波斯人将要塞夷为平地，用铁链将战俘锁在一起押解回国，囚禁在一个山洞之中。

查士丁尼难以忍受失败的耻辱，他任命贝利撒留为征东大将军，率军进攻波斯，又派赫莫杰尼斯（Hermogenes）为督军（magister）协助贝利撒留，此人在阿纳斯塔修斯在位时曾任维塔里安（Vitalianus）的作战顾问。虽然罗马与波斯和谈的可能性甚为渺茫，但亦应做准备，因此皇帝任命鲁菲努斯为大使，驻扎在幼发拉底河的赫拉波利斯（Hierapolis）待命。关于双方和谈的情况上文已经讲了很多。突然，贝利撒留和赫莫杰尼斯得知波斯大军准备强攻达拉城。两人立刻调兵遣将，准备迎战。贝利撒留胸有成竹，指挥若定，（530年7月）他命令士兵在正对尼西比斯城[2]门的地方挖一条其中有许多通道的深沟，距离城门有抛一块石头远，这条沟不是直的，而是以如下方式挖成的：中间部分有很短的一段是直的，在两边各挖一条垂直于直沟的短沟，然后再挖两条长沟，与短沟垂直相交，平行于第一条直沟。挖好后不久波斯大军赶到，他们在阿蒙第欧（Ammodios）安营扎寨，离达拉20斯塔德。指挥这支波斯

---

[1] 即黎巴嫩。
[2] 尼西比斯（Nisibis）是古代拜占庭与波斯边境城市，位于今土耳其与叙利亚边境城市努塞宾附近，隶属土耳其马丁省。——中译者

军队的将领包括皮提亚克斯（Pityaxes）、独眼将军巴莱斯马纳斯（Baresmanas）等人，主帅是波斯人波尔泽斯，其官职是"米拉尼斯"（Mirranes，贵族头衔）。他骄纵轻敌，自认胜利唾手可得，遂高傲地派人通知贝利撒留准备好洗澡水，因为第二天他将一举攻下达拉并在贝利撒留的官邸洗澡。罗马士兵不敢怠慢，厉兵秣马，枕戈待旦。

　　第二天旭日初升，波斯军队便前来攻城。左侧直沟末端与十字沟相接处直到小山处由布泽斯率大量骑兵和埃吕利人法拉斯（Pharas）率领的300名埃吕利士兵驻守；右侧同一位置，在从沟的外侧直角处直到直沟末端布置了苏尼卡斯（Sunicas）、马萨革泰人艾根（Aigan）的600名骑兵，他们的作用是当布泽斯和法拉斯的军队后退时，立即填补上去，迂回到敌人的后面，在那里他们会很容易辅助罗马军队作战；在另一翼，他们也是这样排列的，直沟末端由尼斯塔斯的儿子约翰（John）、西里尔（Cyril）、马尔塞勒斯（Marcellus）、日耳曼努斯（Germanus）、佐罗修斯（Dorotheus）各率大量骑兵把守；在右侧直角处由西马斯（Simmas）、马萨革泰人阿斯坎（Ascan）率600名骑兵把守，目的是当约翰后退时，他们能够从那里出来进攻波斯军队的尾部；另外，还有骑兵队和步兵队独立沿着沟边站立，在他们之后的中间安排的就是贝利撒留和赫莫杰尼斯的军队，排列于第一条直沟前，是迎敌的主力，这样，罗马军约有2万5千人。波斯的4万骑兵和步兵也排成密集方阵，但没有立即出战，因为他们从未见过罗马人的这种排兵布阵战术，有些不知所措。

　　双方就这样对峙到下午，波斯军打破僵局，派右翼的一个骑兵分队冲出阵列,杀向布泽斯和法拉斯的队列。罗马士兵后退了几步,波斯人没敢追赶,停在原地。这时我建议贝利撒留派兵包抄敌人。波斯人抵抗不住,丢下7具尸体逃回方阵。布泽斯和法拉斯的部队仍回到原来的阵地。这次小规模战斗之后,双方又继续对峙了一阵。波斯军中冲出一个年轻骑兵,策马来到罗马军队前挑战。一时全军无一人胆敢轻易涉险,随军出征的拜占庭角斗士摔跤教练、布泽斯私人卫士安德烈亚斯(Andreas)在没有得到布泽斯命令的情况下出阵与波斯人单打独斗。波斯骑兵还未反应过来,安德烈亚斯便一矛刺中其右胸,将其挑于马下,然后用小刀像屠宰小动物那样杀了他。罗马军中欢声雷动,士气如虹。波斯人恼羞成怒,派出一个身材魁梧的斗士,此人已然上了年纪,头发花白。他挥舞马鞭搦战,安德烈亚斯又一次在没有得到命令的情况下冲了出来。两人用尽全力厮杀起来,激战中他们的盔甲被打飞,马匹撞在一起,两名骑手都被抛了下来。波斯斗士身躯庞大,行动迟缓,加之上了年纪,没能马上站起来,安德烈亚斯先发制人将其击倒,再次获胜(毕竟他是摔跤教练,因而占了优势)。罗马军中又一次爆发出海潮般的欢呼。波斯人见天色已晚,收兵撤回阿蒙第欧,罗马人也回到达拉城。是夜,双方相安无事。

第 14 章

翌日,波斯人从尼西比斯调来1万名士兵,兵力占压倒性多数。面对敌众我寡的形势,贝利撒留和赫莫杰尼斯决定采用缓兵之计。他们在给波斯军统帅米拉尼斯（最高统帅之意）的信中写道："祈求和平是我们的共同心愿，有理性的人都会同意这一点。那些破坏和平的人是国家和民族的罪人，因为他们给自己的国家、民族和身边的人带来灾难。最好的将军是能够消弭战祸，撒播和平的人。尽管我们双方的国君及大臣都期望和平，双方的使节也都在战场附近待命，准备和谈，而你却无视这一切，继续增兵，破坏和平进程。你应该及早撤军回国，免得给国家带来灾难。"米拉尼斯读完信后，答复道："我几乎被你说服，如你所愿乖乖地撤走。但是以往的历史证明，罗马人一贯背信弃义，不守诺言，我们对你们的欺骗行为已无法忍受。我的罗马人，准备与波斯人血战到底吧，因为我们已下定决心，不真正讨回公道誓不罢休。"贝利撒留针锋相对，回复道："哦，杰出的米拉尼斯，不要夸夸其谈，也不要把不公正强加给别人。我们所言句句是实，和谈特使鲁菲努斯就在附近待命，你可以查证此事。我们并不惧怕与你们开战，我们始终蒙上帝眷顾，而且深知上帝的意愿，关键时刻，上帝会帮助爱好和平的罗马人击败穷兵黩武的波斯人。我们正在准备和谈，你们却武力威胁，因此我们决定奉陪到底，决不使战旗蒙尘。"米拉尼斯也不示弱，回复道："我们参加战争是有神的护佑，在他们的帮助下，我们来到你们面前，我希望明天他们能把我们波斯人带到达拉，请在达拉城中为我准备好午餐和洗澡水，明天我将享用。"双方都为第二天的战斗积极做准备。

翌日清晨，米拉尼斯召集人马，训诫三军："我不能轻视这场战争，不是因为他们统帅的一番话，而是因为他们每个人的勇敢和他们互相之间的荣誉感,而波斯人早已习惯面对危险了。你们可以看到,罗马人不习惯混乱和无次序地作战,他们习惯等待波斯人有次序地进攻,而这决不是他们的优点。为此,我决定说一些劝诫你们的话,以便使你们不会被一些不真实的原因所欺骗。我不会让你们认为罗马人突然变成了更好的勇士,或他们变得更加勇猛或经验更丰富,而是他们比以前更加胆小了,从任何角度来讲他们都惧怕波斯人。你们看,他们不挖壕沟就不敢出战,甚至挖了壕沟也不敢向我们挑战,看到我们撤兵就异常高兴,整日龟缩在城里不敢出战,以为这样就可以躲过战祸。一旦开战,他们坚持不了多久就会害怕,再加上他们缺少经验,很可能会魂飞魄散,抱头鼠窜;而你们,波斯士兵们,一定要记住'万王之王'[1]是明察秋毫、赏罚分明的。如果你不勇猛杀敌,临阵退缩,那么等待你的将是耻辱和惩罚。"训诫之后,米拉尼斯领军出战。同样,贝利撒留和赫莫杰尼斯在出城前也将罗马士兵召集到要塞前训话以鼓舞斗志,他说道:"你们很清楚,波斯人并不是不可战胜的,你们比他们更强壮,更勇敢,以往,你们败于敌手是因为统帅的自大轻敌,指挥无方。现在,你们洗雪前耻的机会来了!当然,扭转失败的厄运不像医生治病那样容易,只要你们上下一心,听从号令,就一定能战胜波斯人。波斯人战胜我们的信心是建立在我们的混乱上的,这一次他们很失望,会像上次一样逃窜,他们人数众多是因为他

---

[1] "万王之王"是指波斯萨珊国王侯斯洛,即文中的科斯劳(Khosrau I, 531—579 年在位)。——中译者

们恐惧这场战争,所以你们应该藐视他们。他们只不过是由一群农民组成的乌合之众,他们参加战争不是为了军人的荣誉作战,而是要发战争财,抢劫死人身上的财物。由于这一原因,他们根本没有武器,因为兵器会给他们制造麻烦,他们只是手拿巨大的盾牌,目的是避免被敌人击中。只要你们勇猛作战,就能够打败波斯人,让他们为自己的愚蠢付出代价,再也不敢踏上罗马人的领土!"

贝利撒留和赫莫杰尼斯刚刚训话完毕,波斯大军就已杀到。罗马人迅速像前一天那样摆好阵势。米拉尼斯也有自己的排兵布阵之道,他安排一半士兵负责冲锋,一半士兵做预备队,时刻准备以充足的精力顶替战败的士兵。除此之外,他还组织了若干分遣小队,称为"敢死队",协同大部队作战。米拉尼斯坐镇中军,左军由巴莱斯马纳斯统领,右军则以皮提亚克斯为统帅。双方排好阵形,但都按兵不动。这时罗马军顾问法拉斯向贝利撒留和赫莫杰尼斯献计道:"我们这样对峙是不能打败敌人的,如果我们安排一部分军队埋伏在那个山坡上,等波斯人发起进攻时,就可以截断他们的退路,放箭重创波斯人。"贝利撒留十分高兴,依计行事。

直到中午,双方都没有开战。但是中午一过,波斯人就发动了冲锋。他们之所以拖到午后开战是因为他们习惯黄昏时节吃饭,而罗马人习惯午前吃饭。波斯人认为罗马人坚持不了多长时间就饿了,于是选择在罗马人饥肠辘辘时发动攻击。战斗伊始双方均以弓箭相互攻击。两军阵前箭如急雨,遮天蔽日,双方各有死伤。波斯人的箭更密集,更有杀伤力,因为他们轮流战斗,不断有精力充足的士兵补充,不给敌人以喘息之机。罗马军队处于顺风位,借助风力推动,他们的箭也颇具杀伤力。几轮箭雨过后,双方士兵手持长矛,展开肉搏。这时战斗已进入四分之一阶段,罗马军左翼伤亡惨重,因为他们的对手是波斯名将卡狄森尼(Cadiseni)和皮提亚克斯(Pityaxes),他们指挥有方,猛追穷敌,罗马败军挤作一团,死伤枕藉。苏尼卡斯和艾根急忙引军支援,法拉斯也率300名埃吕利人(无兵器只有盾牌的士兵)从山坡上包抄了波斯人的后路。双方狭路相逢,杀得昏天黑地,日月无光,尤其是卡狄森尼,堪称勇冠三军。当波斯人看到苏尼卡斯领军进攻其侧翼,掉头便逃,这一败退引发了全军大溃败,罗马军乘胜追击,波斯人死伤无数,仅右军至少有3000人被杀。残兵败将逃回方阵,罗马人也不追赶。战斗暂告一段落。

　　米拉尼斯暗中将"敢死队"增派到右军,进攻罗马人左军。这一企图被贝利撒留和赫莫杰尼斯及时发现,他们命令苏尼卡斯和艾根率600名士兵包抄敌人。波斯军在巴莱斯马纳斯(Baresmanas)的率领下,攻击罗马军队。波斯"敢死队"的增援使罗马人抵抗不住,节节败退。波斯人斗志旺盛,紧追不舍。这时,苏尼卡斯和艾根率军从侧翼杀出,一下将波斯军分割成两部分,右侧人马较多。苏尼卡斯一马当先,枪挑巴莱斯马纳斯军掌旗手,使波斯人无法首尾相顾。这时败退的罗马人也掉过头来,将波斯人彻底包围。虽然"敢死队"都聚集在巴莱斯马纳斯周围,但神勇的苏尼卡斯杀入重军之中,持矛挑巴莱斯马纳斯于马下。波斯人见主将被杀,斗志顿失,扔下武器,各自逃命,罗马人乘胜追击,把他们围成一圈,杀死5000人。双方军队都在移动,波斯人退却,罗马人追击,在这次战斗中,所有波斯军队的步兵都扔下盾牌被俘,后被杀死。远处的罗马人没有继续追击,因为贝利撒留和赫莫杰尼斯担心波斯人诈败,埋伏主力部队袭击罗马人,遂命令禁止鲁莽追击,对于罗马人来讲,保持胜利已经足够了,那一天波斯人被罗马人打败,战斗并没有持续多长时间,两军分开,波斯人也不想继续与罗马人激烈战斗了。此后双方各有零星的袭击战,罗马军始终保持优势地位。这就是罗马人在美索不达米亚的胜利。

第 15 章

在挥师进犯罗马疆域的同时,科巴德派另一支军队去征服亚美尼亚地区。这支军队由波斯亚美尼亚人(Persarmenian)和苏尼泰人(Sunitae)组成,他们的定居地与阿兰尼人(Alani)毗邻。除此之外,还有3000名骁勇善战的匈奴人,他们是萨比尔人(Sabiri)的后代。这支部队由梅尔梅罗(Mermeroes)统率,从塞奥多西欧波利斯(Theodosiopolis)出发,3天后到达佩尔萨门尼亚人的领地扎营,补充给养,整军备战。西塔斯是罗马皇帝派驻亚美尼亚的代表,全权指挥亚美尼亚军队,西塔斯的副将是亚美尼亚将军佐罗修斯,此人心思缜密,久经沙场。他们听说波斯军在佩尔萨门尼亚驻扎休整,便派两名心腹侍从前去刺探敌情。这二人乔装打扮,混入敌营,在摸清情况准备撤离时遭遇匈奴巡逻队,混战中一名叫达加里斯(Dagaris)的侍从被俘,另一人逃回军营向主帅汇报敌情。

罗马人当机立断，出其不意袭击敌营。蛮族人立足未稳，面对突如其来的袭击惊惶失措，弃营而逃。罗马人杀死大批敌人，又将营房洗劫一空，大胜而归。

梅尔梅罗没有因为出师不利而退却，他重整兵马向前进发。不久，波斯军逼近萨塔拉城（Satala），在距萨塔拉56斯塔德远的奥克塔瓦（Octava）安营扎寨。波斯大军有3万之众，罗马军队仅为敌军人数的一半。因此他们尽量避免在开阔地打消耗战。西塔斯面临强敌毫不畏惧，沉着应战，亲率1000人马在萨塔拉城外的小山上埋伏，佐罗修斯率其余军队守卫萨塔拉城。第二天，波斯人气势汹汹准备攻城，但西塔斯突然率军从山上冲下来。此时正值夏季，马蹄扬起干燥的尘土，但见征尘滚滚，遮天蔽日，波斯人见状，误以为罗马军队人数远胜于己，急忙放弃攻城，集结部队迎战。罗马军早料有此一招，急驰的骑兵一下就将波斯军冲散、分割。城中守军见状，士气大振，倾巢而出。波斯人腹背受敌，颇为被动，但因人数上占优势，尚可一战。于是两军在萨塔拉城前的平原上展开混战。此时，罗马军中一个叫弗洛伦蒂乌斯（Florentius）的色雷斯人指挥一小股骑兵杀入敌阵，所向披靡。弗洛伦蒂乌斯一马当先，抓住波斯军帅旗掷于马下践踏。他虽然没有冲出重围，受到波斯人的袭击倒下并被砍成几段。但这一举动已经证明胜利必将属于罗马人。波斯士兵见战旗已倒，斗志涣散，撤军回营。这一役，罗马人巧计设伏，以少胜多，杀伤大量蛮族军队，取得非凡的伟大战绩。波斯军在这次进军中开战不利，败于一支人数上少于自己的军队，更谈不上获得什么战利品。第二天一早，他们就撤军回国了。

与此同时,罗马人出兵夺取了波斯人的博伦姆(Bolum)和法兰吉姆(Pharangium)要塞。这两座要塞位于佩尔萨门尼亚,都是波斯人的金矿所在地,当地人要淘金献给国王。在此之前,要塞一度被扎尼人(Tzanic)占据。扎尼人是一支从罗马分离出来的民族。下面我讲述一下扎尼人是如何取得这一胜利的。

上文提到,托罗斯山脉从亚美尼亚、佩尔萨门尼亚一直延伸到伊比利亚。[1] 在山脉的另一侧,陡峭的万丈悬崖之上有一条小路蜿蜒于崇山峻岭之间,常年云雾缭绕,积雪不化。法息斯河(Phasis River)即发源于此,流经科尔奇斯大地。扎尼人自古就居住在这里,古时称为撒尼人(Sani)。他们居住的土地非常贫瘠,颗粒无收,只能靠偷盗为生,继而发展到抢掠路经于此的罗马商队。为解决这一棘手难题,罗马皇帝答应每年给扎尼人一笔黄金以换取商队的安全。扎尼人应允停止抢劫并按他们的民族传统立下誓言。但此后不久,蛮族人便背弃誓言,重操旧业,抢劫亚美尼亚人和罗马人。一次抢劫归来时,他们遇上了西塔斯(Sittas)率领的罗马军队。扎尼人曾是其手下败将,只因跑得快才没被俘。这次西塔斯没有诉诸武力,而是晓以大义,主动示好。蛮族人深受感动,放弃了自己强盗般的劫掠生活,改信基督教,加入罗马人的军队,并肩战斗,共同御敌。这就是扎尼人的历史。

越过扎尼人定居地的边界不远处有一道峡谷,山崖又高又陡,是高加索山的余脉。峡谷的那边就是佩尔萨门尼

---

[1] 见第1卷,第10章。

亚的领土了，那里城镇繁华，人口众多，葡萄和其他水果丰富。横穿峡谷大约要花三天时间，此处依然要向罗马纳贡，但从那里再往前就属于佩尔萨门尼亚的领土了，这里的金矿需经科巴德许可才可以开采。当地负责金矿开采并向波斯国王缴税的是一个叫西米恩（Symeon）的人。当他得知波斯、罗马两国开战后，就不再向科巴德上缴黄金，他本人和法兰吉姆要塞一起投入罗马人的怀抱，但仍把持两个金矿，不向罗马人上税。罗马人也对此视而不见，因为波斯人已经失去了这两个金矿，失去了一大笔收入，这已经令罗马人倍感高兴了。波斯人则因与罗马人开战而无法抽调兵力，因而对西米恩束手无策。

与此同时，上文提到的佩尔萨门尼亚人纳尔泽斯和阿拉蒂乌斯在战争一开始就遇到了西塔斯和贝利撒留[1]，他们被打败后当了逃兵，带着家眷来到罗马人的土地，投奔同乡、皇宫总管纳尔泽斯。纳尔泽斯总管不仅收留了他们，还给他们一大笔钱。佩尔萨门尼亚人纳尔泽斯的小弟弟伊萨克（Issac）知道后，私底下与罗马人取得联系，许诺将保卫金矿的博伦姆要塞拱手让与罗马人，此要塞与另一要塞塞奥多西波利斯仅一箭之隔，博伦姆落入罗马人手中，塞奥多西波利斯就成了囊中之物。伊萨克将要塞军事部署秘报罗马人，并约定时间，在深夜偷开城门，将罗马人放进要塞。就这样，他也去了拜占庭城。

---

[1] 见第1卷，第12章。

第 16 章

罗马人又遇到麻烦了。波斯人虽然在达拉城下一败涂地，但他们却拒绝从那里撤兵。罗马特使鲁菲努斯拜见科巴德，说："喔，国王，您的兄弟（指皇帝——译者）派我来，他以公正的态度责备你，因为波斯人毫无理由地侵略我国领土。您是一位智勇双全的国王，您当然知道，签订和约要比劳民伤财的战争好得多。我正是怀着这一良好愿望，为我们两国人民消除战乱，赢得和平。"科巴德回答道："喔，西尔瓦努斯的儿子，不要强词夺理，颠倒黑白。挑起战端的罪魁祸首正是罗马人。我们是出于波斯和罗马两国的利益才驻兵卡斯皮亚之门的。众所周知，你们的先帝阿纳斯塔修斯在以前曾经有机会买下卡斯皮亚之门，可他却不愿意代表两个国家花费钱财在那里驻扎军队。现在，我们驻扎军队，支付军饷，提供给养，威慑那里的蛮族人不再四处劫掠，使附近人民能安居乐业。而你们又是怎样报答善良的波斯人的呢？你们违反当年阿纳托利乌斯（Anatolius）[1]和波斯人签订的和约条款，修建达拉军事要塞以对付波斯人。这样一来我们波斯人既要对付马萨革泰人，不让他们肆意劫掠我们两国的土地和人民，还要时刻担心，提防你们的侵略。现在，关于这件事我给你两个解决方案，或是派兵与我们共同驻守卡斯皮亚之门，或是

---

[1] 这里普罗柯比出现笔误，两国和约当为阿纳斯塔修斯在位时签订的。见本卷第 9 章。——中译者

马上拆除达拉要塞，你只能任选其一。如果罗马人拒绝我，变本加厉地发动侵略，明杜欧斯城的下场就是前车之鉴[1]。现在罗马人可以选择和平，将公正还给波斯人；也可以反对我们的建议，挑起战端，波斯人决不会放下武器，定将血战到底，直到罗马人作出正确的决定：或者派兵驻守卡斯皮亚之门，或者拆除达拉城。"说完这席话，科巴德将使臣打发走，话中暗示可以通过金钱来解决问题。鲁菲努斯回到拜占庭，如实向查士丁尼禀报。不久后赫莫杰尼斯领兵还朝。冬天结束了，查士丁尼统治的第四年也结束了（531年）。

第 17 章

次年（公元 532 年）春，波斯将军阿扎莱塞斯（Azarethes）率 15000 名骑兵再犯罗马领土。随军出征的将领中有一人名叫阿拉芒达拉斯（Alamoundaras），是萨西斯（Saccice）之子，统领一支全由萨拉森人[2]（Saracens）组成的军队。与以往不同的是，这次波斯人没有先进攻美索不达米亚，而是选择幼发拉底西亚一处旧称科马格纳的地方。据我所知，波斯人以前从没这样做过。下面我就讲述一下为什么这个地方称为美索不达米亚以及波斯人在以往战斗中总要首先占据这里的原因。

亚美尼亚境内有一座坡度和缓的山岭，位于塞奥多西

---

[1] 见第1卷，第13章。
[2] 萨拉森人是古代中世纪欧洲文献中对阿拉伯人的称呼，后来泛指穆斯林。——中译者

欧波利斯以北约 20 斯塔德远。底格里斯河和幼发拉底河均发源于此。左侧是底格里斯河,从山上直冲而下,浩浩荡荡,流经阿米达城,折向北直到亚述（Assyria）土地,沿途仅有一些时常干涸的小河流汇入。右侧是幼发拉底河,流过一段距离后便消失了。它没有变成地下河,而是流入一片长约 50 斯塔德,宽 20 斯塔德的沼泽地,泥沼中长出了大片的芦苇。但是这里的土地坚硬如常,人们把这里当作寻常的道路,无论是步行、骑马还是四轮马车都可以安然通过。幼发拉底河从冻土层下流过。人们为了保持道路通畅,每年都焚烧芦苇。有一次将芦苇根部烧尽,水就从一个小口流了出来,后来很快又冻住了。幼发拉底河接下来流经塞莱森尼（Celesene）,这里是陶瑞安人（Taurians）的阿耳忒弥斯神庙所在地,据说阿迦门农（Agamemnon）[1] 王的女儿伊菲琴尼娅（Iphigenia）和她的弟弟奥雷斯特斯（Orestes）[2] 及皮拉迪斯（Pylades）逃亡到这里,建造了这座神庙。另一座神庙在科马纳（Comana）城内,一直保存至今,但不是上文所说的神殿。下面我就讲一讲陶瑞安人神庙的来龙去脉。

当年,奥雷斯特斯和他的姐姐离开陶瑞安人后,他在逃亡途中身患重病,他们向神询问病情时,按神谕启示他必须为阿耳忒弥斯修一座与陶瑞安人神庙一模一样的神庙,然后再剪下一绺头发并为此地命名,这样他的病才能不治

---

[1] 阿迦门农（Agamemnon）是古希腊神话中迈锡尼国王,特洛伊战争的主角之一。——中译者
[2] 伊菲琴尼娅（Electra）和奥雷斯特斯（Orestes）均为古希腊神话中人物。——中译者

而愈。奥雷斯特斯在前往本都（Pontus）的路上发现一个好所在：此处山峦高耸入云，峭壁万丈，山下伊里斯河（Iris）奔流不息。奥雷斯特斯认为这里就是神谕之处，便在此建了一座城市，城中还修建了一座气势恢宏的阿耳忒弥斯神庙，然后他剪下一绺头发，为该城命名，这就是今天的科马纳城。奥雷斯特斯做完这一切后，病情没有好转，反而加重了。他明白是自己没有理解神的意思，没有找对地方。于是他又一次踏上了寻找之路，最终在卡帕多西亚和陶瑞安两地之间找到一个地方，与上一次他修建神庙的地势非常相似。我也曾到过此处，怀着敬仰的心情想象当年奥雷斯特斯置身此地的激动心情。托罗斯山横穿此地，山峦起伏，萨鲁斯河汹涌澎湃，气象万千。奥雷斯特斯知道，他终于找到神所指示的地方，于是他在这里修建了一座城市并在城中建两座神庙，一座献给阿耳忒弥斯神，另一座乃是为姐姐伊菲琴尼娅所建。他剪下头发，将此地命名为"金科马纳"。这种神庙的建筑式样与构造后来被基督教徒所借鉴。至于奥雷斯特斯的病症，有人说是疯病，是他发疯杀了自己的母亲后所得[1]。现在让我们言归正传。

幼发拉底河蜿蜒流经陶瑞安、亚美尼亚和塞莱森尼，在这里，它与底格里斯河交叉而过，流过一片广阔的原野，许多支流汇集而来，其中包括阿尔斯努斯河（Arsinus），使幼发拉底河流量大增，流经佩尔萨门尼亚时，已是一条波涛汹涌的大河，随后流过古代白叙利亚人的定居地，也

---

[1] 作者此处所述与古希腊神话有所区别。奥雷斯特斯、伊菲琴尼娅为报父仇而杀母。——中译者

就是现在的小亚美尼亚,梅利泰内(Melitene)是此处最重要的城市之一。川流不息的大河继续前行,流过萨莫萨塔(Samosata)和赫拉波利斯(Hierapolis)以及其他一些城镇直至亚述。从萨莫萨塔开始(此地古时被称为科马格纳,现在以该河命名[1])幼发拉底河与底格里斯河再度交汇,两条河流之间肥沃丰美的土地被称为美索不达米亚。这一地域也有一部分土地另有其他的称呼,如阿米达附近称为亚美尼亚,以埃德萨为中心的地区被称为奥斯罗尼(Osroene),是以此地古代的一位国王奥斯罗斯(Osroes)的名字命名的。当时这个国家是波斯人的盟友,曾帮助波斯人夺回尼西比斯和美索不达米亚的其他地区。后来他们占据了幼发拉底河以外的荒地,因为这里距罗马人的疆域很近,他们便以此为根据地出兵骚扰罗马人。

上文谈到米拉尼斯[2]吃了败仗,大部分波斯军都被打散了。他带着残兵败将回到波斯,受到了科巴德的惩罚,被褫夺由黄金和珍珠制成的珠冠,这对于波斯人来说是仅次于国王的最高荣誉。因为在波斯,若非获得国王本人的恩准,任何人都不能佩戴金耳环或腰带(胸带)、胸针之类的饰物。

科巴德苦苦思索打败罗马人的方略。米拉尼斯惨败之后,他不相信任何人,感到束手无策。此时,萨拉森国王阿拉芒达拉斯(Alamoundaras)[3]前来求见,劝慰他道:

---

[1] 幼发拉底西亚,见本章。
[2] 意为贵族。
[3] 萨拉森国王指6世纪阿拉伯人的拉克米德王朝(Lakhmid),该王朝承认萨珊波斯的宗主权。——中译者

"不是每件事情都能得到幸运，也不能期望每战必胜，因为这是不现实的，抱这种态度的人是不幸的，他们难以承受美梦的破灭。对他们来说，希望越大，失望也越大，失败时所受的伤害就越大，他们会难以承受，犯下更严重的错误。人们很难一直对未来充满信心，更难直面战争这一残酷的、难以预测的东西。他们虽然夸耀自己兵强马壮，而在实际战斗中却要手腕使诡计来战胜对手，用这种方式作战的人根本没有必胜的把握。现在，'万王之王'，不要因米拉尼斯的失败而烦恼，也不要奢求幸运之神能一直眷顾您。事实上，每次出兵您总是先攻打美索不达米亚和奥斯罗尼，这些地方离罗马帝国非常近，敌人很容易得到补充，那里的要塞也异常坚固，兵多将广。我们在这种条件下同敌人争胜负是十分不利的。而在幼发拉底河以外，毗邻叙利亚的地方，那里的城市不设防，没有军队驻扎，这是我派出的萨拉森间谍打探到的。安条克是那里的第一大城市，人口众多，非常富庶，而且根本没有士兵驻扎，那里的人们只关注庆祝、狂欢和奢华的生活，喜欢观看竞技场里的比赛。如果我们攻其不备，快速奔袭，将其洗劫一空后迅速返回波斯，那么美索不达米亚的罗马军得知消息后根本没有时间驰援。至于水源和其他供给不必多虑，我将亲自领军出征。"

科巴德闻听此言，深以为然。阿拉芒达拉斯经验丰富，既勇猛善战又小心谨慎，在长达 50 年的时间里，这位将军一直都令罗马人折服。当年他从埃及（Aegypt）边界出发，横扫美索不达米亚，每到一处便洗劫一空，烧毁建筑，俘虏上万人，其中多数被杀死，剩下的用来勒索赎金。每次作战前，他都详细研究敌手后再发动袭击，因而战无不胜。他的原则是行动时疾如闪电，当敌方的将军得到战报并带兵赶来时，他早已带着战利品溜之大吉了。实在跑不掉的情况下，他就乘追兵尚未做好准备时以迅雷不及掩耳之势杀敌人一个措手不及。有一次他甚至将追击的敌军全部俘获，其中包括鲁菲努斯的兄弟蒂莫斯特拉图斯（Timostratus）、卢卡斯（Lucas）的儿子约翰（John）等人，他利用这些人勒索赎金，发了一笔小财。总之，这个人是罗马人最危险的劲敌。除此之外，阿拉芒达拉斯是波斯疆域内所有萨拉森人的国王，可以随时将他们团结到一起对付罗马人，其他那些被称为"首领"（duces）的罗马统帅或归附罗马人但仍称为"酋长"（Phylarchs）的萨拉森人[1]首领都没有足够实力对抗阿拉芒达拉斯。因为驻地分散难以抗敌，所以（531年）查士丁尼皇帝命令所有萨拉森部落都以加巴拉斯（Gabalas）的儿子阿里萨斯（Arethas）为阿拉比亚萨拉森人的国王，这是史无前例的。然而阿拉芒达拉斯依然所向披靡，因为阿里萨斯手下的萨拉森将领在对外作战时不是败北就是叛变。这样一来，没有人能够抵抗阿拉芒达拉斯，他又非常长寿，这一切使他得以在相当长时间内肆无忌惮地劫掠东方。

---

[1] 这里指6世纪阿拉伯人的加沙尼德王朝（Ghassanid），该王朝承认拜占庭帝国的宗主权。——中译者

第 18 章

科巴德对阿拉芒达拉斯的建议深为嘉许,任命他为主帅,非凡的波斯勇士阿扎里塞斯(Azarethes)为副将,率 15000 名士兵远程奔袭罗马帝国。他们横渡亚述地区[1]的幼发拉底河,穿越一些荒芜的村落,突袭科马格纳,这是波斯人第一次没有从美索不达米亚发动攻击,罗马人完全没有防备,惊慌失措,陷入瘫痪状态。贝利撒留得知这个消息,起初也十分震惊,但很快镇定下来,率军火速驰援。他在沿途每一个城市都组织起守备队,以防科巴德另派军队偷袭这些不设防城市。贝利撒留的援军有 2 万人马。其中统率骑兵的军官都参加过达拉战役,与米拉尼斯交过手,具有丰富的对波斯人作战经验。步兵则由查士丁尼近身护卫彼得统帅。骑兵中另有 2000 多名伊苏里亚士兵,由隆吉努斯(Longinus)和斯特凡纳西乌斯(Stephanacius)率领,阿里萨斯麾下的萨拉森人也来助阵。贝利撒留得到情报说敌人在加布隆(Gabboulon)出现,在卡尔西斯(Chalcis)安营扎寨,两地相距 110 斯塔德。阿拉芒达拉斯和阿扎里塞斯知道这一情况后,为避免同罗马军主力硬碰,决定撤兵回国,罗马军则紧追不舍,双方仅相差 1 天的路程。幼发拉底河在他们的左侧,罗马军队每晚都在波斯军队露营之处露营,贝利撒留不让军队继续行军,因为他不想与敌

---

[1] 亚述地区泛指两河流域北部地区,以古代亚述帝国(公元前 20—公元前 7 世纪)而得名。——中译者

人开战。另外，考虑到波斯人和阿拉芒达拉斯在入侵罗马土地后因长途奔袭却一无所获并被赶出了罗马，这就已经达到战略目的了。属下们上至将领下至士兵都因此嘲笑他，但没有敢当面直说。

波斯军退至幼发拉底河畔卡利奈孔城（Callinicus）对面的地方扎营休整，他们准备穿越一片荒无人烟的地域回到波斯。罗马军追到岸边，在苏拉城（Sura）休息，两军隔岸相望。这一天是复活节前夜，基督徒必须整日禁食。看到波斯人在对岸大吃大喝，罗马士兵难以按捺心中怒火，纷纷要求发动攻击，连皇帝特使赫莫杰尼斯也支持他们。贝利撒留劝诫士兵们说："喔，罗马人，你们要干什么？要往哪里冲？你们为什么要做不必要的冒险呢？要知道真正的胜利是以最小的付出击败敌人，而我们现在已经做到了。波斯人兴师动众，劳民伤财地发动对罗马人的远征，不但一无所获，还被穷追猛打，他们害怕我们，急于逃回老家。我们已经取胜了，应该庆贺才对。如果我们继续追赶，把波斯人逼急了反过来与我们开战，就不是什么好事情了。即使我们赢了，也没有得到任何新的战果；如果我们不幸被敌人打败，那么不但失去了已取得的胜利，还将被迫放弃那些不设防的城市。好好考虑一下，士兵们，上帝只会同情和拯救那些身陷危难的人，而不会怜悯那些拿生命开玩笑、无故涉险犯难的人。即使很有勇气，也不要轻易改变自己的意愿，况且，我们还面临其他一些困难：我们多数是步兵，不利于机动作战，又十分疲乏，我们都在禁食，一部分兵马还没赶上来。所有这一切都说明不宜于再追赶波斯人了。"

但士兵们却不听他的劝告，大喊大叫，侮辱他软弱无能，扰乱军队斗志，甚至一些将领也参与其中。贝利撒留对下属的无礼犯上十分震惊。于是他改变初衷，鼓舞士兵去打击敌人。他说，没想到士兵们杀敌的热情如此高涨，现在他对打败敌人有了更大的信心。贝利撒留摆下攻击阵形，将步兵集结在左翼，将阿里萨斯的萨拉森士兵布置在右翼的斜坡上，自己率全部骑兵坐镇中军。波斯将军阿扎里塞斯看到罗马人已经排好了战斗阵形，便对手下士兵说："你们都是波斯士兵，谁也不能否认你们有选择生或死的权利。如果你们有机会逃脱死亡，那么屈辱地活着也无可非议，可以选择生而放弃壮烈的死。但现在，你们背水一战，身处险境，或者是英勇杀敌而死去，或者是做敌人的俘虏屈辱地活着，或者是侥幸逃回国接受主人的惩罚，这时不去选择战斗而选择耻辱是极其愚蠢的。现在，士兵们，你们勇敢地面对敌人和他们的上帝，去战斗吧！"

说完这番话之后，阿扎里塞斯列队迎敌，他把波斯人安排在右翼，萨拉森人在左翼。旋即两军短兵相接，战斗异常激烈。双方的弓箭手在混战中发挥很大的杀伤力，许多人中箭身亡。虽然波斯人的箭射得快，但他们的弓力量很小，射出的箭对躲在盾牌后面和盔甲里的敌人根本不能构成威胁。罗马人射箭速度虽慢，但他们用的是强劲的硬弓，波斯人的盔甲难以抵御罗马人的利箭。双方混战半日，未分胜负。这时，波斯人改变战术，调集精兵攻击罗马人的薄弱之处，即右翼的萨拉森人。这些萨拉森人如果勇敢迎击，应该能够打退波斯人的攻势，但是他们看到波斯军来势凶猛，便丢盔弃甲，狼狈而逃。此役之后，萨拉森人背上了叛徒的恶名。波斯人一举冲破罗马人的战线，继而包抄到罗马骑兵的后面。罗马士兵长途追击，再加上已禁食一天，又长时间作战，本已疲惫不堪，现在又腹背受敌，就支持不住了。大多数人溃退了，逃进河里，游到河中的小岛上避难。剩下的士兵表现出惊人的毅力和勇气，决不后退。猛将阿斯坎左冲右突，所向披靡，接连斩杀数名敌将，最后筋疲力尽，被砍成几块，死于乱军之中，他的勇猛令敌人胆寒。与他一同英勇杀敌牺牲的还有 800 名士兵。几乎所有的伊苏里亚士兵都被歼灭，他们甚至还没来得及拿过武器就投入战斗，因为他们全部都是刚应召入伍的农民，其中大部分是利考尼亚人（Lycaones），根本没有经历过战争，也不熟悉武器。当初就是他们斥责贝利撒留懦弱胆小，现在却成为蛮勇的牺牲品。

贝利撒留目睹阿斯坎和他的战友们浴血奋战，便冲过去支援他们，但他身边的士兵也所剩无几，许多人都逃跑了。于是贝利撒留命令骑兵下马徒步作战，他身先士卒，杀入乱军之中。一些刚刚溃逃的罗马士兵见状也转身汇集进来，与主帅并肩作战。贝利撒留率军冲到河边，以免被敌人围攻。现在罗马人背水一战，只能置之死地而后生。战斗再次白热化。罗马士兵人数虽少，但他们聚集成密集方阵，用盾牌形成一道坚强的防线，这样便于向敌人射箭，而敌人却难以射中他们。就这样，他们顽强地顶住了波斯骑兵一次又一次的冲击。罗马军的盾牌来回相撞，发出响亮的声音，令波斯人的战马十分畏惧，不敢前进。双方一直激战到夜晚，波斯人首先收兵回营。贝利撒留与几个人找到了一艘运输船，乘船来到河心小岛上，其他罗马士兵也纷纷游泳来到这里。翌日，罗马人从卡利奈孔调来运兵船，从水路将士兵运了回去。至于波斯人，掠夺了尸体之后便乘船回国了。匆忙之中他们没有清点人数，不然的话就会发现罗马人的伤亡更多。

阿扎里塞斯领军回到波斯。尽管他在退却中打败了罗马人，但科巴德却很不满意。波斯人有一个习惯，部队每次出征前，国王坐在宝座上，在他面前放着许多篮子，领兵的将军也在那里，士兵从国王面前经过时，每人往篮子里扔一件武器，它们将被封存。军队打完仗回来时，每个士兵再从篮子里拿走一件武器，一个专门负责计数的军官向国王汇报余下的武器数量，即没有回来的士兵的数量，用这种方法可以统计出死亡的人数。这个习惯在波斯人中已经流行很久了。阿扎里塞斯的军队领取武器后，剩下了许多武器，而且他们没有完成征服并掠夺安条克的任务。尽管阿扎里塞斯打败了贝利撒留，科巴德命令阿扎里塞斯的军队从他面前走过，每人从篮子里拿一件武器，他看到余下的武器很多，于是指责阿扎里塞斯的胜利牺牲太大，将他的官阶一降到底。阿扎里塞斯的胜利就这样结束了。

第 19 章

此后不久，查士丁尼希望同埃塞俄比亚人和霍默利泰人结盟以共同对付波斯人。在这里有必要首先叙述一下这些民族分布的位置以及查士丁尼的战略意图。红海东起印度，西至巴勒斯坦边界入海口上的埃拉斯（Aelas）城。这里是罗马统治区。在埃拉斯处形成一个狭窄的港湾。如果你从这里出发，可以看到两岸的陆地：西边是埃及的山脉，绵延不断，向南方伸展，东边则是广阔的荒芜之地。航行至1000斯塔德处可见一座名为伊奥塔布（Iotabe）的小岛，岛上世代居住着希伯来人，查士丁尼时代他们臣服于罗马帝国。船过伊奥塔布岛后，海面豁然开阔。此时航船沿左侧海岸线航行，只能日间前进，晚上最好不要航行，因为这条航线上遍布礁石浅滩。这一带有为数众多的天然良港，来往船只可轻而易举地寻得避风休息的港湾。

沿这条海岸线[1]向东越过巴勒斯坦边界就到了萨拉森人的地界。他们自古就定居在这里，生活在棕榈树丛林中。这片内陆的丛林非常广袤，但除了棕榈树什么也不长。阿博考拉布斯（Abochorabus）曾是萨拉森人首领，他被查士丁尼皇帝委任为巴勒斯坦地区萨拉森人的海军统帅，保护这条海岸线免受外敌和蛮族的侵略。阿博考拉布斯精力充沛，但谨慎有余，胆量不足。他曾把这一地区的棕榈树作为礼物送给查士丁尼。实际上皇帝根本不需要这个礼物，因为这是一块干燥荒芜的土地，交通闭塞，到最近的城市也得走10天，棕榈树也没有什么经济价值。查士丁尼只是形式上接受这些礼物，实际上仍由阿博考拉布斯掌管此地。与他们毗邻而居的是马德尼（Maddeni）萨拉森人，他们臣服于居住在海对岸的霍默利泰人。除此之外，这里还杂居着一些其他民族，甚至有保留食人生番传统的萨拉森人。再向东就是印度的疆域了。闲话少叙，言归正传。

---

[1] 这里提到的是阿拉比亚海岸。

与霍默利泰人隔海相望的是埃塞俄比亚人。因为他们的国王定都奥苏密斯城堡,所以他们又被称为奥苏密泰人。两个国家相距很远,在有微风吹送的情况下乘船也要走5天5夜。这片海面也被称为红海。此处没有浅滩暗礁,夜晚也可以行船。这里到埃拉斯城之间被称为阿拉比亚湾,从这里到加沙城(Gaza)之间的地域以前称为阿拉比亚,古时阿拉伯国王的宫殿就设在佩特拉城(Petrae)。现在这一带的港口都属于霍默利泰人。他们通过海路与埃塞俄比亚人进行贸易往来:从布利卡斯港(Bulicas)出海,穿过红海,在阿杜利泰人(Adulitae)的港口上岸,再通过20斯塔德之外的阿杜里斯城走陆路到奥苏密斯(Auxomis)城,这样可省12天的路程。

我们在印度和红海见到的所有船只与其他地方的都不一样,船体既不用铁钉,也不用沥青或其他材料,而是用一种细绳绑在一起。许多人猜测这是因为这一地区盛产磁石,所以不能用铁,事实并非如此,我曾随罗马船队乘船路过此地,尽管罗马人的战船有大量铁器,但却什么事都没发生。真正的原因是此地不能产铁,也不从罗马进口铁。因为罗马法律对此明令禁止,违令者斩。这就是红海[1]及其周边地区的概况。

一个轻装旅行者从奥苏密斯城出发,走30天就可以到边界,另一边就是罗马人统治的埃及地区,埃勒凡泰尼城(Elephantine)就坐落在这里。此处有许多民族国家,其中以布莱米人(Blemyes)和诺巴泰人(Nobatae)势力最为

---

[1] 指阿拉伯湾。

强大。布莱米人定居在这一地区的中心地带，而诺巴泰人则占据尼罗河流域，从这里再步行7天便可以到达罗马帝国的边界。当年罗马皇帝戴克里先到这里视察时，曾因为这里贡物数量少而不满（因为这个国家的大部分是山地，物产贫瘠）。这里自古就组建了一支规模庞大的军队，供养军队加重了人们的负担。诺巴泰人本来居住在奥埃西斯城（Oasis），他们经常抢劫这一地区，因此戴克里先说服蛮族人迁居到尼罗河沿岸地区。这样便可以保证奥埃西斯城附近地区的安全了，而且当他们拥有了自己的土地后，也许还能牵制布莱米人和其他蛮族人。戴克里先允诺为诺巴泰人建设更大的城市，给他们更好的土地，每年付给他们一定数量的黄金，直到今天仍没有中断。诺巴泰人非常高兴，迁居到指定地区，占据了尼罗河两岸的原属于罗马人的城市，包括埃勒凡泰尼城以外的地区。但是好景不长，诺巴泰人积习难改，他们不但不向罗马人缴纳贡赋，还时常出兵骚扰附近的罗马人城镇。仅用承诺来约束蛮族人是不够的，必须辅之以武力威慑。因此，戴克里先下令在尼罗河中的一个岛上建造了一座巨大坚固的堡垒，此处距埃勒凡泰尼城很近。堡垒中修建了罗马人和蛮族人共享的神庙和祭坛，让牧师和布莱米人、诺巴泰人一起住进城堡，通过共同进行宗教活动以促进两国间的友谊，此地被称为菲莱（Philae）。这一措施取得了一定的成效，现在这两族人都信仰希腊的神祇，崇拜伊西斯和奥西里斯[1]，尤其崇拜普

---

[1] 伊西斯（Isis）和奥西里斯（Osiris）均为古埃及神话中的神。——中译者

里阿普斯[1]。菲莱城的这些神殿保存至今。但蛮族人的一些陋习令人难以容忍,如布莱米人仍用活人祭天,因此查士丁尼下令拆毁这些神庙。前文提到的逃到罗马的佩尔萨门尼亚人纳尔泽斯[2]曾是当地军队的统帅。据他说,曾按皇帝命令拆毁神庙,将神像运回拜占庭,让蛮族的祭师充当守卫。下面我们重叙前文,讲一讲查士丁尼怎样利用这两国人以及结果如何。

第 20 章

正当罗马人与波斯人交战的时候,埃塞俄比亚人与隔海相望的霍默利泰人(Homeritae)也发生了一场战争。埃塞俄比亚人的国王赫莱修斯(Hellestheaeus)是一位虔诚的基督徒。他听说有一些霍默利泰人在残酷迫害那里的基督徒,这些恶棍大部分是犹太人,信奉一种希腊人的(Hellenic)古老宗教。他不能坐视不管,便组织了一支军队乘战舰渡海作战,打败了敌人,杀死了霍默利泰人的国王。他宣布霍默利泰人的国土归他管辖,指定一个名叫埃斯米发尤斯(Esimiphaeus)的霍默利泰人管理此地,负责每年向埃塞俄比亚人缴纳贡赋。在这支埃塞俄比亚军队中有许多奴隶,他们向往这块土地肥沃、物产丰饶的乐土,不愿随国王回国,于是都当了逃兵,留在此地定居。

不久之后,这些奴隶同另一些人一同起事,推翻了傀

---

[1] 普里阿普斯是(希腊神话中)狄奥尼索斯和阿佛洛狄特之子,男性生殖力之神,也是园艺和葡萄种植业的保护神。——中译者
[2] 见第 1 卷,第 15 章。

偏国王埃斯米发尤斯,将他囚禁起来,推选霍默利泰人阿布拉姆斯(Abramus)为新国王。此人信奉基督教,曾是奴隶,他的主人是在阿杜里斯城(Adulis)[1]从事运输的罗马公民。赫莱修斯知道后,决定惩罚这些胆大包天的造反者。他派了一支3000人的部队,由他的一个亲戚统率,前去征讨。谁知这些士兵一踏上这块神奇的土地,都无心作战,想在这里过天堂般的生活。当统帅犹蒙在与敌人谈判时,他的手下突然发难,杀了他并投降敌军。赫莱修斯暴跳如雷,又派了一支军队前去交战,也被打得落花流水。赫莱修斯从此心存畏惧,再不敢派兵去攻打。赫莱修斯驾崩,新国王继位后,阿布拉姆斯同意每年向他缴纳一笔贡赋以换取和平,从此两国之间相安无事。

在赫莱修斯和埃斯米发尤斯在位期间,查士丁尼派朱利安为使节来到这里,提出这两个国家都同罗马人一样信仰基督教,因此应共同联手对付异教徒波斯人。查士丁尼的计划是,让擅长贸易的埃塞俄比亚人把丝绸生意从波斯人手中抢过来。此前波斯人一直垄断丝绸贸易,他们从印度购进,再高价卖给罗马人。(罗马人喜欢用这种丝绸做长袍,古希腊人称之为"Medic",现在称为"Seric"[2])。至于霍默利泰人,查士丁尼希望他们拥立一个以前的逃犯后来成为马德尼人战俘的人凯苏斯(Caïsus)为王,再建立起由他们和马德尼萨拉森人组成的军队进攻波斯。这个凯苏斯生来就有军事领袖相,勇猛善战,他杀了埃斯米发

---

[1] 阿杜里斯城(Adulis)是红海北部海港,古代阿克苏姆王国首都。——中译者
[2] 拉丁文serica是从"中国"(seres)一词转化而来。

尤斯的一名亲戚后，躲到一个荒无人烟的地方隐居。查士丁尼希望他们赦免这位犯案外逃的勇士，让他重披战袍。两个国王表面上一口应承，将使臣打发走，实则阳奉阴违。事实上，对于埃塞俄比亚人来说，要想从波斯人手中抢生意是根本不可能的，因为波斯人不仅控制了所有印度商船停靠的港口，而且每次都将货物全部买下，根本不给他人染指的机会。霍默利泰人更不想穿越荒漠去与更加凶猛善战的波斯人为敌。阿布拉姆斯在统治地位稳固之后，对罗马人虚与委蛇，虽然多次答应查士丁尼出征，只有一次派了军队，但半途又折返回来，没有任何实质性的行动。这就是罗马人和埃塞俄比亚人、霍默利泰人之间的关系。

第 21 章

当贝利撒留在幼发拉底河畔与波斯人鏖战之际，赫莫杰尼斯晋见科巴德，希望能达成和平协议。但因科巴德仍对罗马人怒气未消，所以赫莫杰尼斯的使命没有完成，无功而返。皇帝召贝利撒留回拜占庭城，免了他的将职，派他去攻打汪达尔人。同时，查士丁尼皇帝命令西塔斯负责保卫帝国东部边疆。时隔不久，波斯军在沙纳兰吉斯、阿斯佩贝德和梅尔梅罗率领下再度进攻美索不达米亚，来势迅猛，无人敢挫其锋芒。波斯军长驱直入，包围了马提洛波利斯城。这座城市位于阿米达以北 20 斯塔德的尼姆费翁河（罗马和波斯两国的界河）边的索凡尼（Sophanene）地区。城中只有布泽斯和贝萨的守备队，面对强敌，他们毫不畏惧，奋勇抵抗。但由于城墙不坚固，已毁坏多处，城中的补给也不充足，他们没有作长期防御的准备，加之波斯人又是攻城略地的能手，所以很快罗马守军就支持不住了。这时，西塔斯率军来支援，赶到离马提洛波利斯（Martyropolis）100斯塔德的阿塔察斯（Attachas），不敢贸然前进，便在此安营扎寨。随军出征的赫莫杰尼斯作为拜占庭的使节前去和谈。随后发生的事情峰回路转，出人预料。

自古以来，波斯人和罗马人都用国家财产豢养间谍，秘密派往敌方刺探搜集情报。大多数间谍都对主人忠心耿耿，但也有背叛变节、向敌人出卖情报的情况。就在马提洛波利斯攻城战开始时，有一名潜伏在罗马的波斯间谍投降了查士丁尼，向他泄露了蛮族人的很多情况，其中有一条重要情报：一支马萨革泰人部队准备与波斯军队兵合一处，共同进攻罗马人。查士丁尼证实这个情报的真实性之后，重赏了这名间谍，然后巧布疑兵之计，让间谍回到围攻马提洛波利斯的波斯军中，报告主帅沙纳兰吉斯说马萨革泰人已被罗马人收买，即将前来攻打波斯人，以解马提洛波利斯之围。波斯统帅闻听此言，半信半疑，举棋不定。

此时，波斯国内出了大事。国王科巴德身染重症，自知不久于人世。他将心腹重臣梅波迪斯（Mebodes）唤至病榻前，口述了遗嘱。他将王位传给儿子科斯劳，但又担心自己死后有人会觊觎王位，威胁波斯统治的稳定。梅波迪斯记下了这份遗嘱，担保说他将尽力辅佐科斯劳。（531年9月13日）科巴德与世长辞，他的担忧是有预见性的。国葬刚结束，根据法律，其长子考塞斯（Caoses）就对科斯劳继承王位的合法性提出质疑。梅波迪斯拒绝了他，声明任何人在王位这件事上提出异议，必须由波斯贵族集体商讨决定。考塞斯人望甚佳，自认为必将得到大家的支持。谁料在大会上，当着全体贵族的面，梅波迪斯宣读了科巴德临终前的遗嘱，宣布科斯劳为波斯新国王。

与此同时，在马提洛波利斯城的守军很快就要抵抗不住了，波斯人虽然相信了间谍的情报，但仍未下定决心撤军。于是守军又派使节前往规劝波斯人，说："你们可能尚未察觉，你们的军队已经成为两国和平的障碍。我们的皇帝已经派特使去晋见波斯国王，商讨怎样将此事和平解决。如果你们能马上撤军，无疑将大大推动这件有益于两国人民的事情的顺利发展。为证明我们所言属实，我们可以派有威望的人到你们军中充当人质，直至这件事顺利解决。"这时恰好科巴德驾崩，科斯劳继位的消息传来。波斯将领既感到新君继位，情况尚难预料，又担心匈奴人来犯，便爽快答应了罗马人的要求。随后，罗马人把马丁努斯和西塔斯的近身侍从塞尼西乌斯（Senecius）作为人质送来，波斯人就撤军了。此后不久，匈奴人入侵罗马，但没有发现盟友波斯人，劫掠一番后就离开了。

第 22 章

鲁菲努斯、亚历山大、托马斯三人以罗马特使的身份与赫莫杰尼斯一同觐见波斯国王，双方在底格里斯河畔会面。科斯劳看到罗马人果然重信守义，便释放了军中的人质。三位使节花言巧语，哄得科斯劳笑逐颜开，他同意与罗马人签订和约，但条件是，罗马人必须每年纳贡 11000

镑黄金[1];驻扎在美索不达米亚的罗马军队放弃达拉,退回康斯坦提纳,波斯一方不仅不归还拉齐卡的要塞,而且要求罗马人把法兰吉姆和博伦姆要塞还给波斯人;同意只要黄金如数奉上,罗马军队就可以不必拆毁达拉城,也可以不与波斯人共同驻守卡斯皮亚之门[2]。罗马使臣同意了大部分条件,但拉齐卡一事必须请示皇帝。他们派鲁菲努斯回拜占庭城,以70日为限。鲁菲努斯面见查士丁尼,汇报科斯劳所提的条件,查士丁尼命令他接受这些条件,尽快与波斯签订和约。

正当鲁菲努斯星夜兼程赶回时,一个谣言传到了科斯劳耳中,说查士丁尼得知他所提的条件后,非常生气,当场处死了鲁菲努斯。科斯劳既感到不安又十分气愤,他决定率全部军队倾巢而出去攻打罗马人。波斯军队刚离开尼西比斯城,就遇上了携黄金而归的鲁菲努斯,于是波斯部队又回到尼西比斯。但是此时查士丁尼已经后悔自己放弃了拉齐卡要塞,命使者传信决不能把拉齐卡交给波斯人。因此,科斯劳虽然收下了钱,却拒绝签订和约,而且拒不归还拉齐卡,同时命令军队继续前进。鲁菲努斯决定舍命冒险。他平躺在波斯大军的前面,要求科斯劳归还赎金,推迟战争,不要攻打罗马人。波斯国王对他也无计可施,命令他起来,同意他的要求。于是罗马使臣拿着钱回到了达拉城。

实际上,鲁菲努斯的随从们担心他怀疑他们造谣,便

---

[1] 镑(centenaria)是罗马拜占庭帝国计量单位,源自拉丁语"百"(centum)。——中译者
[2] 见本卷第16章。

抢先向查士丁尼告密，说鲁菲努斯私自答应科斯劳的全部条件。这次查士丁尼没有轻信告密者，明察秋毫，没有冤枉好人。此后不久，鲁菲努斯和赫莫杰尼斯再次出使波斯，顺利地与波斯人签订和约。双方商定各自的军队均退出在战争中占领的土地，达拉城不驻扎任何军队，至于伊比利亚人，让他们自己决定其去留。一部分人回到了波斯，也有许多人留在了拜占庭。这个和约没有时间限制，被称为"无限期和平"。罗马人把法兰吉姆和博伦姆要塞还给波斯人，波斯人也归还了拉齐卡。双方还交换了战俘，罗马人用一个无足轻重的波斯人换回了非凡的勇士达加里斯（Dagaris），此人后来率军驱逐匈奴军队，夺回了被抢占的罗马土地。签约这一年是查士丁尼在位的第六年（即532年）。

第 23 章

和约签订后不久，波斯国内发生了一件震动朝野的大事，其经过是这样的：科巴德的儿子新国王科斯劳是个不守法的人，喜欢异想天开地改革，时常莫名地兴奋或恐惧，还要把这种感觉强加于人。许多波斯贵族、社会名流对他的统治十分反感，便密谋推翻他，另立新主。大家一致赞同推举科巴德的次子察梅斯（Zames）为国王，但法律不允许一只眼睛的人当国王。密谋者想出了一个办法，拥立察梅斯的儿子、那个和其祖父同名的小科巴德为王，察梅斯则以孩子监护人的身份摄政。他们满怀热情地去见察梅斯，说服他同意这个计划。正当密谋者准备发动政变时，不慎走漏消息，科斯劳马上采取行动，杀了察梅斯全家，包括他的所有兄弟和男性子嗣，以及所有参与密谋的波斯贵族，其中包括科斯劳的舅舅阿斯佩贝德（Aspebedes）。

察梅斯之子小科巴德由波斯帝国大将军沙纳兰吉斯·阿德古顿巴德斯（Chanaranges Adergoudounbades）抚养，一直不在京城，因而幸免于难。科斯劳决定斩草除根，写信命令沙纳兰吉斯杀掉这个孩子。沙纳兰吉斯收信后非常悲痛，哀悼那些冤死的人。他的妻子，也就是小科巴德的养母跪在他面前，泪流满面地哀求他放过这个孩子，沙纳兰吉斯也不忍心杀害一个无力反抗的无辜少年。夫妻两人经过商议决定，由沙纳兰吉斯写信给科斯劳谎称已将小科巴德杀死，实际上将他秘密地隐藏起来。这件事除了沙纳兰吉斯夫妇、他们的亲生子瓦拉麦斯（Varrames）和一个最信赖的忠仆之外，没有任何人知道。斗转星移，时光飞逝，小科巴德渐渐长大成人，沙纳兰吉斯担心此事泄露，便给了小科巴德一笔钱让他逃往异地他乡。科斯劳及其手下都没有发现这件事。

后来，科斯劳率军进攻科尔奇斯，战争经过将在下文讲述[1]。沙纳兰吉斯的亲生儿子瓦拉麦斯是国王的侍从，他还从家中带了几个仆人，其中包括那个知道这个秘密的仆人。瓦拉麦斯为讨好国王，便向他泄露了关于小科巴德的所有事情，并让那名仆人作证。科斯劳听后勃然大怒，他无法忍受属下的背叛行为。但由于沙纳兰吉斯是镇守一方的军事统帅，没有正当理由不能随便调动，所以科斯劳

---

[1] 见第 2 卷，第 17 章。

想出一条计策。从科尔奇斯回国时,他宣布将要兵分两路,从幼发拉底河两岸同时夹击罗马人,他自己统率一路人马,另一路统帅应由功勋卓著、久经战阵的人来担任。他手下除了沙纳兰吉斯之外没有人能担当此任。于是他下诏命令沙纳兰吉斯出征。沙纳兰吉斯自认得到皇帝青睐,十分欣喜,完全忘记了险恶的处境,率领另一支部队出发了。由于上了年纪,再加上征途劳累,沙纳兰吉斯体力不支,从马上掉了下来,摔断了腿。国王亲自来探望他,特许他不用再带兵随同自己远征了,要求他一定要去附近的一座要塞去接受医生的治疗。科斯劳把他送上了一条死亡之路。在他后面跟着的那个人就是将要在要塞中害死他的人——这个人实际上是波斯人中的一位无敌将军,他曾经征服过12个蛮族国家,令他们臣服于科巴德。在阿德古顿巴德斯离开这个世界之时,他的儿子瓦拉麦斯担任父亲的官职。时隔不久,有个人来到拜占庭,要求觐见查士丁尼。他有可能是察梅斯的儿子小科巴德,也有可能是一个长相相似的冒牌货。查士丁尼虽心存疑虑,仍热情地接见了他,给他科巴德之孙应得的地位和荣誉,并留他在拜占庭从事推翻科斯劳统治的活动。

曾辅佐科斯劳登基继拉的重臣梅波迪斯也身遭不幸。事情的经过是这样的:科斯劳有要事召见梅波迪斯,派扎贝加尼斯(Zaberganes)前去传召。恰逢梅波迪斯正在整顿军队,便让使者回报国王,自己将以最快的速度去见皇帝。但是扎贝加尼斯平时一向与梅波迪斯不睦,便到科斯劳面前搬弄是非,说梅波迪斯回称有要事,不能来见国王,根本不把国王放在眼中等等。科斯劳闻言大怒,便命令梅波迪斯坐三角凳等待发落。这里需解释一下，三角凳由铁制成，通常放在皇宫门前。当某人触怒皇帝时，不许到神殿或别的地方避难，必须老老实实地坐在三角凳上等待皇帝的判决。可怜的梅波迪斯在那里坐了好几天，最后被皇帝下令处死。这就是科斯劳最后做的"好事"。

第 24 章

当波斯国内风云变幻之际，（532年1月1日）拜占庭也突然发生了一次民众暴乱，给上层贵族和普通民众都造成极大的伤害。当时，拜占庭帝国各主要城市都出现了蓝党和绿党这两个党派，他们针锋相对，经常在竞技场因争抢座位而发生殴斗，他们买凶将敌人致伤致死，也毫不在意自己的生命。他们并不知道这样的争斗是在自掘坟墓，但却清楚即使打败了敌对派，最终也得锒铛入狱，饱受刑狱之苦，最后被折磨致死。所以，在他们中产生了对另一党派的一种无名的敌意，敌对的仇恨在不断扩大和加强，各种肤色、信仰的人都参与到党争之中，把婚姻、亲属、朋友都抛诸脑后，甚至对违抗上帝、亵渎神灵、践踏法律的行为也置若罔闻。即便当他们自己难以维生或是祖国陷入危难时，他们关心的也是无休止的党派之争，因此他们被称为"帮派"。连一些妇女也参加进来（虽然她们不公开露面），她们跟从男人，有时也会反对他们。至于妇女为什么要参加这种无谓的争斗，我想，除了灵魂疾患之外没有其他解释了，这些人更容易惹祸上身。每个城市的每个居民都深受党争之害。

由于拜占庭城的党争不断升级，城市行政长官不得不出面干预，派兵镇压，将一些暴徒处斩。于是，这两派成员密谋休战，联合起来反抗政府。他们砸开监狱，将囚犯统统释放，使骚乱进一步升级。市政府官员的所有随从都死于暴民之手，那些尚未丧失理智的市民都逃到乡下避难。城市如同遭受战火一般，生灵涂炭。圣索菲亚大教堂、泽西普斯大浴池以及皇帝的行宫从神殿入口（Propylaea）到阿瑞斯（Ares）的部分都被付之一炬，另外，以君士坦丁大帝命名的大柱廊和许多富人的房屋也都毁于大火之中。在这段时间里，皇帝、皇后以及部分贵族将自己锁在宫中以求安宁。暴徒以"尼卡"[1]为口号相互联络，因此现在称这次暴乱为"尼卡暴乱"。

当时的执政官是卡帕多西亚人约翰，潘菲利亚人（Pamphylian）特里波尼安（Tribunianus）是皇帝的法律顾问，罗马人称为"市政官"（quaestor）。约翰没受过什么教育，只在小学学习过字母，成绩还很差，但他靠自己的努力成为手握重权的人物。他能在危急关头找到解决困难的办法，成为国人可以倚重、依赖的人物，用自己的才干弥补了学识上的不足。他不知羞耻，从不考虑在上帝或其他人面前是否蒙羞，为了保住整个城市而毁掉很多人的生命。但是，他不关心如何扑灭暴乱，反而处心积虑企图利用这一机会掌控整个城市。他不顾及上帝的谴责和民众的愤怒，恬不知耻地搜刮，在短短的时间内聚敛了大量的财富。他整日醉生梦死，奢靡放荡，除了贪财，就是饮酒纵

---

[1] 即"胜利、征服"之意。

欲,只关心如何弄钱和花钱。而特里波尼安虽天资聪颖,受教育程度也很高,却纸醉金迷,贪赃枉法,收受贿赂并肆意修改法律。

以前,蓝绿两党混战时,人们并不关心这两人的胡作非为,但如今蓝绿两党相互停战,联手作乱。他们煽动民众在全城范围内追杀上述两个人。为平息众怒,赢得民众的支持,查士丁尼罢免了约翰和特里波尼安,任命贵族福卡斯(Phocas)为执政官,任命瓦西里德(Basilides)为市政官。这两人虽为人谨慎,刚正不阿,深孚众望,但也无力挽回危局,暴乱依旧继续。在第5天下午,查士丁尼命令先帝阿纳斯塔修斯的侄子伊帕提乌和庞培乌斯(Pompeius)赶快回家。不知是因为他怀疑他们参与了暴乱分子的阴谋,还是上天注定如此。这两个人害怕暴徒会拥立他们,坚决不离开,他们说在危急之时决不离开自己的君主。这时查士丁尼更加怀疑,命令他们离开皇宫回家。两人回到家中,静观事态发展。

第二天黎明,暴乱分子得知两位皇族离开了皇宫。他们围住了伊帕提乌的住宅,要拥立他为皇帝,到广场上去举行仪式。伊帕提乌的妻子玛丽(Mary)是一个深谋远虑头脑冷静的人,她痛哭着恳求丈夫不能跟他们走,因为这是一条死路。但暴徒的力量比她大,她只能放开丈夫,任由他离去。伊帕提乌不情愿地来到君士坦丁公共集会广场。暴乱分子在这里宣布他登极继位,但是他们既没有皇冠也没有皇袍,就把一根金项链挂在他头上作为登基的象征,宣布他正式成为罗马人的皇帝。一些元老院成员也支持他,还有一些人不希望发生宫廷政变。此时,元老院成员奥里金（Origenes）站出来说："罗马人目前局势只能通过战争来解决，举世公认，皇权和战争是最伟大的两件事，做大事是不可能靠短期的投机取巧获得成功的，要运用思想智慧，付诸行动，历经长期艰苦奋斗才能成功。如果我们现在就急于发动政变，那么达到目的的可能性就很难预料。因为在很短时间内决定一件事的胜败只能取决于命运女神。而那些仅凭幸运而急于求成的人往往会失败，这是一个规律。我们应该更慎重地考虑目前的形势，而且我们甚至有可能在皇宫里抓住查士丁尼，但那些忠于他的军队不会坐视不管。如果我们放了他，他自会感激不尽，而他的部下则会轻视他，他的权威会逐渐下降。我们更不必急于占领他的皇宫，因为还有许多其他的宫殿，比如普拉西利亚尼（Placillianae）宫和海伦（Helen）宫，我们可以把那里当作临时皇宫，发布命令，调兵遣将，准备开战。我们应该专心致志地做好这件事。"奥里金一席话说完，引起了大家的议论，多数人仍倾向于暴乱民众的意见，认为这是一次难得的机会。伊帕提乌（命中注定灾祸要降临到他的身上）决定前往竞技场，准备在那里发表演讲，鼓励民众推翻查士丁尼。

皇宫中的查士丁尼这时正举棋不定，是留在宫中，还是乘船逃跑？两种做法各有利弊，难以取舍。此时，皇后狄奥多拉（Theodora）力排众议，发表自己的看法："大家都认为一个女人不应该对男人发号施令，不应该在大家惊慌失措时发表意见，但现在局势紧迫，不容得我们来讨论是否应该这么做。对于一个面临生死存亡的人来说，重要的是如何用最佳方案尽快解决问题。我们必须认清，逃跑是不合时宜的，尽管它可保性命无忧，如同看见过阳光的人不可能随便去死，那么，作为一个皇帝是不能够逃跑的，我不能离开皇宫，不能过别人不称我为皇后的生活。喔，皇帝，你现在想保全性命并不难，我们有钱、有船，大海就在那边，但你是否考虑过逃出去之后怎么生活呢？会不会后悔，后悔没有像一个君王那样去死，而是像一个普遍人那样苟活于世呢？我赞成一句古语：'皇权是最好的遮棺布'。"皇后的一席话说得大家热血沸腾，决定进行抵抗，谋划怎样挫败暴乱分子的围攻。那些皇宫的御林军是一盘散沙，无心参战，只想如何保命。查士丁尼的全部希望都寄托在贝利撒留和蒙顿（Mundus）两位将军身上，贝利撒留刚刚从波斯战场回来，指挥一支人数众多的长枪兵，他们久经沙场，兵强马壮。蒙顿是伊利里亚将军，很偶然地被传唤到拜占庭城来，手下有一队骁勇善战的埃吕利蛮族士兵。

伊帕提乌到达竞技场后，就坐在皇帝通常观看马车竞赛和竞技比赛的位置。蒙顿率兵从皇宫大门出发，绕过被称为"蜗牛"的圆形坡道，贝利撒留则抄近路穿过建筑物直奔伊帕提乌的位置。当贝利撒留来到另一扇宫门前时，他命令守备士兵开门，这些士兵不知该支持哪一方，于是就假装没听见命令。贝利撒留既生气又沮丧，他回去对查士丁尼说败局已定，因为连守皇宫的士兵都不听命令。皇帝命令他走另一条路，穿过布隆兹门和那里的神殿入口赶往竞技场。贝利撒留及部下历尽危难，穿越层层废墟和烧焦的建筑，最终到达了竞技场的蓝色廊柱。只有一扇小门通向皇帝包厢，但这扇门关着，由伊帕提乌的卫兵把守。

贝利撒留认为在这块狭窄的地方打斗对己方非常不利。权衡之下，他决定冲向竞技场中的民众，即那群混乱无序的暴民。贝利撒留拔剑出鞘，大声命令部下冲锋。暴民哪里敌得过全副武装、富有战斗经验的罗马精兵，纷纷倒于矛剑之下，瞬间竞技场上死伤枕藉，血流成河。与此同时，蒙顿也率军沿"死亡之门"进入竞技场，他虽勇猛非常，却并不知该如何处理眼前的情况，因而在贝利撒留进攻之前他虽然就站在不远处，却茫然不知所措。看到贝利撒留杀了进去，他立刻带着手下加入了战斗。此时场内的蓝绿两党已溃不成军，民众更是伤亡惨重，死亡人数达 3 万人。很快，查士丁尼的部队控制了场内局面，查士丁尼的侄子布雷德（Boraedes）和尤斯图斯（Justus）将伊帕提乌拖了下来，连同庞培乌斯一同押到皇帝面前。皇帝命令将这两人关进重犯监牢。庞培乌斯从未遭受过这样的待遇，他跪倒于地，泪流满面哀求皇帝的怜悯。伊帕提乌责备他说，蒙冤而死的人用不着悲伤。因为从一开始他们就是被民众逼迫的，并非出于他们的个人意愿。即使他在竞技场时也没想过要伤害查士丁尼，但查士丁尼是不会放过他们的，第二天刽子手便将两人处决，尸体扔进大海。皇帝将他们的财产、其子女的财产以及支持这场暴动的元老院成员的所有财产全部没收充公，剥夺了他们子女的名号。不过后来，他又恢复了伊帕提乌和庞培乌斯及其他人子女的名号，因为碰巧他们的财产还没有被赐予他们的朋友。这场暴动就这样结束了。

第 25 章

特里波尼安和约翰被革职后不久,又官复原职。特里波尼安任职多年,直至病逝,没有人重提旧事迫害他。他为人圆滑,八面玲珑,又受过良好的教育,颇具才干,这掩盖了他贪心的缺点。而约翰却倍受打击,遭受压迫,被剥夺钱财,毫无尊严可言。在他任职的第十年,他以前的恶行遭到了报应。

皇后狄奥多拉很厌恶他。约翰也明白自己得罪了这个女人,但他不是去奉承她,讨她的欢心,而是公开和她作对,在皇帝面前诽谤她。但查士丁尼非常爱他的皇后,没有因此感到惭愧和耻辱。狄奥多拉得知此事后,非常气愤,扬言要杀掉约翰,但碍于他是查士丁尼的得力重臣而难以下手。约翰知道皇后的意图,非常害怕。他不顾地方官员的反对,为自己组织了一支几千人的卫队。尽管这样,晚上他还是害怕得睡不着觉,总觉得有人监视他,他紧盯着门口,想象一个蛮族杀手正要取他性命。天一放亮,所有的恐怖就都烟消云散了。他继续对罗马人为非作歹,有时是公开的,有时是秘密的。他变得像巫师一样庸俗无聊,听信邪教祭师的预言,认为自己一定能当上皇帝。执掌皇权的希望使他飘飘然,如堕五里雾中。他的非法行为变本加厉,他无视上帝,在祈祷时穿着一件质地粗糙的长袍,这是被称为希腊人的古代宗教祭司穿的;晚上睡觉时,总是嘟哝着一些背得烂熟的不虔敬的话,希望能修炼得法,用邪术控制皇帝的思想以听命于他,摆脱那些阴谋暗害他的人。

这时,贝利撒留征服了意大利,蒙皇帝传诏携妻子安东尼娜(Antonina)回到拜占庭,准备对抗波斯人[1]。在所有罗马人眼中,贝利撒留是杰出的统帅和荣耀的化身。约翰却妒恨贝利撒留无与伦比的声望,时刻盘算如何诋毁贝利撒留。而后者,在罗马人的殷切期望中,率军征讨波斯人。他的妻子安东尼娜留在拜占庭城,这个女人是世界上最善于创造奇迹的人,她设计对付约翰。约翰唯一的女儿叫尤菲米娅(Euphemia),年轻活泼,颇受父亲的宠爱。她以明辨是非、头脑冷静而闻名,但毕竟年纪尚轻,容易受他人的影响。安东尼娜刻意去亲近尤菲米娅,很快赢得了她的友谊与信任。一次她们独处时,女孩讲出了自己家庭的秘密和父亲对查士丁尼的不满。安东尼娜假装深有同感,她说尽管贝利撒留东征西讨,使罗马帝国的疆域扩大不少,俘虏过两个国王,获得了大量的财富,但查士丁尼却忘恩负义,她还抨击了朝廷其他一些不公正的行为。尤菲米娅涉世未深,对安东尼娜深信不疑,她说:"最亲爱的朋友,你和贝利撒留只是在口头上责备,你们有机会,却不愿意运用手中的权力。"安东尼娜马上答道:"我的女孩,我们身在军营,无法随意行动,从事秘密活动,除非有一些能够自由活动的人——比如像你父亲——与我们里应外合,相互配合才能成功。如果你父亲愿意的话,组织行动完成这一计划就轻而易举了,如蒙上帝相助,则定能成功。"尤菲米娅闻听此言,连忙表示这个计划一定能够成

---

[1] 见第6卷,第30章。

功。她把谈话内容告诉了他父亲，约翰非常高兴，认为这是他夺取皇位的一次难得机会，便毫不犹豫地同意了，还吩咐他女儿第二天去和安东尼娜商量会面事宜。安东尼娜为了把戏演得更好，彻底把约翰引入陷阱，便对尤菲米娅说现在不适合与约翰见面，以免被别人怀疑，阻碍计划的顺利实施。她的计划是：不久之后她要去东方探望贝利撒留，当她离开拜占庭到达郊外（一个叫鲁菲尼阿奈[Rufinianae]的地方，这里是贝利撒留的私人领地），在那里，约翰可以借口为表敬意送她出行前去会面，共商大事，立下誓言。安东尼娜说到这里，给人的感觉好像她已经和约翰商讨完毕，就准备某一天起事造反了。暗地里她已把这一切告诉给狄奥多拉。

出发上路的日子已经临近，安东尼娜告别皇后，来到了鲁菲尼阿奈，摆出似乎第二天就要去东方的架势。皇后将约翰私下里的谋反行径告诉了查士丁尼，派太监纳尔泽斯和宫廷卫队长马尔塞鲁斯（Marcellus）带人埋伏在鲁菲尼阿奈，只要约翰在秘密会面时一有谋反的言论就将其一举格杀。据说查士丁尼不想失去约翰，便派约翰的一个朋友去告诉他不要去和安东尼娜私下会面，但约翰（似乎是命中注定）执意不听皇帝的警告，坚持前去会面。安东尼娜安排他们在一堵墙下会面，纳尔泽斯和马尔塞鲁斯就率人埋伏在墙后，这样他们就可以听见他们的谈话。约翰毫无防备，把自己的计划向安东尼娜和盘托出，并立下誓言。这时纳尔泽斯和马尔塞鲁斯见时机已成熟，便冲了出来，准备将约翰就地格杀。但约翰的护卫们立即拔剑，保护主人的安全，其中一名刺伤了马尔塞鲁斯。在双方混战之时，约翰逃跑了，以最快的速度回城。如果他有勇气去面对查士丁尼，请求他的宽恕，我相信皇帝是不会伤害他的。但他却跑到神殿去避难，这就给了皇后再次杀他的机会，这正是皇后高兴做的。

（541年5月）就这样，约翰从一个拜占庭执政官变成了逃亡者。他逃到了基齐库斯（Cyzicus）[1]郊外一个叫基齐塞尼斯·阿尔塔斯（Cyzicenes Artace）的地方。为了掩人耳目，他当了神父，但十分不情愿，因为从事这一职务会影响他日后的升迁，不是万不得已，他绝不会放弃其追求。尽管他的财产全部被没收充公，但查士丁尼又将其中的大部分返还给他，并且还想赦免他，这就是他能活下来的原因。不久之后，他就不愿再过隐姓埋名的清苦生活，将皇帝返还给他的财产和隐藏起来的财产合并一处，快乐地享受起来。如果他明智一些，不那么招摇，那么也许好运会伴随着他，但他忘记了自己还在逃亡之中，尚未脱离险境，贪图享乐，声色犬马。罗马人都被他激怒了，将他称为恶魔之首。我想甚至连上帝也无法忍受他的恶行，要给他更严厉的惩罚。

在基齐库斯有一个主教叫尤西比乌斯（Eusebius），他待人十分粗鲁蛮横，对约翰也不例外。当地人曾把这位主教的劣迹汇报给皇帝，并要对他公开审判。但是由于尤西比乌斯势力强大，此事遂不了了之。一些血气方刚的年轻人对此无法忍受，便在基齐库斯的集市上将他刺杀。因为平素约翰和尤西比乌斯相互仇视，所以有人怀疑他是这次

---

[1] 基齐库斯位于马尔马拉海南岸，今土耳其同名古迹遗址。——中译者

暗杀的幕后主使。元老院派人来调查此事,他们将约翰关入监牢。尽管他曾做过执事长官,被编入贵族名册,但调查人员仍然像对待拦路抢劫的强盗一样,扒光他的衣服,重重地鞭笞他。在神志不清的状态下约翰承认自己是杀死尤西比乌斯的凶手,这是上帝的正义惩罚。他们抢走了他所有的物品,让他光着身子上船,仅以一件乞丐穿的破袍遮羞,凡在船只停靠之地,看管他的人都命他上岸去乞讨面包和银币(obols),就这样,他一直乞讨了3年,直至到达埃及的安蒂诺斯城(Antinous)。这个卡帕多西亚人约翰身处如此境遇却依然觊觎皇权,还诬告某位亚历山大里亚人(Alexandrians)拖欠公有财产。此后10年中,他在政坛落寞失意,无人问津。

第 26 章

查士丁尼委任贝利撒留为帝国东部军事统帅,征服利比亚。我在下文将会详细讲述。波斯皇帝科斯劳得知此事后,十分气愤。波斯人已经后悔与罗马人签订和约了,因为和约限制了波斯人的行动,使罗马更强大。确实,正因为皇帝与波斯人签订了和约,才能够放手进攻汪达尔人。科斯劳派使臣出使拜占庭,声称他很高兴与查士丁尼成为朋友,要求与罗马人共同分享在利比亚的权益。查士丁尼对此敷衍了事,给了科斯劳一笔钱,便打发使节回去了。

这时,在达拉城发生了这样一件事:步兵分队中的一个叫约翰的人伙同一部分士兵发动兵变,控制了达拉城。事成之后,约翰住进宫殿,将达拉城当作他的堡垒,准备割地称王。如果这件事没有发生，波斯人和罗马人还能保持和平状态，这件事给罗马人带来了无法弥补的损失。之前，波斯人虽想乘虚而入，但碍于签订的和约而不能发动战争。兵变第四天，另一部分士兵在贵族阿纳斯塔修斯和神父马马斯（Mamas）的率领之下，暗藏利刃，于中午时分来到僭主的宫殿。他们出手迅速，解决掉宫门前的护卫，冲进僭主的房间将其抓获，但这时有人斥责这些士兵犯上作乱，等在院子里的其他士兵也有些动摇。有一个卖香肠的小贩，痛恨僭主，与士兵一起冲进了房间，趁混乱之时，出其不意地捅了约翰一刀，这一刀并不致命，约翰大喊大叫着逃出房间，倒在士兵队伍中，士兵们痛打了他一顿，将其关进监牢。随后放了一把火烧毁宫殿，不给其他叛乱者以机会。其中一个人因为担心叛乱士兵如果知道僭主还活着，会继续给达拉城制造麻烦，就秘密处决了约翰。混乱状态很快就结束了。这就是僭主一事的经过。

第 2 卷
波斯战争（下）

第 1 章

和约签署后不久，科斯劳得知贝利撒留即将挥师出征意大利，认为这是发动战争的良机。他需要一个发动战争的借口，同时又不能给人以破坏和约的口实。于是，科斯劳与臣服波斯的萨拉森人首领阿拉芒达拉斯商议，让他找借口发动战争。阿拉芒达拉斯宣称臣服于罗马人的萨拉森首领阿里萨斯在一次边境冲突中对他的部下使用暴力，并宣称其反击行为没有破坏波斯人与罗马人的协议，因为这两个国家都没有和他签约。除此之外，他还强占了两个都称为斯特拉塔的萨拉森部落[1]地区，将势力范围一直扩展到帕尔米拉城（Palmyra）[2] 以南地区。此地虽日照强烈，土地干焦，不生长树木或谷物，但自古以来一直是放养家禽的草场。阿拉芒达拉斯宣布将出兵征讨阿里萨斯。阿里萨斯亦不甘示弱，指出斯特拉塔（Strata）这一名称就能证

---

[1] 指臣属于罗马人的萨拉森部落和臣属于波斯人的萨拉森部落。
[2] 帕尔米拉城（Palmyra）位于叙利亚中部，大马士革东北方与幼发拉底河之间。——中译者

明这里自古以来就属于罗马人（因为斯特拉塔一词源于拉丁语，意思是"一条铺好的路"）。他还引用《圣经》中记载的关于初民的传说。阿拉芒达拉斯不想和他咬文嚼字，他声称从很早的时候起，在斯特拉塔放养牲畜家禽的人们就向他交纳贡物。双方各执一词，争论不休。查士丁尼派心腹大臣斯特拉提吉乌斯（Strategius）解决这一争端。斯特拉提吉乌斯出身贵族，才智过人，是皇室财务总管。和他一起去的还有苏姆斯（Summus）将军，他是朱利安（Julian）的兄弟，曾统管巴勒斯坦的军队，不久前曾以使臣的身份调解埃塞俄比亚人和霍默利泰人的纠纷。但这一次，两位使节的意见不一致，苏姆斯坚持绝不能让出斯特拉塔，而斯特拉提吉乌斯则恳请皇帝不要因为这块不能耕种、没有任何价值的土地而为波斯人提供发动战争的借口，这是他们渴望已久的，这样做正中波斯人下怀。查士丁尼沉思良久，决定此事应从长计议。

波斯国王科斯劳抢先发难，宣称查士丁尼破坏和约，侮辱了他的名誉。他还宣称，罗马将军苏姆斯最近来到波斯萨拉森人属地，名为调解纠纷，实为意图策反阿拉芒达拉斯，因为他对阿拉芒达拉斯说，如果他归顺罗马，会得到一笔巨款，并带来一封查士丁尼的亲笔信作为承诺。苏姆斯还给匈奴人写信，怂恿他们入侵波斯，大肆劫掠。但这封信已落入科斯劳手中，他以此为借口，准备进攻破坏和约的罗马人。我也难以确定他说的这些是否属实。

第2章

与此同时，哥特国王维提却斯在与贝利撒留的交战中节节败退。他力图扭转不利形势，便派两个使节穿越罗马帝国去谒见科斯劳，劝说他攻打罗马人，迫使罗马人两线作战。他特意找了两个非哥特人，以免途中被罗马人识破，功败垂成。这两个利古里亚教士为此获得了巨额赏金。他们之中一个长相比较富态，便伪称是主教，另一个人装扮成他的助手。他们一路穿越层层关卡，未被识破，到达色雷斯后，找到当地的联络人充当他们的叙利亚语和希腊语翻译。因为此时乃和平时期，所以边境也没有重兵把守，他们越过边境，顺利地到达波斯。两名使节见到科斯劳，对他说："这是真的，喔，国王，所有其他的使节都是为获取个人利益而完成使命的，而我们则是哥特人和意大利的国王维提却斯派来的，我们为了您的国家利益，代表国王本人与您讲话。如果某人让你把王国和人民都拱手让给查士丁尼，你会坚决回绝他。他（查士丁尼）本性是一个爱管闲事的人，不能遵守固有的秩序，他怀有控制整个世界的野心，急切地想占有每一个国家（因为他无能力独自进攻波斯人，又不能在与波斯人敌对的情况下对抗他国），于是才决定以表面上的和平来欺骗您，迫使其他国家的人民臣属于他，以积聚更大的力量来对抗您的国家。在他摧毁了汪达尔王国并征服摩尔人之后，他派大批人马携带巨款前来进攻他的朋友哥特人。现在可以证实，如果他彻底征服哥特人，他将驱使我们一起进攻和奴役波斯人，丝毫不考虑友情，也不会因违背誓约而脸红。然而你还是有获得安全的希望，不要举棋不定，坐失这个与我们合作的良机。看吧，我们经受的不幸很快就要降临到波斯人身上了。考虑一下，罗马人从来就没有将波斯人当作朋友，一俟他们的力量强大时，便会毫不犹豫地进犯波斯人。机不可失，时不再来。先发制人比拖延时间、错过时机、忍受命运掌握在敌人手中的痛苦要更有利。"

科斯劳认为维提却斯的建议很好，其实他更想破坏和约，挑起战端。他对查士丁尼皇帝的嫉妒心被煽动了起来，完全不考虑与他谈话的人是查士丁尼的仇敌。他对这次会谈很满意。不久之后，他以同样的作法说服了亚美尼亚人和拉齐卡人。于是他们便以这些事为借口反对查士丁尼这样一位值得敬佩和赞美的君主，指责他有扩张领土的野心。其实这样的指责也同样适用于波斯国王居鲁士（Cyrus）和马其顿国王亚历山大（Alexander）。正义与嫉妒互不相容。因此，科斯劳准备破坏和平协定。

第 3 章

与此同时，发生了这样一件事：把法兰吉姆交还给罗马人的西米恩，在战争进行最激烈时，劝说查士丁尼皇帝把亚美尼亚的一些村庄赐给他。在成为这些村庄的主人以后，他被当地以前的主人波尔泽斯的两个儿子刺杀，凶手逃到了波斯。查士丁尼皇帝任命西米恩的侄子阿马扎斯普（Amazaspes）统辖整个亚美尼亚。此后不久，查士丁尼的一个朋友阿卡西乌（Acacius）向他告发了阿马扎斯普，说他辱骂亚美尼亚人,还想把塞奥多西波利斯和另一个要塞还给波斯人。之后,阿卡西乌在皇帝的授权下,杀死了阿马扎斯普,作为回报,他获得了亚美尼亚的管辖权。此人的本性很快暴露出来,他对百姓残忍之极,横征暴敛,规定让他们上缴一种以前从未听说过的400镑税[1]。亚美尼亚人忍无可忍,刺杀阿卡西乌并逃到法兰吉姆寻求庇护。

皇帝派西塔斯(Sittas)镇压亚美尼亚的叛乱,但他来迟了一步,因为这时罗马人已经与波斯人签订和约了。西塔斯到达亚美尼亚后,尽力避免诉诸武力,以稳定民心、恢复正常生活为要务,他还允诺要劝说皇帝免去亚美尼亚人的苛捐杂税。阿卡西乌之子阿杜里乌(Adolius)不断地在皇帝面前指责西塔斯,使皇帝对他的犹豫不决很失望,最后西塔斯不得不发动战争。首先,他试图收买人心以赢得一部分亚美尼亚人的支持,允诺种种好处使他们与自己站在一边,这样就会减少武力征服的困难和阻力。一个名为阿斯佩提安尼(Aspetiani)的部族,人数众多,力量强大,他们很愿意投靠西塔斯,于是便派人面见西塔斯,请他写下保证书,即他们在加入罗马军队后,西塔斯必须保护他们亲属的人身安全和财产不受损失。西塔斯很高兴,在纸草上写下了保证书,盖上帅印,交给了使者。取得阿斯佩提安尼部族的支持后,西塔斯对未来的胜利信心十足,他率领部队进发,在奥埃诺察拉孔(Oenochalakon)扎营。拿着保证书的使者们走的是另一条路,还没赶上阿斯佩提安尼族人的队伍。而阿斯佩提安尼人偶遇一小股罗马部队,

---

[1] 见第1卷,第12章。

因为他们不知道自己人已经与罗马人达成协议,便向罗马士兵发动攻击。或许是作为对此事的报复,或许是因为对阿斯佩提安尼人没有如约加入罗马军队而气愤,西塔斯率军在一个山洞中抓住了该部族所有的妇女儿童,将她们斩杀殆尽。

阿斯佩提安尼族人得知噩耗,满腔怒火,准备与罗马人殊死相搏。双方军队在一条峡谷中展开战斗。由于地面不平坦,四面又都是悬崖峭壁,双方都是骑兵,回旋无地,因此山谷中一片混乱。西塔斯率领他手下的几个亲随骑兵穿过峡谷冲向亚美尼亚人,亚美尼亚人见状退到峡谷尾端,西塔斯也不再追赶,停了下来。这时拜占庭军中的一个埃吕利人士兵追击敌人冲到西塔斯这里,而西塔斯的矛恰巧插在地上,这个埃吕利人连人带马被绊倒在地,西塔斯的矛也被折断。一个亚美尼亚人认出了西塔斯,因为他没戴头盔。亚美尼亚人一拥而上,西塔斯率亲随且战且退,因矛已断,遂持佩剑而战。敌人紧追不舍,在峡谷中一个亚美尼亚人赶上了他,挥剑砍杀,擦过西塔斯的头顶,削下了他的头皮,但没伤到骨头,西塔斯继续向前逃,阿萨息达人(Arsacidae)约翰之子阿尔塔巴尼斯(Artabanes)飞马上前,一矛刺死了西塔斯,一代名将就这样丧生于荒山野岭,以与他百战百胜、勇冠三军的声誉极不相称的方式死去了。他是一位多么丰神俊朗、才华横溢的勇士啊!不过,也有人说西塔斯没有死在阿尔塔巴尼斯手中,而是被一个亚美尼亚无名小卒所罗门(Solomon)所杀。

西塔斯死后,皇帝命令布泽斯去对抗亚美尼亚人。布泽斯派人向亚美尼亚人允诺可以使皇帝与亚美尼亚人达成和解，并要求亚美尼亚人选派代表共同商议此事，而几乎所有的亚美尼亚人都不信任布泽斯，也不愿意接受他的建议。但有一个阿萨息达人对他十分友好，他名叫约翰，是阿尔塔巴尼斯的父亲，他像信任朋友一样信任布泽斯，带着他的女婿瓦萨塞斯（Bassaces）和其他一些人一起来见他。第二天当他们到了与布泽斯见面的地点并在那里露营时，很快发现四周有罗马军队埋伏。瓦萨塞斯恳求约翰逃跑，但约翰根本不听劝告，所以瓦萨塞斯就只能将约翰一人留在那里，带着其他人顺原路逃走。布泽斯发现只有约翰一个人赴约，就杀死了他。此举使亚美尼亚人和罗马人之间达成协议的最后一线希望也破灭了。亚美尼亚的兵力难以同罗马人抗衡，所以他们就在能干的瓦萨塞斯的率领下面见波斯国王。瓦萨塞斯对波斯国王说："喔，主人，我们中的许多人都是阿萨息达人，是在波斯王国臣属于帕提亚人时与帕提亚国王沾亲的阿萨塞斯（Arsaces）的后代，阿萨塞斯在他的那个时代是一位独一无二的名君。现在我们前来投靠您，因为我们都成了奴隶和逃亡者，但这非我们所愿，而是因为罗马帝国强大的压力。事实上，喔，国王，这由您来决定，如果一个人纵容包庇恶行，那么他自己也犯下罪过并将因此而遭到谴责的。现在为了能让您了解事情的全部过程，我要从头讲起。我们的祖先阿萨塞斯国王为了帮助罗马皇帝塞奥多西，自愿放弃王位，条件是所有属于他的家族的人永远受人尊敬，免除赋税。我们一直遵守这一协议，直到你们波斯人签订了这样一份错误的协议，致使是非颠倒、敌我不分。喔，国王，罗马人名义上是您的朋友，而事实上却与您为敌，他们贪婪残暴，毫无信义。等他们完全征服西方，就该拿波斯开刀了。罗马人的眼中有什么法纪法规吗？他们停止过到处破坏、到处杀戮吗？他们没有横征暴敛吗？他们没有奴役原本自由的扎尼人吗？他没有给可怜的拉齐卡国王指派一个罗马长官吗？这一行动不但没有能够维持那里的秩序，反而使其更加混乱。难道他们没有派军队强迫匈奴人的属地博斯普鲁斯的居民臣服吗？难道他们没有与埃塞俄比亚臣国缔结防御联盟吗？除此之外，他还把霍默利泰人和红海据为己有，强占萨拉森人的棕榈林。别忘了利比亚人和意大利人的命运。对于查士丁尼来说，征服全世界只是小事一桩，他甚至还要觊觎天堂，寻找海洋另一边的世外桃源，希望能征服其他的世界。国王，您还在等什么？为什么您还遵守那该死的和平协定，等着您成为被他吞并的最后一个目标？如果您想知道查士丁尼的本性，了解他如何对待屈服于他的人，我们和可怜的拉齐卡人就是最好的例子。如果你想了解他通常是怎样对待那些素不相识的无辜者，那就想一想汪达尔人、哥特人和摩尔人的遭遇。还有最重要的事情没说呢，难道他没有在和平时期通过欺骗的手段煽动阿拉芒达拉斯分割您的国家吗？喔，最强大的国王，他最近不是努力让阿拉芒达拉斯与他以前根本没听说过的匈奴人联系起来，共同对抗你吗？我猜想，他毁灭西方世界的野心很快就会实现了，而且他已经把攻击贵国提上了议事日程，只剩下独立的波斯王国与他相对抗了。对他而言，您已经破坏了和平协议，他自己也不想继续无限期地保持和平了。破坏和平的人不是首先拿起武器的人，而是那些在和平时期就策划阴谋的人，因为他们已经心存破坏和平的意图。

现在，你们双方的军力并不对等，一旦开战，绝大部分的罗马士兵都在远方，调派十分困难。他们的两个最杰出的将军，一个是西塔斯已经被我们杀掉，另一个贝利撒留正在收拾意大利的烂摊子，难以抽身。所以当您发动进攻时，没有人能够成为您的对手，我们将怀着与生俱来的民族自豪感、充满信心地前进。"科斯劳听后非常高兴，他把波斯所有的贵族都召集到一起，向他们转述维提却斯信中的内容和亚美尼亚人的话，然后征求他们的意见。贵族们最后决定在翌年春天伊始就发动对罗马人的攻击。此时是查士丁尼统治的第十三年（539年）深秋。罗马人尽管觉察到科斯劳正在寻找借口进攻罗马人，但不认为波斯人会轻易破坏所谓的无限期和平协定。

第 4 章

（539年）那时，彗星乍现夜空。最初它大概有一个高个子人那么长，然后逐渐增大。它的尾部朝向西方，头部朝向东方，尾随太阳。因为太阳在摩羯座，而彗星在射手座。因其长而尾尖，有些人称它为"插鱼矛"，还有人称它为"长胡子的星星"，有40多天都能看到它。对于这颗彗星的寓意智者们各持己见，我只是记下发生的事情，让大家自行判断。此后不久，一支强大的匈奴人军队越过多瑙河，给整个欧洲都带来了灾难。这样的事以前曾经发生过很多次，但从未造成如此之大的危害。从爱奥尼亚湾[1]

---

[1] 爱奥尼亚湾指巴尔干半岛西南亚得利亚海近海海域。——中译者

到拜占庭城郊区，蛮族人横行无忌，他们肆意洗劫了伊利里亚[1]的32个要塞，又以急风暴雨般的可怕速度攻占了卡桑德里亚（Cassandria）（据我所知，古代人称此地为波提狄亚［Potidaea］）。然后他们带着掠夺的钱财和12万名俘虏大胜而归，没有遇到任何抵抗。此后，他们进行周期性掠夺，给罗马人带来了不可弥补的损失。除此之外，他们还侵袭车绳（Chersonesus）（半岛）的城墙，制服了守备士兵，越过波涛汹涌的大海，占领在黑海湾上的防御工事。他们进入城墙内，出其不意地来到车绳的罗马人面前，屠杀罗马士兵，并将所有战俘都关进了监狱。小股蛮族部队甚至穿越塞斯图斯（Sestus）和阿拜多斯（Abydus）之间的海峡，大肆掠夺了那里的亚洲国家之后，又回到了车绳，会合其余的部队一起带着战利品回国。在另一次入侵中，他们劫掠了伊利里亚和塞萨利，并企图袭击塞莫皮莱，城内的守卫士兵勇猛抵抗。蛮族人偶然发现了一条通向城墙后面山岭的秘道，[2]他们借助秘道进行包抄，将守军全歼。他们攻占城市后，进行大规模屠城和劫掠，只放了伯罗奔尼撒人（Peloponnesians），而后撤兵。此后不久波斯人就撕毁了和平协定，再次向罗马帝国东部发动进攻，我将在下文详细讲述。

贝利撒留在羞辱了哥特人和意大利人的国王维提却斯之后，让他活着去了拜占庭。下面我要说明波斯人军队是

---

[1] 伊利里亚指巴尔干西部沿亚得利亚海东部一带的山区，曾是罗马帝国伊利里亚大区。——中译者
[2] 匈奴人派军通过秘道包抄山海之间关口守军的后路，薛西斯在消灭李奥尼达和300名斯巴达人时很可能也采用这种方法。见《希罗多德》，第7卷。

如何进攻罗马土地的。当查士丁尼皇帝已经觉察到科斯劳想要挑起战端时,希望能给他一些忠告以阻止他发动战争。碰巧有一个叫阿纳斯塔修斯(Anastasius)的人从达拉来到拜占庭,此人精明干练,曾领导军民推翻了达拉城的僭主统治。查士丁尼修书一封,让阿纳斯塔修斯带给科斯劳,信的内容如下:"蒙神眷顾的智者啊,只有蠢人才会逆天意行事,以子虚乌有的借口发动战争,去伤害最真诚的朋友。同样,对于这种人来说,破坏和平协定挑起战争轻而易举,但想再次恢复和平就难上加难了。你曾写过几封坦诚的信劝说我,但是现在却固执己见,急于实施计划为自己获取利益。我们对阿拉芒达拉斯及其部属的指责是正确的,我们掌握确凿的证据,他们攻占城镇,掠夺财产,屠杀和奴役无辜百姓。尽管这样,我们仍然希冀和平,反对诉诸武力。我们听说你非常渴望与罗马人开战,还轻信那些嫁祸于人的谣言,对我们之间已建立的友谊不满意,竭力编排一些根本不存在的借口去破坏和平,普通人都不会做这种事,更不该发生在国王身上。除此之外,你考虑过在战争中双方的伤亡吗?考虑过谁应对发生的事受到谴责吗?当你们掠夺财物时,还记得你发过的誓言吗?考虑过你们用诡计或谬论对朋友的欺骗吗?不要忘记,上天的力量是强大的,不会被任何人蒙蔽。"科斯劳看完这封信后,没有立即答复,也没有打发阿纳斯塔修斯走,而是让他留在波斯候命。

第 5 章

在查士丁尼统治的第十四年（540 年）的冬天即将结束时，科巴德的儿子科斯劳在春天刚刚来临时就撕毁无限期和平协定，大举入侵罗马人领土。他没有选择从两河流域入侵，而是沿着幼发拉底河右岸推进。在阿博拉斯河（Aborras）与幼发拉底河交汇处坐落着固若金汤的瑟塞喜厄姆（Circesium）要塞，它的第二道防护墙位于两条河流之间的土地上，将瑟塞喜厄姆围成了一个三角形。科斯劳并不想冒险攻取如此坚固的要塞，也不想跨过幼发拉底河，情愿先攻打叙利亚人（Syrians）和西里西亚人（Cilicians），于是率军绕过要塞，沿着幼发拉底河岸继续前进，没有遇到任何阻碍，3 天后兵临泽诺比亚（Zenobia）城下。该城为这一地区萨拉森人首领奥多纳修斯（Odonathus）之妻泽诺比阿（古时曾与罗马人签订和平协议）所建并以自己的名字命名。在很久以前，这个奥多纳修斯曾在波斯人统治时期被东罗马帝国的罗马人解救过，于是他和罗马人签订了和平协议。科斯劳认为泽诺比亚没有任何战略价值，而且物产贫瘠，不宜居住，无须为其浪费时间。他试图以谋略压服这里的居民投降，但没有奏效。波斯军不得不舍弃泽诺比亚，继续前进。

3 天后波斯军到达坐落在幼发拉底河畔的苏拉城，在非常靠近该城的地方驻扎。这时科斯劳的坐骑长嘶一声并用力在地上踢踏。琐罗亚斯德教麻葛们根据这一征兆认为他们应该征服此地。于是科斯劳下令大军攻城。该城守将是亚美尼亚人阿萨息斯（Arsaces），他身先士卒，率领士兵们登上矮墙，英勇杀敌，重创波斯军，但他本人却在混战中中箭身亡。波斯军见天色已晚，遂收兵回营，准备第二天再战。罗马人痛失主帅，斗志全无，决定去恳求科斯劳高抬贵手。第二天他们派该城主教面见科斯劳。主教及其随从携家畜、酒和白面包来到波斯军中。一见科斯劳，主教立即跪倒在地，流着泪恳求科斯劳放过城中可怜的民众。无论在以往还是现在，这座城市对于波斯都没有任何价值。他还允诺苏拉城民众会交纳一笔赎金。科斯劳虽然对该城的抵抗行为非常恼火，已经下定决心报复苏拉城的居民，因为他们是他遇到的第一批罗马人，甚至胆敢拿起武器反抗他并杀死大量的波斯贵族，这是因为他们也不愿意看到他进城。但他没有表现自己的气愤，表面上一脸和气，让主教免礼平身，收下了礼物，给他留下一个自己很快就会与波斯显贵们商量关于赎城事宜的假象，心中却盘算着惩一儆百，让罗马人从此闻风丧胆。主教和他的随从们没有产生任何怀疑。科斯劳命令一队波斯士兵护送使者回城，暗中叮嘱属下送他到城下时，用美好的希望鼓励他。就这样，城里的人看到主教和所有一同前来的人带着欢乐的表情，便不再害怕，当守军打开城门迎接使者进城时，护送的波斯人马上把一块石头或木头放在门槛上别住大门，同时尽力阻止守军关城门，波斯主力部队随后杀到。

科斯劳命令军队做好准备，一看到信号就以最快的速度冲向城门。就这样当主教一行人走近城堡时，波斯人与主教告别。城里守军看到主教兴高采烈的样子，认为他与波斯人的谈判十分顺利，忘记了他们所处的险境，敞开城门,欢迎主教回城。当所有的人都进城后,卫兵要关城门时,波斯人向门槛和卫兵之间掷了一块石头,卫兵虽然尽力推门,但根本关不上门了,同时他们也不敢再开门,因为他们觉察到城门已经被敌人控制了。也有人说波斯人投进门内的不是一块石头,而是一块木头。城里人还没意识到末日将至,科斯劳的军队已经猛冲向大门,旋即攻入城中。科斯劳满腔怒火,命令属下大肆抢劫,疯狂屠戮,将所有幸存者全部沦为奴隶,然后将该城付之一炬。他打发阿纳斯塔修斯回拜占庭,命令他告诉查士丁尼皇帝,科巴德的儿子科斯劳已经前来讨伐,准备让罗马人吃点苦头。

此后,也许大发善心,也许是出于贪婪,也许是因为对苏拉城美女尤菲米娅(Euphemia)的迷恋,他确实非常爱慕这个女子(因为她美艳绝伦)并要娶她为妻,科斯劳决定对苏拉城的居民网开一面,于是他派人去臣属于罗马人的塞尔吉欧波利斯(Sergiopolis)城。该城是以一位著名的圣徒塞尔吉乌斯(Sergius)命名,位于巴巴里安(Barbarian)平原,距离苏拉城有126斯塔德。他让这个城市的主教坎迪杜斯(Candidus)赎买被俘的12000人,价格是200镑。主教以资金匮乏为由一口回绝。于是科斯劳便要他写下文书保证稍后即付清全部钱款购买这些奴隶。坎迪杜斯照做了,允诺在一年内付钱,还发下重誓,说如果他不能如期付钱就会受到惩罚,那时他就要付双倍的价钱,如果违背誓言,将辞去神职。双方写好字据之后,坎迪杜斯接收了苏拉城的幸存者,不久之后,多数居民都因不堪忍受悲惨的境遇而死去。在解决了这件事之后,科斯劳率军继续前进。

第 6 章

此前不久，皇帝把帝国东方驻军分成两部分：一部分留在幼发拉底河附近，由以前东部军区将军贝利撒留来统帅；另一部分则布置在从那里到波斯边界的地区，由布泽斯统帅。他负责统帅这一地区的军队直到贝利撒留从意大利归来。布泽斯及其军队主要驻扎在赫拉波利斯，当他得知苏拉城的事情后，就把赫拉波利斯城（Hierapolis）居民的长子都召集在一起，对他们说："当人们面临一场势均力敌的反侵略战斗时，他们应该与敌人展开针锋相对的斗争；但如果他们在力量上处于劣势时，运用计谋好过以卵击石。现在你们十分清楚，科斯劳的军队非常强大，如果他们围攻我们，无论我们何等英勇抵抗，最终都会因为食物供应被切断而失败，波斯人将肆无忌惮地劫掠。同时，我们的城墙经不住敌人的攻击，许多地方都极易攻破。但是如果只留下一部分军队守卫此城，其他人则占据城市周围的高地，当波斯军围城时，我们便可以从那里出其不意地发动进攻，烧毁敌军粮草，迫使科斯劳放弃攻城并撤兵。"从布泽斯的话中可以听出他已经成竹在胸。他将罗马军中最精锐的部队全都部署在城市周围的高地上，而在赫拉波利斯城中几乎没有罗马士兵，这一点敌军根本不知道。下面我讲述一下这件事的经过。

当查士丁尼皇帝得知波斯人入侵的消息后，立即派他的外甥日耳曼努斯率领混乱的 300 名随从前去迎战，还允诺随即派一支大军支援，因为这支 300 人的部队是临时拼凑的乌合之众，军纪非常涣散。日耳曼努斯到达安条克[1]之后，首先视察军情。他围着城墙巡视了一圈，认为大部分城墙都还安全，因为这一部分城墙坐落在奥伦德斯（Orontes）河边，一马平川，毫无遮挡，便于用弓箭远距离杀敌，所以很难攻入；另一部分城墙坐落在陡峭的山崖上，更是一夫当关，万夫莫开；但到了最高处，当地人称之为 Orocasias，他注意到那里的城墙很容易被攻破，因为那里恰巧有一块巨石，其高度略低于要塞堡垒，敌人借助巨石可以轻而易举冲垮城防。日耳曼努斯命令士兵沿着城墙挖一条深沟，防止敌人通过岩石进入城中。然后，他准备在巨石和城墙之间建造一座塔楼，派重兵把守，这样就可以永绝后患。但是建筑师告诉他，如此庞大的工程不可能在极短的时间内完工，而敌人的进攻又迫在眉睫，如果不能如期完工，就等于向敌人暴露了守军唯一薄弱之处。日耳曼努斯面临困境仍充满信心，因为他知道有一支援军即将赶到。但很长时间过去了，依然没有援军的消息，他开始丧失信心，唯恐科斯劳知道皇帝的外甥在安条克，就会想尽办法占据该城，抓住他本人勒索赎金。安条克人也想到这一问题，他们进行商议，认为最好是给科斯劳送一笔钱以摆脱目前的危急局面。

安条克居民派梅加斯（Megas）主教去同科斯劳谈判，这个主教是一个谨慎的人，碰巧在安条克城。他离开安条克来到离赫拉波利斯城不远的波斯军中，面见科斯劳，请

---

[1] 安条克（Antioch）是古代东地中海重要沿海城市，位于今土耳其南部，称之为安塔基亚。——中译者

求他可怜那些手无寸铁的无辜百姓。向力量薄弱、毫无还手之力的对手发动攻击是战场上最卑劣的行为,更有损国王的荣誉。最好的策略是保持和平,对罗马和波斯两国君主都有利,或者在双方达成一致的条件下为战争做准备。而现在,罗马皇帝对波斯入侵尚且一无所知,波斯人的偷袭行动与军人的荣誉不符。科斯劳对这一套荣誉的说教嗤之以鼻,比以前更义气用事了。他威胁要消灭所有的叙利亚人和西里西亚人,命令梅加斯与他一起去赫拉波利斯城。当他们到达该城并扎营之后,发现这里城墙坚固,士兵防卫井然有序,便由强攻改为向赫拉波利斯人索要钱财,于是派保卢斯(Paulus)做翻译与城中居民谈判。这个保卢斯自幼在罗马人的土地上长大,在安条克上过小学,据说还有罗马人的血统。城中居民也对防卫要塞不放心,担心与高山相连的那段城墙的安全,此外他们还想保护自己的土地免受掠夺,因此他们同意给科斯劳 2000 镑白银作为赎城费。事实上,梅加斯是代表所有东部帝国的居民向科斯劳乞求和平的,因此他在科斯劳答应收下赎金并从罗马帝国领土上撤军之前绝不会停止对其游说。

第 7 章

此后不久,梅加斯出发前往安条克,而科斯劳在收到赎金后率军来到贝罗伊(Beroea)。这座城市坐落在安条克和赫拉波利斯之间,空手步行走到那里需要两天时间。梅加斯带领一支小队以极快的速度行进,比与他一同出发的波斯人行军速度快一倍。第四天波斯军才到达贝罗伊城郊。

科斯劳立即派保卢斯去向贝罗伊人索要钱财，数量是赫拉波利斯城的两倍。而贝罗伊的城墙已年久失修，许多地方都极易攻破，守军对要塞防御根本没有信心，同时，贝罗伊居民无法交齐全部钱款，科斯劳则坚持必须一次交齐。第二天晚上，城中所有居民都跑到卫城中和驻守在那里的士兵一起避难。第三天，科斯劳派人到城里去收钱，但当波斯军靠近城墙时，发现城门紧闭，人迹皆无，于是他们便向国王汇报了这一情况。科斯劳命他们搭云梯爬上城墙。波斯士兵没有遇到任何抵抗，顺利进入城中，打开大门。科斯劳没有收到钱，非常气愤，下令士兵举火焚城。之后波斯军又登上卫城，意图摧毁要塞，遇到了罗马士兵的英勇抵抗，损失惨重。在卫城中避难的贝罗伊居民十分愚蠢，带来大批驴马家禽，卫城中只有一口井，家畜家禽都要到这里来喝水，所以这口井很快便枯干了。贝罗伊守军和居民水源断绝，陷入困境。

当梅加斯到达安条克宣布他与科斯劳的协定之后，遭到安条克人断然拒绝。碰巧查士丁尼派鲁菲努斯的儿子约翰和他的私人秘书[1]朱利安为使者去见科斯劳，这些使者是罗马人的一种"秘密职务"，被称为"密使"（secreta），他们都留在安条克，朱利安是使者之一。他明确禁止任何人用钱财向敌人赎买皇帝的城市，他还当众在日耳曼努斯面前指责安条克主教埃弗莱米乌斯（Ephraemius）急于把城市转交给科斯劳的行为。因此梅加斯无功而还。安条克主教埃弗莱米乌斯因为害怕波斯人的进攻，去了西里西亚，

---

[1] "秘密"的秘书。

日耳曼努斯不久也带一些人来到西里西亚，把大部队留在了安条克。

于是梅加斯急速赶到贝罗伊，他愤怒地指责科斯劳欺骗贝罗伊人的不道德行为。因为科斯劳表面上派自己去安条克安排和约之事，同时私下里他却劫掠城中无辜居民的财产，迫使他们藏在卫城中，还放火烧城，大肆破坏。针对他的指责，科斯劳回答道："我的朋友，你应该对这些事情负责，是你让我们留在这儿的，现在你回来了，但不准时，你回来得太迟了。我的好先生，你想为这些公民们的背信弃义行为辩解吗？他们曾答应给我们一定数量的白银以保证他们的安全，但是直到现在他们仍未履行承诺，他们对自己的力量充满信心，完全蔑视我们，所以如你所见，我们不得不攻占这座要塞。就我而言，我希望在神的帮助下尽快报复他们，为在这堵墙下死去的波斯人报仇。"梅加斯接着回答说："如果一个人能像国王陛下那样考虑问题，去指责那些可怜人对他们自己受到的羞辱负责，他便会毫无怨言地同意你的说法。因为至高无上的权威在辩论中永远占上风，但如果一个人抛开一切，坚持真理，实事求是，您会这样做的，喔，国王，我们不会因做正确的事情而受到指责。你平心静气地想一想，首先，我去安条克宣读您要传达给他们的消息，来回需要 7 天时间，（我怎么做才能更快呢？）现在，我发现你已经在侵略我的祖国，这些人早已失去了最珍贵的东西。现在他们只剩下一件事可做，就是为生存而斗争。我认为他们会认清形势，不再付钱给你们，因为他们不会为自己已经失去的东西付钱。自古以来，事在人为，权力的丧失与尊严受伤害不可同日而语，后者会导致仇恨。喔，国王，当我们处于最悲惨的境遇时，至少我们应该获得安慰，我们似乎不该为降临到我们身上的不幸负责任。谈到钱，你们劫掠的钱对于你来讲已经足够了，不要用您的地位来衡量价格了，而应该设身处地为贝罗伊人想想。不要用任何方式强迫我们了，否则你们根本不能达到目的。因为过分的行为通常会遇到不能解决的障碍而最终导致失败，最好的办法是不要企图去做不可能做的事，这就是我为这些人所作的辩护。如果我能与那些受害者谈话，我可能还会有所补充。"科斯劳允许梅加斯进入卫城。他得知城中水源断绝后，又一次来到科斯劳面前，俯伏在地，痛哭流涕，坚持说贝罗伊人已经身无分文，乞求他放城中百姓一条生路，科斯劳被这声泪俱下的恳求打动了，答应了他的请求，立下誓言，保证不杀死卫城内的百姓。幸运的贝罗伊人逃过大劫，毫发无伤地离开卫城，各自回家去了。有几个罗马士兵也跟着他们走了，但大部分因为抱怨政府拖欠军饷，都投降了波斯军队，与科斯劳一同回波斯了。

第 8 章

（540 年 6 月）由于梅加斯声称已经无法劝说安条克人付钱，科斯劳率领全部军队准备进攻安条克城。一部分安条克居民带着钱财逃出城了，余下的人也都准备逃走。只有黎巴嫩驻军统帅塞奥提斯图和莫拉切斯带领 6000 人的军队返回安条克。他们满怀希望，加强防御，阻止城中居民离开。不久，波斯军队兵临城下，在奥伦德斯河畔安营扎寨。科斯劳派保卢斯站在城下与安条克居民谈判，声称只要交付1000镑[1]黄金，他们立即离开这里，很明显低于这个数额他们也会撤退。是日，安条克使者面见科斯劳，就破坏和约一事与他谈判，科斯劳虚与委蛇，使节无功而返。次日，安条克的民众（他们并非有意，而是喜欢搞恶作剧的习惯使然）在战场上辱骂嘲笑科斯劳。当保卢斯进入要塞向他们索要钱财赎买自由时，城中的钱为数极少，民众还向他射箭，幸亏他及时发现加以防御，否则必死无疑。科斯劳怒火中烧，决定拒绝一切谈判，全力攻城。

第二天，波斯军攻城行动展开。科斯劳命令一部分军队沿着河边进攻低处的城墙，自己亲率大部分精兵进攻高处城墙的薄弱部分。罗马守军空间狭窄，回旋无地。为弥补其不足，他们把长木绑在一起，悬挂在塔楼之间，以拓宽活动空间，便于及时增援，更有效地打击敌人。波斯人箭如雨下，其主攻方向是山顶。罗马人亦不甘示弱，全力反击，许多勇敢的年轻平民也奋勇杀敌。双方展开了一场激战。因为那块巨大的岩石又宽又高，所以这里的战斗如同在平地上进行。如果罗马一方某人有勇气率300人冲出要塞，先发制人占据这块岩石，防止敌人从那里袭击，我相信这个城市就可以免于灾难。因为蛮族人没有适于进攻的地点，他们还要防御上方的岩石和城墙内弓箭的袭击。但是（因为安条克注定要被波斯军队毁灭），没有人想到这一点。波斯人作战勇猛，科斯劳亲自督战，不给对手喘息之机。罗马人虽然人数很少，但他们也大声呐喊，士气

---

[1] 见第1卷，第22章。

如虹。这时，绑在一起的木梁因为所受的压力太大，突然裂开，士兵连同木头都摔到地上，粉身碎骨。当在相邻塔楼上作战的罗马人听到这一消息时，错误地认为这里的城墙已被攻破，开始撤退。民众中的许多年轻人以前曾作过竞技场的格斗士，他们从城墙上跳到地上，继续奋勇抵抗，罗马统帅塞奥提斯图（Theoctistus）、莫拉切斯（Molatzes）和士兵跳上了早已备好的马，直奔城门，对其他人谎称布泽斯已经率领一支军队赶来，希望能尽快迎接他们进城并和他们一道防卫敌人。安条克的男人、女人和孩子们都冲向大门，人马混杂，在很小的区域内异常拥挤，许多人掉下马，士兵们不顾一切地拥向大门，很多人死于相互践踏的混乱中，守门的士兵死伤尤为惨重。

波斯人见没人抵抗他们，就在城墙外搭梯子，毫不费力地登上了城墙，但却不敢跳进城内。我认为，他们一定是担心敌人的埋伏，因为从城墙到那块巨大的岩石处有很长一段距离，其间岩石又高又陡，异常险峻。有人说是科斯劳让士兵们停下来，因为他观察到了地面的崎岖并看到有士兵逃跑，唯恐他们退却影响波斯军队的士气。如果发生这样的事，必然在他占领这座古代最重要、罗马人在东方最富庶、规模最大、人口最多、最美丽、最繁荣的城市的过程中，无端制造障碍。因为他希望罗马士兵们能够抓紧机会逃跑，波斯人就可坐享其成。因此，波斯人停止进攻，放任罗马人逃走，于是罗马士兵们和他们的统帅急匆匆地拥向安条克郊区的达夫尼（Daphne）门，因为只有这道城门没有波斯人把守，其他的门都已被波斯人控制。其中只有很少的民众随士兵一起逃跑了。当波斯人看到罗马士兵跑得差不多了，就从城墙上跳下来，进入到市中心。在那里，安条克的年轻平民与他们展开殊死搏斗，保卫自己的城市。最初民众占了上风，但他们装备匮乏，只用石头作武器投向敌人。尽管如此，他们的斗志十分昂扬，在打斗中高唱赞歌，高呼查士丁尼皇帝必胜，似乎对打败波斯人充满信心。

这时科斯劳坐在塔楼上，命令安条克人派使节进行谈判。这时他的一个官员扎布加尼斯（Zaberganes）认为科斯劳此举意在与安条克人订下协议，便来到国王面前说："陛下，您不会像我一样，也同样关心这些人的命运吧。他们在战前就已经冒犯了你的君威，在他们失败时，还胆敢冒险做困兽之斗，彻底伤害了波斯人，好像唯恐您对他们表现出仁慈似的，但你还是希望能可怜这些不值得可怜的人，饶恕这些不值得饶恕的人。而这些人却以怨报德，在城中埋伏人马，想将我们全部消灭，难道你不怜悯那些希望从战斗中生还的波斯士兵吗？"科斯劳闻听此言，马上派一支数量众多的精锐部队前去应战，很快就瓦解了市民的反抗，他们死的死，逃的逃。波斯士兵大开杀戒，见到市民，不论老幼，一律格杀勿论。据说那时安条克城内有两个贵妇逃了出去，她们担心会被敌人抓去（因为敌人已经发现她们了），便跑到奥伦德斯河畔，为避免受波斯人的侮辱，便用面纱蒙住脸，跳进激流中，消失得无影无踪了。这就是安条克居民的悲惨境遇。

第9章

科斯劳对使者们说："事实上，我认为古人所言'上帝不会给予纯粹的祝福'是有道理的。上帝把幸福和苦恼一同赋予人类，因此我们经常是含着眼泪微笑，不幸与成功相伴随，痛苦与快乐相伴随，没有人能够始终享受理所当然的好运。这座城市和我在罗马土地上轻易取得的胜利一样具有显赫的名声，如你所见，上帝赐予我们胜利。但当我屠杀了这么多人时，胜利就会被鲜血浸湿，我失去了成功的快乐。这些可怜的安条克人受到上帝的惩罚，所以才一错再错：当波斯人猛烈攻城时，他们畏战逃跑；当波斯人已经取得胜利并占领这座城市时，他们又不自量力地与我军展开巷战，这是自寻死路。当所有的波斯贵族不停地要求我（像捕鱼一样网遍全城，杀掉所有的俘虏时）对全城的幸存者一网打尽时，我却纵容逃跑的人，使他们得以自救，这是因为滥杀俘虏是渎神的行为。"科斯劳的这番话虽然动听，但却纯粹是装腔作势，同时没有忘记对自己放罗马人逃跑给出一个冠冕堂皇的理由。

科斯劳自认为是所有人中最聪明的，大言不惭地隐瞒事实，把责任推到受害者身上，他可以一边答应对方的条件，并以誓言保证双方的协定，一边为了金钱而情愿背弃誓言，玷污自己的灵魂。作为胜利者，他表面上假装虔诚，解脱自己发动战争的责任。他在苏拉城就已经彻底暴露出其伪善的本性：他用诡计欺骗了城中无辜居民，将他们斩杀殆尽。在屠城中，他看到一个出身高贵的漂亮女人被一个蛮族人用力拉着左手，她的小孩刚刚断奶不久，她舍不得丢下他，便用右手拉着孩子，因为孩子赶不上大人的脚步，所以摔倒了。据说当时科斯劳发出了虚伪的呻吟声，对在场的包括阿纳斯塔修斯在内的所有人表现自己的怜悯，他泪流满面，祈求上帝惩罚他这个制造杀戮的罪人。而罗马人的皇帝查士丁尼就是他想要理解的人。尽管他非常清楚自己对每一件事都负有责任。上天所赐，他不仅成了波斯人的国王（因为察梅斯不幸失去了一只眼睛，他本来是波斯国王的第一人选，科巴德对其宠爱程度仅次于考塞斯），而且还轻易地征服了那些敢于抵抗他的人，没有耗费多大力气就对罗马人造成了巨大伤害。因为每次当命运女神可以造就一个人时，她就会在一段时间里做她已经决定的事，没有人能够与她的意志相抗衡。她既不关心这个人的地位，也不去阻止不幸的事情，她毫不在意因为这些灾难而招致的别人对她的亵渎之言，也不在意对立者嘲讽她识人乏术倒行逆施，她根本不考虑所有其他的事情，只是一心一意去完成她已经决定的事情。这些事也只能让上帝去决定吧。

科斯劳下令将安条克城中的幸存者都变为奴隶，将城中的财物掠夺一空。当他自己和使者在教堂礼拜时，意外地发现一个藏有大量黄金和白银的仓库。科斯劳大喜过望，将黄金白银全部带走作为自己的战利品。他还命人从那里拆下许多精美的大理石，将其放置在要塞的外面，以便带回波斯。当他做完这些事之后，就下令波斯人烧毁了整座城市，使者恳求他保留教堂，因为那里是他发现财宝的地方，他同意了使者的请求，但其他所有地方则寸草不留。

科斯劳只留下一小部分人焚城,他自己率领主力部队回营休整。

第 10 章

在安条克陷入灭顶之灾以前,上帝就已经预示了这一即将发生的悲剧。以往,安条克守军的军旗很长时间都朝向西方,但不久前却自动朝向了东方,而后又转回到朝西的方向,没有人去碰它们。当旗子仍在抖动时,士兵们将此事告诉了在场的人,其中有军队财务总管莫普苏埃斯提亚人(Mopsuestia)塔蒂安(Tatianus),他是一位谨慎的人。看到这一景象的人都没有意识到该地的统治者将变为东方的国王了。很明显,那些注定受苦的人劫数难逃。

当我记下这场灾难并流传到后世时,我很困惑,我不理解为什么上帝先要一个地方或一个人幸运,然后又毫无理由地抛弃他们,毁掉他们。上帝并非做任何事情都有理由,他眼看着安条克城被那个最不虔诚的人夷为平地,无论如何,这座城市的美丽和伟大都不该被完全毁灭。

安条克的教堂和塞拉泰厄姆(Cerataeum)的一些房子幸免于难,这不是因为某个人的预先安排,只是因为它们都坐落在城市的边缘,与其他建筑不相连,大火才没有波及到它们。蛮族人连要塞外面的建筑也没有放过,只有供奉圣徒朱利安的神殿和神殿旁边的房子保留下来,因为使者们就住在那里。波斯人将要塞的防御设施原封不动地保留下来。

不久后拜占庭派出的使者来见科斯劳说:"我们并非当

面顶撞你,喔,国王,我们只是不相信科巴德的儿子科斯劳会率军侵入罗马人的土地,玷污你最近立下的誓言,即关系到最后的、所有相互信任事情的最坚定、可信的誓言,并破坏了协定。而和约正是那些饱受战乱之苦的人们心中的唯一希望。人们面对这样的事情只能说,是战争将人变成了野兽,因为如果没有签订和约,战争就会继续,无休止的战争使他们逐渐失去了原有的人性。不久前你不是还给你的兄弟(查士丁尼)写信要他对破坏协议负责吗?这显然就承认了破坏协议这样的行为实在是一项大罪过啊!如果他没做错事,你不会立即前来侵略我们,如果他真的做了这样的事,你大可表现出自己胸怀大度,通过道义来谴责他。作坏事的终究会失败,做好事才能成功。我们知道查士丁尼皇帝从未做过违背和约的事,我们也恳求你别伤害罗马人,不要给那些刚刚与你签订和平条约的人造成不可弥补的损失,而且这对波斯人也没有好处。"

科斯劳一口咬定和约是查士丁尼皇帝破坏的,还列举了皇帝应对战争负责的原因,有一些是真实的,而另一些则是捏造的。他最希望公布他给阿拉芒达拉斯的信,以说明匈奴人才是战争的首要原因,这我在前文已经提到过[1]。科斯劳并没有掌握罗马人侵入波斯土地、炫耀战绩的确凿证据。使者们指出不是查士丁尼而是他的属下应对战争负责,其他的人反驳他是因为事情并非如他所说的那样。科斯劳最终决定向罗马人索要一大笔钱作为赔偿,同时警告罗马人不要期望给了这笔钱就能换取永久的和平。

---

[1] 见第 2 卷,第 1 章和第 3 章。

至于友谊,他说,两国之间的友谊是建立在波斯人花费金钱的速度上的,罗马人必须每年向波斯人交纳一定数量的金钱。他说:"这样,波斯人就会与他们保持和平相处,守卫(卡斯皮亚)'里海之门',不再为达拉城的事而仇恨他们,波斯人也会永远负担这笔费用的。"使者说:"那么,波斯人想要罗马人臣服并向他们进贡了。"科斯劳说:"恰恰相反,是罗马人想要波斯人成为他们未来的士兵,给他们固定的报酬,你们给匈奴人、萨拉森人固定数量的黄金,这不是臣服于他们的贡赋,而是要他们保卫你们的土地永远不受侵略。"详谈之后,科斯劳与使者们达成协议,规定罗马付给波斯 5000 镑黄金[1],以后每年递增 500 镑,波斯保证不再侵犯罗马人。科斯劳还从使者那里带走人质以保证协议的执行。波斯大军开始撤出罗马领土。查士丁尼的使者们为未来的和平奠定了坚实的基础。

第 11 章

在班师回朝的路上,科斯劳去了距安条克 130 斯塔德远的海滨城市塞琉西亚(Seleucia)。在那里,他既没有遇到也没有伤害罗马人。他一个人在海水中沐浴,举行了太阳神祭祀仪式。回军营之后,他说想看看附近的阿帕米亚城(Apamea),以满足自己的好奇心。使者们清楚科斯劳去阿帕米亚城的唯一目的就是以一些无关紧要的小事作借口,劫掠这座城市及其周围的地区,因此不愿答应他的这

---

[1] 见第 1 卷,第 22 章。

个要求。他们提出条件，要求科斯劳在看完该城后可以带走 1000 磅白银，但不许进攻该城。科斯劳先去游览了位于安条克郊区的达佛涅（Daphne），他惊叹那里的园林和泉水之美，在为山林水泽仙女们献祭之后，除了烧毁了天使长米迦勒（Michael）神殿和其他的一些建筑之外，没有做更大的破坏。烧毁神殿的原因是这样的：波斯军中有一位德高望重的绅士，与科斯劳私交甚笃。这天，他和随从一同来到特雷托姆（Tretum）附近的山崖游玩，参观埃瓦里斯（Evaris）设计建造的天使长米迦勒神殿。这位绅士看到一个安条克青年俘虏逃离押解队伍，便策马前去追他。这个青年是一个屠夫，名叫艾玛库斯（Aeimachus），在他就要被追上时，出其不意转过身来，向追击他的波斯绅士扔了一块石头，正中其前额。绅士大叫一声，翻身落马。年轻人飞步上前，用绅士的剑杀了他，劫走了他的金钱和其他一些私人用品，骑马逃逸。不知是因为幸运还是他熟悉环境，青年人成功地躲过波斯人的追击，逃之夭夭。当科斯劳得知这一消息后，非常悲痛，命令随从烧毁天使长米迦勒的神殿，考虑到达佛涅的神庙也可能是凶手的藏匿之处，便下令将达佛涅神庙及其周围的建筑也付之一炬。整件事的经过就是这样。

科斯劳率军向阿帕米亚城（Apamea）前进。在阿帕米亚城有一根大约一肘尺[1]长的木头，是耶路撒冷的基督受难的十字架的一部分。在古代时被一个叙利亚人秘密带到这儿来的。古代人认为它会保佑这座城市和城里的市民，

---

[1] 肘尺，古代长度单位，自肘至于中指端，长约等于 18—22 英寸。——中译者

便把它放在一个饰以黄金宝石的木匣中供奉起来,由三个教士负责守护。在每年确定下来的一天中,全城居民都要向这块木头顶礼膜拜。阿帕米亚城的居民得到波斯军队要来攻城的消息,又听说科斯劳是一个不守信用的人,非常害怕,他们去找该城主教托马斯(Thomas),恳求他把那块十字架上的木头拿出来让他们最后再拜一次,死亦无憾。托马斯答应了他们。正所谓百闻不如一见,当主教拿出圣物时,他的头上便出现一道光,头上的屋顶也被这道巨大的奇光照亮。当主教在神殿中走动时,光也跟随他移动。阿帕米亚城的居民为这一奇迹而欢呼、哭泣,他们对安全充满信心。托马斯在走遍整个神殿之后,把这块神木装入木匣,盖上盖子,奇光也随之消失了。当听说敌军已经来到阿帕米亚城附近时,主教便去面见科斯劳,科斯劳问他阿帕米亚城的居民是否会对波斯军队的进攻采取反击时,主教回答说,人们还没想过这件事。"那么,"科斯劳说,"打开所有的城门迎接我们进城吧。"主教说:"好的,我到这儿来就是邀请您进城的。"于是波斯军队在要塞前安营扎寨。

科斯劳选出 200 名最优秀的波斯战士与他一同进城。但是他进城后立即原形毕露,将他与使者之间的协议抛诸脑后,命令主教不仅给他 1000 镑白银,而且要交出该城储备的所有财富,数量惊人的黄金和白银。我相信他在奴役和掠夺全体居民上也不会客气,除非有神意阻止他。科斯劳完全被贪欲和急功近利所控制,将奴役这些城市作为他的荣耀,将与罗马人缔结的和约弃如敝履。科斯劳的作风在他从达拉城撤退时就已经暴露无遗,他完全蔑视和约,我在下文还将要讲到他在和平时期对卡利奈孔城居民所做的事[1]。上帝保护了阿帕米亚。当科斯劳得到所有的财富而陶醉于其中时，托马斯打开木匣拿出了里面的圣物，说："伟大的国王，您已经取走了我们所有的财富，倘若您想将这个木匣一并带走（因为它镶满了黄金、宝石），我们也不敢有一句怨言，但是，我恳求你将这块最珍贵的木头留给我。"科斯劳让步了并同意了他的请求。

之后，科斯劳在民众的欢呼和簇拥下来到竞技场，在那里观看战车比赛。因为他很早就听说查士丁尼皇帝非常喜欢蓝党[2]，所以他希望绿党获胜。战车从栅栏后冲出，比赛开始。穿蓝衣的选手超过了对手领先，穿绿衣的选手紧追不舍。科斯劳认为这是有预谋的，很生气，他大声命令跑在前面的马车停下来，让后面的绿党选手赶上他，最终绿党获胜。正巧这时阿帕米亚的一个市民来到科斯劳面前控告一名波斯士兵闯入他家中并强暴了他的女儿。科斯劳听后十分气愤，命手下将罪犯当众处死，波斯士兵大声疾呼要求国王放了这个人，于是科斯劳赦免了他，但不久后又命人将其秘密处死。处理了这件事之后，他率全军离开阿帕米亚城回师。

第12章

当科斯劳率军到达离贝罗伊有84斯塔德远的卡尔西斯

---

[1] 见第2卷，第21章。
[2] 竞技党来源于罗马时代的竞技比赛（chariot racing），分为不同颜色，后来发展成为市民政治派别，后人称之为竞技党，并依据各自的颜色定名。（Venetus，在拜占庭和其他所有地方都指蓝党。）——中译者

城（Chalcis）时，他又忘记了以前的承诺，在离要塞不远的地方扎营。他命保卢斯前去威胁该城的居民，如果不交出赎金，押出守城官兵，宣布投降，他就要围攻这座城市。卡尔西斯的市民既害怕科斯劳屠城，又担心查士丁尼怪罪他们将金钱交给敌人。他们发誓说城中绝对没有守军，其实他们已经把士兵和统帅们都藏了起来。该城的居民都不富裕，费了很大力气才收集到 200 磅[1]黄金，他们把这些钱交给科斯劳以拯救这座城市和居民。

此后，科斯劳没有继续顺着来时的路线返回，而是渡过了幼发拉底河，在美索不达米亚大肆劫掠一番。他在离巴尔巴里瑟姆（Barbalissum）要塞 40 斯塔德远的奥班尼（Obbane）建了一座桥，他先过桥后，命令军队以最快的速度过桥，指定在第三天把桥拆掉。到达指定的时间后，一些士兵还没有过桥，他根本不予考虑，下令拆桥，那些落在后面的士兵只好各自回家乡去了。

在基督徒的传说中，埃德萨[2]这座城市永远不会被蛮族人占领，这倒是激发了科斯劳的征服欲望。传说是这样的：古时候埃德萨城的国王（toparch，因为不同国家的国王称呼不同）名叫奥加鲁斯（Augarus），是当时最聪明的人，因此他成了奥古斯都（Augustus）皇帝的朋友。他来到罗马，想和罗马人缔结协约。奥加鲁斯睿智的谈吐令皇帝惊讶，非常喜欢听他讲话，每次见面后都不愿离开他，想将他永远留在罗马为伴。一天，当奥加鲁斯向皇帝表示

---

[1] 见第 1 卷，第 22 章。
[2] 埃德萨（Edessa）位于今天土耳其东南部，是珊里乌尔法省首府。——中译者

要回到祖国时，奥古斯都坚决不让他走。他不敢公开顶撞罗马皇帝，便想出这样一个计策：他先是到罗马城郊去打猎，他非常喜欢打猎，活捉了许多动物，将动物连同其生活的土壤一起都带回罗马。那天奥古斯都正在竞技场观看比赛，奥加鲁斯来到他面前向他展示带回来的土和动物，告诉他这些土和动物来自哪些地区，然后他命人将带回的土壤散在竞技场的地面上，把动物都放开，每只动物都跑到自己生活过的土壤上。奥古斯都看得入迷，奇怪为什么大自然没有让动物们忘却它们的故土。奥加鲁斯突然跪下说："陛下，您认为我是怎么想的呢？我在祖先留下的土地上拥有一个妻子、几个孩子和一个很小的国家，我想回到故土。"皇帝被他的话打动了，同意让他走，并答应满足他的任何要求。于是奥加鲁斯恳求皇帝在埃德萨城建一座竞技场，皇帝答应了。奥加鲁斯离开罗马来到埃德萨，城里居民问他是否从皇帝那里带回了什么赏赐，他回答说他带给埃德萨居民的礼物是不会失去的痛苦和不能获得的欢乐，以此暗示着竞技场的命运。

在过了几年的幸福生活后，奥加鲁斯得了一种严重的痛风病，这种病使他全身都不能动，神情也非常沮丧，为此，他遍请全国名医，又打发他们走了（因为他们不能治好他的病）。他只能叹息自己命运的悲惨。就在这时，上帝的儿子耶稣已现身来到巴勒斯坦人中间，展示他的一些神迹以证明自己是上帝的儿子：他能使死人复活；让盲人重见光明；为麻风病人去病净身；使瘸子健步如飞；总之，能治好所有疑难杂症。从巴勒斯坦到埃德萨去的人将耶稣的事迹告诉了奥加鲁斯之后，他便鼓起勇气，给耶稣写了一封信,恳求耶稣离开朱迪亚[1]和那些愚蠢的人,到埃德萨和他生活在一起。耶稣致信奥加鲁斯,说他不能来,但答应可以让他恢复健康。据说在信的结尾处他还保证埃德萨城不会被蛮族人占领。当时写史的人根本不知道这封信的最后一部分内容,因此在史书中根本没有提及。但埃德萨人声称找到了这封信,将这封信的内容以同样格式写到城门上,以抵挡敌人的入侵。的确,该城此后短期被波斯人控制,但未能占领。事情是这样的:奥加鲁斯在收到耶稣的信之后不久,病就痊愈了,健康地生活到老年才无疾而终。他的一个儿子继承了王位,新国王对国人不够尊敬,做了许多错事,还愚蠢地拉拢波斯人,同时又害怕罗马人的报复。因此,埃德萨的市民就杀死了进驻的蛮族卫兵,把该城交给了罗马人。按照我们今天形成的标准判断,他好大喜功,在适当的时候我会提到这一点。有时我也产生这样的想法:以我们现在的观点来评判,基督可能没有写下过埃德萨城不会被蛮族人占领这样的话,因为埃德萨城居民是那么信仰他,所以他希望该城不被蛮族占领,这样他就不会给他们提供犯错误的借口了。至于这些事情,让它们按照上帝的意愿自行发展吧,让人们去评说吧。

科斯劳突然产生了要占领埃德萨的念头之后,便率兵前往无足轻重的小要塞巴特尼(Batne)。此处离埃德萨有一天的路程,波斯军当晚便在那里露营。翌日黎明,科斯劳率军队继续向埃德萨进军。不知为什么,他们迷路了,

---

[1] Judaea,古巴勒斯坦的南部地区,包括今巴勒斯坦的南部地区和约旦的西南部地区。——中译者

第二天晚上他们又回到同一地点露营，他们说同样的事情又再一次发生了。当科斯劳好不容易到达埃德萨郊区时，据说他的脸已经化脓了，他的下巴也肿胀起来，因此，他打消了占领这座城市的念头。他派保卢斯去向该城市民索要钱财，市民说他们根本不担心其城市会被占领，但为了避免乡村遭到破坏，才答应给科斯劳 200 镑黄金。科斯劳收到钱后就撤走了。

第 13 章

与此同时，查士丁尼皇帝也给科斯劳写了一封信，承诺履行后者与拜占庭使者们达成的和平协议[1]。科斯劳收到信后，释放了人质并开始为撤军做准备，他还打算将所有安条克的俘虏按赎金释放。埃德萨人得知这一消息，显示出了极大的热情，他们每个人都根据自己拥有财产的情况到神庙里交纳保证金，还有一些人自愿超出规定比例多交钱，连妓女们都摘下自己的首饰，扔到神庙里，有的农民没有镀金器皿和钱，但有驴和绵羊，也毫不吝惜地将这些牲畜送到神庙来，很快这里聚集了大量的黄金、白银和其他财物。但恰巧布泽斯来到这儿，垂涎这笔钱财，插手阻止这件事，因此赎买安条克俘虏的计划没能付诸实施。于是科斯劳带着所有的战俘继续前进。当卡雷（Carrhae，或译哈兰）的居民遇到他并向他献上大笔金银时，他却说这座城市不属于他，因为这里的居民大多数并非基督徒，

---

[1] 见第 2 卷，第 10 章。

而是异教徒。

然而在康斯坦提纳（Constantina）的市民向他提供钱财时，他却接受了。尽管他宣称这座城市从他祖辈时就已经属于波斯人了。因为当年科巴德占领阿米达城时（503年），他也曾打算占领埃德萨和康斯坦提纳。但当他靠近埃德萨城时，曾询问琐罗亚斯德教麻葛们能否占领这座城市，麻葛们说他用任何方法都不能占领这座城市，因为他右手指的方向没有任何被占领或其他悲惨的情景的预示，而是一片吉祥平安的气象。科巴德被说服了，便领兵前往康斯坦提纳。到达后，他命令全军就地扎营，准备发动进攻。当时康斯坦提纳城的教士是巴拉多图斯（Baradotus），他是一个笃信上帝、正直无私的人，因此他的祈祷通常很灵验，能实现他的愿望，甚至看到他的脸后，大家都认为他已经完全被上帝接受了。波斯大军兵临城下之后，巴拉多图斯拿着酒、无花果干、蜂蜜和白面包去见科巴德，恳求他不要占领这座无足轻重、连罗马人都不屑一顾的小城，这里既没有士兵又没有防御工事，只有可怜的居民。科巴德听了教士的话之后，声称这个城市属于他的祖先，他答应给这个城市自由，但要求市民们补偿波斯军在围城期间的粮食消耗，而且还要多于这个数量，他才从罗马人的土地上离开。

当他到达拉后，又开始了围攻。达拉城内罗马守军统帅（碰巧他在城中）马丁努斯（Martinus）积极备战。该城四周有两道城墙环绕。里边的那道城墙雄伟壮观，气势宏大（每个塔楼的高度达 100 英尺，城墙的高度也有 60 英尺），外层的城墙较矮，但很坚固。两道墙之间的宽度不超过 50 步，达拉城的居民在遭到敌人袭击时通常将牛和其他动物赶到这里。起初，科斯劳对城墙西部的要塞发动袭击，波斯军大量放箭压制守军，接着便在矮墙的城门处放火。但没有一个蛮族人敢进去。随后他命令手下，在城东部秘密挖地道，因为要塞的其他部分建在岩石上，只有这里土质松软。波斯人从壕沟处挖起，因为地道挖得很深，所以没有被对方发现。波斯士兵通过地道越过外层城墙，控制了两墙之间，来到罗马人的最后防线——内层城墙，准备以武力占领该城。但是上天注定这座城市不会被波斯人占领：有一个波斯士兵（也许他是普通人也许是更伟大的圣人）希望帮助城中百姓。他在大约中午时接近要塞，假装捡罗马人在与蛮族人战斗过程中从城墙上丢下的武器并取笑那些站在矮墙上的人。实际上他小声告诉卫兵波斯人正在挖地道，要罗马守军密切注意。罗马人出现了混乱，呼喊着动手挖两道墙之间的土地寻找地道。波斯人对此一无所知，还在继续挖地道。罗马人在学过机械学的塞奥多卢斯（Theodorus）建议下交叉着挖沟。当他们挖到一定深度时，波斯人到达两墙中间点时突然掉到了罗马人的沟中，罗马人杀死第一个波斯人后，其他波斯人都快速逃回营中去了，罗马人没有在黑暗中追击。科斯劳在这个尝试失败后便打消了占领该城的念头，他派人与城中居民进行协商，索要 1000 镑白银。查士丁尼听说此事后，严厉拒绝这个要求，并威胁科斯劳在休战期间不许占领达拉城。这就是罗马人在科斯劳第一次入侵时的命运。这个夏天即将过去了。

第 14 章

此后不久,科斯劳在亚述建了一座城,赐名为"科斯劳的安条克",这里离泰西封(Ctesiphon)[1]有一天的路程。他把安条克的俘虏都安置在那里,还为他们修建了一个浴池和一个竞技场,以供他们娱乐享受,因为他带回了四轮马车赛手,以及安条克和其他罗马地区的音乐家。除此之外,他还经常为他们发放津贴,而不是以俘虏的待遇对待他们。他封这些人为国王的臣民,他们并不从属于任何一个行政长官,只臣属于国王一人。如果任何一个罗马人和奴隶成功地逃到科斯劳的"安条克"城,而且这里有人称他是自己的亲戚,这个奴隶的主人就不能再把他抓走,即使他的主人是一位波斯显贵也不例外。

安条克的灾难似乎接连不断:在阿纳斯塔修斯统治时期,安条克达佛涅郊区刮了一阵飓风,那里很高的柏树都被连根拔起——法律规定这些树是严禁砍伐的。(526年)不久后,在查士丁尼统治时期,这个地区又发生了强烈的地震,整个城市都在晃动,最好的建筑悉数被夷为平地,据说这次地震中安条克死亡和失踪了30万人,整个城市变成一片废墟。最后,如上文所提到的,整个城市沦陷并被摧毁了。这就是安条克人的灾难。

当贝利撒留应皇帝之召从意大利回到拜占庭城后,在

---

[1] 泰西封位于幼发拉底河中游左岸,今天伊拉克境内,曾为古代波斯国王行宫。——中译者

拜占庭度过冬天，第二年春天（541年）皇帝就派他率兵去迎击科斯劳的波斯军队。在他的军队中也包括他从意大利带回来的官员，其中有一个人叫瓦莱里亚努斯（Valerianus），奉命统帅亚美尼亚的军队。因为马丁努斯早已被派到了东方，所以如上文所述科斯劳在达拉城遇到了他。哥特人中除了维提却斯留在拜占庭城之外，其他的人都与贝利撒留一起迎击科斯劳去了。那时维提却斯的使者之一（曾假冒主教之名的那个人）在波斯死去，另外一个还留在波斯，这两个人手下的翻译在穿越罗马领土回到意大利时，被统帅美索不达米亚的约翰在康斯坦提纳附近逮捕，关进监狱；这位翻译官在罗马人的询问之下，供出了所有发生的事。贝利撒留与他的手下将士们星夜疾驰，以防止科斯劳再次入侵罗马人的土地。

第15章

与此同时，应拉齐卡人的请求，科斯劳正率军在科尔奇斯作战。这件事的原因是这样的：科尔奇斯的原住民是拉齐卡人，他们名义上是罗马帝国的属民，但不必交纳贡赋也不必听从罗马人的命令，除此之外，当他们的国王去世时，罗马皇帝就会派人给即将继位的国王送去象征权力的徽章。拉齐卡人的国王与其臣民们一起倍加警惕地守卫边界，防备匈奴人从与他们毗连的高加索山脉通过拉齐卡侵入到罗马人的领土。他们守卫边界是无报酬的，罗马人既不派兵也不付钱给他们，而他们也不加入罗马人的军队。但他们经常与生活在黑海沿岸的罗马人在海上进行商业贸易，因为他们既不产盐，也不出产谷物和其他物产，所以他们只能以装饰的兽皮和皮革及他们在战争中俘虏的奴隶来换取生活必需品。上文我已讲过一件与之相关的伊比利亚国王古尔根尼斯的事情[1]，开始时罗马士兵和拉齐卡人混居，这些蛮族人很讨厌罗马士兵，最主要的原因是罗马将军彼得十分傲慢无礼。这个彼得（Peter）是阿尔扎尼人（Arzanene）[2]，他出生在尼姆费翁河的另一边，自古就是波斯的属国。彼得在幼年时就被罗马军队俘虏，在查士丁皇帝占领阿米达城后，与塞勒的军队一同进攻波斯[3]。他的主人对他非常好，送他去一位语法学家开办的学校学习。若干年后，他成为查士丁的秘书，当阿纳斯塔修斯死后，查士丁继位为皇帝，任命彼得为将军，他从此变得越来越贪婪。

后来查士丁尼皇帝又陆续派了几个官员去管辖拉齐卡，其中有齐布斯（Tzibus）的约翰，他出身卑微，却当上了将军。这是因为他是世界上最成功的恶棍，也最有能力取得非法收入。这个人东游西荡，不务正业，破坏了罗马人和拉齐卡人的关系。他还劝说查士丁尼皇帝在拉齐卡的海滨建一座城市，取名为佩特拉，以之作为垄断拉齐卡人商业贸易的大本营，这样商人们就不可能再把盐和其他拉齐卡人必需的货物运到科尔奇斯，拉齐卡人也不能派人四处购买这些商品了。彼得自己成为此地唯一的日用品零售商

---

[1] 见第1卷，第12章。
[2] 阿尔扎尼人是亚美尼亚古代民族之一，活动在亚美尼亚东南部地区。——中译者
[3] 见第1卷，第8章。

和商业监督者,他买进所有这些东西,然后再高价卖给拉齐卡人。蛮族人对罗马驻军实在难以忍受(这种事以前很少发生),所以决定投靠波斯人。他们背着罗马人派使者与科斯劳联络,希望从他那里得到保证——他(科斯劳)永远不会将拉齐卡人丢给罗马人,这样他们才会带领他和他的波斯军队进入这块土地。

使者们到达波斯人那里,秘密地会见了科斯劳,说:"伟大的国王,如果有一个民族总是遭受其朋友的各种形式的背叛,并且错误地投靠他们根本不了解的人,此后,原本眷顾他们的命运女神再一次满怀喜悦地回到了他们中间,那么,这个民族就是拉齐卡人。因为科尔奇斯人自古就是波斯人的同盟者,他们与波斯人并肩作战,自己也得到了回报。这些事情都已经被载入史册,我们手中有一部分记载,另一些直到今天仍保存在你的皇宫中。自那以后,(也许是你们忽视了也许还有其他我们无法获知的原因)我们的祖先成了罗马人的同盟者。现在我们代表拉齐卡国王以任何您喜欢的方式向波斯人献出我们自己和我们的土地,我们请您考虑一下:如果我们不是因为罗马人的百般侮辱,而是因为某种愚蠢的动机来找您,您可以拒绝我们的请求,您可以认为科尔奇斯人是不值得信任的(因为当一次友谊正瓦解时,又与其他人开始第二次友谊,这种人的性格是会受到谴责的);但如果我们名义上是罗马人的朋友,而实际上却成了他们驯服的奴隶,在粗暴统治我们的人那里受到了不公正的待遇呢?接受我们吧,你们昔日的同盟者。像以前你们以朋友相待的奴隶那样对待我们,显示出你们对在我们边界已建立的残酷暴政的仇恨。波斯人自古就是正义的维护者，那样做是值得的。因为一个自己不做错事的人算不上是正义之人，当他在力所能及的情况下能够去拯救那些被其他人奴役的人，这才是正义的保护者。在这里有必要讲一讲那些可恶的罗马人对我们做的恶事。首先，他们只给我们的国王留下形式上的王权，而他们自己却拥有实际的权威，国王以一个奴仆的地位坐在他的宝座上，却害怕发号施令的罗马将军。他们派了大批军队到我们这里，不是为了抗击侵略者（在我们的邻国中，除了罗马人之外，没有人侵略我们）而是要像对待犯人一样监视我们，而他们则成了我们的财物的主人，还变本加厉地掠夺我们的财产。喔！陛下，他们要的是什么花招啊，他们强迫拉齐卡人去购买自己并不需要的产品，而他们则高价出售拉齐卡人生活中必不可少的产品。他们出售商品的价格对我们双方来讲是由强大的一方决定的，因此他们夺去了我们所有的黄金和生活必需品，在公平交易的名义下尽可能压榨我们，而且还为我们指定了统一的日用品零售商，控制我们的生活，以其职权剥夺我们正常的商业活动。这就是我们反抗他们的原因，正义在我们一方。如果您接受拉齐卡人的上述请求，您将会得到好处，波斯王国的土地上又会增加一个最古老的王国，结果是你们将会扩展领土，通过我们的土地您将会拥有罗马人领海的一部分，能在海边造船，这样你们就可以毫不费力地在没有任何障碍的情况下进入拜占庭的宫殿。还有一点就是每年蛮族人沿着罗马帝国边界劫掠的财富也会掌握在您的手中。您也知道，直到今天拉齐卡人的土地一直都是高加索山的屏障，在正义的引导和利益的驱使下，我们认为如果不接受我们的好意，你们就会坐失良机。"

科斯劳听后很高兴,允诺将成为拉齐卡人的保护者。他问使者们是否有可能让波斯军进入科尔奇斯,因为他曾听很多人说这块土地难以通过,即使对于无负重的旅行者也一样,那里的道路凹凸不平,到处都是茂密的树林。使者对他说,波斯人的军队要穿过这个地区是很容易的,办法是砍倒树,把树木扔到悬崖中,就铺成路了。他们还答应作向导,为波斯人带路。科斯劳立即召集军队,准备出发,他除了把这件事告诉他的秘书之外,并没有公布波斯人的侵略计划,他要求使者们也不要把这件事告诉外人,而假装是去伊比利亚解决那里出现的问题。他解释说,在那里有一个匈奴人部族正在入侵波斯领土。

第 16 章

这时贝利撒留已经到达美索不达米亚,四处召集军队,同时派间谍到波斯刺探情报。如果波斯人再一次进攻罗马人的土地,他希望能在这里挫败敌人。贝利撒留整编军队,收编那些被波斯人打散、对波斯人闻风丧胆的逃兵。不久,派出去的间谍回报说科斯劳正准备发动对匈奴人的战争,目前尚无入侵罗马的迹象。贝利撒留听后计划利用这一良机,集中全部兵力奔袭波斯。阿里萨斯也率领萨拉森人的大部队来到这里,此外皇帝也写信指示他以最快的速度入侵波斯。于是贝利撒留将达拉城所有的官员都召集到一起,训示道:"我知道在场所有的人都有丰富的作战经验,现在把你们召集到一起不是进行战前动员(因为我认为你们不需要鼓励就有足够的胆量应战),而是集思广益,深思熟虑,制定完成皇帝所下达任务的最佳方案,只有详细计划才能百战不殆。大家在一起讨论能够放松思想,屏除胆怯和恐惧。恐惧能够使人的头脑陷于瘫痪,不能做出理智的选择,而胆怯也会使好的计划出现混乱,把人们引入错误的方向。你们不要认为只有伟大的皇帝或者我才能对目前的局势作出决定。与你们相比,皇帝并不了解现在这里发生的事情,也不能在合适的时机采取行动。你们不用害怕,即使我们做了与他的决定相反的事也是对他有利的。至于我,因从西部来到这里需要很长时间,有一些重要的事情我不知道,所以你们有义务提出建议。不要胆怯,直接说出对我们和皇帝都有利的计划吧。官员们,我们来到这里的目的就是阻止敌人入侵我们的土地,而现在事情的发展比我们预料的更为有利。我们聚到一起就是要详细计划如何占领敌人的土地,所以我认为你们应该毫无保留地告诉我最佳的、最有利的方案。"

彼得和布泽斯竭力劝贝利撒留立即领兵攻入敌国,他们的观点得到了大家的认可。但是,黎巴嫩的军事统帅雷西萨纳库斯(Rhecithancus)和塞奥提斯图(Theoctistus)指出,他们也和其他人一样主张立即攻入敌国,但他们害怕如果放弃了腓尼基和叙利亚,阿拉芒达拉斯就会乘机劫掠那里,这样皇帝就会怪罪他们没有完成守卫国土的责任,因此他们对同贝利撒留大军一同进攻波斯心存顾虑。贝利撒留认为他们的观点不完全正确,因为当时是春分时节,萨拉森人通常在这个时候用两个月的时间祭祀神灵,他们在这段时间是不会入侵别国的,这样,在60天内,雷西萨纳库斯和塞奥提斯图的军队不必总是在腓尼基和叙利亚驻防。贝利撒留命令雷西萨纳库斯和塞奥提斯图率军加入到大部队当中。就这样，贝利撒留信心十足地做好了进攻波斯的一切准备。

第 17 章

科斯劳和波斯大军在拉齐卡使者的引导下，穿过伊比利亚，到达拉齐卡领土；他们砍倒阻挡道路的树木，将其扔到低凹处，使道路比较畅通。一路上，波斯军没有遇到任何抵抗，顺利到达科尔奇斯的中心地带（这里是希腊神话中美狄亚和伊阿宋的故事的发生地），拉齐卡人的国王古巴泽斯向科巴德的儿子科斯劳执主仆礼，并把他自己、他的宫殿及所有的拉齐卡人拱手让与波斯人。

在科尔奇斯有一座海滨城市佩特拉，位于黑海沿岸。它原本无足轻重，但当查士丁尼皇帝命人在这里修建了环形城墙和其他的建筑物以后，这座城市的战略地位日益重要。当科斯劳查明约翰统率罗马军队驻扎在这里时，就派将军安尼阿贝德（Aniabedes）率一队人马为先锋，建立攻城的桥头堡。约翰得知他们进攻的消息后，命令谁也不许走出城堡，城墙上也没有布置军队。他率领全副武装的士兵埋伏在城门附近，让他们保持安静，不许发出一点声音。当波斯人靠近要塞时，没有听到一点声音，也没有看到罗马守军，以为罗马人已经弃城逃走了，便大胆前进，准备搭梯子爬上城墙，同时派人向科斯劳汇报这一情况。科斯劳命军队从各个方向佯攻要塞，而派一名军官率队用撞击机攻击城门，他自己将指挥部设在离城很近的小山上，亲自督战。当波斯军实施进攻城门的行动时，罗马人突然打开了城门，一拥而出，波斯士兵毫无防备，死伤累累，尤其是在撞击机旁的人死得最多。军官和幸存的士兵左冲右突，好不容易才逃出搏杀，幸免于难。科斯劳怒气冲天，处死了安尼阿贝德。因为是他被约翰这个唯利是图的商人用计策打败了。但有些人说被处死的不是安尼阿贝德，而是率军进攻城门的军官。科斯劳本人率全军撤回佩特拉附近的要塞，在那里扎营准备围攻佩特拉城。第二天他围着要塞走了一圈，断定它不可能经得住强大的冲击，于是决定对城墙发动袭击。他把全部军队都召集到一起，命令所有的人都向矮墙上发射弓箭。罗马人同时也使用他们所有的武器积极防御。起初，尽管波斯军队放的箭矢密如急雨，但几乎没有对罗马守军造成伤害，相反他们却遭到站在升降机上的罗马人的射击。但后来（也许是上天注定佩特拉要被科斯劳占领），在混战中约翰被箭射中脖子身亡，结果城中的罗马守军士气开始低落，对防守丧失信心。科斯劳见天色已晚，命令撤兵回营，准备在第二天改用挖地道的方法攻打要塞。

佩特拉城是典型的易守难攻的城市：它一面靠海，另一面靠着陡峭的悬崖，只有一条狭窄的道路通向外界，其两侧都是很高的悬崖，十分险峻。古人在悬崖两侧都修了很长的一段城墙，还在每侧的城墙上各自修建一个式样别致的塔楼。为了不使塔楼的建筑结构出现悬空现象，他们将塔楼的基座建在地面，其下半部的大部分是用巨大的石头砌成的，这样便永远不会被撞击机或其他的机械撞毁，这就是佩特拉要塞的情况。波斯人秘密将地道挖到了其中一个塔楼的下面，将基座中的石头移走，换成了木头，将木头点燃，火焰逐渐上升，将上边的石头烤脆，很快整个塔楼开始晃动，轰然而倒。塔楼上的罗马人早就察觉到了，他们都逃下城墙跑回城里去了，这样波斯军可以通过狭窄的通道直接攻击城墙，轻而易举地占领了这座城市。惊恐万状的罗马人与蛮族人协商。科斯劳在保证罗马人的生命和财产安全之后，（541年）占领了佩特拉城。波斯人进城后先找到了约翰的巨大财宝库，将这些财宝席卷一空。除此之外，波斯人没有再行劫掠，其他罗马人依然拥有自己的财物并与波斯军队混编。

第18章

与此同时，贝利撒留和罗马军队丝毫不知已发生的事情，他们井然有序地从达拉城向尼西比斯进发。行至一半路程时，贝利撒留发现道路右边有充足的泉水，地面又平坦，很适合于部队休整，于是他下令在这个离尼西比斯城42斯塔德的地方扎住阵脚。大家都奇怪为什么他不在要塞附近列队迎敌，有人不愿服从，贝利撒留就对他们说："我不是不愿表明我的想法。但是军营之中人多嘴杂，我们的军事机密会一点一点传到敌人的耳朵里。你们中大部分人都不遵守纪律，每个人都希望自己成为战争中的最高统帅，我要求你们保持安静，这是第一。如果军队中每个人都按照自己的意志各行其是，必然一事无成。我认为在科斯劳与其他的蛮族人作战时，肯定会在自己的国家留下守备部队，尤其是尼西比斯这座波斯首屈一指的大城市和军事重地，更会严加防守。我知道他在这座城中布置的士兵足以对抗我们的袭击，有一点可以证明，他在该城驻守的统帅纳贝德斯是在波斯人中仅次于科斯劳的荣誉最高的人，我想这个人正准备与我们决一死战。只有打败他们，我们才能通过此地。如果战斗在尼西比斯城附近进行，我们将处于被动地位，因为他们据守要塞，可以不断向我们发动袭击，如果他们袭击得手，就会对最终的胜利充满信心。即使失败了，他们也很容易从我们的进攻下逃脱，因为我们只有很短的一段距离可以追击他们，他们会安然无恙地退回城中。你们也清楚地看到城墙守备森严，我们难以用猛攻城墙的办法取胜的。但如果敌人在这里与我们开战，军官们，我们则占据主动，因为敌人需要逃很远一段距离才能回城，我们就可以混在他们中间冲进城去或者先发制人迫使他们掉头或逃向其他地方，这样尼西比斯城就会在无人防守的情况下被轻易占领了。"

贝利撒留的这一番话说服了除彼得之外的所有人。于是他们便和贝利撒留一起在这里安营扎寨。但是彼得却与美索不达米亚的统帅约翰带领相当多的士兵来到一处离要塞有 10 斯塔德远的地方驻扎。贝利撒留命令手下士兵列队准备战斗，他又派人对彼得和他的手下士兵下达作战指示，等他发出信号就开战。由于波斯人习惯于下午日落以后进食，而罗马人则在中午吃饭，因此贝利撒留推测波斯军会在中午发动攻势。他警告彼得一定要随时备战。但彼得和他的手下不听贝利撒留的命令。中午时分（因为这个地方既干又热），阳光十分强烈，晒得罗马士兵非常难受，他们便把武器堆在一边，采摘地里生长的葫芦科植物吃，军纪很混乱。纳贝德斯看到这一情景之后立即率波斯军队对他们发起进攻，而罗马士兵也看到波斯军队发动冲锋（因为都在同一水平线上，所以看得很清楚），一边火速派人禀告贝利撒留请求增援，一边拿起武器抵抗，但还是陷于混乱状态。而贝利撒留此刻已经率领部队出发了，因为他看见了波斯军队扬起的灰尘，急速前来援助。波斯人突然袭击，彼得的部队仓促应战，很快便溃不成军，波斯人乘胜追击，杀死50名罗马士兵，夺取了彼得的军旗。如果不是贝利撒留率军及时赶到，彼得的部队将全军覆灭，因为他们根本无力抵抗敌人。哥特人用长矛以密集队形发动攻击，波斯人在他们发起攻击前便抢先火速撤退，罗马人及哥特人紧随其后，共杀死150个波斯人，但是因为追击持续时间很短，所以剩余的波斯军队很快撤回城堡。罗马军队也收兵回营。次日，波斯人把彼得的战旗作为战利品挂在塔楼上，还在那上面挂了香肠，嘲笑他们的对手。此后他们不敢再出城了，只是老老实实地守卫城池。

第19章

贝利撒留见尼西比斯城非常坚固，认为靠武力攻占这座城池的希望十分渺茫，率部继续前进寻找战机。他们行进了一天，到达一个被波斯人称为西绍拉农（Sisauranon）的要塞。那里人口众多，由波斯名将布莱斯沙姆斯（Bleschames）率领最精锐的800骑兵守卫。罗马人在要塞附近扎营，围攻西绍拉农要塞，但因为这里的城墙异常坚固，蛮族人抵抗十分英勇，所以罗马人第一次进攻遭到失败，死伤惨重。于是贝利撒留将所有将士召集到一起说："将士们，丰富的战斗经验使我们可能在艰苦的形势下预见到将要发生的事情，这样我们便可以选择较好的计划而避免灾难的发生。你们知道当一支军队攻入敌国土地最忌讳的就是在他们身后留下许多敌方的要塞和敌兵，而现在我们正好遇到了这种情况。如果我们继续前进，这里的敌人和尼西比斯城里的敌人就会秘密跟踪我们，很可能选择合适的时机在合适的地点伏击或进攻我们。如果碰巧又有一支敌军在我们前方与我们开战，我们就必须列队迎击他们，这样我们腹背受敌，后果不堪设想。还有，如果我们在作战中失败了，那么返回罗马的退路也被截断了。我们不应该不考虑周详就匆忙行动，从而使自己陷入困境，也不应该让战争的欲望成为我们盲动失败的主要原因。莽夫之勇必会导致毁灭，三思后行才是上策。我们必须占领这座要塞。把阿里萨斯（Arethas）和他的军队派到亚述（Assyria）的乡村去，因为虽然萨拉森人没有攻城的本事，但他们却是最聪明的掠夺者。一些勇士也将加入到他们的袭击行列，他们如果遇到小股敌军，完全有取胜的把握；如果敌军兵力强大，他们也可以轻易退到这里。在我们取得这个要塞之后，如果这是上帝的意愿，我们将全军渡过底格里斯河，这样就不必再害怕后面的敌人，也让亚述人尝尝惨遭劫掠的痛苦。"

贝利撒留对全军发表完讲演之后，立即着手实施计划。他命令阿里萨斯率军前往亚述，同时勇将图拉真（Trajan）和"大肚汉"约翰（John the Glutton）率领 12000 名士兵随同前往，听命于阿里萨斯，这些士兵大多属于他的亲兵卫队。他又命令阿里萨斯在掠夺所到之处的一切后，回到营中向他汇报亚述人在军事力量方面遇到的问题。阿里萨斯及其部队越过底格里斯河，进入亚述。在那里他们找到了一个无人反抗、大肆抢劫的好地方，他们接连劫掠了很多村庄，取得了大批战利品。同时，贝利撒留也抓到了几个波斯士兵，得知要塞里的人已经断粮了。按照达拉和尼西比斯城的风俗习惯，波斯军队每年所需的粮食都储存在公共粮仓中，现在敌军出其不意突然来犯，他们没有预先准备足够的粮食，而在要塞中避难的人又很多，很自然会出现粮食供应紧张的情况。贝利撒留得知这一情报后，就派一个非常谨慎细心的人乔治（George）去试探一下当地人，以期同他们达成投降的协议，并占领这一地区。乔治对他们说了很多劝诫的话，还对他们发出了诚恳的邀请，劝他们将此要塞交给罗马人以保证他们的生命安全。他成功了。贝利撒留兵不血刃占领了西绍拉农。他首先释放了居民中那些信仰基督教的罗马人的后裔，其余的波斯人则在布莱斯沙姆斯的押解下返回拜占庭。不久后查士丁尼皇帝就派布莱斯沙姆斯率领这些波斯人去意大利对哥特人作战了。最后贝利撒留命人把要塞的防御城墙铲平。这就是占领西绍拉农要塞的经过。

阿里萨斯因为害怕他的战利品被罗马人夺走而不愿回到营中。他派一些手下随从假装出去侦察，而实际上却暗地里命他们尽快返回大营，谎报军情说在幼发拉底河的渡口处发现一支敌军大部队。出于他自己的考虑，他建议图拉真和约翰从另一条路返回罗马人领土。他自己则率军沿着幼发拉底河左岸到达了靠近阿博哈斯河（Aborrhas）的塞奥多西欧波利斯，再也没有回到贝利撒留军中。而贝利撒留及其罗马军队根本就没有听到任何关于这支军队的消息，认为他们遭遇波斯大军，全军覆灭了。因此，罗马军中出现了骚动，充满了恐惧和对敌军夸张的猜测。他们在攻城战中已经消耗了大量的时间，许多从色雷斯来的士兵不习惯美索不达米亚的燥热气候，水土不服而病倒。在炎热的夏天，让他们每天都挤在密不透风、干燥闷热的军营中更加重了他们的病情，有三分之一的士兵都已卧床处于半死状态。整个军队都希望能离开这里尽快回国。而黎巴嫩军队的将领雷西萨纳库斯和塞奥提斯图也因为萨拉森人祭神的季节已经过去，一再向贝利撒留请求立即返回，以防止黎巴嫩和叙利亚落入阿拉芒达拉斯手中，而他们在这里也是无所事事。

贝利撒留于是召集全军将士进行讨论。尼斯塔斯的儿子约翰首先起身说："最杰出的贝利撒留，我认为没有一个将军能像你这样既英勇又幸运，你的美名早已在罗马人和蛮族人中广为流传。如果你能率领我们安全回到罗马人的土地上，那么你的好名声就会继续保持下去。你看看我们军队的情况，萨拉森人和我们的精锐军队都渡过了底格里斯河，一天，我不知道走了多远，他们突然发现已经与我们失去联系。雷西萨纳库斯和塞奥提斯图也要离开，因为你也知道此时阿拉芒达拉斯的军队可能会在腓尼基大肆掠夺。这里剩下的士兵多数患病，能照顾他们并把他们送回罗马领土的健康人远远少于病人。在这种情况下如果敌军到来，我们必将大难临头，而且没有人能将我们的困境通知达拉城的罗马人。虽然继续前进还有一些希望,但夺取胜利的机会微乎其微。我认为制定一个撤军的计划并付诸实施会更有益。因为当人们遇到危险尤其是像我们目前的困境时,不考虑自身的安全是愚蠢的,而且只会对敌人有利。"其他人都赞成约翰的意见,要求尽快撤军。于是贝利撒留将病人安置在车上,让马车在前面带路,他自己则领兵跟随其后。他们进入罗马土地后,立即了解到阿里萨斯的背叛行为,但因为他已逃之夭夭了,所以也没能惩罚他。就这样罗马人结束了这次进攻行动。

科斯劳占领佩特拉城后,便有人向他汇报说贝利撒留已侵入波斯土地、尼西比斯城附近的交战情况、西绍拉农要塞被占领和阿里萨斯的军队在渡过底格里斯河以后的所作所为。他立即在佩特拉城组建了一支守备队。他本人则率领主力部队和他们俘虏的罗马人回师波斯。这就是科斯劳第二次入侵罗马领土所发生的事情。而贝利撒留也应皇帝的传召,回到拜占庭城,并在那里度过了这个冬天。

第 20 章

次年(542年)春,科巴德的儿子科斯劳率领波斯军队沿着幼发拉底河左岸第三次大举入侵罗马疆界。塞尔吉欧波利斯城的教士坎迪杜斯听说波斯军队已经近在咫尺,便开始为自己和这座城市担忧。因为他没有在指定的时间内实践他的诺言——付给波斯人赎金,他本来就没有多少钱。他只好面见科斯劳,劝他不要因此事而生气。虽然他已经代表苏拉城民众多次恳求查士丁尼皇帝,但却没有得到他的任何实质性帮助。科斯劳就将他关押起来，残酷地折磨他，并坚持要他实践诺言，要求出相当于原来双倍的价钱。于是坎迪杜斯恳求科斯劳派人去塞尔吉欧波利斯城将城内神殿中的财物取回来。科斯劳按照他的建议做了，坎迪杜斯也派几名随从一同前往。塞尔吉欧波利斯城的居民将科斯劳派来的人迎进城中，把他们所有的财物都交了出来。但科斯劳说这些钱财绝对不够，要求上缴更多的钱财。于是他又派人前去，表面上是进城严密搜查城中的财富，而实际上却要占领这座城市。上天注定塞尔吉欧波利斯城不会被波斯人占领。在阿拉芒达拉斯的手下有一个叫安布鲁斯（Ambrus）的萨拉森人基督徒，乘夜色掩护来到城下，将科斯劳的计策告诉城中守军，叮嘱他们千万不能把波斯人放进城中，结果科斯劳派去的军队被拒之门外，无功而返。科斯劳一怒之下决定要占领该城，他先派6000人前去围攻。塞尔吉欧波利斯城的居民们最初英勇反击，但后来因为极度恐惧逃跑了，守城的士兵只有200人，在兵力相差极度悬殊的情况下准备投降，将该城交给敌人。安布鲁斯在一个夜晚又来到城下，告诉守军波斯人已经断水了，所以在两天之内他们就会加强攻势，千万不能与他们议和，而这些蛮族人一定会因为缺水而撤军。科斯劳没有释放坎迪杜斯，我认为可能是因为他没有实践誓约，所以以后不能再作主教了。这就是整件事的经过。

当科斯劳到达幼发拉底西亚的科马吉尼人（Commagenae）的土地时，他在这里不想抢劫或占据任何堡垒了，因为他已经以半抢夺半勒索的方式从叙利亚夺取了那里所有的财物。他的目的是率军直取巴勒斯坦，掠夺那里尤其是耶路撒冷的所有财富。他听说那里是一片乐土，居民生活富裕，那里的罗马军队包括军官和士兵都懒惰厌战，面临战争只求自保，战斗力很差。

查士丁尼皇帝得知波斯人入侵的消息后，再次派贝利撒留前去迎击，但却没有给他派一兵一卒。贝利撒留骑着被称为"驿站用马"（veredi）的政府驿马，以最快的速度赶往幼发拉底西亚。这时，皇帝的侄子尤斯图斯（Justus）和布泽斯一行正在赫拉波利斯避难，他们听说贝利撒留即将赶到，就给他写了一封信："你准确无误地知道科斯劳又一次带着比以前更多的人马踏上了罗马人的土地，他的目标现在还不明确，这得等到他继续深入才能知道，他没有对任何地方造成破坏，只是向前行军，离我们越来越近了。如果你真能逃脱敌人的侦察，为皇帝保证自己的安全，那么尽快到我们这里来吧！和我们一起保卫赫拉波利斯城。"但是贝利撒留没有去赫拉波利斯，他来到了幼发拉底河岸边的欧罗普姆（Europum），在这里招兵买马，集结军队。他在给赫拉波利斯的官员们的回信中写道："现在，如果科斯劳攻打罗马属民及他们以外的其他民族，我可以考虑你们的计划并最大限度地保证你们的安全，因为让有机会保持平静、没有麻烦的人卷入到不必要的危险之中是愚昧的，但如果他们离开这里后，又到另一处查士丁尼皇帝的领土上，而那里却是一个没有士兵守卫的富庶之地，在这种情况下勇敢地消灭敌人比通过和平手段拯救自己要好得多，这就是'不被救就叛国'的道理。尽快来欧罗普姆吧，我在这里组建了一支军队，我希望按照上帝的意愿抵抗强敌。"当官员们看到这封信后，他们鼓起勇气，只留下尤斯图斯和很少的军队守卫赫拉波利斯城,其他官员和余下的军队星夜兼程赶往欧罗普姆。

第 21 章

当科斯劳听说贝利撒留和罗马军队在欧罗普姆扎营的消息后,决定停止前进,派一贯以做事谨慎而闻名的王室秘书阿班达尼斯(Abandanes)去见贝利撒留并借机刺探军情。他表面上是去提出抗议,理由是查士丁尼皇帝根本就没有派使节去波斯就他已经答应的条件签订和平协议。贝利撒留得知后立即派 6000 名体格壮硕、身材健美的士兵去离营帐较远的地方打猎,他又命令侍卫第欧根尼(Diogenes)和阿卡西乌的儿子阿多里乌(Adolius)率领 1000 名骑兵渡河到河对岸去包抄波斯军队的后路,让敌人知道再想渡过幼发拉底河回到自己的国家已经不可能了。这个阿多里乌是一个亚美尼亚人,曾担任皇帝的私人顾问(罗马人称之为 Silentiarii),而此时他是亚美尼亚人军队的统帅。他们分头按照贝利撒留的指示行事。

当贝利撒留获悉波斯使者即将到达时,他命人搭了一个很厚的大布帐篷。他自己一人坐在那里,表明他身边没有任何武器,他又对手下士兵作如下安排:在帐篷的两侧排列着色雷斯人和伊利里亚人,他们的前面是哥特人,后面是埃吕利人,最后是汪达尔人和摩尔人。他们的队列排得很长,而且位置不固定,互相之间都有一段距离,还不停地走动,对波斯使者漠然视之。他们都没有穿外衣或斗篷,而是穿着亚麻布的束腰上衣和裤子,在外面还系着腰带。每个人都拿着马鞭,都佩有一把剑、一把斧子和一张弓,表现出急于打猎的样子。阿班达尼斯来到贝利撒留面前说,因为恺撒(波斯人称罗马人的皇帝为恺撒)没有派使节去见科斯劳,并就以前答应的条件达成协议,所以科斯劳国王很生气,故率军进入罗马领土。贝利撒留并没有因附近有大量的蛮族军队扎营而恐惧,也没有因他说的这番话而慌乱,而是大笑着若无其事地回答:"在目前情况下,科斯劳的所作所为违背常理,一般人在与邻居之间发生争端的情况下,首先要与对方协商,只有在没有得到满意的答复后,才最后发动战争。而他却是先侵入罗马领土,然后才提出和平的条件。"他以这番话打发了使者。

当阿班达尼斯回营后,他建议科斯劳以最快的速度离开,因为他说自己看到了一位既勇猛又精明的将军,而他手下的士兵纪律严明,令人十分敬佩。他又补充道,在这场竞争中,科斯劳和贝利撒留所冒的风险是不一样的。如果他(科斯劳)打赢了,那么他征服的只是恺撒的奴仆,如果万一他失败了,他就会使自己的荣誉和波斯帝国蒙羞;如果罗马人被打败了,他们在自己的要塞和土地上很容易自救,而如果波斯人遇到类似的情况就没有那么简单了,很可能会全军覆灭,连个信使都逃不回去了。科斯劳被说服了,但是他面临进退两难的困境:他想撤军回国,但是河渡口处已经有敌人把守,他同样不能从原路返回,因为那里荒无人烟,而他们带的粮食在入侵罗马人土地后就已吃光了。经过再三考虑,他认定最好的方案是冒险过河与敌人决一胜负,然后从陆路带着战利品回国。贝利撒留清楚只有一万人的军队是不能阻挡科斯劳渡河的,因为河流水势和缓，很多处可以用小船轻松摆渡，除此之外，波斯军队十分强大，很难在渡口处力拒如此强大的敌人。于是贝利撒留将作战目标定为将科斯劳的军队从这里赶走，避免冒险作战，以卵击石。他命令第欧根尼和阿多里乌的军队再加上1000名骑兵一起到河岸边去迷惑敌人，使他们不知所措。同时贝利撒留又担心第欧根尼和阿多里乌的军队盲目追击，在离开罗马领土之后遭到伏击，因此他一再命令第欧根尼和阿多里乌不要轻举妄动。

科斯劳命人迅速搭好一座桥，全军渡过了幼发拉底河。波斯人的搭桥过河技术是一流的，他们在行军时准备好了钩形铁，用以固定长木，在这些工具的帮助下，他们可以在很短时间内搭好一座桥。他们一踏上河对岸的土地，就派人去见贝利撒留并说波斯军队主动撤军，帮了罗马人的忙，他期望着罗马人的使节不久之后能够去见他，进行和谈。贝利撒留也率领军队渡过幼发拉底河并派人去见科斯劳。当信使们见到科斯劳时，指出波斯军的撤退行为是正确的，并保证皇帝的使节很快就会来见他，与他签订以前允诺的和平协议并付诸实施，还请求他在回波斯的路上能够像对待朋友一样地对待罗马人，不要再行劫掠。科斯劳同意了这个请求，但他要求以一位罗马显贵作为人质以保证这个协议的实施。使者们回到贝利撒留那里向他汇报了科斯劳的意愿。贝利撒留去埃德萨，选择埃德萨最显赫、最富贵的瓦西利乌斯家族的儿子约翰为人质。虽然约翰本人不愿意，但他还是做了波斯人的人质。罗马人因此事高度赞扬了贝利撒留，在罗马人眼中，他这次出色地解决了波斯问题，比以前他把盖里莫尔（Gelimer）或维提却斯（Vittigis）[1]抓到拜占庭更加轰动。事实上这在当时具有重大的意义，因为当时罗马人一片恐慌，都藏在防御工事里不敢出来，而贝利撒留只用为数甚少的军队，从拜占庭急速赶到波斯国王军队附近扎营，阻断波斯军进犯的步伐。或者是幸运，或者是因为士兵的勇敢，或者是波斯人被一些伎俩所迷惑，他们不再继续进军了，而是以假意和谈来掩盖他们逃跑的真相。

与此同时，科斯劳再一次背信弃义，违背他刚刚许下的诺言，占领了无人防守的卡利奈孔城。罗马人因为该城的城墙不坚固，极易被攻破，打算分段拆掉，然后再建新城墙。正当城墙已经拆掉一部分但尚未建好新墙的时候，他们听说敌人已经逼近，富裕市民便带着财物撤到其他要塞去了，剩下的人还留在没有士兵守卫的卡利奈孔城中。碰巧有大量的农民也在这里，他们的土地已经被科斯劳搜刮一空。不久后，在扣押了人质约翰以后，科斯劳班师回国。臣属于科斯劳的亚美尼亚人也从罗马人那里得到人质，瓦萨塞斯（Bassaces）带着他们去了拜占庭。这就是科斯劳第三次入侵罗马人土地的经过。皇帝传召贝利撒留回拜占庭城，因为意大利的战事吃紧，于是派他前往意大利救援。

---

[1] 盖里莫尔或维提却斯分别是贝利撒留西征胜利后捕获的汪达尔人和哥特人王。——中译者

第22章

（542年）这时候发生了一场近乎灭绝人类的大瘟疫。以往凡是上天降灾于人世时，一些睿智的人都想方设法对其进行解释，提出了许多人们根本无法理解的原因，捏造一些自然哲学的古怪理论。他们的说法都不足为信，他们只是用自己的理论欺骗他人，说服他们同意自己的观点而已。但是现在的这场灾难若想用言语表达或在头脑中构思对它的解释都是不可能的，除非把它说成是上帝的惩罚。因为这瘟疫不属于世界的某一部分或某些人，也不限制在一年中的某个季节，不可能从周围的环境中找到某种解释。它遍及整个世界，毁灭所有的人，不分年龄和性别。世界各地人们的生活方式不同，生活规律迥异，生活环境、生活的追求等等方面都各不相同，但在瘟疫流行期间这些差异都不存在了。它在夏季荼毒一些人，在冬季又传染到另外一些人，还有的人在其他的季节也被感染。也许只有诡辩家和占星学家能够对这件事表达自己的看法，而我却只想讲出这种疾病起源何处以及通过什么方式毁灭人类。

这次瘟疫从生活在佩鲁希昂（Pelusium）[1]的埃及人那里起源，沿着同一方向传播后出现了两个分支：一支传到亚历山大里亚和埃及的其他地区，另一条沿着埃及边界传到巴勒斯坦，再从那里蔓延到全世界。它肆意横行，随

---

[1] 根据吉本的考证认为这个地方位于"埃塞俄比亚沼泽地和尼罗河东流域之间"——爱德华·吉本，《罗马帝国衰亡史》，下册，第227页。——中译者

心所欲，但其运行似乎又有某种预定的安排。它在一段时间内在一个国家肆虐，毫不留情地到处抛下疫种。它通过两个方向传到世界的尽头，唯恐某个角落被漏掉，就连岛屿、山洞和山区中生活的居民也不放过。假如这次它从一些地方经过，没有传染当地居民，过些时候它又会回来肆虐，而这块土地周围的居民因为上次曾被传染过，这次就不会再遭殃了。瘟疫横行之处死亡人数不达到一定的数量它就不会离开，从而使这里的死亡人数与相邻地区以前死亡的人数大体持平。这种疾病通常先从海岸边爆发，进而传播到内地。第二年仲春时节，它到达拜占庭城，那时我碰巧也在拜占庭城。瘟疫来临时，许多人声称看到了像人形装束的鬼怪幽灵，这些人都认为自己是被鬼怪身上的某一部分所迷惑。其实他们在看到幽灵时就感染上了瘟疫，他们开始大喊圣徒的名字以驱除魔鬼，但根本无济于事，因为连生活在教堂中的人也未能幸免于难。到了后来，即使是他们的朋友召唤他们，也得不到回应了。他们把自己封闭在房间里，就算门被打破了，他们也装作没听见，很明显他们害怕召唤他们的人就是魔鬼中的一员。其他人则以另一种方式被感染上：他们先是在梦中看到了一个幻象，忍受着站在面前的魔鬼的折磨，还有的人则听到一个声音告诉他已经被记入黑名单了。但大多数人都是在不知不觉的情况下染病的，而不是通过看到幻象或做了一个梦。他们的症状是这样的：先是突然发烧，有的人是突然从梦中惊醒，还有的人是在走路时或其他的场合突然出现发烧症状。皮肤的颜色没有变化，一直处于低烧状态，也没有发炎，发烧使人四肢无力。但是，医生不会认为发烧有什么危险,得此病的人也没有一个认为自己会死掉。但有一些人会在头一两天内出现腹股沟淋巴结膨胀的现象,这种情况仅发生在身体的"腹股沟"[1]部位,即在腹部以下,也可出现在腋窝处、耳朵侧面和大腿的各处。

  一个人如果出现了这些症状,就说明他已经被感染了。此后病人的症状就有明显的不同了,我不能肯定能从身体的哪些部位找到不同病症的原因,或许实际上它是遵照上帝的意愿把疾病带到人间来的。一些人随之而来的是沉沉昏睡,另一些人则是强烈的精神错乱,这两种情况都是瘟疫进一步发展的典型症状。那些被鬼怪附身的人忘记了所有的熟人,持续昏睡。如果这时有人照顾,他们便可以在昏迷的情况下进食,而没有人照料的病人则会因为饥饿而死亡。那些精神错乱者要忍受失眠的痛苦,被可怕的幻象所折磨,认为有人要来杀他们,异常激动地到处乱跑,大声喊叫;护理他们的人会精疲力竭,难以忍受。虽然被传染的危险并不大(医生或其他人都不认为这种疾病是通过与病人或尸体接触而传染上的。因为有很多焚烧尸体和照顾病人的人都坚持下来而没有被传染,而不可思议的是其他人却在没有任何预示的情况下感染上了,而且不久就死去了),但他们却承受着巨大的痛苦:当病人躺在床上或在地板上翻滚时,他们要不断地将其拉回原处;当病人拼命地要冲出房间时,他们还得连推带搡地使其回来;当附近有水源时,病人就要跳下去,不只是因为他们口渴(因为他们中的很多人都跳到海里去了),而是他们头脑中疾病的

---

[1] 即鼠蹊。

状态所导致。他们不能顺利进食,吃东西很费力,许多人因为无人照料,或者是饥饿而死或者是从高处跳下去摔死。至于那些既不昏迷、精神也不错乱的患者,他们腹股沟处的淋巴结由膨胀变成腐烂,患者因不堪忍受痛苦而死。在所有的病例中,死亡都是最终归宿,但有些人因为精神错乱而失去知觉,所以没有感到这种痛苦。

医生们也对此不知所措,因为他们根本不知道这种病症的病因,他们猜测这种疾病的病灶在腹股沟处,便决定检验死者的尸体,切开一些肿块后,发现在里面长着一种痈疽。

一些患者很快就死去了,另一些则在几天后死去。而那些身上长满小扁豆状黑色脓疱的人活不过一天就会死去,还有很多人吐血而死。我可以宣称,即使最杰出的医生也治不好这种病,他的患者照样会死去。但有些从痛苦中坚持活下来的幸存者说有很多注定要死的人也都活下来了。这种疾病不是人为原因造成的,因此在所有的病例中病人的结果是不可预测的。例如,有的人因为洗澡而减轻病情,而另一些人则因洗澡而病情加重;虽然没有得到照顾的病人死亡的很多,但也有幸存者,各种治疗方法在不同的病人身上取得的结果是不同的。实际上从这件事可以得出这样的结论:人们既没有发现救治自己的办法,也没有发现预防该病或是减轻患者病情的办法;痛苦在不知不觉中来到,能够恢复健康也并非基于外部原因。

在妇女的病例中,如果孕妇得上这种病则是必死无疑的,一些人是因为死于流产,另一些则在生产时死亡。然而据说有三个女人在分娩后活了下来,而她们的孩子全部死亡，另外有一个女人在分娩时死去，而她的孩子却安然无恙。

在这些病例中，那些腹股沟淋巴腺异常肿胀并破口流出脓水的病人逐渐摆脱了瘟疫并死里逃生，显然痈疽由此找到了排放的出口，而这一般也是恢复健康的标志。如果淋巴肿胀还像以前一样大小，那么可以肯定上述的病痛还不会消除。有些病人的痈脓虽然流出来了，但是大腿却萎缩了，这种病人的淋巴腺肿胀没有发展到化脓的程度，肿块还保持先前的状态，随之而来的就是我前面提到的腐烂；有的人大腿干枯了，尽管肿块还在那里，但不化脓；还有一些人虽然得以幸存，但他们的舌头被感染了，留下口齿不清、语无伦次或发音困难的后遗症。

第 23 章

这种疫病在拜占庭城肆虐有 4 个月，严重感染期也大约有 3 个月。刚开始时死亡的人数仅仅比正常情况下死亡的人数多一点点，然而死亡率却在不断上升。稍后，每天死亡的人数已达到 5000 人，后来竟达到 10000 人以上。起初人们还都参加自己家族的死亡者的葬礼，由于墓穴不够就把尸体暗地里或强行扔到其他人的坟墓中。后来社会上一片混乱，完全处于无秩序状态，有的奴隶死了主人，有的富人没了仆人，或死或病，还有很多家庭已经死绝了，出现了城中最显赫的富人也因无人埋葬而暴尸数日的惨状。

在这种情况下，皇帝自然要为有困难的人提供帮助。他命人从国库中提出钱款分给民众。负责这项工件的是塞奥佐罗斯,他在朝中担任知事一职,负责向皇帝传呈臣属国的文书,并将皇帝的意愿再传达给他们,在拉丁文中,罗马人将这一官职称为"咨询官"(referendarius)。因此幸存下来的人开始分别负责其亲朋的埋葬。塞奥佐罗斯分发了皇帝拨款之后,他还得为掩埋无主尸体而自己掏腰包。当所有现有的坟墓中都已装满了尸体后,他们便在城中到处挖坑埋尸。到了后来那些挖坑的人因为死亡人数太多而无法一一埋葬,就登上锡卡(Sycae)[1]要塞的塔楼,从打开的屋顶向下扔尸体,尸体横七竖八地堆满了要塞的所有塔楼,结果整个城市都弥漫着一股尸臭,城中居民痛苦不堪。

由于死人太多,葬礼仪式能免则免,亡者不能由送葬队伍以通常的仪式护送,也没有赞美诗唱给他们听,人们只是抓住死者的肩膀拖到海边后扔下去就算了,有的尸体被堆在小舟上,任凭它随便漂到什么地方。瘟疫肆虐时期,过去分属于不同党派的人们都尽弃前嫌,共同埋葬死者。那些过去以卑鄙手段追求享乐的人,逐渐摆脱了他们日常生活中的堕落奢靡,勤奋地担负起救济的职务。这不是因为他们最终学聪明了,也不是因为他们突然变成了品格高尚的人——人们天生固有的品格或者在后天长期的实践中形成的习惯是不可能轻易改变的,除非真的有神灵降临到他们身上——但可以这样说,当人们面临即将来临的死亡,不可抑制地陷入恐惧之中,很自然地就做起了善事,学会了尊敬和爱戴他人。当他们病好之后,认为自己安全了,

---

[1] 现在的加拉大。

咒语已经转到别人身上去了,于是他们突然像变了个人似的,再一次回归善良本性。他们与以前完全不同了,不再邪恶,不再从事各种非法活动。也许是巧合,也许是神意的安排,挑选品行最坏的人,让他们感受死亡的威胁,然后再让他们得到解脱,这样的事情后来真的出现了。

当时,拜占庭的大街上人迹稀少,那些幸运的健康人都待在家里,或者照顾病人,或者哀悼死者。如果碰巧有个人从屋里出来,那么他就是在拖一具尸体。各种各样的工作都停止了,手艺人放下了手里的活计,每个人手中的工作都停止了。实际上在城市里最严重的问题就是饥饿,城中急需足量的面包和其他食物,很多病人的死亡原因多半是因为缺少食物而并非疾病。一句话,在拜占庭,你不可能看到一个穿着斗篷[1]的人,尤其是当皇帝也病倒之后(因为他的鼠蹊也肿胀起来),在这个统治着整个罗马帝国的城市里,每个人都穿着仅能遮羞的衣服待在家里。这就是罗马帝国的大瘟疫在拜占庭流行期间的情况,它同时也传播到了波斯和其他蛮族人那里。

第 24 章

(543 年)科斯劳从亚述来到北方的阿达比加农(Adarbiganon),计划从这里经过佩尔萨门尼亚入侵罗马。此处有一个火神殿。火神是波斯人的最高神,那里的火种由琐罗亚斯德教祭司保护,他们小心地举行各种繁杂的仪

---

[1] 官服。

式。波斯人信奉的火神也就是古代罗马人崇拜的赫斯提亚神[1]。此时皇帝从拜占庭派人来到科斯劳这里，宣布使节康斯坦提阿努斯（Constantianus）和塞尔吉乌斯（Sergius）已经出发，不久将到达波斯与科斯劳商议协定之事。这两个使节都是训练有素的说客和绝顶聪明之人，康斯坦提阿努斯是伊利里亚人，塞尔吉乌斯则来自美索不达米亚的埃德萨。科斯劳盼望着他们的到来。但在路上，康斯坦提阿努斯病倒了，耽搁了行程；与此同时，瘟疫也传到波斯，因此领兵驻扎佩尔萨门尼亚的纳贝德斯（Nabedes）将军遵照国王的命令，派杜比欧城的基督教教士会见亚美尼亚将军巴莱里亚努斯（Valerianus），责备罗马使节故意拖延时间。这位教士和他的兄弟一同赶往亚美尼亚，见到了巴莱里亚努斯，声称作为一名基督徒，他愿意为罗马人做事，同时科斯劳国王也经常采纳他的建议，所以如果使者们能和他一起去波斯，那么双方一定能达成和平协定。教士的兄弟暗地里会见了巴莱里亚努斯，告诉他科斯劳正面临困境：他的儿子在国内起兵反叛，声称要建立僭主政治；而他本人和波斯军队又都感染上了瘟疫，这就是他现在急于签约的原因。巴莱里亚努斯对教士保证使者们不久就会去见科斯劳，打发他回去。巴莱里亚努斯又把听到的消息向查士丁尼皇帝禀告，皇帝立即传令给他和马丁努斯及其他将领，让他们尽快对波斯领土发起进攻，因为他知道没有人能阻挡他们，他命将士们在一个地点集合，在那里一同

---

[1] 即女灶神维斯塔。维斯塔（Vesta）在希腊神话中称为赫斯提亚（Hestia），为家庭保护神。——（英）中译者

进攻佩尔萨门尼亚。当将领们收到命令之后，都纷纷带兵聚集在亚美尼亚。

科斯劳在这之前因为害怕瘟疫，已放弃了阿达比加农，带领他的全部军队撤到亚述，因为瘟疫还没传到这儿。巴莱里亚努斯在塞奥多西欧波利斯城附近扎营，和他在一起的还有统率亚美尼亚人和埃吕利人军队的纳尔泽斯。东部将军马丁努斯与伊尔迪戈尔（Ildiger）、塞奥克提斯图一起到达锡萨里宗（Citharizon）要塞，在那里扎营按兵不动。这个要塞距塞奥多西欧波利斯城有大约4天的路程。彼得也随同阿多里乌和其他将领一同前来，他们所到的这个地区的军队统帅是纳尔泽斯的兄弟伊萨克（Isaac），菲勒蒙（Philemouth）和贝罗斯（Beros）率领他们的埃吕利军队到达霍尔齐安尼（Chorzianene）地区，离马丁努斯部驻扎地不远。皇帝的侄子尤斯图斯、佩拉尼乌（Peranius）和尼斯塔斯的儿子约翰及多门提奥鲁（Domentiolus）和"大肚汉"约翰在马提洛波利斯（Martyropolis）边界附近的费松（Phison）扎营。这就是罗马军队和统帅们的驻扎情况，全部军队大约3万人。这些军队没有集结到一起，他们的将领也没有在一起开会讨论军情，将军们只是把他们的手下派到其他部队的营房中，询问一些相关事宜。突然有一天，彼得在没有通知任何人的情况下，不经考虑就率部孤军深入。翌日，埃吕利人的统帅菲勒蒙、贝罗斯得知此事后，也率部出征，当消息传到马丁努斯和巴莱里亚努斯那里时，他们也纷纷效仿，加入了进攻的队伍，其他的人除尤斯图斯以外在不久之后也一同踏入敌国的领土，因为尤斯图斯的军队离其他军队很远，当他们得知此事之后，也从所在地尽快入侵波斯,但没有与其他统帅取得联系。罗马各路大军在波斯人的土地上既不抢劫,也不破坏,而是直奔杜比欧。

第 25 章

杜比欧(Doubios)是一块气候宜人、水源充足的乐土。从塞奥多西欧波利斯到这里需要 8 天时间。此处一马平川,适合纵马奔腾。人口众多的村庄一个挨一个,商贸十分繁荣,来自各地的商家从印度、伊比利亚附近地区的波斯人和罗马人的属国贩运货物到这里来交易。主管这一地区的是基督教教士,希腊语称为"普世主教"(Catholicos)。当你从罗马进入波斯土地,经过杜比欧时,会发现城市右侧 120 斯塔德处有一座非常陡峭的山峰,沿着崎岖的山路来到山顶,会发现在一块狭小平坦的高原上坐落着一座小村庄,名为安格龙(Anglon)。当纳贝德斯得知敌军入侵的消息后,马上率所部 4000 人撤退到山顶制高点的安格龙。在陡峭山坡的侧面有一座与村子同名的坚固要塞。纳贝德斯命人用石头和车堵住了村子的入口,在入口前他又派人挖了一道深沟,军队就埋伏在那里,还在村子里的一些旧茅屋中埋伏了步兵。

与此同时,罗马人到达距安格龙只有一天路程的地方,抓住了一个波斯侦察兵,讯问他纳贝德斯的主力部队隐藏在哪里,他谎称纳贝德斯和全部波斯军队都从安格龙撤走了。纳尔泽斯听到这一消息后十分气愤,责骂了他的部下将领犹豫不决,而其他的人则互相推诿责任。他们的头脑中已经不再有斗志和对危险的警惕，只剩下掠夺的贪欲了。士兵们拆掉营帐，在没有将军指令的情况下，无组织无纪律地混乱前进。他们之间既没有通常行军中的应答口令，也没有适当的编制。行李辎重也混杂其间，好像准备去抢劫一般。当他们走近安格龙时，派出的间谍回来汇报了敌军的兵力配置情况。将军们被这个出乎意料的消息惊呆了。但他们考虑到带着这样一支庞大的部队无功而返是既丢脸又懦弱的表现，于是他们把军队分成三部分，向敌人发起进攻。彼得统帅队伍的右翼，巴莱里亚努斯统帅队伍左翼，马丁努斯（Marinus）及其部众执掌中军。罗马军在前进过程中因为地面凹凸不平军阵队形被严重破坏，他们就以当时这种混乱的状态参加了战斗。而蛮族人则收缩集结，按兵不动，计算敌军的人数。因为纳贝德斯有令，在任何情况下不能首先开战，除非敌人主动袭击他们，才全力抵抗。

纳尔泽斯率领的埃吕利人和他手下的罗马士兵率先与敌人展开激战。经过一阵肉搏战后，他打败了眼前的波斯人，迫使其逃进要塞，因为道路狭窄互相践踏，波斯军伤亡惨重。纳尔泽斯命手下士兵乘胜追击，其余的罗马军队也都加入这一行动，但突然间前文提到的伏兵从狭路两侧的茅屋中冲出来，杀死了一些埃吕利人，纳尔泽斯的太阳穴遭到猛击，翻身落马，不省人事。他的兄弟伊萨克等人将他抢救到安全处，但因为伤势过重，罗马军队著名勇将纳尔泽斯不久就去世了。与此同时，罗马军队遭到伏击，一片混乱。纳贝德斯下令所有的波斯军队都冲出埋伏地点攻击敌人。波斯人在狭窄的小路上射死了大量的敌人，其中绝大多数是埃吕利人，因为追击敌人冲在最前的是纳尔泽斯的军队。而埃吕利士兵缺乏防护设备，没有头盔、紧身胸衣或其他保护性的盔甲，每人除了一个盾牌和战前披上的一件厚外衣之外，有的埃吕利人奴隶甚至连盾牌都没有。只有他们在战斗中表现英勇时，他们的主人才允许他们在战斗中使用盾牌保护自己，这是埃吕利人的习惯。

罗马军队军心大乱，斗志全无。他们将战士的荣誉感和羞耻心都抛诸脑后，以最快的速度逃跑。而波斯人兵力不足，利用伏击和崎岖的地面侥幸战胜罗马人，他们不敢过分追击，因为在平坦的地面上以寡敌众可能会遭到重创，丧失已经取得的战果。但是，罗马的将军和士兵都认为敌人会不停地追击，就一刻不停地飞速逃跑。他们大声喊着，用鞭子催马快跑，把他们的胸甲和其他装束匆匆扔掉。即使敌人追上他们，他们也没有勇气列队迎击敌人。他们把安全的全部希望都寄托在马腿上，这次逃亡累死了许多战马，当他们停下来时，只有为数极少的战马幸存下来。罗马人在这次作战中损失惨重，除了大量士兵被杀被俘以外，他们的辎重和运输的家畜也都落入敌人手中，波斯人因此发了大财。撤退中阿多里乌在经过佩尔萨门尼亚的时候，被一个城中居民投掷的石头击中头部，当场毙命。而尤斯图斯和佩拉尼乌的军队在侵入塔劳农（Taraunon）附近的乡村之后，只抢劫了很少的战利品，便匆匆返回。

第 26 章

次年（544 年），科巴德的儿子科斯劳第四次入侵罗马帝国，率军直奔美索不达米亚。科斯劳的这次侵略既不是针对罗马人的皇帝查士丁尼,也不是针对其他人的,而是要报复基督徒敬仰的上帝。因为他在第一次入侵罗马帝国撤军回国后,没能占领埃德萨。他和琐罗亚斯德教祭司们都被上帝击败,十分沮丧。为了减轻这种精神痛苦,他便在宫中扬言要把埃德萨的居民都带回波斯,沦为奴隶,把埃德萨城变成牧羊场。于是当他率军走近埃德萨城时,先是派一些手下的匈奴人攻打该城竞技场上面的防御工事,目的是能够在不造成伤害的情况下抓获牧羊人沿城墙放养的大批羊群。这里地势陡峭,易守难攻,埃德萨人对防御充满信心,认为敌人根本不敢靠近。当蛮族人准备抓住羊群时,牧羊人竭力阻止他们。此时大量的波斯士兵前来援助匈奴人,匈奴人便把一群羊带走了。这时,罗马士兵和城内民众冲出城来,向敌人发起进攻。双方展开短兵相接的肉搏。而那群羊又回到了牧羊人这里。匈奴军中一员猛将冲杀在最前面,一些村民用投石器射中了他的右膝,他立即翻身落马。罗马人见状士气大增。这次战斗从早上持续到中午,双方不分胜负,各自收兵。罗马人退回城中,蛮族人则驻扎在距该城 7 斯塔德远的地方。

科斯劳或许是因为看到了某种幻象或许是因为两次出兵均未能占领埃德萨城,他认为自己很没面子,于是决定让埃德萨居民付给他一大笔钱就撤军。第二天翻译保卢斯来到城下,希望罗马人选出几名显贵作为代表去见科斯劳。于是城中居民以最快的速度选出了四位显贵人物,派他们去波斯营中和谈。科斯劳派扎贝加尼斯(Zabergancs)接见他们,他先是多次恐吓罗马人,然后问罗马人愿意选择哪条路,一条是战争之路,一条是和平之路。使节们表示愿意选择和平之路，扎贝加尼斯说："那么你们就要用大笔金钱来赎买和平。"使节们说他们可以按照以前波斯人占领安条克之后索要的价格付钱。扎贝加尼斯一声冷笑，让他们要好好考虑自己的安全，然后再来见波斯人。不久后，科斯劳又召见了他们，他在使者们面前详细讲述了自己过去曾掳掠过多少城镇，是以什么样的方式占领的，进而威胁埃德萨居民，暗示他们在波斯人手中会遭到更恐怖的待遇，除非他们将城中所有的财富都献出来，只有做到这一点他才能撤军。使者们同意用金钱向科斯劳换取和平，但他必须降低一下这个不可能实现的条件。他们说战争尚未开始，胜负难以预料，没有任何一场战争完全按照交战双方设想进行。科斯劳气愤地赶走了使者。

在围城的第八天，科斯劳心生一计，命士兵在城墙边上造一座小山，同时从附近砍了很多大树，不除去叶子就将它们堆在城墙前面，然后又在树上乱撒大量的土石，尽量将小山堆高，同时他们也不断将长木材放在土石中间，以固定它们，这样即使堆得很高也不会倒塌。罗马将军彼得（碰巧他和马丁努斯、佩拉尼乌都在城里）派手下的匈奴人对修建假山的波斯士兵发动突然袭击，杀死了很多敌人。其中一个叫阿尔格克（Argek）的侍卫，异常英勇，他一人就杀死过27个波斯人。此后，蛮族人便加紧防卫，城里人也不再有机会出城袭击他们了。随着工匠们的紧张工作，假山不断向城墙移动，渐渐进入城中守军弓箭发射范围以内。罗马人在城中以投石器和弓箭英勇抗敌。而对这种情况蛮族人又想出一个办法，他们把一种又厚又长的山羊毛织的粗毛布用长木悬挂连接起来，将长木和粗毛布立在被罗马人称为"土堆"（agesta）[1]的小山前面，这样城中发射的带火的箭和其他发射物都伤害不了修建假山的人。罗马人对此十分恐惧，便派使者去见科斯劳，在使者中有一位名叫斯蒂芬努斯（Stephanus）的医生，医术非常高超，曾经治好过波尔泽斯的儿子科巴德的病，因此他非常富有。斯蒂芬努斯在面见科斯劳时说："自古以来人们都认为一个好国王的标志是仁慈。陛下，如果你忙于杀人、战争和劫掠城市，就得不到'好'名声，至少埃德萨城会在你手中经历所有其他城市的灾难。我曾看着你从小长到大，还建议你父亲传位于你，因此我对你是有恩的，但你却为我的家乡带来了灾难。如果你能想起我对你的恩典，就不要再伤害我们了，以此作为补偿。陛下，你这样做就不会留下残忍的坏名声了。"斯蒂芬努斯讲完后，科斯劳依然宣称只有罗马人将彼得和佩拉尼乌交给他，他才能离开这里。因为这两个人本来是他家的世袭奴隶，却胆敢起兵反叛他。如果他们不愿这么做，罗马人还有两个选择，或者是交给波斯人50000镑黄金，或者让科斯劳的手下进城，让他们找出所有的黄金、白银和财物。这就是科斯劳的条件，他希望能兵不血刃地占领埃德萨。使者们（因为他提出的所有条件都是不可能实现的）既失望又沮丧地回到埃德萨，向城中人汇报了科斯劳的要求，整个城市充满了恐惧和骚动。

这时人造小山已经很高了，而且还在迅速地向前移动。罗马人对此胆战心惊，再次派使者去见科斯劳。他们没有

---

[1] 拉丁语是 agger，意即"小山、土堆"。

能同波斯人达成一致，未能获得接见就又被波斯人侮辱并驱逐回城。罗马人想以加高城墙的办法来对抗敌人的小山，但因波斯人的工程已经高过城墙了，所以这一方法没有奏效。罗马人再派马丁努斯来到敌营，与一些波斯将军谈话，但他们完全欺骗了马丁努斯，声称他们的国王渴望和平，希望他能劝说罗马皇帝解决与科斯劳之间的纠纷，最后与他重修旧好，恢复和平。波斯人提到贝利撒留，说他的权力远远超过了马丁努斯。当科斯劳入侵罗马领土时，他劝说波斯国王撤军并允诺不久将从拜占庭派来使节去波斯与他签订和平协议。但贝利撒留自己没有履行这一诺言。因为他发现他自己不能代表查士丁尼皇帝作出决定。

第 27 章

与此同时，罗马人又想出一个对付波斯军攻城假山的办法：他们从城里墙基处向敌人的假山工程方向挖了一条地道，一直挖到小山下面的中央处，打算纵火烧毁敌人的工程。但当地道挖到小山底下时，挖土的声音传到了站在上面的波斯人的耳朵中，他们觉察到了地下发生的事，就从上面向下挖，一直挖到小山中间，这样就可以抓到搞破坏的罗马人了，但与此同时罗马人也发现了波斯人的举动，于是他们放弃了原来的计划，把挖空的地方又填满土，从紧靠墙基的更低处动工挖土，他们将木材、土和石头都挖出来，形成一个巨大的空间，然后往下扔易燃的干树枝，又用西洋杉（青柏）的油将其淋湿，再加上硫磺和沥青，做好了一切准备。与此同时，波斯将领再次会见马丁努斯，佯装接受和平协议以拖延时间。最后小山终于完工，到达城墙处并且高过城墙。这时波斯人态度陡然转变，将马丁努斯打发回城，一口回绝议和之事，准备开战。

罗马人见状，点燃了准备好的干树枝，火烧到城墙下的一部分，但没有烧到假山，这时树枝就已经烧光了，于是他们又不断往沟里扔新木头，毫不松懈。夜晚时分，波斯人的小山上开始冒烟。罗马人不愿让波斯人察觉，便采取以下措施：他们把煤块放在小罐里点燃后，扔到敌人那边，同时还往墙基处发射火箭，波斯守卫士兵急忙前去熄灭，他们误认为烟是从这里发出的，因为射出的火箭和煤块越来越多，所以波斯人纷纷出来救急，这时罗马人开始从城墙上向下射箭，杀死了很多波斯士兵。科斯劳在天亮时带着大部队来到这里，在上山时发现烟是从下面冒出来的，而不是敌人发射的火箭冒出的，于是他命令全军展开救援行动。罗马人鼓起勇气发动进攻。这些蛮族人有的往山上扔泥土，有的往冒烟处泼水，希望能缓解火势，但已经徒劳无益，泥土盖上去之后，烟还是从别处往上冒，硫磺和沥青燃烧得最猛烈，旁边的木头也烧得更旺了。因为水不能浸入墙基里面，所以火源根本无法熄灭。下午时，浓烟滚滚，就连卡雷（哈兰）城和其他的更远处的居民也看到了这里的浓烟。此时大批波斯人和罗马人汇集到墙基处，展开了一场肉搏战，最后罗马人取胜。波斯人用人工假山攻城的计划彻底失败。

在这之后的第六天黎明，波斯人搭云梯袭击了城墙上的炮台（Fort）。守卫这里的罗马士兵都在酣睡，波斯人悄悄地把梯子立到城墙上，然后向上攀登，这时碰巧罗马士兵中有一个乡下人醒了,他大喊一声,唤醒了其他人,于是双方在城墙上短兵相接,展开惨烈的搏斗,最终波斯人被击败,撤回营中,匆忙中把梯子留在原处,罗马人便把梯子都拉上城墙。中午时分,科斯劳率大军攻击主城门并试图摧毁城墙,城中所有罗马人包括士兵、村民和市民都加入抵抗队伍,一举击败了蛮族人,波斯人被迫撤退,罗马军乘胜追击。这时科斯劳又派翻译官保卢斯来到罗马人这里,宣布拜占庭皇帝已派了雷西纳里乌前来和谈,这样罗马人便停止追击,两支军队各自回营。其实雷西纳里乌已经到蛮族人的营中待了好几天,但波斯人却想等待他们的攻城计划成功,所以没有向罗马人告知这一事实。这样一来,如果他们攻城成功,则不必背上毁约的骂名;如果他们攻城失败他们就在罗马人的邀请下签约,后来事实也确实如此。雷西纳里乌一进城门,波斯人便要求谈判者马上去见科斯劳,而罗马人声称3天之后才能派使者前去谈判,因为当时他们的将军马丁努斯正卧病在床。

科斯劳认为这个理由不合理,就又准备战斗,他命人把大量的砖块扔到墙基处,两天后他率大军再次进攻要塞。他在每一个城门都安排了将领和一些军队,以这种方式围住全城并用梯子和攻城机(war-engines)发动袭击。同时,他命令所有的萨拉森人和一些波斯士兵作为后备队,他们的任务不是要袭击城墙,而是在城陷时像用网捕鱼一样抓住逃跑的罗马人。黎明时分战斗打响。起初波斯人因为人数众多而占优势,大多数罗马人没有听到战斗的声音,完全没有准备,只有很少人与敌人作战。但不久后局势有所变化,城中军民群情激昂,那些到服兵役年龄的年轻人则与士兵们一起英勇抗敌,其他市民包括老人、妇女和儿童都登上城墙助战,涌现出许多英勇事迹:他们或为战士们收集矢石,或以其他方式帮助他们;还有人将橄榄油倒满许多容器,并在火上将其加热烧开,然后把油从城墙上泼下去,烫伤袭击城墙的士兵;有的人甚至将家用扫帚也拿来当武器阻止敌人爬上城墙。波斯人久攻不下,决定放弃。他们扔下武器来到国王面前,声称无法再继续攻城。而科斯劳却愤怒地恐吓他们继续战斗。于是士兵们大喊着搬来攻城塔楼和其他的攻城机,想全力以赴一举攻下该城。但罗马人箭如雨下,蛮族人被迫后退。罗马人便嘲笑科斯劳,邀请他继续攻城。而波斯人只有阿扎雷提斯(Azarethes)和他的手下士兵们还在索伊尼安(Soinian)大门继续战斗。这个地方被称为"特里普吉亚"[1]。因为罗马人在这里的力量比较薄弱,在敌人的袭击下被迫后退,外部堡垒的城墙被攻破了多处,敌人已经冲入城墙内部,对环形城墙上的守卫士兵构成威胁。关键时刻,佩拉尼乌率大批士兵和一些市民前来援助,打败了敌人并将他们赶出外城。这次战斗从黎明打响,一直到傍晚才结束。那一晚双方都很安静,波斯人担心敌人偷袭,罗马人则收集石头放在外墙上,做好第二天抗击敌人的一切准备工作。然而第二天却没有一个敌人前来攻打要塞。第三天,一部分士兵在科斯劳的命令下袭击巴劳斯门,罗马人出其不意,先发制人发动进攻,波斯军队被打得落花流水,撤回营中。科斯劳又派翻译官保卢斯在城墙下,要求与马丁努斯商谈休战事宜。马

---

[1] Tripurgia,三塔。

丁努斯于是与波斯人将领进行和谈，双方达成一致，签订和约。埃德萨居民交给波斯人 500 镑，波斯人保证不再发动进一步的进攻。科斯劳在烧掉了他所有的建筑工事之后，撤军回国。

第 28 章

大约就在这个时候有两个罗马将军相继去世：一个是皇帝的侄子尤斯图斯，另一个是伊比利亚人佩拉尼乌，尤斯图斯因病而死，而佩拉尼乌则是在打猎时从马上跌落摔死的。于是皇帝又派其他人代替他们的位置：一个是他刚刚成年的外甥马尔塞鲁斯，另一个是康斯坦提阿努斯，他曾作为使节与塞尔吉乌斯一同去见过科斯劳。查士丁尼皇帝第二次派康斯坦提阿努斯和塞尔吉乌斯一起去见科斯劳安排休战事宜。他们在亚述地区与科斯劳会面。亚述地区有两个城市塞琉西亚和泰西封，是在腓力的儿子亚历山大统治下由马其顿人修建的，当时他们统治着当地的波斯人和其他民族。这两座城之间除了底格里斯河之外，就没有别的屏障了。在这里使者们见到科斯劳，他们要求科斯劳把拉齐卡的乡村还给罗马人，两国便可以在互相信任的基础上重建和平。但科斯劳说要想双方达成一致是不容易的，除非罗马人首先宣布停战，这样双方可以在正常状态下进行交往，才可能在安全的基础上重建未来的和平。他还指出，作为继续休战的回报，罗马皇帝有必要付给波斯人一笔钱，而且还要派医生特里布努斯（Tribunus）在一定时间内与他在一起，因为这位医生以前曾治好过他的一种非常严重的疾病，所以科斯劳非常喜欢他，信任他。查士丁尼得知之后，立即派特里布努斯带上大约2000磅的钱款去同波斯国王进行谈判。就这样罗马人和波斯人签订了为期5年的和平条约。这一年是查士丁尼皇帝统治的第十九年（545年）。

不久之后，在萨拉森人的统治者阿里萨斯（Arethas）和阿拉芒达拉斯[1]之间爆发了一场大战，罗马人和波斯人都没有插手。阿拉芒达拉斯在一次突袭中抓住了当时正在牧马的阿里萨斯的一个儿子，把他作为献给阿佛洛狄特的祭品杀掉。从这里我们可以知道阿里萨斯没有向波斯人出卖罗马人。后来他们两人的军队展开大战，阿里萨斯大获全胜，打退敌军，歼敌无数，还活捉了阿拉芒达拉斯的两个儿子。这就是在萨拉森人中发生的事情。

很明显，科斯劳和罗马人签订休战和约的动机不纯，他的目的是让罗马人在休战时期战备松懈，使他们遭受更大的损失。在休战的第三年他又策划了这样一个阴谋：在波斯国有两兄弟帕布里祖（Phabrizus）和伊斯迪古纳斯（Isdigousnas），都身居高位。他们的聪明和恶毒在波斯尽人皆知。科斯劳就选这二人来帮助他办好两件事，一是他企图以突然袭击的方法占领达拉城，把所有的科尔奇斯人赶出拉齐卡，然后把波斯居民迁移到这里。对于科斯劳来讲，获得并能长期占有科尔奇斯人的土地对波斯帝国非常

---

[1] 阿里萨斯（529—569年在位）和阿拉芒达拉斯（527—554年在位）均为古代阿拉伯人小王国的国王，分别受到拜占庭帝国和波斯帝国的支持。——中译者

有利。首先这可以保证伊比利亚[1]的永久安全,如果伊比利亚人起来反抗波斯,他们在此就有了同盟者,这样使波斯更安全,另外这些蛮族人中的贵族和他们的国王古尔根尼斯联合起来,一直期待着起义。我在上文提到过[2],从那时起波斯人就不允许他们拥有自己的国王,而伊比利亚人也不是诚心诚意地臣服于波斯人,双方相互猜疑,互不信任。很明显,伊比利亚人对波斯人非常不满,只要条件成熟他们就会发动起义。其次,科斯劳吞并拉齐卡的第二个有利之处就是波斯帝国从此会永久免除定居在拉齐卡另一侧的匈奴人的威胁,还可以随时派拉齐卡人轻易、稳妥地反抗罗马人的统治。然而他霸占拉齐卡最主要的原因是,从这里出发可以从海路、陆路毫不费力地侵占黑海沿岸国家,征服卡帕多西亚人和邻近的加拉提亚人(Galatians)以及比希尼亚人(Bithynians),这样就可以毫无阻碍地发动突袭占领拜占庭城,因此科斯劳急于获得拉齐卡。但他根本不相信拉齐卡人。因为这个国家的普通民众都认为波斯人的统治是一个沉重的负担,波斯人将自己的生活方式强加于其他民族,对拉齐卡人每天生活的规定过分严格。他们的法律也令拉齐卡人不堪忍受,他们的信仰与拉齐卡人截然不同:拉齐卡人是虔诚的基督教徒,而波斯人的宗教信仰与他们截然相反。此外,因为拉齐卡本地既不生产盐,也不出产谷物和葡萄酒等食品,只依靠罗马人海上贩运,他们用本地产的兽皮、奴隶或其他东西去和罗马人交

---

[1] 伊比利亚位于南高加索地区,今天隶属于格鲁吉亚。——中译者
[2] 见第1卷,第12章。

换，而不必付黄金。当这样的贸易被波斯人中止后，他们的生活马上陷入困境。科斯劳早已觉察到拉齐卡人的敌意。他认为对他最有利的办法就是先把拉齐卡人的国王古巴泽斯除掉，然后将拉齐卡人全部迁走，将拉齐卡变成波斯人的殖民地。

科斯劳慎重地考虑并决定逐步实施这一计划。他首先派伊斯迪古纳斯（Isdigousnas）作为使者去拜占庭，同时选出500名波斯勇士与他同行，暗中指示他们进入达拉城后分住在许多房子中，到了夜晚，他们就将所住的房子点燃，趁罗马人忙于灭火之际打开城门，把预先藏身和埋伏在附近的尼西比斯城统帅率领的军队迎进城中。科斯劳认为他用这个办法能毫不费力地杀死所有罗马人，占领达拉城并长期固守。但这一计划事先就已经泄漏了，因为早些时候有一个逃到波斯人那里去的罗马逃兵，把他知道的事情告诉了正在波斯军中的乔治，就是我上文提到的[1]，劝说围攻西绍拉农要塞的波斯人向罗马人投降的那个乔治。他在波斯和罗马帝国边界上遇见了波斯使者伊斯迪古纳斯，指责他的行为违背使者身份，从来没有这么多的波斯人在晚上留在罗马人的城市中，他应该把大多数随从留在阿蒙第欧城（Ammodios），自己带很少的人进入达拉城。伊斯迪古纳斯听后非常生气，因为他认为一个去见罗马皇帝的使者不应该受到这样的指责和侮辱，所以很不高兴。但乔治并不在意，他为了挽救这座罗马人的城市，只将伊斯迪古纳斯和20名随从放进城中。

---

[1] 见第2卷，第19章。

这次阴谋失败之后，这个蛮族人以使者的身份来到了拜占庭，他同时也带来了他的妻子和两个女儿（这是他为在他身边能聚集很多士兵而找的借口）。当他来到皇帝面前时，根本没说出什么重要的事情，尽管他已经在罗马人的土地上浪费了10个月的时间。他只是按照礼仪把波斯国王科斯劳的礼物和一封信转交给皇帝。在信中科斯劳也只是问候了一下查士丁尼皇帝的健康情况，没有涉及任何实质性问题。尽管如此，查士丁尼皇帝还是以比其他的使节受到的更友好、更荣耀的方式款待了伊斯迪古纳斯，与他同席进餐，让布拉杜西乌斯（Braducius）作这个波斯使节的翻译。这样的事以前从未发生过，因为从来没有一个翻译官与使节这样一个如此低微的官员同桌吃饭，更不用说国王了。但他对这个使节的迎送都比其他的使节更隆重，尽管这个使节没有什么更重要的任务。如果计算一下伊斯迪古纳斯花掉的钱和拿走的礼物，总共要超过1000镑黄金。这就是科斯劳阴谋对付达拉城的结局。

第29章

科斯劳对付拉齐卡人（即科尔奇斯人）计划的第一步是这样的：他先命人运来大量适于造船的木材，却不告诉别人他要用这些木材做什么，但很明显它们是用来修建佩特拉要塞。然后他挑选300名波斯勇士，在帕布里祖的率领下去拉齐卡，命他秘密绑架古巴泽斯。当这些木材运到拉齐卡时，碰巧被闪电击中，烧成了灰烬。帕布里祖奉命率领这300人来到拉齐卡，准备执行科斯劳交给他的任务。

碰巧在科尔奇斯人中有一个叫法萨塞斯（Pharsanses）的人，他最近与古巴泽斯发生了争吵，对古巴泽斯存有敌意。当帕布里祖听说此事后，就把法萨塞斯找来，告诉他整个计划，希望获得他的帮助抓获古巴泽斯。法萨塞斯建议帕布里祖应该进入佩特拉城，以宣布国王关于拉齐卡人利益的决定的名义传召古巴泽斯，伺机动手。波斯人没有想到法萨塞斯不计前嫌，将波斯人的计划告诉古巴泽斯，所以古巴泽斯根本没去见帕布里祖，而是召集兵马驱逐波斯人。帕布里祖只好让其他的波斯人尽可能赶来保卫佩特拉城，而他自己则带这300人无功而还。古巴泽斯向查士丁尼皇帝汇报了他们的情况，请求他原谅拉齐卡人以前做的错事，并愿尽全力保卫该城。因为他想摆脱波斯人的统治，但如果没有罗马人的帮助，单靠拉齐卡人的力量不可能抵御实力强大的波斯。

（549年）皇帝听到这个消息后，非常高兴，命达吉塔尤斯（Dagisthaeus）率领7000名罗马士兵，以1000名扎尼人为辅助部队前去援助拉齐卡人。当这支军队到达科尔奇斯土地后，便和古巴泽斯的拉齐卡人一起在佩特拉要塞附近扎营，准备围攻。但因为那里的波斯人守卫森严，堡垒坚固，城中又准备了充足的粮食，所以围城的时间可能会很长。科斯劳的计划被打乱后，只好命令梅尔梅罗率领大量的骑兵和步兵抗击围攻者。当古巴泽斯听说此事后，就和达吉塔尤斯一起商量，采取了我上面讲到的军事行动。

博厄斯（Boas）河发源于法兰吉姆（Pharangium），这里是亚美尼亚人中的扎尼人（Tzani）的领土。最初其河道向右改道流了很远一段距离，水流和缓，从这里直到它右侧的伊比利亚都可以轻易涉水而过,但到了高加索山就完全改变流向了。这一地区是许多民族的发源地,其中阿兰人(Alani)[1]和阿巴斯吉人(Abasgi)[2]都皈依了基督教,自古就是罗马人的朋友,另外还有泽奇人(Zechi),以及被称为萨贝里人(Sabeiri)的匈奴人。当这条河流到高加索山脉末端和伊比利亚的交汇处时,其他的河流汇合进来,河面开始变宽,由此不再称博厄斯河而称法息斯(Phasis)河[3],从这里一直到黑海都是可以通航的。拉齐卡就坐落在从河流右岸直到伊比利亚边界的广阔地域,所有拉齐卡人的村庄都在河流一侧,那里自古就修建了许多城镇,其中有坚固的阿尔恰波利斯城(Archaeopolis)、塞瓦斯托波利斯城(Sebastopolis)、皮蒂乌(Pitius)要塞,斯坎达(Scanda)和萨拉班尼斯(Sarapanis)在伊比利亚边界的另一边,在这一地区还有两个最重要的城市罗多波利斯(Rhodopolis)和莫切里西斯(Mocheresis)。从河流的左岸,一个轻装旅行者走一天的路程就可以到达拉齐卡的属国,这里荒无人烟,与这里相邻的一块土地就是被罗马人称为庞蒂克人(Pontic)的故乡,现在这里已属于拉齐卡了,但无人居住。在我生活的时代,查士丁尼皇帝建造了佩特拉城。这里正是前文我所说的齐布斯的约翰建立垄断贸易的地方[4],并由此引发了拉齐卡人的起义。从佩特拉城再向南走,就会看到罗马人的领土了。这里人口众多,

---

[1] 阿兰人是起源于伊朗高原的古代民族,后与多瑙河中部的阿瓦尔人融合。——中译者
[2] 阿巴斯吉人是高加索地区古代民族。——中译者
[3] 普罗柯比可能是把两条独立的河流给弄混淆了。
[4] 见第2卷,第15章。

城市星罗棋布，如里扎厄姆（Rhizaeum）[1]、雅典、特拉布宗（Trapezus）等等。当时，拉齐卡人将科斯劳大军引入此地时，其路线是越过博厄斯河到达法息斯河左岸以支援佩特拉，他们声称这么走可以避免遭遇法息斯河心怀敌意的军民，以此节省时间和战斗力，但事实却是他们不愿将自己的家园暴露在波斯人眼皮下。在一般情况下，横渡法息斯河非常困难，因为河的两岸都是高耸陡峭的山脉，关口也十分险峻（罗马人把这样的通向关口的道路称为"隘道"，clisurae 是该词的希腊文形式[2]），因为那时候拉齐卡人没有设防，所以波斯人轻而易举地在拉齐卡人向导的指引下兵临佩特拉城下。

然而这次古巴泽斯得知波斯人来犯的消息，立即命令达吉塔尤斯（Dagisthaeus）派人全力保卫法息斯河下游的关口，指示他们在任何情况下都不要放弃围攻，直到占领佩特拉城并俘虏里面的波斯人。他本人和全部科尔奇斯人的军队则到拉齐卡前线，以全部力量保卫那里的关口。碰巧在很久以前他曾说服阿兰人和萨贝里人（Sabeiri）与他结盟，交给他们 300 镑，他们不仅同意帮助拉齐卡人保卫他们的国家不被劫掠，而且也同意帮助人丁稀少的伊比利亚在波斯人入侵时给予援助。古巴泽斯答应他们说皇帝会给他们这笔钱的。他把这一协议向皇帝汇报后，恳求皇帝派人送钱给这些蛮族人，以安慰他们，他还声明财政衙门已经拖欠了他 10 年的薪俸，虽然他在朝中任机要顾问之

---

[1] 里扎厄姆位于今土耳其东北部黑海沿岸地区，利泽省首府。——中译者
[2] 拉丁文为 clausura，一条狭窄的道路之意。

职，但从科斯劳入侵科尔奇斯以来，他就没有收到过任何报酬。查士丁尼皇帝本想答应这一要求，但因为其他事情而耽搁了，所以没有在适当的时间派人送钱去。

达吉塔尤斯因为年轻气盛，难以担当对抗波斯人的重任。他对当时的情况处理不当。他应该亲自率领大批军队去守卫关口，但却没有给予足够的重视，只派了100人去守卫。而他本人率全部军队包围了佩特拉城，尽管守城的波斯人总数不超过1500人，但他们表现得异常勇敢，与罗马人和拉齐卡人进行长时间对射，损失惨重。波斯人在这种情况下只能按兵不动。于是罗马人沿着城墙挖了一道深沟，这一片城墙立即倒下，碰巧有一座建筑物坐落在城墙靠后一点的地方，但不与城墙相连接，而且其长度正好是城墙倒塌部分的全长，所以这座建筑取代原有的城墙，得以保证城内的安全。但这并不能阻挡罗马人攻城的步伐，因为他们知道再用同样的方法使建筑倒塌，就可以轻松占领该城。达吉塔尤斯因此对胜利信心十足，派人传信给皇帝，建议为他准备好取胜之后的奖金。他认为不久以后就可以占领佩特拉城了，于是命所有罗马人和扎尼人对城墙发动强攻，但波斯人意外地经受住了打击。罗马人直接攻城没有取得任何进展，改为挖地道攻城。他们挖得很深，以至于外城墙的墙基有很大一部分都悬空了，而不在坚固的土地上，它们自然就倒塌下来。如果达吉塔尤斯立即下令用火烧墙基，我想他就会占领整个城市，但他因等待着皇帝的奖励，所以一直没有采取积极行动，贻误战机。这就是罗马人军中发生的事情。

第 30 章

梅尔梅罗率波斯军队越过伊比利亚边界，沿着法息斯河左岸前进。他不愿从拉齐卡的乡村穿过，担心遇到伏击。他希望以最快的速度驰援佩特拉城。与此同时，佩特拉攻防战进入白热化阶段，一段城墙已经倒塌了，还有一部分城墙已经悬空，于是 50 名罗马精兵在亚美尼亚人约翰的带领下从那里进入城中，大声喊着查士丁尼胜利的口号四处冲杀。这个约翰是托马斯的儿子，绰号"大肚汉"。托马斯曾在皇帝的指示下在拉齐卡周围建立了很多要塞，皇帝认为他是一个聪明人，就让他统率那里的军队。约翰和他的手下进城后，与波斯人展开巷战，但因为没有罗马军队的支援，约翰受了伤，与他的随从们一起撤回营中。与此同时佩特拉城波斯守备队的统帅米拉尼斯也非常担心，他一边命令所有的波斯人严加守卫，一边亲自去见达吉塔尤斯，在他面前尽力献殷勤，讨好他，同意不久以后就放弃这座城市。他用花言巧语欺骗达吉塔尤斯，罗马军队因此停止了进攻。

当梅尔梅罗的军队到达关口时，遇到了在那里守卫的 100 名罗马人。罗马人寸步不让，波斯人也志在必得，双方发生了激烈的战斗。波斯军队虽然损失了 1000 人，但他们仍然前仆后继，奋勇进攻，罗马人寡不敌众，被敌人击退，跑到山顶后获救。达吉塔尤斯得知波斯援军即将到达的消息后，没有对军队发出任何指令就放弃了围攻，带着所有的罗马军队继续向法息斯河方向前进，但把所有的物品都丢在了军营中。波斯人发现后立即打开城门,冲出来占领了罗马人的营房。这时跟在达吉塔尤斯队伍后面的扎尼人又冲回来保卫营房,杀退了敌人,波斯人损失惨重,逃回要塞。扎尼人拿走了罗马人营帐中的物品,直奔里扎厄姆(Rhizaeum),再从那里取道雅典和特拉佩祖廷(Trapezuntines),返回自己的家园。

梅尔梅罗和他率领的波斯军队在达吉塔尤斯撤退的第九天赶到那里。他们发现城里的守备队伍仅剩300人,其中有50名根本不能作战的伤员,只有150个人没受伤,其余的人都死了。幸存者宁愿被臭气窒息,也决不将尸体扔出要塞,他们不想让敌人知道自己的伤亡情况,以异乎寻常的意志坚持着,决不使敌人增强围城的信心。梅尔梅罗辱骂罗马人是一个胆怯卑微的民族,因为他们连一个没有城墙的只有150个波斯人守卫的城市都不能占领。他想赶快把那部分已经倒塌的城墙修好,但因为既没有石灰又没有其他的建筑材料,所以他想出了这样的办法:把沙子装在用来装食物的亚麻布袋中,用沙袋代替石头,把这些袋子砌成墙,又选了3000名战士驻守佩特拉,储存了大量的粮食,要求守备部队尽快修复要塞的毁损部分。他自己则率领其余的波斯军队回师了。

如果他还从原路返回,他的军粮就不够了,因为他将大部分粮食留在了佩特拉。因此他计划从另一条穿过山脉的路返回,他听说那里的国家住有居民,所以他可以募集到一些粮草,并坚持回到波斯。但在这次行军中,波斯军夜里扎营时中了拉齐卡人贵族普贝里(Phoubelis)的埋伏,他还把达吉塔尤斯和他的2000名罗马士兵也都带来这里,对波斯人发动了突然袭击，杀死了一些正在喂马的波斯人，抢走波斯人的马匹后迅速撤兵。之后梅尔梅罗和他的波斯军队也急忙撤离此地。

当古巴泽斯得知佩特拉和关口的战况后，他既没有害怕，也没有放弃其守卫的关口。因为他认为他所在的地区是罗马人的全部希望。他知道即使波斯人在法息斯河左岸以武力逼退罗马人渡过关口，进入佩特拉，他们也根本不能渡过法息斯河，一是那里没有足够的船只，二是这条河又深又宽，水流湍急，以至于入海后还可见其作为一支独立的水流流出很远，而没有与海水混合。实际上，在那里航行的人甚至可以在海面的中心提取淡水饮用，同时拉齐卡人还在这条河的右岸建立了许多要塞，即使敌人摆渡过河，他们也难以登岸。

这时，查士丁尼皇帝派人给萨贝里人送去了他应允的金钱，许诺他将加倍报答古巴泽斯和拉齐卡人。此前，查士丁尼已经派色雷斯的雷西萨纳库斯（Rhecithancus）率领一支大军赶去拉齐卡，但还没到达，他可是一位有勇有谋的统帅。这就是事情的经过。

当梅尔梅罗在山路行进时，急于在这里找到粮食供应佩特拉城。他认为他带的粮食决不能满足那里3000人守备队的需要，而他从这条路上找到的食粮还不够他手下3万人的食粮，所以他根本不能给佩特拉城任何实质性的帮助。经过考虑之后，他发现让大部分军队离开科尔奇斯的土地只留下极少的守备部队对他们更有利，没有必要留下大部队驻守，因为那里根本没有敌人。他们把找到的大部分粮食运到了佩特拉城，余下的也足够维持他们的生活。于是他选了5000人在帕布里祖等三人率领下守卫佩特拉城。他本人率领主力部队赶往佩尔萨门尼亚，留在杜比欧附近的乡村按兵不动。

帕布里祖率领这5000人进逼拉齐卡边界，他们在法息斯河岸边扎营后，便拉帮结伙地到附近地区进行抢劫。当古巴泽斯侦察到这一情况后，便派人传信给达吉塔尤斯，让他前去援助自己的军队，兵合一处以重创敌人。于是达吉塔尤斯率罗马人军队沿着法息斯河右岸前进，到达拉齐卡人的土地后便在河对岸扎营。这里的法息斯河是可以涉水而过的，但罗马人和波斯人都不熟悉这一情况，不知道这里的水很浅；可是拉齐卡人知道，他们突然过河加入到罗马军队中。同时波斯人挑选1000名精兵做先锋。但是，这支队伍中有两名侦察兵被罗马军队俘虏，他们把所有的情况都讲了出来。于是罗马人和拉齐卡人突袭波斯先头部队，波斯人几乎被全歼，只有少数被俘。古巴泽斯和达吉塔尤斯从俘虏口中得知波斯军队的数量、行军路线以及他们现在的状态。罗马人和拉齐卡人共14000人全部前去迎击，预计在傍晚对敌人发动袭击。而波斯军认定法息斯河根本无法涉过，因此完全没有防备。罗马人和拉齐卡人在黎明时分出其不意地发动了袭击。波斯军队中有一些人仍在熟睡，另一些人虽然醒了，但完全没有防御地躺在床上，根本无力抵抗。大部分人被杀，一些人被俘，包括一名将军，只有很少的一部分人借助夜色掩护逃走。罗马人和拉齐卡人占领了他们的营地并夺取其军旗，也缴获了大量的武器和钱财，还有马和骡子。他们乘胜追击，追至伊比利亚时又遭遇另一支波斯军队。罗马军杀死了很多波斯人。

波斯部队被迫离开拉齐卡。罗马人和拉齐卡人发现了在那里存放的全部粮食，其中有大量的面粉，是蛮族人从伊比利亚运来的，并且还要把这些面粉运到佩特拉去。于是他们烧掉了全部的面粉，把大量的拉齐卡人留在关口守卫，使波斯人不能再将粮食运往佩特拉城了。而后，他们带着所有的战利品和俘虏回师。这是罗马人和波斯人休战的第四年，也是查士丁尼皇帝统治的第二十三年（549年）。

卡帕多西亚人约翰应皇帝之召在一年前就回到了拜占庭，因为那个时候（仇视他的）皇后塞奥多拉走到了生命的尽头。然而他还是没能官复原职，而是不情愿地做了神职人员。他经常幻想着能回到皇宫，因为神只喜欢引诱那些天生意志不坚定的人。被幻象迷惑之后，他们就会充满着人们所能拥有的最伟大的希望，奇迹总是向约翰预示着他幻想的事情——穿上奥古斯都的法衣。在拜占庭有一个名叫奥古斯都（Augustus）的教士，他是圣索非亚大教堂的教士，当约翰被降职并被迫作教士时，因为没有其他的新法衣了，于是那些负责此事的人强迫他穿上了这位奥古斯都教士的法衣和斗篷。在这里，我想他的幻想实现了。

第 3 卷
汪达尔战争（上）

第 1 章

以上我讲述了查士丁尼皇帝对波斯人战争的最后结果，接下来我要讲一讲他发动的对汪达尔人和摩尔人的所有战争。首先介绍一下汪达尔人的族属来源。在罗马皇帝塞奥多西（Theodosius）之后，罗马帝国一分为二（395 年 1 月 17 日）。为了证明他的公正和精明，塞奥多西把帝国交由他的两个儿子管理：长子阿卡狄乌（Arcadius）接收了东半部，小儿子洪诺留（Honorius）则执掌西半部。而实际上罗马的权力早在君士坦丁和他的儿子们统治时期就已经被分割了，因为他把政府迁到了拜占庭，扩建了这座城市并以自己的名字命名它。

陆地或者全部或者大部分被海洋环绕（因为以我们现在的知识水平对这个问题还不清楚），有的陆地被海洋分割成两个部分，一条向西流入西半部形成了我们现在已知的这个海，从加迪拉（Gadira）[1] 起源经过所有的河道流向

---

[1] 即迦迪什（Cadiz）。

迈奥提克（Maeotic）[1] 湖。如果面朝大海向大湖方向航行，两个大陆中右侧的部分就是亚洲，以加迪拉和赫拉克勒斯（Heracles）之墩[2]以南为分界线。当地人称那里的要塞为塞普泰姆（Septem）[3]，因为在那里有 7 座小山，而"塞普泰姆"（septem）在拉丁语中有"七"的意思。这个大陆对面的就是欧洲，在这里分开两个大陆的海峡[4]大约有 84 斯塔德宽。从这个海峡再往下，两个大陆之间的海峡就更宽了，一直到赫勒斯滂海峡，而到塞斯图斯（Sestus）和阿拜多斯（Abydus）两个大陆又彼此靠近了，在拜占庭、察尔西顿（Chalcedon）直到古代称为"深蓝色岩石"、现在称为耶隆（Hieron）的地方两个大陆之间的距离只有 10 斯塔德宽，有的地方更窄。

赫拉克勒斯之墩两山之间的距离可以这样计算，如果沿着岸边走，不绕过爱奥尼亚湾和亚克兴海（Euxine），而是取道察尔西顿[5]去拜占庭，从德赖乌斯（Dryous）[6]到对面的大陆[7]，这一行程一个轻装旅行者大约要走 285 天。至于亚克兴海四周的土地，即从拜占庭到亚克兴海的距离，我难以确切计算，因为在伊斯特河，即多瑙河以外

---

[1] 亚速海（Azov）。
[2] 指直布罗陀海峡东端两岸的两个岬角，欧洲一侧的直布罗陀和非洲一侧的穆塞山，希腊神话中的赫拉克勒斯为寻找金苹果而到此地，故名赫拉克勒斯之墩。——中译者
[3] 或塞普泰姆·弗拉特雷斯（Septem Fratres）。
[4] 大多数古代地理学家都把人类居住的世界分成三个大陆，也有人分成两个大陆，后来发现的非洲属于亚洲还是属于欧洲是一个有争议的问题。见萨鲁斯特，《朱古达》（Jugurtha），第 17 章。
[5] 卡德柯伊（Kadikeui）。
[6] 更确切地应为海德罗斯（Hydrous），拉丁文是 Hydruntum，即奥特朗托。
[7] 在欧隆（阿夫隆纳）。

的蛮族人禁止罗马人从那里的海岸通过,从拜占庭到伊斯特河口有大约22天的行程。我们前面的计算总数还应把这段距离加到欧洲部分的距离里。在亚洲一边,从察尔西顿到法息斯河,这条河发源于科尔奇斯人国土,流到蓬塔斯(Pontus,黑海南岸古城),这段距离有40天路程,所以整个罗马帝国的版图,至少根据沿海岸的距离计算有347天的路程。如果渡过爱奥尼亚湾,到德赖乌斯就有800斯塔德远,而渡过海湾的行程不少于4天[1]。这就是罗马帝国古代的疆域。

利比亚大部并入了西部帝国的版图,从加迪拉到利比亚的黎波里(Tripolis)边界大约有90天的路程,在欧洲的西部帝国的边界,即从赫拉克勒斯的北墩[2]到爱奥尼亚湾有75天的路程[3],还应再加上环爱奥尼亚湾的距离。罗马帝国东部皇帝的领土边界有120天的路程,即从利比亚的昔兰尼(Cyrene)边界到坐落在爱奥尼亚湾上的埃庇丹努斯(Epidamnus),现在称为都拉基乌姆(Dyrrachium)。上文提到的亚克兴海周围的这个国家以前是罗马人的属国,也是其中的一部分。现在我们按一天走210斯塔德[4]计算,相当于从雅典到麦加拉(Megara)的路程,这样就可以算出实际距离了。罗马帝国的两个皇帝就是这样划分大陆领土的。除此之外,在不列颠各岛中,位于赫拉克勒斯之墩以外的最大的一个岛属于西部帝国;在赫拉克勒斯之

---

[1] 把这4天再加到其他的行程中285+22+40,就是351天。
[2] 直布罗陀岬角。
[3] 即如果不在奥特朗托停留,一个人可以计算沿亚得里亚海岸去都拉基乌姆(都拉斯)的距离。
[4] 大约24英里。(1 stadium 约185米)

墩以内，埃布萨岛（Ebusa）[1]在我们称为普罗旁提斯的地中海上，就在地中海的入口处，从这个岛到入口处有7天的路程；此外，附近还有被当地人称为马约卡（Majorica）和梅诺卡（Minorica）的岛屿，也都划归西部帝国。在地中海上的每个岛屿都是按照两个帝国的分界线划分的。

第 2 章

西部帝国皇帝洪诺留在位期间（395—423年），蛮族人占领了西罗马国土。我要讲一下这些蛮族人是什么人，他们是怎样占领西罗马帝国的。从古至今都存在着许多日耳曼民族[2]，其中最大、最重要的民族有哥特人、汪达尔人、西哥特人和格庇德人，在古代他们被称为绍罗马泰人（Sauromatae）和梅兰齐赖尼人（Melanchlaeni）[3]，还有人称这些民族为盖塔人。尽管这些民族都有自己的名字，但他们在体貌特征上没有太大的区别，都是白色皮肤，浅色头发，个子很高，长相英俊。他们遵守同样的法律，信仰同一种宗教，即阿里乌派基督教，他们都讲哥特语。在我看来，他们都源于同一部族，后来依据不同部落首领的名字将他们区分开来。这些人以前生活在多瑙河上游，后来格

---

[1] 伊维萨（Iviza）。
[2] 普罗柯比此处应是指日耳曼人，因为哥特人只分为东、西哥特人。——中译者
[3] Sauromatae 又称萨尔马提亚（Sarmatians），Melanchlaeni 原意黑斗篷，为斯基泰（Scythia）和古芬人（Finnic）的祖先。——中译者

庇德人占领了多瑙河两岸的辛吉敦纳姆（Singidunum）[1]和锡尔米厄姆（Sirmium）[2]附近地区，他们便在此定居直至今日。

而西哥特人在从哥特人中分离出来之后，先是与阿卡狄乌斯皇帝缔结联盟，后来（因为信仰不同）在阿拉里克（Alaric）领导下，与东、西罗马帝国为敌，把从色雷斯开始的所有欧洲都看成是敌人的领土。洪诺留皇帝本来一直住在罗马宫中，纵情享乐，从未想过战争，但当他听说蛮族大军已经到达陶兰提（Taulantii）[3]时，便弃皇宫而走，逃往位于爱奥尼亚湾的坚固堡垒拉文纳。也有人说是他自己把蛮族人引来的，因为他的属下发动了一次起义，所以他招募蛮族人作为雇佣军镇压起义。但我不相信这种说法，至少从这个人的性格来判断，这是不可能的。蛮族人见没有军队阻止他们，就愈发猖狂起来，将占领的城市夷为平地，尤其是爱奥尼亚湾以南的城市都遭到摧毁，以至于在我生活的时代那里仍是一片废墟，只有残破的一个塔楼、一扇门或其他碰巧留下的东西。他们但凡遇见居民，无论男女老幼，一律格杀勿论，其结果导致直到现在意大利还人烟稀少。他们还抢夺了欧洲所有的钱财，当他们迁移到高卢去的时候，把罗马的公私财物全部都带走了。接下去，

---

[1] 辛吉敦纳姆始建于公元前3世纪，罗马拜占庭时期多瑙河防线的中心，今贝尔格莱德。——中译者
[2] 锡尔米厄姆为罗马拜占庭时期潘诺尼亚地区首府，今塞尔维亚的塞尔米亚城市米特罗维察。——中译者
[3] 陶兰提位于罗马拜占庭时期的伊利里亚地区，今隶属于克罗地亚。——中译者

我讲一讲阿拉里克[1]是怎样占领罗马的。

他先是围攻罗马很长时间,用武力和其他方法都不能占领该城,于是他制定了如下计划:从其军中未长出胡须的年轻人中选出 300 个出身良好又有勇气的战士,秘密指示他们装扮成奴隶混入罗马贵族家中,对主人表现出温顺和体贴,按照主人的吩咐做事。之后他指定某一天的中午,当所有的主人们都在饭后睡午觉时,他们便聚集到萨拉里安(Salarian)城门处,发动突然袭击杀死守卫,尽快打开城门。阿拉里克又派使者去见元老院成员,说他本人因元老们对皇帝的忠诚而非常尊敬他们,为了表示对他们勇敢和守信的敬仰,他希望能为每位元老提供一些家仆,他宣布这一决定后就派出化装成奴隶的士兵,然后在通知罗马人之后撤兵。元老们对阿拉里克的恭维感到非常高兴,也乐于接受他的礼物,他们根本不知道这是个阴谋。这些年轻人都温良顺从,取得了主人的信任。围城的蛮族军队陆续撤退。当指定日期来临时,阿拉里克率领大军在萨拉里安门外等候,碰巧这里也是他最初围城时扎营的地方。城中所有的蛮族年轻人都在这天(410 年 8 月 24 日)的同一时间来到此处,杀死卫兵,打开大门,把阿拉里克及其军队放进城。他们点燃城门附近的房屋,其中也包括萨鲁斯特的房屋,他曾撰写过罗马人的历史,现在他的房子只剩下断壁残垣了。蛮族军队在劫掠全城杀掉大部分罗马人后撤离。据说洪诺留皇帝在拉文纳接到一个太监传来的消息,

---

[1] 阿拉里克(Alaric I, 370—410 年)是西哥特国王(395—410 年在位),占领过罗马。——中译者

说罗马已经不存在了,便大喊道:"它是从我的手中被吃掉的!"因为他有一只大公鸡,名叫罗马。他的话是指,罗马城在阿拉里克手中毁掉了。皇帝获得解脱似的说:"我的伙计,我认为我的公鸡罗马也已经消失了。"看,这个皇帝是多么愚蠢啊!

另一种说法认为罗马城不是这样被阿拉里克占领的,而是一个出身于罗马元老显赫之家的女子普罗巴(Proba)因为见罗马城内已上演了人吃人的一幕,而河流港口也都已沦陷,她可怜罗马人所受的饥饿和肉体折磨,认为罗马人已经失去美好的希望了,便命令仆人在夜晚打开了城门。

当阿拉里克离开罗马城之前,他宣布让一个叫阿塔鲁斯(Attalus)的贵族作罗马人的皇帝,给他穿上紫衣,戴上皇冠以及其他皇帝所戴的佩饰,其目的是废黜洪诺留皇帝,把整个西部帝国的权力交给阿塔鲁斯。于是阿塔鲁斯和阿拉里克要分头率兵攻打拉文纳。但是这个阿塔鲁斯既无头脑,又不会用人,所以当阿拉里克不同意他的计划时,他还是派毫无兵权的统帅去了利比亚。这些事就是这样的。

此时不列颠诸岛也都反抗罗马人的统治,那里的士兵们选出身卑微的康斯坦提努斯(Constantinus)作国王(407年)。他立即组建了一支舰队装载能征惯战的军队进攻西班牙和高卢,想要掳掠这些国家。洪诺留也招募了舰队,等着收拾利比亚的残局。他的计划是:如果阿塔鲁斯派来的军队被击败,他自己就要航行到利比亚,保有自己王国的一部分;如果形势与他的意愿相反,他就去投靠塞奥多西,因为阿卡狄乌很久以前就去世了,他的儿子塞奥多西(408—450年在位)还是个孩子,掌握着东部帝国的权力。洪诺留急切地等待着未知的结果。这时,碰巧他交了好运,因为上帝习惯于偏爱那些既不聪明也无能力独立思考的人,如果他们不怀有恶意,那么当他们处于绝望之时,上帝就会帮助他们,这样的事就发生在这个皇帝的身上。他突然得到从利比亚传来的消息,说阿塔鲁斯的部队全军覆没,拜占庭方面派来大批的舰队和众多的士兵前来援助他们,这是他没料到的。阿拉里克因为与阿塔鲁斯发生了争吵,所以褫去其皇袍,将其软禁起来。后来阿拉里克病死,西哥特人军队在阿道夫斯(Adaulphus)的率领下向高卢进发(411年),康斯坦提努斯在一场战役中惨败,他和他所有的儿子一起阵亡。然而,罗马人从未成功地夺回不列颠,这个地区从那时起直到现在都处于僭主的统治之下。哥特人在越过伊斯特河(多瑙河)后,先是占领了潘诺尼亚,后来,经过皇帝的允许,他们定居在色雷斯乡村。不久后,他们又征服了西罗马帝国,我在以后关于哥特人的历史中再详细讲述。

第3章

汪达尔人原来定居在迈奥提克湖(亚速海)周边地区,因为物产贫瘠,不堪忍饥挨饿,就迁到了现在被称为法兰克人的日耳曼人的国家和莱茵河畔,与哥特人中的阿兰人结成同盟。他们在戈迪吉斯克鲁斯(Godigisclus)的领导下又迁移到西班牙定居。西班牙是罗马帝国最靠海的部分,当时洪诺留和戈迪吉斯克鲁斯达成了协议,只要他们不伤害这个国家的居民,就让他们在那里定居。但在罗马帝国有一条法律，即如果某些人没有妥善保有自己的土地财产，同时又失去土地30年以上的时间，那么这些人就没有权利起诉那些将他们赶走的人，他们将会面临对方的抗辩而被逐出法庭。[1] 洪诺留根据这条法律又颁布了一条法律，不论汪达尔人在罗马帝国居住多长时间都不能以居住30年以上为由提出抗辩要求拥有土地的权利。洪诺留本人在把西部帝国弄到这步田地时，（423年8月27日）因病而死。在他死之前，西部帝国皇权就已经被洪诺留和康斯坦提乌斯分割了，康斯坦提乌斯是洪诺留和阿卡狄乌的姐姐普拉西迪亚（Placidia）的丈夫，但康斯坦提乌斯掌权没几天就得了重病，在洪诺留在世的时候，就先他而去（421年）。他因为掌权时间太短，所以没有做过任何值得记载的大事。康斯坦提乌斯的儿子瓦伦提尼安（Valentinian）当时刚刚断奶，尚在襁褓之中，寄养在塞奥多西的宫中。洪诺留死后，罗马皇室成员们却选了一个士兵约翰作皇帝，他既文雅又精明，勇冠三军而又才能过人。在他掌权的5年时间里[2] 统治十分英明，既不听信诽谤者的谣言，也没有枉杀良民，更不勒索百姓的钱财。但是他没有能力对付蛮族人，因为他对拜占庭充满敌视，所以阿卡狄乌的儿子塞奥多西就派将军阿斯帕尔（Aspar）和他的儿子阿达布里乌斯（Ardaburius）率领大军废黜约翰，把皇位传给了未成年的瓦伦提尼安。瓦伦提尼安命人把约翰带到阿奎莱亚

---

[1] 即实际的居住者可以通过对前任主人的行为进行妨诉抗辩，证明他已拥有超过30年时间以收回地产。新法延长了被逐出的所有者可以收回原有土地的时间，只要时间没到居住者就不能提出抗辩，这样汪达尔人就不能拥有这个国家了。

[2] 这是一个错误，他实际上只统治了18个月。

（Aquileia）的角斗场，砍掉了他的一只手，又让人像驴子一样骑在他身上，约翰受尽了侮辱虐待之后被处死。瓦伦提尼安接管了西部帝国的权力（426年）。瓦伦提尼安在他母亲普拉西迪亚的娇惯下毫无男子汉气概，从小就心存邪恶，他大部分时间都和巫师、占星者在一起。尽管他已经娶了一位美若天仙的妻子，但他还醉心于猎艳，霸占有夫之妇，过着骄奢淫逸的生活。他不但没能收复帝国以前失去的土地，反而又失去了利比亚和他自己的性命。（455年）他死去时，他的妻子孩子都被俘了，以下就讲一讲利比亚的灾难。

罗马人将军阿埃蒂乌斯（Aetius）和博尼法斯（Boniface）是当时最勇敢、战斗经验最丰富的人。他们虽然持有不同政见，但都是品格高尚之人，堪称"罗马人的最后典范"。其中博尼法斯被普拉西迪亚任命为利比亚将军，虽然阿埃蒂乌斯不服气，但他没有将他的敌视和不满表现出来，而是隐藏在心中。一俟博尼法斯离开首都，阿埃蒂乌斯便在普拉西迪亚面前诽谤他，说他要当僭主，夺取她和皇帝对利比亚的统治权。如果不信的话，她可以传召博尼法斯回罗马，如果他不回来，就说明其心怀鬼胎，图谋不轨。普拉西迪亚认为他言之有理，就按照他的建议去做了。阿埃蒂乌斯又暗中致信博尼法斯，告诉他皇帝的母亲正阴谋策划要除掉他，还说出了阴谋的证据就是他在近期会被无原因地传召回首都。博尼法斯相信了阿埃蒂乌斯，当传令官到的时候，他拒绝听从皇帝和太后的命令，也没把阿埃蒂乌斯的警告告诉别人。所以当普拉西迪亚听到这一消息后认为阿埃蒂乌斯才是对皇帝忠心耿耿的人，接着考虑怎样对付博尼法斯。而博尼法斯既不想反对皇帝，回到罗马又性命难保，就计划与汪达尔人结成防卫同盟。汪达尔人以前在距利比亚不远的西班牙建国，国王戈迪吉斯克鲁斯死后，王权落入他嫡生的儿子冈萨雷斯（Gontharis）和他的私生子盖赛里克（Gizeric）手中，冈萨雷斯这时还是一个不谙世事的孩子，而盖赛里克已经是一位久经沙场、精明能干的勇士了。博尼法斯派他最好的朋友去西班牙，在完全平等的条件下取得了戈迪吉斯克鲁斯两个儿子的支持，这三个人达成协议，每人占据利比亚的三分之一领土，各自统治。但当敌人与他们中的任何一人发生战争时，他们就要共同对敌。根据这一协议，汪达尔人渡过了加迪拉海峡，来到利比亚。后来西哥特人也在西班牙定居。在罗马，博尼法斯的朋友们都了解他的性格，对于他的行为感到非常奇怪，对他建立僭主统治的行为十分震惊。普拉西迪亚派其中一些人去迦太基，他们在这里碰到博尼法斯，看到阿埃蒂乌斯的信，并了解整个事情的经过后，以最快的速度回到罗马，向普拉西迪亚汇报真相。尽管普拉西迪亚十分震惊，但她既没有惩罚阿埃蒂乌斯，也没责备他。因为当时他已大权在握，而帝国正处于困境，但她向博尼法斯的朋友们说出阿埃蒂乌斯的诽谤，在保证安全的情况下恳求他们去劝说博尼法斯回归祖国，而不应将罗马帝国的领土置于蛮族人的统治之下。当博尼法斯听到这些话后，他后悔自己与蛮族人缔结的协议。于是他不断地请求只要蛮族人从利比亚撤走，便可以答应他们的所有要求。蛮族人因为博尼法斯的出尔反尔，感到受了侮辱，与他开战。博尼法斯战败后撤退到努米底亚海滨的坚固堡垒希波·雷吉乌斯（Hippo Regius）[1]，蛮族人在盖赛里克的率领下围攻该城。这时冈萨雷斯已经被杀，据说是死在他的异母哥哥手中。而汪达尔人却不相信这种说法，认为冈萨雷斯是被西班牙的日耳曼人在一次战斗中俘虏，并被处以刺刑而死。盖赛里克在率领汪达尔人进入利比亚时就已经是唯一的统治者了。这些事情都是我从汪达尔人那里听来的，所以才这么说。但围攻了一段时间后，盖赛里克发现用武力和劝降的方法都不能占领希波·雷吉乌斯城，他们的粮食也吃完了，只能从这里撤军。不久后，博尼法斯和利比亚的罗马人因为罗马和拜占庭都派来军队，便以阿斯帕尔为统帅与蛮族人再次展开战斗，在这场激战中他们被敌人打得惨败，四散逃跑。阿斯帕尔回家乡去了，博尼法斯来见普拉西迪亚，解除了猜疑，表明他对皇帝的忠诚。

第 4 章

汪达尔人就是用这种手段从罗马人手中取得利比亚的。罗马俘虏全都沦为奴隶，被严加看守。其中有一个名叫马尔奇安（Marcian）的人，他后来在塞奥多西死后掌握皇权。当时，盖赛里克命人把俘虏带到王宫院子中，他想亲自看一看这些俘虏，以确定他们每个人应该服侍什么样的主人才不至于降低身份。当时正值夏天，又是中午，聚集在院子中的俘虏被太阳晒得非常痛苦，都坐下了。其中只

---

[1] 现在讹误为博纳·雷吉乌斯（Bona Regius）。

有马尔奇安在睡大觉,因为有一只鹰正展开翅膀在他头上飞翔,据说这只鹰就只在他的头上飞,为他遮阳。盖赛里克从楼上看到了这一情景,便认为这一定是神意的安排。将他叫来询问他是谁,他回答说自己是阿斯帕尔的一个机要顾问,罗马人称这个职务为"机要秘书"(domesticus)。盖赛里克这时首先考虑的是那只鹰这样飞的意义,他知道阿斯帕尔在拜占庭有多大的权力,很明显这个人是为皇室服务的,决不能杀掉他。因为如果除掉他,那么这只鸟这样飞就没有意义了(它不会以为将死的国王遮阳为荣),同时也认为自己没有合理的理由杀他,如果命中注定这个人会成为皇帝,他也无力与命运抗争,这件事是由上帝决定的。任何人都不能违背上帝的意愿。但他要马尔奇安发誓他日掌权决不对汪达尔人动武,就这样马尔奇安被放回到拜占庭,不久后塞奥多西死去(450年),他真的接管了整个帝国,他除了不过问利比亚的事务,在其他方面都证明自己是一个好皇帝。这是后来发生的事。

盖赛里克打败了阿斯帕尔和博尼法斯之后,交了好运。因为,如果此时罗马和拜占庭再派军队进攻他,汪达尔人已经没有足够的力量进行抵御(因为人间的事情是由上天注定的,人们身体的软弱必会导致失败)。盖赛里克没有因为好运而得意,反而因为恐惧更加谦逊了,所以他与瓦伦提尼安皇帝缔结协定,保证每年向皇帝交纳贡赋,还让他的一个儿子霍诺里克(Honoric)做人质以保证这个协议能有效实行。这样盖赛里克既在战斗中显示出了他的勇敢,又尽可能地保卫他的胜利果实。他还赢得了皇帝的信任。不久他的儿子霍诺里克就被放回。普拉西迪亚在这以前就在罗马城辞世。不久之后,她的儿子瓦伦提尼安也驾崩。瓦伦提尼安没有男性子嗣,只有塞奥多西的女儿尤多西亚(Eudoxia)为他生的两个女儿。下面就讲一讲瓦伦提尼安之死。

有一个罗马元老马克西姆(Maximus)出身于马克西姆[1]家族。据说因为马克西姆篡夺了皇权,被老塞奥多西推翻,并被处死。罗马人为了庆祝马克西姆的失败,定下每年在马克西姆节举行庆祝活动。这个小马克西姆娶了一位美若天仙而又端庄贤淑、严守妇道的女子为妻。她的美丽让瓦伦提尼安欲火难耐,但要得到她是不可能实现的。瓦伦提尼安为了得到她就策划了一个阴谋:他命马克西姆到宫中来与他下棋,规定了以固定的钱数作为惩罚输家的标准,皇帝在这个游戏中获胜,他以马克西姆的戒指作为允诺钱财的抵押品。他又派人去马克西姆家,告诉他妻子说马克西姆让她尽快来到宫中向皇后尤多西亚问安。她通过戒指确定这个消息是马克西姆传给她的,她就上了轿,被送到宫中。皇帝安排专人把她迎进了一间离女人的套间很远的屋子,瓦伦提尼安在那里会见了她,并在她不情愿的情况下强暴了她。之后她哭着去见她的丈夫,极度悲伤,斥责了马克西姆,马克西姆为此非常气愤,立即决定起事反对瓦伦提尼安。当时阿埃蒂乌斯刚刚打败了率领马萨革泰人和其他西徐亚人[2]入侵罗马帝国的阿提拉(Attila),势力如日中天。马克西姆认为阿埃蒂乌斯会是他报复皇帝

---

[1] 马克西姆,高卢、不列颠和西班牙的皇帝,383—388年在位,有志于成为西部皇帝,在进攻意大利时被塞奥多西打败,被处死。
[2] 西徐亚人又译斯基泰人。——中译者

的最大障碍，最好应先把他剪除。马克西姆与服侍皇帝的太监们关系很好，在他们的安排下他向皇帝诽谤说阿埃蒂乌斯正在发动政变。瓦伦提尼安仅凭阿埃蒂乌斯的勇气和权力就断定这是真的，（454年9月21日）于是处死阿埃蒂乌斯。马克西姆还因此事而留下了一句名言，当皇帝询问他杀死阿埃蒂乌斯感觉如何时，他回答说，他不知道这件事做得对不对，但他非常清楚一件事，那就是皇帝用左手砍掉了自己的右手。

在阿埃蒂乌斯死后[1]，阿提拉横扫整个欧洲，如入无人之境，大肆掳掠，迫使东、西罗马两个皇帝都屈从于他并每年向他纳贡。在阿提拉围攻阿奎莱亚[2]时，出现了一件奇事。阿奎莱亚是一座人口众多的大城市，坐落在爱奥尼亚湾上。他围城很久仍不能用武力或其他方式占领这座城市，便灰心丧气，决定放弃围城并命令全部军队赶快撤离，以保证第二天黎明时分他的全部军队都能从这里撤走。这时好运降临到他的身上，在第二天太阳升起的时候，蛮族人已经不再围攻，准备撤离。原本有一只雄鹳在城墙的塔楼上筑了一个巢，并在那里喂养它的雏鸟，但突然雄鹳莫名其妙地带着自己的孩子离开了那里，鹳爸爸能飞，而小鹳因为不会飞，所以只能骑在它们爸爸的背上一块飞离这座城市。当聪明的阿提拉看到这一情景后（因为他善于理解和解释发生的现象），下令军队停止撤退。他认为这只鹳不会随便带着它的小鹳离开这里，除非它预感到不久就

---

[1] 这是一个错误，因为阿提拉死在阿埃蒂乌斯之前。
[2] 阿奎莱亚（Aquileia）位于意大利东北部亚得里亚海沿岸，为著名历史古城。——中译者

会有灾难降临此处。于是蛮族人的军队再一次发动围攻，不久之后，鸟巢所在的那部分城墙突然毫无原由地倒塌了，敌人就从这里攻进城中，阿奎莱亚被占领。这就是阿奎莱亚发生的事。

后来马克西姆毫不费力地杀死皇帝（455年），取得皇权，还强娶了皇后尤多西亚，因为他自己的妻子不久前刚刚死去。他曾私下里对尤多西亚说，是因为爱她所以才杀死了她的丈夫，夺取皇权的。因为尤多西亚很久以前就非常讨厌他，一直渴望能够有机会为瓦伦提尼安皇帝报仇，他的话激怒了她，对他的憎恨与日俱增。因为马克西姆说是因为她的缘故，灾难才降临到她丈夫的身上的，所以她策划了一个阴谋。第二天她就派人去迦太基恳求盖赛里克来向杀死瓦伦提尼安的这个邪恶之人报仇，因为瓦伦提尼安以一种与他本人和他的皇帝身份都不相称的方式被人杀掉，而她则落入暴君手中忍受虐待。她的坚贞感动了盖赛里克，因为他是瓦伦提尼安皇帝的朋友和同盟者，这么大的灾难降临到皇室，他自然应该以复仇者的身份插手此事。她不对拜占庭抱有希望，因为塞奥多西已经离开人世，（455年3月17日）马尔奇安接管了东部帝国。

第 5 章

盖赛里克为了掠夺更多的钱财，率领一支庞大的舰队驶向意大利，以复仇为名入侵罗马，轻而易举占领了皇宫，无人可挫其锋芒。罗马人在马克西姆逃跑时扔石头将其砸死，砍下了他和他的同伙们的头，并私自把这些尸体分配了。盖赛里克掳走了尤多西亚及她和瓦伦提尼安生的两个女儿尤多西亚和普莱西迪亚，还把大量的黄金和其他皇室财宝[1]装上船，驶向迦太基，连宫中的铜器或其他东西也不放弃。他还抢劫了朱庇特·卡皮托利诺（Jupiter Capitolinus）神庙的财产并损坏了那里一半的屋顶。这个神庙的屋顶是用最好的铜制成的，因为铜块叠起来很厚，所以它闪着灿烂的光芒[2]。盖赛里克的船队中除了有一艘运塑像的船迷路下落不明以外，其他的船都顺利回到了迦太基港。盖赛里克把尤多西亚许配给他的长子霍诺里克，皇帝的另一个女儿成了元老院中一个显要人物奥利布里乌斯（Olybrius）的妻子，奥利布里乌斯在东部皇帝的要求下派人护送他的岳母尤多西亚去拜占庭，此时东部帝国皇帝马尔奇安驾崩（457年），阿斯帕尔拥利奥（Leon）为帝。

此后，盖赛里克实施了以下计划：他将利比亚除迦太基以外所有城市的城墙都拆毁，这样利比亚人和罗马人都不能以利比亚为基地反抗他，即使皇帝派来的人也不可能占领一座城市并建立守备队与汪达尔人相对抗了。他似乎已经对保证汪达尔人在最安全的条件下繁荣发展成竹在胸。但后来当这些没有城墙的城市被贝利撒留轻而易举地占据时，盖赛里克遭到了谴责和讥笑。他再一次被证明是自作聪明。因为运气改变时，人们对于以前计划好的事情的判断也会随之改变。盖赛里克把所有利比亚显要富有的人都

---

[1] 包括提图斯（Titus）从耶路撒冷带回来的奇珍异宝，见第4卷，第9章。
[2] 图密善（Domitian）用了12000塔兰托，相当于240万镑，为这个庙顶镀金。见普鲁塔克，《希腊罗马名人传》，第15章。

贬为奴,将他们的土地和财产分给他的儿子霍诺里克(Honoric)和根宗(Genzon)。他最小的儿子塞奥佐罗斯(Theodorus)取得了利比亚其余的土地,幅员辽阔,土质肥沃,但因为他去世得很早,没有子嗣,所以就把这些土地捐给了汪达尔人国家,这些土地至今仍称为"汪达尔人的土地"。许多土地以前的主人现在非常贫穷,但变成了自由人,他们可以去他们想去的任何地方。盖赛里克赋予所有他赐予其儿子们及其他汪达尔人的土地免交所有赋税权。而那些他认为贫瘠的土地依然属于从前的主人,但要向政府交各种税,其中有一种税是最重的,即藏匿自己钱财的人要交重税。重重盘剥之后他们的收入所剩无几,而这些人中不断有人被驱逐或被杀。这就是利比亚人所遭受的各种不幸。

盖赛里克所组织的汪达尔人和阿兰人联军中,共设有80个被称为"千夫长"(Chiliarchs)[1]的军官,以此可以估算其人数有8万人。然而据说此前汪达尔人和阿兰人的数量最多有5万人。当时随着人口的自然增长,再加上与其他蛮族人的融合,人口数量激增。除了摩尔人以外,阿兰人和其他所有蛮族人也都统称为汪达尔人。瓦伦提尼安死后,盖赛里克得到摩尔人的支持,每年开春他们都联合进攻意大利和西西里,劫掠那里的城市,抢夺一空后,将其夷为平地。当这片土地荒无人烟时,他又开始入侵东部皇帝的统治区,劫掠了伊利里亚、伯罗奔尼撒的大部分、希腊的一部分和所有附近的小岛。一天,他又一次率军离

---

[1] 即1000人的统领。

开大本营进攻意大利和西西里，准备依次抢劫所有这些地方。他在迦太基港乘船起航时，领航员问他，面对世界上什么样的人，他能放过他们。他回答说："很清楚是那些惹上帝生气的人。"就这样，他只要一有机会就肆无忌惮地入侵任何地方。

第6章

利奥皇帝对汪达尔人的所作所为非常气愤，决定对他们施以惩戒。据说他召集了一支大约 10 万人的军队，还从整个东地中海招募组建了一支船队。他对水手和士兵都非常慷慨，唯恐因为吝啬而不能顺利地惩罚蛮族人。据说他盲目地花了 13 万镑[1]，因为汪达尔人命中注定不会被这次远征毁灭，所以他任命他妻子贝里妮（Berine）的哥哥巴西利斯库（Basiliscus）为这支军队的总司令。这个人极有野心，他认为如果能赢得阿斯帕尔的友谊，就能作皇帝了。由于阿斯帕尔本人笃信阿里乌派，根本不想改变信仰，所以不能入朝为帝。但他有足够的能力另立皇帝，他似乎也要阴谋推翻利奥皇帝，因为利奥曾开罪于他。阿斯帕尔唯恐利奥打败汪达尔人以稳固政权，所以他不停地劝说巴西利斯库放过汪达尔人和盖赛里克。

此前，利奥皇帝已经拥立安蒂姆（Anthemius）为西部皇帝（467 年），其目的是让他在汪达尔战争中帮自己的忙，因为安蒂姆是一位元老院成员，出身高贵，家财万贯。

---

[1] 130000 罗马镑，见第 1 卷，第 22 章，现代的比价不清楚。

而盖赛里克却一再要求把皇位让给奥利布里乌斯,因为奥利布里乌斯是瓦伦提尼安的女儿普莱西迪亚的丈夫,这对盖赛里克将非常有利[1]。但他没有成功,所以非常生气,就不断地侵略皇帝的土地。在达尔马提亚[2]有一个叫马尔切利阿努斯(Marcellianus)的人,他在当地很有声誉,还是阿埃蒂乌斯的挚友。我在前文提到的[3]阿埃蒂乌斯不愿服从皇帝的领导,发动兵变并在联军中离间其他人,因为没有人敢与他为敌,所以他成为达尔马提亚的统治者。利奥皇帝用花言巧语拉拢了马尔切利阿努斯,命他攻占原属汪达尔人的萨丁尼亚岛[4]。他毫不费力地赶走了汪达尔人,占领该岛。拜占庭方面还派赫拉克利乌斯(Heracleius)到利比亚和的黎波里,他打败了汪达尔人后,占据了那里的城市,作为舰队停泊的港口。稍事修整后,他率军从陆路向迦太基进发,拉开大战的序幕。

巴西利斯库率领舰队到达离迦太基不到280斯塔德的一个城镇(碰巧那儿有一个保留下来的古代赫耳墨斯神庙,所以那个城镇名为墨丘利姆[Mercurium],因为罗马人称赫耳墨斯为"墨丘利"[Mercurius])。如果他长驱直入,奔袭迦太基,肯定能一举攻占迦太基,汪达尔人就会放弃抵抗,彻底臣服,但是他出于胆小懦弱和犹豫而举棋不定。当有人向盖赛里克汇报说萨丁尼亚和的黎波里都已经被占

---

[1] 普莱西迪亚的姐姐尤多西亚(Eudocia)是盖赛里克的儿媳。
[2] 达尔马提亚(Dalmatia)位于亚得里亚海东岸巴尔干半岛沿海地区,其大部分在克罗地亚境内。——中译者
[3] 见第4章。
[4] 萨丁尼亚又称撒丁岛(Sardina)是地中海第二大岛,位于意大利西部,属意大利。——中译者

领，而且他也亲眼看到了巴西利斯库率领的大型船队，规模之大前所未见，这时，盖赛里克便认为利奥是一个无敌的皇帝。但是，因为这个巴西利斯库将军的犹豫不决，也许是因为他的胆小或背信，所以罗马军一直按兵不动。盖赛里克遂运用计策击败巴西利斯库。他组织一支精兵，乘船出航并拖拽一些空船，这些空船航行的速度极快。与此同时，他派使者去见巴西利斯库，恳求他将战争延缓5天，以便他能有时间商量并答复皇帝的要求，他们还声称，盖赛里克已经运来了大量的黄金以购买和平。现在汪达尔人需要做的只是等待有利的风向了。巴西利斯库也许是因为曾经允诺过要帮助阿斯帕尔，也许是打算放弃这次机会，也许认为这个计划是个好办法。总之，他按照敌方的请求一直按兵不动，为敌人提供了可乘之机。

汪达尔人终于等到了合适的风向。他们扬帆出征，用绳子拉着那些准备好的空船驶向敌人。接近敌人时，就在拖拽的船上放火。这些火船借风势径直驶向罗马人的舰队。由于罗马人的船队排列密集，船只众多，一只船被点燃就很容易殃及其他。但见，大火借助风势，熊熊燃烧，罗马士兵和水手们也在大声呼喊，用他们的撑竿推开火船，但无济于事，在混乱之中罗马军舰相继着火。汪达尔人同时也用自己的船去撞翻和撞沉敌船，俘获那些企图逃跑的士兵，夺取敌方的武器。在这次战斗中，一些罗马人表现得非常勇敢。约翰就是其中一个，他是巴西利斯库手下的一位将军，当众多船只包围他的船时，他站在甲板上勇猛杀敌，登船的汪达尔人纷纷倒在他的剑下。最终寡不敌众，约翰所乘的战舰被敌人占领，他就带着全部的武器装备纵身跳入海中。尽管盖赛里克的儿子根宗诚心地恳求他不要跳,并发誓保证他的安全,但他决不背叛祖国,说了一句"约翰不会落入狗的手中"便跳入大海。

战争就这样结束了,赫拉克利乌斯启程回国,而马尔切利阿努斯被他的一个手下军官杀死。巴西利斯库回到拜占庭,在伟大的基督圣智的"索非亚(Sophia)"[1](拜占庭人称这个大教堂为"圣智"是因为他们认为这个名称尤其适合于上帝)大教堂内苦苦恳求。尽管皇后贝里妮从中求情,他得以幸免一死,但因他的惨败而失去登上皇位的资格。不久之后,利奥皇帝就在宫中处死了阿斯帕尔和阿达布里乌斯(471年),因为他怀疑他们阴谋发动叛乱。这些事情就是这样发生的。

第7章

(472年8月11日)西部帝国的皇帝安蒂姆被他的女婿雷西莫尔(Rhecimer)杀死,奥利布里乌斯[2]继位。不久他也落得同样的下场。与此同时(472年10月10日),利奥也在拜占庭去世。朝廷大权由泽诺(Zeno)和阿里阿德涅(Ariadne)的儿子小利奥接管,阿里阿德涅是利奥皇帝的女儿。小利奥刚出生才几天,他的父亲被选为共治皇帝后,这个孩子立即就从世界上消失了。此后(474年)

---

[1] 即"智慧"。
[2] 安蒂姆(Anthemius,467—472年在位)和奥利布里乌斯(Olybrius,472年3月—10月在位)均为西罗马帝国皇帝,后者畏惧汪达尔人入侵而到东罗马帝国避难。——中译者

马约里努斯（Majorinus）取得了西部的统治权，因为他各方面的素质都远远超过以往的罗马皇帝。马约里努斯认为决不能轻易放弃利比亚，便组织了一支大军去攻打汪达尔人。他来到利古里亚（Liguria），准备御驾亲征率军抗击敌人。马约里努斯[1]从未在任何困难面前犹豫过，尤其是面对战争的危险。他懂得知己知彼百战不殆的道理，认为应该首先调查清楚汪达尔人的军事力量、盖赛里克的性格及摩尔人和利比亚人对罗马人的态度。于是他用了一个假名，以使节的身份去见盖赛里克。为了防止别人认出他带来麻烦，他专门发明了一种染发剂，将一头纯金色的美发染成了黑色。他见到盖赛里克后，盖赛里克对他软硬兼施，尤其是把他当作朋友一样带到了他的兵器库中，这里存放有数量众多的非凡的兵器。据说当时这些兵器突然震动起来并发出一种不寻常的声音，盖赛里克以为发生了地震，便走出来询问地震的情况，但别人都说没有发生地震，他感到非常奇怪，不理解这有什么意义。而马约里努斯完成了他的任务，回到利古里亚。他亲自率军到达赫拉克勒斯之墩，想渡过那里的海峡，然后再从陆路进军迦太基。当盖赛里克得知此事后，知道自己上了马约里努斯的当，便加紧战备。马约里努斯的勇敢鼓励了罗马军队的士气，他们对征服利比亚充满信心，但不幸的是马约里努斯却因感染疾病而死。他在位的短暂时间内以行动证明了自己对臣下

---

[1] 马约里努斯是西罗马帝国皇帝，被废黜后流亡伊里利亚，一直得到东罗马帝国的承认，直到480年去世。——中译者

的谦卑和对敌人的无畏。内波斯(Nepos)[1] 被拥立为帝，接管了帝国，但登基没几天也因病而死（474年7月24日）。格利萨里乌斯（Glycerius）在他之后入主朝廷（474—475年），不久也同样染病而亡。此后奥古斯图斯（Augustus）取得了皇权，在他之前西部还有一些皇帝当权，虽然我很清楚他们的名字，但因为他们在位时间都很短，也没有什么值得一提的政绩，所以我不想提到他们。这就是西部帝国的情况。

在拜占庭，瓦西利斯库（Basiliscus）[2] 一心利用阴谋篡位。当时泽诺和他的妻子正在家乡伊苏里亚（Isauria）避难，所以瓦西利斯库轻易得手（475年）。他的僭主统治仅仅持续了一年零八个月，因为他的统治引起民愤，尤其是宫中的御林军非常憎恨他的贪心。泽诺了解到这一情况后，组织了一支军队前来讨伐，瓦西利斯库派哈尔马图斯（Harmatus）将军率部前去迎击。但在两军阵前，泽诺说服了哈尔马图斯将军。哈尔马图斯决定投降泽诺，条件是泽诺任命哈尔马图斯的儿子瓦西利斯库为恺撒，虽然他还是孩子，但也成了泽诺的皇位继承人。这样老瓦西利斯库众叛亲离，于是他又跑到以前曾去过的那个教堂寻求庇护。这个城市的教士阿卡西乌把他交给了泽诺，并以渎神、乱

---

[1] 内波斯（Julius Nepos，474年在位）被奥古斯图斯推翻，后者即罗穆洛（Romulus Augustus，461—476年）是西罗马帝国末代皇帝，在位仅10月零4天即被哥特王奥多亚克废黜。——中译者
[2] 瓦西利斯库（475—476年在位）又译巴西利斯库，为拜占庭帝国皇帝。——中译者

教和妄自改革等罪名定罪。认为他倾向于优迪克异端（Eutyches）[1]。泽诺第二次掌权之后，实践了自己的誓言，正式任命哈尔马图斯的儿子小瓦西利斯库为恺撒，但不久后他又免去了他的职位并将哈尔马图斯处死。他在冬天时将老瓦西利斯库和他的妻儿流放到卡帕多西亚。在那里他们缺衣少食，无人照顾，在饥寒交迫中相拥而死，这种惩罚比瓦西利斯库的政策还要狠毒。这些事情就是这样的。

那时，盖赛里克像从前一样劫掠了整个罗马人统治地区，仍感到不满足，还要用武力将罗马人从自己的土地上赶走。汪达尔人的不断骚扰最终迫使泽诺皇帝同意与他们签订永久和平协定。根据协议，汪达尔人将永远不与罗马人为敌，罗马人也不会再承受汪达尔人的劫掠了。这个和平协定在泽诺和他的继承人阿纳斯塔修斯（Anastasius）时期都有效，一直保持到查士丁（Justinus）皇帝时期。但查士丁的外甥查士丁尼（Justinian）继位后，爆发了我上文提到的这场战争，我在下文将会讲到战争的情况。协定签订之后不久（477年），年届花甲的盖赛里克已病入膏肓，他在遗嘱中交代了许多关于汪达尔人的事情，把王位传给自己所有男性子嗣中最年长的一个。不久后，盖赛里克在统治了汪达尔人39年之后离开了人世。

---

[1] 公元4—5世纪君士坦丁堡隐修院长优迪克倡导的基督教神学理论，主张基督的神人二性在未结合前确为二性，但结合后就只有神性而无人性，只有一个神性的本体。——中译者

第 8 章

盖赛里克的长子霍诺里克继承了王位。这时根宗早已离开人世。在霍诺里克统治期间，除了对摩尔人发动过战争以外，没有其他战事。盖赛里克在世时，摩尔人因为害怕他所以没有采取什么行动。当他辞世后，摩尔人便蠢蠢欲动，其所作所为的结果只能是害人害己。霍诺里克是所有汪达尔统治者中对利比亚基督徒最残酷无情的一个，他强迫他们改变阿里乌派信仰，凡不服从者或者实行火刑，或以其他方式处死，或施以酷刑，如割断许多人的舌头。这种酷刑直到我生活的时代在拜占庭仍然存在，例如有两个人因为被别人看见进了妓院（受罚被割了舌头），从此便不能讲话了。霍诺里克在统治了汪达尔人 8 年后病逝。那时，摩尔人生活在奥拉西姆山（Aurasium，位于努米底亚境内南方，离迦太基有 13 天的路程）[1]。因为汪达尔人难以进入陡峭崎岖的山区进行征讨摩尔人的战争，所以，摩尔人反抗汪达尔人的斗争得以延续，最终获得了独立。

霍诺里克死后，（485 年）汪达尔人的统治权落入根宗的儿子、盖赛里克的孙子贡拉芒杜斯（Gundamundus）[2]手中，因为他是盖赛里克的长孙。在他统治期间曾多次发动对摩尔人的战争，他对基督徒的迫害政策也更加残酷。在他统治的第十二年的 6 月，贡拉芒杜斯病逝。（496 年）

---

[1] 杰贝勒·奥雷斯山（Jebel Auress）。
[2] 贡拉芒杜斯（484—496 年在位）是霍诺里克的侄子，继位汪达尔国王。——中译者

他的弟弟特拉萨芒杜斯（Trasamundus）接管了汪达尔王国。特拉萨芒杜斯是一个外表出众、言行谨慎、宽宏大量的人。他虽然继续实行基督徒改宗信仰的政策，但不是像先王那样折磨他们的身体，而是通过荣誉、官职和钱财来拉拢他们；对于他无法劝服的人，他亦不强求，只是视而不见[1]；他如果抓到了一些偶然犯罪或者是蓄意犯罪的重大罪犯，就将他们收监，向他们提出如果改变他们的信仰，就会免受惩罚。但其妻子没有为他留下儿女就去世了，出于国家安全的考虑，特拉萨芒杜斯派人去见哥特人国王狄奥多里克，请求他把妹妹阿马拉弗里达（Amalafrida）嫁给他。因为她的丈夫也刚刚去世。狄奥多里克不仅答应了这门婚事，而且还送给他 1000 名出色的哥特勇士作侍卫，威风凛凛地行进在 5000 人陪嫁队伍的最前面。同时狄奥多里克还将西西里三个海岬中的利利巴厄姆（Lilybaeum）[2] 海岬作为妹妹的嫁妆送给了他。特拉萨芒杜斯是所有汪达尔人统治者中最有能力、最英明的一个，他也成了阿纳斯塔修斯皇帝的挚友。但也就是在特拉萨芒杜斯统治期间，汪达尔人遭受了来自摩尔人的前所未有的灾难。

的黎波里的摩尔人统治者是卡巴昂（Cabaon），久经沙场，极其狡猾。当他得知汪达尔人即将对他们发起进攻时，采取了如下的方案：首先他对属下发出命令严禁一切不正当行为，戒绝女色和奢侈的吃喝；设立两道围栏，自己和所有的男人围在第一圈栅栏内，另一个围栏中全是女人。

---
[1] 指对他们的宗教信仰或宗派的态度。
[2] 今天的马尔萨拉。——中译者

如果任何男人进入女人的栅栏中，就处以死刑。之后他又派间谍去迦太基刺探情报，让他们留意，如果汪达尔人在远征途中冒犯过哪间基督教堂，他们就进去了解一下发生了什么事；汪达尔人离开这个地方后，他们就要做与汪达尔人在此所为相反的事。他认为上帝是万能的，谁要是冒犯了他，他就会对那些人实施报复，同时保护尊崇他的人。间谍们按照吩咐到达迦太基，先是静静地等待，观察汪达尔人的准备工作。当汪达尔大军出发时，他们便穿着穷酸的衣服跟在后面。汪达尔人在第一天扎营后，把马和其他的动物牵进了基督教堂，他们无拘无束，无法无天，抓到教士就鞭打他们的后背，还命令他们像最低贱的仆人一样侍候汪达尔人，严重亵渎了上帝。他们一离开那儿，卡巴昂的间谍们就依计行事，他们先是清扫了教堂，把垃圾和不洁之物全部清走，点亮了所有的灯，在教士们面前毕恭毕敬地鞠躬，向他们表示尊敬；在给教堂周围的穷人施舍一些银子之后，他们又跟在汪达尔人队伍后面继续前进。此后，在整个行军途中汪达尔人不断地亵渎圣地，间谍们则不断地做好事。当汪达尔军队已经接近摩尔人的驻地时，间谍们向卡巴昂汇报了汪达尔人的所作所为和他们自己做的好事。卡巴昂又作了如下安排：他在地上设栅栏的地方做个圆形的标志，把他的骆驼牵到圆圈内以保护营帐，使他的战线距敌人有12只骆驼那么宽，把妇女儿童和那些没有战斗能力的人及很多他们的财物都聚到中间，他命令战士们站在骆驼的腿之间，用盾牌隐蔽自己[1]。摩尔人的这

---

[1] 见第4卷，第11章。

种方阵令汪达尔人不知所措。因为他们既不长于投枪,又不善于射箭。他们都是骑兵,不知怎样步行战斗。他们用得最多的武器是矛和刀,所以他们不能在远处伤到敌人。而他们的马因为看到骆驼而受惊,拒绝向前迎敌。摩尔人则在十分安全的位置向敌人投掷了大量的投枪,毫不费力地杀死了汪达尔人和他们的马,汪达尔人四散溃逃,摩尔人乘胜追击。汪达尔人损失惨重,大部分被杀和被俘,只有很少的人得以幸免于难,回归祖国。这就是特拉萨芒杜斯在摩尔人那里遭遇的不幸。他在统治了汪达尔人(英译本此处误写为摩尔人,应为汪达尔人)27年后死去。

第9章

(523年)霍诺里克的儿子希尔德里克(Ilderic)成为汪达尔王国的统治者。他是一个平易近人、文雅宽仁的君主,不再迫害基督徒和其他信仰的人。但他非常惧怕战争。而他的侄子霍莫尔(Hoamer)却是一位勇士,在他的率领下汪达尔人打败了许多敌人,他被誉为汪达尔人的阿喀琉斯(Achilles)。希尔德里克统治期间,汪达尔人在巴扎西姆(Byzacium)被摩尔人打败,当地摩尔人的首领是安塔拉斯。此时,因为汪达尔人囚禁了阿马拉弗里达并以反叛罪处死了所有在汪达尔王国的哥特人,所以汪达尔人与意大利的哥特人和狄奥多里克转友为敌。然而狄奥多里克没有采取报复行动,因为他认为他自己还没有能力组建一支大型舰队远征利比亚。除此之外,希尔德里克又是查士丁尼的一位特殊的朋友和客人,互赠了大量的钱财。那时查士丁尼虽然没有登上皇位，但因为他的舅舅年纪很大，又没有管理帝国的经验，所以他积极参与国家行政事务的管理，大权在握。

在盖赛里克家族中有一个名叫盖里莫尔（Gelimer）的孩子，他是盖赛里克的儿子根宗之孙，年龄仅次于希尔德里克，因此他希望自己能尽快统治这个王国。他是当时公认的最好的勇士，同时又善于计谋，工于心计，长于发动政变和巧取豪夺。他以登基继位为目标，阴谋篡权。因为希尔德里克以一种友好的姿态对他让步，所以他变本加厉，召集所有汪达尔贵族，劝说他们废黜希尔德里克，因为他惧怕战争，被摩尔人打得惨败，还把汪达尔人的利益出卖给查士丁皇帝。因为一旦把汪达尔王国交给罗马人，盖里莫尔就没有机会得到这个王国了。他用这番话诽谤希尔德里克，说希尔德里克派使节去拜占庭的原因就是要把汪达尔王国拱手让给查士丁。这些贵族被他说服了，便同意了他的计划，发动政变把希尔德里克及霍莫尔（Hoamer）、欧阿吉斯（Euageas）兄弟关进监狱，盖里莫尔取得了国家的最高统治权（530年）。是年为希尔德里克统治汪达尔人的第七年。

这时已经登基（527年）的查士丁尼皇帝得知这件事后，便派使节带着他的信去见盖里莫尔，信的内容是这样的："你把一个老人、亲人、汪达尔人的国王关进监狱，以暴力夺取王位，这种行为既不神圣也不符合盖赛里克的愿望。因为老国王随时都有可能驾崩，所以在不久以后你完全可以通过合法手段取得王位。你想纠正错误并改变'僭主'这个不久前人们对你的称呼吗？你应该让希尔德里克恢复名义上的王位，而实际上依然由你行使君主的权力，一直等到按照盖赛里克的法律规定的那一天到来时，你就可以名正言顺地作国王了。这样，全能的上帝也会支持你的，我们之间的关系会变得友好。"

这就是信的内容。盖里莫尔没有答复他就把使节打发走了。他刺瞎了霍莫尔的眼睛，严加看管希尔德里克和欧阿吉斯，防止他们逃往拜占庭。查士丁尼皇帝得知这一消息后，又一次派使者给盖里莫尔送去一封信，信的内容是："事实上在第一封信中我们就希望你能按照我们的建议去做，但因为你对你取得王权的方式很满意，认为这样做得到了上天的允许。那么你能把希尔德里克和你弄瞎的霍莫尔及他的兄弟交给我们，让这些失去国家和眼睛的人感到舒服一些吗？因为如果你不这样做，我们是不会坐视不管的。我请求你是基于我们两国的友谊，所以才心存希望，与盖赛里克的协定是不会成为我们采取行动的障碍的，因为我们不是要对得到盖赛里克王国的人开战，而是要倾尽全力为盖赛里克报仇。"

盖里莫尔读过之后，回信道："盖里莫尔国王致查士丁尼皇帝：我从没有以武力或其他不敬的方式从我的亲人那里取得王位。希尔德里克策划了一起反对盖赛里克家族的政变，被汪达尔人赶下了台；我因为年长的缘故，被召回王国，依据法律规定成为国王。一个人只要管理好自己国家的行政就很好了，而不应该为别人的事操心。你也一样，你有你自己的国家，干涉别国的事务是不明智的。如果你撕毁和约对我们开战，我们就会全力反击，以见证你的前辈皇帝泽诺所发的誓言。"查士丁尼皇帝收到这封信以后，对盖里莫尔更加气愤了,决定对其实施惩罚。查士丁尼认为最好应先结束对波斯的战争,再远征利比亚。他很快就制定了征服计划,把东方的贝利撒留将军召回来,并没有通告他,也没有告诉别人派他率军攻打利比亚的实情,而是假传贝利撒留被革职的消息。他很快又与波斯缔结和平协议,这我在上文已经讲过[1]。

第 10 章

当查士丁尼皇帝认为目前的国内形势和他与波斯人的关系都对远征利比亚很有利时,决定实施计划。但是当他向官员们宣布将组织一支大军进攻汪达尔人和盖里莫尔时,大多数官员都不赞成,而且还哭诉战争的不幸,回忆起利奥皇帝的远征和瓦西利斯库所遭受的灾难,重提战争的伤亡和国库钱财的流失。其中反对最为强烈的是大区长官(pretorian),罗马人称他们为"大区长"(praetor)是因为他们担任国库财政官,负责公共税收和皇室财产管理[2]。他们深知战争将消耗不计其数的钱财,如果战争失败,根本无人谅解他们;而如果战争时间延长,他们还要不断增加军费。将军们也都非常恐惧,他们都担心自己有可能被任命为统帅,一旦被选中,如果经过长途海上航行仍能活下来,就会卷入到一场规模巨大、恐怖的陆上战争中。士兵们也刚刚从一个遥远的、艰苦的战场上回来,还没来得

---

[1] 见第1卷,第22章。
[2] "皇室税"是收入皇室私囊——皇室库的。

及体验到家庭的幸福,又陷入战争旋涡,都满心绝望:一方面因为他们要渡海作战,这是以前他们从未经历过的;另一方面他们被从东方前线派往西部,冒着生命危险去进攻汪达尔人和摩尔人。除了这些人之外,其余的就是一些随处可见的在他人面临危险战争时的袖手旁观者,他们对战争不置可否。

尽管这样,除了卡帕多西亚人约翰(John of Cappadocian)之外,没人敢对皇帝说出阻止他远征的想法。约翰是大区长官,既聪明绝顶又胆大心细。在其他人都沉默着并希望幸运能降临到自己头上时,他对皇帝直言道:"哦,陛下,您对这件事的执着诚恳使我们能够坦白地说出对您的政府有利的任何建议,尽管您对我们说的话不一定满意。您的智慧和权威使您在任何情况下都不会怀疑忠诚于您的各级仆从,也不会对顶撞您的人生气,因此就此单纯的理由来衡量,我们向您提出反对意见也不冒任何危险。基于这几点考虑,陛下,我要提出一个建议。我知道尽管我有可能因此而触犯您,但我对您的忠诚在不久的将来就会得到验证,因此我作为证人要说给您听。如果这场战争持续的时间越来越长,那么我的建议就没白提。如果您有足够的信心征服敌人,那么牺牲大量的生命和消耗巨额钱财从事这场艰苦的战争就不无道理,因为最终的胜利会掩盖战争带来的所有灾难。如果这些事情都是上帝决定的,并且对我们也是必要的,我们也会像过去那样对战争的结局充满恐惧。那你为什么不去爱一个安宁和平的国家而去冒致命冲突的危险呢?你要远征迦太基,如果从陆路走,大约要走 140 天;如果从水路走,就必须要横渡到大海的另一边，从军营中传信给你都要耗费一年时间。即使你打赢了敌人也不能占有利比亚，因为西西里和意大利都在他人手中；与此同时，如果出现了相反的情况，陛下，你撕毁了和约，这会给我们的国土带来危险。总而言之一句话，你是不可能取胜的，而且还会破坏我们现有的和平。在从事一项事业之前必须要有计划，因为在失败之后，悔恨是于事无补的。但在灾难到来之前改变计划就不会再冒险了，这样便可以充分利用关键时刻取得最大的利益。"

约翰说这番话时，查士丁尼皇帝一边在倾听，一边也反思了自己对战争的欲望。这时有一个来自东方的主教来到皇帝面前，声称他在梦中见到了上帝，命令他去催促皇帝保护利比亚的基督徒摆脱迫害之苦。"而且，"他还说，"我（上帝）要亲自参加查士丁尼的这场战争，并让他成为利比亚的主人。"皇帝听后不再犹豫了，立即召集军队和船只，准备武器和食品供应，同时又命贝利撒留做好准备，他随时会作为将军被派往利比亚。就在这时，利比亚的黎波里人普登提乌斯（Pudentius）在当地组织了地区性的反抗汪达尔人的起义，他派人请皇帝援助他，并保证他会赢得这块属于皇帝的土地。于是，查士丁尼派塔蒂姆特（Tattimuth）率领一支规模不大的军队前去支援。普登提乌斯将这支军队编入塔蒂姆特的队伍，乘汪达尔人不在之机，占领的黎波里，将其置于皇帝的统治之下。盖里莫尔虽然很想惩罚普登提乌斯，却遇到了以下的障碍。

盖里莫尔的奴隶中有一个哥特人叫戈达斯（Godas），他是一个富有感情、精力充沛、力大无比的小伙子，看似对主人很忠心。因此盖里莫尔就把撒丁尼亚岛委托给了戈达斯负责保卫并征收每年的贡赋。但戈达斯既不想享受这份好运带来的富贵，也没有忍耐的精神，于是他在当地建立了僭主政权，拒绝向国王继续交纳贡物，实际上把撒丁尼亚岛从汪达尔人手中分离出来。当他得知查士丁尼皇帝要发动对利比亚和盖里莫尔的战争，便致信皇帝道：

"我既不是因为愚蠢也不是因为在主人那里受到了不公正的对待造反，而是因为看到这个人对他的亲属和属下都极端残酷，所以我不愿被别人认为和他一样不仁道，去服侍一位公正的皇帝比服侍一个非法的暴君要强得多。如果您能在这件事上帮助我并派遣士兵前来，我就可以打败进攻者。"

皇帝收到这封信以后非常高兴，他派欧洛吉乌斯（Eulogius）带着他写的一封表扬戈达斯的智慧和热爱正义的信出使撒丁尼亚岛，他还答应缔结联盟并派军队协助戈达斯一起保卫撒丁尼亚岛。如果戈达斯面临汪达尔人的任何麻烦，他都可以帮助他。欧洛吉乌斯到了撒丁尼亚岛后发现戈达斯自称国王，穿着国王的袍子，还给自己配备了一名侍卫。当戈达斯读完皇帝的信之后，他说只希望派来军队与他一同作战，至于统帅只能由他一人担当。他以这种语气给皇帝写了回信，就把欧洛吉乌斯打发走了。

第 11 章

在皇帝还没弄清楚撒丁尼亚岛事态之前，就已经召集了 400 名士兵，以西里尔（Cyril）为统帅，帮助戈达斯保卫撒丁尼亚岛。同时又为远征迦太基做好了准备，他从

"外籍兵团"（foederati，野战军）中挑选5000名骑兵和10000名步兵。在早些时候，那些不是以奴隶身份进入罗马政治体系中的蛮族人都被列入外籍兵团的名单中，因为他们当地那里还没有被罗马人征服，他们是在身份完全平等的基础上加入罗马军队的[1]。此名称源于罗马人称他们与敌人签订的条约为"对外条约"（foedera）。现在这个名称被广泛使用，因为随着时间的流逝，原来的名称不会一成不变，同样环境也随着统治者的愿望发生变化，以至于人们很少注意到他们使用的名称的最初含义。皇帝任命亚美尼亚将军佐罗修斯（Dorotheus）和贝利撒留将军的顾问（manager）所罗门（罗马人称顾问为"domesticus"，这个所罗门是一个太监，但他不是像人们想象的那样受过阉割之苦，而是在他还是婴儿时发生了一次意外，才注定了他这样的命运）担任这支外籍兵团的统帅，麾下有西普里安（Cyprian）、瓦莱里安（Valerian）、马丁努斯（Martinus）、阿尔提阿斯（Althias）、约翰（John）、马尔塞鲁斯（Marcellus）以及上文提到的西里尔等将领；正规骑兵的统帅是贝利撒留家族的鲁菲努斯（Rufinus）和艾根（Aïgan），还有巴巴图斯（Barbatus）和帕普斯（Pappus）；正规步兵由塞奥佐罗斯·克泰阿努斯（Theodorus Cteanus）、特伦提乌斯（Terentius）、扎伊杜斯（Zaïdus）、马尔西安（Marcian）和萨拉皮斯（Sarapis）分兵统率，约翰是埃皮丹努斯（Epidamnus）人——现在这个地方被称为都拉基乌

---

[1] 这些外籍兵团是由孔多蒂埃（Condottiere）率领的私人军团，这些兵团首领的头衔是伯爵，他们从国家领取薪俸。

姆（都拉斯）——他担任所有步兵的总统帅。在所有这些统帅中，所罗门来自罗马领土最东端的达拉城，艾根出生于现在被称为匈奴人的马萨革泰人中，其余的都是色雷斯人。法拉斯率领 400 名埃吕利士兵和 600 名马萨革泰蛮族盟军士兵为后备队殿后，他们大多是弓箭手，个个英勇善战，吃苦耐劳，由辛尼拥（Sinnion）和巴拉斯（Balas）率领。整个军队乘坐由 500 艘船组成的舰队渡海。每艘船的载重量不超过 5 万麦迪尼（medimni）[1]，不少于 3000 麦迪尼。舰队共有 3 万名水手，大部分是埃及人和爱奥尼亚人，也有西里西亚人。指挥舰队的统帅是亚历山大里亚的卡洛尼姆斯（Calonymus）。为了防备可能遇到的海战，舰队中包括 92 艘战船，都是单层的，士兵们能够在最短时间内在甲板上排好战斗阵形迎击敌人。因为战船航行的速度极快，所以被称为"快艇"（dromones）[2]。战船上有 2000 名拜占庭人，他们身兼二任，既是桨手又是战士。以前曾任拜占庭和伊利里亚大区总督的贵族阿奇劳斯（Archelaus）也被委任为行政长官兼任军事长官。皇帝第二次任命贝利撒留为东部军队总统帅率军出征，他来自色雷斯和伊利里亚之间的日耳曼尼亚地区。他的卫队由枪兵和侍卫组成，个个身经百战，都是名符其实的勇士。皇帝给贝利撒留写了一封指示信，命令他可以见机行事，像皇帝本人在场一样有最终的决定权。这封信实际上是赋予他国王般的权力。这就是关于远征汪达尔大军的情况。

---

[1] 1 medimnui 约等于 1.5 蒲式耳。
[2] 即"奔跑者"。

盖里莫尔被普登提乌斯夺去了的黎波里，又被戈达斯夺走了撒丁尼亚岛。夺回的黎波里的希望十分渺茫，因为它距离遥远，罗马人又支持那里的叛乱，这个时候最好不要去碰那个地方。但盖里莫尔却想在皇帝派的军队到那儿之前先夺回撒丁尼亚岛。于是他任命弟弟察宗（Tzazon）为将军，率领5000名汪达尔士兵乘120艘快船前往撒丁尼亚岛。他们攻打戈达斯的热情极高。与此同时，查士丁尼皇帝派瓦莱里安和马丁努斯率先遣部队在伯罗奔尼撒等候其余的部队。这两个人上船后，皇帝突然产生了一个念头，他想与他们一起去，其实他以前就产生了这个想法，但因为一直有其他的事情使他无暇说出。他想召回将士，说出自己的想法，但考虑了一下，认为扰乱他们的出兵行程是不对的，于是他又派人去阻止他们掉头或下船。当这些人靠近船队时，就大声喊着要求他们绝不要掉头，这件事对于船上的人来讲不是一个好预兆，似乎预示着他们中没有一个人能从利比亚再回到拜占庭了，他们还认为皇帝派来的人带来了诅咒。如果你用这样的观点去解释发生在瓦莱里安和马丁努斯这两个将领身上的预兆，那么你会发现这是错误的。相反的，有一个马丁努斯的侍卫名叫斯托察斯（Stotzas），他注定与皇帝为敌，想要建立僭主政治，绝不回拜占庭了，人们应该想到的上天的诅咒在他的身上应验了。至于这样的预兆是否存在，我希望每个人按照自己的愿望去理解。下面我将讲述贝利撒留将军和他的军队启程过程中发生的事。

第 12 章

在查士丁尼皇帝统治的第七年（533年），大约在春分那天，皇帝命令贝利撒留将军的船只停在皇宫前面的岸边，该城主教埃皮帕尼乌斯（Epiphanius）也来到这里，在他诵读了感激的祈祷词之后，就登上了一艘他曾洗礼并起了教名的船员所在的船上。随后贝利撒留和他的妻子安东尼娜（Antonina）也上船起航，撰写这部历史的普罗柯比（Procopius）也与他们一同起航。普罗柯比本来对战争非常恐惧，但后来梦中的美景使他鼓起了勇气，并渴望加入这次行动。他在梦中仿佛身在贝利撒留的家中，一个仆人进来说有人带着礼物前来拜访，贝利撒留就让他去看看是什么礼物，他走到庭院中看到那些人的肩上背着花和土，于是贝利撒留命仆人请客人们进屋，把带来的土放在门廊处。贝利撒留和他的护卫们也来到这儿，他本人倚靠在土上吃那些花，同时也邀请别人这么做，当他们都躺下来吃的时候，感觉就像躺在睡椅上一样，吃的食物也特别香甜。这就是梦的内容。

整个船队在将军所在旗舰的领航下出发了。他们在佩林修斯（Perinthus），现在被称为赫拉克利亚（Heraclia）[1]的地方停留了5天，将军在那里接收了皇帝派人送来的大量皇室马匹和粮草，足够他们在色雷斯使用。稍事休整后舰队继续进发，因为风向的缘故，在阿拜

---

[1] 即埃雷利（Eregli），在马尔马拉海上。

多斯停留了4天。在这里发生了这样的事:两个马萨革泰士兵在饮酒过度的状态下杀死了另一个讥笑他们的马萨革泰士兵。因为在远征军所有士兵当中,马萨革泰人是最嗜酒如命的。贝利撒留于是命人在阿拜多斯附近的山上处死这两个人,这引起了其他人,尤其是他们的亲人的愤怒,他们说这么做不是为了惩罚,也不符合他们当初加入同盟军时罗马人的法律(他们说他们的法律不是这样惩罚杀人犯的),甚至连罗马士兵也与他们一起指责将军,希望减轻对罪犯的惩罚。贝利撒留把马萨革泰人和其他部队都召集到一起进行训话:"如果我是第一次对参加战斗的士兵们发表演讲,那就要花很长时间才能说服你们,因为正义对于取得胜利极端重要。不理解战争时运的人认为战争的结果只取决于军队力量的对比,而你们却经常依靠自己的力量打败在数量上和士气上都不次于你们的军队。我想,你们这些身经百战的士兵一定不会忽视是上帝在战争中评判对他有利的一方,并赋予他们胜利。因此,良好的身体条件、武器及其他的战争供应都不如正义和上帝的选择重要,因为那是人类最大的荣耀。现在,正义的第一个证明是惩罚那些滥杀无辜的人。我们有必要坐下来评判一些邻里间不时发生的犯罪行为,去裁定哪一方是正义的,哪一方是非正义的,这样就会发现,对于一个人来说生命是最宝贵的。如果任何蛮族人杀了他的亲族,期望着以醉酒为借口就可以免罪,那么在所有的公平中,只是由于特殊的处境,他受到的指控就会因为他的辩解而撤销吗?尤其是在军中服役的人,因为喝醉酒就杀死其最好的朋友,这在任何情况下都是不对的,不仅如此,而且醉酒本身，即使没有杀人也足以定罪受罚。当一个亲人做错了事，那么对他的惩罚应该比那些非亲非故的人犯罪的惩罚更明确，至少有理智的人应该这样看待。现在这个例子就摆在你们面前，你们可以看到这样的行为会产生什么样的后果。但对于你们来说，每个人都不应该对无辜的人下毒手，或夺走他人的财物。我是绝对不会宽恕类似行为的，而且我也不会考虑你们中的任何违背正义的人继续作我的士兵，无论他令敌人多么恐怖，他也不能用不清白的手去与敌人作战。因为如果没有正义，单凭勇敢是不能取胜的。"全体士兵听了这一席话后，看着那两个被刺死的人，感到了一种巨大的恐惧，他们更加懂得正义、纪律和忍让的重要，因为事实已经证明，如果做了不法的事情就一定难逃惩罚。

第 13 章

而后，贝利撒留又在考虑怎样使他的全部船队在航行和停泊时都能紧密聚集在一起，因为他知道一支大型船队在遇到强风袭击时，不可避免地会有许多船只掉队或被吹散，这些船上的领航员可能会迷路。他再三考虑之后决定实施如下措施：把他的旗舰和跟随在他后面的两艘领航船的船帆从顶部到整个船帆的三分之一处涂成红色，又在这三艘领航船的船头支起一个竿子，在竿子上挂起灯，这样无论白天还是黑夜，领航船都十分显眼，其他的领航员都跟着这三艘船走。在这三艘船的引航下，整个船队无一掉队，每当他们要从港口出发时，号角声就会向船队发出指令。

舰队从阿拜多斯出发时,遇上了强风,被吹到了锡格厄姆(Sigeum)。而后,天气恢复平静,他们悠然航行到马莱阿(Malea)。这里有平静的港湾。但是罗马人的舰队庞大,船只的体积也颇为巨大,当夜晚来临时,这些船都挤在一个狭小的海面上,变得极其混乱,非常危险,每当这时,领航员和其他水手们都要反应灵敏,他们大声喊着,提醒其他的船只远离他们的撑竿,灵活地拉开各船之间的距离;如果有风从正面或后面吹来,那么水手们和他们的船只就都难以幸免于难了。但如我所述,他们都逃过了灾难,到了泰纳龙(Taenarum,现在称为卡诺波利斯Caenopolis[1]),然后又从那里继续航行到迈萨纳(Methone),在那里与不久前到达的瓦莱里安和马丁努斯的军队汇合。此处风平浪静,贝利撒留就下令在这里抛锚,全军下船上岸。他布置了各位统帅扎营的位置,并让他们挑选士兵。在这一过程中虽然没有起风,但是许多士兵却死于下文讲到的疾病。

执政官约翰是一个小人,他非常善于利用公共财产中饱私囊,损人利己。我虽不想详细描写他的伎俩,但上文中我在提到他的时候已经讲过了[2],在这里我要讲一讲他是怎样坑害士兵的。士兵们平常在行军中吃的面包必须烤两次,而且要认真地烤很长时间,这样制作的面包在一段时间内才不会变质,但是用这种方法做的面包重量会减轻

---

[1] 即马塔潘角(Cape Matapan)。
[2] 见第1卷,第24章和第25章。

一些。因此在分发这样的面包时，士兵们拿到的每份面包应该比通常的重量多四分之一[1]。这个约翰算计着怎样减少木柴的数量、少付面包师工资，怎样使面包重量不减少，他想到了一个办法：把未加热的面团放在阿基利斯的公共浴池中，因为浴池的地下室里一直在烧着火，可以将节省木材的钱侵吞。当面团被加热烤熟之后，他就命人将面团放入袋子中，装上船带走。当船队到达迈萨纳时，这些面团早已经裂开了又变成了面粉，但这些面粉都已发霉变质了，而且发出一股臭味。这样的面包按大小分给了士兵们，发面包的人是他事先安排好的，他们把面包按夸脱和蒲式耳分好了，然后分给士兵。士兵们在炎热的夏季吃了这样的面包，纷纷生病，至少有500人死亡。由于类似的事情接连不断，贝利撒留遂命人从农村索取面包，以阻止类似事情再度发生。当他将此事向皇帝汇报后，得到了一些援助，但皇帝并没有及时处罚约翰。这些事情的真相就是这样。

罗马舰队从迈萨纳出发后，不久到达扎金索斯港（Zacynthus），在那里带上了足量的淡水，准备渡过亚得里亚海。一切准备就绪后，全体启航。在和风的吹送下，他们航行了16天后到达西西里岛靠近埃特纳山的一处荒野。因为他们在这段路程上耽搁了时间，船队上的淡水变质而不能饮用了。船上只有贝利撒留和与他共餐的人有饮用水，因为这些水是他的妻子用如下方法储存的：她将玻璃罐子

---

[1] 烤两次的面包的面粉数量要比烤一次面包的数量多1/4，很明显他使用的面粉量是烤一次面包的数量，但因为旅途漫长，烤一次的面包也是可以食用的。

装满水，用木板在船上间隔出一块空间，使阳光不能射进来，然后用沙子埋上水罐，用这种方法储存的淡水一点也没变质。

第 14 章

贝利撒留一离开西西里岛就感到心神不宁，因为他对下一步如何行动心中无数，他的思想一直为许多问题所困扰，他对要对付的汪达尔人是什么样的人，他们在战争中是否顽强，罗马人用什么方法才能赢得战争的胜利，他们以什么地方为基地发动进攻等等问题一无所知。他最担心的是士兵对海战的恐惧。他们对此直言无讳，说如果登陆作战，就会表现出自己的勇敢；而在海战中，如果敌船袭击他们，他们就只能逃跑，因为他们不能同时面对两个敌人，即水和人。在这种情况下，他派他的法律秘书普罗柯比去叙拉古（Syracuse）[1]，打探是否有敌人的船只设下埋伏，并观察海上的航道，在岛上或利比亚大陆选择最佳登陆地点，以便以此为基地展开对汪达尔人的进攻。他还命令普罗柯比完成任务后，到距叙拉古 200 斯塔德远的考卡纳（Caucana）[2] 与他会合，他和他的船队届时将在这里停靠。但对外宣称普罗柯比是去采购供应品了，因为哥特人愿意卖给罗马人供给品。这是查士丁尼皇帝和阿玛拉松塔（Amalasountha）事先定好的。阿玛拉松塔是阿塔拉里

---

[1] 叙拉古（Syracuse）又译为锡拉库萨，位于意大利西西里岛东部沿海。——中译者
[2] 伦巴杜港（Porto Lombardo）。

克（Antalaric 或 Anthalaric）[1]的母亲，阿塔拉里克当时还是需要母亲照顾的一个孩子，却控制着意大利人和哥特人。因为狄奥多里克死后，哥特王国的王位传给了他失去了父亲的外孙[2]阿塔拉里克，阿玛拉松塔为了保护自己的儿子和国家，小心谨慎地与查士丁尼保持着友谊，答应他的一切要求，同意为他的军队提供给养。

  普罗柯比抵达叙拉古后，与一位儿时的伙伴不期而遇，这个朋友已经在叙拉古生活了很长时间，从事航运生意。普罗柯比从他这里得知了一些消息，因为他的仆人3天前刚从迦太基回来。他说罗马军队不必担心汪达尔人设下埋伏，因为汪达尔人根本不知道罗马人前来进攻的事，而且汪达尔人中所有的年轻人在不久前都远征戈达斯去了。盖里莫尔头脑中完全没有敌人来袭的概念，根本不关心迦太基和所有其他的海滨城市的防务，他此刻正住在巴扎西姆境内离海边有4天路程的赫尔米欧尼。所以他们完全不必担心会遇到困难，可以自由航行，随意停靠。普罗柯比将这个仆人带到他的船只停泊的阿里图萨港（Arethousa），并向这个人详细询问了细节情况，然后他们一同上船，他命令升起船帆，全速驶向考卡纳。此时，普罗柯比的朋友还站在岸边，不知道他是否能把仆人还给他，普罗柯比喊道，船已经开了，请求他不要生气。让这个仆人面见将军是非常必要的，在为军队领路去利比亚以后，这个仆人将会带着许多酬金回到叙拉古。

---

[1] 阿塔拉里克（Athalaric，516—534年）继位时（526年）仅10岁，由其母阿玛拉松塔（Amalasuntha）任摄政王，后者是狄奥多里克的女儿。——中译者
[2] 此处英文译文 nephew（侄子）是英译者笔误。——中译者

普罗柯比到达考卡纳（Caucana）后，发现全军上下一片悲伤，因为亚美尼亚部队的将军佐罗修斯在这里去世了，这令全体罗马士兵茫然若失。但当这个仆人来到贝利撒留面前，向他讲述了汪达尔人的情况后，贝利撒留非常高兴并赞扬了普罗柯比。他传令吹起号角，扬帆起航。当他们到达亚得里亚海和托斯卡纳交界处的考卢斯（Gaulus）和迈利泰岛（Melita）时[1]，遇到一股强劲的东风，把他们的船只吹到了利比亚的一处被罗马人称为"浅滩之首"（Shoal's Head）的地方，因它的名字"卡普特瓦达"（Caputvada）而得此别名。一个轻装旅行者从这里到迦太基要走5天的路程。

第15章

贝利撒留下令卷起船帆，抛锚停船，又把所有的统帅都召集到他的船上，讨论登陆事宜。持不同意见的双方都发表了自己的看法，阿奇劳斯走出来说：

"我仰慕将军的品德，他的判断力超过所有人，他的经验最丰富，还有最终的决定权。虽然他可以自己决定并按照自己的意愿行动，但他却提倡公开讨论，让每个人都有发言的机会，这样我们才能选出最佳的行动方案。至于你们，我的战友们，我不知该怎么说，很奇怪每个人都不想首先提出反对登陆的想法。我知道提出这样建议的人要冒一定风险，可能会招致责备。因为有些人在情况对他们有

---

[1] 现在的戈佐岛（Gozzo）和马耳他岛（Malta）。

利时，就将成功归于自己的判断或勇气；而当他们失败时，就将责任推卸到那个为他们提建议的人的身上。尽管这样我还是要把我的想法讲出来。因为提出批评是为安全着想，一再深思熟虑而不提出批评意见的做法是不对的。同伴们，你们想要登上敌人的土地，但是你们将船停泊在哪一个港口是安全的呢？或者说在哪个城墙内你们会觉得安全呢？你们不是听说过这个海岬吗？我指的是从迦太基到伊维斯，据说得走9天的路程，根本没有港口，只能听任风吹雨打，这样行得通吗？在利比亚除了迦太基城以外，所有的城镇都没有城墙，这是盖赛里克的决定造成的结果。另外再加上一句，那就是这里非常缺水，现在大家设想一下将会有什么样的不幸降临到我们头上。只有那些既没有生活经验也不了解自然规律的人才会认为在战争中不会遇到困难。如果我们登陆之后，突然降临一场暴风雨，我们的船只只能有两种可能性：或者是尽可能逃得很远，或者沉没在这个海岬，这有必要吗？其次，用什么方式为我们提供给养？你们不要把我当成是军需官。对于每一个官员来讲，当他被剥夺了履行职务的手段时，就等于是降低了他个人的名声和职务。在我们受到蛮族人进攻时，我们在哪里存放多余的武器和其他必需品呢？这个问题后果不堪设想。我认为我们应该直接去迦太基，因为据说在那里有一个斯塔格纳姆（Stagnum）港口，距这个城市不到40斯塔德，完全无人守卫，而且港口很大足以容纳整个舰队。如果我们以它为基地，就可以安心投入战争了。依我看来，我们应该对迦太基发动突然袭击，尤其是趁敌人远征撒丁尼亚岛之机，可以轻而易举占领该城。所有人都清楚，一旦迦太基被攻占,汪达尔人很快就会全线崩溃。我们有必要仔细推敲,选择最好的进军路线。"阿奇劳斯如是说。

贝利撒留最后一个发表意见:"将士们,不要认为我在责难你们,即使是最后一个发言的,你们也不一定要听从我的想法,无论是什么样的想法。因为我已经听到了一个对你们每个人最有益的建议,我要对你们说出我的想法,然后你们再选出最佳方案。有必要提醒你们这一事实,早些时候士兵们公开表明他们害怕海上作战,当遇到敌船攻击时,他们只会逃跑。于是我们祈求上帝把利比亚大陆指给我们并让我们顺利登陆。我认为只有愚蠢的人才会事先祈求上帝,当恩惠降临时他却做与上帝意愿相反的事。如果我们真的直航迦太基,当与一队敌船相遇时,士兵们会尽快逃走,虽然他们不会受到责备,因为他们事先表明要这样做,虽然行为违法却属正当合理。但对我们来说,即使我们安全了,也不会得到原谅。现在,如果我们留在船上会面临很多困难,我想只提一件事就足够了,那就是当暴风雨降临时的恐惧。因为一旦暴风雨来临,正如他们所说,我们的船只有两个下场,或者远远逃离利比亚,或者在这个海岬被毁掉。在这种情况下我们选择哪个下场更好呢?是让船只被毁还是连人带船都毁灭呢?另外,我们当下登陆可以出其不意攻击敌人,尽管事情很可能会不如我们所愿,因为万事皆有可能发生,在战争中意外因素往往成为事情发展的主导力量。如果我们以后再登陆,那时敌人就做好了准备,我们所从事的战争就变成了真正的较量实力的战争了,再加上要登岸作战,那时再去为我们现在已经掌握的时机和优势做出牺牲是没有必要的。如果那时,就在我们交战进行中，海上一场暴风雨又袭击了我们，那我们既要与海浪做斗争又要与汪达尔人做斗争，我们就会为现在的谨慎感到后悔。依我看来，我们应该以最快的速度登陆，将马匹、武器和所有其他辎重都搬到陆地上，然后尽快挖壕沟，设栅栏，像城墙一样保卫我们。如果有敌来犯，我们就以此为基地作战。只要我们勇往直前，就不会缺少供给，因为征服敌人的人就会成为敌人所有物的主人，这是胜利女神之道，首先用她全部的财富作投资，然后再记下她倾向于哪一方。这样确保安全和拥有更多战利品的机会就掌握在你们自己手中。"

全军上下取得一致，听从贝利撒留的建议，分散后尽快登陆，这时他们离开拜占庭已经3个月了。贝利撒留将军在岸上一个选好的地点作了标记，命令士兵开始挖沟，在那里设置栅栏。大家开始动工了，因为人多力量大，热情高，再加上将军的鼓励，罗马士兵不仅在一天内挖好了壕沟，围成栅栏并固定好了。实际上在他们挖沟的时候，就已经出现了奇迹——从土中流出了充足的水，此前在巴扎西姆从未出现过这种事情；此外，在他们驻留的地方却依然保持干爽。而流出来的水已足够人和马匹饮用。普罗柯比向贝利撒留祝贺，后者非常高兴，不仅因为解决了急需饮用水的问题，而且这是胜利的预兆，是上天向他们预示了胜利。当晚，贝利撒留命令把战船围成一圈，留下5名弓箭手在中间的船上守卫，这样即使开战敌人也不会伤到他们。其余的士兵都在野外露营，一切守卫布置均遵循旧例。

第 16 章

第二天，有一些士兵们到田地里摘果实吃，将军对他们进行了体罚，然后把全军召集到一起训话："在任何场合，利用暴力手段抢夺别人的食物都是一件有损道德的事。这件事是不公正的，在现在的这个例子中存在着犯罪的因素，如果这么说不过分的话，我们一定要考虑为士兵们所忽视的正义问题，想想你们的行为会带来多大的危险。我命令你们上岸，是因为我对在利比亚作战充满信心，因为利比亚人自古就臣属于罗马人，他们敌视汪达尔人，支持罗马人，因此我认为我们是不会缺少给养的，即使敌人发动突袭也不会对我们造成伤害。但是，现在你们没有自制力，违反纪律的行为使情况完全改变。你们这样做无疑缓和了利比亚人与汪达尔人之间的关系，把他们的敌视转移到你们自己身上，很自然那些受害者对于施暴的人充满仇恨，你们放弃了自己的安全，本可以用一点点银子就可以从主人那里购买东西，得到慷慨的供应，在公平交易中增进友谊。你们现在的行为将使我们同时与汪达尔人和利比亚人交战，我认为这是违背上帝意愿的，上帝是不会帮助为非作歹的人的。你们不要再冒险去掠夺他人的财物了，因为在当前只有节制才能获得安全，违法乱纪只会招致死亡。如果注意到这些，你们就会发现上帝是慈悲的，利比亚人的性情也很温和，只有汪达尔人需要我们去进攻。"

贝利撒留讲完这番话后解散了士兵。他得到信息说，海滨城市西莱克图斯城（Syllectus）离营地有一天的路程远,是进军迦太基的必经之地。那里的城墙早已被毁,但当地居民以他们自己房子的一面作为城墙并在城四周设置障碍,以抵御摩尔人的进攻。贝利撒留指派一名枪兵博里亚德斯(Boriades)率部前去那里,指示如果他们占领了这座城市,不要搞破坏,要答应帮城中居民做 1000 件好事,进行宣传活动,声称罗马军队的到来是为了人们的自由。他们傍晚时靠近该城,晚上在峡谷中过夜,第二天黎明时分,他们遇上了推着四轮马车的准备进城的乡下人,就加入到他们中间,轻易地进了城。他们占领该城后,没有打扰市民,只是把教士和所有显贵人物召集在一起,宣布将军的命令,让他们甘心情愿地交出城门的钥匙,然后他们把钥匙又交给了将军。

就在这一天,市政公职人员全部离职,交出了所有的政府马匹。他们还抓住了一个碰巧到国王那里送信的人,他们称为"信使"(veredarii)[1]。将军没有伤害他,而是送给他许多黄金,把查士丁尼皇帝写给汪达尔人的信交给他,让他发誓一定交给汪达尔人的长官。信的内容是这样的:"我们既不想对汪达尔人发动战争,也不想破坏与盖赛里克的协议,我们只想推翻你们的僭主,因为他轻视盖赛里克的和约,把国王囚禁起来,还处死了他仇视的亲戚,其余的亲人则被挖去了双眼,让他们求生不成求死不能。你们愿意加入我们的军队,把自己从僭主的统治下解脱出来享受和平和自由吗?我以上帝的名义保证这些事情一定实现。"这就是皇帝信的内容,但这个从贝利撒留信使手中

---

[1] 即送信的人,该词源于 veredus,"马上邮差"之意。

收到信的人不敢公开它,只是私下里给他的朋友们看,对于最终的结果没产生什么影响。

第17章

贝利撒留率部列队向迦太基进军。他选出300名护卫,他们都是百里挑一的勇士,让约翰率领他们担任先锋,走在大部队前方不超过20斯塔德处。这个约翰是负责将军家务的管家,罗马人称这个职位为"副官"(optio)[1]。他是一位胆大心细的亚美尼亚人。将军吩咐他如果发现有敌人的动静,马上汇报,这样他们就不会在无准备的情况下突然开战了。接着他又命令马萨革泰人同盟军跟在距队伍20斯塔德远的左侧,他自己率领精锐部队走在队伍的最后。他猜测不久之后从赫尔米欧尼(Hermione)追来的盖里莫尔的军队就会对他们发动进攻。不过这样的防备已经足够了,因为右翼离海边很近,没什么可担心的,他命令水手们驾船跟随着他们走,不要掉队,当风刮得很大时,就把帆降低些,靠小帆前行,他们称这种帆为"中帆"(dolones)[2],如果风平浪静就靠划桨航行。

当贝利撒留到达西莱克图斯后,士兵们表现得都很好,他们既没发生争吵,也没做任何出轨的事,他们自己也宽大仁慈地对待当地人,赢得了利比亚人的好感。这样,他们在这里行军就像在自己国家里一样自由。当地居民既没

---

[1] 主计官(副官),是将军自己选择的助手。
[2] 中桅帆。

有撤走,也不想隐藏东西,双方公平交易,他们为士兵们提供所需的给养。罗马军以每天 80 斯塔德的速度行军,一路上或是夜宿在所经的城市,或是夜宿在帐篷里,尽一切可能保证大军的安全。我们穿过了莱普提斯(Leptis)和哈德鲁梅城(Hadrumetum),到达距迦太基 350 斯塔德远的格拉斯(Grasse),这里有汪达尔人国王的宫殿和一座我们见过的最美丽的花园,那里各种植物郁郁葱葱,各种各样的果实挂满枝头,还有各式喷泉点缀其中。士兵们在果树之间搭好帐篷,他们都把各式水果吃个够,但树上的果子依然不见少。

在赫尔米欧尼的盖里莫尔得知敌人已近在咫尺,就给他在迦太基的弟弟写信,命他处死希尔德里克及其亲属,还命他把城里的汪达尔人组织起来准备迎战,在城郊一个叫德西莫姆(Decimum)[1]的狭窄通道设伏,一俟敌人进入陷阱,立即从两面包抄,将其一网打尽。阿马塔斯(Ammatas)按照吩咐做了,杀死了希尔德里克和他的亲戚们,还有欧阿吉斯和所有与他们关系密切的利比亚人,而这时霍莫尔早已离开人世[2]。他又按吩咐组织好汪达尔人,命他们时刻做好准备待命。但我们不知道盖里莫尔就跟随在我们的后面,那天晚上我们在格拉斯露营,双方军队的侦察兵相遇,一场交锋过后,双方各自回营,我们这才知道敌人就在不远处。从那里继续前进时,已经看不到我们的船了,因为海上有高高的岩石,还有一个突起的海

---

[1] 即 Decimum miliarium,从迦太基出城的第 10 个里程碑。
[2] 在 533 年之前。

岬[1]，赫米斯城就坐落在海岬处。贝利撒留于是命令行政官阿奇劳斯和舰队总司令卡洛尼姆斯（Calonymus）不要驶入迦太基，而是留在200斯塔德以外处按兵不动，直至得到他的亲口命令才能行动。我们在离开格拉斯之后的第4天到达德西莫姆，这里距迦太基70斯塔德远。

第18章

是日，盖里莫尔命令他的侄子吉巴芒杜斯（Gibamundus）率2000名汪达尔士兵包抄罗马军左翼，阿马塔斯从迦太基出发设下埋伏，盖里莫尔从后面进击。三支部队将会聚在一起，完成包围敌军的计划。至于我，在这场战争中被天意和人事的奇迹所感动，真正体会到上帝怎样预知人事，并按他所选定的最佳方案规定事物的发展，上帝的目标就在命运女神安排的道路上，不可避免地朝着已经注定的方向发展。成败胜负皆有其定局，确实如此。如果贝利撒留不把约翰的军队和马萨革泰人安排在队伍的左侧，我们就不能逃过汪达尔人的进攻；即使贝利撒留这样安排了军队，如果阿马塔斯注意到这一点，没有在这一天的1/4（傍晚）时间内出击，那么汪达尔人也不会失败。但是阿马塔斯在中午时分到达德西莫姆，而盖里莫尔的汪达尔主力部队离罗马军还很远。阿马塔斯的错误还在于他不仅没有在预定的时间进入作战位置，而且在离开迦太基时只带了为数很少的军队，将主力部队抛在后面而孤军深

---

[1] Hermaeum，拉丁文即Mercurii promontoriun，邦角（Cape Bon）。

入。虽然他作战英勇,但终究寡不敌众,在杀死12名最英勇的敌人后,自己也受伤倒下了。阿马塔斯的阵亡使汪达尔人军心动摇,纷纷以最快的速度逃跑,以至于把从迦太基赶来的主力部队也冲散了,主力部队尚未布下阵形,也没有为战斗做好准备,他们是以20人或30人为一小队三三两两地前进着,当他们看到汪达尔人撤退逃跑,猜测追兵人数一定非常多,于是他们也掉头逃跑了。约翰和他的军队杀死了所有遇到的敌人,冲向迦太基城门。在这条70斯塔德长的路上遍布汪达尔人的尸体,以至于见此情景的人都会认为这是一支2万人的军队所做的事。

与此同时,吉巴芒杜斯和他率领的2000汪达尔人到达佩迪昂·哈隆(Pedion Halon),在朝迦太基方向前进的左侧,距离德西莫姆40斯塔德远。这里荒无人烟,而且水是咸的,所以除了盐以外,这里不出产其他东西。他们在这里遭到远征军匈奴所部的袭击,全军覆灭。在匈奴军队中有一个健壮的马萨革泰人,勇武过人,是分队的首领,他从祖先那里继承了一个特权,就是在所有的匈奴军队中,只有他能够第一个向敌人发起进攻,其他的马萨革泰人首先开战并俘虏敌人是不合法的。实际上总是他这个家族的人首先对敌人开战。当这两支军队距离很近时,他单人独骑到汪达尔人面前,汪达尔人也许是被这个人的勇气惊呆了,也许认为敌人另有埋伏,没有采取任何行动,我想可能因为他们从未与马萨革泰人交战过,只听说这个民族骁勇善战,所以很害怕。于是这个人回到自己的队伍中,说上帝把这些陌生人送给他们作为一顿盛宴,而后他们发动攻击,汪达尔人因为招架不住,破坏了队形,在没有抵抗的情况下就很耻辱地被全歼。

第 19 章

我们完全不知道发生的事,继续向德西莫姆进军。贝利撒留在距德西莫姆 35 斯塔德远处发现了一个适合扎营的地方,四周有天然的障碍,就把所有的骑兵都安置在那里,然后召集全体士兵,对他们说:"士兵们,战斗的决胜时刻就要来临了,我感到敌人正在靠近。我们的舰队也越来越远,这里没有一个友好的城市,也没有其他的要塞,我们若想安然无恙,只能寄希望依赖我们自己。唯有表现出自己的勇敢才可能在战斗中压倒敌人。如果我们自己先软弱了,那么我们就要落入汪达尔人手中,可耻地被消灭。另外有很多有利条件帮助我们取得胜利:正义在我们这边(因为我们要收回本来属于我们的土地),以此为武器我们会击败敌人,因为正义的一方能得到上帝的帮助;汪达尔人也恨他们的僭主,一个对他的统帅怀有敌意的士兵是不会勇敢杀敌的;我们曾和波斯人、西徐亚人交战,而汪达尔人征服利比亚时,除了裸体的摩尔人以外,他们没有其他作战对手。谁不知道熟能生巧,惰而无效呢?现在,我们已经在将展开战斗的地方修缮了最佳的防御工事,我们必须把武器和其他一切东西都放在大本营,这样我们就可以轻装前进,而当我们回来时就可以充分补充给养。我请求你们中的每一个人,在内心的勇气和亲人的感召下,向敌人进军。"

讲完这一席话并作了祈祷之后,贝利撒留让步兵留下来看守临时搭的营帐，把自己的妻子也留了下来，他本人率领所有的骑兵出发。这样做是因为他认为让整个部队都投入战斗有些冒险，应该先安排骑兵队展开小规模的战斗以试探敌人的力量，最后再投入全部兵力与敌人一决胜负。他派外籍兵团将领统率先遣队，他本人和其余的骑兵队以及自己的枪兵和侍卫紧跟其后。当外籍兵团和他们的统帅到达德西莫姆后，发现了许多尸体——就是约翰所率队伍中的12个人及他们附近的阿马塔斯的尸体，还有一些汪达尔人的尸体。从当地居民那里听说了整个战争的经过后，他们犹豫不决，不知何去何从。此时，从山上可以看见南方尘土飞扬，说明一支庞大的汪达尔人骑兵队即将赶到。于是他们派人向贝利撒留汇报，让他尽快派人来，敌人已经近在咫尺。但外籍兵团的将领们也意见不一，有人认为他们应该直接和敌人开战，另一些人则认为他们的军队不足以对抗这支大军。在他们争论的时候，盖里莫尔率领的蛮族人已经逼近了。他们的行军路线位于贝利撒留和那条马萨革泰人与吉巴芒杜斯相遇的狭道小路之间，而且小路的两边都是山，所以他们既看不到吉巴芒杜斯所遭遇的灾难和贝利撒留的大本营，也看不到贝利撒留的部队，但当他们互相靠近时，两支军队为了要抢占最高的山头而展开激战。双方都想抢占制高点对付敌人。汪达尔人首先到达，占领山头，击败了因恐惧而溃败的罗马人。罗马人逃到了距德西莫姆7斯塔德远的地方，碰巧贝利撒留的私人侍卫乌利亚里斯（Uliaris）和他率领的800名卫队在那儿，所有人都猜测乌利亚里斯会力挽溃逃的狂潮，一起攻打汪达尔人。但当两支军队会合时，他们都出人意料地以最快的速度逃跑，结果是他们一同逃回去见贝利撒留。

此后，我不知道盖里莫尔那里的事情。他已经知道取得了胜利，除非他想对上帝做蠢事，否则只能自愿放弃追击敌人了。当上帝要把灾难降临到一个人身上时，他总要先剥夺他的理智，不允许他更多地思考利弊得失。因为，如果盖里莫尔立即乘胜追击，我认为即使贝利撒留也难以抵抗他，我们的军队就会一溃千里，因为为数众多的汪达尔人军队的出现早已吓破了罗马人的胆。另一方面如果他直接率军赶回迦太基，他就会轻易地消灭约翰的军队，因为他们正在平原上三三两两地游荡和抢劫死人的东西。一旦盖里莫尔占领迦太基，我们的舰队将成为他的囊中之物，这样我们就没有取胜和乘船撤回拜占庭的希望了。但事实上他没有这么做，只是步行下山，当到达平地时，他看到了他兄弟的尸体，痛悼一番后将其埋葬。就这样，盖里莫尔失去了一次全歼罗马军队的良机，而这样的机会他不会再次获得了。与此同时，贝利撒留遇到了前面的逃兵，命令他们停下来，重新整顿队伍，还斥责了他们。他在听说阿马塔斯之死、约翰的追击及他关心的敌方情况和地形情况后，当机立断命令军队以最快的速度前去迎击盖里莫尔和汪达尔人。这时蛮族人完全没有想到罗马人会冲杀回来，军心大乱，根本无力反抗，溃不成军，损失惨重。这场战斗在夜幕降临时结束。这些逃跑的汪达尔人既没有去迦太基，也没回到他们来的地方巴扎西姆，而是逃往布拉（Boulla）平原和努米底亚（Numidia）方向。约翰和马萨革泰人的队伍傍晚时归队，他们汇报了所做的事后与我们一起在德西莫姆过夜。

第 20 章

第二天,步兵队和贝利撒留的妻子也赶来了,我们一同朝迦太基前进。当天半夜才到达迦太基,就只能在户外过夜了。实际上根本没有人阻拦我们进城,因为迦太基人夜不闭户,整个城市整晚都灯火通明。被我们甩在后面的汪达尔士兵则像哀求者一样坐在神殿里祷告。贝利撒留为了防止这些人对他的军队设伏,同时也为了防止士兵们抢劫财物,命人严加把守大门。那一天正好吹东风,把罗马舰队吹到了海岬处,迦太基人看到之后,除去了设在港口入口的称为曼兹拉的拦阻铁链(它们被称为Mandracium),使船队进入港口。在国王的宫中有一个暗室,迦太基人称为"秘牢"(Ancon),里面关押着令这个僭主恼火的人。有许多东部的商人也被关押在这里,因为他们极力怂恿皇帝开战,所以盖里莫尔仇视他们,并已经决定要在阿马塔斯在德西莫姆被杀的那一天将这些人都处决,他们此时正处在巨大的恐惧之中。这个监狱的看守听说德西莫姆发生的事,看到港口里停泊的船队后,进入暗室问这些不知情的将死之人是否愿意放弃他们的财物而得救。他们表示答应给他想要的任何东西时,他说他不要任何财物,只要求他们以后在他遇到危险时他们也会尽最大的力量帮助他。然后他就把事情的整个经过告诉了他们,在朝海的方向打开通道的大门,向他们指明了船队的方向,然后就把狱中的人都释放了。

船上的人开始因为不知道陆地部队的情况,完全不知所措，减慢了向墨丘里姆城前进的速度，到那之后他们听说了德西莫姆发生的事情，军心十分振奋，继续航行。他们顺风航行到距迦太基150斯塔德处。阿奇劳斯按照将军的指示命水手们在这里抛锚，但水手们不想服从命令。因为他们说那个海岬处没有港口，还有可怕的被土著居民称为西普里安那（Cypriana）的暴风雨随时都有可能到来，他们预测如果在那里遇到了暴风雨，连一艘船都不能幸存。于是他们放下了帆，仔细考虑了一会儿，认为不应该去曼兹拉入港处（因为他们担心违抗将军的命令，同时也怀疑曼兹拉的入口会有铁链阻拦，此外他们还害怕这个港口不足以停泊整个船队）。而斯塔格纳姆（Stagnum）位置却很好（离迦太基有40斯塔德远），又没有什么障碍物，能够容纳整支舰队。除了卡洛尼姆斯和一些水手不顾将军的命令秘密去了曼兹拉以外，罗马舰队的其他船只都于黄昏时分到达那里抛锚。他们肆无忌惮地抢劫附近海域的商船，无论是外国人的商船还是迦太基人的商船都未能幸免。

第二天，贝利撒留命令船上的人下船，把全部军队召集到一起之后，列队向迦太基进军。他最担心中敌人的埋伏。同时他还提醒士兵们一定要对利比亚人友好，这样才能交好运。他诚恳地劝说士兵们要保持秩序，对迦太基人要温和。因为所有的利比亚人都是罗马的属民，他们不满汪达尔人的统治，以自由为目的对抗汪达尔人并遭受蛮族人的暴政虐待，因此皇帝才与汪达尔人开战。一番劝诫之后，（533年9月15日）罗马军队进入迦太基城。他们没有遇到任何抵抗。贝利撒留直接进入宫中，坐在盖里莫尔的宝座上。有一大群商人和迦太基人吵嚷着来到贝利撒留面前，他们是以海为家的商人，他们前来控告前几天晚上抢劫他们货物的水手们。贝利撒留命令卡洛尼姆斯立下誓言追缴所有赃物。卡洛尼姆斯虽然发了誓，但他却无法实践自己的誓言，因为他也参与抢劫并把抢劫的货物换成了钱。不久之后他在拜占庭受到了惩罚，他得了一种中风病，在精神错乱的状态下咬舌自尽。这是后来发生的事。

第 21 章

这时已是中午，贝利撒留传令就在这个盖里莫尔经常设宴款待汪达尔人首领的地方吃午饭。罗马人称这样的地方为"三角架"（Delphix），这名字不是来自于他们自己的语言，而是根据古代希腊语用法使用的。因为在罗马的皇宫中，在皇帝吃饭的餐厅中设有长椅，还有自古就立在那里的三脚（鼎）支架，是为皇帝斟酒的人放酒瓶的地方。罗马人称这种三脚鼎为"德尔斐"，因为它最早是在德尔斐生产的，所以在拜占庭或其他任何地方皇帝进餐的房间都被称为德尔斐。罗马人仿照希腊人称皇帝的住所为"宫殿"（Palatium），这是源于一个叫帕拉斯的希腊人在特洛伊被占领之前住在那里，并且还建了一座非常壮丽辉煌的大房子（宫殿），他的住所被称为"帕拉斯"。当奥古斯都取得皇权后，决定首先要住进那所房子中，从此皇帝的住处就被称为"宫殿"了。就这样，贝利撒留与所有的将领在宫中进餐。碰巧在前一天就为盖里莫尔准备的午餐已经准备好了，我们正好就吃他的喝他的，盖里莫尔的仆人们为我们斟酒、上菜，周到地服侍我们。我仿佛看见了命运女神的光辉，事实表明所有的一切都属于她，没有什么东西是其他人私有的。这支幸运之签落到了贝利撒留的头上。那一天他所赢得的声誉是前无古人的，在这个时代也是从未有过的。虽然罗马士兵惯于在进入被征服城市时制造混乱，但这支500人的军队却大不相同，所有士兵在将军的率领下军纪严明，既没有蛮横无礼或袭击性的举动，更没有影响到城市正常的商业活动。在一个被占领的城市，政府易主改朝换代的情况下，没有不发生混乱和趁火打劫的。而此时情况却相反，店主们像平常一样填好单子，安排士兵们住宿[1]。士兵们的午饭都是从市场上买的，他们饭后自行休息。一切秩序井然。

贝利撒留向逃到教堂的汪达尔人劝降，保证他们的安全，一切安排妥当之后，他开始考虑加固防御，因为迦太基四面城墙废弃多年，许多地方都可以轻易地进入或攻入，城墙大部分已倒塌，所以迦太基人说盖里莫尔从未在这里站稳脚跟。贝利撒留认为在很短的时间内将这样的城墙恢复到安全状态是不可能的。据说早些时候迦太基的孩子们说出了一道神谕："γ（gamma）跟在β（beta）后，β也应跟在γ后。"当时这句话是孩子们游戏时的歌谣，作为无法解释的谜流传下来，现在它的意义清楚了。因为以前盖赛里克（γ）曾驱逐了博尼法斯（β），现在贝利撒留（β）又赶走了盖里莫尔（γ）。这句话，无论是谣言还是神谕，如我所说的这样实现了。

---

[1] 军队的住宿就像在和平时期一样。

那时许多人都做了相同的一个梦,但都不知道它究竟意味着什么,后来寓意被解开了。梦是这样的:圣人西普里安[1]是迦太基人最崇敬的人,为了表达对他的敬意,他们在城前的大海边建了一座著名的教堂。在这里举行各种仪式,庆祝他们称为"西普里安那"的节日,水手们以西普里安的名字命名暴风雨——我在前文提到过——与这个节日同名,因为暴风雨总是在人们庆祝此节日期间来临。在霍诺里克统治时期,利比亚人民不能再继续庆祝自己的节日了。因为汪达尔人以武力从基督徒手中夺取这座教堂,他们粗暴地将教士们赶出教堂,在这里庆祝阿里乌派的节日。利比亚人对此事都很气愤,但又无可奈何。他们说西普里安经常托梦给他们,安慰基督徒们无须为他担心,因为总有一天他会自己化身为复仇者的。当这个梦在整个利比亚流传时,他们都期待着破坏这一神圣节日的汪达尔人得到报应,但他们不能设想在这个世界上幻想如何能够变成现实。现在,皇帝的远征军到达利比亚时,又到了该庆祝节日的时候了,阿里乌派的教士们不顾阿马塔斯率领汪达尔人来到德西莫姆这一事实,清洁了整个教堂,张灯结彩,把最美丽的献祭品挂在那儿,把仓库中的财宝拿了出来,精心为节日的庆祝活动做准备。但德西莫姆出事之后,阿里乌派牧师们纷纷逃跑了,正统基督徒们来到了西普里安教堂,他们点亮了所有的灯,就像以往一样庆祝了他们自己的节日,人们都弄明白了那个梦作出的预言。事情的经过就是这样。

---

[1] 圣西普里安(St. Cyprian,约公元200—257年),迦太基主教。

第 22 章

汪达尔人回忆起一个令人惊奇的古代谚语,并恍然大悟:对一个人来说,没有哪个愿望是完全无法实现的,同样,没有任何财产是可以永远保有的。下面我要解释一下这个谚语的内容以及它是以什么方式说出来的。当汪达尔人最初为饥饿所迫,从世代生活的地区迁移时,他们中有一部分人因为不愿跟从戈迪吉斯克鲁斯出走而留了下来。随着时光的流逝,留下来的人过上了丰衣足食的生活,盖赛里克和他的手下占领利比亚后,那些没有跟随戈迪吉斯克鲁斯出走的人们听说了这件事,非常高兴,因为这个国家完全可以让他们安身。但他们害怕以后会有人征服利比亚,他们的后代会被逐出利比亚,重回他们的故乡(因为他们从未料想到罗马人会永久占领利比亚)。他们就派使节去见盖赛里克,使节们对盖赛里克说他们为自己的同胞能够取得这样的胜利而感到高兴,不过,从此他们不能再保卫那块他和他的族人很少考虑过的土地,而要定居利比亚。他们因此请求,如果他(盖赛里克)不再索要认领他们的祖国,他(盖赛里克)就应该把这块土地作为无收益的领土赠给他们,这样他们对于这块土地的所有权就更加有保证。如果有人想要侵占这块土地,他们就会以死相抗争。盖赛里克和他手下所有的汪达尔人都认为使节们说得既公正又合理,想要答应使者们的要求。这时一位以办事谨慎著称的德高望重的老臣阻止了他们,他说:"人所做的事没有一件是完全可靠的，现存的事物没有一样对人类的未来是永久有用的，至于那些不存在的事物，就更是虚不可及的。"盖赛里克听了这番话后，表示赞成，决定拒绝使者的要求而把他们打发走了。当时，他和这个提建议的老臣都受到汪达尔人嘲笑，因为他们预见了不可能发生的事情。但当这些事情发生后，汪达尔人意识到了智者说这句话的含义，开始用另一种观点看待人类的事务。

至于那些留在故乡的汪达尔人，在我生活的时代没有留下任何关于他们的记载，例如名称等等。我猜测他们人数可能很少，也许是被相邻的蛮族人征服，也许是自愿地与他们相融合，以至于他们的名称被征服者的名称所取代。事实上当汪达尔人被贝利撒留征服时，他们都没有想到要回自己的故乡。因为他们无法在没有船只的情况下返回欧洲。这是他们对罗马人尤其是扎金索斯[1]人犯下的罪行而受到的惩罚。[2] 当时盖赛里克突然来到伯罗奔尼撒，侵袭塔恩纳厄姆（Taenarum），但被击退，他的军队死伤惨重，他慌乱逃跑。为了平息胸中怒火，他率军在扎金索斯停下来，大肆屠杀当地居民，还把500名贵族沦为奴隶后掳走。他们的船很快启航，当到达亚得里亚海中部时，据说他把这500人全部处死，将他们的尸体切成小块，毫不留情地扔到海里去了。这就是在早些时候发生的事情。

---

[1] 扎金索斯（Zakynthos）位于希腊西部近海，今亚得里亚海南部。——中译者
[2] 在《秘史》第18章中，普罗柯比估计了在非洲的汪达尔人的数量，在贝利撒留时代有8万名男丁，他暗示这些人都消失了。

第 23 章

盖里莫尔为了能得到支持，开始对利比亚人非常友好，他拿出很多钱款分给利比亚农民。他还鼓励这些农民杀死到乡村抢劫的罗马人，杀死一个罗马人会得到一定数量的金子。因此农民们杀死了很多罗马军队中的人，但不是士兵，而是奴隶和仆人。这些人因贪财到农村去偷盗而被抓，农民们把他们的头拿到盖里莫尔面前领取奖金。盖里莫尔尚且蒙在鼓里，以为他们杀的都是敌军士兵。

在一次冲突中，贝利撒留的助手第欧根尼（Diogenes）表现得非常勇敢。他奉命率 22 名侍卫去侦察敌方情况，他们到达距迦太基有两天路程远的一个地方时，遭到当地农民的袭击，但是农民无法对抗真正的军队，就向盖里莫尔汇报了他们的行踪。盖里莫尔于是派 300 名汪达尔骑兵去活捉这些罗马人，因为对于他来讲，能抓住贝利撒留的助手和 22 名侍卫是一件了不起的大事。这时第欧根尼和他的手下正在一所房子的楼上睡觉，因为他们听说敌人还很远，所以根本没有防备。但汪达尔人在黎明时来到这里，他们想破门而入，但里面一片黑暗，唯恐在黑暗中交战会伤到自己人，放跑大部分敌人。他们这样想是因为在他们的思想中胆怯占了上风，其实他们可以毫不费力地取胜，他们无论拿或不拿火把，都可以轻而易举地抓住躺在床上赤身裸体、手无寸铁的敌人。但他们没有行动，只是在房子四周尤其是门口处布置了一个圆形方阵，站在那儿等待天亮。此时，一个罗马士兵醒来了，他听到了汪达尔人的窃窃私语和武器碰撞发出的声音,马上明白了所发生的事情,他轻轻地叫醒了所有的同伴,告诉他们外面发生的事情,大家都同意第欧根尼的意见,穿好衣服,拿起武器,压低身子潜行,系好马鞍,在敌人没有察觉的情况下纵身上马。他们站在院门口一小会儿做好准备,突然打开了那里的院门,冲了出来。汪达尔人立即包围他们,但没有成功,因为罗马人骑在马上,行动迅速,而且以盾牌护身,又用矛抵挡他们的袭击。就这样第欧根尼和他的侦察队冲出了包围,虽然失去了两位战友,但其余的人都得救了。他本人在脖子和脸上也受了三处伤,差点儿送命,还有一处伤在左手,结果导致他小手指从此以后不能活动了。这件事的经过就是这样的。

贝利撒留拿出大笔的金钱分给建筑工匠和大批工人,雇佣他们沿着城墙挖一道沟,然后沿着沟紧密地排列木桩,在该城要塞周围布置了非常好的防护栏。不仅如此,他还在极短的时间内修好了倒塌的城墙。不仅是迦太基人,就是盖里莫尔本人对此也十分敬畏。因为当他成为迦太基人的俘虏时,看到城墙后非常惊奇,慨叹是自己的疏忽才导致了今天的灾难。这就是贝利撒留为迦太基城做出的贡献。

第 24 章

盖里莫尔的兄弟察宗率领一支远征军到达撒丁尼亚岛,这我在上文提到过,停在卡拉纳里斯(Caranalis)港口[1]。他率军一举攻占了这座城市，杀死了僭主戈达斯和他的所有士兵。当他听说皇帝的远征军到达利比亚时，因为不知道详情，所以给盖里莫尔写了这样一封信："喔，汪达尔人和阿兰人的国王，暴君戈达斯在落入我们手中后已经被处死，这个岛又一次属于你的王国了，为胜利庆祝吧！至于那些敢来侵犯我们的敌人，他们的命运将和以前来侵犯我们祖先的敌人一样。"送信的人将船驶入迦太基港口根本没有想到这里会被敌人占领。当卫兵们把他们带到将军面前时，他们将信交了出来，并回答了他提出的问题，他们对现实感到震惊，为突然的变故而恐惧。然而他们在贝利撒留手中并没有受到虐待。

与此同时，又发生了另一件事。不久前，当皇帝的远征军到达利比亚时，盖里莫尔就派使节去了西班牙，其中有戈塔乌斯（Gothaeus）和富西阿斯（Fuscias），他们的目的是劝说西哥特人的国王塞乌迪斯（Theudis）[2]与汪达尔人建立联盟。在这些使节们渡过加迪拉海峡登陆之后，发现塞乌迪斯所在的城市离海很远。他们花费很长的时间才到达那里，尔后，塞乌迪斯友好地接待了他们，设宴款待。在席间，他假装不知情询问盖里莫尔和汪达尔人的情况。其实因为使节们的行程很迟缓，他已经从其他人那里听说了发生在汪达尔人身上的一切事情。一艘从迦太基开来的商船刚好在同一天也到了这个城市，然后又顺风驶向西班牙，塞乌迪斯从这艘船上的人那里得知利比亚发生的事，

---

[1] 卡利亚里（Cagliari）。
[2] 关于塞乌迪斯和他继承西班牙的西哥特王位的情况见第5卷，第12章。

但他命令商人们守口如瓶以免让更多的人知道。他问了戈塔乌斯和他的随从一些问题,他们尽量回答后,他又问他们为什么而来,当他们提出联盟的建议后,塞乌迪斯就命他们去海边,他说:"从那里你们可以知道家乡发生了什么事。"使节们认为塞乌迪斯喝醉了,神志不清,他们全都保持沉默。第二天使节们又见到了他,重提联盟之事,塞乌迪斯又说了同样的话,他们终于明白了在利比亚发生的变故,只想回到迦太基去,没想到迦太基也会被占领。当他们上岸后,靠近迦太基城时,遇到了罗马士兵,只好投降,跟着罗马士兵去见将军,他们说出了整件事的经过,没有受到任何虐待。这些事情的经过就是这样。当西里尔[1]靠近撒丁尼亚并听说戈达斯的事情后,驶向迦太基,在那里得知贝利撒留和罗马军队已经胜利了,他就继续安心休息。而所罗门[2]则被派去向皇帝汇报胜利喜讯了。

第 25 章

当盖里莫尔到达离迦太基有 4 天路程,靠近努米底亚[3]边界的布拉平原后,尽可能召集那里所有的汪达尔人,并对当地的摩尔人表示友好以争取他们的支持,但没有几个摩尔人加入他的联盟,而且他们都不服从他。因为

---

[1] 是一个外籍兵团的统帅,见第 3 卷,第 1 章和第 24 章。
[2] 他既是一个外籍兵团的统帅(dux foederatorum),也是贝利撒留的卫兵(domesticus)。见第 3 卷,第 11 章。
[3] 努米底亚(Numidia)位于非洲北部地中海沿岸地区,今天阿尔及利亚东部沿海地区。——中译者

所有在毛里塔尼亚、努米底亚和巴扎西姆的摩尔人部落首领都派了使节去见贝利撒留,表示愿意效忠皇帝并与罗马军并肩作战。一些人还按照古代的习惯以自己的孩子为人质,请求贝利撒留授予自己一定的军阶。因为在摩尔人的法律中,既是罗马人的敌人也就不能成为他们的统治者,只有罗马皇帝授予他官职的象征,他才可以作统治者。尽管他们已经从汪达尔人那里取得了这个官职的象征,但他们不认为汪达尔人会真正履行诺言。这个职务的象征物是一个镀金的银权杖、一顶银帽子——只能盖住一部分头部,像皇冠一样,四周都是银带——和一件白色斗篷,用金胸针固定在右肩的塞萨利小披肩上,还有一件白色镶边束腰上衣和一双镀金的靴子。贝利撒留把这一套装束送给了他们,还发给他们每人很多钱。但摩尔人既不愿与罗马人一起战斗,也不敢支持汪达尔人,而是对双方的斗争持观望态度,等待最终的结果。这就是罗马人面临的问题。

盖里莫尔派人到撒丁尼亚岛给他的弟弟察宗送去了一封信。送信人匆匆来到海滩上,碰巧发现有一艘商船出海,他就坐船到了卡拉纳里斯港,将信交到察宗手中,信的内容是这样的:

"我大胆猜想不是在岛上挑起叛乱反对我们的戈达斯,而是上天把疯狂的咒语降临到汪达尔人的头上,把你和汪达尔人中的显贵从我们身边带走,上天首先从我们诚心祝福的盖赛里克家族入手。你取得的那个岛再也不会归我们所有了,因为查士丁尼成了利比亚的主人。从结果中可以得知这是命运女神事先决定的。贝利撒留派了一支小部队前来攻打我们,命运女神给他带来好运,而汪达尔人却厄运接连不断。阿马塔斯和吉巴芒杜斯阵亡了,汪达尔人失去了勇气、马匹、船坞和整个利比亚,迦太基已完全被敌人占领。汪达尔人虽英勇奋战但仍以失败告终,其代价是失去他们的妻子儿女和所有的财产。我们现在只剩下布拉平原了。我们怀着对你的希望还留在(利比亚)这里。你不是已经成功地镇压了撒丁尼亚岛的叛乱,推翻了僭主的统治吗?那么就带着你的全部军队尽快来到我们这里吧,因为当人们面临最危险的事情时,考虑其他的微不足道的事情是不明智的,我们应该恢复从前的士气,共同对抗敌人,或许可以从对方那里获得对抗上天安排的苦命的力量。"

察宗看过这封信之后,他向手下的汪达尔人公布了信的内容,他们私下里哀号和恸哭,尽量隐藏真实的感情,以免让岛民发现。他们立即启程出海,在出发后的第三天到达利比亚的努米底亚和毛里塔尼亚边界地带,他们下船步行到了布拉,与其余的汪达尔人军队汇合。当时出现了许多可怜的景象,我从未认为这是他们应得的,因为即使是他们的敌人看到了这些景象也会同情、怜悯他们的,无论他本人是为汪达尔人还是为人类的命运而难过。当时盖里莫尔和察宗都伸出双臂搂着对方的脖颈,良久无言,拉着对方的手默默哭泣。与盖里莫尔在一起的每一个汪达尔人都和来自撒丁尼亚岛的战士们互相拥抱,他们久久不愿分开,好像长到一起似的,也许这样做会舒服一些的。盖里莫尔手下的士兵现在也不想询问戈达斯的事了(因为他们目前的命运使他们原来认为很重要的事情变得微不足道了），来自撒丁尼亚岛的士兵们也没有询问利比亚发生了什么事，因为目前的处境使他们猜到了发生的事，事实上他们甚至没有注意到他们的妻子儿女们，因为知道她们已经不在家里了，或者是死了，或者是落到敌人手中。这就是这些事情的经过。

第 4 卷

汪达尔战争（下）

第 1 章

盖里莫尔见所有的汪达尔人都聚到了一起，便率军进攻迦太基。当他们逼近迦太基城时，先破坏了导水管的一部分，这是一个很明显的引入城里去的管道。他们扎营一段时间后，因为没有敌人出来迎击，他们便撤走了。他们控制广大乡村地区，封锁道路，想用这种方法围困迦太基城。他们在农村中没有抢劫土地，搜刮战利品，而是将那里当作自己的土地一样看待。与此同时，他们又希望迦太基人中有叛变者或者是信奉阿里乌派的罗马士兵能为他们提供情报。盖里莫尔还致信匈奴人的首领，希望能与他们结盟，允诺给他们很多赏赐。而这里的匈奴人因为罗马人没有把他们当成盟友而对罗马人怀有敌意（他们宣称罗马将军彼得曾发过誓，然而又背弃了誓言），因此他们答应了汪达尔人的请求，允诺在汪达尔人开战后，他们会与之共同对付罗马人。但贝利撒留对此十分怀疑（因为他从逃兵那里听说的这些事），再加上围墙也没完全竣工，因此他认为现在就与敌人进行决战是不可能的，他同时也尽力做好开战的准备。这时有一个叫劳鲁斯的迦太基人以叛国罪受到指控，他自己的秘书也证明他有罪，贝利撒留下令在城前的小山上将他处以死刑。这件事使其他人异常恐惧，不敢有叛国行为了。他还以请客送礼的方式笼络马萨革泰人，劝他们说出盖里莫尔允诺他们的在战斗中投敌带给他们的好处。这些蛮族人说他们没有作战的意愿，他们所担心的是如果汪达尔人打败了，罗马人不会让他们回到祖国，他们只能客死在利比亚；此外，他们也担心战利品被别人抢走。于是贝利撒留向他们保证，如果能够彻底征服汪达尔人，他们就可以立即带着战利品回家乡。他以这样的誓言来保证匈奴人在战斗中以最大的热情帮助罗马人。

当城墙竣工、一切准备就绪后，贝利撒留把全军将士召集到一起说："我认为你们已经不需要罗马人传统的训诫了，你们最近征服了敌人，使迦太基和整个利比亚都归我们所有，因此无须再鼓励你们了。因为征服者的精神是不会被压倒的。但我认为有必要提醒你们一件事，如果你们在目前的情况下一鼓作气就会使汪达尔人的希望完全破灭。你们有理由拿出最大勇气从事这场战斗，为了苦尽甘来的胜利，为了尽早结束战斗。至于汪达尔人军队，不要考虑他们，因为决定胜负的原因不在数量和体格上，而在于勇气。让最强烈的动机激励你们的思想，即为过去的成绩而自豪，因为对于一个有理性的人来说，没有拿出全部勇气、没有尽全力就放弃是可耻的。我知道恐惧和不幸的记忆会使敌人丧失勇气，如果一方一直对过去的事情总是充满恐惧，那么另一方就会将其成功的希望化为泡影。因为命运女神一旦愤怒就会奴役被支配者的精神。你们目前从事的这场战争比以前的战争都更危险。因为在过去的战争中如果我们感到没有优势，就不去占领他人的土地；而现在，如果我们不赢得战争的胜利，就会失去我们自己的土地。相比而言，没有什么比失去已经拥有的东西更容易。我们目前的恐惧比以前更能触及到我们自身的利益。我们上次有幸在骑兵不在场的情况下也能取得胜利，而如今在上帝的帮助下，我们以全部军队投入战斗，我对击败敌人充满希望。战争即将结束，不要因为任何过失而拖延战争，以免错过战机追悔莫及。因为一旦战争的时机错过了，战争的性质就会发生变化，尤其是在战争被人为地延长时。上天习惯于惩罚那些不珍惜眼前大好时机的人，如果你们认为，敌人因为他们的妻子儿女和最珍贵的土地落入我们手中就会丧失理智，拿出更大的力量去冒险，这样想是不对的。因为当人们被一种强大的感情力量控制时，就会失去理智，常常会减少他们的真正力量，也不可能充分利用他们现在的机会。考虑一下吧，所有这些理由都可以让你们有义务拿出最大的勇气对付敌人。"

第 2 章

一番训诫之后，贝利撒留派出了几乎所有的骑兵，只留下 500 名。亚美尼亚人约翰率领一些卫兵和旗手作为前锋部队，罗马人称之为"骑兵团"（bandum）[1]。贝利撒

---

[1] vexillum praetorium，指皇帝卫队的骑兵团，见第 4 卷，第 10 章注释。拉丁文为 pannum。

留本人则在第二天跟在骑兵队和这500名骑兵团的后面。马萨革泰人经过深思熟虑后，为了与盖里莫尔和贝利撒留都保持友好关系，决定既不支持罗马人参加战斗，也不帮助汪达尔人，采取观望态度，只是当一方军队处于劣势时，他们就加入到胜利的一方。罗马军队来到汪达尔人扎营的特利卡马龙（Tricamarum），距迦太基有150斯塔德远，他们在离敌营一定距离处露营。是夜，罗马营中发生了一件奇事。有几个人看到他们的矛尖被一团光照亮，好像矛尖被点燃一般。虽然看到的人不多，但这几个看到的人都非常惊愕，不知道会发生什么事。这件事以后又在意大利的罗马军队中发生过一次，那时，他们都有了经验，相信这是胜利的标志。而现在，如我所说，因为这件事第一次出现，所以他们整晚都十分恐惧。

第二天，盖里莫尔命令汪达尔人把妇女儿童及其他财产都安置在他们围栏的中心，然后召集全体汪达尔人，说："哦，同伴们，我们这次开战，不是为了恢复荣誉或收复王国失去的土地，那样即使我们表现得胆怯并失去了我们所有的东西，我们仍然可以生活，还可以回到家乡守着我们祖先的土地。我们的命运已经走到了这样的关口，如果我们战败牺牲，那么他们就会霸占我们的妻子儿女和土地财产；如果我们战败但活了下来，我们自己也将沦为奴隶；如果在战斗中我们打败了敌人，假如我们还活着，就会生活在幸福之中；即使我们牺牲了，也会为妻子儿女开创美好的未来，汪达尔人的英名将永存，我们的王国也将千秋万代。我们每一个参加战斗的人都非常清楚，胜利的希望完全要靠我们自己。不是因为我们的身体，而是因为恐惧，不是恐惧死亡，而是害怕被敌人打败。因为，如果我们不能胜利，那么我们宁可选择死亡。每一个汪达尔人都不能示弱，要骄傲地显示我们的勇敢，不因失败而耻辱地结束生命。因为当一个人有了耻辱心，那么他在面临危险时就会产生无所畏惧的勇气。忘记过去的战斗吧，那不是因为我们胆怯才失败的，而是因为意外的变化。三十年河东，三十年河西，运气每天都在变。我们在勇气上超过敌人，在数量上更占优势，我们的兵力是他们的十倍。为什么我要用罗马人的荣誉感来激励你们拿出勇气呢？与祖先相比，此时此刻的我们有何荣誉感可谈——王国要从我们手中白白失去。我沉默着从那些可怜的妇女儿童们的哭声中走过。这你们也都看到了。我现在太激动了，不能再继续我的演讲了，但我还要最后再说一句话，那就是如果我们不取得对敌作战的胜利，我们就不能再回到这块珍贵的土地上来了。记住这些事情，表现出你们的勇气，不要给盖赛里克丢脸。"

说完这一席话，盖里莫尔命令他的弟弟察宗单独对那些与他一起从撒丁尼亚岛来的汪达尔人传达一些劝诫。他把他们召集到离营房有一定距离的一个地方说："作为全体汪达尔人中的一部分，士兵兄弟们，刚才国王已经详细讲述了这场战争的意义，但对你们来说，除了其他的考虑外，你们还要与自己竞争，因为你们最近刚刚在一场捍卫我们统治的战斗中取胜，你们为汪达尔人的帝国收回了那个岛，你们有理由进一步表现你们的勇敢，在战争这样伟大的事情中一定要表现出最大热情。实际上为维持自己的统治而战败的人，他们没有真正失败；但当他们为了全部利益而参加战斗，他们的生活就会受到战争结果的影响。如果你们在其他人面前展示出你们的勇敢，就会证明僭主戈达斯的灭亡[1]是你们的勇气所取得的胜利；但如果你们表现软弱，那些英勇事迹的声誉就会荡然无存。除此之外，我有理由认为你们在这次战斗中比其他的汪达尔人更有优势，因为失败者难以从先前的厄运中自拔，他们不能拿出全部勇气加入战斗，我认为这也是有情可原的。如果我们征服了敌人，我们就取得了最终胜利的大部分保证，所有的人都会把你们看成是汪达尔国家的拯救者。因为取得声望的人和曾遭遇不幸的人相比更容易交好运。考虑到这些，我认为你们应该命令哀声叹气的妇女儿童们振作起来，请求上帝与我们共同战斗，拿出热情抗击敌人，率领我们的同胞们投入到战斗中去。"

第3章

盖里莫尔和察宗都发表演讲之后，命令汪达尔士兵在中午对敌人发起进攻。这个时间正是罗马人准备吃午饭的时间，他们最不希望在这个时间开战。但敌人已经沿着小溪排好队形准备战斗了。这条小溪是四季不冻的，因为它太小了，所以当地居民甚至没有给它取名字，只称它为小溪。罗马人在小溪的另一侧岸边摆开战斗阵形：左翼部队为马丁努斯、瓦莱里安、约翰、西普里安、阿尔提阿斯和

---

[1] 见第3卷，第14章。

马尔塞鲁斯等人统率的外籍兵团[1]；右翼部队是帕普斯、巴巴图斯、艾根等人统率的骑兵部队，中军是约翰率领侍卫部队和贝利撒留的枪兵队，挂将军的战旗，贝利撒留也率领500名骑兵坐镇中军，步兵部队作为预备队殿后。所有的匈奴人单独列阵，他们不愿与罗马军队混合在一起，尤其是在这个时候，我以前曾解释过他们的作战目的，与其余的部队排在一起非他们所愿。这就是罗马军队的排列情况。在汪达尔人一方，两翼都由千夫长各自率领一个"千人队"的兵力，中间部队由盖里莫尔的弟弟察宗率领，在他的后面就是摩尔人军队。盖里莫尔此时在军队中四处走动，鼓励士兵们勇敢杀敌，并且对汪达尔人下达命令，不许使用矛和其他武器，只能用刀。

双方对峙一段时间，谁也没有主动开战。约翰在贝利撒留的建议下挑选几名士兵渡过小溪进攻敌人，被察宗打败，逃了回来，汪达尔人一直追到小溪处，但没有渡过小溪追赶。约翰再次派出更多的贝利撒留的侍卫队成员，让他们猛攻察宗的军队，再一次被击退，回到罗马营中。第三次贝利撒留的侍卫队和枪兵全体出动，他们手举将军的军旗，大声呐喊着进攻敌人，蛮族人只用刀勇猛抵抗，战斗非常激烈，许多汪达尔贵族都倒下了，其中包括盖里莫尔的弟弟察宗。最后整个罗马人军队全部投入战斗，渡过小溪冲向敌人，汪达尔人的军队抵挡不住，中军首先阵脚大乱，很快就变成了全军大溃败，罗马两翼部队追击逃兵。马萨革泰人见状自愿加入罗马军队一起追击敌人，但没追

---

[1] "外籍兵团"见第3卷，第11章注释。

多远，汪达尔人就跑进营中了。罗马人考虑到不宜与敌人在围栏中作战，于是开始抢劫敌人尸体上的金银财宝，得胜回营。在这次战斗中，罗马人伤亡不到 50 人，汪达尔却折损 800 人之多。

黄昏时分，罗马步兵部队到达战场，贝利撒留立即率全部军队冲入汪达尔人的大营。盖里莫尔见状一句话也没说，立即上马顺原路逃向努米底亚，他的家人和少数仆人也跟着他一起狼狈地逃跑了。盖里莫尔逃跑的消息马上传遍了汪达尔人军中，汪达尔人察觉到了这一情况，罗马人也明白地看到了。汪达尔人开始大叫，孩子们在哭嚎，妇女们也在哀号。男人们完全不顾亲人的哭喊，也顾不得拿走金钱，混乱地四处逃窜。罗马人冲上来占领营房，取得了敌人的钱财和其他的物品，营中此时已空无一人。他们整晚都在追逐逃兵，杀死遇上的男人，把妇女儿童变为奴隶。同时他们也在这个营中发现了大量的稀世珍宝，因为汪达尔人长期抢劫罗马人统治的地区，将大量的钱财运到了利比亚。又因为他们的土地肥沃，物产丰饶，每年出卖农产品在与其他国家的产品交易中一直处于入超地位，土地所有者不断从土地上得到收益，因此在汪达尔人统治利比亚的 95 年中，他们达到了非常富裕的程度，聚集的财富数量惊人。现在这些财富再次回到罗马人手中。这场战役发生在罗马军队占领迦太基的三个月之后，大约发生在罗马人称为"十二月"的中旬（538 年）。

第 4 章

贝利撒留看到罗马军队陷入毫无秩序的混乱状态，整晚都在担心敌人会联合起来进攻他的军队，这会给他造成不可弥补的损失。如果事情真是这样，我相信没有一个罗马人可以逃掉，也不可能享有战利品了。那些贫穷的士兵们，突然间变成了巨额财富和年轻貌美女子的主人，他们陶醉其中难以自拔，不仅沉浸在眼前的好运之中，而且贪得无厌，每个人都想把所有的财富带回迦太基。他们不再成群结队行走，而是一两个人单独行动，在山谷乡野中有山洞的或可能埋伏的地方漫游。因为他们既不怕敌人也不想听贝利撒留的命令，也没有其他的目的，只想取得战利品。他们在这种思想支配下，把一切都不放在心上。贝利撒留注意到这一情况后，不知如何是好。黎明时分他站在路旁的小山上，提醒将士们纪律的重要性，大声斥责他们。事实上，碰巧靠近他的人，主要是他的家人亲戚们，他们早已打发仆人把钱财和奴隶运到迦太基，而他们自己则出现在将军的身边，听候命令。

贝利撒留命令亚美尼亚人约翰率领 200 人日夜兼程追赶盖里莫尔，活要见人，死要见尸。他又派人传话给他在迦太基的副手，让他们把坐在教堂中哀求的汪达尔人带到城里，没收他们的武器，保证他们的人身安全，让他们在那里一直等到他本人回来。他还率队四处搜查汪达尔士兵，保证他们的生命安全。他们将教堂中的哀求者聚集在一起，没收了他们的武器，派他们与罗马士兵们一起守卫迦太基，这样他们就没有机会再次聚集在一起反抗罗马人。当所有这一切都安排妥当之后，贝利撒留率大部队全速进攻盖里莫尔。约翰马不停蹄，连续追击5天5夜，已经接近盖里莫尔了，实际上他第二天就能追上。但因为盖里莫尔命中注定不会被约翰俘房，命运女神就为罗马人设置了这样的障碍：在与约翰一起追击的人中有一个人叫乌利亚里斯，是贝利撒留的副手，此人重感情，心地善良，体格健壮，但不能严格自律，喜欢喝酒打诨。在追击的第6天，他喝醉了，看见一只鸟落在树上，就迅速拉弓射这只鸟。但不巧没射中鸟，却射中了正在树下的约翰的脖子，后者受了致命伤，很快就去世了。查士丁尼皇帝和贝利撒留将军以及所有的罗马人和迦太基人都为他的死而悲痛万分。因为他不仅刚勇，而且具备所有其他方面的美德，对他的战友和手下非常宽仁和公正，这些都是别人难以达到的。约翰的生命就这么结束了。至于乌利亚里斯在酒醒之后逃到附近的一个村子中，坐在教堂中哀求。这时士兵们不再追赶盖里莫尔了，而只是关注约翰的伤情。约翰死后，罗马士兵为他举行了隆重的葬礼，并向贝利撒留汇报了这件事，他们在这一段时间内一直停留在当地。当贝利撒留听到这个消息后，也前来参加约翰的葬礼，哀悼他的命运，为他哭泣悲痛，在约翰的坟墓上献了很多礼物，还雇专人为他守墓。他没有惩罚乌利亚里斯，因为士兵们说约翰在临死前以最庄严的誓言命令他们不要仇视乌利亚里斯，因为他不是故意这样做的。

盖里莫尔就这样逃脱了敌人的追击，一直逃到努米底亚海边距离迦太基城有10天的路程的一个坚固的城市希波·雷吉乌斯[1]，此后不久他又躲避到巴布亚山上。这座山坐落在努米底亚边界，四周都是悬崖，山势非常陡峭，难以攀登。山上住着摩尔人，他们是盖里莫尔的朋友和同盟者，盖里莫尔和他的随从们就在山区边境的梅德乌斯（Medeus）古城休息。贝利撒留要想派兵上山是不可能的，再加上正值冬季，尚有许多事情亟待安排，而且他认为离开迦太基是不明智的。他派法拉斯（Pharas）率领一支部队包围巴布亚山，围而不攻。法拉斯是一个埃吕利人，他精力充沛、严格自律，这是一件很难得的事[2]，因为埃吕利人没几个人能做到不变节、不醉酒、诚实作战的。法拉斯的指挥井然有序，他率领的每一个埃吕利人都能服从领导。贝利撒留命令法拉斯这一冬天就在山脚下扎营，加紧防卫，这样盖里莫尔既无法逃出山，也不可能把供应品运上山去。法拉斯按照命令行事。贝利撒留又转向了跪在希波·雷吉乌斯教堂中哀求的汪达尔人，其中有很多汪达尔贵族，他让他们站起来，答应保证他们的安全，然后派人护送他们去迦太基，于是发生了这样的事。

在盖里莫尔的家族中有一个叫博尼法斯的书写员，他是利比亚人，出生在巴扎西姆，对盖里莫尔非常忠心。战争一开始时，盖里莫尔就把博尼法斯安排到一艘快船上，还把所有的珍宝财产都装到这艘船上，命令他在希波·雷吉乌斯港停泊，如果见形势不妙，就开船以最快的速度赶

---

[1] 即博纳，是圣奥古斯丁的家乡和安葬地。希波·雷吉乌斯（Hippo Regius）即今天阿尔及利亚的安娜巴（Annaba），圣奥古斯丁曾任该城主教，汪达尔人围城期间去世并葬于此地。——中译者
[2] 埃吕利人（Eruli 或 Heruli）是最腐败和最野蛮的蛮族部落，他们来自多瑙河那边。关于他们的起源、活动和性格见第 6 卷，第 14 章。

去西班牙,投奔西哥特国王塞乌迪斯,如果汪达尔遭遇不幸,他就想法儿在那里寻求庇护。所以博尼法斯只要感到汪达尔人还有希望,就留在那里不走;但当特利卡马龙战役爆发及其后一系列事件连续发生,他只能按照盖里莫尔的指示扬帆启航。但逆风又把他吹了回来,去希波城根本不顺风,他又听说敌人已经逼近,于是请求水手们尽可能将船驶向其他的大陆或岛屿。但这也做不到,因为巨大的暴风雨把海浪掀起很高,那里是"托斯卡纳海"(Tuscan)[1],博尼法斯和他的船员遇上了这样可怕的暴风雨。可能是上帝希望罗马人得到这笔钱,不让船只驶出,虽然他们冲到了港口的外面,但在转回头抛锚时也遇到很大的阻力。在贝利撒留回到希波·雷吉乌斯后,博尼法斯派人去见他,他就让这些人坐在教堂中,他们想坦白是拥有盖里莫尔全部财产的博尼法斯派他们来的,并先隐瞒藏钱的地点,直到他们能从贝利撒留那里得到安全保证,即保证他们不会受到任何伤害之后才把盖里莫尔的钱财交给贝利撒留。这些人按照吩咐做了,贝利撒留听到这个消息后很高兴,他发誓保证他们的安全,并派了几个助手把盖里莫尔的钱财运了回来,释放了博尼法斯,还从盖里莫尔的财产中拿出相当数量的金钱赏赐给他,让他带着这笔钱离去。

---

[1] 在希腊语中托斯卡纳海也有暴风雨之意,和亚得里亚海一样,Syrtes以东极为危险。

第5章

贝利撒留回到迦太基，命所有的汪达尔人都做好准备，在初春就送他们去拜占庭。他还派出了一支军队占领了汪达尔人统治的一切地方：先派西里尔率领一支部队去撒丁尼亚，他手下的人都是以前察宗的部队，但因为这些岛民不愿意归服罗马人，他们害怕汪达尔人并认为发生在特利卡马龙的事不是真的，所以在接收过程中出现了一些波折；他还命令西里尔率一支军队去收复科西嘉岛，该岛古称昔兰努斯（Cyrnus），其居民原附属于汪达尔人。由于科西嘉离撒丁尼亚岛不远，所以西里尔又率军去了撒丁尼亚岛，像察宗一样对这里居民进行统治。这样，他取得了这两个岛屿的统治权，命令居民向罗马统治者交纳贡赋。贝利撒留派约翰率领自己的步兵部队前去毛里塔尼亚的恺撒里亚[1]。此处坐落在加迪拉以西的海边，离迦太基有30天的路程，自古就是一个人口众多的大城市。贝利撒留又派他的侍卫、另一个约翰去海峡处的加迪拉或赫拉克勒斯之墩，占领这里的塞普泰姆要塞[2]。靠近该海峡的岛屿被当地人称为埃布萨（Ebusa）、马约卡（Majorica）和梅诺卡（Minorica）[3]，还有一位意大利人阿波里纳里乌斯（Apollinarius），他是利比亚人的老朋友，他曾经从汪达尔

---

[1] 大约在阿尔及尔以西12公里，最初名为艾奥勒（Iol），现在为舍尔沙勒（Cherchel），以奥古斯都命名。
[2] 见第3卷，第1章注释。
[3] 见第3卷，第1章。

国王希尔德里克那里得到了大量的钱财。我上文讲过，希尔德里克后来被废，遭到监禁[1]。贝利撒留派他和其他支持希尔德里克的利比亚人一同去见查士丁尼皇帝，请求皇帝的支持和赠与。因为他加入了罗马人打击盖里莫尔和汪达尔人的远征军，在战争中勇敢杀敌，尤其在特利卡马龙战役中表现出色，因此贝利撒留把这些岛屿都委托给他管理。稍后贝利撒留还派了一支军队去的黎波里，增援被摩尔人围困的普登提乌斯和塔蒂姆特[2]，加强罗马人在那一地区的军事力量。

同时他又派一些士兵去西西里攻占附属于汪达尔人的利利巴厄姆要塞[3]，但他的军队被击退，因为哥特人绝不会让西西里的任何部分落入他人手中，这里的要塞也根本不属于汪达尔人。当贝利撒留得知这一情况后，就给驻守要塞的哥特统帅写了一封信，内容是："你们夺走了我们的利利巴厄姆，它是皇帝的奴隶汪达尔人的要塞，你们行动不是正义的，对你们也没有好处，其结果只能使你们的统治者成为皇帝的敌人，尽管他并不情愿也不知情，而皇帝的心愿则是不惜一切代价获取胜利。你们怎能违反常人的意愿，让盖里莫尔拥有这座要塞，而从盖里莫尔的主人、其奴隶和土地的所有者皇帝那里夺走这座要塞呢？先生们，你们不应该这样做，朋友之间自然会容忍对方的缺点，而敌人之间不但不存在容忍，反而要仔细搜寻对手过去的每

---

[1] 见第3卷，第9章。
[2] 见第3卷，第10章。
[3] 利利巴厄姆由狄奥多里克作为他妹妹阿玛拉弗里达嫁给非洲国王特拉萨芒杜斯的嫁妆割让给了汪达尔人，见第3卷，第8章。

一项罪行，不允许敌人因得到不属于他的东西而变得强大[1]，而且敌人是为祖先报仇才作战的。反之，如果在战斗中朋友变成敌人而且失败，也不会失去他的所有东西，如果胜利了，就会教育被征服者以新的观点看待过去的恩惠。这样你们既不会进一步伤害我们，也不会伤害你们自己了，更不会让伟大的皇帝成为哥特民族的敌人了。你们为自己祈祷吧，要确定如果你们宣称这个要塞是你们的，那么战争立即就开始，战争的目的不仅是利利巴厄姆，而且还包括其他你们自认为是属于你们的土地，尽管那些土地根本不属于你们。"

哥特人将这件事汇报给了阿塔拉里克的母亲[2]，她立即给予如下回答："尊敬的贝利撒留将军，你的信向我们提出了忠告，但这些忠告是针对与之相关的人的，而不是对我们哥特人的。因为我们没有夺取和占有查士丁尼皇帝的任何东西，我们从未做过这样的蠢事！我们保卫整个西西里是因为它属于我们，利利巴厄姆要塞是西西里的一个海角。狄奥多里克送给他的妹妹、汪达尔国王的妻子的只是西西里一个贸易港口，供她自由使用，这根本不能说明任何问题。因为这个事实根本不能作为你们提出要求的理由。而你，将军，应该公正地对待我们，如果你作为朋友的身份而不是敌人的身份，以协商的方式解决我们之间的问题，那情况就不同了。朋友习惯于用调停的方式解决分歧，而敌人则用武力解决争端。我们要求查士丁尼皇帝以他认为

---

[1] "朋友"和"敌人"指查士丁尼和哥特人的关系及他们的关系会变成什么样。
[2] 阿玛拉松塔（Amalasountha）。

的公正和合法的方式裁决[1]。我们渴望你们作出明智的而不是匆忙草率的决定,你等着皇帝的决定吧。"这就是哥特人回信的内容。贝利撒留将这一切汇报给了皇帝,静待皇帝的答复。

第 6 章

此时法拉斯因种种原因厌倦了围攻,因为冬季军营条件尤其艰苦,同时也考虑到摩尔人挡不住他们上山的路,于是他下定决心攀登巴布亚山(Papua)。他事先细心武装了他的随从之后才开始攀登。摩尔人冲出了防御工事,与他们作战,因为摩尔人一方所处的地点非常陡峭,难以攀登,尽管法拉斯勇敢战斗,强行登山,摩尔人还是成功地阻止了罗马人的登山行动。在这次战斗中罗马军队牺牲110人。罗马人吃了苦头之后,再也不敢登山了,他们尽量做到将此处团团包围,既不允许山上的人逃掉,也不允许从外面往山上运送任何东西。不久之后,山上敌人饥饿难耐,自然会向他们投降。实际上,当时盖里莫尔和他身边的人,包括他的侄子和表兄弟们以及其他出身高贵的人都在忍受着无法形容的痛苦生活,无论是多么善于描述的人都难以表达出他们的窘况。因为据我所知,在所有国家中汪达尔人的生活是最奢侈的,而摩尔人的生活却是最艰苦的。汪达尔人在取得利比亚后,过着高质量的生活:他们习惯于天天洗澡,在餐桌上摆满了各种各样最香甜可口

---

[1] 关于阿玛拉松塔女王与查士丁尼之间的关系在第 5 卷,第 3 章中提到。

的食物和海鲜；他们身上装饰得珠光宝气，穿着被称为"丝绸"（Seric）的波斯长袍，[1] 他们喜欢穿着盛装出现在剧院、竞技场和其他娱乐场所，还经常外出打猎；他们还供养一些舞女、小丑及其他能给人以听觉和视觉享乐的演员，他们的住处更像是一座花园，小溪和绿树点缀其间。汪达尔人经常举行盛大的宴会，对享受两性之间所有的欢娱乐而不疲。而摩尔人却生活在闷热不通风的小茅草屋中[2]，无论酷暑严寒，都不离开茅屋。他们都睡在地上，富一些的人就在身体下面垫一块羊毛毯，而且他们也不习惯于随季节变化更换衣服，一年四季都穿着厚外衣和粗布衫。在他们那里既没有面包也没有酒和其他可口的食物，他们只生产谷物，诸如小麦大麦之类，在吃的时候既不加热煮熟也不将它们磨成面粉或做成大麦饭，他们的吃法与动物没什么区别。因为摩尔人过着这样的生活，盖里莫尔和他的随从们在与摩尔人共同生活了很长一段时间之后，逐渐改变了原来的生活习惯，过上了粗劣的生活。而当他们的生存受到威胁时，就再也支持不下去了，甚至认为死去都比这样耻辱地活着更幸福。

当法拉斯得知这一情况后，便致信盖里莫尔："我是一个不善辞令的蛮族人，但作为一个人，当我得知事情真相之后，我要给你写信。我亲爱的盖里莫尔，你们究竟发生了什么事？你不仅令自己步入绝境，而且把你的全家也都推进陷阱。你真的可以避免作奴隶吗？这当然是年轻人的

---

[1] 拉丁语 serica，"丝绸"之意，来自中国。
[2] 修昔底德描写过这种茅草屋，雅典人在大瘟疫期间就住在这种茅屋中。

傻念头，你的自由仅仅是口头上的，是以那么多的困苦为代价的名义上的自由！你到底考虑过没有，直到现在你们都是最粗野的摩尔人的奴隶？因为你只希望获救，即使你获救了，会是他们拯救你吗？你们为什么不能成为罗马人中其他贫穷人的奴隶呢？从任何方面看，这样都比你们在巴布亚山上让摩尔人当征服者要强得多。当然，对于你来说最大的耻辱就是作贝利撒留的奴隶！聪明的盖里莫尔，抛开这些想法吧！我们[1]也都是出身高贵的人，现在不也都以为皇帝服务而自豪吗？实际上，据说查士丁尼皇帝希望你能进入元老院，享有最高的荣誉并成为一名贵族。我们给你这个头衔命名，然后再把广阔肥沃的土地和大量的金钱送给你做礼物，贝利撒留愿意保证你的安全并允诺兑现这些礼物。命运女神给你带来的诸多痛苦，你只能默默忍受，因为你仅仅是一个凡人，这一切都是不可避免的；但如果命运女神要以一些喜忧参半的好事去抚慰痛苦的人，你会拒绝她吗？考虑一下，命运女神的恩赐礼物不像她撒播的噩运一样不可避免，即使最愚蠢的人也不会这样想，而你虽然还沉浸在不幸中，但还没有失去你的判断力。事实上，人在失意时往往思想混乱，变得愚蠢。如果你能保有自己的想法，不去对抗命运女神，当她改变主意时，你就有可能选择一种既对你最有利，又可以逃脱罪恶的最佳道路。"

盖里莫尔读了这封信后，痛哭流涕地写了回信："我深深感激你为我提的建议，同时我也不能忍受作敌人的奴隶，

---

[1] 法拉斯和其他埃吕利人。

那我只能祈求上帝伸张正义了,如果上帝能厚待我的话。一个从未在我这里受到任何言语行为伤害的敌人,找到了一个借口来挑衅,将我置于这种困苦境地,无端地让贝利撒留进攻我。这并不是完全不可能的,因为他只是一个人,即使是皇帝也会在一些事情面前无可选择。至于我,不能继续写下去了,因为我的困苦使我失去思想,再见,亲爱的法拉斯,恳求你送给我一个里拉(古希腊的一种竖琴)、一块面包和一块纱布。"法拉斯读过这封信之后,一时茫然,不理解最后一句话是什么意思,后来才知道盖里莫尔需要一块面包是因为他想看到面包、吃到面包,因为自从上了巴布亚山他就没看过一块面包;一块纱布对他也是非常重要的,因为他的一只眼睛因为常年不洗而发炎肿胀;他还是一位高超的竖琴演奏家,他作了一首表达目前困境的歌曲,想在里拉的伴奏下抒发他的心情。法拉斯知道这些事以后,深深为之感动,哀叹这个人的命运。他按照信上的要求做了,把盖里莫尔想要的东西送给了他,但丝毫没有放松对敌人的围困,而是比以前更加严密了。

第 7 章

围攻持续了三个月,冬天就要过去了。盖里莫尔因此害怕围攻者不久就会上山进攻他,而他的许多亲人的孩子们身上都长了蛆虫,所有这一切都令他极度悲伤,他对一切,除了死亡之外,都不满意。尽管如此,他还是怀着希望忍耐着,直到他看到了这样一件事:一个摩尔人妇女用某种硬物压碎了一点谷物,然后做成一个小小的饼,把它扔到炉中的热灰中烤熟,这是摩尔人常用的烤面食方法。在炉边坐着两个孩子,一个是这个烤饼妇女的儿子,另一个是盖里莫尔的侄子,他们都饥饿难耐,都想在烤熟后马上吃到嘴里去。这两个孩子中汪达尔人孩子首先抓到小饼,尽管它极烫,外面还包着炉灰,但他太饿了,立即扔到嘴里吃了,而另一个孩子见状抓住了他的头发,使劲打他的太阳穴,逼他把小饼吐出来。盖里莫尔再也不能忍受这样的痛苦了(因为从一开始这种痛苦就伴随着他们),他再也撑不下去了。于是立即写信给法拉斯,信的内容是:"这件事发生在任何一个勇敢坚持忍受着种种不幸的人的身上,他都会改变他以前的决定,我也是这样的一个人。喔,亲爱的法拉斯,你的劝告已经在我的脑海中打下深刻烙印,我无法忽视它。我也不能再与命运女神抗争了,只能按照她所指引的最好的道路前进,但让贝利撒留保证你最近允诺我的事情。实际上,一旦得到保证,我就会把我自己、我的亲人和这里所有的汪达尔人都交给你。"

这就是盖里莫尔书信的内容。实际上,法拉斯早已把他们以前通信的内容向贝利撒留汇报了,请求他能尽快表态。贝利撒留(因为非常希望能带着活的盖里莫尔去见皇帝)读过这封信后非常高兴,命令一个外籍军团的统帅西普里安带一些人去巴布亚山,让他们发誓保证盖里莫尔及其一行人的安全,发誓只能为皇帝赢得荣誉,不能丢脸。当这些人来到法拉斯这里后,他们一同到了山脚下,盖里莫尔在他们的要求下也来到这里,得到了他希望得到的保证后,就与他们一起回迦太基了。碰巧贝利撒留在阿克拉斯(Aclas)城郊待了一段时间,于是盖里莫尔就到那里去见他。会面中，盖里莫尔毫无顾忌地开怀大笑，目睹此事的人都猜测他因为忧伤到极点才会一改本性地大笑，只有他自己知道这声大笑是没有原因的。但他的朋友们都认为他思维正常，因为他出身于王室家庭，继承了王位，从小到大都拥有权力和财富，后来被迫逃亡，并在巴布亚山忍受着巨大的恐惧和痛苦，现在又以俘虏的身份出现，在这一过程中，他接受了命运女神所有的馈赠，既有好的也有坏的。因此，他们认为一个人的命运值得一笑。关于盖里莫尔的大笑，每一个人都可以根据自己的判断去评论，无论是敌人还是朋友。贝利撒留已向皇帝报告了俘虏盖里莫尔的消息，请求允许他把盖里莫尔带回拜占庭。同时他也要保证盖里莫尔和其他被俘的汪达尔人的安全，他的船队准备出发回京城。

　　在这之前还有许多其他的重要事情也都发生着变化，只要幸运的人依然保持幸运，那么这些事情就还会继续发展。那些似乎不可理喻的事情却真的实现了。还有许多过去根本不可能发生的事情也出现了，就成了奇迹。这样的事以前是否发生过我不清楚，但在盖赛里克的第四代子孙时，其王国的财富和军事力量均达到了顶峰，却又在很短的时间内灰飞烟灭，而且是被5000名无处泊船的入侵者毁灭的。这5000人就是贝利撒留带来的骑兵，在整个战争中都没有增派援军。无论这件事是偶尔发生的还是因为勇气的力量，都是令人惊叹的。现在我要接着叙述前面的事情。

第 8 章

汪达尔战争结束了，但贝利撒留的好运也引起部分属下的嫉妒，尽管他没有做什么解释。这时一些官员在皇帝面前诽谤他，控告他要建立一个自己的王国[1]，这种说法是没有任何根据的。但皇帝没有将这种诽谤之言公之于众，也许是因为他不关心这些诬陷之词，也许不公开对他更有利。他派所罗门去见贝利撒留，让他在两件事中选择一件：或者是带着盖里莫尔和所有的汪达尔俘虏一块回拜占庭，或者他继续留在非洲，派人将盖里莫尔一行人送回来。贝利撒留已经注意到有人在皇帝面前诬告他意图篡位，所以他急切地要回拜占庭，以便澄清自己，反击诽谤者。下面我要解释一下他是怎么得知这些诽谤之事的。那些告发他的人给皇帝写了控告信，唯恐送信的人在海上失踪，打乱他们的计划，他们就写了两份前文述及的控告信，派两个人分乘两艘船送信。其中一人因为没有被发现就溜走了，另一个因为受怀疑或其他原因，在曼兹拉（Mandracium）被俘，交出了这封密信，由此贝利撒留得知诽谤一事。他非常想回拜占庭以证明自己的清白。这就是在迦太基发生的事情的经过。

居住在巴扎西姆和努米底亚的摩尔人在毫无正当理由的情况下破坏和约与罗马人开战。这与他们的性格分不开，因为摩尔人既不敬畏上帝也不尊重他人，不遵守自己的誓

---

[1] 即在非洲，他成了汪达尔国王的继承人。

言,对其人质也漠不关心,即使人质是他们首领的儿子或兄弟也一样。他们只恐惧敌人的进攻。除此之外,和平是不存在的。下面我要讲一讲贝利撒留是怎样与他们签订和约以及他们怎样破坏和约的。当期待已久的皇帝的远征军即将到达利比亚时,摩尔人因害怕受到进攻,就向他们的女祭司问卜,因为这个国家不允许男人说出神的预言,而女人则在进行某种神圣仪式之后具有预言未来的能力,这种预言与古代祭司的预言类似。当他们向女祭司询问时,这些女人回答道:"将会有从水上来的军队毁灭汪达尔人,打败并消灭摩尔人,罗马军队中的统帅是一位无胡须的将军。"摩尔人听过后,又看到皇帝的军队正从海上前来,就非常害怕,不愿与汪达尔人联合作战,于是他们便派人去见贝利撒留,与他签订和平条约。这在前文中已经讲到,他们静观事态的变化,当汪达尔人的统治穷途末路之时,他们又派人去罗马军中,调查是否有一个没胡子的人在军中担任官职。当他们看到所有的人都留着胡须时,就认为预言不一定预示现在的事情,很可能是几代人以后的事情,所以急欲破坏和约,但他们怕贝利撒留阻止他们这样做。因为在贝利撒留作统帅时,他们是根本不可能打败罗马人的。但当他们听说贝利撒留要和他的侍卫、枪兵一同离开这里,汪达尔人也已经上了船启航时,就突然拿起武器向利比亚人挑衅,因为利比亚的士兵很分散而且没有准备,所以经受不起敌人从各个方向的侵犯,也不能阻止他们经常性的偷袭。这样,男人就大批被杀,妇女儿童沦为奴隶,财产被夺走,整个国家到处都是逃亡者。在贝利撒留刚刚启航时,有人向他汇报了这些事情,但为时已晚,不能回头了。他把利比亚的政府全权委托给所罗门,还选出他的护卫队及枪兵中最精锐的部队辅助所罗门,让他尽快惩罚那些挑起叛乱、对罗马人造成严重伤害的摩尔人。同时皇帝也派塞奥佐罗斯和卡帕多西亚人伊尔迪戈尔(Ildiger,他是贝利撒留和妻子安东尼娜的女婿)率军队去所罗门那里协助解决问题。由于盖赛里克从一开始就把一切都搅乱了,在利比亚地区也找不到像以前罗马人为他们记录的那样详细的税收文件记录[1],皇帝就派特里福(Tryphon)和欧斯特拉提乌(Eustratius)负责按比例确定每个利比亚人的税收金额,但在利比亚人看来,他们既不谦和又令人难以忍受。

第9章

贝利撒留带着盖里莫尔和其他汪达尔俘虏到达拜占庭时,像过去那些取得重大胜利、立下赫赫战功的罗马将军们一样,获得了极高的荣誉。事实上除了提图斯和图拉真这样的皇帝曾率军反击过一些蛮族人并取得胜利之外,600年来无人获此殊荣[2]。贝利撒留在市中心向民众展示了汪达尔战争的战利品和战俘奴隶之后,举行了凯旋仪式。这

---

[1] 罗马税收体系的样本在埃及纸草文书中被揭示出来,见个人财产公告,απογραφαι,伦敦版《埃及纸草文书》,第1卷,第79页。另见弗林德尔版《埃及纸草文书》,第3卷,第200页,由Mahaffy and Symly编注。
[2] 因为凯旋仪式只能为罗马大将军(或皇帝)举行,在奥古斯都元首政治建立以后,所有的凯旋仪式都是以皇帝的名义庆祝的,得胜的将军只能得到凯旋勋章。第一位拒绝接受凯旋仪式的将军是阿格里帕,从他在西班牙的战役之后直到贝利撒留在君士坦丁堡举行凯旋仪式有550年的时间。

种凯旋仪式与古代的不同,他是步行从自己家走到竞技场,又从竞赛起跑线走到皇帝的座位前[1]。这些战利品主要属于王室用品,如皇后乘坐的带金座的马车、奇珍异石镶嵌的珠宝首饰、金质酒杯及其他王室餐桌用具,还有重达几千塔兰特的银器以及巨额的王室财富(因为盖赛里克抢劫了罗马的皇宫,下文将详细论述)[2]。这些财富本来是犹太人的,韦斯巴芗(Vesposian)的儿子提图斯率军占领耶路撒冷后,把这些财富运到了罗马。其中一个犹太人看到这些东西后,拿起一件走到皇帝面前说:"我认为把这些财宝运到拜占庭皇宫来是失策的,把它们放在哪里都不如放到以前犹太所罗门王放置的地方更合适。正是因为它们,盖赛里克才占领了罗马人的皇宫,现在罗马军队又占领了汪达尔人的宫殿。"皇帝听了这些话以后,很害怕,他很快就派人把这些犹太人的东西都运到耶路撒冷的基督圣殿中去了。战俘中有披着紫色斗篷的盖里莫尔,还有他的所有家人及众多的高大匀称的汪达尔人。当盖里莫尔到达竞技场时,他看到皇帝坐在一个高高的座位上,文武群臣排列两厢,盖里莫尔面临此情此景,既没有抽泣也没有哭喊,而是忍不住用希伯来语说:"虚空之虚空,凡事都是虚空。"[3] 他走到皇帝面前,脱掉斗篷,跪拜于地。贝利撒留也向皇帝行了曲膝礼,和他一起恳求皇帝。皇帝查士丁尼和皇后狄奥多拉赐给希尔德里克的子孙后代,以及所有

---

[1] 起点标志或为竞赛者准备的起跑线在竞技场的入口处,而皇帝的包厢则在入场后右侧跑道中间。
[2] 见第3卷,第5章,那是在公元455年发生的。提图斯劫掠耶路撒冷是在公元70年。
[3] 《传道书》第1章,第2节。

瓦伦提尼安皇帝的家人大量金钱，把加拉大的土地赐给了盖里莫尔，让他和他的家人住在那里。然而盖里莫尔拒绝升为贵族，因为他不愿改变自己的阿里乌派信仰。

不久后，（535年1月1日）贝利撒留以古代的方式举行了凯旋仪式[1]，因为他荣升为执政官。他被俘虏们抬着坐在高高的官座上，然后把汪达尔战争中得到的战利品抛向民众。贝利撒留就任执政官期间，向民众大量分发银盘子、金腰带和汪达尔人的财富作为赏赐，这似乎是长期废弃的古代习惯的复兴[2]，这些就是在拜占庭发生的事情。

第10章

所罗门接管利比亚军队时，如前文所述，摩尔人已经挑起叛乱，一切事情都悬而未决，他不知该如何处理眼前的形势。据报，蛮族人已经摧毁了巴扎西姆和努米底亚的罗马军队，在那里肆意抢劫。最令他和所有迦太基人痛心的是马萨革泰人艾根和色雷斯人鲁菲努斯在巴扎西姆的厄运。他们不仅在贝利撒留家族，而且在罗马军中都享有极高的声誉，其中艾根是贝利撒留手下的一名枪兵，另一个也是最勇敢的战士，他们都曾在战争中担任掌旗官，罗马人称为"旗官"（bandifer）[3]。现在讲一讲这两个人率领

---

[1] 不是真正的"凯旋"仪式，而是为他执政官就职仪式举行的庆典。
[2] 这里论及的是向民众慷慨赏赐金钱或珍贵物品的古代习俗，一般发生在皇室有重大喜事的场合，如皇帝任命执政官，皇帝的生日等。第一个进行这种赏赐的人是尤利乌斯·恺撒。
[3] 见第4卷，第2章。

的骑兵分遣队在巴扎西姆发生的事。他们看到摩尔人大肆掠夺,把所有的利比亚人都沦为战俘后,就和随从们在一个狭窄的关口设下埋伏,杀死了所有护送战利品的摩尔人,把战俘全部带走。蛮族统帅库齐纳斯(Coutzinas)、埃斯迪拉萨斯(Esdilasas)、约尔弗塞斯(Iourphouthes)和梅迪辛尼萨斯(Medisinissas)得知此事后,就率领全部军队在傍晚时分赶到关口,因为他们距离关口很近。罗马人因为人数极少,被阻隔在一个狭小的空间里,千军万马包围了他们,无论他们转向哪个方向作战,都会受到后面的进攻,难以抵御。在这里,鲁菲努斯和艾根及其他几个人已经跑到附近的岩石上,从上边抵抗敌人的进攻,他们只要不断发弓放箭,敌人就不敢靠近他们,但蛮族人也一直在向他们投掷投枪。当所有罗马人的箭都用光的时候,摩尔人与他们短兵相接,他们尽可能以剑防身,但在蛮族人强大的进攻下处于劣势。混战中艾根倒下了,被乱刃分尸,鲁菲努斯也被俘虏。蛮族统帅梅迪辛尼萨斯害怕鲁菲努斯再次逃跑后与他为敌,就砍下他的头,带回家给妻子们看,像这么大的头和这么浓密的头发是罕见的。既然我已经叙述到这里,就有必要谈谈摩尔人在利比亚的历史,以及他们是怎么定居在那里的。

当希伯来人逃出埃及,临近巴勒斯坦边界时,他们的领袖智者摩西离开了人世,由一位修女的儿子约书亚继续领导他们。他率领这些人到达巴勒斯坦,在战争中以异常勇敢的精神打败了所有民族之后,轻易地占领了这里的城市,取得了对这块土地的控制权。当时有一个沿着海边从西顿一直到埃及边界的国家,被称为腓尼基。著述腓尼基人早期历史的作家们都同意，古代有一个国王统治着这个国家，在这个国家中生活着人口众多的部族，其中包括盖尔盖希特和耶布希特，以及其他在希伯来历史上有所记载的部族[1]。当这些民族看见入侵者的统帅不可战胜的神勇，就被迫从故土迁居到邻近的埃及，但在埃及他们也没找到足以定居之所，因为在古代埃及人口众多，于是他们又去了利比亚，在那里建立了无数的城市，占领了直到赫拉克勒斯之墩的整个利比亚。他们在那里一直生活到现代，使用腓尼基语。他们还在努米底亚修建了一座要塞，就是现在的提吉西斯（Tigisis）城，在该城的泉水边有两根白石柱子，上面刻着腓尼基字母，意为："我们是从强盗、修女之子约书亚面前逃跑的人。"在摩尔人之前，利比亚也有很多民族在此定居，自古就在这里建立国家，自称为大地之子，因为他们声称其国王就是大地之子、曾与赫拉克勒斯（Heracles）在克利皮阿（Clipea）[2]摔跤的安泰（Antaeus）。后来，他们与狄多（Dido）一同迁出腓尼基来到利比亚，当地人也允许他们在迦太基定居。随着时间的流逝，迦太基变成了一个实力强大、人口众多的城市。他们与邻国——来自巴勒斯坦的摩尔人——曾发生过一场战争，结果摩尔人获胜，迫使他们住在远离迦太基的地方，而后又迁徙到很远的地方。后来，罗马人在战争中打败了所有这些民族国家，把摩尔人安置在利比亚国土的一端，还迫使迦太基人和其他的利比亚人臣服他们，定期向罗马

---

[1]《旧约》中的迦南人。
[2] 即 Clypea 或阿斯皮什，现在迦太基海岸的卡利比亚。

人交纳贡赋。之后,摩尔人多次打败汪达尔人,取得了现在称为毛里塔尼亚的土地,其疆域从加迪拉一直延伸到恺撒里亚[1],大部分利比亚人都生活在那里。这就是摩尔人在利比亚定居的历史。

第 11 章

当所罗门听说了鲁菲努斯和艾根出事后,立即准备开战。他给摩尔人的统帅写了一封信,内容是:"在你们之前已经有人遭到毁灭的厄运,因为他们事先未能判断他们的蠢行会带来什么后果。你们邻国汪达尔人就是最好的例子。究竟是何种动机使你们拿自己的安全冒险,揭竿而起反对伟大的皇帝,同时又立下誓言,以自己的孩子为人质与罗马人达成协议呢?你们决定背弃上帝、誓言、亲人、安全或其他事情而面对这一事实吗?如果你们对神做了这样的事,那么在你们反对罗马皇帝的队伍中,什么样的同盟者能信任你们呢?如果你们上阵打仗、残害自己的孩子,那么你们这种无谓的冒险是为了什么呢?如果在你们心中已经有后悔之意,就写信给我,我们可以像以前一样令人满意地安排与你会面;但如果你们的疯狂丝毫不减,我们就会对你们发动一场战争,连同你们违背誓言,对你们孩子做的错事一并降临到你们头上。"

摩尔人在回信中写道:"贝利撒留用空洞的承诺欺骗了

---

[1] 即从加的斯(Cadiz)对面丹吉尔(Tangier)一直到阿尔及尔,关于恺撒里亚,见第4卷,第5章注释。

我们，还以同样方法劝我们臣服于查士丁尼皇帝，但罗马人不让我们分享他们的任何好东西，只希望统治我们，作为他们的朋友和同盟者，我们只能忍饥挨饿，因此你们比摩尔人更适合'背信弃义'的称号。因为破坏和约的人是那些明显做错事却控告他们的邻居并离弃他们的人，而不是期待着他人与自己保持信义的同盟，后来被迫使用暴力的人。与上帝为敌的人不是为了收回他们自己的领土而进攻他人的人，而是当他们因为侵占别人的领土而使自己面临战争危险的人。至于孩子们，那是你们关心的事，因为你们不允许娶多个妻子，而在我们这里，每个人都可以娶50个妻子，不担心生不出孩子。"

读过这封信后，所罗门决定率全部军队进攻摩尔人。他安排好迦太基的事务之后，就率军前往巴扎西姆。当他到达马莫斯[1]时，刚才提到的摩尔人的四位统帅[2]已在那里扎营，他为自己修了一个防护栏。这个地方山峰高耸，在山脚下有一块平地，蛮族人就在那里准备战斗，他们的队形排列如下：他们将骆驼排成圆形，前文讲到卡巴昂这样做过[3]，从正面看有12排，妇女儿童坐在圆心处（因为在摩尔人中有带妇女儿童来参加战争的习惯，她们会修防护栏和棚屋，能训练马匹、管理骆驼和食物，还能把铁制兵器磨锋利并从事其他与战争准备有关的工作）；男人们一部分站在骆驼之间，手中拿着盾、剑以及用做投掷的短矛，还有一些人骑着马站在山上不动。所罗门并不担心摩

---

[1] 根据普罗柯比《建筑》第6卷，第6章。该地"在毛里塔尼亚边界上"。
[2] 见第10章。
[3] 见第3卷，第8章。

尔人的骆驼阵，在那里没有布置兵力，他害怕的是山上的敌人和圆形阵中的敌人一起发动攻击，罗马人就会两面受敌。他在圆形阵的另一侧布置了全部军队。这些罗马士兵听到艾根和鲁菲努斯出事后，大部分丧失了勇气，恐惧万分。于是他就鼓励他们说："与贝利撒留并肩战斗过的将士们，不要害怕这些人。不要认为摩尔人的人数达到5万就能打败500名罗马人。重要的是唤醒你们内心的勇气，因为汪达尔人已经打败了摩尔人，而你们在战争中又轻易地成了汪达尔人的主人，征服了强大敌人的人在比自己弱的敌人面前不应心存恐惧。事实上在所有的民族中，摩尔人民族是战争装备最差的，他们大多数人根本没有盔甲，他们的盾牌非常小，做工又低劣，难以抵御袭击。在他们投出了手中的两个短矛之后，如果还不能取胜，那就只能逃跑了。所以我们有可能打败蛮族人的第一次进攻后，毫不费力地取得胜利。至于你们的武器装备，你们当然知道它们与敌人武器装备的巨大差别。除此之外，你们还拥有强壮的体魄、勇敢的精神、丰富的作战经验和坚定的信心，因为你们已经打败了所有的敌人——这些长处你们都拥有；而摩尔人则被剥夺了这一切，仅仅把他们的信心寄托在众多的人数上。做好准备打败数量超过己方而技术低于己方的敌人是一件很容易的事。因为，一旦优秀的士兵充满自信，胆小鬼们就会发现和他在一起的众多的同伴都处于危险之中。况且你们肯定讨厌这些骆驼，它们既不能参加对敌战斗，而且在遭到投射物的袭击后，非常可能成为引起敌方混乱的主要原因。敌人因为以前取得的胜利而骄纵轻敌，这对你们非常有利。因为当胆量与能力相称时，就会成为获胜的有利条件，但当胆量超过能力时，就会招致危险。你们一定要记住：蔑视敌人，冷静观察，进退有序。分析了这些因素之后，我们就可以轻而易举地打败如同一盘散沙的蛮族人了。"这就是所罗门发表的一段战前演讲。

摩尔人的统帅们看到罗马人列队井然有序，军纪严明，非常害怕，也希望能唤起他们士兵们的勇气，于是鼓励他们说："士兵伙伴们，罗马人也是难挨刀剑的血肉之躯，我们最近已经领教过他们中最优秀的将士了，结果他们一部分被杀，一部分被俘。不仅如此，我们在人数上占据绝对优势，而且这次战斗对我们意义重大，或者成为整个利比亚的主人，或者成为这些吹牛者的奴隶。我们必须拿出最大的勇气，因为除了勇气之外，把所有的一切都作赌注是不明智的。我们应该轻视敌人的武器装备，如果他们步行进攻我们，速度不会很快，而摩尔人的灵活敏捷是对他们最不利的，他们的骑兵看到骆驼就会害怕，战马因为受惊而嘶叫，就会使他们阵脚大乱。如果有人认为罗马人已经打败了汪达尔人就所向无敌的话，那他就错了。因为在通常情况下，战争的结果或者取决于统帅的勇猛，或者取决于运气；贝利撒留是他们取得对汪达尔人胜利的决定性因素，感谢上天，现在他不在敌人当中。此外，我们也多次打败汪达尔人，削弱了他们的力量，这样罗马人才打败了他们。现在，如果你们在战斗中勇敢杀敌，我们有理由对胜利充满希望。"

摩尔人统帅演讲之后，双方开始交战。刚一开始罗马军中一片大乱，因为他们的马被骆驼的声音惊吓，看到骆驼就向后退，并把背上的骑兵甩下来。罗马士兵大部分逃散,与此同时摩尔人乘势杀敌,投掷手中的短矛。罗马军队一片混乱,有很多人被投枪击中,难以继续保持队形反击敌人。所罗门见此情景,当机立断,跳下战马,命令所有的士兵下马,站在原地,用盾牌抵挡敌人的投枪,保持队形不变;他本人率领500人冲到队伍前面去攻击圆形阵的另一侧。他命令手下士兵用剑刺杀站在前面的骆驼,那里的摩尔人受到打击后很快撤退。所罗门手下的人杀死了大约200只骆驼。骆驼倒下之后,罗马人一举攻入圆形阵。蛮族人狼狈逃窜,罗马人乘胜追击,据说杀死了1万名摩尔人,所有的妇女儿童都沦为奴隶。士兵们把所有没杀死的骆驼以及其他战利品俘虏,大胜而归。

第 12 章

被击败的蛮族人不肯善罢甘休,全族出动,再一次大举进攻罗马人。他们首先抢劫巴扎西姆的乡村,无论老幼一律杀光。这时,所罗门已经回到迦太基,有人向他汇报说蛮族大军又来到巴扎西姆,到处烧杀掳掠。于是他率全部军队迅速离开迦太基,前去迎击。他们到达布尔加昂山(Bourgaon),在离敌营有一段距离的地方扎营,在这里等待着摩尔人从山上回到地面,就可以开战了。但因为摩尔人躲在山上按兵不动,他只能利用这段时间整顿军队。这时摩尔人不想再一次在地面上与罗马人作战(因为他们对此非常恐惧),他们认为在山上作战更为有利。布尔加昂山的东侧绝大部分都是悬崖峭壁,极难攀登,而西侧则是一个缓坡,很容易攀登。这座山上有两个高耸的山峰,两峰之间是一个非常狭窄又深不可测的山谷。摩尔人没有设卫兵把守山顶，因为他们认为这一侧不会有敌人威胁他们；同时，他们在西侧缓坡的山脚下也没设兵力把守，而是在半山腰处扎营，在那里等待，引敌人上山作战。如果敌人上山，他们在高处有利于投掷短矛，击中敌人。他们还在山上准备了很多匹马，以备逃跑或追击敌人之用。

所罗门见摩尔人不愿在平原上交战，同时罗马军队在荒凉处也有被围困的危险，他就急于在布尔加昂与敌人交锋。当他看到士兵们因为面临比上次战斗中还要多几倍的敌人而恐惧万分的样子，就把士兵召集到一块，说："敌人对你们的恐惧是显而易见的。因为你们都知道，他们虽然人数众多，数以万计，但却不敢来到平地与我们作战，那是因为他们没有信心，只能在荒凉的山区地方躲避。目前，我甚至无须鼓励你们，因为有利的环境和敌人的懦弱增强了我们的勇气。我最后提醒你们一件事，如果我们都能勇敢地面对敌人，不仅能打败汪达尔人，同样也能打败摩尔人，能在不受敌人干扰的情况下享用利比亚丰饶的物产。至于怎样防止敌人从山上攻击我们和保证我们的食物供应，由我来负责。"

演讲过后，所罗门命令前任皇帝卫队（excubitores）[1]统领塞奥佐罗斯率领1000名步兵和一些旗手在傍晚时分秘密来到布尔加昂山的东侧，从这里向上攀登。因为这里非常陡峭，以至于有人认为偷袭不可行，但他命令他们在接

---

[1] 在晚期罗马帝国，皇帝卫队的精兵共有300人，他们的统领在朝廷中享有高级军衔；见第8卷，第21章中讲到贝利撒留曾任此职。在《秘史》第6章中提到了前任的皇帝查士丁也曾任此职。

近山顶时必须埋伏在那里，度过一晚。第二天黎明时分发动进攻，将军旗插在山顶上并开始射箭。塞奥佐罗斯按照吩咐，在夜里率兵爬上了陡峭的山崖，在无人察觉的情况下接近山顶。不仅摩尔人不知道，甚至很多罗马士兵也不知道，因为所罗门假称派他们去放哨，以防止敌人乘机进入营中捣乱。黎明时分，所罗门率全体大部队在布尔加昂郊外迎击敌人。清晨来临时，摩尔人发现敌人已近在眼前，罗马人看到山顶已被手持军旗的人占领了，双方都有些不知所措。天色大白，当山顶的罗马人发起进攻时，罗马军队才发现山顶的军队是自己人，而蛮族人则被夹在罗马人军队之间，上下受敌，根本没有机会迎击敌人，他们于是放弃抵抗，匆忙逃跑。但他们既不能逃向被敌人控制的山顶，也不能逃向平地或比现在的位置低一些的地方，因为他们的敌人正在那里等着他们呢。他们只能迅速逃向山谷和另一个未被敌人占领的山峰，有的骑马，有的步行。因为人数众多，又极度恐慌混乱，有的死于自相践踏，有的则坠入万丈深谷。而后面的人根本不知道前面的悬崖，继续向下冲，最终山谷中填满了人和马的尸体，堆出了一条从布尔加昂山通向另一座山的路。其余的人因为这条尸体堆成的路而得救。据幸存的摩尔人说，这次战斗中，摩尔人共死亡5万人，而罗马人却毫发无伤，因而大声欢呼胜利。所有的蛮族将领除了埃斯迪拉萨斯（Esdilasas）以外，都逃跑了，他在得到保证后，向罗马人投降。大批摩尔人妇女儿童沦为战俘奴隶，数量之众以至于一个摩尔人男孩只和一头羊等价。这时，幸存的摩尔人回忆起了他们女祭司早先说的话,他们的国家会被一个没有胡须的人毁灭[1]。

罗马军队带着他们所有的战利品,押解埃斯迪拉萨斯回到迦太基,那些幸存的蛮族人本想在巴扎西姆定居,但他们人数太少,担心会遭到邻国利比亚人的进攻,于是他们的统帅就率领他们一起去了努米底亚,恳求在奥拉西姆(Aurasium)[2]的摩尔人统治者伊奥达斯收留他们,仍然留在巴扎西姆的摩尔人则由安塔拉斯率领,因为取得了罗马人的信任,所以他和他的属下都得到了善待。

第13章

巴扎西姆战役发生的同时,奥拉西姆摩尔人的统治者伊奥达斯率领3万多人掳掠了努米底亚乡村,许多利比亚人沦为奴隶。碰巧在森楚里阿(Centuriae)要塞的守备军统帅是阿尔蒂阿斯(Althias)[3]。他急于从敌人手中俘虏一些战俘,于是率领70名匈奴士兵冲出要塞。他知道以70个人的力量对付数量千倍于己的敌人是不可能的,所以他希望能占领一个狭窄的关口,在敌人通过时,能乘机抓到一些战俘,但因为这里是平原地区,没有狭窄的关口,于是他想出了这样一条计策:

附近有一座名为提吉西斯(Tigisis)的城市,该城没有城墙,在城中狭窄处有一眼巨大的泉水,阿尔蒂阿斯决定

---

[1] 见第8章。普罗柯比在第3卷第11章中讲到所罗门是一个宦官。
[2] 见第3卷,第8章。
[3] 一位外籍兵团统帅,在第3卷,第11章中提到。

占据这处水源。当敌人口渴时，一定就会来到这儿。但他手下的各级将士都认为这个计划是荒谬的。不出所料，摩尔人因为夏季气候炎热感到疲惫不堪、口渴难忍，纷纷冲向泉水，完全没有想到会受到阻拦。当他们发现水源已经被敌人占领时，都止住了脚步，不知所措。此时，他们因为极度缺水，大部分人体力都已经耗尽。伊奥达斯（Iaudas）于是决定与阿尔蒂阿斯交涉，同意将战利品的1/3给他们，条件是让摩尔人喝水。但阿尔蒂阿斯不同意这个建议，他要求他们二人在一场决斗中决定胜负和战利品的归属。伊奥达斯接受了这一挑战，如果阿尔蒂阿斯落败，那么摩尔人就可以喝水了。摩尔人军队一方很高兴，一致认为取胜的希望很大。因为阿尔蒂阿斯身体不高，体形消瘦，而伊奥达斯则是所有摩尔人军中最出色的勇士。两个都上了马，决斗开始，伊奥达斯先投出了手中的一支短矛，阿尔蒂阿斯以高超的技术成功地用右手接住了它，伊奥达斯和其他的摩尔人都十分惊讶。然后他又迅速地用左手拉弓，因为他的双手都很灵活，射死伊奥达斯的马，伊奥达斯从马上摔下来了，摩尔人士兵此时又为首领牵来一匹马，伊奥达斯立即上马逃走，摩尔人军队一片混乱，都跟在他后面逃跑了。阿尔蒂阿斯则取得了所有的战俘和全部的战利品。这件事很快传遍了利比亚。

所罗门在迦太基逗留了一段时间后，率军向奥拉西姆山进发。伊奥达斯曾宣称与他为敌，在罗马军队占领巴扎西姆时，他劫掠了努米底亚。所罗门也利用其他摩尔人统帅如马索纳斯（Massonas）和奥尔泰阿斯（Ortaïas）与伊奥达斯对抗。这两个人与伊奥达斯都有私仇，因为马索纳斯的父亲梅发尼阿斯（Mephanias）是伊奥达斯的岳父，被伊奥达斯设计害死了；而奥尔泰阿斯的仇恨则是因为，伊奥达斯和统治毛里塔尼亚的蛮族首领马斯蒂纳斯（Mastinas）联手要把奥尔泰阿斯和他统治的摩尔人从自古就生活的地方赶走。于是罗马军队在所罗门的率领下，连同与他们结盟的摩尔人一起在阿比加斯（Abigas）河畔扎营，这条河沿着奥拉西姆流过，是这一地区的灌溉水源。对于伊奥达斯来说，在平原上作战极其不利。为了给敌人制造更大的困难，他便在奥拉西姆做了以下一些准备。奥拉西姆山距迦太基大约有13天的路程，是我们已知的最高大的山脉，一个轻装旅行者围着它走一圈需要3天的时间。这座山难以攀登，又荒无人烟，但如果登上山顶却可以看到广阔的大地上河流纵横交错，如同美丽的花园。这里生长着谷物和各种果树，其农作物产量是利比亚其他地方的两倍。山上还有废弃的堡塞，居民们认为它们都没有用处，因为自从摩尔人从汪达尔人那里夺取奥拉西姆以来[1]，这里就再没来过敌人。蛮族人也害怕敌人到来，甚至连坐落在平原东界的人口众多的塔穆加的斯城（Tamougadis）也被摩尔人夷为平地，这样敌人既不能在那里驻扎军队，也不能以这座城市为基地进攻山区。那里的摩尔人还控制着奥拉西姆以西的土地，这是一片既肥沃又广阔的土地。更高的山区还生活着摩尔人的其他部族，他们的首领是奥尔泰阿斯，前文提到过，他也来到这里和所罗门及罗马人结成联盟。我听说，在他的领地以外就再没有人烟了，是一

---

[1] 见第3卷，第8章。

片荒漠，荒漠之外才有人居住，但那些人不像摩尔人一样皮肤黝黑，而是白皮肤、浅色头发的人。

所罗门用大量金钱贿赂了摩尔人同盟者之后，就想趁热打铁，率全军列队登上奥拉西姆山，当天就要与敌人开战。如命运女神的安排，士兵们带的食物并不多，仅仅够他们和马匹维持几天时间。他们向山上攀登了大约50斯塔德远的艰难路程后，就原地露营，以后每天都走这么远的路，第七天到达一处有古代要塞和小溪的地方，罗马人称此地为"盾牌山"[1]。他们得知敌人就在那里扎营，匆匆前去迎敌，但到了那里却发现根本没有敌人，他们便安营扎寨，准备战斗。罗马军在那里又等了3天，敌人始终没有出现，他们的粮草也用尽了。所罗门和全体罗马将士都认为他们的摩尔人同盟者在阴谋陷害他们。因为这些摩尔人既熟悉奥拉西姆的环境，也知道敌人的情况，他们经常出去侦察附近乡村，实际是与敌人会面，然后回来汇报一些假情报，目的是让罗马人在不了解奥拉西姆山的情况下只带很少的粮草上山。罗马人猜测他们的同盟者可能安排了伏兵，因为背信弃义是摩尔人的本性，尤其是当他们与罗马人结盟共同对付其他摩尔人时，更是不可靠。罗马人心生恐惧，再加上饥饿难耐，只有从那里撤军，迅速回到平原地区，建起了一条临时防线。

此后，所罗门在努米底亚建立一支守备队，他本人率领其余军队返回迦太基。这时已是冬季了，他安置好一切事情，准备第二年春天，抛弃摩尔人同盟军单独进攻奥拉

---

[1] 即克利皮阿（Clypea），不是普罗柯比在第4卷、第10章中提到的地方。

西姆。同时他还命令将军们率另一支军队和一支舰队远征撒丁岛上的摩尔人。这座岛屿坐落在罗马和迦太基之间，物产丰富，面积大约相当于西西里岛的三分之二（一个轻装旅行者环绕岛一周需要20天时间），摩尔人现在是那里的统治者。因为当地的汪达尔人自古就与这些蛮族人有仇，所以摩尔人先是派一批人携妻带子来到撒丁尼亚岛，结果被困在这里。后来他们占领了卡拉纳利斯（Caranalis）附近的山区。起先摩尔人数量很少，只能秘密抢劫附近地区的居民，当他们的人数达到3000人时，就开始公开发动袭击，肆无忌惮地劫掠整个巴里西尼（Baricini）国家[1]。为了对抗这些蛮族人，所罗门用一个冬天时间筹建了一支舰队准备远征。这就是发生在利比亚的事情的经过。

第14章

与此同时，查士丁尼皇帝派贝利撒留去抗击塞奥达图斯和哥特人，当他航行到西西里岛后，不费吹灰之力就占领了该岛。至于他占领的经过，我将在讲述意大利战争史时述及。我认为应先记录发生在利比亚的事情，然后再介绍意大利与哥特人的有关史实，这样线索比较清晰。

整个冬天贝利撒留都在叙拉古，而所罗门却在迦太基。这一年，天空中出现了一种最危险的凶兆，太阳的光线不再明亮，而像月光一样昏暗，几乎全年都是日食现象。从

---

[1] 在撒丁尼亚内部的这一地区称为巴尔巴几亚（Barbargia）或巴尔巴贾（Barbagia），普罗柯比对当地蛮族居民起源的说法没有得到普遍认可。

那以后，人间就充满了战争、瘟疫和其他各种导致死亡的灾难，这一年是查士丁尼统治的第十年（536—537年）。

（536年）春天一到，正当基督徒们在庆祝复活节时，利比亚发生了兵变。下面就讲一讲这件事的经过。

汪达尔人战败以后，我在前文讲过[1]，部分罗马人娶了汪达尔人的妻子或女儿为妻。每一个汪达尔妇女都要求现在的丈夫拥有她们过去的土地所有权，说她们在与汪达尔人丈夫一起生活时拥有这些土地，但与汪达尔人的征服者结婚以后却被剥夺了这些土地，这样做是不合理的。罗马士兵们也这么认为，他们也不想把汪达尔人的土地交给所罗门。所罗门本想将这些土地登记注册，变成公有财产，交给皇帝，他认为奴隶和其他财产都可以作为战利品分给士兵，但土地属于皇帝和罗马帝国。因为是皇帝和帝国养育了他们，使他们成为士兵，他们不应将侵扰帝国的蛮族人的土地据为己有，这些土地应该成为公有财产。土地问题成为兵变的原因之一。更甚于此并使整个利比亚都陷于混乱的第二个原因是，那里的罗马军队中有不少于1000人都信仰阿里乌派[2]，他们大多数又都是蛮族人，其中有一些是埃吕利人[3]，这些人在汪达尔人教士的调唆下发动兵变。因为他们不能再以习惯的传统仪式信仰上帝，也不能参加圣事和圣礼活动。除此之外，查士丁尼皇帝规定不允许娶非正统信仰妻子的基督徒接受洗礼或进行其他圣事，

---

[1] 见第3卷，第18章。
[2] 阿里乌派是早期基督教的异端教派，主张基督神性和人性分离，遂遭尼西亚会议谴责。——中译者
[3] 见第4卷，第4章和注释。

这使他们中的大部分人不能参加复活节晚宴，不能让自己的孩子用圣水接受洗礼[1]或做其他与盛宴有关的事，这使得他们非常气愤。如果这些事情还不足以破坏罗马人的运气，那还有一件事为那些策划兵变的人提供了一个机会。皇帝将贝利撒留带回拜占庭的汪达尔人俘虏编成了五个骑兵队，要将他们永久地安置在帝国东部的城市中，称他们为"查士丁尼的汪达尔人"。这些汪达尔士兵大部分到了东部，按照事先排好的骑兵队归队，准备抗击波斯人；但还有大约400人到了莱斯波斯[2]（Lesbas），尔后，他们等待大风将帆张满，强迫水手们将船驶向伯罗奔尼撒，然后从那里航行到利比亚的一处荒郊野外无人之地。他们弃船登陆之后，全副武装直奔奥拉西姆和毛里塔尼亚。他们的到来使阴谋兵变的士兵们兴高采烈，他们一起精心谋划，在营中谈了很长时间，并相互发誓。在其他的人即将庆祝复活节时，被排除在外的阿里乌派信徒却要气势汹汹地发动进攻。

他们认为，盛宴的第一天（536年3月23日）在教堂里杀死所罗门是最佳方案。叛乱者十分幸运，虽然有很多人都参与这个可怕的阴谋，但没有一人泄漏机密，因而成功地逃避了侦察。其实，所罗门的大部分护卫队和枪兵及他的亲友也与这次兵变有关联，因为他们也想取得土地。当那一天到来时，所罗门坐在教堂里，对灾难毫无察觉。

---

[1] 只有在复活节和圣灵降临节之间的50天才能举行洗礼仪式，而查士丁尼禁止阿里乌派信徒洗礼。
[2] 莱斯波斯（Lesbos Island），位于希腊爱琴海东北海域，为希腊第三大岛，地中海第八大岛。——中译者

阴谋者进来后，他们互相点头示意，把手放在剑上。但他们没有行动，也许是因为他们敬畏教堂中进行的神圣仪式，也许因为将军的威严令他们感到羞耻，也许是因为某种神圣的力量阻止了他们。

仪式结束以后，所有的人都回家了，阴谋者们互相责备，都指责对方心慈手软，没能把握时机，于是把计划推迟到第二天实行。第二天，他们又故伎重演，一无所获地离开教堂。他们意志消沉，把责任都推到对所罗门的敬畏上去了。此后，叛乱者错误地认为全城人都已知道他们的阴谋，因此仍然留在迦太基就太危险了。于是，大部分人出了城，抢劫附近的村民，把遇到的利比亚人都视为仇敌。其余的人则依然留在城内，假装根本不知道这件事，丝毫显示不出他们的企图。

当所罗门听说了士兵们在乡村的恶行，非常不安，他鼓励士兵们要效忠皇帝、遵守纪律。他们最初好像接受了他的话，但在第五天，当他们听说那些逃出去的人已经成功地武装起来，就到竞技场上集合，放肆地辱骂所罗门和其他统帅。所罗门派卡帕多西亚人塞奥佐罗斯设法用和蔼的话语劝说他们，但他们根本不听劝告，其实这个塞奥佐罗斯早就有反对所罗门之心，并受到怀疑。于是，叛乱者一致推举他为将军，拿起武器，发起暴动，奔向皇宫。他们杀死了另一个也叫塞奥佐罗斯的有出色战斗能力的卫队统帅。叛军尝到血腥味后，更加疯狂，无论是罗马人还是利比亚人，只要是认识所罗门的或是手中拿着钱的，一律杀害。他们还大肆抢劫居民的财物，直到天黑时才停了下来，因为他们又累又醉。

所罗门神不知鬼不觉地逃到了城中最大的一个教堂中，马丁努斯傍晚时到那里与他会合。当所有的叛乱者都睡熟时，他们便从教堂中出来，进入卡帕多西亚人塞奥佐罗斯的家中。尽管他们没有食欲，但塞奥佐罗斯还是劝他们吃了点东西，然后又把他们送到港口，搭乘一艘小艇逃离，这个小艇恰巧是马丁努斯亲手做的。本书作者普罗柯比也和他们在一起，还有所罗门家族的 5 个人，他们大约航行了 300 斯塔德远后，到达迦太基的船场米苏阿斯（Misuas）。因为他们已经安全了，所罗门就命令马丁努斯带其他人到努米底亚去见瓦莱里安，尽可能把这里的情况告诉每个人，如有可能就恳请他们认识的每一个士兵，通过贿赂或其他方式，让他们回心转意效忠皇帝。他又给塞奥佐罗斯写了一封信，委托他负责迦太基的事务。他本人和普罗柯比前往叙拉古面见贝利撒留，在汇报了利比亚的情况之后，他们恳求贝利撒留以最快的速度赶去迦太基，保卫皇帝的土地，平息叛乱。这就是所罗门所做的一切。

第 15 章

叛乱者们在大肆抢劫迦太基之后，都聚集在希拉平原上。他们推选马丁努斯的士兵，既重情义又富有才华的斯托察斯（Stotzas）[1]为僭主，发誓要把皇帝的将领们和军队赶出利比亚，取得利比亚的统治权。他们武装了大约 8000 人的军队，而后向迦太基进军，想立即不费力地取得

---

[1] 见第 3 卷，第 11 章。

这座城市。斯托察斯又给从拜占庭逃出来的汪达尔人和从一开始就没有跟随贝利撒留来到这儿的人写信,这些人或许是被忽视了,或许是他们不想引起别人的注意,他们一共不少于1000人,不久满怀热情地应邀加入了斯托察斯的军队。此外还有一大群奴隶也加入他们的军队。当斯托察斯靠近迦太基时,便向城里的人宣布,只要他们尽快投降,就不会受到伤害。但塞奥佐罗斯和城里的人拒绝投降,声称他们要为皇帝保卫迦太基城。他们派身为皇帝卫队秘书、最近刚被派到迦太基的贝利撒留将军家族的一员约瑟夫(Joseph)去见斯托察斯,劝他不要动武。但是,斯托察斯却杀了约瑟夫,开始攻城。城中的人见状非常恐惧,意图与斯托察斯议和。这就是利比亚军队中发生的事。

这时贝利撒留从他自己的护卫队和枪兵中选出100名精兵,跟着所罗门乘船来到迦太基,这时已是傍晚。围城者们都希望城中的人第二天能投降。但第二天当他们听说贝利撒留赶来时,就立即拆除营帐可耻而混乱地撤退了。贝利撒留聚集了大约有2000人的军队,在鼓励他们效忠皇帝并许以重金之后,追击逃跑的叛军,在距迦太基350斯塔德远的芒布尔萨城(Membresa)追上了他们。两支军队都就地扎营,准备战斗。贝利撒留的军队在巴格拉达斯(Bagradas)河畔扎营,叛军则在一处高而不平坦的地方扎营。因为他们都认为进入这个没有城墙的城市是不明智的。第二天开战之前,叛乱者相信他们人数众多可以取胜,而贝利撒留的军队则蔑视敌人,因为他们既没有判断力又没有将军统帅。贝利撒留希望这样的观念能进一步深入到士兵们的头脑中,开战前就将他们召集到一起,训示说:

"士兵兄弟们，现在的形势对于罗马人和皇帝来说，既不是我们希望的，也非我们所祈祷的。因为我们现在从事的战斗即使胜利了，我们也会流泪，我们是与我们的亲人和养育我们的人作战，但在莫大的不幸中还可以得到安慰的是，我们没有挑起战争，而是为了防御才被迫卷入战争。策划阴谋背叛亲密朋友的行为已经终结了亲情和友情。如果他死在已经变成敌人的朋友的手中，这是对遭受他的错待的人的一种补偿。我们的对手是公敌、野蛮人，是可以用最难听的名字称呼的人，他们不仅在利比亚四处抢劫，戕害生活在这里的无辜百姓，而且还胆敢杀害罗马士兵，尽管他们只有一个理由，即效忠他们的政府。我们去攻打他们是为受害者报仇，这是使亲人变成敌人的最好结果。因为在大自然中生活的人们之间本来非敌非友，只是在不同事件中的行为或者是动机的相似性使他们结成了同盟，或者是动机的不同使他们互相敌视，这样才成了朋友或敌人。我们要和破坏法律、与国家为敌的人作战，你们一定要坚信这一点。现在你们更加清楚他们那些受到我们蔑视的作为，一群乌合之众无法无纪地凑到一起，他们的动机是邪恶的，他们根本称不上勇敢，因为勇敢不是以违法为基础的，而勇敢通常也不会赋予渎神之人。事实上，他们既无纪律又不听从斯托察斯的命令。在一个僭主政权刚刚形成但还没赢得自信心和权威之时，他的属下会轻视他。他没有以高尚的感情获得声誉，因为僭主的本性就是仇恨；他也不会令属下敬畏，因为怯懦使他不敢公开讲话。当敌人在勇气和纪律上都处于劣势时，他们离失败就不远了。要藐视他们，打败敌人的关键不在于人数的多少，而在于军纪严明的队列和一往无前的勇猛精神。"

这是贝利撒留的讲话。而斯托察斯则是这样鼓励他的士兵："我们已经逃脱了罗马人的奴役，你们不要认为为捍卫靠勇气和其他品质而获得的自由而牺牲是不值得的。一个人因为年老而病死这并不可怕，这等于是从困境中重新获得了自由。生命的终结使人尝到了不幸的滋味，令人难以承受。因此你们有必要弄清楚，在征服了汪达尔人和摩尔人之后，你们历尽辛苦去作战，而另一些人则成了所有战利品的主人，这是不公平的。士兵们，如果你们再一次成为皇帝的奴隶，为他的意愿去作战，你们就要再次体味战争的危险；如果能够保持现在的自由独立，那就要代表你们自己的意愿去战斗。这两者是可以选择的，这是在你们能力之内的选择，或者选择浑浑噩噩苟活，或者选择作一个勇敢的人追寻自由。你们的头脑中还会有一些想法，即以武力反抗罗马人，在他们的武力征服下，你们不会得到善待和宽容，只会遭受极重的惩罚。但你们的死是值得的，无论是谁在战争中都有可能死，但那将是光荣的牺牲，如果你们打败了敌人，那么从此就会过上独立自由幸福的生活；如果你们失败了，所有的希望都将寄托在他们的怜悯上，没有比这更痛苦的事了。另外力量的对比也不相同，敌人不仅数量上明显少于我们，而且毫无斗志，也许他们正在祈祷着分享我们的自由呢。"这就是斯托察斯的讲话。

当两军开战后，一阵暴风吹向叛军斯托察斯手下士兵的脸，他们认为巨大的风力会使罗马军射出的箭更远，而叛军箭矢的射程则会因逆风而被严重削弱。于是，他们抱着这种想法，离开了原来的位置，逃到了侧面，力图使风向对自己有利。贝利撒留见敌人离开了原来的位置，完全混乱地移到侧翼时，下令立即发动攻势。正在移动中的斯托察斯军队猝不及防，陷入混乱状态，每个人都拼命逃跑，一直逃到了努米底亚后才重新聚集起来。这次行动中叛军伤亡很轻，仅仅折损了几个汪达尔人。贝利撒留也没有追击溃退的敌军，这是因为他的军队人数非常少，敌人逃跑就让他们逃吧。相反他却让士兵们进入敌营中抢劫，营中一个男人也没有，只有女人和财物，她们就是那些挑起叛乱的女人[1]，抢劫之后，贝利撒留率军回师迦太基。此时，来自西西里的信使向他汇报说那里的军队发生了暴动，如果不以最快的速度前去解决，那么一切都会陷入混乱。于是，贝利撒留尽快安排了利比亚的事情，把迦太基的事务委托给伊尔迪戈尔和塞奥佐罗斯，率军赶往西西里平叛。

当努米底亚的罗马人统帅听说斯托察斯的叛军即将赶到，立即列队准备战斗。他们的主将有：外籍军团统帅[2]马尔塞鲁斯（Marcellus）和西里尔（Cyril），骑兵统帅巴巴图斯（Barbatus），步兵统帅特伦提乌斯（Terentius）和萨拉皮斯（Sarapis），其中马尔塞鲁斯是努米底亚军区最高统帅。当他听说斯托察斯只率领为数很少的人马在离康斯坦提那[3]两天路程远的加佐弗拉（Gazophyla）[4]等待聚集所有的叛军时，决定率军迅速出击。在两支军队逐渐接近、战斗即将开始时，斯托察斯来到敌人中间说：

---

[1] 见第14章。
[2] 见第3卷，第11章。
[3] 锡塔（Cirta），后来名为康斯坦丁娜（Constantina），就是现在的君士坦丁（Constantine），即Ksantina。
[4] 应该是Gadiaufala，现在的斯巴希堡（Ksar-sbchi）。

"士兵兄弟们，你们现在正在与你们的亲人和儿时伙伴为敌，拿起武器反抗那些为你们的不幸和你们受到的不公正待遇而烦恼并要与皇帝和罗马人开战的人，你们的立场是不公正的。你们不记得他们拖欠你们的军饷很久了吗？你们抢夺敌人的战利品，却成为将军们的囊中之物！他们享受这些战利品，一生得以奢侈生活，而你们却像奴仆一样跟在他们后面。现在如果你们生我的气，完全可以用我的身体发泄愤怒，不要伤害别人；但如果你们没有借口攻击我，现在就是你们拿起武器为自己争取利益的时候了。"斯托察斯的讲话赢得士兵们的一阵欢呼，将领们见状只好灰溜溜地退到加佐弗拉的教堂中躲避。斯托察斯将两支军队合并为一支，然后到教堂中去见统帅，他先是保证他们的人身安全，一俟他们放下武器投降后就背叛誓言将他们全部杀死。

第 16 章

皇帝听说这件事后，就派他的侄子日耳曼努斯（Germanus）率军前往利比亚平息叛乱，与他们同行的还有西马库斯和多米尼库斯两位元老院成员。西马库斯以前曾是负责军队给养的军需官，而多米尼库斯则是步兵统帅。行政官约翰[1]此时已经因病去世。当他们到达迦太基后，日耳曼努斯清点士兵的人数，查了所有士兵名单的记录本，发现有三分之一的士兵都在迦太基和其他城市中，而所有

---

[1] 卡帕多西亚的约翰，见第 1 卷，第 24 章。

其余的罗马军队都追随斯托察斯成为叛军。因此他没有立即开战，而是对他的军队表现出极大的关心，考虑到那些留在迦太基的人都是叛军的亲人或朋友，他就对他们说了很多鼓励的话，尤其提到他本人受皇帝派遣到利比亚来保护这些受苦的士兵，惩罚那些无缘无故伤害别人的叛军。叛军得知这一消息后，就纷纷到这里拜访他。日耳曼努斯在城里友好地接待了他们，保证将他们反叛罗马期间的军饷发给他们，当这一允诺传遍叛军时，他们便开始大批地离开僭主，来到迦太基。最后日耳曼努斯得偿所愿，在其军队人数和敌人基本持平时，准备作战。

与此同时，斯托察斯一方已经遇到麻烦了。他害怕军中士兵有更多的人投奔日耳曼努斯，决定立即开战，以取得战争的主动权。因为他对迦太基的士兵们还心存希望，认为在两军靠近时，他们就会投向他这一方。他对手下士兵满怀信心地发表演讲之后，率全军迅速赶往迦太基城。他们到达距城35斯塔德远时，在海边扎营。日耳曼努斯也在全军装备停当列好队之后，出征迎敌。当日耳曼努斯得知斯托察斯的企图之后，便召集全军将士训示道：

"士兵伙伴们，你们没有什么可以指责皇帝的，他对你们没做什么错事，我想你们都不能否认这一点。因为是他将你们从村庄中带出来，给你们每人一个钱袋，一套衣服，把你们召集到拜占庭，成为罗马帝国可以依赖的强大力量。但他却遭到了不礼貌的对待，忍受你们的忘恩负义。你们自己无疑对此非常清楚。他希望你们能永远记住这些事情，并撤销了对你们罪行的控告，但要求你们为自己所做的事情忏悔。他这样对待你们是有道理的，你们可以纠正自己的错误，改正以前的愚蠢行为。做错事的人如果在恰当的时机悔悟，受伤害的人就会原谅他，重新看待以前曾经背叛他的人。还有一点要提醒你们，如果你们现在对皇帝忠心耿耿，那他就会不计前嫌，原谅你们。因为在事物的发展过程中，每一种行为都是根据它最终的结果定性的，不能一错再错，如果犯错误的人将功赎罪，他就能得到回报，错误将会被人遗忘。但是，如果你们现在推卸那些该诅咒的恶棍们的责任，拒不承认错误，那么即使你们以后站在罗马人一方打赢了多次战争，也不会像现在这样得到皇帝的宽容和回报。因他们过去做的错事而得到赞许的人更应该悔过、道歉。至于皇帝，他让你们每个人都选择明智的道路，而我则愿以公正的方式对待你们，我以所有可能的方式把我的良好愿望告诉你们，如今面临危险，我决定向你们提出忠告：任何人都要心甘情愿、忠诚不贰地与我们共同抗击敌人。如果你们中的任何人仍旧与他们为伍，那么立即就可以拿着武器投到敌营中，不是偷偷地而是公开地与我们为敌，这等于是帮我们。事实上正因如此，我才没有在迦太基而是在上战场之后来讲这些话，这样我就不会阻止那些一心想叛离的人，现在你们可以毫无顾忌地对国家表现出你们的立场了。"日耳曼努斯讲完这番话之后，在罗马军中引起了一阵骚动，每个人都想最先向将军表达他对皇帝的忠心，并发毒誓以证明自己的忠诚。

第 17 章

两军对垒但都没有采取进攻。当叛乱者看到斯托察斯预言的事情并没发生，于是害怕被虚假的希望所欺骗，便纷纷离队撤退到努米底亚，因为他们的女人和战利品都在那儿。日耳曼努斯不久后也率大军赶到努米底亚，他们带来了许多马车，尽可能地做好一切准备。他们在罗马人称作斯卡拉韦特利斯（Scalae Veteres）的地方追上了敌人，然后迅速列好阵形准备战斗：他们将马车面朝前方排成一列，所有的步兵在多米尼库斯的率领下沿着马车排列，以确保军队后部的安全，士兵们便可以更大的勇气战斗了；然后把最精锐的骑兵及同他一起从拜占庭来的士兵们安排在步兵的左翼，其他的人则布置在右翼，他们不是编成一队，而是分成了3个分队，由伊尔迪戈尔、塞奥佐罗斯分别率领一支分队，帕普斯的弟弟约翰和另外3个人率领人数最多的那个分队。以上就是罗马军的阵形排列。

叛军则分散而无秩序地站在他们的对面，更像一伙蛮族人，在他们后面不远处有一些摩尔人士兵，由伊奥达斯和奥尔泰阿斯率领。他们不完全信任斯托察斯和他的军队，因为在这之前许多人就已向日耳曼努斯表示，开战以后他们就会站到皇帝的军队一边反击敌人，日耳曼努斯也没有完全相信他们，因为摩尔人是不守信用的。也就是这个原因，摩尔人才没排列在叛军队伍中，而是留在后面，等待战争的结果，哪一方获胜他们就会加入其中去追击失败的一方。

当斯托察斯的军队靠近敌人并看到了日耳曼努斯的战旗时，就鼓励他的士兵发动攻击。但他旁边的埃吕利人不听从指挥，还试图阻止他，说他们不了解日耳曼努斯军队的特点，但他们知道敌人的右翼军队经不起打击，如果攻击他们，他们不仅会逃跑，而且还可能为罗马军队的其他部队制造混乱；但如果直接进攻日耳曼努斯率领的部队，他们自己就会被打退，他们的整个军队也将溃败。斯托察斯被说服了，他决定让其他部队攻击日耳曼努斯，而他本人则率领最精锐部队攻击约翰的这支部队。约翰他们果然没能抵抗得住，很快便溃不成军。叛军拿起敌人的军旗，以最快的速度追击他们，还有一些人进攻步兵队，步兵队形被完全打乱。在这关键时刻，日耳曼努斯举起剑，鼓励其他人也拿起剑勇猛杀敌，他们费尽气力才击败了进攻的叛军，随后立即前去抗击斯托察斯的部队。此时伊尔迪戈尔和塞奥佐罗斯率军前来支援，两支军队合兵一处追击敌人。叛军们在追击逃敌时，反被后面的敌人追上杀死，情况越来越混乱，叛军面临日耳曼努斯军队的穷追不舍非常恐惧，不想继续抵抗。这时在战场上已经分不出敌我了，因为他们都说同一种语言，都用同样的武器装备，从体格和衣着上也无法区分。于是日耳曼努斯命令皇帝的士兵们每抓住一个人时，都问他是谁，如果回答是日耳曼努斯的士兵，就命他说出日耳曼努斯的口令，如果说不出来，就杀死他。在战斗中，一个敌人乘人不备时刺死日耳曼努斯的战马，日耳曼努斯倒在地上，在这千钧一发时刻，如果不是他的卫兵们迅速围成一个圈将他护卫起来并扶上另一匹马，他必定死于乱军之中。

斯托察斯则率几名部下逃跑了。日耳曼努斯要求他的士兵们直接去攻打敌人的营帐，在那里，他们遇到了守卫营帐的士兵，双方在入口处展开激烈的战斗，叛军的抵抗非常顽强。日耳曼努斯于是又派手下从另一处进攻，这里无人守卫，他们轻易地进入营中，叛军见状纷纷逃跑。日耳曼努斯和所有余下的军队都冲进了敌营。士兵们看到这么多的战利品，便开始大肆抢劫起来。这时日耳曼努斯担心敌人聚到一起冲进来，就和一些士兵站在兵营门中，大声喊着让其余的士兵们恢复秩序，时刻做好战斗准备。摩尔人军队则在皇帝军队追击叛军之时，加入了进来，他们也抢劫叛军的财物。斯托察斯先是对摩尔人军队很有信心，与他们的骑兵在一起准备重新开战，但后来他察觉到摩尔人投向皇帝的军队了，便率领100人左冲右突方才杀出重围。此后，部分叛军聚集在他身边发动进攻，但再次被击退，这些士兵最终都投向日耳曼努斯一边。斯托察斯只好与几个汪达尔人逃到毛里塔尼亚，娶了一个酋长的女儿并在那里定居。利比亚的叛乱就这样被平定了。

第 18 章

在塞奥佐罗斯的侍卫中有一个卡帕多西亚人马克西米努斯（Maximinus），他实力雄厚，召集了一大批士兵准备发动政变推翻政府，建立僭主政权。他想联络更多的人，就向别人宣传自己的目标，特别是向一个巴勒斯坦贵族阿斯克莱皮亚底斯（Asclepiades）说出了自己的计划。阿斯克莱皮亚底斯是塞奥佐罗斯最好的朋友，就把这件事向塞奥佐罗斯和日耳曼努斯作了汇报。日耳曼努斯不希望在事情没有解决之前有什么差错，决定用甜言蜜语规劝他，用誓言来约束他，而不想惩罚他。因为在罗马人中有一个传统的习惯，就是在成为一个统帅的侍卫之前必先发誓效忠自己的统帅和皇帝，否则就不能成为侍卫。于是日耳曼努斯传召马克西米努斯，表扬他的勇敢，并让他从此成为自己的侍卫。他因获此殊荣而异常高兴，猜想这会使他的计划更容易实现，发过誓之后就成了日耳曼努斯的一名侍卫。此后他更坚定了实现自己目标的信心。

正值节日庆典期间，马克西米努斯的同谋者中午时分都来到皇宫。这时日耳曼努斯正在举办盛大的宴会，马克西米努斯和其他的侍卫们护卫两旁。觥筹交错一番后，有人进来禀告日耳曼努斯说有许多士兵挤在院门口，要求政府付给他们长期拖欠的军饷。他秘密指令最信任的侍卫监视马克西米努斯，但不让他觉察到。谋反者们怀着恐惧混乱地跑到竞技场，他们的同伙也纷纷聚到那里，如果他们都到齐了，我想没人能轻易地摧毁他们。但不出日耳曼努斯所料，大部分人都没到，他就派他和皇帝已经布置好的军队去镇压他们，趁叛乱者不备发动袭击。由于叛乱者只能在马克西米努斯的指挥下才能开战，而马克西米努斯又不在场，聚集的叛乱者也没像预想的那样多，同时又遭到部队出其不意的进攻，他们很快便军心大乱，轻而易举地被征服。叛军混乱无序地逃跑时，很多人被杀被俘。俘虏们被带到日耳曼努斯那里。而没有去竞技场的人则没有迹象表明是与马克西米努斯一伙的，日耳曼努斯认为继续对他们进行清查是不明智的。他转而询问马克西米努斯是否参与阴谋，毕竟他曾立下誓言。事实证明，尽管马克西米努斯成了他的侍卫，但谋反之心更为坚定，于是日耳曼努斯在迦太基的卫城上将马克西米努斯处以刺刑，一举彻底镇压了谋反。这就是阴谋反叛者的下场。

第 19 章

在查士丁尼皇帝统治的第十三年（539—540 年），他传召日耳曼努斯和西马库斯（Symmachus）、多米尼库斯（Domnicus）回首都，将利比亚委托给所罗门，还为他配备了一支军队和几个统帅，其中有鲁菲努斯和莱昂提乌斯（Leontius），他们是曹纳斯（Zaunas）的儿子和帕莱斯马纳斯（Pharesmanas）的孙子，还有西西尼奥鲁斯（Sisiniolus）的儿子约翰，而马丁努斯和瓦莱里亚努斯（Valerianus）早已被召回拜占庭了。所罗门治理有方，利比亚守卫严整有序，一发现可疑的情况就立即派人向拜占庭和贝利撒留汇报。他还召集新兵，将汪达尔妇女迁出利比亚，为每一座城市都修筑城墙，严格执法。这样利比亚人在他的治理下过上了平安富足的生活。

所罗门把利比亚的一切事务安排妥当之后，决定再一次率军远征奥拉西姆的伊奥达斯摩尔人。他首先派他的贴身侍卫、军中著名勇士冈萨雷斯（Gontharis）率领一支先遣部队出发。当冈萨雷斯到达阿比加斯河后，便在废弃的城市巴盖斯附近扎营，他们在那里与敌人发生遭遇战，被打败，遂撤退回营。摩尔人将他们团团包围。所罗门闻讯立即率军全速驰援。当他赶到距冈萨雷斯的军营有 60 斯塔德远时，命令全军就地设置护栏安营扎寨，同时派一支精兵前去支援冈萨雷斯。此时摩尔人使用计策在战斗中已经占了上风。阿比加斯河从奥拉西姆流出后，流经一个平原，当地居民在平原上挖了很多水渠以引导河水灌溉田地。阿比加斯河被分流后，从水渠中流过，经过一段地下河之后又出现在地面上，将所有的支流都聚到一起。这样，平原上的绝大部分居民都可以通过挡住水道或打开水道利用这条河进行灌溉。摩尔人堵住了那里所有的水道，使河水流到罗马人的营中，结果形成了一片又深又泥泞的沼泽地，根本不能通过。罗马士兵们非常害怕，不知所措。当所罗门听说此事后，迅速赶到那里，蛮族人见状心生恐惧，撤到奥拉西姆山脚下，在一处被称为巴博西斯（Babosis）的地方扎营，所罗门也率全军到达那里，与敌人展开一场大战并获得胜利，摩尔人四散逃跑。这场战役使摩尔人发现，他们在与罗马人的对阵战中十分不利，他们在这样的战斗中根本没有取胜的希望，但还是想利用奥拉西姆周围乡村的崎岖地形优势，使罗马人寸步难行而最终放弃追击，像从前一样从那里撤军。事实发展果然如此，大部分罗马人撤回毛里塔尼亚，蛮族人则去了奥拉西姆南部，伊奥达斯和他率领的 2 万名摩尔士兵还留在原地。碰巧他以前在奥拉西姆修了一个名叫泽布勒（Zeboule）的要塞，他们就都留在那里，等待时机。所罗门因为不愿把时间浪费在围攻上，又听说塔穆加德城（Tamougade）附近的平原盛产谷物，而且已经到了成熟季节，他就率军去那里夺取谷物了。在将粮食劫掠一空之后，他们又回到了泽布勒要塞继续围城。

在罗马人抢劫谷物期间，伊奥达斯留下了足够的人守卫要塞，自己率主力部队登上了奥拉西姆山顶，因为他不希望被围在城堡中，那样军队会因缺少粮食而被打败。他找到了一处名为图马尔（Toumar）的制高点，这里四处都是悬崖，岩石将这个地方隐藏起来，他便在那里静待战机。这时罗马人围困泽布勒（Zerboule）要塞已经3天了，因为城墙不高，所以他们射中了很多城墙上的蛮族人，而碰巧被射中而死的蛮族人中包括摩尔人守城部队的统帅。3天后的夜晚，罗马人在不知摩尔人统帅已死的情况下准备撤退。他们想进攻伊奥达斯和他手下的摩尔人军队，如果能打败这支军队，那么泽布勒的蛮族人将不战而降，这样对所罗门更有利。而蛮族人也因为他们的统帅已死，决定放弃要塞，以最快的速度神不知鬼不觉地逃跑了。罗马人也准备在黎明时离开，但因为在城墙上没见到敌人出现，尽管军队已经准备撤军，但还是非常困惑，于是便围着城墙走了一圈，发现大门开着，摩尔人已经撤走了，罗马人遂兵不血刃占领要塞。罗马士兵进城后，只顾着抢夺战利品，根本没想追击敌人。因为他们出发时带的装备很轻，又熟悉附近的乡村，所以在要塞留下部分守备兵力之后，主力部队继续步行前进。

第 20 章

他们来到了敌人所在的图马尔，在附近一个条件很差的地方扎营，那里除了一条小溪之外没有其他水源，环境十分恶劣。过了很久敌人也没出来迎战，罗马人也和敌人一样因为围攻疲劳而失去了耐心。更重要的是，他们缺少淡水，在所罗门的监督下，每人每天只能喝一杯水。士兵们公开表示不满，声称无法继续忍受目前的艰苦环境。于是所罗门不顾地形陡峭，准备发动登山作战。他把手下士兵召集到一起，鼓励他们说："很明显，罗马人在奥拉西姆围攻摩尔人是上帝的意愿，但到目前为止还没有结果。我们不能因此而放弃，必须拿出斗志以正确的方式进攻山上的摩尔人，直至取得成功。因为人类的每一个重大事件的转折都要靠时机，如果一个人因为胆小而背叛自己的命运女神，那么他就不能正确地行动，反而会一再犯错。至于摩尔人，你们已经清楚地看到了他们的弱点，他们把自己封闭在这里，在没有任何生活必需品的情况下固守。而你们有三种选择，或者是在消极而漫长的围攻之中等到敌人投降，或者从这里撤退，或者以冒险的方式去取得胜利。我们与这些蛮族人作战所冒的风险并不大，因为他们此时此刻正在与饥饿作斗争，甚至他们有可能不敢与我们开战。现在你们记住这些话，拿出勇气冲锋陷阵吧。"

所罗门讲完之后，环视了四周很长时间，想寻找最佳的切入点。他很困惑，因为他不喜欢这样凹凸不平的崎岖山路。正在他一筹莫展之时，有一个叫戈宗（Gezon）的分遣队士兵，罗马人称之为主计官（paymaster），又称"副官"（optio）[1]，他不知是出于昂扬的斗志，还是被某种神的力量所感召，自己先行攀登悬崖峭壁，显然是去对付敌人。他附近的战友也都对他的举动惊奇不已。守卫山路入口处的3个摩尔人认为他要去进攻他们，就跑过来袭击他，但因为他们在一条狭窄的路上，所以没有列队前进，而是单个行动。戈宗击中了第一个跑过来的摩尔人并杀死他，而后他又杀死另两个摩尔人。后面的罗马士兵见状大喊着

---

[1] 见第3卷，第17章和注释。

也赶来反击敌人,当全部罗马军队都听到和看到发生的事时,没等将军发出命令或军号吹响,就已经行动起来,甚至连队形也打乱了,他们互相催促着冲到敌人营中。鲁菲努斯和莱昂提乌斯——即曹纳斯之子和帕莱斯马纳斯的孙子在对敌作战中异常勇猛,使摩尔人受到重创。当他们得知守卫被杀时,立即溃不成军,大部分逃兵都因为地面凸凹不平互相践踏而死。伊奥达斯本人大腿上中了一记投枪,带伤逃到了毛里塔尼亚。罗马人随后抢劫了敌人的营帐,留下守备部队保卫所罗门在奥拉西姆建的要塞,以阻止摩尔人从这座山通过。

在奥拉西姆有一块垂直的岩石,直达悬崖中部,当地人称它为盖米尼亚努斯(Geminianus)。古代人在这块山岩上建了一座塔,是一个小小的避难所。此处地形险峻,易守难攻。伊奥达斯在几天前就将他的妻儿和钱财安置在那里,还派一名年老的摩尔人护卫。他当时根本没想到敌人会来到这里,以武力占领这座塔楼。罗马人果然从奥拉西姆的乡村来到这里,其中有一个人大笑一声要登上这座塔,塔上的女人们便辱骂他,嘲笑他根本上不来,守塔的老人也从塔里向外望着,嘲笑他。但当这名罗马士兵登上山接近她们时,他静静地抽出剑,纵身一跳,一剑正中老护卫的脖子,他的首级随即落地。士兵们士气大振,互相帮助都登上塔去,他们在那里抓到了伊奥达斯的家眷并取得巨额财宝。所罗门用这笔钱给利比亚的许多城市修筑了城墙。

我上文讲过,摩尔人从努米底亚败退以后,占据了奥拉西姆山另一边名为扎巴(Zabe)的土地,也被称为"第一毛里塔里亚"，以锡蒂菲斯（Sitiphis）[1]为首都。所罗门将这块土地作为一个纳贡的省份收复回罗马帝国。而毛里塔里亚的其他部分中，恺撒里亚是第一大城市，在这里生活着以马斯蒂加斯（Mastigas）[2]为首的摩尔人。所罗门将除恺撒里亚城以外的整个国家置于自己的统治之下。因为贝利撒留以前曾经恢复了罗马帝国对恺撒里亚城的统治权，这在前文提到过[3]，这样罗马人也经常乘船来到这座城市，因为摩尔人定居的国家阻断了陆路交通，所以只能走水路。所有臣属于罗马人的利比亚人都对现在的和平和安宁非常满意，所罗门的统治既清明又稳定，他们不想再抵抗了，似乎成了最幸运的人。

第 21 章

在这之后的第四年，也就是查士丁尼皇帝统治的第十七年（543—544 年），利比亚人的幸福生活走到了尽头，因为皇帝派所罗门的哥哥巴库斯（Bacchus）的两个儿子居鲁士（Cyrus）和塞尔吉乌斯（Sergius）去统治利比亚。哥哥居鲁士统治潘塔波利斯（Pentapolis）[4]，弟弟塞尔吉乌斯统治的黎波里。这时一支称为莱乌阿萨（Leuathae）的摩尔人部族带着军队来见塞尔吉乌斯，他们到了莱普蒂马格纳城（Leptimagna）[5]，向塞尔吉乌斯提出要求，如果塞

---

[1] 现在的塞提夫（Setif）。
[2] 在第 4 卷，第 13 章中称为马斯蒂纳斯（Mastinas）。
[3] 见第 4 卷，第 5 章。
[4] 昔兰尼加（Cyrenaica）。
[5] 现在的莱比加（Lebida）。

尔吉乌斯按照惯例授予他们官职的象征物和礼物，他们就能继续保持与罗马人的和平与安全。但塞尔吉乌斯听信了曾在查士丁尼皇帝对汪达尔人开战时供职于皇帝军队的的黎波里人普登提乌斯的话，我上文提到过，决定只接纳蛮族人中的 80 名精英，答应满足他们的所有要求，而其余的人则要留在郊外。在他与这 80 个人签订和平协议后，便邀请他们赴宴。据说这些蛮族人设阴谋要杀害塞尔吉乌斯，当他们见到他时，对罗马人提出很多控告，尤其提到他们的庄稼遭到无理抢劫。塞尔吉乌斯不关心这些事情，想从椅子上站起来走掉，但一个蛮族人抓住了他的肩，不让他走，其他的人也大喊着齐心合力冲向他。塞尔吉乌斯的一个侍卫拔剑刺杀那个摩尔人，结果导致一场搏斗，塞尔吉乌斯的侍卫杀了几乎所有的蛮族人，只有一个蛮族人乘人不备逃走，去找他的同族并向他们讲述了同伴们发生的事情。其他的蛮族人怒火中烧，决定共同反击罗马人。当他们靠近莱普蒂马格纳城时，塞尔吉乌斯和普登提乌斯已经做好准备率全军迎战。双方展开了肉搏战，起初罗马人占了上风，杀死很多敌人，大肆劫掠敌营并俘虏了敌方的妇女和儿童。但后来，普登提乌斯因为胆大鲁莽而被杀，塞尔吉乌斯见天色已晚便率罗马军队赶去莱普蒂马格纳。

后来，蛮族人以更加强大的阵容发动进攻。塞尔吉乌斯也与他叔叔所罗门的军队汇合，他的哥哥居鲁士也加入了这支军队，罗马人的兵力也十分强大。蛮族人先是来到巴扎西姆抢劫那里的乡村，此时，安塔拉斯（因为他对罗马人非常信任，所以是巴扎西姆的摩尔人的核心统治者）因为所罗门取消了皇帝赐予他的荣誉并杀死他的兄弟而仇恨所罗门。而他的兄弟犯有挑起巴扎西姆人民起义反叛罗马人的罪行。因此，当安塔拉斯见到这些蛮族人时，非常高兴，与他们缔结了攻击和防御同盟的协议，共同进攻所罗门和迦太基。

所罗门听到这个消息后，立即带领其兄巴库斯的三个儿子居鲁士、塞尔吉乌斯和小所罗门共同率军前去讨伐。他们在距迦太基有6天路程的泰贝斯塔追上敌人，但因害怕蛮族人数众多，便派人去见莱乌阿萨的统帅，谴责他们在两国和平时期诉诸武力，如果对方肯放下武器，所罗门发誓保证两国之间继续保持和平，也会忘掉他们做的蠢事。蛮族人也模仿他的语气，指责他虽然以基督徒神圣的经典即他们称为福音书的名义发誓，却违背誓言。塞尔吉乌斯确实发过誓，但他杀了那些信任他的人。蛮族渴望投入战斗，对同一部福音书发的誓进行检验，看看伪誓者会受到什么样的惩罚。这样才能在达成协议之前对此有绝对的信心。所罗门听到这番话之后，只能积极备战了。

第二天，他率军和一部分敌人开战并打败了他们，取得了大量的战利品，命人将它们看管好，但士兵们因所罗门没把战利品分给他们而不满。所罗门允诺等到战争全部结束后将根据功劳的大小划分战利品。当蛮族人第二次全军前来袭击时，有一些罗马人就留在后面，而其他人也无精打采地应战。战争一开始双方势均力敌，但摩尔人数量多，逐渐占了优势，许多罗马士兵不战而逃，只有所罗门和一些他的亲随侍卫还在勇敢抵抗敌人，最后还是被打败，匆匆逃跑。跑到一处由流经那一地区的小溪形成的峡谷地带，所罗门的马跌倒了，将他抛到地上，他的侍卫迅速扶他上马,但他因为疼痛难忍,抓不住缰绳,被后面赶上来的蛮族人杀死,他的许多卫兵也一起被杀。这就是所罗门之死。

第22章

所罗门死后,他的侄子塞尔吉乌斯在皇帝的授权下接管了利比亚政府,此人成为利比亚人巨大灾难的主要祸首。所有的人都对他的统治不满,官员们讨厌他,因为他极其愚蠢,缺乏才干,年纪轻轻就擅长吹牛,以侮辱别人为乐,炫耀自己的财富,滥用职权;士兵们厌恶他,因为他既懦弱又无能。除此之外,他惯于觊觎别人的妻子和财富的恶习招致利比亚人的仇视。西西尼奥鲁的儿子约翰是一位有很高声誉的勇士,他因为塞尔吉乌斯忘恩负义而仇视他,因此他和所有的将士都不愿拿起武器反击敌人了。这时安塔拉斯手下已经聚集了所有的摩尔人,他又把斯托察斯从毛里塔里亚召了回来。他们因为暂时没有可与之抗衡的对手,就肆无忌惮地抢劫乡村,安塔拉斯还给查士丁尼皇帝送去了一封信,内容如下:

"我不否认自己只是您的帝国的一个奴隶,但摩尔人在和平时期遭到所罗门的不公正对待之后,忍无可忍最终举起了武器,不是要反抗您,而是要抗击我们的私敌,这是真的。因为他不仅取消了贝利撒留很久以前就指定的、经您承认的我们的官职,而且还杀害了我无辜的兄弟。我们对他充满仇恨。如果您还想要臣属于您的摩尔人像以前一样忠于帝国的话,请将所罗门的侄子塞尔吉乌斯召回,派另一个将军来利比亚。因为你不会缺少比塞尔吉乌斯更谨慎更有能力的人。目前，只要这个人掌管利比亚，那么在罗马人和摩尔人之间就不会有和平。"

皇帝读了信之后，得知塞尔吉乌斯已经激起民愤，成为众矢之的，但依然不愿将其撤职。此举主要出于对所罗门的尊敬，尤其是对他的英勇牺牲的敬仰。这就是这些事情的经过。

人们一直都认为塞尔吉乌斯的弟弟小所罗门和他的叔叔一起从这个世界上消失了，他的哥哥和其他人都忘了他，没人知道他还活着。他是被摩尔人活捉了，因他非常年轻，摩尔人问他是谁时，他说他是一个汪达尔人，是所罗门的奴隶。他还说有一个叫佩加西多斯（Pegasius）的朋友，他是一名医生，就住在拉里布斯城（Laribus），可以来赎他。摩尔人来到佩加西多斯的城堡附近，把小所罗门展示给他看，问他是否愿意出钱买这个人。于是这个人就以50个金币的价格买下了所罗门。所罗门一进城堡，就开始嘲笑摩尔人上当了，他说他是巴库斯的儿子，名叫所罗门，是所罗门的侄子。摩尔人听到后既惊又怕，他们本可以利用此人勒索塞尔吉乌斯和罗马人，但他们却粗心大意地放了他。于是他们就包围了拉里布斯城，意图俘虏所罗门并占领这座城市。城中人非常害怕，因为他们没有准备充足的粮食，便与摩尔人谈判，提出交一大笔钱让敌人放弃围城，蛮族人考虑到他们也没有能力以武力占领这座城市，因为摩尔人根本不善于攻城，同时也不知道城内粮食不足，就答应了他们的要求。他们收到3000枚金币后便放弃了攻城，所有的莱乌阿萨人都回家乡去了。

第 23 章

安塔拉斯和他的摩尔人军队又聚集在巴扎西姆,斯托察斯也来了,还有一些汪达尔人士兵。利比亚人急切恳求西西尼奥鲁斯的儿子约翰率军去对付摩尔人,约翰命令在巴扎西姆的罗马军队统帅、色雷斯人希迈里乌斯把他的军队都带过来,还通知那些分遣队的将领都到巴扎西姆的梅内非斯(Menephesse)集结。后来约翰听说敌人也在那里扎营,就给希迈里乌斯(Himerius)写信,告诉他发生的事,命令他在另一个地方集合军队,这样他们就可以联合对敌了,但送信的人与希迈里乌斯走了两条路,所以希迈里乌斯没有看到信,率领他的军队误入敌营。在他的这支罗马军队中有一个腓尼基埃梅萨人(Emesa),他是阿西亚提库斯(Asiaticus)的儿子塞韦里亚努斯(Severianus),他率领一支 50 人的骑兵先遣队与敌人开战,坚持了一段时间后,敌人占了上风,他们就逃到附近的山顶上。那儿有一个城堡,但不坚固,因此他们在敌人登山进攻时投降了。摩尔人没有杀死一个人,而是把整支军队都沦为战俘,希迈里乌斯在卫兵看守之下,把他的军队全部交给斯托察斯,同意与这支反叛的军队联手对付罗马军队。摩尔人威胁希迈里乌斯如果违抗军令就杀死他,然后命令他占领海滨城市哈德鲁梅的守备设施,并以自愿的名义一起攻打哈德鲁梅城(Hadrumetum)。当他们靠近该城时,摩尔人就命令希迈里乌斯和斯托察斯用链子牵着一些摩尔人走在前面,摩尔人的士兵们则跟在后面。他们让希迈里乌斯对把守城门的人说,皇帝的军队已经取得了决定性的胜利,约翰很快就会来到,还带来了大量的摩尔人战俘。当城门打开时,他们就一起攻进城。不出所料,哈德鲁梅的居民受骗了(因为他们完全相信在巴扎西姆的所有军队统帅的话),打开城门欢迎敌人。与希迈里乌斯一同进城的人都拿着剑,不允许再关城门,很快全部摩尔人军队都进了城。这些蛮族人先是抢劫,然后只设了一两个卫兵守城,其余将士全部撤离。还有一部分罗马人趁乱逃跑,跑到了迦太基,其中有塞韦里亚努斯和希迈里乌斯,他们想从摩尔人那里逃跑并不困难,但还有许多人自愿留在斯托察斯那里。

后来在城中有一个专门负责照看病人的教士名叫保卢斯(Paulus),他在和一些贵族们谈话时说:"我要去迦太基,有希望很快就带回一支军队,你们要小心地把皇帝的军队迎到城里。"于是他们给了他一些绳子,连夜从城堡中把他放下去,他来到海边,在附近碰到了一艘渔船,给了船主报酬,让他驶往迦太基。他到迦太基见到了塞尔吉乌斯,向他汇报了这些事后,请求他派一支相当数量的军队去收复哈德鲁梅。塞尔吉乌斯不太高兴,因为迦太基军队的人数也不太多。于是教士恳求他少派一些士兵,并得到了80个人,他们设计了如下这样一个计划。这个教士募集到大量的小船,在船上载着很多水手和利比亚人,他们穿着罗马士兵通常穿的服装。这支船队以最快的速度驶向哈德鲁梅,当他们靠近该城时,就悄悄地派人告诉城中的贵族说皇帝的侄子日耳曼努斯最近到了迦太基,他派一支大军来到哈德鲁梅,命令他们鼓起勇气,夜里开城门放罗马士兵进城。贵族们执行了这一命令,这样保卢斯与随行部队一同进入城中，杀死所有的敌人，一举收复哈德鲁梅。而关于日耳曼努斯的传闻一直传到了迦太基，摩尔人、斯托察斯和他的军队听到之后都很害怕，逃到了利比亚边界，后来他们知道了真相，认为饶恕了那么多的哈德鲁梅居民是件很愚蠢的事情。因此他们到处袭击利比亚人，无论老幼见人就杀，使这块土地上的居民大大减少。幸存的利比亚人有的逃到城市里，有的逃到西西里岛和其他的岛上，几乎所有的贵族都去了巴扎西姆，其中有为皇帝收复哈德鲁梅的保卢斯。摩尔人因为无人抵抗他们，就更加肆无忌惮地抢劫。而现在斯托察斯的军事力量很强，手下士兵人数众多，既有逃兵，还有战俘，都是自愿跟从他的。摩尔人一方最有声望的人是约翰，他怀着对塞尔吉乌斯的仇恨，静待时机。

第 24 章

此时皇帝又派兵来到利比亚，其中有不善作战的元老院贵族阿雷奥宾杜斯（Areobindus），刚从意大利回来的地方行政官阿塔纳修斯（Athanasius），还有约翰的儿子阿塔巴尼斯（Artabanes）和约翰率领的亚美尼亚军队。他们都是阿尔萨西德（Arsacidae）家族的人，最近刚刚离开波斯军队，作为逃兵与其他的亚美尼亚人一同来到罗马人这里。与阿雷奥宾杜斯一同前来的还有他的妹妹和他的妻子普雷耶克塔（Prejecta），这个普雷耶克塔是查士丁尼的妹妹维吉兰提亚（Vigilantia）的女儿[1]。皇帝没有召回塞尔吉乌斯，而是任命他和阿雷奥宾杜斯为利比亚将军，把利比亚的军队分成两部分，由他们分别统帅。皇帝命令塞尔吉乌斯在努米底亚与敌人开战，命阿雷奥宾杜斯进攻盘踞在巴扎西姆的摩尔人。当这支远征军在迦太基登陆时，塞尔吉乌斯听说安塔拉斯和斯托察斯在离迦太基有3天路程远的锡卡温尼里亚城（Siccaveneria）附近扎营，就命令西西尼奥鲁斯的儿子约翰率一支精锐部队前去攻击敌人。实际上，塞尔吉乌斯对进攻根本漠不关心，也不想与约翰共同对敌，于是约翰被迫以一支小部队迎战数量众多的敌人。他和斯托察斯本来就有仇恨，两人都祈祷着能杀掉对方。在两军接近时，两人都从军中冲出来对峙，约翰弯弓搭箭，射中了斯托察斯的右侧腹股沟处。斯托察斯受了致命伤，翻身落马，虽然当场没死，但也会不久于人世。摩尔人士兵和斯托察斯的手下把他抬到一棵树下，然后愤怒地冲向敌人，因为他们人数众多，毫不费力就打乱了约翰率领的罗马人军队。事实上，据说约翰把死看成是一件幸福的事，因为他实现了自己的心愿，杀死了斯托察斯，他的马在附近一处深谷跌倒，把他甩了下去，敌人乘机抓住并杀死他，他用自己的行为证明了自己是一个有勇气有尊严的人。斯托察斯得知此事后，也心满意足地与世长辞了。在这次战斗中，亚美尼亚人阿塔巴尼斯的弟弟约翰也英勇抗击敌人，最终精疲力竭，阵亡于乱军之中。皇帝听说后，为约翰之

---

[1] 与Robert Browing的意见不一致，罗伯特认为普雷耶克塔是查士丁尼另一个妹妹的女儿。——中译者

死而深感悲痛。他认为让两个将军分开管理一个省是不适当的,马上召回了塞尔吉乌斯,派他率领他的军队去意大利,把利比亚的管理权交给了阿雷奥宾杜斯。

第 25 章

在塞尔吉乌斯离开利比亚两个月后,冈萨雷斯意图建立僭主统治,因为他在努米底亚有一支军队,便打算与摩尔人结成联盟共同进攻迦太基。摩尔人迅速从努米底亚和巴扎西姆聚到一起,满怀信心地要攻打迦太基。库齐纳斯(Coutzinas)和伊奥达斯率领努米底亚人,安塔拉斯则率领巴扎西姆的军队,僭主约翰和他的随从们也与安塔拉斯的军队在一起,斯托察斯死后兵变者们就拥立约翰为他们的领袖。当阿雷奥宾杜斯听说他们要进攻迦太基,就召集了迦太基的军官部众,发布命令,冈萨雷斯、阿塔巴尼斯(Artabanes)的亚美尼亚军队也加入到他的军队中。阿雷奥宾杜斯命令冈萨雷斯率领全军反击敌人,尽管冈萨雷斯满口允诺会以最大的热情迎敌,但他私下里又做了这样的事:他命令他的一个摩尔人出身的厨子逃到敌营中,让所有的人都知道他是从主人那里逃跑的,而私下里盼咐他告诉安塔拉斯,说冈萨雷斯希望能与他分享利比亚的统治权。这个厨子依计行事,安塔拉斯听到这些话很高兴,但认为让一个厨子传递这样大的计划不可靠,没有进一步回复。冈萨雷斯听说后,立即派心腹侍卫乌里修斯(Ulitheus)去安塔拉斯那里,再次传达其意图并邀请他火速进攻迦太基,同时冈萨雷斯伺机干掉阿雷奥宾杜斯。其实乌里修斯根本不知道安塔拉斯已经与其他的蛮族人缔结了协议，即事成之后安塔拉斯会取得阿雷奥宾杜斯一半的土地和1500名罗马士兵，占有巴扎西姆，而冈萨雷斯作僭主，统治整个迦太基和利比亚的其余部分。布置完这些事以后，冈萨雷斯回到罗马军营中，他们的军营就在城墙的前面，卫兵们守住每一扇城门。蛮族人减慢了向迦太基进军的速度，他们在德西莫姆扎营过夜。第二天，他们继续前进。正巧一些罗马士兵遇到了他们，双方开战，在杀死一些摩尔人之后，冈萨雷斯召回这些罗马士兵，责备他们胆大妄为，以致把罗马军队置于危险境地。

与此同时，阿雷奥宾杜斯秘密派人去与库齐纳斯商谈叛变之事，库齐纳斯也向他允诺，一旦阿雷奥宾杜斯开始行动，他就会起兵反叛安塔拉斯和巴扎西姆的摩尔人军队。因为摩尔人既不相信其他民族的人，他们之间也尔虞我诈。阿雷奥宾杜斯把这一情况告诉了冈萨雷斯，冈萨雷斯希望能阻止阿雷奥宾杜斯计划的实施，就告诉阿雷奥宾杜斯千万不能相信库齐纳斯的话，除非他把自己的孩子交出来做人质才能相信他。阿雷奥宾杜斯和库齐纳斯之间频繁地秘密传信，筹划对付安塔拉斯的阴谋。冈萨雷斯又一次派乌里修斯向安塔拉斯告密，说库齐纳斯已经背叛，勾结阿雷奥宾杜斯。安塔拉斯不想让库齐纳斯知道他已发现了这个阴谋，也不想讲出他与冈萨雷斯之间的协议。这样在同一军队中敌对的人都与敌军接近，安排阴谋反对自己的同伴。库齐纳斯和安塔拉斯就这样各怀鬼胎地率摩尔人军队进攻迦太基。而冈萨雷斯想要除掉阿雷奥宾杜斯，但为了避免过早暴露自己的意图，他希望在战斗中造成其他人反抗将军的假象,而他是在罗马军队的拥立下才答应统治整个利比亚的。于是,冈萨雷斯设计陷害阿雷奥宾杜斯,劝他出去与敌人作战,因为敌人已经离迦太基不远了。阿雷奥宾杜斯决定第二天拂晓就率军与敌人开战,但因为他没有战争经验,一直踌躇不前,而且武器、盔甲装备及其他的战前装备也没准备好,这浪费了大半天的时间,相应地战争又向后拖了一天。而冈萨雷斯猜想他是故意如此犹豫,可能意识到发生的事了,于是他决定马上发动袭击,杀死阿雷奥宾杜斯,以取得僭主的权力。

第 26 章

第二天,冈萨雷斯命人大开城门,在城门下安放巨大的石块,以防止有人关上城门。他又命令全副武装的士兵手拿弓箭站在外城墙后面,他本人穿着护胸甲,站在大门之间。他这样做不是要把摩尔人迎进城中,因为摩尔人生性多疑,变化无常,他们既不相信别人,别人也不信任他们。冈萨雷斯也是以小人之心度君子之腹,怀疑所有的人,他也不希望摩尔人信任他。他采取这一举动的目的是引狼入室,让阿雷奥宾杜斯面临强敌不知所措,在恐惧之中放弃迦太基城逃回拜占庭。如果不是这一年冬天提前到来(544—545 年)打乱了他的计划,也许他会成功。阿雷奥宾杜斯听说了这件事后,就召集阿塔纳修斯和其他的贵族商议。阿塔巴尼斯和另外两个贵族也都来到营中,提醒阿雷奥宾杜斯不要向冈萨雷斯让步,要充满信心、先发制人,以全部军队进攻冈萨雷斯。阿雷奥宾杜斯先是派他的朋友帕莱达斯（Phredas）去试探一下冈萨雷斯，帕莱达斯回来汇报说冈萨雷斯明确表示他要夺取最高统治权，并声称准备与他即刻开战。

与此同时，冈萨雷斯也向士兵们诽谤阿雷奥宾杜斯，说他是一个胆小鬼，不仅惧怕敌人，还克扣士兵的军饷，说他现在正计划与阿塔纳修斯一起逃跑，即将从曼兹拉（Mandracium）港口启航，而他的士兵却忍饥挨饿与摩尔人作战，面临灭顶之灾。接着他又询问士兵们是否愿意将这两人监押起来。他心里希望或者阿雷奥宾杜斯察觉到暴乱，立即逃跑，或者士兵将其抓住处死。他还向士兵们允诺会拿出自己的钱为士兵预付政府拖欠的薪金。士兵们一致赞成他，众口一词地指责阿雷奥宾杜斯。与此同时，阿雷奥宾杜斯和阿塔巴尼斯率军赶到，双方在外城墙和城门展开激烈战斗，一时难分胜负。此时，皇帝派来的军队也都从营中冲出，本想一举制服叛军——可见冈萨雷斯的蛊惑还没有欺骗所有的人，大部分士兵依然保持头脑清醒——但阿雷奥宾杜斯第一次见到杀人的场面，（毕竟他从未有过这样的经历）胆战心惊，难以忍受，就逃跑了，坐失唾手可得的胜利。

在迦太基沿海坚固的城堡内有一座修道院，里面居住着被称为"僧侣"的修道士。这座修道院是所罗门在不久前修建的，周围筑有高墙，以保护这所修道院。阿雷奥宾杜斯就逃到这里，他事先已经将他的妻子和妹妹都安置在这儿了。阿塔巴尼斯和其他人也都从迦太基撤退，冈萨雷斯则以武力占领了迦太基城，在宫殿、城门、港口各处派人把守。他首先传召阿塔纳修斯立即前来，以阿谀之辞哄住阿塔纳修斯。之后，冈萨雷斯又派该城教士雷帕拉图斯（Reparatus）面见阿雷奥宾杜斯，让他回到宫中并保证他的安全。如果他不答应就将再次率军围攻他，用一切手段将他置于死地。于是教士就对阿雷奥宾杜斯宣称，冈萨雷斯发誓保证他的安全，如果他不去宫中就会受到威胁。阿雷奥宾杜斯因为害怕所以立即答应下来，但要教士在完成圣洗仪式[1]之后立即向他庄重发誓，保证他的生命安全，教士照做了。阿雷奥宾杜斯紧紧跟在他的后面，穿着一件既不像将军，又不像普遍军人而像奴隶或仆人穿的外衣，罗马人用拉丁文称这种长袍为"僧侣袍"（拉丁语 casula）[2]。当他们走进宫殿时，他从教士手中拿过经文，来到冈萨雷斯面前。他向前俯身，拿着橄榄枝和《圣经》祈祷，与他在一起的还有一个接受洗礼的孩子，教士通过为孩子洗礼给予他安全的保证，实现了他的诺言。当冈萨雷斯费了很大力气才让他站起来时，他以圣物的名义询问冈萨雷斯，他的安全是否可以得到保证。冈萨雷斯高兴地告诉他，他在这里不会受到伤害，但第二天他必须带着妻子、财物一起离开迦太基。他打发了教士雷帕拉图斯，邀请阿雷奥宾杜斯和阿塔纳修斯与他一起在宫中进餐。在席间，他请阿雷奥宾杜斯坐在他自己坐的靠椅上。饭后，把他安置在一间卧房里睡觉。深夜，冈萨雷斯派乌里修斯率几名士兵去杀他，阿雷奥宾杜斯虽然百般哀求他们的怜悯，但还是没有幸免。而阿塔纳修斯则幸免于难，我想他一直活到高龄才死。

---

[1] 即洗礼。
[2] 一种带头巾的长袍，像兜状 Cucullus 僧帽。

第 27 章

第二天，冈萨雷斯派人将阿雷奥宾杜斯的头送到安塔拉斯面前，还向他索要钱财和士兵。安塔拉斯因为阿雷奥宾杜斯没有按他的允诺去行动而愤怒，同时冈萨雷斯的背信弃义以及他对阿雷奥宾杜斯做的事也令他恼怒。他认为冈萨雷斯不可信，在考虑良久之后，决定投降查士丁尼皇帝。当他听说巴扎西姆的罗马人统帅马尔森提乌斯（Marcentius）逃到了沿海的一个岛上，就派人去见他，告诉了他整件事情的经过，在保证他生命安全的条件下劝他来自己这里。于是马尔森提乌斯和安塔拉斯在军营中会面。巴扎西姆的罗马人守卫士兵也都已经安排好了，他们将誓死为皇帝保卫哈德鲁梅城。而斯托察斯的手下士兵有不到1000人得知此事后，在约翰的率领下急速赶到冈萨雷斯那里。冈萨雷斯热情地把他们迎进城，这1000人中有500名罗马人和80名匈奴人，其余的都是汪达尔人。阿塔巴尼斯在得到安全保证之后，也率领他的亚美尼亚军队去宫中，表示效忠于僭主。阿塔巴尼斯私下里却想干掉冈萨雷斯。他以前曾对他的侄子格雷戈里乌斯（Gregorius）透露过他的想法，此外知情人还有他的侍卫阿尔塔西莱斯（Artasires），于是格雷戈里乌斯催促他说：

"阿塔巴尼斯，现在机会就在你手中，你不仅可以赢得像贝利撒留那样的荣誉，而且还要高于他。因为他来到这里时，皇帝为他准备了一支大军和一大笔钱，以及大量的军官和顾问，还有一支我们从未听说过的庞大舰队，外加无数的骑兵、武器。一句话，所有这一切都是罗马帝国最好的军事装备。他在这样的条件下还费了很大力气才为罗马人收复了利比亚。而现在所有这些成绩都化为乌有，此刻他们就像从未来过这里一样，事实上贝利撒留的胜利留给罗马人的只有失去的生命和浪费的金钱，而且他们甚至不能保卫已经取得的东西。如果想要再次为皇帝赢得这一切只能靠勇气、判断力和你的右手了。你是古老的阿尔萨西德家族的后代，无论在哪里，出身高贵的人通常都是勇敢的人，你为追求自由做过许多非凡的事迹，在你还年轻的时候，就杀死了亚美尼亚的统治者阿卡西乌（Acacius）和罗马人将军西塔斯，结果科斯劳国王知道此事后，与你共同对付罗马人。现在你的至高地位不允许罗马军队屈从于一只醉狗的统治，表现出你的高贵出身和往日的勇敢，去行动吧！我和阿尔塔西莱斯会尽一切努力帮助你的。"

格雷戈里乌斯的这番话使阿塔巴尼斯对推翻僭主统治充满信心，跃跃欲试。冈萨雷斯也把阿雷奥宾杜斯的妻子和妹妹从城堡中接了出来，把她们关在一座房子中，没有在言语、行为上侮辱她们，为她们提供所需物品，也没有强迫她们做什么事，除了乌里修斯让普雷耶克塔给她舅舅[1]写了一封信，声称冈萨雷斯给了她们极高的荣誉，她丈夫的死与冈萨雷斯无关。乌里修斯做的这件事冈萨雷斯开始根本不同意，但巴扎西姆叛军的领导人帕西菲卢斯（Pasiphilus）劝说他应该这样做，如果让普雷耶克塔给皇帝写信，皇帝就会把这个年轻的女子嫁给他，因为她是皇

---

[1] 查士丁尼。

帝的外甥女，皇帝还会送给她一大笔嫁妆呢。与此同时，在巴扎西姆的库齐纳斯和安塔拉斯之间发生了激烈争吵。库齐纳斯公开与安塔拉斯分裂，站在冈萨雷斯一边，还将自己的儿子和母亲送到冈萨雷斯那里做人质。冈萨雷斯于是命令阿塔巴尼斯率军进攻安塔拉斯率领的摩尔人。与阿塔巴尼斯一同前往的还有斯托察斯叛军的统帅约翰、冈萨雷斯的侍卫乌里修斯以及库齐纳斯率领的摩尔人军队。当他们到达哈德鲁梅时，在距敌营不远处扎营。第二天留下约翰、乌里修斯率一支分遣队把守营房，阿塔巴尼斯和库齐纳斯则率军袭击敌人。安塔拉斯的摩尔人军队被打得落荒而逃。而此时阿塔巴尼斯却突然表现得非常胆怯，举着军旗跑到队伍后面。因为这个原因，乌里修斯在回营之后想杀他，但阿塔巴尼斯却振振有词，声称此举是为防止马尔森提乌斯从哈德鲁梅城出来援助敌人，这会给自己的军队带来无可弥补的损失。他认为冈萨雷斯应该投入全部军事力量对付敌人，才能获得胜利。接着，他准备带着随从们去哈德鲁梅与皇帝的军队汇合，但他转念一想，认为把冈萨雷斯干掉会更好，这样皇帝和利比亚都摆脱了困境。于是他回到了迦太基，向僭主汇报说他需要与更多的军队联合对敌，冈萨雷斯和帕西菲卢斯商谈之后答应了这一请求。冈萨雷斯装备了他的全部军队，亲自率军抗敌，保卫迦太基城。同时，冈萨雷斯每天在没有任何证据的情况下杀死许多他认为要陷害他的人。他让帕西菲卢斯负责迦太基城的守卫，可以毫无顾忌地杀死该城所有的"希腊人"[1]。

第 28 章

冈萨雷斯安排好了一切之后，决定宴请他的朋友，为第二天的出征壮行。他在营中的一间自古就有三把睡椅的大厅中大摆筵席，他自己斜倚在第一个长睡椅上，在他身边还坐着阿塔纳修斯和阿塔巴尼斯、所罗门以前的侍卫色雷斯人彼得及其他一些人。在另外两个长椅上都坐着汪达尔人中最高贵的人。斯托察斯叛军的统帅约翰被帕西菲卢斯让到自己的家里招待，另两名统帅也都由几个冈萨雷斯的朋友招呼着。阿塔巴尼斯认为这是除掉独裁者的一个好机会，决定实施刺杀计划。他吩咐格雷戈里乌斯、阿尔塔西莱斯和其他3个侍卫持剑站在大厅里（因为当将领们出席宴会时，他们的侍卫通常站在他们的身后），选择适当的时机，由阿尔塔西莱斯首先动手。同时他还吩咐格雷戈里乌斯挑选大量的亚美尼亚勇士，把他们带到宫中，手中只能持剑（因为官员们在城里拿着其他武器是非法的），让他们和侍卫一起进入宫中，但留在走廊里。不告诉他们整个计划，只解释说为了防止冈萨雷斯在宴会上伤害阿塔巴尼斯，让他们站在冈萨雷斯布置好的卫兵的旁边，表现出放纵的样子，从那些卫兵手中夺取盾牌，然后向他们上下挥舞盾牌。一旦里面传出骚乱的声音，他们就拿着这些盾牌冲进去救援。这就是阿塔巴尼斯的计划，由格雷戈里乌

---

[1] 是对"皇帝的属民"的一个蔑视的词语。

斯负责实施。同时，阿塔巴尼斯也做了如下准备：他把一些箭砍成两半，放在自己的左袖口内，长及肘部，用皮带小心地绑好。这样一来，若是有人用剑袭击他时便可以用手臂去挡，以此全身而退，不受伤害。

阿尔塔西莱斯对阿塔巴尼斯说："我希望能出色完成这一任务，我会毫不犹豫地用这把剑去刺死冈萨雷斯。至于以后发生的事，我也不知道是否上帝会与僭主作对，与我们合作，还是会报复我的罪恶，给我的行动制造障碍。如果你看到僭主没有受到致命的伤，千万不要犹豫，用我的剑杀掉我，这样我就不会受他的折磨了，他也不会怀疑是你指使我做的，我死得其所，你也不会被杀。"阿尔塔西莱斯说完这番话就与格雷戈里乌斯和他的一个侍卫进入大厅中，站在阿塔巴尼斯的后面。其余的人按照盼咐在原地守卫。

阿尔塔西莱斯在宴会刚一开始时就想动手，在他触到剑柄时，格雷戈里乌斯用亚美尼亚语阻止了他，因为冈萨雷斯依然很清醒，没喝多少酒。阿尔塔西莱斯却叹息说："我的伙伴，我这么热心于这项任务，你却在错误的时间阻止了我！"他们继续喝酒，冈萨雷斯已经完全喝醉，开始给侍卫们分发食物，表达慷慨之心，他们接受了食物之后都走出大厅，到外边去吃，只有冈萨雷斯和3个侍卫留了下来，其中一个侍卫是乌里修斯。轮到阿尔塔西莱斯去品尝食物时，他突然感到一种恐惧，当他拔剑时，什么东西阻止了他。于是他一走出去就把剑鞘扔掉，把裸剑藏在斗篷里，冲向冈萨雷斯，好像要对他说什么。阿塔巴尼斯见状十分激动，已经超出了他的想象，他开始摇头，脸色不断变化，看上去就像是一起阴谋的参与者。彼得（Peter）看到后，明白了一切，但他没有告诉周围的人，他认为这件事对皇帝非常有利，于是很高兴。阿尔塔西莱斯来到僭主面前，被一个仆人推了一下，向后退步时仆人发现他的剑没有剑鞘，便大喊："这是什么？伙伴！"冈萨雷斯非常警觉，马上拔剑还击，但仍慢了一步，他的一块头皮和手指被阿尔塔西莱斯砍掉。彼得大喊，让阿尔塔西莱斯杀掉这个罪人。阿塔巴尼斯见冈萨雷斯倒在他脚下（因为他离他很近），就抽出挂在大腿上的双刃匕首——一种刀身宽大的匕首——刺入僭主的左胸直没刀柄。僭主想站起来，但因受到重伤又倒下来。乌里修斯挥剑向阿塔巴尼斯的头部砍来，但他抬起左臂护住头，他事先做的准备发挥了重要作用，这样乌里修斯的剑刃在碰到他胳膊衣袖里的箭时就转向了，所以他没有受伤，并轻易地杀死乌里修斯。这时彼得和阿塔巴尼斯一个拿着冈萨雷斯的剑，另一个拿着倒下的乌里修斯的剑杀死了其余的侍卫。外面的亚美尼亚勇士听到骚乱之声，立即拿着盾牌按照计划跑进宴会大厅，杀死了所有冈萨雷斯的朋友和赴宴的汪达尔人。

阿塔巴尼斯和阿塔纳修斯一起负责掌管宫中的钱财。卫兵们听说冈萨雷斯已死，就自动加入亚美尼亚军队，他们大部分都是以前阿雷奥宾杜斯的侍卫，他们都为查士丁尼皇帝的胜利而欢呼，欢呼声传遍全城。皇帝已经布置好的人进入帕西菲卢斯等叛乱者的家中，他们有的还在睡觉，有的在吃饭，还有的因害怕而缩成一团，这些人都被杀死。约翰逃过一死，和一些汪达尔人逃到教堂中避难。阿塔巴尼斯保证他们安全，让他们从那里出来，派人把他们送到拜占庭去。他代表皇帝收复了迦太基城,冈萨雷斯的僭主统治仅持续36天,这一年是查士丁尼皇帝统治的第十九年(545—546年)。

  阿塔巴尼斯赢得了巨大的荣誉,阿雷奥宾杜斯的妻子普雷耶克塔给了他一大笔钱,皇帝任命他为利比亚将军。不久之后,阿塔巴尼斯恳求皇帝召他回首都,皇帝答应了他的请求,将其召回,任命帕普斯(Pappus)的弟弟约翰为利比亚将军。约翰立即赶到利比亚,与安塔拉斯率领的摩尔人在巴扎西姆开战,一举击败强敌,杀死很多摩尔人,夺回所有所罗门的军旗,派人送给皇帝——这些军旗是所罗门阵亡时被蛮族人抢走的。余下的摩尔人被他驱逐到远离罗马领土的地方。后来,莱乌阿萨(Leuathae)又率大军从的黎波里来到巴扎西姆,与安塔拉斯的军队会合。约翰在与这支军队遭遇时,被敌军打败,损失了很多将士,逃到了拉里布斯。此后,摩尔人占领了远至迦太基的整个利比亚,利比亚人受尽了他们的虐待。不久之后,约翰又聚集了一些逃散的士兵,与库齐纳斯率领的摩尔人结盟,共同对抗敌人,出乎意料地击溃了他们。罗马人乘胜追击,歼灭敌军大部,残敌都逃出了利比亚。战火之后,幸存的利比亚人人数极少,生活贫困,在历尽千辛万苦之后终于获得了和平。

第 5 卷
哥特战争（上）

第 1 章

罗马人在利比亚的事情就讲到这儿。接下去我要讲一讲哥特战争，首先讲述战争之前哥特人和意大利人的历史。

泽诺在拜占庭城统治东部帝国时（474—491 年），西部的统治者是奥古斯都（Augustus），罗马人用它作为他的原名奥古斯图鲁斯（Augustulus）的简称。奥古斯都接管帝国时（475 年 7 月 31 日）尚未成年，他的父亲奥雷斯特斯（Orestes）[1] 明辨是非，以摄政王身份管理国家。此前不久，罗马人就已经说服斯克里人（Sciri）、阿兰人和其他的几个哥特部族与之结盟，从那时起，罗马人就注定在阿拉里克（Alaric）和阿提拉（Attila）[2] 所统治的土地上饱受苦难，这在前面已经讲过。蛮族人所占比例越来越大，导致罗马士兵的声望急剧降低，虽然是在平等名义下的联盟，

---

[1] 奥雷斯特斯（Orestes）是西罗马帝国末代皇帝罗穆洛的父亲，反叛后立其子为帝。——中译者
[2] 阿拉里克（Alaric, 370—410 年）是西哥特人之王（395—410 年在位），阿提拉（Attila, 406—453 年）是匈奴人之王（434—453 年在位）。——中译者

但他们越来越受这些侵入者的压迫和虐待，蛮族人粗暴地向罗马人强加各种要求，大大违背罗马人的意愿，最后他们甚至要求与罗马人共分整个意大利的土地。实际上，他们要求奥雷斯特斯将意大利三分之一的土地割让给他们，遭到后者严词拒绝，所以他们当即将其杀死（476年7月28日）。皇帝的侍卫罗马人奥多亚克（Odoacer）[1]答应了他们的要求，条件是要拥立他作皇帝。当他通过这种方式取得皇位后，没有伤害小皇帝奥古斯都，而是允许奥古斯都从此以一名普通居民的身份生活。当奥多亚克把意大利三分之一的土地交给蛮族人时，他们之间的结盟更加稳固，此后他牢牢地掌握蛮族帝国的最高统治权达10年[2]。

大约这个时候，经皇帝允许定居在色雷斯的哥特人在狄奥多里克（Theoderic）的领导下发动武装起义，反抗罗马人。狄奥多里克拥有贵族头衔，并在拜占庭任执政官。但泽诺皇帝知道怎样应对当前形势对自己更有利，他建议狄奥多里克去进攻意大利的奥多亚克，为皇帝和哥特人取得帝国西部的统治权。他说这对狄奥多里克也更好，尤其是他已经获得了元老院成员的地位，以武力进攻篡权者，成为所有罗马人和意大利人的统治者，这比冒险与皇帝作决定性的斗争更有益。

狄奥多里克对这个建议很满意，于是他带着哥特军队去了意大利。在他们的四轮马车上载着妇女儿童和所有能

---

[1] 奥多亚克曾是西罗马帝国末代皇帝罗穆洛的侍卫，将小皇帝贬为庶民后自立为帝。——中译者
[2] 奥多亚克在489年被狄奥多里克打败并被囚禁在拉文纳，493年投降，同年被处死，他在这之前独立统治了13年。

带走的私人财物。在他们接近爱奥尼亚湾时[1]，因为没有船只不能渡海，所以只能绕着海湾走，穿过了陶兰提（Taulantii）和那个地区的其他国家，与奥多亚克的军队不期而遇。奥多亚克军在与狄奥多里克多次交锋均败北之后，龟缩在奥多亚克躲藏的地方拉文纳和其他的几个特别坚固的城镇中（489年）。哥特人根据不同的情况采取不同的方法，或者怀柔或者使用暴力，将这些城市一一包围并攻克，除了离拉文纳300斯塔德远的卡埃森纳（Caesena）[2]堡垒和奥多亚克所在的拉文纳。拉文纳城坐落在爱奥尼亚湾尽头的一个平原上，距海2斯塔德远，这样的地理位置使军队从海路和陆路都难以到达，因为大海的浅滩大约有30斯塔德，所以船只不能直接靠岸；而拉文纳的海滩，尽管在海员的眼中已经很近了，但实际上却非常远，因为有很长的一段浅滩，陆路也根本无法到达。流经拉文纳的波河，也叫埃利丹努斯河（Eridanus），从凯尔特边界流过来，与其他适于航行的河流和一些沼泽一起从各个方向环流这座城市。这样，拉文纳四面都被水包围着，那里每天都发生一件奇妙的事情：每天清晨，大海水位上涨，形成一条河流，漫过陆地，相当于一个轻装旅行者走一天的路程那么远，这样在大陆中心也可以航行了，而到了傍晚，海水又退回去了，海湾消失，海水汇成小溪流出回归大海[3]。凡是为城里运送食物或从这里运走的用于贸易或其他作用的

---

[1] 意即整个亚得里亚海，见第15章。
[2] 现代的切塞纳（Cesena）。
[3] 他的意思是，入海口或海湾在清晨由涨潮形成，在傍晚退潮时，海水又流出去了。

货物，都利用这里的潮汐：他们把货物先装上小船，拉到平时形成海湾的入口处，当潮汐到来时，船只就会一点一点上升，漂浮在水上，船上的水手便开始划船，开始海上航行。这种现象不仅在这里发生，整个这一地区的海岸直到阿奎莱亚城都定期发生这种事。然而，每次涨幅的程度都不一样，在月光暗淡时，大海的涨幅就很小，但从第一个[1]半月直到第二个半月，涨幅有加大的趋势。关于这件事就说这么多。

在狄奥多里克率哥特军围攻拉文纳城的第三年过去后，哥特将士已经厌倦了围攻，奥多亚克和他的士兵们也因为粮食紧缺而苦不堪言。于是他们双方通过拉文纳的教士进行协商，双方都同意在平等的条件下共同拥有在拉文纳的永久居住权。双方都在一段时间里遵守这一协定，直至狄奥多里克除掉奥多亚克。据说狄奥多里克设计阴谋，邀请奥多亚克赴宴，席间发动突然袭击，刺杀奥多亚克[2]。通过这种方式狄奥多里克获得了敌对蛮族人的支持和生存的机会，也取得了哥特人和意大利人的最高统治权。尽管他没有公开采用罗马皇帝的名号，也没有穿戴皇帝的服饰，而且一直到晚年都被称为"勒克斯"（rex，这是蛮族人对他们首领的习惯称呼）[3]，但在治理自己国家和人民上，他本人具有一切皇帝所应具有的品质。他严格遵守正义，把法律建立在坚实的基础上，能够有效地保护自己的土地

---

[1] 从新月到满月。
[2] 见布瑞编订的《罗马帝国衰亡史》，第4卷，第180页，注释中有关于这件事的有趣的叙述。
[3] 这是一般的判断，在蛮族人中"勒克斯"表示仅次于"巴赛勒斯"或罗马皇帝的职位；见第6卷。

不受周边蛮族人的侵扰,他的智慧和勇敢无人能及。狄奥多里克对国民不会犯任何不公正的行为,对企图这样做的人亦然。只有一次例外,他对哥特人做了不公平的事情,因为哥特人把奥多亚克赐予其支持者的土地自己分掉了。尽管狄奥多里克是一个篡位者,但实际上他从一开始就与其他人不同,表现出贤明皇帝的品质,无论是哥特人还是意大利人都非常爱戴他,这与人们一般的想法是截然不同的。在不同的国家中,人们的爱好有很大的分歧,掌权的政府在取悦部分民众的同时,也会激怒另一些与之背道而驰的人。但狄奥多里克在其统治的37年中,敌人都畏惧他。在他辞世时(526年),全国上下均悲痛万分。他去世的经过是这样的:

西马库斯(Symmachus)和他的女婿伯丘斯(Boetius)都出身于古代的贵族家庭,都是罗马元老院的资深元老[1],也都曾任执政官之职。因为他们都精通哲学,比别人更关心司法公正,还慷慨地把钱分给贫穷市民和陌生人,缓解了贫困的状况,故而赢得了很高的声誉,同时也招致卑鄙的元老的嫉妒。于是便有人向狄奥多里克诽谤他们,而他却相信了诽谤者的话,以阴谋策划政变为由,处死了这两个人,将其财产没收充公。几天后,狄奥多里克在吃饭时,仆人把一只大鱼头摆在他面前,他看着鱼头仿佛看到了刚刚处死的西马库斯的头,鱼下腭的牙齿和眼睛狰狞而狂野地盯着他,极像一个威胁他的人脸。他见此不寻常的情景非常害怕,不停地颤抖,跑回到自己的卧室,命令

---

[1] 很可能是对古典时代的"元老长"(princeps senatus)的回忆。

仆人为他盖上许多层被,对此事缄口不提。后来他对内科医生埃尔皮底乌斯(Elpidius)讲了之前发生的所有事,并为自己对西马库斯和伯丘斯犯下的错误而忏悔。他对这不幸发生的事情十分悔恨和悲痛,不久之后就去世了。这是他对臣属做的唯一一件不公正的事,因为他在对这两人下结论之前,没有像通常那样进行全面调查。

第 2 章

狄奥多里克死后,王国由他的外孙阿塔拉里克(Atalaric)接管(526年),这一年他才8岁,他的父亲早已辞世,由他的母亲,狄奥多利克的女儿阿玛拉松塔(Amalasuntha)摄政。此后不久(527年),查士丁尼在拜占庭继承了皇位。阿玛拉松塔作为她儿子的监护人管理政府,她天资聪颖,最大限度地追求公正,表现出男性的风范。只要她坐阵处理政府事务,在任何情况下都不会以体罚或罚款的方式对待罗马人,她也不向疯狂的哥特人让步,甚至还把西马库斯和伯丘斯的地产归还给他们的子女。阿玛拉松塔希望她的儿子的言行举止能像一位罗马王子,把他送去一位懂文学写作的老师那儿学习,还从哥特人中选出了三位最为精明和文雅的老人,让他们与阿塔拉里克一起生活。但哥特人却不喜欢这样,因为他们希望国王以蛮族人的方式进行统治。一次,阿玛拉松塔发现他的儿子在卧室里做了错事,就责罚了他。他流着泪去了其他男人的房间。一些哥特人看到了他,对此事大肆渲染,辱骂阿玛拉松塔,说她想打死这个孩子,以便改嫁,与她的新丈夫共同统治哥特人和意大利人。所有的哥特贵族都聚集在一起，当面指责阿玛拉松塔教育国王的方式是错误的，既不符合他们的心愿，对孩子也没有用。他们说文学写作与男子汉气概相距甚远，年老人的教育只会使孩子胆小和顺从。能够在统治中表现出大胆并享有很高声誉的人应该摆脱懦弱的文学教育，接受军事训练。他们还说，狄奥多里克决不会允许任何一个哥特人把孩子送到学校去，因为他过去常常对他们说，要想摆脱奴役，就必须拿起剑和矛。他们要求她回想一下，她父亲在死之前成为这块土地的主人，他没有听过什么写作课，却把自己的精力都耗在这本不属于他的王国。"因此，女王，"他们说，"现在就把这些家庭教师打发走吧，让阿塔拉里克与同龄人在一块玩，与他们共度童年，让他按照蛮族人的方式向最好的方向成长吧。"

尽管阿玛拉松塔对这些话极不赞成，但因为害怕这些人阴谋叛乱，只能装出一副赞同的样子，完全按照蛮族人所说的去做。当这三位老人离开阿塔拉里克时，有一些男孩进宫来与他做伴，这些男孩还未成年，年纪比他大几岁，等他成年后，就引诱他喝酒玩女人，变得极其堕落了，还愚蠢到不听母亲的意见。尽管蛮族人这时已经公开地联合起来反对她，他还是完全拒绝捍卫母亲的事业。蛮族人斗胆逼她从宫中搬出去。阿玛拉松塔面对哥特人的阴谋既没有畏惧，也没有像普通女人一样软弱地让步，完全表现出女王般的尊严。她从蛮族人中选出三个最杰出的人，都是煽动反对她的叛乱的首要人物，命令他们分别去镇守意大利边界的三个地方，让人以为他们是被派去保卫领土免受敌人入侵的，以此瓦解反对势力。尽管如此，这些人在他们的朋友和亲属的帮助下依然保持联系，还为了达到目的长途跋涉，继续商量阴谋反叛阿玛拉松塔计划的细节。

阿玛拉松塔不能忍受这样的事，就做了个计划，派人去拜占庭询问查士丁尼皇帝是否同意让她这个狄奥多里克的女儿阿玛拉松塔去他那里，因为她想尽快从意大利离开。皇帝欣然应允，邀请她前来，还命令埃庇丹努斯（Epidamnus，都拉斯）最富贵的家庭做好准备，恭迎阿玛拉松塔，并让她在他们家里一直住到去拜占庭之前。当阿玛拉松塔得知皇帝的答复之后，挑选了几名身强力壮、忠心耿耿的哥特人，派他们去杀死前面提到的那三个阴谋反叛的首要人物。她本人则将所有的财产，包括4万镑[1]黄金装上一艘船，随行的还有最为忠心的几个人，扬帆起航前往埃庇丹努斯。船只到达码头之后，抛锚泊船，阿玛拉松塔命令不准卸货，直到她下令。如果得知敌对派的三名首脑已经被消灭，她就会留在拉文纳，把船召回来，不必再害怕她的敌人了；如果有哪个还活着，她就以最快的速度带着财物驶向皇帝那里寻求庇护。这就是阿玛拉松塔派船去埃庇丹努斯的目的。当这艘船到达那个城市的港口时，那些人按照她的吩咐行事。不久之后，当杀手们完成了她的心愿时，阿玛拉松塔就又把船只召了回来，留在拉文纳，巩固自己的统治，尽量保证国家的安全。

---

[1] 见第1卷，第22章；第3卷，第6章和注释。

第 3 章

狄奥多里克的妹妹阿玛拉弗里达（Amalafrida）的儿子、哥特人塞奥达图斯（Theodatus）已经成年，他精通拉丁文学和柏拉图哲学，但没有任何战争经验，生活态度十分消极，却一味追求财产。这个塞奥达图斯已经取得了托斯卡纳（Tuscany）[1]大部分土地所有权，他还急于打算通过暴力手段从土地主人手中夺取余下的土地，因为他认为有地主邻居是一件非常不幸的事。阿玛拉松塔竭力想抑制他的这种欲望，结果引起了他的仇视。于是他构思了这样一个计划，把托斯卡纳移交查士丁尼皇帝，这样他便可以从皇帝那里取得大笔钱财和元老院成员的地位，在拜占庭度过他的下半生了。塞奥达图斯计划好了之后，从拜占庭来了两名特使到罗马见大主教，一个叫伊帕提乌斯（Hypatius），是以弗所（Ephesus）的神父，另一个叫季米特里奥斯（Demetrius），来自马其顿的菲利皮（Philippi）。两人的使命是传播信仰教条，这是基督徒中一个有争议的问题。至于其争论焦点，尽管我非常清楚，但我不想提起它们，因为我认为质询上帝的本性如何是一件愚蠢的行为。我认为人们连人类的事都不能正确理解，更不用说要谈论那些属于上帝本性的问题。我要对这些事情保持谨慎和沉默，以保持那些备受尊敬的古老信仰。我不会谈论任何关于上帝的事，除了一点，那就是上帝是伟大的，他掌握世

---

[1] 托斯卡纳位于意大利北部地区。——中译者

间万物。但是，就让那些自以为了解这些事的人说去吧，无论是教士还是凡人。塞奥达图斯秘密地会见这两个使节，让他们向皇帝查士丁尼汇报他的计划，解释我刚才提到的情况。

就在这个关键时刻，阿塔拉里克因为终日醉饮狂欢，到了超出常理的地步，得了一种日渐消瘦的疾病。阿玛拉松塔进退两难，一方面她对儿子的忠诚没有信心，他已堕落得太深；另一方面，如果阿塔拉里克死去，那她的生命将受到威胁，因为她曾冒犯了哥特人中最显赫的贵族。因此，她非常希望查士丁尼皇帝接管哥特人和意大利的最高统治权，那样她就安全了。碰巧有一个元老院成员亚历山大（Alexander）与季米特里奥斯和伊帕提乌斯一同来到了拉文纳，这是因为皇帝听说阿玛拉松塔的船只停在埃庇丹努斯港口时，她还逗留在拉文纳，尽管已经过去了很长时间，他还是派亚历山大去调查并向他汇报关于阿玛拉松塔所有的情况。然而皇帝对外宣称，派亚历山大作为特使去她那里一是因为自己被利利巴厄姆（Lilybaeum）发生的事情弄得心神不宁，我在前面提到过，在利比亚的军队中有10个匈奴人逃跑到了坎帕尼亚（Campania），守卫那不勒斯的乌利亚里斯（Uliaris）在阿玛拉松塔的默许之下收留了他们；还有一个原因就是正在锡尔米厄姆（Sirmium）[1]附近与格庇德人（Gepaedes）会战的哥特人把坐落在伊利里亚边界的格拉提安那城（Gratiana）看作敌对城市。就这些事他对阿玛拉松塔提出抗议，写了一封信派亚历山大

---

[1] 靠近今天的米特罗维察（Mitrowitz）。

送去。

亚历山大到达罗马后，把教士们留下，让他们处理他们要办的事，他本人赶往拉文纳，秘密会见阿玛拉松塔，汇报了皇帝的意图，但在公众场合把信交给她。信的内容是："原本属于我们的利利巴厄姆要塞却被你们以武力占领并一直控制到现在，你们接收了从我这里逃跑的蛮族奴隶，但却不想交还给我。此外，我的格拉提安那城根本不属于你，你却蛮横地对待它，现在是你考虑该怎样结束这些事情的时候了。"她读过这封信后，写了这样一封回信："期待着一位坚持真善美的伟大国王帮助一个不知所措的孤儿是合情合理的，这比不问原因就与他争吵要好得多，因为没有经过挣扎和努力的胜利是不会带来荣耀的。关于你就利利巴厄姆发生的事和那10个逃兵，还有士兵们在抗击敌人时犯的错误威胁阿塔拉里克，是因为误解影响了我们之间的友谊。不，请不要，请您不要这样做。皇帝，请您回想一下，当您与汪达尔人作战时，我们不仅没有阻止您，而且热情地提供自由通行权让你们得以顺利地进攻敌人，还组织了一个供你们买到必需品的市场，尤其是为你们提供了最终打败敌人所必备的大量马匹。然而我们并不仅仅是为了要对得起盟友和朋友这称号才给同伴提供军力，更重要的是我们确确实实在各方面在战争中为同伴提供了帮助。再想想，你们的船队那时候除了西西里以外在海上没有任何可供停泊的港口，没有我们给你们的供应就不可能驶向利比亚，我们的帮助是你们获胜的主要原因。如果人们因得到帮助而取得胜利，那么提供帮助的人也应受到信任。皇帝陛下，有什么事能比获取对敌人的控制权更令人快乐呢？我们没有受到任何损失，所以根据战争的惯例，我们不分享你们的战利品。现在你要把西西里的利利巴厄姆从我们这里夺走，皇帝陛下，那里自古就属于哥特人，而且仅仅是一块大岩石，还不值一块银子的价值高呢。如果它自古就属于你的王国，你也应该作为为你服务的报酬，赏赐给阿塔拉里克。因为他在你最需要帮助的时候曾多次帮助过你。"这就是阿玛拉松塔公开给皇帝写的信，而暗地里她同意把整个意大利交给皇帝。使者回到拜占庭，向皇帝汇报了详细的经过，亚历山大把阿玛拉松塔作出的决定告诉了他。季米特里奥斯和伊帕提乌斯也都告知他们所听到的塞奥达图斯说的话，补充说塞奥达图斯在托斯卡纳权力很大，他已经成了那里大部分土地的主人，而且还能继续轻松实现他的计划。皇帝对于这样的形势非常高兴，立即派彼得去意大利。彼得是伊利里亚人，也是塞萨洛尼基的居民。他是拜占庭受过良好演说训练的人之一，举止言谈既谨慎文雅又非常具有说服力。

第 4 章

但与此同时，许多托斯卡纳人在阿玛拉松塔面前谴责塞奥达图斯的恶行，说他对所有的托斯卡纳人使用暴力，无缘无故地夺取他们的土地，他不仅侵占所有的私人地产，还侵占被罗马人称为"皇庄"（patrimonium）的皇室地产。因此，阿玛拉松塔对塞奥达图斯进行了查问，当他面对这些控告者时，毫无疑问地被证明有罪。阿玛拉松塔强迫他归还侵吞的一切以不正当手段得到的地产和钱财，然后把他打发走了。阿玛拉松塔在这件事上大大冒犯了他,此后,他就与她结下了深仇大恨,尤其是她夺走了他最珍爱的钱财,他非常愤怒,因为不能再继续他的非法与暴力行径了。

大约在同时(534年10月10日),阿塔拉里克因病日渐消瘦,终于走到了生命的尽头,他在位共8年。此时,阿玛拉松塔注定要遭到不幸,因为她完全不考虑塞奥达图斯的本性和最近他们之间的仇怨,认为如果能给他一些特别的恩惠,他就不会再计前嫌。于是阿玛拉松塔传召塞奥达图斯,当他到来后,便以甜言蜜语取悦他,说她早就知道儿子不久后会死去,因为她已经听过所有医生的意见,他们都很相信自己的判断,而她自己也感到儿子的身体日渐消瘦。她声称塞奥达图斯作为狄奥多里克家族的代表,哥特人和意大利人都对他有偏见,她有意除去他的恶名,以便能顺利地登上王位。与此同时,她又解释道,公正的问题一直困扰着她,那些被他迫害的人已经无处诉说不幸了,现在还得让他们的敌人来当主人,因此,她提出,即使他在继承王位之前清除了恶名,也必须庄严地发誓只作名义上的国王,实权仍掌握在阿玛拉松塔的手中。塞奥达图斯听到这些,按照她的要求发了誓,达成了协议,但他仍心怀叛意,依然记恨她以前对他做过的事。阿玛拉松塔被她自己的判断和塞奥达图斯的誓言所欺骗,把他扶上了王位,还派几名哥特人使节去拜占庭向查士丁尼皇帝传达了这一消息。

当塞奥达图斯取得了最高统治权后,就开始做违背他的誓言和阿玛拉松塔意愿的事了。他首先赢得了她杀死的那几个哥特反叛首脑亲属的支持,他们人数众多,在哥特人中又很有地位，信使还没到拜占庭，他就突然处死了一批与阿玛拉松塔关系密切的人，还将阿玛拉松塔囚禁在托斯卡纳武尔西纳（Vulsina）湖[1]中一座虽小但防守严密的岛[2]上，严加看守限制其行动（535年4月30日）。塞奥达图斯担心此举会引起皇帝的愤怒，事后证明的确如此，就派了罗马元老利贝里乌斯和奥皮里奥等人去用一切办法向皇帝解释，开脱自己，尽量让他相信阿玛拉松塔在他手上没有受到虐待，尽管他以前曾让她非常气愤。他本人也给皇帝写了一封信，还强迫阿玛拉松塔违心地写了同样内容的一封信。

这时查士丁尼早已派彼得作为特使去意大利，计划让他秘密会见塞奥达图斯，在塞奥达图斯发誓决不泄露他们的交易之后，双方就托斯卡纳问题达成协议；还让彼得偷偷会见阿玛拉松塔，以对双方都有利的原则就整个意大利的统治权问题进行协商。但彼得此行的公开任务却是上文提到的解决利利巴厄姆和其他的几件事。但是，皇帝还没有听说到任何关于阿塔拉里克驾崩、塞奥达图斯继位或阿玛拉松塔被囚禁的事情。当彼得得知这些事后，他已经在路上了。他先是遇到阿玛拉松塔的使节，听说塞奥达图斯已经登上王位。不久之后，到达爱奥尼亚湾岸边的欧隆城（Aulon）[3]时，他遇到了利贝里乌斯（Liberius）和奥皮里奥（Olipio）一行人，知道了发生的一切，他就在原地向

---

[1] 现在的博尔塞纳（Bolsena）。
[2] 马尔塔（Marta）岛，"现在完全无人居住，但在岩石上有几个脚印，据说是通向阿玛拉松塔被囚禁之处的"。——托马斯·霍奇金（Thomas Hodgkin）
[3] 现在阿尔巴尼亚的阿夫隆纳（Avlona）。

皇帝写信汇报了这些事，本人还留在那里等待指令。

当查士丁尼皇帝听说了这些事之后，他制定了一个让哥特人和塞奥达图斯陷入混乱的计划。他给阿玛拉松塔写了一封信，说他希望能给予她最大的支持，同时又指示彼得散布这个消息，要让塞奥达图斯和所有的哥特人都知道。当来自意大利的使节到达拜占庭时，他们向查士丁尼皇帝汇报了几乎所有的事情，尤其是利贝里乌斯，因为他是一个享有很高声誉而正直的人，他知道什么才是事实，而只有奥皮里奥一个人坚持说塞奥达图斯没有触犯阿玛拉松塔。当彼得到达意大利时，阿玛拉松塔已经与世长辞了。因为她杀死的那几个哥特人的亲属向塞奥达图斯进言，除非把阿玛拉松塔尽快除掉，不然他们都不安全，于是塞奥达图斯稍一屈服，他们就去那个岛杀死了阿玛拉松塔——这件事令所有的意大利人和哥特人都非常悲痛。因为如前所述，这个女人具有所有的美德，深受爱戴。彼得公开反对塞奥达图斯[1]和其他哥特人，宣称他们犯下了这样的罪行，皇帝和他们之间将会发生一场无休止的战争。而塞奥达图斯却愚蠢地袒护那些杀害阿玛拉松塔的人，并一直试图劝说彼得和查士丁尼皇帝相信这些哥特人做的不光彩的事情未经他的同意，是完全违背他的意愿的。

第 5 章

就在同一时间里，贝利撒留因为打败了盖里莫尔和汪

---

[1] 见吉本的注释（第 91 章），在布瑞的版本中有详细论述，第 4 卷，第 304 页中有额外的关于查士丁尼和彼得在这件事上的做法的补充。

达尔人一时名声大振。皇帝听说了阿玛拉松塔不幸遇害，立即发动了战争。这一年是他统治的第九年[1]。他首先派伊利里亚将军、出身蛮族而忠于皇帝的勇士蒙顿（Mundus）到哥特属地达尔马提亚，刺探萨洛尼斯（Salones）[2]的敌情。然后，他又派贝利撒留率领4000名士兵，其中包括正规军、外籍兵团[3]和大约3000名伊苏里亚士兵，从海路前往意大利。这支军队中的统帅都是赫赫有名的人物，包括：来自色雷斯的康斯坦提努斯（Constantinus）和贝萨（Bessas），出身于伊比利亚[4]王室的佩拉尼乌斯（Peranius），他因记恨波斯人对伊比利亚的残暴统治而当逃兵投靠罗马人，还有征募来的骑兵由瓦伦提努斯（Valentinus）、马格努斯（Magnus）和伊诺森提乌斯（Innocentius）统帅，步兵则由希罗狄安（Herodian）、保卢斯（Paulus）、季米特里奥斯（Demetrius）和乌尔西奇努斯（Ursicinus）统帅，伊苏里亚军队的统帅是恩纳斯（Ennes）。此外还有200名匈奴人和300名摩尔人加入联军。全军的最高统帅是贝利撒留，他的卫队由一批杰出的枪兵和侍卫组成。他的妻子安东尼娜与前夫所生的儿子佛提乌（Photius）也跟随他出征。此人虽然很年轻，刚刚长出胡须，但却非常谨慎，表现出超过他年龄的成熟。皇帝让贝利撒留对外宣称其远征的目的地是迦太基，但只要一到西西里，就装作迫不得已，弃船登岸，在岛上见机行事；

---

[1] 535年？
[2] 或萨隆纳（Salona），靠近现在的斯帕拉托（Spalato）。
[3] 见第3卷，第11章和注释。
[4] 大体相当于现在的格鲁吉亚，在高加索南部。

如果能够毫不费力地征服它，就牢牢地控制住它；如果遇到了任何阻碍，就以最快的速度驶向利比亚，不让别人有机会察觉到他们的企图。

皇帝还派人给法兰克人首领送去了一封信，内容如下："哥特人使用暴力占领了本属于我们的意大利，坚决拒绝归还，他们对我们做出的不公正行为已经令我们忍无可忍，因此我们被迫对他们宣战。你们也应该加入到我们一方作战，你们与我们一样，不仅具有相同的正统基督教的信仰，而且对哥特人同样怀有恨意。"此外他还随信捎去一些钱作礼物，并允诺如果他们采取积极行动就会给他们更多的赏赐。于是法兰克人热情地答应与他结盟参战。

蒙顿和他统帅的军队到了达尔马提亚，与那里的哥特人开战并将其击败，占领萨洛尼斯。贝利撒留到达西西里，占领了卡塔纳（Catana）并把那里作为指挥的基地，他轻易地接管了叙拉古和其他一些投降的城市，除了哥特人严加防守的帕诺尔莫斯（Panormus）[1]。他们对这个地方坚固的防御设施充满信心，极不愿屈服于贝利撒留，命令他率兵离开那里。贝利撒留考虑再三，认为这个地方不可能从陆路方面占领，就命令船队驶入港口，这个港口一直延伸到城墙处。而该城城墙外面完全没有卫兵防卫。当船只在这里抛锚后，船的桅杆高过外城墙，于是他马上让每一艘小艇都载上弓箭手，命人把小艇吊到船桅杆的顶部。当城内的哥特人被上方小艇中敌人的箭射中时，陷入恐慌之中，立即向贝利撒留投降，把帕诺尔莫斯城拱手奉上。这

---

[1] 现在的巴勒摩（Palermo）。

样整个西西里都臣属于皇帝，并向他纳贡了。这时贝利撒留的运气好到难以形容，因为他战胜汪达尔人取得了执政官的荣誉职位后又收复了整个西西里。在他执政官任期的最后一天（535 年 12 月 31 日），他怀着这份荣耀率军向叙拉古进发，军队和西西里人都为他欢呼，他向群众散发金币。这是一个让人愉快的巧合，他为罗马人收复了整个西西里岛之后，向叙拉古进军的这一天就是他执政官任职的最后一天，这不是故意安排的。因此他不能像传统习惯那样，当天在拜占庭城的元老院交出执政官职位，光荣退位，自己成为前任执政官。这就是他的运气。

第 6 章

当彼得听说西西里胜利的消息后，继续恐吓塞奥达图斯，绝不让他离开谈判桌。这时塞奥达图斯变得胆小起来，就像与盖里莫尔[1]在一起的俘虏一样哑口无言了。在别人不知道的情况下，他与彼得进行谈判，达成了协议，协议规定：塞奥达图斯从整个西西里退兵，支持查士丁尼皇帝；他每年要向皇帝送交一个重达 300 磅[2]的金冠，并随时准备为皇帝提供 3000 名哥特勇士出征作战；塞奥达图斯本人未经皇帝允许没有处死教士和元老的权力，也不得随意没收他们的财产充公；塞奥达图斯无权私自授予他的某个臣属贵族或元老职衔，如果他想那样做，必须请皇帝授予职

---

[1] 在第 4 卷，第 7 章和第 9 章中描写了盖里莫尔被俘的经过。
[2] 现在价值 12000 英镑。——霍奇金

衔；无论在剧院、竞技场还是在其他任何需要这种礼仪的地方，罗马民众为君主欢呼时，要先喊皇帝的名字，然后再喊塞奥达图斯的名字；不能单独为塞奥达图斯塑铜像或其他材料的塑像，而要同时铸两个塑像，必须右侧是皇帝的塑像，左侧是塞奥达图斯的塑像。塞奥达图斯签下这个协议后，打发走了彼得。

但不久之后，塞奥达图斯心中对战争充满恐惧，寝食难安。他唯恐与彼得签订的协议令皇帝不满意，那么战争就会降临到他的头上，于是他把已经到达阿尔巴尼（Albani）[1]的彼得再次召回来，与他进行密谈，问彼得这个协议是否能令皇帝满意。彼得回答说他猜想会的。塞奥达图斯又问："但如果这些条件不能令皇帝满意，那会发生什么事呢？"彼得回答说："那么尊敬的陛下，你就要卷入战争中了。""但这是什么？"他说，"这是正义吗？我的使者先生？"彼得立即回答说："陛下，怎么不是正义？人难道不应该保持自己爱追求的本性吗？""这是什么意思？"塞奥达图斯问。彼得回答说："意思是，你最大的兴趣是像哲学家一样思考，而查士丁尼却要作罗马帝国令人敬佩的皇帝。这就是区别所在了，一个充满哲学思想的人似乎不会导致人，尤其是大量人口的死亡，值得一提的是，这个观点与柏拉图的哲学思想有相同之处。很明显你是信奉柏拉图思想的，所以要您在战斗中杀戮是一件很邪恶的事；而对他来说，去取得一块自古就属于他的土地亦无不妥。"

---

[1] 现在的阿尔巴诺（Albano），在亚壁古道（Appian Way）上，见第6卷，第4章。

塞奥达图斯被他的忠告说服了,同意退位并支持查士丁尼皇帝,他和他妻子都发了誓。他也让彼得发誓,在皇帝拒绝接受前一个条约之后才讲出这第二个协议的内容。还派对自己尤为忠诚的罗马教士鲁斯提库斯(Rusticus)与彼得一同前往,以他的协议为基础去谈判,还委托他带去一封信。

彼得和鲁斯提库斯到达拜占庭后,按照塞奥达图斯的吩咐向皇帝提出第一个协定,但皇帝不愿接受它,他们又提出第二个协议的内容,给皇帝看了塞奥达图斯的信:"皇帝的生活对我并不陌生,幸运的是在我出生时,我舅舅就是国王,我在符合王族身份的教育方式下被抚养长大。但我没有战争经验,也不能承受战争带来的混乱。我从小就对学者们的争论着迷,把时间都用在这上面,所以直到现在都极少接触战乱。因此,在有可能逃避的条件下,追逐国王的荣誉并过着危险的生活完全是荒唐之举。这两者我都不喜欢。因为首先只要进食足以果腹就可以了,吃过多的甜食会恶心;其二我根本不熟悉这种生活,只会陷入混乱。只要你能为我提供年收入不少于 1200 镑[1]的地产,我就会把国家看得比这更轻,把意大利人和哥特人的统治权交给你。因为我想作一名农夫,无忧无虑,这比作一个充满焦虑,面临一个又一个危险的国王要快乐得多。请尽快派人来,我会把意大利的统治权和事务都移交给他。"

这就是塞奥达图斯的信的主要内容,皇帝看罢信后非常高兴,回信说:"很久以前我就听说你是一个谨慎之人,

---

[1] 见第1卷,第22章;第3卷,第6章和注释。

现在你决定避免战争，让我见识到了这一点。以前曾有人想走这样的路但却未能实现。与我们为友而不是为敌，你将永远不会后悔。你不仅可以获得你向我们要求的土地，而且还会获得罗马帝国的最高荣誉。我现在已派阿塔纳修斯（Athanasius）和彼得去你那里，这样双方都能对协议作出担保，贝利撒留也会立即拜访你并完成我们之间已经安排好的事。"皇帝写完信后，派以前曾出使去见阿塔拉里克的亚历山大[1]的兄弟阿塔纳修斯和前面提到过的雄辩家彼得[2]第二次前去，阿塔纳修斯和彼得一起把皇室地产授予塞奥达图斯，他们称皇室地产为"皇庄"（patrimonium）；他们拟好并签署文件，以可靠的誓言作保证之后，才能从西西里召回贝利撒留，让他接管王宫和整个意大利并派驻守备队伍。皇帝还给贝利撒留发布指示，让他接到命令就全速赶回去。

第 7 章

在皇帝忙于签订协议，使者们出使意大利之时，哥特大军在阿西纳里乌斯（Asinarius）、格里帕斯（Gripas）和其他一些人的率领下，进军达尔马提亚。当他们到达萨洛尼斯附近时，并没有参与战斗的蒙顿的儿子毛里西乌斯（Mauricius）正好率领小股巡逻侦察队与之不期而遇，双方展开了一场激战，哥特人最杰出的勇士战死，罗马人也几

---

[1] 见第 3 章。
[2] 见第 3 章；第 4 章。

乎全军覆没，统帅毛里西乌斯阵亡。蒙顿听说了这件事后悲伤不已，一怒之下无视命令独自率兵前去为儿子报仇。这场激战的结果是罗马人取得了卡德摩斯式的胜利[1]，大部分敌人被消灭，幸存者狼狈逃跑。蒙顿因为他儿子的死不能控制自己的行动，在追击敌人过程中，见一个杀一个，但被几个逃兵打伤，倒下死去了。因此追击中止，两军各自回营。当时罗马人想起了女预言家西比尔（Sibyl）早些时候诵读的诗句，对他们来讲是不祥之兆。因为诗中说当占领非洲之后，"世界"就会和它的子孙一起消失。这不是神谕的真正含义，而是暗示利比亚会再一次臣属于罗马人，而在那个时候蒙顿会和他的儿子一同死去。原文是"Africa capta Mundus cum nato peribit"[2]，"蒙顿"在拉丁语中有"世界"的意思，罗马人误认为这个神谕中提到了世界，实际指的是蒙顿父子的命运。关于这个问题就说这么多。至于萨洛尼斯城，则安然无恙，因为罗马人统帅阵亡，他们只能撤回城中。而哥特人也因为精锐部队全军覆没而非常害怕，他们转而占领附近的要塞，因为他们没有信心攻破萨洛尼斯城的防卫设施，而且城里的罗马人也正严阵以待。

当塞奥达图斯听说这件事后，他怠慢了到访的使者，因为他生性多疑，思想又不坚定。目前的好运缓解了他的恐惧，他不能正确、理性地分析形势，再一次陷入难以名

---

[1] 众所周知的一次付出惨重代价的胜利，胜利者被杀；很可能来自底比斯（七将攻忒拜）的故事，或厄特俄克勒斯（Eteocles）和波吕尼克斯（Polynices）兄弟双双战死的"卡德摩斯"（Cadmean）式的胜利故事。
[2] 在吉本著作的布瑞编订本中，第4卷，附录15讨论了这一神谕。

状的胆大妄为状态。当听说蒙顿和毛里西乌斯都死去时，他精神一振，对发生的事情表现得极不理智，对待长途跋涉刚刚到达的拜占庭使者的态度十分轻慢。一次，彼得因为他违反了与皇帝的协议而规劝他时，塞奥达图斯公开对他说："使者拥有高傲的地位，通常在所有的人中是荣耀的，但只有在他们以恰当的礼节执行他们的特殊使命时，他们才具备特权。当人们发现使者侮辱了君主或对别人的妻子有非分之想时，有法令规定可以处死使者。"这就是塞奥达图斯威胁彼得的话，并非因为他接近了某个女人，而是让他知道有人指控就可以将一个使者处死。彼得是这样回答他的："哥特人统治者，事实并不像你说的那样，你也不可以无端地陷害使者。因为使者即使想作一个通奸者，也是不可能的，因为未经过他们的卫兵同意，他们想喝水都不容易。至于他们替别人传信的时候，倘若这些信不是好建议，责备送信的人也是不合理的，提出送信要求的人应该对这个指控负责，而使节唯一的责任就是要取消这次任务。我们都是按照皇帝的指示说话的，你要静静地听，如果你被一时激动冲昏头脑，那使者们的使命就无法完成。现在到了你兑现自愿允诺皇帝的事情的时候了，事实上这才是我们来这儿的目的，他给你的信你已经收到了，但他要交给哥特人中最重要人物的信，我们是不会交给别人的。"在场的哥特领导人听了这番话后，命令使者们把信交给塞奥达图斯。信的内容是："如果你们愿意，我们愿意把你们迎接到我们的国家，这曾是我们的目标，你们来到这里不仅不会降低你们的地位，而且还会使你们更加荣耀。我们也不强求哥特人遵守陌生的异国习俗，你们回到了一群曾经熟悉的人们当中,当初因某些原因被迫分开了。我已经派阿塔纳修斯和彼得去你们那里了,你们应该尽一切努力帮助他们。"这就是信的大意。但在塞奥达图斯读完之后,他决定不再履行他对皇帝的承诺了,而且还要严加看管这些使者。

当查士丁尼皇帝听说上述事情和发生在达尔马提亚的事后,派皇室侍从官总管康斯坦提亚努斯前往伊利里亚,在那里召集一支军队然后从海路或陆路进军萨洛尼斯;同时,他又命令贝利撒留尽快前往意大利,向那里的哥特人发起进攻。康斯坦提亚努斯来到埃庇丹努斯,花了点时间招募了一支军队。但就在这时,哥特人在格里帕斯的领导下与另外一支军队一同进入达尔马提亚,占领了萨洛尼斯;康斯坦提亚努斯在一切准备就绪后就率领全部军队离开埃庇丹努斯,他的船队停泊在爱奥尼亚湾的右侧埃皮陶鲁斯港(Epidaurus)[1]。在这里有一些格里帕斯派出的间谍,当他们看到船只和康斯坦提亚努斯的军队时,以为在海上、陆地到处都是敌兵,于是就回到格里帕斯那里汇报说,康斯坦提亚努斯率领了一支数万人的军队前来攻打他们。格里帕斯非常害怕,认为无力对抗这么庞大的敌人,同时他又不愿遭到皇帝军队的围攻,因为皇帝军队已经完全占领了海上。但最让他心烦的要数萨洛尼斯的防御工事(因为城墙大部分已经坍塌了),当地居民也对哥特人抱着极大的怀疑态度。因此,他决定率军尽快离开这里,在位于萨洛

---

[1] 现在的拉古萨·韦基亚(Ragusa Vechia)。

尼斯和斯卡顿城（Scardon）[1]中间的平原地带扎营。这时康斯坦提亚努斯也率领全部船队从埃皮陶鲁斯出发，来到利西纳（Lysina）[2]，这是海湾中的一个小岛。他派出了几个人刺探格里帕斯的计划并回来报告。当他得知所有的敌人情况后，以最快的速度驶向萨洛尼斯。在接近这个城市时，他命全军登陆，自己则留在船上，从军中选出500人在侍卫西菲拉斯（Siphilas）的率领下先去占领城市边缘一个窄小的关口[3]。西菲拉斯出色完成任务。次日，康斯坦提亚努斯和他的全部人马进入萨洛尼斯城，他的船队就泊在附近。康斯坦提亚努斯查看了该城的防御要塞，并命士兵匆忙抢修倒下的城墙。格里帕斯和所有的哥特人军队在罗马人占领萨洛尼斯城后的第7天拔营出发，前往拉文纳。就这样康斯坦提亚努斯在占领了整个达尔马提亚和利布尼亚之后，将驻扎在那里的哥特人军队收编到自己的队伍中。这些就是发生在达尔马提亚的事。冬天即将过去，哥特战争的第一年结束了。这部历史是普罗柯比写的。

第8章

贝利撒留在叙拉古和帕诺尔莫斯（Panormus）留下守备队后，率其余部队经由梅萨纳（Messana）前往雷吉姆

---

[1] 塞贝尼科（Sebenico）附近。
[2] 现在的莱西纳（Lesina）。
[3] 从西面入城的一个重要入口。

(Rhegium），这里是斯库拉[1]和卡律布狄斯（Charybdis）女妖的神话故事发生的地方。当地人每天都来拜访他，因为他们的城市自古就没有城墙，没有任何东西可以保护他们，又对哥特人怀有敌意，所以对现在的统治阶层很不满意。这时，塞奥达图斯的女儿塞奥德南特（Theodenanthe）的丈夫埃布里姆斯（Ebrimous），当了逃兵从哥特人那里带着自己的全部手下归顺贝利撒留。贝利撒留直接派他去见皇帝，他从皇帝那里得到了许多赏赐，其中包括贵族的头衔。贝利撒留的军队从雷吉姆步行出发后，途经布鲁提厄姆（Brutium）和卢卡尼亚（Lucania），靠近陆地航行。当他们到达坎帕尼亚时，就看到了海滨城市那不勒斯，这座城市有地理上的优势，城内还驻扎了一支庞大的哥特人守备队，所以异常坚固。贝利撒留命令船队在港口抛锚，这里不在城里发射弓箭的范围内，自己则率兵登陆，在城市附近扎营。他首先令郊区的一个要塞投降，然后占领该要塞。之后他同意城中居民的要求，让他们当中身份显赫的人来到营中，表达他们的意愿，再把贝利撒留的回复报告给城中居民听。于是那不勒斯人派斯蒂芬努斯（Stephanus）来见贝利撒留，对他说：

"将军，你与我们这些无辜的罗马人开战是不公正的，我们只生活在一座小城里，有一群哥特人守卫当主人，所以即使我们想反抗也没有力量。这些卫兵甚至不得不离开他们的妻子儿女，以及他们被塞奥达图斯掌握的财产，而

---

[1] 斯库拉（Scylla）女妖又称海妖塞壬，是希腊神话中栖居在锡拉岩礁上摄取船上水手的怪物。——中译者

来守卫我们的城市。如果他们与你们达成协议，他们明摆就是不忠，不是对这个城市，而是对他们自己不忠。如果一定要我们毫无隐瞒地讲出事实，你们也不会觉得攻击我们是有利的。如果你们能占领罗马，那不勒斯自然就会臣服于你们，如果你们被罗马城守军击败，那你们也根本保不住这座城市，结果你们在这里围城是白白消费时间。"

斯蒂芬努斯讲完后，贝利撒留说：

"我们来到这里的行动是明智还是愚蠢，这不是那不勒斯人关心的问题。但我希望你们能先深思熟虑地权衡这些事情，然后根据你们的意愿和利益采取行动，把我们迎进城，皇帝的军队是来保卫你们和其他意大利人的自由的，不要选择一条给你们带来最倒霉的事的道路。至于那些想逃避奴役或其他羞耻事的人，如果加入战争并取得胜利，将获得双倍利益，因为他们不仅胜利，还获得了自由；如果失败了，他们也会得到一些安慰，因为他们曾为自由抗争过。而那些无须战争就有机会获得自由但却加入战争的人，就使其受奴役的状况继续下去了。这些人，即使他们在战争中胜利了，但在道义上却失败了；如果在战争中他们并不像希望的那样幸运，他们就会和他们的将军一起被消灭。对于那不勒斯人，这些话足够了。但对于眼前的哥特人来说，我们让他们选择，或者直接就地编入我方伟大皇帝的军队，或者弃甲归田保全性命。如果那不勒斯人和你们不考虑我的忠告，敢与我们为敌，那么按照上帝的意愿，我们就有必要把所有遇到的人都视为敌人。然而，如果那不勒斯人愿意选择站在皇帝一方，摆脱受奴役地位，我可以以我的名义向你们保证，你们将在我们手中得到西西里人最近得到的好处，他们可以见证我的誓言。"

这就是贝利撒留让斯蒂芬努斯传达给市民的话。但他私下里答应如果斯蒂芬努斯能劝服那不勒斯人主动站在皇帝一边，会给他一大笔钱作为报酬。斯蒂芬努斯进城后，把贝利撒留的话作了汇报并表达了自己的观点，即与皇帝作对是失策的。还有一个叙利亚人安条克（Antiochus），他长期居住在那不勒斯从事船运生意，以其智慧和正义而享有很高的声誉，他也努力帮助斯蒂芬努斯。但是受过演讲训练的那不勒斯演说家、在那不勒斯人中享有很高声誉的帕斯托尔（Pastor）和阿斯克勒皮奥多图斯（Asclepiodotus）是哥特人非常要好的朋友，他们不愿改变现状，于是便策划阻止谈判，劝说群众要求很多特许权，还强迫贝利撒留发誓立即会满足他们的所有要求。他们把这些条件都写下来，让斯蒂芬努斯交给贝利撒留，大家都认为贝利撒留不会接受这些条件。但当斯蒂芬努斯到皇帝军队中，向贝利撒留提交这份文件，询问他是否愿意实施那不勒斯人的所有提议并为此发誓时，贝利撒留允诺他们会完全照办，将他打发回去。当那不勒斯人听到这个消息后，他们很想马上接受将军的保证。他们催促皇帝的军队尽快进城。因为他宣布不会有任何不愉快的事情落到他们头上，如果有人要证据，西西里人就是最好的例子。他指出，就在最近，西西里人用以前蛮族的僭主交换了查士丁尼皇帝的最高统治权，现在他们不仅自由了，而且还免去了所有困难。他们听后太激动了，甚至想打开城门投降。尽管哥特人对他们做的事不高兴，但他们也不能阻止这件事，于是只能在一旁观望。

而帕斯托尔和阿斯克勒皮奥多图斯则把所有的哥特人和当地人都召集到一块,对他们说:"一个城市的居民在没有咨询城中任何杰出人物之前就放弃他们的安全是很正常的,他们能为自己独立作出决定。但我们与你们共存亡,所以我们必须向你们提出这一建议,作为对祖国最后的贡献。市民们,我们知道你们想把你们自己连同城市一起交给贝利撒留,因为他答应给你们很多好处,并以庄严的誓言来保证他的承诺。如果他能给你们承诺,那么他就取得了战争的胜利,没人能否认你们选择的道路是正确的。如果一个人不去满足主人的每一个想法,这是愚蠢的。但如果结果尚未明了,在这个世界上没有人能确定命运女神的决定,请考虑一下你们的匆忙决定会带来怎样的不幸吧。如果哥特人在战争中打败了他们的对手,他们就会像对待敌人一样,惩罚你们做了如此愚蠢的事,因为你们的行为是背叛,不是被迫,而是懦弱的表现。即使贝利撒留取得了胜利,我们也会因为对主人的不忠和背叛而证实了自己是叛徒,这样会使皇帝永远提防我们,因为尽管在胜利的时刻,叛徒投降他很高兴,但之后他就会对这个叛徒的过去心生猜疑,因为他本人对其他人的不忠行为深有体会。但如果我们现在忠诚于哥特人,勇敢面对目前的危险,如果他们赢得了对敌的胜利,他们就会给我们巨大的回报。如果碰巧贝利撒留胜利了,他也会原谅我们的,因为理性的人都不会惩罚忠诚的败者。你们现在不必害怕敌人的围攻,城中并不缺少粮食,供应生活必需品的来源也没有被切断。你们只要坐在家里,对你们的守备队和堡垒有信心,这样的话什么事都不会发生。依我们看来,如果贝利撒留有希望通过武力占领这座城市,他就不会同意与我们达成协议。如果他的希望是正义的,并且对我们有利,他就不应该威胁那不勒斯人,或通过揭露我们对哥特人做出的不公正行为树立他自己的权威;相反,他应该与塞奥达图斯和哥特人开战,那样我们就不会面临危险和背叛,这个城市就属于胜利者了。"

帕斯托尔和阿斯克勒皮奥多图斯还告诉居民们,犹太人已经答应满足这个城市的粮食供应,哥特人也答应他们将竭尽全力保卫城墙。那不勒斯人被他们的雄辩劝服,要求贝利撒留尽快离开这儿。于是贝利撒留开始围城,罗马人多次进攻城墙均被挫败,死伤惨重,尤其是那些英勇的人。其主要原因在于那不勒斯的城墙坚不可摧,一面靠大海,另一面是险峻的地势,攻城的人根本没有攻入点。除了城墙的优势,城墙前面的地面坡度很陡,使人难以攻入。虽然贝利撒留切断了引入城中的水渠,但并没有严重影响城中居民的生活,因为在城墙内有水井,足以满足城中居民的饮水需要,使得他们并没有太在意被切断的水渠。

第 9 章

城中被围者在敌人不知道的情况下派人去罗马城面见塞奥达图斯,恳求他全速前来救援。但塞奥达图斯本性软弱,根本没有备战,我在前边已经提过。据说在他身上发生了一些事情使他非常害怕,更加焦虑,而我却不相信他们的话,尽管这样我还是要讲出来。塞奥达图斯在这之前就喜欢向自称能预言未来的人询问,现在他对遭遇的形势不知所措，这形势比任何事都更有驱使力，让人求助于预言。他向一位很有声誉的希伯来人预言家询问这场战争的结果。这个希伯来人让他把30头猪分成3组，每组10头，分别赶入一个猪圈，然后分别以哥特人、罗马人和皇帝的士兵三个名字命名它们，他让塞奥达图斯安静地等几天。塞奥达图斯照做了。到了预定日期的那天，他们一起去猪圈，一看，发现以哥特人命名的猪只活了两头，其余的都死了；而以皇帝士兵命名的猪只死了极少的几头，其余都活下来了；而那些被称为罗马人的，尽管它们的毛脱落了，但仍有一半活了下来。据说塞奥达图斯看到这一现象，猜到战争的结果，非常恐惧，因为他非常清楚罗马人一定会遭到这样的命运：将有一半的人会死，并被剥夺财产，哥特人会失败，他们种族的人数会所剩无几；而皇帝只会损失一些士兵，成为战争的赢家。据说正是基于这个原因，塞奥达图斯不想与贝利撒留开战。至于这个故事，就让相信或不相信的人去各自表达观点吧。

贝利撒留从水陆两面包围那不勒斯后，他开始感觉到恼火，因为他认为敌人是不会投降的。而且他自己对占领该城也不抱希望，因为他发现该城位置险要易守难攻，是最大的障碍。他精心计算，极力避免在冬季被迫与塞奥达图斯和罗马人作战，所以在这里浪费了大量的时间，也让他很沮丧。事实上，贝利撒留甚至已经命令军队收拾好行李，准备尽快从那里撤离。但在他极其困惑的时候，却碰上了好运。他军中有一个伊苏里亚人想通过观察导水管的结构以发现城中供水的方法。他来到距城很远的地方，从贝利撒留破坏水管的地点进入，轻而易举地沿着水道走，发现是因为导水管被破坏所以水才断流的。当他走到一处靠近城墙的地方时，看到了一块并非由人力放置而是天然形成的大石头。在很多年前那些修导水管的人遇到这块大石头时，在那里开了个隧道，隧道不是很大，足以让水流过，但一个人却钻不过去。正是这个原因，导水管里的通道并不是处处都一样宽，在大石头这里会遇到一条特别窄的隧道，人无法通过，特别是身穿铠甲、手拿盾牌的士兵。当这个伊苏里亚人发现这一点后，认为军队进城有希望了，他们只要将那个地点的水道扩宽一些就可以通过了。但因为他地位卑微，从未与任何将领谈过话，就把这件事告诉了贝利撒留手下一个杰出的卫兵伊苏里亚人保卡里斯（Paucaris），保卡里斯立即向将军汇报了此事。贝利撒留听后很高兴，又重新鼓起勇气。他允诺给这个人重赏以催促他着手工作，然后命令保卡里斯与一些伊苏里亚人立即拓宽岩石那里的水道，并且留心不能让任何人知道他们在忙什么。保卡里斯于是挑选了一些精明强干的伊苏里亚人，与他们一起秘密进入引水管水道。到达了那处因石头而造成水道狭窄的地方，他们开始进行拓宽工作，为了避免敌人听见他们的敲击声暴露了行动，他们不用鹤嘴锄或尖嘴锄凿岩石，而是不停地用铁制的锋利工具磨刮石头，他们在很短的时间内就完工了，这样披甲执盾的士兵也能从那里通过了。

但就在一切准备就绪以后，贝利撒留突然产生了这样的一个想法，即如果他率军通过武力占领该城，那么就会死亡很多人，通常城市被敌人占领后会发生的事也都有可能发生。于是他马上召见斯蒂芬努斯，对他说："我曾多次目睹过占领城市的情形，非常熟悉在这种情况下会发生什么事情，士兵会杀死所有年龄段的男人，而妇女们更可怜，她们无论怎样哀求，也不会被允许顺利死去，而要遭到强奸和其他各种残暴的对待。孩子们被剥夺了正常的食物供应和受教育的权利，沦为奴隶，为那些双手沾满自己父辈鲜血的最可恨的男人干活。这还不是全部，亲爱的斯蒂芬努斯，此外还有毁灭一切财产和玷污整个美丽城市的大火。我不想让那不勒斯城也遭到这样的厄运，我可怜这座城市和你们这些居民，注定会被占领的城市都遭到了上述厄运，但我希望这个基督徒和罗马人生活了很久的古城不要遭遇这样的命运，尤其是在我，一个罗马军队统帅的手中。我的军队有大量蛮族人，他们已经在这座城前失去了他们的兄弟或亲人；在他们以武力占领该城后，我不可能控制这些愤怒的人，正因如此，我更希望这个城市能摆脱这种命运。然而，你仍然有权利选择并实现对你们有利的事，选择更好的道路，逃脱不幸。因为一旦它真的降临到你们头上，而且这很有可能，那你就不要责备命运女神的安排而应责备你自己的判断了。"说完这些话，贝利撒留打发走斯蒂芬努斯。斯蒂芬努斯回来后，在那不勒斯人面前哭着讲述了贝利撒留的话。但这些人不受到惩罚是不愿成为皇帝臣属的，他们丝毫不害怕，也不向贝利撒留屈服。

第 10 章

贝利撒留最终做好准备以这样的方式进城。他命骑兵先遣队统帅马格努斯（Magnus）和伊苏里亚军队统帅恩纳斯（Ennes）在夜晚之前率领挑选出来的400精兵穿上铠甲、拿着盾牌和剑静静等候直到他发出信号，还召回贝萨让他和自己在一起，想就有关军队的事情与他商议。夜晚来临，一切准备就绪。贝利撒留向马格努斯和恩纳斯解释了这次任务，把之前拓宽了的隧道告诉了他们，让他们率那400人通过那个地方进入城中，盼咐他们拿着火把，并派了2名水平高超的吹鼓手，一进入城中就大声吹喇叭，让城市陷入混乱之中，并让同伴知道他们正在干什么，而贝利撒留这边则把预先准备好的大量攻城云梯在城外放置好。

在罗马士兵进入引水管水道向城中前进时，贝利撒留和贝萨、佛提乌在一起依然留在原地不动，在他们的帮助下准备好一切细节。他还派人去军营命令其余的士兵保持清醒，严阵以待。同时他还在附近部署了一支人数众多的精锐部队。那些在进城路上的人有一半因为害怕危险又回来了，尽管马格努斯一次又一次地催促他们，但也不能劝服他们跟着自己一同前进，只能与他们一起回来见贝利撒留。贝利撒留责骂了这些人后又从手下军队中挑出200名士兵命他们跟着马格努斯进城，佛提乌也给他们带路，跳进了导水管的隧道里，但贝利撒留阻止了他。那些害怕危险逃回来的人，因为受到将军责骂和看到佛提乌如此勇敢而羞愧万分，决定再次面对危险，也跟着他们进去了。贝利撒留担心这次行动会被敌人发现，因为离水管最近的塔楼上一直有人守卫。于是他去了那里，命令贝萨用哥特语与塔上的蛮族人交谈，吸引其注意力，防止他们听到武器碰撞发出的声音。贝萨就大声向他们喊，催促哥特人尽快向贝利撒留投降,并允诺他们会得到很多的报酬。而塔上的蛮族人却讥笑他,还说了很多辱骂贝利撒留和皇帝的话。贝利撒留和贝萨就在这个地方忙着。

那不勒斯城的导水管不仅通到城墙下,而且进城很远以后依然还埋在地下,有用砖砌成的拱顶。马格努斯和恩纳斯率领这些人进入城中后,他们根本不知道到了什么地方,又不能从随便一个出口离开,只能向前走,直到一处恰好没有顶部的地点,这部分导水管完全深入一个被人完全忽视的建筑物里。在这个房子中有一个女人独自生活,一贫如洗。有一棵橄榄树长在引水管道的上方。当这些人看见天空并感到他们已经在城里时,就商议该怎样出去。但不管他们带不带武器都没办法离开,因为那里的水管管道恰恰很深,他们没有办法爬到顶部,士兵们又非常混乱,都挤到一处,难以忍受(因为后面的人不断向前挤,所以聚了很多人)。一个人想试着爬上去,便立刻丢下武器,手脚并用向上爬,到了这个女人的房子中,见到这个女人,威胁她如果她发出声音就杀了她。女人惊慌失措,没发出任何声音。他接着在橄榄树的树干上系了一根坚固的带子,把带子的另一端抛入水管中,这样士兵们每次一个,克服了困难都上来了。当所有的人都上来时,这个夜晚还剩下四分之一的时间。他们沿着城墙前进,出其不意杀死两个塔楼上的守卫队员。这两个塔楼都在城墙的北部,贝利撒留、贝萨和佛提乌也都部署在那,正焦急地等待着城里的消息。当听到城中号角声响起召集军队到城墙来的时候,贝利撒留立即命令士兵将云梯立在城墙外,向上攀登,恰恰没有一把梯子能够到达墙顶上的护墙,因为工匠们做梯时都没有见到城墙,所以梯子都不够高,于是他们就把两个梯子绑在一起,只有用这个方法,士兵才能爬到护墙的高度。贝利撒留这边的进展就讲到这。

而在城墙面海的一侧守卫的不是蛮族人,而是犹太人,在这里士兵们既不能通过梯子也不能攀墙爬上去。犹太人曾反对罗马人用和平手段占领城市,因此得罪了罗马人,如果落入他们手中,就没有生存的希望了,因此他们看到该城被占领后依然顽固抵抗。在天亮时,一些人已经爬上城墙对付他们了,最后他们也因为来自后面的射击而逃跑了。那不勒斯城被迅速占领(536年)。直至此时,城门大开,全部罗马军队进城。在东门攻城的人因为附近没有梯子,于是放火烧门,因为那里的守卫早就逃了,所以这部分城墙空无一人,完全没有人来防守。他们也进入城内,大屠杀开始了。所有的人都充满愤怒,尤其是那些有兄弟或亲人战死在城墙下的人,他们无论老幼见人就杀,冲进房间抢劫一切财物,将妇女儿童变为奴隶。马萨革泰人更是凶狠,他们连躲在教堂中避难的人都不放过,杀了许多人,直到贝利撒留在城里四处奔走,阻止屠杀行为。他把所有士兵召集到一起,训示说:

"上帝已赐予我们胜利,让我们获得至高的荣誉,占领了这座从未被征服过的城市,我们理应不辜负他的恩宠,仁慈地对待这些被征服者,让他们知道我们是公正的。因此,不要仇恨这些那不勒斯人,不要继续在战争之外仇视他们,难以自拔。因为一旦人们被征服,他们的征服者就不应再恨他们了,杀死他们也不能避开你们未来的敌人,反而会因为大批民众的死亡而遭受损失。不要再伤害他们了,也不要再气愤了。因为,虽然打败敌人但在感情上却被击败是不光彩的。把这些人所有的财产作为你们勇气的赏赐就足够了,把他们的妻子和孩子们还给他们吧,让这些被征服者们知道他们因为愚蠢的选择而失去了什么样的朋友。"

训示完毕后,贝利撒留释放了所有那不勒斯的女人、孩子和奴隶,从未侮辱过他们,以缓和士兵和市民之间的关系。在同一天中,那不勒斯人经历了成为俘虏又重获自由的过程,还拿回了他们最贵重的财产。那些之前把黄金或其他财产埋在土里的人因此瞒过了敌人,又拿回了房产和钱财。围攻一共持续20天后才结束。至于在城中捕获的哥特人,不少于800人,贝利撒留命人看管他们,像对待自己的士兵一样对待他们,使他们免受伤害。

帕斯托尔(Pastor)这个引导人们做蠢事的人,我以前曾经提到过[1],看到这座城被占领后,得中风而猝死,而他以前从未得过病,也从未受过伤。他的同谋阿斯克勒皮奥多图斯和幸存的贵族们一起来到贝利撒留面前,斯蒂芬努斯嘲讽并辱骂道:"你们这些人类的栋梁,你们给自己的祖国带来了什么样的灾祸,你们出卖了忠于哥特人的市民们的安全。如果事情发展对蛮族人有利,你们就会宣称自己有受雇于他们的权利,就会在法庭上控告我们这些提出更好建议试图把城市交给罗马人的人。但现在皇帝占据了这座城,我们被这个正直的人所救,尽管这样,你们仍鲁莽而大胆地来到将军面前,装作没有对那不勒斯人或皇帝

---

[1] 见第8章。

的军队造成过伤害的样子，你会得到应有的惩罚的。"这就是斯蒂芬努斯在为城里的不幸伤心悲痛的情况下对阿斯克勒皮奥多图斯辱骂的话。而阿斯克勒皮奥多图斯则回答说："尊敬的先生，当你在谴责我们对哥特人的忠诚时，却不经意地表扬了我们。因为在面临危险时，只有具有坚定信念的人才能在危急中忠诚于自己的主人。至于我，胜利者会认为我是国家真正的卫士，就像他们以前把我当成敌人时一样。因为生性忠诚的人即使运气改变时也不会改变他的信念。而你，如果他们的运气不再这么好时，你就乐于听从他们对手的建议。因为善变的人会随时否认他对最亲近的人的承诺。"这就是阿斯克勒皮奥多图斯的话。而那不勒斯的民众见他一从贝利撒留那里回来就聚在一起，指责他，让他对他们的不幸负责任，这些市民最终将他杀死并将尸体撕成碎片才离开。此后，民众又去了帕斯托尔的房子找他，仆人坚持说帕斯托尔已经死了，他们看到尸体后，才愿意相信这话，并且将他曝尸荒野示众。随后他们又乞求贝利撒留原谅他们因愤怒而做的事，贝利撒留接受了他们的道歉，他们便各自回家去了。这就是那不勒斯人的命运。

第11章

在罗马城里城外的哥特人早就对塞奥达图斯的怠惰感到惊奇了，因为尽管敌人就在附近，但他却不愿与敌人开战。最终他们对塞奥达图斯产生了巨大的猜忌，认为是他按照自己的意愿，只为了安逸的生活和大笔金钱而向查士丁尼皇帝出卖了哥特人。于是，当他们听说那不勒斯被占领时，立即公开地把所有指控都扔给了他，聚集在距罗马城280斯塔德远的罗马人称为雷迦塔（Regata）[1]的地方。这里对他们来说是最好的扎营地：有一片开阔的平原，可以为罗马提供充足的牧草。另外还有一条河流经这里，当地居民用拉丁语称之为"十九桩"（Decennovium）[2]，它流经19个里程碑，长约有113斯塔德，在泰拉奇纳城附近流入海中。在那附近有一座锡尔凯姆山（Circuem），据说是奥德修斯（Odysseus）遇到女巫喀耳刻（Circe）[3]的地方。我不相信这个说法，因为荷马称喀耳刻生活在一个岛上。我只能说这座锡尔凯姆山，一直延伸到大海中，就像在海中形成了一个岛，所以那些航行到这里的人和走在岸边的人都以为这是一个岛。只有上了山后，才能发现自己原来的想法是错误的，也正是这个原因，荷马才误认为这是一个岛。我再接着前边的继续讲。

在雷迦塔聚集的哥特人选出了一个意大利人维提却斯作他们的国王。此人虽然出身并非显赫之家，但是，当年狄奥多里克与格庇德人作战时他曾在锡尔米厄姆立下过赫赫战功，享有很高的声誉。因此塞奥达图斯听说此事后，立即逃往拉文纳，维提却斯马上派哥特人奥普塔里斯（Optaris）无论死活都要将塞奥达图斯抓回来。而奥普塔里斯早就与塞奥达图斯有仇，因为在奥普塔里斯追求一位美

---

[1] 泰拉奇纳（Terracina）。
[2] 这个名称来自 decem 和 novem，即"19"，这条河实际上是一条运河，从阿皮（Appii）公共广场一直流到泰拉奇纳。
[3] 喀耳刻是荷马史诗中描写的奥德修斯在海上遇到的女巫。——中译者

丽非凡的年轻女继承人时，塞奥达图斯在受贿之后，将奥普塔里斯追求的这个女继承人嫁给了另一个人。所以他完成这项任务不仅可以为维提却斯效力，而且还可以公报私仇泄愤，因此他以极大的热情日夜兼程地追赶塞奥达图斯。最终在去拉文纳途中将其追上，把他按倒在地，像宰杀祭品一样杀死了他。这是塞奥达图斯统治的第三年（536年12月）。

维提却斯率领哥特人向罗马城进军。当他听说塞奥达图斯已死，非常高兴，遂命人严加看管塞奥达图斯的儿子塞奥德吉斯克鲁斯（Theodegisclus）。维提却斯认为哥特人还没有完全做好战争的准备，因此最好应先去拉文纳，在那里一切准备就绪之后再开战。于是他把所有的哥特人都召集到一起说：

"士兵兄弟们，伟大事业的成功不是需要关键时刻的匆忙行动，而是需要详细的计划。因为许多次在适当的时刻采取拖延的策略反而会带来更多的好处，而在不适当的时候匆忙行动则会削弱我们成功的希望。大部分时候，在军事力量几乎相等的情况下，那些没有充分准备的军队比起那些力量弱些却做好一切准备的军队更容易被征服。因此，我们不应被想赢得片刻荣誉的欲望冲昏头脑，而给自己带来不可弥补的损失，短期受辱、将来取得永恒的荣耀，这比逃避一时耻辱却有可能一辈子默默无闻要好得多。无疑，我们都知道，哥特人的大部分军队都已全副武装地驻扎在高卢和韦内齐亚[1]以及更远的地方,而且我们将来对抗法兰克人的战争绝不亚于目前的战争,事先不圆满地解决一场战争而又开始另一场战争的做法是愚蠢的,因为在战争中腹背受敌,被不同的敌人分散精力是最不利的。我认为我们最好先从这里去拉文纳,首先结束与法兰克人的战争,然后再解决其他的事,这样我们就能以全部哥特军事力量对付贝利撒留了。你们谁都不能对这次撤退持有微词,也不能认为它是一次逃跑。因为懦弱的名声曾拯救过很多人的生命,有些人在不当的时间取得了勇敢的名声,在后来却惨败。我们不该只追求名声,而应该根据一件事情的利弊得失来决定我们的做法。因为一个人的价值是通过他做的事情显示出来的,但不是在事情开始时,而是在事情结束时。做好准备向敌人出击的人就不会在敌人面前逃跑,反而会奋勇向前;而只想保住自己性命的人就只能旁观。至于这座城市被占领,你们不要害怕,因为一方面,如果城中的罗马人忠诚于我们哥特人,他们就会为了哥特人而保卫城市的安全,我们很快就回去帮助他们,以免使他们受窘。另一方面,如果他们怀疑、猜忌我们,就会把敌人迎进城中,反而对我们造成更小伤害。因为和敌人公开对决再好不过。但无论如何我都不希望这样的事情发生。因此,我们要留下很多守军和一个机智的统帅才有足够力量保卫罗马城。这样不仅这儿的局势对我们有利,而且在我们撤退时也不会受到伤害。"

---

[1] 高卢是罗马帝国的行省,该地区后来被法兰克人占领,位于阿尔卑斯山以北,韦内齐亚位于阿尔卑斯山以南地区。——中译者

维提却斯讲完后，在场所有的哥特人都表示赞成并准备上路。接着，维提却斯鼓励该城的教士西尔维留斯（Silverius）[1]，罗马元老院成员们和罗马人民，让他们回忆狄奥多里克的统治并以最庄重的誓言发誓效忠哥特人，然后又命因谨慎成熟而享有盛名的莱乌德里斯（Leuderis）统率4000多精兵为哥特人保卫罗马城，其余的军队在维提却斯的率领下进军拉文纳。维提却斯还将大多数元老扣为人质，随军出征。哥特军队到达拉文纳后，维提却斯强娶阿玛拉松塔的女儿——已到可婚年龄的少女玛塔松塔，其目的是与狄奥多里克家族联姻，以巩固他的统治。之后他召集来自四面八方的哥特人，给每人分发武器和马匹，全副武装待命。只有在高卢的哥特人守备队没有召回来，因为他们还要在那里防备法兰克人进攻。在古代这些法兰克人被称为"日耳曼人"（Germani）[2]，下面我就讲一讲他们以前生活在哪里，怎样在高卢立足和为什么他们敌视哥特人。

第 12 章

当一个人从大洋航行到地中海并到达加迪拉（Gadira）时，我前文已讲过，他左侧的陆地就是欧洲，与它相对的土地被称为利比亚，再往前走就是亚洲。至于在利比亚以

---

[1] 西尔维留斯在536—537年任罗马主教。
[2] 普罗柯比一直将法兰克人称为"日耳曼人"，这与后世人的概念不同。——中译者

外[1]的地区我就不太清楚了[2],因为那里几乎无人居住,所以不清楚尼罗河的发源地在哪,据说就是从那里流入埃及的。欧洲大陆形状跟伯罗奔尼撒非常像,两侧靠海,西侧陆地被称为西班牙,一直延伸到比利牛斯山脉的阿尔卑斯,因此这个国家的人习惯上称这个狭窄的、被包围在其中的关口为"阿尔卑斯"。而从那里开始一直到利古里亚[3]边界的土地都被称为高卢,阿尔卑斯的另一部分将高卢人和利古里亚人(Ligurian)分开。然而,高卢比西班牙要宽很多,因为欧洲的一端是一个狭窄的半岛,然后逐渐变宽,最后达到非常宽的宽度。这部分大陆被大海包围着,它的北端临着大洋,南临托斯卡纳海[4]。在高卢地区有无数条河流,其中包括罗讷河和莱茵河,这两条河流的流向正好相反,罗讷河注入托斯卡纳海,而莱茵河则注入北大洋。这个地区湖泊众多[5],古时日耳曼人曾在此居住,是个野蛮的民族,与现在的法兰克人没多大联系。在他们的旁边居住着阿波里齐人(Arborychi)[6],他们和高卢的其他地区,包括西班牙在内都是古代罗马人的臣属国。在他们以东住着图林根蛮族人(Thuringian),他们在第一个罗马皇帝奥古斯都的允许下建国[7]。勃艮第人(Burgundian)

---

[1] 赤道非洲。
[2] 见第4卷,第13章。
[3] 利古里亚是比利牛斯山脉以东地区的古代称呼。——中译者
[4] 托斯卡纳海位于意大利西北海域。——中译者
[5] 这段模糊的说明是想描绘莱茵河西侧的国家在那时是一片充满森林和沼泽的土地。
[6] 被普罗柯比命名为阿波里齐(Arborychi)的民族一定是阿莫里凯人(Armorici),他们占有相当于今天比利时海岸的地方。
[7] 现在德国东南部。

住在他们以南不远处[1]，苏维汇人（Suevi）[2]也住在图林根人和阿勒曼尼人（Alamani）[3]的另一边。他们都在很早时就建立了强大而独立的国家，世代定居在那里。

时光飞逝，斗转星移。西哥特人进入罗马帝国，占领了西班牙全部和高卢在罗讷河那边的一部分[4]，要求日耳曼人成为臣属，年年纳贡。阿莫里凯人之前早已成为罗马人的士兵，但因为他们的领土与日耳曼人的领土毗邻，并且他们自古就存在的政权早被推翻了，所以日耳曼人极想征服他们，在他们的土地上大肆掠夺，热心于开战，发动了大规模的战争。在这场战争中，阿莫里凯人英勇作战，向罗马人证明了自己的勇敢和忠诚。日耳曼人不能以武力征服他们，便希望通过联姻的方式征服他们。由于双方都信奉基督教，所以阿莫里凯勉强接受这一建议。他们通过这种方式联合成一个民族，力量日渐强大。

驻扎在高卢边界的其他罗马守军既不想回罗马，也不愿屈从于他们的敌人阿里乌信徒（Arians）[5]，因为西哥特人信奉阿里乌派，于是把军旗和他们长期为罗马人保卫的土地都交给了日耳曼人和阿莫里凯人，而他们的生活习俗却世代沿袭，这些人怀着巨大的崇敬之意保卫自己的传统，一直保留到我生活的时代。因为，即使今天他们在战争中的作战方式依然与古代一样，遵循父辈的传统高举军旗投

---

[1] 现在的法国东南部。
[2] 在日耳曼人和勃艮第人之间。
[3] 现在的巴伐利亚。
[4] 罗讷河以西。
[5] 即西哥特人。

入战斗。在生活上他们也完全保留着罗马人的装束，即便是他们穿的鞋子也没有丝毫的改变。

只要罗马人的政权存在[1]，皇帝就拥有远至罗讷河的所有高卢地区的控制权。但当奥多亚克建立了僭主政治后（476年），他屈服于西哥特人，使西哥特人最终占领了整个高卢直到高卢和利古利亚边界之间的阿尔卑斯地区。在奥多亚克倒台之后（493年），图林根人和西哥特人开始害怕日益强大的日耳曼人了（因为他们的国家人口众多，对其侵略征服毫无掩饰，把时不时来捣乱的人都打跑了），他们急于与东哥特人和狄奥多里克联盟。狄奥多里克也希望能将他们置于自己的统治之下，就同意与他们联姻。于是他将自己未婚的女儿塞奥迪库萨（Theodichusa）嫁给了西哥特人国王小阿拉里克，他还将他妹妹阿玛拉弗里达的女儿阿玛拉波加（Amalaberga）嫁给了图林根人的首领赫梅尼弗里都斯（Hermenefridus）。这样做的结果是法兰克人因为害怕狄奥多里克而不敢以武力进犯这两个民族，转而对勃艮第人开战。后来法兰克人和哥特人结成了攻击同盟并达成协议共同对付勃艮第人：两国各派一支军队进攻勃艮第人，如果双方中有一方与勃艮第人开战，取得胜利，占领了勃艮第人的土地时另一方未能参战，那么胜利者就会从没有参加远征的一方军队中取得一定数量的黄金作为罚金，只有在这一条件下，征服的土地才能由两国共管。于是日耳曼人根据他们与东哥特人的协议开始大举进攻勃艮第人；而狄奥多里克却放话说自己依然在做准备，故意推

---

[1] 即在皇帝朝廷的统治下。

迟军队出征的时间，静观事态的发展。最后，他虽然派军出征，但命令将军们放慢行军速度，如果听说法兰克人胜利了，就迅速前进；如果听说他们遭到任何失利，就不再前进，按兵不动。所以，当他们按照狄奥多里克的命令前进的时候，日耳曼人（534年）已经独自与勃艮第人开战了。这是一场势均力敌的艰难战斗，双方都伤亡惨重，但最终法兰克人还是打败了勃艮第人，将他们逐出了他们生活的土地，他们在那里建立的许多堡垒都被法兰克人占领。当哥特人听说此事后，快速赶到。他们的盟友狠狠地责备了他们，而他们则抱怨这个国家条件艰苦，最终按照协议留下了大量的罚金并与胜利者共同分享这块土地。在这里最可以看出狄奥多里克的远见卓识，他没有损失一兵一卒，只花费一些金钱就取得了敌人一半的土地。这就是哥特人和日耳曼人最初取得高卢一部分的经过。

后来，日耳曼人的力量不断强大，他们开始轻视狄奥多里克和他的威慑力了，准备进攻阿拉里克和西哥特人。阿拉里克得知这个消息后，立即请求狄奥多里克派大军前来相助。与此同时，西哥特人得知日耳曼人在卡尔卡西亚纳（Carcasiana）[1]附近扎营，他们也在那里扎营，按兵不动，想用这种方式挡住敌人的路，浪费了大量的时间。他们很恼火，又看到自己的土地被敌人劫掠，非常愤慨，最后他们将愤怒发泄在阿拉里克头上，辱骂他贪生怕死，也因为他岳父的援兵未到而辱骂他，宣称他们自己是与敌

---

[1] 在 Gallia Narbonensis, 今天的卡尔卡松（Carcassone），此处普罗柯比令人费解，他在这里描写的战役实际上发生在普瓦提埃（Poitiers）附近。

人势均力敌的军队,即便没有援军也能在战争中轻易征服日耳曼人。因此阿拉里克被迫在东哥特援军没到之前就与敌人开战(507年)。日耳曼人在这次战斗中占了上风,杀死了大量西哥特士兵,统帅阿拉里克也在战斗中阵亡,日耳曼军队占领了高卢的大部分,还士气高涨地包围了卡尔卡西亚纳。因为他们听说老阿拉里克在从前占领罗马[1]时的战利品都藏在卡尔卡西亚纳,在这些财宝中还有希伯来人国王所罗门的财产,非常炫目,因为他的财产是古代罗马人从耶路撒冷带回来的[2],有非常多的绿宝石。日耳曼人迫不及待地对卡尔卡西亚纳发动进攻,必攫取财宝而后快。幸存的西哥特人拥立阿拉里克的私生子吉塞里克(Giselic)为国王,因为狄奥多里克的外孙、阿拉里克的儿子阿玛拉里克(Amalaric)当时还是个孩子。后来当狄奥多里克的援军与东哥特人的军队兵合一处之后,日耳曼人开始害怕了。他们停止围攻,迅速撤兵,只占领了包括罗讷河在内的直到大洋岸边的这部分高卢。因为狄奥多里克无法将他们赶走,只能允许他们在那里定居,他本人则恢复了对高卢其他地区的统治权。在吉塞里克被除掉之后,他将西哥特人的统治权交给了他的外孙阿玛拉里克,但因为他还是个孩子,所以狄奥多里克本人摄政辅佐他。狄奥多里克又带着卡尔卡西亚纳城的所有财宝快速回到拉文纳,还继续增派军队和将领去高卢和西班牙,以此把政府的实

---

[1] 见第3卷,第2章。
[2] 罗马皇帝提图斯是在公元70年占领耶路撒冷的。这里提到的这部分财宝于410年被从罗马移走,其余的犹太人财产成为汪达尔人盖赛里克的战利品。见第4卷,第9章和注释。

权掌握在自己手中。为保证国家的长治久安，他规定那些国家的统治者们要向他交纳贡赋。尽管他每年都收到大量的钱财，但为了不让别人认为自己贪婪，他将这部分钱作为每年的礼物赏赐给了哥特人和西哥特人军队的战士们。就这样，随着时光的流逝，西哥特人和东哥特人两个民族在狄奥多里克的统治下，在同一片土地上和平共处，子女们互相通婚，慢慢地融合在一起了。

后来，狄奥多里克派去作军事统帅的哥特人塞乌迪斯（Theudis）娶了一位西班牙女子为妻。她不是西哥特人，但出自西班牙最富有的家族之一，不仅拥有大笔钱财，还拥有西班牙的大片地产。塞乌迪斯从这些地产农村中召集了 2000 名士兵和一支侍卫队，他在名义上是狄奥多里克指定的哥特人的统治者，实际上却是一个彻头彻尾的僭主。在这种情况下，足智多谋，经验丰富的狄奥多里克担心与自己的属下开战或会招致西哥特人的叛变，或会使法兰克人像往常一样乘机发动战争。因此他没有撤销塞乌迪斯的职务，而是继续对他发布命令，无论何时一旦发生战争都让他率军出征。然而他指示哥特人中最显贵的人物给塞乌迪斯写信，劝他去拉文纳向狄奥多里克道歉，他因此做了一件公正而明智的事。这个塞乌迪斯虽然执行了狄奥多里克所有的命令，也从未停止过纳贡，但拒绝去拉文纳，也没有向写信的人保证他会去。

第 13 章

狄奥多里克逝世后（526 年），没有人与法兰克人对抗了。于是法兰克人开始进攻图林根人，不仅杀死他们的首领赫梅尼弗里都斯，而且将全部图林根人都变成了他们的属民。赫梅尼弗里都斯的妻子带着孩子秘密出逃，去了她哥哥塞奥达图斯那里，他那时还是哥特国王。此后日耳曼人又进攻了上次战争中幸存的勃艮第人，打败他们后将他们的首领监禁在一个乡村堡垒中，严加看守，勃艮第人沦为他们的属民，还强迫他们从此以后像战俘一样加入日耳曼人的军队与敌人作战。勃艮第人以前生活的土地也都归属于他们，并向他们交纳贡赋。西哥特人的统治者阿玛拉里克成年以后，因为害怕日耳曼人的力量，于是娶了日耳曼人首领希尔德伯特的妹妹为妻，与他的表兄弟阿塔拉里克和哥特人重新划分了高卢地区。哥特人取得了罗讷河东侧的高卢地区，而西哥特人则取得了罗讷河以西的高卢，双方还达成协议无须再向哥特人上交狄奥多里克强加的贡赋。阿塔拉里克还诚恳而公正地将所有从卡尔卡西亚纳城带回来的钱财都交还给了阿玛拉里克。由于这两个民族已经通过联姻融合成一个民族，所以每个娶了另一族女子作为妻子的人可以自由跟随他的妻子或将妻子带到自己的国家。愿意跟随他的妻子或将妻子带到自己国家的人都很多。但后来阿玛拉里克因为得罪了他妻子的哥哥而遭遇灾难，因为他的妻子信仰正统基督教，而他本人则信仰阿里乌派，因此阿玛拉里克不允许妻子保持原有的信仰和执行父辈传统的宗教仪式，而她也不愿意皈依丈夫的宗教习惯。阿玛拉里克就经常侮辱妻子，她实在忍受不了，就把这件事告诉了哥哥，于是日耳曼人发动了对西哥特人的战争（531年）。这场势均力敌的战争打了很长时间，最终阿玛拉里克损兵折将，一败涂地，战败身亡。希尔德伯特带走了他妹妹和所有的钱财，占领了属于西哥特人的那一部分高卢。战败的西哥特人从高卢地区迁走，带着妻儿投靠西班牙的塞乌迪斯，他这时已是公开的僭主了。哥特人和日耳曼人就是这样取得高卢所有权的。

后来[1]，哥特人的统治者塞奥达图斯见贝利撒留去了西西里，就与日耳曼人达成协议，同意日耳曼人保有落入哥特人手中的那部分高卢，还会得到 2000 镑黄金[2]作为回报，其条件是他们要在这次战争中帮助哥特人。但在协议签订之前，他就已经完成了自己的使命，因为以马西亚斯为首的哥特贵族已经在保卫高卢了（526 年），这些人就是维提却斯未能从高卢召回的人。维提却斯也没有想到他们的人数足以对抗法兰克人，如果以他的全部军队进攻罗马的话，那么这些贵族就很有可能会占领法兰克人统治的高卢和意大利。于是他把哥特人中所有忠诚的人都召集到一块，训示说：

"同族兄弟们，今天我把你们召集到一起给你们的建议并不让人顺心，但非常有必要。你们静静地听，并仔细考虑应对目前形势的办法。当事情没有顺利进行时，如果我们继续按照既定计划去做，而不考虑将来的需要或者运气是失策的。目前，我们做好了一切战争的准备，但法兰克人却是我们的一个障碍，他们自古就与我们为敌，我们为了对抗他们，牺牲了大量的生命，花费了大量钱财，目前

---

[1] 普罗柯比此处继续他在第 12 章被题外话打断的叙述。
[2] 见第 1 卷，第 22 章；第 3 卷，第 6 章和注释。

我们还能坚持住是因为我们没有其他的敌人同时作战。但是，现在我们被迫还要面对另一个敌人，我们有必要首先结束对他们的战争，因为如果他们仍敌视我们，就一定会与贝利撒留一起对抗我们，因为有共同敌人的人自然会成为朋友，互相联盟；其二，如果我们分别与两支军队作战，那样我们将会被他们打败的。因此，我们遭受一些损失却保住了王国的大部分，比急于保全整个王国不受敌人摧毁却失去我们的最高统治权要好得多。所以我的意见是，如果我们将与日耳曼人邻近的高卢的那部分，以及塞奥达图斯答应给他们的钱都交给日耳曼人，他们不仅不会与我们为敌，还会在战争中帮助我们。至于日后形势好转时我们如何再重新夺回高卢，我希望你们不要去考虑这个问题，因为我想起了一句古语[1]，让我们'解决好目前的事情'。"

当哥特贵族们听了这段话之后都赞成这计划有利，希望马上执行。他们立即派使者去日耳曼人国家，同意把高卢的土地和钱财送给他们，与他们结成攻守同盟。那时法兰克人的首领是希尔德伯特（Ildibert）、塞乌迪伯特（Theudibert）和克洛达里乌斯（Cloadarius），他们接受了高卢的土地和钱财，根据各自统治土地的位置分掉了土地。他们还同意进一步与哥特人交好，秘密派辅助军前去援助，不过这些军人不是法兰克人，而是从臣属于其国家的军队中选出的。因为他们在不久以前已经答应帮助皇帝打赢这场战争，所以他们不能公开与哥特人结盟反对罗马人。使

---

[1] 见修昔底德：《伯罗奔尼撒战争史》第1卷，第35章。

节完成任务后，回到了拉文纳，同时维提却斯还把马西亚斯和他的手下召了回来。

第 14 章

在维提却斯正在筹办这些协议时，贝利撒留也在准备进军罗马。他从步兵团中选出了 300 人，由希罗狄安（Herodian）统率，命令他们守卫那不勒斯，同时他还派一支人数众多的守备队去守卫距那不勒斯城 128 斯塔德远的海滨城市库麦（Cumae）城，因为在坎帕尼亚只有库麦和那不勒斯（Naples）设有要塞。居民指示西比尔（Sibyl）山洞的位置就在这个库麦城中，说那里有该城的神谕圣堂。贝利撒留那时正忙于整顿军队，但罗马居民害怕那不勒斯人的灾难会降临到他们的头上，深思熟虑后决定最好还是将皇帝的军队迎进城中。该城的大主教西尔维留斯[1]尤其敦促他们这样做。于是他们派一个米兰人菲德留斯（Fidelius）去邀请贝利撒留来罗马，允诺将罗马城和平相让。米兰坐落在利古里亚，这个米兰人以前曾作过阿塔拉里克的顾问（罗马人称这样的官职为"大法官"quaestor[2]），于是贝利撒留率军从那不勒斯出发，取道亚壁古道右侧的拉丁之路前往罗马。

亚壁古道是罗马执政官阿皮乌斯在 900 年前修建并命

---

[1] 见第 11 章，注释。
[2] quaestor 作为皇帝的法律顾问起着重要的作用，他的职责还包括系统地表述和公布新法律。

名[1]，一个轻装旅行者需要 5 天才能走完，它从罗马城一直通向卡普阿，其宽度可以容纳两辆马车并行。亚壁古道是世界奇观之一，因为这条路上所有的石头都是经过加工的[2]，这些石块质地坚硬，由于在这个地区都找不到这种原材料，阿皮乌斯从遥远的地方采石[3]并运到这里。他们将这些石块加工得既光滑又平坦之后，再将它们切割成多边形，不再需要水泥或其他的物质就可以将其拼在一起。石块的连接处异常紧密，看上去像是长在一块的整体一般，而非是拼凑的，非常坚固。每天都有许多马车和各种动物在上面行走，过了这么多年，石块的连结处依然没有裂开，也没有任何石块破损或变薄，甚至还没有失去它们的光泽，真可谓奇观。

那些守卫罗马城的哥特人意识到敌人已经非常接近，不知罗马人决意如何，开始担忧城市，他们自知抵抗不住敌人的进攻，有些不知所措。但后来经罗马人允许，他们都离开罗马城去了拉文纳。哥特人统帅莱乌德里斯（Leuderis）不得不留下来守城，我猜他是因为当前的窘迫形势而感到羞愧。正巧就在这天同一时刻，贝利撒留率领皇帝的军队进入罗马城，他们从阿西纳里安门（Asinarian Gate）进入罗马城，哥特人则从另一个城门弗拉明尼安门（Flaminian Gate）从城里撤退。罗马人终于在 60 年后收复

---

[1] 此路修于公元前 312 年，由罗马监察官阿皮乌斯·克劳迪乌斯（Appius Claudius）监修，并以他的名字命名。
[2] 主要是玄武岩，在阿皮乌斯修路时，路面都是由碎石铺成的，而这些玄武岩路面是后来重修的结果。
[3] 这是个明显的错误，因为沿着这条路就可以发现很多火山岩石。

罗马城，这一天是查士丁尼皇帝统治的第十一年（537 年）最后一个月的第九天，罗马人称其为"十二月"。贝利撒留派哥特人守军统帅莱乌德里斯将城门钥匙交给皇帝，自己则把精力放到城墙的修补上。他看到城墙已有多处残破不堪，就命人在每一个城齿防御工事处都修一扇翼壁，在左侧再修一堵侧壁[1]，以防止在城垛上作战的士兵被猛攻城墙的敌人的发射物从左侧击中；他还命人围着城墙挖了一道壕沟，其深度足以防止敌人通过，形成防守的重要部分。罗马人都为将军的远见而欢呼，尤其是城垛的设计非常巧妙，但又很吃惊，指责他没有考虑到如果该城遭到围攻时的情况。因为在被围期间根本不可能从城外向城里运送粮食等物资，这样城里的人根本承受不住长期的围城。该城不临海，又被这么长的城墙整整围了一圈[2]，而且最重要的是，它坐落在一个特别平坦的平原上，无险可守，敌人易于侵入。尽管贝利撒留听到了所有这些批评，他依然继续进行准备，把从西西里航行过来时船上带的谷物都储备到了谷仓中，派人看守，以防被围困。他还命令所有的罗马人上交粮食。尽管他们不情愿，但还是将所有的粮食都从乡下运到城里去了。

第 15 章

那时一个来自萨莫奈的哥特人皮察斯（Pitzas）率部归

---

[1] 即在防御墙的左侧，从水平线上看，城垛的形状呈 ⌐⌐⌐形，以代替通常的直城齿。庞培城的城墙就用了这种侧壁。
[2] 第一道墙太大了，难以防守，全部围墙的长度是 12 公里。

顺贝利撒留，这样，流经萨莫奈（Samnium）中部的一条河流[1]一侧直到大海的部分以及该地上生活的哥特人都从属于罗马帝国。定居在河流另一边的哥特人既不愿跟从皮察斯，也不愿臣服于皇帝，贝利撒留就派去少量的士兵帮助皮察斯保卫那一地区。在此之前那些生活在海滨和内地的卡拉布里亚人（Calabrian）和阿普利亚人（Apulian），因为没有哥特人出现在他们的土地上，也都自愿臣服于贝利撒留了。

在大陆内部有一座贝内文托（Beneventus）[2]城，古代罗马人称之为"有害的大风"（Maleventus），因为这个名称不吉利，所以现在称它为"有益的风"（Beneventus）[3]。"Ventus"在拉丁语中有"风"的意思，因为达尔马提亚就在贝内文托对面，郊外经常受到猛烈的强风袭击。当大风刮起时，没人敢在路上行走，都躲在屋子里关起门等风过去。实际上这么大的风很可能将骑马的人和马一起卷起来，把他们旋在风中，刮出很远，然后不知落在哪里摔得粉身碎骨。之前说过，贝尔文托在达尔马提亚对面，坐落在一块高地上，所以就受到了同一股风的不利影响。这座城市在古代是由狄俄墨得斯（Diomedes）[4]主持修建的，狄俄墨得斯是泰丢斯

---

[1] 很可能是比费尔诺河（Biferno）或桑格罗河（Sangro）。
[2] 照抄普罗柯比的原文，"Beneuentum"似乎来源于他喜欢的"ventus"，还可能是"bene"+"venio"或"bene"+（suff.）"entum"。
[3] 见普林尼《博物志》第3卷第11章第16节第105行，他说最初的名称是"Maleventum"，意即对人身体有害的空气。
[4] 狄俄墨得斯（Diomedes）是特洛伊战争中的希腊英雄之一，曾协助奥德修斯盗窃智慧女神雅典娜的神像。其父为泰丢斯（Tydeus），是反对底比斯的英雄。——中译者

(Tydeus)的儿子；特洛伊城被占领后，他在阿哥斯战败撤退，就把卡莱敦（Calydonian）野猪的长牙作为标志留在城里。这些牙本是他叔叔梅利埃格（Meleager）一次打猎的战利品。直到我生活的时代这些长牙还在那里，非常壮观，值得一看，其周长不少于3指距[1]，形状像新月。据说就是在这个地方狄俄墨得斯遇到了从伊利昂（Ilium）[2]来的安喀塞斯（Anchises）[3]的儿子埃涅阿斯（Aeneas）[4]，按照神的指示将雅典娜神像交给了他，这尊雅典娜像是他与奥德修斯（Odysseus）一起在希腊人占领特洛伊城之前，去特洛伊城刺探情报时偷来的。据说是因为后来他得了重病，在询问病情时，神谕对他的回答是，如果他不将这尊神像交给一个特洛伊人，他的病就不会好。至于这尊神像到底在哪里，罗马居民也不知道。到我生活的时代，在命运女神神庙里摆放的也只是一块用石头凿出来的复刻品，她的身后则是放在神庙东部露天处的雅典娜铜像。这个刻在石头上的复制品表现了一个女性摆出勇士的姿态，伸出长矛就像在迎战，除此之外，她还穿着一件长及脚踝的宽大长袍。但她的面部雕得不像希腊风格的雅典娜，总体趋向于古代埃及人的风格。然而拜占庭人却说这尊雕像是君

---

[1] 指距，一拃（手掌张开时拇指尖和中指尖的距离，约为9英寸或23厘米）宽。——中译者
[2] 特洛伊的拉丁名称。——中译者
[3] 安喀塞斯是希腊和罗马神话中的特洛伊王子，在特洛伊城被焚时，由其子埃涅阿斯负于肩而遁。——中译者
[4] 埃涅阿斯，特洛伊战争中的英雄，特洛伊沦陷后，背父携子逃出火城，经长期流浪，到达意大利，据说其后代就在那儿建立了罗马城。——中译者

士坦丁大帝在以他名字命名的广场[1]处挖出来的,并将它立在那里。这件事就讲到这里。

贝利撒留就是这样取得了整个从爱奥尼亚湾[2]以南直到罗马和萨莫奈的意大利土地,而爱奥尼亚湾以北到利布尼亚的土地已经由康坦提亚努斯占据,之前已经讲过。下面我再讲一下意大利居民的分布情况。亚得里亚海[3]在深入大陆的一侧入口处形成了爱奥尼亚湾,但不像其他地区那样在大海深入内地,尽头形成地峡,如克里塞恩(Crisaean)湾就是到科林斯的莱切姆(Lechaeum)城为止,形成了科林斯地峡,大约有40斯塔德宽;再如在赫勒斯湾附近的海湾,人们称之为黑海湾[4],在车绳形成的地峡虽比科林斯地峡窄,面积却差不多。从爱奥尼亚湾的尽头拉文纳城到托斯卡纳海的路程一个轻装旅行者要走8天以上,这是因为托斯卡纳海湾在延伸过程中向右侧倾斜[5]。在海湾下边的第一个城市是德赖乌斯(Dryus)[6],现在称为海德鲁斯(Hydrus),在它的右侧是卡拉布里亚人、阿普利亚人(Apulian)和萨莫奈人(Samnite),在他们以外居住着皮切尼人(Piceni),皮切尼人的领土一直延伸到拉文纳城。而在另一侧生活着卡拉布里亚人的余部、布鲁

---

[1] 君士坦丁广场在竞技场西侧,广场矗立着一块巨大的斑岩圆柱,是该广场的主要标志物,以"火刑柱"而闻名。
[2] 即亚得里亚海,见注释。
[3] "亚得里亚"是指南到非洲,西到西西里和意大利,东到希腊和伊庇鲁斯的地中海的一部分。普罗柯比的"爱奥尼亚湾"指的就是现在的亚得里亚海。
[4] 现有的萨罗斯(Saros)湾,在加里波利(Gallipoli)半岛西北。
[5] 即向西北方向倾斜,普罗柯比的意思是亚得里亚海的前部应向左侧(向西)倾斜,这样就可以形成他认为这里缺少的地峡了。
[6] 即Hydruntum;见第3卷,第1章注释。

提人（Bruttii）和卢卡尼人（Lucani），在他们以外直到塔拉西纳（Taracina）城都生活着坎帕尼人（Campani），他们的领土与罗马城毗邻。这些民族占据着这两个海的沿海地区，其内陆地区就是意大利。在古代这个国家被称为大希腊（Magna Graecia），因为在布鲁提人中有埃皮扎菲里安·洛克里安人（Epizephyrian Locrian）和克罗顿（Croton）与图里伊（Thurii）的居民。在海湾北面直到海边的埃庇丹努斯（Epidamnus）城最早的居民是希腊人，他们被称为伊庇鲁斯人（Epirotes），与它毗邻的是普雷卡利斯（Precalis），再往前就是达尔马提亚，所有这些地方都是西部帝国的一部分。再向前是立布尼亚（Liburnia）[1]和伊斯特里亚以及一直延伸到拉文纳的维尼蒂国家。这些国家都坐落在那一带的沿海地区。在他们以外是锡西人（Siscii）和苏维汇人（他们并不是臣属于法兰克人的那一群苏维汇人），他们住在内陆地区。在他们以外生活着卡尔尼人（Carnii）和诺里西人（Norici），在这些人的右侧生活着大夏人（Dacian）和潘诺尼亚人（Pannonian），他们建立了许多城镇，其中包括辛吉敦纳姆（Singidunum）[2]和锡尔米厄姆，一直延伸到伊斯特河。爱奥尼亚湾北面的这些民族国家在战争开始时就已经在哥特人的统治下了。而在拉文纳以外波河左岸则是利古里亚人国家[3]，他们以北居住着阿尔巴尼人，他们生活在土地肥沃的兰戈维拉（Langovilla），

---

[1] 现在的克罗地亚（Croatia）。
[2] 现在的贝尔格莱德（Belgrade）。
[3] 普罗柯比似乎弄错了，利古里亚河是在波河以南，见第12章，利古里亚从那里一直延伸到阿尔卑斯。

在他们以外则是臣属于法兰克人的国家,他们以西是高卢人的国家和西班牙人的国家。在波河的右岸生活着埃米利安人(Aemilia)[1]和托斯卡纳人,他们一直延伸到罗马的边界。关于这个问题就谈到这儿。

第 16 章

贝利撒留就是这样占领了直到台伯河的罗马所有的土地并加固城防。当他以最好的方式把这里的事情安排好以后,他将包括马萨革泰人扎特尔(Zarter)、科索曼努斯(Chorsomanus)和埃斯科曼努斯(Aeschmanus)在内的大批近身卫队和枪兵还有一支军队交给康斯坦提乌斯统率,命令他们去托斯卡纳占据那个地区的城镇。他还命令贝萨率军占领托斯卡纳非常坚固的一个城市纳尼亚(Narnia)。这个贝萨是一位精力充沛英勇善战的哥特战将,一直生活在色雷斯,在狄奥多里克带领哥特民族去意大利的时候他也没有跟随着一起走。贝萨拥有将军这一最高头衔,有勇有谋,在不违背当地居民意愿的情况下占领了纳尼亚,康斯坦提乌斯也轻易地占领了斯波莱提厄姆(Spolitium)[2]和佩鲁西亚(Perusia)[3]以及其他一些城镇,因为托斯卡纳人是自愿将他们迎进城中的。在斯波莱提厄姆留下一支守备队之后,康斯坦提乌斯率军在托斯卡纳最大的城市佩鲁西亚按兵不动。

---

[1] 其首都是普拉森舍(Placentia, Piacenzo)。
[2] 现在的斯波莱托(Spoleto)。
[3] 现在的佩鲁贾(Perugia)。

当维提却斯听说此事后，他就派乌尼拉斯（Unilas）和皮萨斯（Pissas）统帅一支军队前去攻击他们。康斯坦提乌斯的军队与敌军在佩鲁西亚郊外遭遇，双方展开大战，战斗开始时因为蛮族人在人数上占优势，不分胜负，但随后罗马人在勇气上占了上风，并击败敌人。虽然敌人混乱地逃跑，但是罗马人最终几乎将哥特军队全歼，活捉敌将，押送到贝利撒留处。当维提却斯听说此事后，不愿再在拉文纳等下去了，马西亚斯（Marcias）和他的军队依然没有从高卢回来也令他感到尴尬和气愤。于是他又派阿西纳里乌斯（Asinarius）和乌里吉萨卢斯（Uligisalus）统率一支大军与来自苏维汇的蛮族人军队合兵一处，然后直奔达尔马提亚和萨洛尼斯，以恢复哥特人对达尔马提亚的统治权，同时还派了很多战船与他们同去，以便通过水陆两种方式包围萨洛尼斯。而他本人则急忙率领旗下整支军队，不少于15万人的骑兵和步兵，连马一起穿上了盔甲，进军罗马。

当阿西纳里乌斯到达苏维汇郊外时就开始聚集蛮族军队，而乌里吉萨卢斯则单独率领哥特人去了立布尼亚，他们在斯卡登（Scardon）与罗马人展开激战，被击败后撤到伯恩努斯城（Burnus），乌里吉萨卢斯在那里等待他的同伴们前来。当康斯坦提乌斯听说阿西纳里乌斯已经做好了进攻准备时，开始为萨洛尼斯城担心了，立即集结那一地区所有要塞的守军，命他们围着整个城墙挖一道壕沟，并为围城战做好其他一切准备。阿西纳里乌斯聚集了庞大的蛮族军队以后，去了伯恩努斯城，与乌里吉萨卢斯和哥特军队汇合后挺进萨洛尼斯。他们在城墙周围设置了鹿砦，并在该城朝海的防御工事布置了战船和重兵看守，通过这种方式从水陆两面一齐围攻萨洛尼斯。罗马人沉着应战。首先向敌船发动了突袭，敌船猝不及防，四处逃跑，许多船只被击沉，士兵也随之落水，罗马人还夺取了许多空船。但哥特人没有因此而加强围攻，而是充满信心地保持现状，罗马人更加受限制地被围在城中。这就是罗马人和哥特人在达尔马提亚发生的事。

当维提却斯听一个从罗马城回来的当地人说贝利撒留的军队人数极少，他开始后悔了，认为不该从罗马撤军。他恼羞成怒，再也忍不住，率军要去攻打贝利撒留的军队。在行军路上，他遇到了一个从罗马来的教士，据说维提却斯非常兴奋，问他贝利撒留是否还在罗马城，表现出唯恐贝利撒留会事先逃走，自己抓不到他的样子。这个教士是这样回答的，他根本不必担心此事，对于他一个教士来讲，完全可以保证贝利撒留永远不会逃跑，会留在那里的。但据说维提却斯仍催促大军星夜兼程，誓要在贝利撒留及其军队逃跑之前到达罗马城。

第 17 章

当贝利撒留得知哥特人以全部军队前来进攻的消息时，十分为难，因为一方面他的军队人数太少，不愿在康斯坦提努斯和贝萨的军队回来之前离开；另一方面，他认为，放弃托斯卡纳的要塞是失策的，这样哥特人就会占据这些要塞对付罗马人。经过考虑，他派人传信给康斯坦提努斯和贝萨，在必要的地点留下足够的守备部队后率领余下的部队全速回师罗马。康斯坦提努斯按照贝利撒留的指示在佩鲁西亚和斯波莱提厄姆建立守备队后，即率领余下的部队驰援罗马。而贝萨却慢得多，因为他在占领纳尼亚时，碰巧敌人正经过那里，在该城郊外的平原上布满了哥特精兵，都是敌人的先遣部队。贝萨与他们展开激烈的战斗，出人意料地打败了他所遇到的敌人，杀死了很多哥特人。但因为对方人数占有绝对优势，他只能撤到纳尼亚城内，然后按照贝利撒留的指示在城里留下守备队，他本人率余下军队全速赶回罗马，并汇报说敌人已经近在眼前。因为纳尼亚城距罗马仅有 350 斯塔德远。而维提却斯根本不想占领斯波莱提厄姆和佩鲁西亚，因为这两个要塞异常坚固，他不想在那里浪费时间，他唯一的愿望就是包围罗马城生擒贝利撒留。再者，当他听说纳尼亚城被敌人占领后，也打消了攻占纳尼亚的念头，因为他很清楚，该城坐落在一座高山上，四周都是悬崖，易守难攻，山脚下还有纳努斯河流过，这也是该城得名纳尼亚的原因。通向该城的路有两条，一条在东边，另一条在西边。一条狭窄陡峭难行，布满陡峭的岩石，而另一条必须要经过一座跨越纳努斯河的桥才能到达。这座桥是古代奥古斯都大帝建造的，其弧度是我们所知道的桥中最高的，非常有观赏性。

维提却斯不愿在这里浪费时间，便以最快的速度率全军取道萨宾（Sabine）向罗马方向进军。（537 年 2 月 21 日）当他们走到离罗马城不到 14 斯塔德远时，看到了位于台伯河上的一座桥[1]，贝利撒留不久前在这座桥前面建了

---

[1] 穆尔维安（Mulvian）桥。

一个有许多门的塔，派兵驻守在塔里。这里并不是唯一一处敌人可以通过台伯河的地方（因为在这条河上多处地方有船和桥），他这样做是因为他希望羁留敌人进攻的脚步，以等待皇帝的援军，并让罗马人能运进更多粮草。如果蛮族人在此处被击退，他们就会想办法从其他地方的桥过河，贝利撒留估计，这样他们就得浪费不少于 20 天的时间，如果他们要筹到足够的船只从台伯河岸边渡河，很有可能会需要更长的时间，这就是他在这里建立守备队的意图。哥特人当天就在那里露营，他们茫然不知所措，猜测第二天要被迫攻塔。但当时有 22 个蛮族罗马士兵逃到他们一边，他们都来自伊诺森提乌斯（Innocentius）率领的骑兵队。与此同时，贝利撒留也在台伯河附近扎营，目的是加强兵力阻止敌人过河，显示他们的英勇，对敌人形成威慑力。但是之前提到过的这些在桥上守卫的所有罗马士兵都因为敌人的庞大和震慑力吓坏了，在夜间放弃了守塔逃跑了。他们不敢回到罗马城，也许是害怕将军惩罚他们，也许是他们无颜见自己的战友们，只好偷偷地溜进坎帕尼亚。

第 18 章

第二天，哥特人在无人阻拦的情况下轻易地摧毁了塔门，全军过桥。而贝利撒留还不知道那里的守军已经逃跑，正率 1000 人的骑兵队向这座桥行进，目的是从那里俯视地面，以决定最佳的扎营地点。但当他们走近时，发现敌人已经过河了，被迫与一部分敌人交战。这是一场骑兵战，尽管贝利撒留是将军，处于安全的位置，但此时也不愿再待在将军的位置上,而像士兵一样在前线战斗。最终罗马军队的处境因而变得非常危险,战斗的成败完全取决于贝利撒留。幸运的是他的坐骑是一匹久经沙场、懂得怎样救主人的良驹,它全身深灰色,头顶到鼻孔则是纯白色,这样的马希腊文名字叫"白脸"(phalius)[1],蛮族人称之为"balan"。这时大部分哥特人都向贝利撒留和他的马发射投枪并射箭,因为当前一天逃到哥特人那里的罗马逃兵看到贝利撒留在前线战斗时,他们知道如果他倒下了,那整个罗马军队就会立即垮掉,便大声喊叫"射击那只白脸马"。这句话传遍了整个哥特军,他们正处于混战之中,无暇问清这句话的来龙去脉,也并不确切知道这句话指的就是贝利撒留,只是推测他绝不是随意说出来的,所以每个人都接受了这一说法。敌人几乎都不顾别人,只向贝利撒留射击。每一个人都为了取得荣誉而急于表现自己的勇敢,尽可能地靠近他,不断地想抓住他,愤怒地用枪和剑刺他。贝利撒留也兼顾前后,不断杀死靠近的人,在危急时刻是他忠诚的枪兵和侍卫们救了他,他们表现出极大的勇气,护卫在贝利撒留周围,我想世界上没有一个人见过这样的忠诚和勇气,他们用盾牌保护将军和他的马,不但挡住所有的投射物,还击退那些不时偷袭贝利撒留的敌人,整个战斗都围绕在贝利撒留四周展开。是役哥特人折损至少1000精兵,都是那些战斗在最前线的人。贝利撒留家族中的许多杰出勇士也都阵亡,持矛者马克森提乌斯(Maxentius)在英勇杀敌后牺牲,虽然整个战斗都是围绕

---

[1] 因为有白色的额斑,所以叫"白脸"。

贝利撒留一人展开，但他却意外地毫发无伤，没有被任何发射物击中。

最后，罗马人的勇气迫使敌人退却，大量蛮族人逃回主力部队。因为主力部队里的哥特人步兵还精力充沛，轻易地抵抗住罗马人并迫使他们退回军营。当另一支骑兵队前来增援哥特人时，罗马人便以最快的速度撤退到一座小山处，他们爬上山，占据这个地点。但敌人的骑兵马上追上来时，第二场骑兵战开始了。安东尼娜之子、佛提乌（Photius）的侍从官瓦伦提努斯（Valentinus）表现得非常勇敢，他只身冲入敌阵，在哥特人的刀枪下救出了自己的同伴。罗马人且战且退，撤回罗马城要塞中。蛮族人一直追到萨拉里安门附近的城墙处，罗马城里的人唯恐敌人和自己人一起冲进城中，尽管贝利撒留一遍又一遍地催促他们并威胁他们立即打开城门，但他们还是不愿开门。因为贝利撒留的脸上和头上都是凝固的血和灰尘，在塔上观望的守兵难以认出他就是将军，加之太阳西下，天色已晚，也没人能看得清楚，而且罗马人没有理由认为将军还活着，因为早些时候被击败逃回来的人汇报说贝利撒留已经在前线英勇捐躯。已经追了上来的敌人气势汹汹，充满愤怒，想直接越过壕沟攻击那里的罗马逃兵，罗马士兵们跳下壕沟后，发现自己都聚在墙边，他们你碰我我碰你，在这狭窄的空间里挤在一起。而城墙内的士兵因为没有将军指挥，又没做好准备，一时惊慌失措，为自己和罗马城的安全担忧，完全不能保护自己处于危急情况下的战友。

这时贝利撒留想出了一个可以出其不意挽救罗马人的大胆想法。他鼓励全体士兵与他一同反击敌人，这些蛮族人因为在黑暗中追击已经极其混乱，现在他们又惊奇地发现逃亡者在向他们进攻，就猜测可能是从城里出来的另一支军队前来援助罗马军，阵脚大乱，立马全速逃离，但贝利撒留没有乘胜追击，而是回到了城墙边。这时罗马人鼓起勇气将贝利撒留及其率领的残部接进城中，贝利撒留和皇帝的军队勉强逃出危险。这场战斗从黎明开始，直到夜晚才结束，双方都表现得非常勇敢，罗马人一方最勇猛的是贝利撒留，而在哥特人中则是维桑杜斯·汪达拉里乌斯（Visandus Vandalarius），他在围攻贝利撒留的战斗开始时就直接向贝利撒留进攻，一直没有停止直到全身受了13处伤倒下为止。别人都认为他当场死了，尽管他们取得了胜利，都没有理会他，让他与其他尸体躺在一块儿。但在第三天蛮族人沿着罗马城墙扎营时，派了一些人去埋葬尸体并举行埋葬仪式。那些埋葬死尸的人找到了维桑杜斯·汪达拉里乌斯，见他还有一口气，他的其中一个同伴让他讲话，但他因为饥饿和口渴受了伤的身体像着了火一样，根本无法讲话，只能点头示意，让他把水倒入自己口中。等他喝够水，恢复意识后，他们把他抬回营中。从此维桑杜斯·汪达拉里乌斯因作战勇猛在哥特人中名声大振，而且他还很长寿，享有极高声誉。这就是战斗后第三天发生的事情。

在贝利撒留与他的士兵们逃生后，将士兵和几乎所有的罗马市民都召集到城墙处，命他们点上火把，彻夜守卫城墙。贝利撒留沿着城堡巡视一周，布置好一切事情，安排他的统帅们每人负责一道城门。但负责普赖奈斯丁门（Praenestine Gate）的贝萨派人向贝利撒留汇报说这座城市已经被敌人占领,因为他们已经从另一个城门进入城中,该城门在台伯河[1]另一边,以圣人藩克拉提乌斯名字命名。在贝利撒留身边所有的人听到这个消息后都劝他尽快从其他城门逃走。而他本人却毫不惊慌,马上澄清这个消息是假的。他派一些骑兵以最快的速度越过台伯河巡视,他们回来汇报说并没有敌人从那里进攻城市。于是,他立即传令到每一个城门的将领那里,命令他们无论何时在听说敌人攻破城塔的其他部分时,都不能放弃他们自己的岗位,也不用去帮忙防守,只需坚守自己的岗位。他本人会统筹安排的。这样他们就不会再一次因为听信流言而陷入混乱了。

维提却斯在罗马人还很混乱时就派自己一个统帅去萨拉里安门处,他的名字叫瓦齐斯(Vacis),没什么名声。他到那里后,先是责骂罗马居民对哥特人背信弃义,谴责他们既背叛罗马帝国又背叛他们自己,他们用哥特人的努力换取完全不能保护他们的希腊人的军力,尽管他们在此之前除了悲剧演员、小丑和偷窃的海员以外并没有看到过任何希腊人来过意大利。瓦齐斯讲了许多类似的话后,见没有得到回答,就又回到维提却斯和哥特人那里。至于贝利撒留,罗马人因为他险逃敌人的追击而嘲笑讥讽他。但他还是命令他们鼓起勇气蔑视蛮族人,说他清楚他们最终一定会战胜敌人的。他为什么会对这一点如此肯定呢?下文将详细讲述。就这样贝利撒留一直紧张工作到深夜,他的妻子和在场的其他朋友费了很大力气才劝他吃了一点面

---

[1] 因为普罗柯比描述这堵城墙与桥相联结,见第19章。

包,这两支军队就是这么度过这一夜的。

第 19 章

第二天,两军列队准备战斗。哥特人认为以如此之少的军队守卫罗马这样大的城市是一件非常困难的事,想通过围攻而轻易占领,而罗马人则想着防守。罗马城墙共有 14 个大门和一些小门,哥特人的兵力不足以包围整个城墙,因此他们组成 6 个加强部队进驻台伯河左岸,准备袭击从弗拉明尼安门到普赖奈斯丁门之间的 5 个城门。蛮族人为防备敌人,拆毁了穆尔维乌斯桥,使任何人都难以进入台伯河右岸的土地一直到大海边地区,这样他们就不会遭到任何敌人的围攻了。他们还在台伯河对面尼禄平原驻扎了第 7 队,使得桥两边都有自己的部队,在两支军队之间搭建一座桥,这样又有两个大门奥雷连(Aurelian)[1](现在以耶稣最高使徒彼得的名字命名,因为他就埋在附近。[2])和特兰斯提布尔丁(Transtiburtine)门[3]纳入哥特人的进攻范围。哥特人就是这样以全部兵力包围了仅一半的城墙,但由于他们与城墙间各个方向都没有被河流隔断,所以他们无论何时都可以向整个城墙发起进攻。

现在,我要讲一讲罗马人是怎样在河流两岸修建城墙的。古时候台伯河沿着城墙流过很远的一段距离,甚至包括了现在有围墙的地方。但是沿河修城墙的这块地面极其

---

[1] 这是一个错误,普罗柯比意指波塔·科尼利亚门(Porta Cornelia)。
[2] 根据传统习惯,圣徒彼得的礼拜堂应该建在圣徒坟墓之上。
[3] 奥雷连门。

平坦，容易攻入，而在这块平坦地面的对面，越过台伯河，恰好有一座大山[1]，城中所有的磨坊自古就都建在那里。因为有水渠一直引到山顶上，所以水源充足，从那里流下有巨大的冲击力，因此古代的罗马人决定围绕着山和附近河岸建一堵城墙[2]，这样敌人就不可能摧毁磨坊了，也不容易穿过河流攻打城市外墙了。于是他们决定在此处跨越河流架桥，将桥与城墙联结起来，然后又在河对岸修建许多房屋，使台伯河从城市中间流过。

哥特人在他们所有的营房四周都挖深沟，然后把挖出的土堆在深沟靠营房一侧，使这一侧特别高，又把大量尖木桩插在土堆上，这样，他们的每个营房都像一个加固的堡垒。在尼禄平原上的部队由马西亚斯（Marcias）统帅（因为他和同伴刚从高卢回来，便一起在此扎营），其余部队由维提却斯和其他 5 位统帅分别率领。哥特人以这种方式布阵，破坏了所有的水渠，这样没有水能从这里流入城中。罗马城共有 14 个水渠，都是古代人用烧制的砖砌成的，其宽度和高度可以容纳一个人在其中骑马通过[3]。贝利撒留也做好了城市的防卫部署：他本人率军守卫小平西安门（Pincian Gate）和此门右侧的萨拉里安门（Salarian Gate），因为这里的城墙最容易受攻击，罗马人也可以从城门冲出来对付敌人；贝萨守卫普赖奈斯丁门，康斯坦提努斯则负责平西安门另一侧的弗拉明尼安门（Flaminian Gate）。贝利撒留早已关闭了这里的城门，在里面以大石头

---

[1] 贾尼科伦姆（Janiculum）。
[2] 这堵墙是奥雷连墙的一部分。
[3] 有些夸张，这道渠的深度从 4—8 英尺不等。

砌了一堵墙，牢牢地堵住了门，任何人都不可能打开。因为其中一座敌营离这很近，他害怕敌人会从那里偷袭攻城；他命令步兵团的统帅守卫其余的城门，他又派人用泥、瓦堵塞了每条水渠很长一段距离，以防止敌人从外部通过水渠进城捣乱。

但水渠被破坏之后，如前所述，水就不能再推动磨坊了，罗马人又不能以畜力拉磨，因为围困期间罗马人的粮食供应非常短缺，几乎不能为马匹提供必需的草料。于是贝利撒留采取了如下措施为磨坊提供动力：他派人在刚刚提到的与城墙联结的桥下[1]的河流两岸拴住绳子，将它们拉紧系在两只船上。这两只船并排，间隔2英尺远，放在桥拱处水流速度最快的地方。在每只船上安放一台磨面机，在两只船之间又设置一个机械装置，带动磨面机。在这两只船之下又连结其他的船，每一条都整齐地跟在前一条后面，在它们之间设置同样的水轮装置，延伸了很长一段距离。这样通过流水的力量，所有的水轮一个接一个地就会独立转动起来，推动了连接它们的磨面机，磨出足够城里人吃的面粉了。当敌人从逃兵那里听说这个消息后，就以下面的方式破坏水轮：他们将大树枝和刚杀死的罗马人尸体堆到一起不断扔入水中，这些东西大部分被水流冲入船之间，堵塞磨面机的轮子转动。贝利撒留得知敌人的做法后，想出了反制的办法：他把铁链系在桥上，跨过台伯河流两岸，将所有顺流而下的障碍物都用铁链拦住，聚到一起，便不再往前流了，再把这些东西拖出水面拽到陆地上。

---

[1] 蓬斯·奥雷里乌斯（Pons Aurelius），见本章。

贝利撒留这样做不仅仅是因为磨面机的缘故，而是他开始警惕敌船会从这一点通过桥下，在他们不知道的情况下到达市中心。蛮族人见此计不成功便放弃了努力，于是罗马人继续使用这些磨面机。虽然因为缺水他们不能洗澡了，但却有足够的饮用水，即便是住处离河很远的罗马人也可以从井中提水。至于从城中带出脏水的下水道，贝利撒留不必设立任何安全装置，因为脏水都流入台伯河中，敌人不可能通过它们偷袭城市。

第 20 章

以上就是罗马被围期间贝利撒留做出的安排。那时，萨莫奈人中有一大群牧童在自己的国家放牧时，进行了这样的游戏：他们选出了两个身强力壮的小孩，称其中一个为贝利撒留，另一个为维提却斯，让他们摔跤，在激烈的搏斗中，那个扮演维提却斯的小孩被摔倒在地，孩子们将他挂到树上。这时碰巧有一只狼来了，孩子们都逃了，那个扮演维提却斯的孩子一直吊在树上，不久就死了。当萨莫奈人知道此事后，没有惩罚这些孩子，反而认为这件事是神谕，预示着贝利撒留将会取得最终的胜利。这件事就说到这儿。

罗马民众完全不熟悉战争和围城的艰苦，他们开始为不能洗澡和缺少供给而忧虑，对被迫守卫城墙不能睡觉而怨气冲天，担心敌人不久就会占领该城。与此同时，他们又看到敌人在劫掠他们的田地和其他财物，这一切让他们感到非常不满和愤慨，认为在自己没有做错事的情况下还要忍受围城的痛苦和如此大的危险,就自动聚集在一起公开反对贝利撒留,理由是他还没与皇帝的军队会合之前就胆敢与哥特人对抗。元老院成员也暗地里指责贝利撒留。维提却斯从逃兵那里听说这件事后,希望他们自相残杀,使罗马人陷入混乱之中。于是他派了几个使者去见贝利撒留,其中有阿尔比斯,他们来到贝利撒留面前,当着元老院成员和全体军队统帅说:

"将军,从古至今人类给事物取的名字就是既真实又有明显差别的,其中的一个差别就是轻率与勇敢的区别。因为一个人轻率的时候,他就会陷入危险之中,还败坏了自己的名声,而勇敢却会给他足够的勇气赢得荣誉。现在两者之一令你对抗我们,至于是哪一个,你自己清楚。因为一方面,如果你对抗哥特人是把信心建立在勇气之上,尊贵的先生,你就会有很大机会做出勇敢的事迹,因为你只需要从城墙上向下看到敌人的军队;但另一方面,如果你被轻率冲昏了头脑,对我们发动攻击,你一定会为这鲁莽行为而后悔的。因为一个不顾一切去冒险的人在遭遇困境时通常会改变自己的想法。所以现在,不要再延长这些罗马人的困境了,他们在狄奥多里克的统治下已经习惯于过舒适豪华和自由的生活了,他既是哥特人又是意大利人的主人,别再与他作战了。当你坐在罗马城墙上面临大敌围城的危险时刻,同时这座城市的国王浪费大量的时间建造营房,将战争的罪恶引到他的臣民身上,这不荒唐吗?我们可以给你和你的手下安全离开的机会,而且还会保全你们的财产。因为我们认为粗暴对待那些刚学会谨慎行事的人既不值得也不公正。此外,我们倒还想问问这些罗马人对哥特人还抱怨什么,以至于背叛我们和他们自己。他们直到今天都在享受我们的照顾,现在却习惯于从你们那里得到帮助。"

使者说完后,贝利撒留回答说:"现在还没到你们选择谈判的时候,因为人们绝不会根据敌人的判断而发动战争,而通常是各自以最好的方式安排好自己一方的事务。但我要告诉你们,现在是你们想要把头藏在蓟枝下面却根本找不到遮掩处的时候了。我们已经征服了罗马,但并没有占领别人的东西,你们曾经入侵过这座根本不属于你们的城市,现在却不情愿地将它还给了原来的主人。你们希望不开战就占领罗马城是错误的判断,只要我贝利撒留活着,就绝不会放弃这座城市。"贝利撒留说了这番话,罗马人因为恐惧都静静地坐着,尽管哥特使者咒骂他们背叛,他们也不敢回应。只有菲德留斯(Fidelius)认为应该辱骂使者们。因为他那时是贝利撒留任命的执政官,所以他似乎比其他人都更倾向于皇帝一方。

第 21 章

使者回到营中后,维提却斯问他们贝利撒留是个怎样的人以及他对撤离罗马城的态度时,他们回答说,哥特人以任何形式恐吓贝利撒留都是徒劳的。当维提却斯听说后,就急切地为攻城做计划,他为攻击城墙做了以下准备工作:先通过计算城墙上石头的尺寸得知城墙的准确高度,然后建一些与敌人城墙一样高的木塔,在这些木塔底部每个角上都装上可以按照进攻部队的意愿在指定时间内向各个方向移动的多向轮子，用套上绳索的公牛拉动木塔，之后他准备了大量攻城云梯，高度可及矮护墙，还有4个攻城机，其结构是这样的：有4根垂直的木梁，长度相等，两两相对。在梁上又放置了8根水平的横木，4根在上，4根在下，把垂直木梁固定在一起。搭好这个四方的建筑框架后，将四面都包起来，不是用木墙或者石墙，而是一层兽皮，目的是攻城机可以为拉车的人提供照明，又可以为里面的人挡住敌人的射击，受到最小的危险。在机内中心位置又挂上另一个水平横木，用锁链挂上，可以自由摇晃，然后削尖这条横木的一端，装上大铁头，跟他们装在投枪圆头处的枪头很像，有的则是方形的。每架攻城机都装上4个轮子，每个轮子都与一个垂直梁木相连，每个攻城机都有50多人从里面推动木梁，把攻城机运到城墙边后，将刚才提到的横木通过特定的旋转机械向后拉，然后放开，形成巨大的冲击力以撞倒城墙。撞击横木通过多次撞击可以轻易地撞倒任何一堵墙，它的名字得名于此，因为横木突出的顶端可以撞任何东西，就像羊群中的雄羊一样，是攻城墙常用的机械，此时哥特人已准备好了大量的木头和芦苇扎成的柴把，将柴把扔入壕沟中填平地面，机械就可以通过了。哥特人用这种方法作好一切准备后，急着想对城墙发动进攻。

贝利撒留将一些称为"射箭机"（ballistae）[1]的机械布置在塔上。这些机械呈弓形，在下方有一个带槽的木制

---

[1] 在阿米亚努斯·马西林努斯（Ammianus Marcellinus），第22章中有关于ballista和其他战争机械的描写。普罗柯比在这时描写的装置是早期的弩炮；ballista投掷的是石头，不是箭。见古典学词典中的图形。

投射装置，与弓形很好地组合在一起，可以自由移动，并支在一个垂直的铁砧上。当人们向敌人射击时，就用短绳将弓绑住，拉向另一边，形成凹底，在凹槽中放上箭，这种箭相当于普通弓箭的二分之一长、四倍宽。但它不像普通弓箭那样，上面没有羽毛，人们插上薄木片代替羽毛，每个细节都按照箭的形状做，装上很大的箭头以保持箭的重量。站在两侧的人通过某种装置扭紧发条，然后放开，凹槽便弹出，而箭就从凹槽中飞了出去。这个装置之所以得此名是因为它攻击力巨大[1]，从箭轴[2]上发射的箭可以达到普通弓箭两倍以上的距离，很容易射穿树木或石头。他们还将其他的机械装置装在城墙的矮护墙上，准备向外投石。这些跟投石器很像，都被称为"野驴"[3]，在城门外又设置了被称为"狼"[4]的防御设施，其结构是这样的：将两根木材从地面立起搭到城垛上，再把横木用木楔结合牢固，有一些是垂直的，也有交叉的，使交叉点之间的空间看上去像一系列小洞一样。在每一个接合点上都装上突出的钩刺，看上去像一根粗刺棒。然后再把这些交叉的横木固定到那两根垂直的木材上，从顶部开始，只固定完上半部，再把这两根木材顶到城门上。当敌人靠近时，在上面拿着木材末端的人就会向下推，它便突然落到入侵

---

[1] 源于βαλλιστρα，是βαλλιστα的讹误形式；希腊语单词βαλλω+μαλιστα构成，其正确的词根只能是βαλλω。
[2] 箭轴是固定发射物的，弓弦驱动的是箭轴而不是箭本身，当轴停止时，发射物就发出去了。
[3] 也称为蝎子；阿米亚努斯，第1章第3节，在他的书中有描绘。
[4] 这是一种古典时代不常见的机械，李维《罗马史》第28章，第3节的"Lupi"是钩子；维吉提乌斯《论军事》，第2章第25节和第4章第25节提到"Lupi"（也是钩子），也是用来撞击的。

者的身上,以其突出的钩刺轻易杀死大量敌人。贝利撒留就这样做了准备。

第22章

在围攻的第18天太阳刚升起来,维提却斯就率领哥特人靠近要塞袭击城墙。城内所有的罗马人看到能走的塔和攻城机都很惊恐,因为他们以前根本没见过这样的机械。而贝利撒留见到敌人带机械前进的队形,就大笑起来,命令士兵们要保持安静,一直等到他亲自下令才能开战。至于他为什么大笑,当时他并没有说明,以后人们就会清楚了。然而,罗马人猜测他以一笑掩盖自己真实的感觉,辱骂他说他不知羞耻,非常生气他没有在敌人到来之前就查清此事。当哥特人靠近壕沟时,贝利撒留将军第一个拉弓射箭,幸运地射中了敌军中一个穿盔甲的统帅的脖子,他当场死亡。整个罗马军队大声欢呼,声响之巨大从未有过,认为这是一个好兆头。贝利撒留再次发射,同样的事情又发生了第二次,城墙上的人呼声更高,罗马人都认为敌人已经被征服了。此时贝利撒留向全军发布命令,命全体将士举弓放箭,他又吩咐自己附近的士兵只射击公牛,所有的公牛都马上倒下了,敌人的木塔不能再移动了。困惑中的哥特人在激烈的战斗中对突发事件也无计可施。这时,贝利撒留的预见性即敌人处在远处时不必调查他们的情况就可以理解了,他笑蛮族人头脑简单,愚蠢地把牛拉到敌人城墙下的原因也能看出来了。这是在萨拉里安门发生的事情。而维提却斯被击退后,把大量的哥特人军队留在那里，命他们排成密集队形，指示统帅们不许再进攻要塞，而且保持阵形，从外城墙向内迅速射箭，不给贝利撒留加强防御城墙其他部分的机会，这样他就能率精锐部队去进攻其他地方了。然后他本人率军赶去普赖奈斯丁门。罗马人称要塞的这一部分为"蓄水池"（Vivarium）[1]，是最容易受攻击的部分，恰恰木塔、攻城机和大量的云梯也已经在这里准备好了。

与此同时，另一支哥特人军队以下述方式在奥雷连门[2]发动袭击。罗马皇帝哈德良的坟墓[3]就在奥雷连门外，离城堡有投一块石头那么远，非常壮观，因为它由帕罗斯（Parian）岛的白色大理石建成，石块之间接合紧密，却没有任何黏合材料[4]。四边相等，每一面大约有投一块石头远那么长，高度超过了城墙；那里还有用相同大理石雕成的人和马的雕像，工艺精湛[5]，但因为这座墓碑对于古代人来说是威胁城市的堡垒，所以他们从城墙处到那里又建了两堵墙，将其封在城墙内[6]，使它成为城墙的一部分。实际上，它看上去像一座高塔一样在城门前起到防御作用，所以这里的守卫是最严密的。贝利撒留已任命康斯坦提努斯负责守卫这座墓碑，还指示他加入相连城墙的守

---

[1] 见第 23 章。
[2] 普罗柯比又错了，见第 19 章，他指的是波塔·科尼利亚门（Porta Cornelia）。
[3] 现在称为"圣天使堡"（Castello di Sant'Angelo）。
[4] 即没有灰泥之类的接合材料。
[5] 方形建筑是坟墓的底座，每一面都有 300 罗马尺长、85 罗马尺高，在其上有一个圆柱形的圆形鼓石，四周围有柱子，上面刻有浮雕，很可能在底座上还有另一个圆形鼓石。细节详见乔丹《罗马城市地形学》第 3 章第 663 页以后。
[6] 普罗柯比忽视了这座墓碑在这一点上从城墙跨越河流，过了蓬斯·埃留斯（Pons Aelius）桥就到了被称为奥雷连门的波塔·科尼利亚门。

卫，那里有一支小型守备队。这部分城墙是最不容易受到攻击的，因为这里有河流沿城墙流过，易守难攻，他认为敌人不会从这里袭击，所以在那里配置了一支无足轻重的守备队。由于他拥有的士兵人数少，在围攻开始时聚集到的皇帝军只有5000人，所以主力部队安置在其他最需要他们的地方。当有人向康斯坦提努斯汇报说敌人准备渡过台伯河时，他开始担心那一部分城墙了，命令大部分兵力保卫城门和坟墓，自己则率少量援兵火速赶到台伯河的城墙。与此同时，哥特人开始袭击奥雷连门和哈德良（Hadrian）塔楼，虽然他们没有使用攻城机，却大量使用云梯。他们的战术是先发射大量的箭杀伤敌人，使敌人陷于无助状态后，就可以轻易地消灭那里为数不多的守备队。他们手持与波斯人的长盾同样大的盾牌向城墙逼近，在一直延伸到圣彼得教堂门前的柱廊的掩护下[1]，避过了敌人察觉，成功地靠近了对手，从庇护处突然出来，发动袭击。这样城内的守备队既不能用投石器（这种机器只能直向发射）也不能用射箭来抵挡敌人，因为事与愿违，敌人有大盾掩护。哥特人却不断勇猛地向城内施加压力，向护墙发射了很多的投射物并把云梯搭在城墙上，对那些在坟墓处作战的罗马人形成包围之势。因为哥特人一爬上梯子，就到达了罗马人两侧翼的后部[2]。罗马人不知如何防御自救，惊愕了一小段时间，但很快达成一致意见，把大部分雕像都摔成了碎片，因为用于浮雕的大理石非常大，他们得到了非常

---
〔1〕 从蓬斯·埃留斯开始。
〔2〕 因为哥特人利用四边形的建筑在他们前进至拐角处时将敌人置于侧翼和后部。

多石块,双手把这些石块投向敌人的头,而敌人在这雨般的落石中让步了。罗马士兵见敌人退缩,自己占了上风,再次鼓起勇气,大声呼喊驱赶入侵者,以弓箭和投石对付敌人。敌人后撤,罗马人的机械装置可派上用场了。哥特人更加恐惧,快速结束了他们的袭击。这时康斯坦提努斯也在场,震慑了想过河的敌人,轻易把他们赶跑了。因为这些哥特人原以为城墙上完全没有守卫,康斯坦提努斯的在场使他们很快退却,奥雷连门重获安全[1]。

第23章

一支敌军来到位于台伯河上的潘克拉提安门(Pancratian Gate)发动进攻,但由于此处城墙垂直陡峭,易守难攻,一支步兵分遣队在保卢斯的亲自指挥下枕戈待旦,时刻警惕,所以哥特人在这个坚固的地方一无所获。同样的原因他们也无法拿下弗拉明尼安门。这个城门坐落在一个陡峭的斜坡上,给围城部队进攻设置了障碍,一支叫"雷克斯猫"的步兵分遣队(Reges)[2]守卫在这里,乌尔西奇努斯是他们的统帅。在这扇门和它右侧的小平西安门之间是一段年久失修的旧城墙,已经裂开了,却没有全部倒塌,还有一半的高度,它已经倾斜得很厉害了,有一小部分看上去在城墙外面,而另一部分则在城墙里面,

---

[1] 即科尼利亚门。
[2] 无疑它与 Regii 一样,是17个"Auxilia Palatina"之一,处于 Militum Praesentalis 长官的统帅之下。——霍奇金

因此罗马人从古时就称它为"破墙"[1]。贝利撒留从一开始就想拆毁并重修这段城墙，罗马人阻止了他，他们声称使徒彼得曾允诺他们会保卫这里的城墙。罗马人非常尊敬使徒彼得，将他置于众使徒之上。这个地点发生的所有事情所有细节都是罗马人牵挂和关注的，不仅是那一天，而且在整个哥特人围城期间都没有从这里发动进攻，也没有发生任何骚动。我们也很惊讶，的确，在整个战斗期间，敌人和我们都不记得城墙还有这么一个地方，无论他们白天发动袭击，还是在夜间密谋夺取城墙（尽管都发生过很多次了），都没有从这里进攻。因此，稍晚之后罗马人实际上也没有冒险去重建这部分城墙，直到今天，这里的城墙依然还是裂开成这样。就说到这里。

在萨拉里安门攻防战中，有一位地位极高的哥特勇士，披盔带甲，拒绝与同伴一起留在阵形中，独自站在树下向外城墙内射箭，不料他被左侧塔上机械射出的箭击中，箭穿过铠甲和身体，一半以上的箭都插进树干，将他钉到树上，尸体就吊在了那里。哥特其他士兵见此情景后非常害怕，急忙撤出发射范围，列好队形，但不再袭击城墙上的守军了。

贝萨和佩拉尼乌斯向贝利撒留告急，因为维提却斯在维瓦里厄姆（Vivarium）对他们发动了袭击，压逼得很紧，贝利撒留也非常担心那里的城墙（因为之前也说过那里极易被敌人攻破[2]），立即留下一名心腹将领率军守卫萨拉

---

[1] Murus Ruptus，"今天，在这里虽然近几年的'重建'既可悲又没有必要，我们还是可以看到一段弯曲、破损的里出外进的旧城墙部分"。——霍奇金
[2] 见本章前文。

里安门,亲自火速前往维瓦里厄姆援助。贝利撒留发现维瓦里厄姆的守军因为敌人人数多且作战勇猛,畏敌情绪严重,他就命令士兵们藐视敌人,恢复自信。那里地面平坦[1],极易受到攻击,而且因某些原因这里的城墙还有许多龟裂,砖石之间已经松动。所以在这段城墙外面,古代罗马人又修了一小段墙围住了它,不是出于安全方面的考虑(因为这堵墙上既没有塔楼加强防守,也没有墙垛,更不用说是其他用于击退敌人的设施了),只是为了满足罗马人特有的奢华,据说是要阻止狮子或其他动物进入。因此这里被称为维瓦里厄姆,而且罗马人把其他野生动物经常出没的地方也称为这个名字。维提却斯开始沿着城墙在不同的地点准备了不同的机械,命令哥特人控制外墙,打算通过这种方式进城,轻易占据薄弱的主墙。贝利撒留见敌人已经在破坏"动物园"并在多处城墙发动袭击,尽管手下都是军队中的作战好手,他只在城墙上留下极小一部分士兵,其余的既不准防守城墙,也不准留在那里,全部都装备停当,手握战剑埋伏在城门后。当哥特人攻破外墙进入"动物园"时,他立即派西普里安和其他一些人冲入围墙内与敌人展开激战。因为哥特人没有防备,而且在狭小的入口处自相残杀,罗马人杀死所有冲进来的士兵。敌人被这突然的反击吓破了胆,完全没了秩序,四散溃逃。贝利撒留见时机已经成熟,命令突然打开城门,全军出动对抗敌人。哥特人已无心抵抗,一触即溃,罗马人乘胜追击,

---

[1] 这里的准确地点很难确定,大多数学者都认为在所附罗马城市图中已经标出了这个地点,就在波塔·拉比卡纳(Porta Labicana)附近。

捉一个杀一个。因为这段城墙离哥特人的营房很远,所以追击持续了很长一段距离。接着,贝利撒留下令烧毁敌人的攻城机。熊熊大火使逃兵更加惊恐万分。

与此同时,在萨拉里安门也发生了同样的情况,罗马人突然打开城门,出其不意地冲向蛮族人,敌人无心抵抗,转身就逃,罗马人歼敌无数,烧毁了可及范围内的攻城机,许多墙上的火焰很高,哥特人被迫全线撤兵,双方军队都传出了呼喊的声音,城墙上的人呐喊着鼓励战友追击敌人,哥特营中的士兵则为大难临头而哀号。将领们宣称这一天哥特军死亡3万,还有大量的伤员。因为他们人数众多,在城墙作战的罗马人随便射都能击中敌人,与此同时,出城突袭的罗马人也杀死了相当多恐惧逃窜的敌人。在这段城墙进行的战斗从黎明一直到夜晚才结束。当晚双方军队都在原地露营,当罗马人从尸体中搜刮了大量战利品,在城墙上唱着胜利的凯歌、赞美贝利撒留时,哥特人却在照顾他们的伤员,为阵亡的战友痛哭。

第 24 章

贝利撒留致信皇帝说:"我们遵照您的命令到达意大利并成为这里大部分领土的主人,还占领了罗马城,驱逐了这里的蛮族人。我已派人将他们的国王莱乌德里斯(Leuderis)押送到您那里。但现在因为我在西西里和意大利留下大量的士兵守卫已经取得的要塞,所以军队人数已经减少到只有5000人,而敌人为了进攻我们,聚集的人数已达到15万。首先,在我们外出沿台伯河侦察他们的兵力时，与敌人遭遇，被迫开战，只差一点就被埋葬在敌人的矛枪下面。后来蛮族人以全体兵力前来攻墙并使用各种不同的器械向城墙各处攻击。他们在第一次袭击时差一点就打败我们占领该城，若不是机遇降临到我们头上，他们就要成功了。但世事难料，取得超自然的成功也许不在于人们的勇气，而在于更强大的力量。我们迄今取得的成绩，无论是归因于某种运气还是勇气，都已达到最佳的结果；但我们希望从今以后还能取得更好的成就。然而我从不向您隐瞒任何事情，有责任如实向你汇报，您也应该做出决策，因为不管人类按上帝的意愿做什么事，其行为受到表扬或是遭到责备的都是负责这项事业的人。所以请速派装备足够武器的士兵到我们这里，这样我军就可以从此与敌人进行势均力敌的较量了。人们不应该把一切希望都寄托在运气上，因为命运女神不会永远都站在他一方的。陛下，请您牢记在心，如果此时蛮族人得胜，我们就会被赶出本属于您的意大利，失去大量军队，还得为我们的失败蒙受耻辱。无论这耻辱有多深，我得说，我们会被认为是毁灭那些把对王国的忠心看得比自身安全还要重的罗马人的罪魁祸首。如果事实果真如此，那我们迄今取得的胜利最后全成了灾难的序幕。因为如果碰巧我们被敌人从罗马和坎帕尼亚还有早些时候占领的西西里击退，那么我们仅仅感觉到的是所有不幸中最轻的一种，就是不能因占有他人的财产而富有。同样您还要考虑一下，以一万人的兵力长时间守卫罗马城从来都是不可能的。因为该城面积广大，又不临海，供给没有来源。尽管现在罗马人对我们的态度很好，但当他们的麻烦越来越多时，他们就会毫不犹豫地选择对他们自己更有利的出路。因为那些一时冲动与其他人结成友好关系的人只会在繁荣昌盛时保持他们的信念,而拒绝在遭遇厄运时这样做,更何况,罗马人可能会因饥饿而被迫做一些他们不愿做的事。现在我知道自己有义务誓死保卫您的王国,因此,在我有生之年没有人能把我赶出这座城,但我还是希望你能考虑一下如果贝利撒留牺牲,你的声誉将会遭到多大的损害。"

这就是贝利撒留给皇帝的信。皇帝读后非常着急,匆忙召集了一支军队并组成一支舰队,命瓦莱里安和马丁努斯[1]率领他们的军队以最快的速度驰援。他们碰巧在冬至日时接到指示与另一支军队驶向意大利,但他们只航行到希腊就不能继续前进了。因此,他们只好在埃托利亚(Aetolia)和阿卡纳尼亚(Acarnania)的陆地上过冬。查士丁尼皇帝派人传信把这一切告知贝利撒留,贝利撒留和所有罗马人因此恢复了勇气和斗志,坚持下去。

这时碰巧在那不勒斯又发生了这样一件事:集市上有一幅哥特首领狄奥多里克的镶嵌画像,是用上着各种浅淡颜色的小石块镶嵌而成。狄奥多里克在世时,这幅画的人头部分在毫无缘由的情况下突然裂开,那些小石子没有任何人碰过,却变得杂乱无章,就在这时狄奥多里克突然驾崩。8年后,这幅画身体部分的石子也突然裂开,狄奥多里克的外孙阿塔拉里克就在这时去世。不久之后它的鼠蹊部分的石子无故脱落,与此同时狄奥多里克的女儿阿玛拉

---

[1] 外籍兵团统帅,见第3卷,第11章,他们被从非洲召回拜占庭,见第4卷,第19章。

松塔离开了人世。这些事都已成过去,但当哥特人开始围攻罗马城时,画像上连从大腿到脚尖的部分都毁了,整个画像从墙上消失了。罗马人认为这是神谕,坚信皇帝的军队会在这场战争中取得胜利,认为狄奥多里克的脚不过是他统治的哥特民众,他们因此变得更有信心。

此外,在罗马,一些贵族拿出了西卜林(Sibylline)神谕[1],称这个城市的危险持续到 7 月份就会结束。因为那时会有人被任命为罗马人的王,从此后罗马城就不会再受到盖提克人(Getic)的威胁了,他们说哥特人就属于盖提克种族。神谕是这样的:"第五月……之后,在……国王统治下,盖提克人不再……",他们宣称第五月就是 7 月,因为围城是在 3 月 1 日开始的,从那时算起 7 月就是第五月,而且直到罗马统治时代都是以 3 月为每年第一个月的,在此之前全年包括 10 个月。7 月由此得名昆提里斯(Quintilis)。但最终这些神谕都没有实现,因为没有人被任命为罗马人的王,而且传说一年后围城战才能最后结束,罗马人又一次处于托提拉时期曾遭遇的危险之中。托提拉是哥特人统治者,下文将会提到[2]。而我认为神谕不代表目前蛮族人的进攻,而是代表已经发生过的或尚未发生的进攻。实际上,我认为一个普通人在面对实际情况之前是不可能发现神谕的含义的。我带着疑问读了所有神谕,下面就讲一下原因。我认为西卜林女预言家并不总是按发生

---

[1] 哈里卡纳苏的狄奥尼修斯的《古罗马史》第 4 卷第 62 章中讲述了这些神谕的起源,这些神谕在公元前 83 年与朱庇特神庙一同被烧毁。第二批收藏的神谕在公元 405 年被斯提利科烧毁。普罗柯比看到的神谕是第三批收藏品。
[2] 见第 7 卷,第 20 章。

的时序进行预言，组织好词句的语言则更少。她说出一些关于利比亚的麻烦的诗句之后就直接跳到了波斯的领土，再提到罗马人，然后又转移话题叙述亚述人，接着再重提关于罗马人的神谕，并预言不列颠的灾难。因此任何人都不可能在事情发生以前理解她的神谕。只能一直等待，等到事情发生后，经过实践的检验才能准确理解其神谕的含义。关于这些事情，每个人都有自己的解释，下面让我们言归正传。

第 25 章

哥特人进攻城墙被击退后，双方当晚都如上所述各自回营。第二天贝利撒留命令罗马人将罗马城内的妇女儿童转移到那不勒斯，包括他们自己认为无能力守卫城墙的家人，此举很明显是为了节省粮食。他还命令军中将士将自己的侍从都迁到那不勒斯。他说这样做是因为在被围期间他无法给他们提供常量的粮食，只能为城内提供平常粮食的一半，其余部分要用银子购买。罗马人和士兵们按照他的吩咐做了，很快就有一大批人离开这里去坎帕尼亚，部分人很幸运地乘坐罗马港口停泊的船只[1]，这样可以走近路，而另一些人则要步行经由亚壁古道到达目的地。他们无须害怕围城者，因为无论是从港口出发走水路的人还是走陆路的人都不会有危险。一方面因为罗马城太大，敌人

---

[1] 这里是台伯河北侧的波图斯（Portus）港，而南侧的奥斯提亚（Ostia）镇则早已经荒废。见第 26 章。

不可能围着整个罗马城扎营；另一方面他们也不敢以小股部队的形式离开营帐太远，因为他们担心对方发现后发动突袭。因此，被围的人有足够的时间和机会从城中转移出去或是从城外带来食物，尤其是蛮族人在夜间总是感到害怕，都龟缩在军营中，只是站岗放哨。城中不断有人马结队外出，其中有大量摩尔人，当他们发现敌人睡觉或发现人数很少的敌军巡逻小队时就会杀掉他们，迅速剥下他们的装备（蛮族人通常是大队人马外出行动的，这不仅因为他们天性如此，同时也便于喂养牛驴及其他用于食用的动物）。如果偶尔有大批敌人出现，他们就逃跑，因为他们装备轻，天生腿脚快，所以总能摆脱敌人的追击。就这样，大部分罗马居民都撤出了城市，部分去了坎帕尼亚，部分去了西西里，其他的人则去了更容易到达或是更好的地方。贝利撒留因为手下士兵人数太少，不足以保卫全部城墙，这些人又不能不睡觉，得轮流站岗和休息，日夜守卫，兵力更加捉襟见肘。同时他也看到城内民众绝大多数都因贫困和缺少必需品而度日艰难，这些民众都是靠双手劳动养家糊口的人，他们所有的家当就是当天能得到的供给，在围城期间他们被迫失去工作，无法维持生计了。于是贝利撒留将士兵和民众混合编制，每人分担一处防卫。每天给那些民众固定的薪俸。这样就有足够的部队保卫城墙了，守卫城堡的任务每夜都有固定的一队人负责，队员轮流站岗，贝利撒留就是这样解决士兵和市民的困难的。

因为罗马城大主教西尔维留斯被怀疑与哥特人进行了叛国的谈判，所以贝利撒留马上将他派去希腊，不久后又任命维吉留（Vigilius）担任大主教之职，一些元老因同样的指控也被放逐。但后来哥特人放弃围城撤兵时，他又将元老们的房屋物归原主，其中包括马克西姆斯（Maximus），他的先祖马克西姆斯曾对瓦伦提尼安皇帝犯下罪行。此外，贝利撒留怕守城门的士兵密谋叛变，又担心城外的人用金钱贿赂他们进入城里，所以每个月将所有城门钥匙毁坏两次，再重造新的钥匙，每次都是不同的设计。他还经常把守卫的士兵调到离原来岗位很远的其他岗位，每晚都任命不同的人看管城堡的守卫。军官们轮流负责安排某段城墙上的换班，记下士兵的名字，如果有人不在岗位，就以其他人暂时代替他，这个擅离职守的人无论是谁，他们都得汇报给贝利撒留本人，以便第二天作出惩罚。他还命令乐师们夜里在城堡内演奏音乐，还不断派出分遣队，尤其是摩尔人分遣队出城，他们的职责是在壕沟里过夜。贝利撒留还让他们带上狗，这样就没有人能够悄悄地靠近城堡了，即便在远处也会被发现。

那时，有一些罗马人企图秘密打开杰纳斯（Janus）神庙的门。杰纳斯是古代最早的神，罗马人称之为"珀那忒斯"（Penates）[1]，他的神庙坐落在比公会广场"三女神像"（Tria Fata）[2]高一点的罗马元老院前面，因此罗马人习惯上称它为"命运"（Moirai）。神庙完全是铜做成的，是一个正方体，刚好能盖住杰纳斯塑像。杰纳斯塑像是铜

---

[1] 杰纳斯是一位古代意大利神祇，对他的供奉始于罗穆卢斯，虽然没有人称他为家神之一，但这种说法是正确的。
[2] "杰纳斯神庙是罗马城内节日庆典的地点之一，很可能坐落在塞普蒂米乌斯·塞维鲁斯（Septimius Severus）拱门右侧（面朝朱庇特神庙方向），在马默丁（Mamertine）监狱稍前一点。"——霍奇金。"Tria Fata"是古罗马演讲台旁的三位女预言家的雕像。

制的，不低于5腕尺高，除了他的头有朝东朝西两张面孔之外，身体其他部分都与常人无异，他的每张脸前面都有一面黄铜门。古罗马人习惯在和平富裕时期关上门，战争时期打开门。在罗马人与其他人一样接受基督教以后就放弃了打开这些门的习惯，即使在战争期间，也不再打开了。然而我猜想在被围期间，一些人头脑中还有古代的信仰，想要秘密打开这些门，但他们没有完全打开，只把门开了一条缝，做这件事的人逃过了侦察，也没有人调查。这在混乱时期是很自然的。既没有将领知道这事，也没有传到大众的耳中，只有很少的几个人知道。

第 26 章

如今，维提却斯非常气愤和惶惑，先是派一些侍卫立即去拉文纳，命令他们杀死战争一开始就在那里抓到的所有罗马元老。有些元老事先听说此事成功逃跑了，其中包括维尔根提努斯（Vergentinus）和罗马大主教维吉留的兄弟雷帕拉图斯（Reparatus），他们两人都去了利古里亚并留在那里，而其他的元老全都被杀。之后，维提却斯见敌人出入自由，既可以将任何东西带出城，又可以从水陆两面输入供给，便决定占领被罗马人称为"波图斯"（Portus）的港口。

这个港口离罗马城很远，有126斯塔德，因为罗马城不沿海，而是坐落在台伯河口[1]，台伯河流出罗马后，在

---

[1] 北部河口。

离海很近大约 15 斯塔德处分流成两部分，在那里形成圣岛。在河流冲刷下，这个岛越来越宽，最终几乎与长度相等，因为两条河流之间的距离也是 15 斯塔德。台伯河的这两部分仍可航行。右边的这条河在港口处入海，罗马人自古就在这个河口岸上建城[1]，以坚固的城墙包围它，与港口一样被称为"波图斯"。而台伯河左侧支流的入海口则有一座奥斯提亚（Ostia）城，该城坐落在河岸尽头，是一座古代非常有影响的城市，现在已经没有城墙了。此外，罗马人从最初就在波图斯到罗马之间修了一条路，宽阔平坦，各种交通工具均可通行。此外还有许多驳船停在港口准备运货，大量的公牛也在那里等待。商船到达港口后，卸下货物，装入驳船，再通过台伯河运到罗马城，在这期间他们不需要船员或桨手，因为河道非常弯曲，无法借助风力推动，桨也用不上，因为逆水流而上的力量与之相抵消。他们只能在驳船上系上绳子，将绳子套到公牛脖子上，像拉车一样将船沿河拉到罗马城。而另一侧的河流，也就是罗马和奥斯提亚之间的这一条根本无法行走，因为森林阻断了它们之间的路，一般人也忘却了它，而且这条河道根本没有拖拉过驳船，所以在台伯河岸边根本无路，河道也已被废弃。

哥特人见港口无人守卫，首次攻击就将其占领，还杀死了许多在当地生活的罗马人，连城市也一起占领了。他们留下 1000 人守卫，其余的哥特人回营。这样一来，被围

---

[1] 克劳狄皇帝切断了河流北部的水道，以防止罗马城内进水，于是形成了"克劳狄港"，这个港口朝向大海，接近河口；克劳狄港邻近的第二个是由图拉真修建的。

困的罗马人便断绝了海上运输的供给,除非取道奥斯提亚,打通那条艰难而危险的道路。因为罗马人的船只甚至不能再驶入那里了,只能在安蒂姆(Anthium)抛锚,这里离奥斯提亚有一天的路程。从那里将货物运到罗马城是非常困难的,因为缺乏人手。贝利撒留因担心罗马城的守卫,无法为港口提供任何的守备将士,我想当时即使那里只有300人守卫,蛮族人也不会来攻击那个坚固的地方。

第27章

哥特人在撤回对罗马城墙进攻后的第三天占领了港口。但在他们占领波图斯港和波图斯城的20天后,马丁努斯和瓦莱里安的援军赶到了,他们带来了1600名骑兵,其中大多数都是匈奴人、斯拉夫人和斯克拉维尼人[1],驻扎在离伊斯特河岸不远的地方。贝利撒留得知援军到来,非常高兴,因为这样他的军队就可以与敌人开战了。于是第二天,他命令脾气暴躁、勇猛过人的侍卫图拉真率领200名守城骑兵向敌人进军,他们一到敌营附近就爬上一座高山(他已向后者指明了行动计划),并安静地等待命令。他告诉他们,如果敌人前来袭击他们,千万不要在山上狭小区域与敌人短兵相接,不要使用矛和剑,只用弓箭射击敌人;如果弓箭发射光了,就以最快速度逃跑,撤回城堡中,不要感到羞耻。给予这些指示后,贝利撒留就准备好射箭的机械和熟练使用它们的人。图拉真便率200人从萨拉里安门

---

[1] 斯拉夫人的一支,在第7卷第14章中有描述。

出城，直奔敌营。敌兵见此突发状况十分惊异，匆忙穿甲戴盔拿起武器，从营中冲出来。这时图拉真率领的弓箭手们已经疾奔上了贝利撒留指示给他们的那座小山，他们居高临下，箭矢如雨令敌人节节后退。由于发射的箭既密集又有力，大部分箭矢都击中了敌人和马。箭矢告罄后，他们便以最快的速度往回跑，哥特人紧追不舍。当他们追到城堡前时，城上机械的操纵者就开始向他们投射，蛮族人害怕了，放弃了追击。据说在这次行动中有不少于1000名哥特人死亡。几天后，贝利撒留又派两个非常优秀的战士，他的另一个侍卫蒙蒂拉斯（Mundilas）和狄奥根尼斯（Diogenes）率领300名守卫队员再次以同样的方法骚扰敌军。他们按照指示做了，两军开战后，敌人受到同样的攻击，伤亡的人数比上次还多。贝利撒留第三次派侍卫奥利亚斯（Olias）率300名骑兵以同样的方式对付敌人，也取得了同样的战果。在这三次突袭战中，罗马军以上述办法杀死了4000名哥特士兵。

维提却斯没有考虑到两军在武器装备和作战经验上的差别，认为只要派一支小军队去攻击敌人就可以轻易使罗马军伤亡惨重。于是他派500名骑兵，前去城墙对敌军发动全面突袭，以其人之道还制其人之身，让他们败在敌人的小队伍手上，也来尝尝对手受到的屈辱。当他们到达离城不远的一个高地时，这里刚好超出发射区，他们就站在那里。这时贝利撒留派贝萨率1000人前去迎敌。罗马军采取包抄战术，不断从敌人后方向他们射击，杀死了大量敌军，并把其残部压迫回到平原地区，在那里双方展开了激烈的近身战。由于双方人数相差悬殊，许多哥特人被杀，只有很少的人勉强逃回营中。维提却斯大发雷霆，痛骂他们懦弱，因而导致失败，计划近期内派另一支队伍去报复，暂时按兵不动。但3天后，他从所有营中选出500人，命令他们要勇敢对抗敌人。贝利撒留一见敌人靠近，就派马丁努斯和瓦莱里安率1500人出城迎击。一场骑兵战开始了，罗马人在数量上占据绝对优势，轻易地获胜，几乎将敌人全歼。

这对于哥特人来说是一件十分可怕的事，证明命运女神似乎在和他们作对。当他们人数众多而与其对抗的罗马人则人数极少时，他们失败了；当他们以少数袭击敌人时，他们还是以失败告终。罗马人都赞扬贝利撒留，对他的智慧惊叹不已。贝利撒留的朋友们私下里问他，那天被敌人彻底打败逃回来时[1]，根据什么来判断并那么有信心能在未来的战争中决定性地征服敌人，他回答说，最初带少数人去对付他们时，他注意到了两支军队的区别，所以，如果他以与敌人力量相当的军队出战[2]，人数众多的敌人也不会对他们造成任何的伤害，因为罗马士兵本来就少。区别在于，所有的罗马人和他们的同盟者包括匈奴人在内都是优秀的弓箭手，而哥特人却不善于射箭，因为他们的骑兵只习惯用矛和剑，他们的弓箭手又都是穿着笨重铠甲的步兵，所以除非是近身作战，他们的骑兵都不能躲过敌人弓箭的袭击，很容易被射中而死；至于步兵，他们根本无力对付敌方的骑兵。因此，贝利撒留称，蛮族人在最近几

---

[1] 指的是第18章中描写的那次战斗。
[2] 即人数少，但兵力相等。

次战斗中被罗马人打败了。哥特人记住了这意外惨败的经验教训,不再以少量军队袭击罗马城堡了,当他们遭到袭击时也不敢再追击敌人,而只是将他们驱出自己的营地就罢休了。

第 28 章

之后,罗马人因为受幸运女神眷顾,一连串胜利而军心大振,急于要与哥特军队决一胜负,他们心想在开阔地带开战应该可以稳操胜券。然而,贝利撒留考虑到两军人数相差还很悬殊,仍不愿冒险让自己以全部人马与敌人进行决战,于是更加忙着与结盟者磋商共同对付敌人。但他因为受到士兵和罗马人的指责辱骂,最终屈服了,他不是不愿与全军一起战斗,只是更想通过突袭的方式进行作战。许多次他想到进行决战时心情都很沮丧,被迫将战斗的日期一拖再拖。因为他意外地发现敌人已经从逃兵那里得知他的作战计划并且做好了一切迎战准备,正是这个原因,他现在反而更愿意与敌人公开决战,蛮族人也对此感到高兴,于是双方都进行了充分的决战准备。贝利撒留召集全体将士,鼓励他们说:

"将士们,我不愿与敌人公开决战,既不是因为我发现你们胆小怕事,也不是因为我害怕敌人的强大。我只是看到以突袭的方式开战对我们有利,觉得我们应该坚持这样的策略,取得最终胜利。因为我认为,当一个人对目前的情况过于得意忘形时,改变既定作战方略是不明智的。但看到你们急于冒险展开战斗,我也充满了信心,支持你们。

因为，我知道决定胜负最重要的因素是军心士气，成功通常都是由士兵们的斗志赢得的。对战争充满信心和勇气，即使人数少也能够打败数倍于己的敌人，这并非道听途说，我们已经通过历次战斗经验得出了结论。我作为将军所得到的荣誉是否会蒙羞，你们的斗志燃起的希望是否会蒙羞都取决于你们。因为，今天这场大战也会影响人们对我们在这次战争中已取得成就的判定。现在形势对我们有利，因为敌人的精神已经被眼前的失败冲垮了，我们很有可能能够轻易击败敌人。人们经历了多次挫折之后，就难以重新振作起来了，哪怕只是一点点。你们每个人都要有马匹、弓箭和其他武器，在战场上毁掉了其中一样我也会马上给你们补上。"

贝利撒留讲完后，命令军队从小平西安门和萨拉里安门出城，还有很少的一部分人在骑兵先遣队统帅瓦伦提努斯的率领下从奥雷连门赶到尼禄平原，指示他们既不与敌人开战，也不要接近敌营，而是时刻向那里的敌人做出就要发动进攻的样子，这样就使得那个地区的敌人不敢跨过附近的桥去援助其他营中的敌兵。原因我在上文提到过，在尼禄平原上扎营的蛮族人数量众多，切断这部分人与其他人之间的联系，阻止他们加入战斗就达到目的了。当一些罗马市民拿起武器自愿加入战斗时，贝利撒留不允许他们与正规军队一同作战，因为他们只是劳动者，没有战争经验，他们在战斗中面临危险时可能会陷入恐慌，造成全军的混乱。贝利撒留命令他们在台伯河上的潘克拉提安（Pancratian）门外列成方阵，严阵以待，没有他本人的信号不许轻举妄动，并指示说如果尼禄平原上的敌人看到这些人和瓦伦提努斯率领的军队,就不敢离开他们自己的营房和其他的哥特人部队一起对抗他自己的军队,而事实正是如此。他还认为将这么多的敌军与自己的对手分开是一个好兆头和一个非常重要的优势。

当时的形势就是这样:贝利撒留希望当天只派骑兵作战,但实际上大部分正规步兵也不甘示弱,不愿再留守原来的位置,因为他们从敌人那里已经得到了大量的战利品马匹,也懂得骑术,就纷纷备马加入战斗。他考虑到步兵人数极少,不能组成任何形式的方阵,而且这些步兵从来都没有对抗蛮族人的勇气,经常在第一次袭击时就逃散了,于是,他认为将他们安置到离城堡很远的地方不安全,最好是留在原处,靠近壕沟。这样做的目的在于,假如罗马骑兵不幸溃败,他们可以帮助逃亡的骑兵,作为一支战力充沛的队伍挡住敌人的追击。

在贝利撒留的侍卫中有两个人,一个是杰出的皮西底亚人(Pisidian)普林西皮乌斯(Principius),另一个是伊苏里亚军队统帅恩纳斯的兄弟伊苏里亚人塔尔穆特(Tarmutus),他们两人来到贝利撒留面前说:"最伟大的将军,我们请求您不要把步兵方阵从您的军队中去掉,因为您的军队人数少,将要与成千上万数倍于自己的蛮族军队作战,也不要认为可以轻视罗马步兵的力量,因为我们听说古代罗马人就是依靠他们才达到今天的成就。如果他们加入战斗后,碰巧对这次战争的结果没有任何帮助,这也不说明他们胆小,受到谴责的应该是步兵的统帅们。因为在战线上只有将领们骑着马,而这些将领通常在战斗开始前就各自逃跑,而不考虑战争的结果是大家共同分担的。

但你却带上了所有步兵将领,因为你看到他们都是骑兵,他们又不愿与自己的下属站在一起,于是让他们与其他的骑兵一起为光荣而战斗,却只允许我们率领步兵默默战斗。我们和这些步兵一样,也没有备马,我们应该帮助他们共同对抗蛮族人的攻击,希望能在上帝允许的范围内惩罚他们。"

贝利撒留听到这个要求后,起初并不同意,因为这两个人都是他喜欢的杰出勇士,也不愿让人数很少的步兵队冒险。但最后,贝利撒留被士兵们的昂扬斗志所打动,只留下很少的一部分步兵与罗马民众在一起,守卫城门并在城墙上有投石器等机械的城垛处作战,同意让其余的人在普林西皮乌斯和塔尔穆特的率领下跟在正规军的后面。这样做的目的第一是如果他们面对危险,出现恐慌的时候,不至于扰乱其他的军队;第二,万一骑兵分队被击败,他们可以阻止骑兵无休止的撤退,让骑兵只能撤回到步兵的后面,在步兵的帮助下亦有可能打退追击的敌人。

第 29 章

就这样,罗马人为决战做好了准备。维提却斯也命令哥特士兵厉兵秣马,整装待发,营中只留下一些不能加入战斗的人。他命令马西亚斯旗下的人马留在尼禄平原加入对桥梁的守卫,防止敌人从那个方向对自己发动进攻。接着他本人将其余的军队召集到一起,训示说:

"你们中的一些人有可能以为我害怕会失去统治权,这正是我的动力,过去,它激励我向你们表达友好的感情,而现在则激励我以一些充满诱惑的话使你们鼓起勇气。这符合人待人处事的方式，因为只有无知的人才惯于对他想利用的人表达自己的温柔，即便是对地位比他卑微得多的人示好，但对他们不希望从那得到帮助的人，这就很难做到了。至于我，既不怕死也不怕失去权力，一点也不。我甚至祈祷，如果哪个哥特人要穿这紫袍，我就马上脱下来给他。我一直认为塞奥达图斯的死非常幸运，至少他能够在自己国民的手中失去了权力和生命。因为当一场灾难降临到个人头上时，他的国家、民族却没有因此受到牵连而毁灭，至少在愚昧的人看来这是一件令人安慰的事。但想到汪达尔人和盖里莫尔的命运时，我的心就难以平静。我仿佛看到哥特人和他们的孩子都沦为奴隶，你们的妻子以最耻辱的方式侍候最可恨的敌人。而我本人和狄奥多里克的外孙女[1]只能向敌人献媚。为了不让这样的命运降临到我们头上，我希望你们也加入战斗，即便战死沙场也比失败后苟且偷生要好。因为高贵的人认为只有一件不幸的事——即战败后在敌人手中苟且偷生。而说到死，特别是在死亡临近的那一瞬间，它会给没有得到祝福的人以幸福。显而易见，牢记这些话，在当前战斗中你们不仅能轻易地打败这些人数极少的希腊人，还能惩罚他们对我们无故作出的非正义和蛮横无礼的挑衅。尽管我们可以自夸在勇气、数量和所有其他方面都优于他们，而他们仅仅是对我们遭遇的不幸洋洋得意就大胆地来对抗我们了，我们的冷漠是他们的唯一优势，他们的自信心是靠与他们不相称的好运

---

[1] 马塔松塔。

来满足的。"

维提却斯讲了这番忠告后,为战斗部署军队,步兵站在中间,骑兵位于两翼。然而哥特人的方阵离营不远,目的是一旦敌人逃跑,他们有充足的空间轻易追上并杀死敌人。他预计如果在平原展开对阵,敌军由于在人数上远远少于自己,力量差距悬殊,根本坚持不了多久。

就这样双方的战士一大早就展开战斗。维提却斯和贝利撒留都站在后方指挥军队作战,鼓励士兵们英勇杀敌。最初罗马军队占上风,蛮族人在他们的弓箭射击下大量倒下,但没有逃跑,因为大量哥特骑兵呈密集队形排列,一旦有人倒下,其他人很容易补充上这个位置,所以人数减少不影响大局。罗马人显然对以极少的人数取得这样的战绩很满意,在中午时他们就将战线推进到敌人的营帐处,并已杀死了很多敌人,迫使敌人急着想退回城中,以免节外生枝命丧黄泉。在这次战斗中有3个罗马人表现得极为出色,他们是贝利撒留的侍卫中享有良好声誉的伊苏里亚人阿特诺多卢斯(Athenodorus)、马丁努斯的枪兵卡帕多西亚人塞奥多里斯库斯(Theodoriscus)和乔治。他们勇敢地冲在方阵的最前头,挥舞手中的矛枪,所向披靡,势不可挡。这就是这里战斗的经过。

而在尼禄平原上,两军对峙了很长时间,摩尔人不断发动袭击,反复向哥特人投枪。哥特人不愿冲出来与他们开战,因为他们害怕不远处罗马民众的队伍,以为这些人是正规军,之所以原地不动是因为他们想从后面伏击,前后夹击,由此歼灭哥特人。中午时分,罗马人突然冲向敌人,哥特人猝不及防,完全陷入瘫痪,四散逃跑,他们甚至没有成功地逃回营中,而是爬上了附近的一座小山,按兵不动。这里罗马人虽然人数多,但不全是士兵,大多数都是没穿铠甲的罗马民众和仆从。乘将军不在,罗马营中许多水手和仆从急切要加入战斗,就近混进了附近的队伍。虽然他们以人数众多的优势吓跑了蛮族人,然而无人指挥他们,使得罗马士兵失去了追击的机会,因为上面提到的这些人混在士兵中使士兵陷于极大的混乱,尽管瓦伦提努斯不断大声发号施令,他们根本听不见,因此他们甚至不能追击逃兵,也不能杀死一个敌人,只能眼看敌人安然待在山上安全地观看事态发展。他们也没想到要破坏那座桥,以防止该城以后会两面被围,因为如果他们毁了桥,蛮族人就不能继续在台伯河另一侧岸边扎营了。此外,这群乌合之众甚至没有过桥到达在那里与贝利撒留军队作战的蛮族人的后面。如果他们这样做了,我想哥特人就不会继续作战,而是马上以最快的速度逃跑了。但实际上他们只顾占领敌人的营帐,抢劫敌人的物品,拿走了很多银器和其他有价值的东西。与此同时,蛮族人原地不动,静观事态的发展,最后他们经多数人同意突然发动攻势,愤怒地大喊着。看到罗马人都混乱地忙于抢劫财产,他们杀死了很多罗马人,迅速将其他人赶出营房,所有从敌营中逃出来的人都扔掉肩上扛的战利品,仓皇逃跑。

在尼禄平原发生这件事情时,其余蛮族人都在离营帐很近的地方用盾牌保护自己,勇敢地抗击敌人,杀死了大量的敌军,杀死的马匹更多。而罗马军队一方受伤的人和失去马匹的人都离开队列,使得罗马军队人数比之前更少了,这样他们与哥特大军的兵力相差更加悬殊了。最后蛮族人右翼的骑兵见状疾奔冲向对面的敌人，那里的罗马人因经不住他们的长矛进攻，匆忙逃到步兵方阵中。步兵方阵同样难以抵抗敌方骑兵的冲击，大部分都加入了骑兵的逃跑阵营中。其余罗马军队也马上开始后撤，敌人加紧追击，溃败已成定局。但普林西皮乌斯和塔尔穆特及他们手下少数步兵在这次对抗哥特人的斗争中表现得极其英勇，坚守战斗，决不与其他人一起逃跑。哥特人见他们没有逃跑感到十分惊讶。最终，其余的步兵和大部分骑兵都逃跑了，保全自身。普林西皮乌斯在他自己的岗位上倒下了，尸体被砍成了碎块，在他周围还有42名步兵也阵亡了。塔尔穆特双手各持一支伊苏里亚投枪，继续前后猛击袭击的敌人，直到最后他因伤势过重才停止作战；但当他的兄弟恩纳斯率骑兵分遣队前来救援时，他又振作了起来，迅速地奔跑，尽管身上满是血迹和伤痕，仍双手拿着投枪直奔城堡。因为他天生脚快，所以成功地跑到平西安城门口，一直忍受着疼痛，刚到达门口就倒下了。塔尔穆特的一些战友们认为他已不久于人世了，便把他放在一个盾牌上抬进城，但他仍撑过了两天，最后伤重不治而去世。塔尔穆特勇冠三军的美名传遍伊苏里亚人军队和其他的军队。

此时，罗马人已被彻底吓倒了，都加入了守卫城墙的队伍中，他们因害怕而关闭城门，拒绝让逃兵进城，唯恐敌兵会和他们一同进城。而那些还没有进城的逃兵则穿过壕沟，用后背顶着城墙，恐惧得直发抖，尽管敌人追得很紧，就要越过壕沟来攻击了，他们还是完全丧失了勇气，无法对抗蛮族人。因为大部分士兵都已丢了矛，或在战斗中失去或在逃跑中折断自己的武器，他们因为紧紧挤在一块也不能使用弓箭。哥特人只要看见城墙上没多少人防守，他们就继续前进，希望杀掉所有被挡在城外的逃兵并制服城墙上的卫兵，但当他们看到大量的士兵和罗马民众都在城墙上守卫时，立即放弃了这一念头，将他们的敌人羞辱一番后就撤退了。这样，这场战斗从蛮族人的营中开始，在罗马城墙下的壕沟处结束。

*查士丁尼一世镶嵌画，其右侧为贝利撒留

漫漫征途　　与书为伴

西方史学名著译丛　　陈恒/主编

HISTORY OF WARS

地中海战争史

———— ※ ————

【东罗马】普罗柯比　著

崔艳红　译

陈志强　审校注释

中原出版传媒集团
中原传媒股份公司

大象出版社
·郑州·

第 6 卷
哥特战争（中）

第 1 章

此后，罗马人不敢冒险以全部军队出战了，他们像以前一样以骑兵队发动突袭，通常都能战胜蛮族人，双方的步兵也经常开战，但不是列成方阵，而是与骑兵配合作战。有一次贝萨持矛直冲入敌阵，刺死了 3 个蛮族人队伍中最杰出的骑兵，其他的敌人只好逃跑。还有一次在傍晚，当康斯坦提努斯率匈奴人进攻在尼禄平原扎营的敌人时，见敌人在数量上占据绝对优势，就想出了这样的计策：那里自古就有一个巨型体育场[1]，是城中的角斗士过去经常角斗的场所。古代人在体育场周围又修建了许多其他的建筑，所以可想而知，其间有许多狭窄的通道。康斯坦提努斯在既不能征服人数占优的哥特人又不能安全撤离时，命令所有的匈奴人下马，改为步行，与他一道站在其中的一个狭窄的通道上，在那个安全的地点向敌人射箭，杀死了大量的敌人。哥特人在一段时间里承受住了他们的发射物，因

---

[1] 可能是卡里古拉（Caligula）体育场。

为他们以为一旦匈奴人箭囊中的箭发射光了，他们就会毫不费力地包围并俘虏敌人，把他们抓回营中。但是，由于马萨革泰人都是出色的神箭手，还有这么密集的人群作靶子，他们每箭必中目标，当哥特人发现他们的军队已经死亡过半且太阳就要落山时，他们不知所措，章法大乱，溃不成军，四处逃亡，在这过程中又有许多人倒下了。马萨革泰人乘胜追击，他们即使在疾驰中也知道如何准确地射箭，如同以前一样，放出密集的箭，从后背射中敌人，杀死了很多的敌人。就这样，康斯坦提努斯大获全胜，率领他的匈奴士兵乘夜色回到了罗马城。

几天后，当佩拉尼乌斯率领一些罗马人从萨拉里安门冲出袭击敌人时，哥特人先是拼命逃跑，但在太阳落山时突然又发起反攻。一名罗马步兵在极其混乱的情况下掉入一个深洞，我想这些洞中有很多都是古代人用来贮存谷物而挖的，他不敢喊叫，猜想敌人一定在附近扎营，他也没有任何办法从洞中爬出去，只能在洞里过夜了。第二天，在蛮族人又一次撤退的过程中，一名哥特士兵也掉入这个洞中。两人在洞中和解结成了朋友，求生的需求把他们联结在了一起。他们相互庄严发誓，要为对方的获救而尽最大的努力。接着，两人一同发狂似的大声喊叫，外面的哥特人顺着喊声来到洞口，站在边上往洞里看，询问是谁在喊叫。根据两人之前共同决定的计划，罗马人保持沉默，这个哥特士兵用哥特语说，他是在最近一次逃跑的过程中不慎掉入洞中的，让他们放下一根绳子让自己爬上去。于是上面的哥特人尽快把一根绳子的一端抛下去，他们本想一定会将这个哥特人拉上来，但实际上却是罗马人抓着绳子被拉上来了。他说只有自己先上来,哥特人才不会放弃他们的同伴,如果他们先将哥特人拉上来,知道还有一个敌人在下面,就不会救他上来了。当罗马人上来时,哥特人看到他后都很惊讶也很困惑。当他们从罗马人那里听完整个故事后,就又把他们自己的同伴拉了上来。这个哥特人告诉他的同伴他自己与罗马人达成的协议和他们互相发的誓言,于是他和同伴们一起走了,这个罗马人也被释放了,毫发无伤地回到城中。此后,为数不多的骑兵多次武装参加战斗,但总是以一对一的格斗结束斗争,罗马人每次都获胜。这里的情况就是这样。

不久后,在尼禄平原又发生了一场战斗,当时有许多骑兵小分队从各个方向追击敌人,其中贝利撒留的侍卫队的精英人物马萨革泰人科萨曼提斯(Chorsamantis)所在的小队正追击70个敌人。追出平原后,其他罗马人就撤回来了,只有科萨曼提斯一个人继续追击敌人。哥特人发现只有他一个人就掉转马头与他对战,他英勇地冲到敌人中间,用矛刺死了一个哥特人中最优秀的战士,接着进攻其他人,哥特人便再一次转头逃散。但他们猜测营房里的同伴们已经看到这种情形,内心感到羞耻。于是,他们再次发动反击,结果与上次完全一样,他们又失去了一个最好的士兵,这次只好不顾羞耻地逃回去了。科萨曼提斯一直追到其大营的围栏前,才转头回城。不久后,在另一次战斗中,科萨曼提斯的左胫骨受伤了,但他却坚持说武器仅仅轻轻擦过骨头而已,然而这伤还是让他一段时间内无法战斗。但他是个蛮族人,没什么耐性,扬言说哥特人欺负了他的腿,他要马上去报复他们。他在中午一般都会喝醉,就在他恢复后不久，一天，他酒后想去单独挑战敌人，为他的腿报复，来到小平西安门时，说是贝利撒留派他去敌营；城门守卫根本没有怀疑这位贝利撒留最好的侍卫，就打开城门放他出去了。当敌人发现他时，起初认为他是投奔他们的逃兵，但当他靠近敌营时，就将手搭在弓上，有20个不知道他是谁的哥特人冲上来，他轻易地将这些人打跑，然后就悠然自得地走了回去，当更多的哥特人前来攻击他时，他并没有逃跑。尽管周围聚集了大量哥特人，但他还是坚持作战，塔楼上的罗马人见此情景猜想这个人一定是疯了，也不知道他就是科萨曼提斯，最后，在充分向敌人显示了自己的英勇之后，才发现自己被敌军包围，受到了不理智行为的惩罚。当贝利撒留和罗马军听说这件事后，深深为他叹息，哀悼对这个人寄予的希望化为乌有。

第 2 章

大约在春分日前后，一个叫尤塔留斯（Euthalius）的人带着皇帝拖欠士兵的军饷从拜占庭来到塔拉西纳（Taracina）。他怕在路上遇到敌人，人财两空，就给贝利撒留写了一封信，请求他派人护送他到罗马。于是贝利撒留选出了自己100名最好的侍卫和另外两个枪兵去塔拉西纳，护送尤塔留斯送钱来罗马。同时，为了防止敌人因运输粮食或其他目的而离开原地，他以种种迹象让蛮族人误以为他就要以全部军队投入战斗了。当贝利撒留得知尤塔留斯和其他人第二天就要回来时，立即命令士兵列队准备战斗，蛮族人也作好了准备。整个一上午，他仅命令罗马士兵留在城门附近。因为贝利撒留知道尤塔留斯和护送的一行人会在晚上回来,于是中午便传令让士兵们吃午饭,哥特人也开始吃午饭,猜想他会把战争拖到第二天。然而过了不久,贝利撒留就派马丁努斯和瓦莱里安率军去尼禄平原,指示他们尽可能扰乱敌营,同时他又派 600 名骑兵从小平西安门冲出,直奔哥特大营。这支军队的三名统帅都是他自己的枪兵,他们是波斯人阿尔塔西里斯(Artasires)、马萨革泰人博查斯(Bochas)和色雷斯人库蒂拉斯(Cutilas)。许多敌人冲出营外迎击他们,然而很长一段时间内都没有展开肉搏战,反而展开拉锯战,一方后撤时,另一方则前进追击,但很快又掉头杀回来,看上去双方都想以这种方式耗掉这一天。但随着战斗持续进行,两军士兵都被愤怒所燃烧,展开了猛烈的拼杀。双方许多最英勇的士兵都纷纷倒下,同时从城里和大营中出来的援军又不断地补充到双方交战的军队中,战斗更加壮观。从城墙上和营中传出的呐喊助威声使战场上的士兵情绪振奋,但最终罗马人以惊人的勇气将敌人打败,逼退了他们。

在这次战斗中,库蒂拉斯被一支投枪击到了头部正中央,他不顾投枪插在头上,继续追击。敌人被彻底击败后,他与其他的幸存者傍晚时分一起骑马回城,而他头上的投枪随着他的走动还在晃动,真是令人称奇。再如贝利撒留的一个侍卫阿尔泽斯(Arzes)被哥特人一支箭射中了鼻子和右眼之间的部位,箭已深入到脖颈处,但没有穿透,余下的箭柄从脸上伸出来,随着他骑马的动作而抖动。当罗马人看到他和库蒂拉斯时,都因他们不顾重伤而坚持骑马作战而感到惊讶。这就是这部分战场发生的事。

但是在尼禄平原的战斗中蛮族人占了上风，因为瓦莱里安和马丁努斯率领的军队与数倍于己方的敌人作战。他们勇敢地抵抗着强悍的敌人，却陷入极度困境，形势越来越危险。于是贝里撒留命令博查斯和他的军队骑马赶往尼禄平原。这队人马从战场上撤出后仍有充沛的战力。这时天色已晚，看到博查斯的人马增援战场上的罗马人时，蛮族人立即转头逃跑。博查斯紧追不舍，冲在最前面，追出了很远，不料被12个持矛蛮族人包围。他们立即用矛刺他，因为胸甲覆盖的地方挡住了所有攻击，所以他没有受重伤。但一个哥特人成功从后面刺中了博查斯右腋窝上面靠近肩部没有铠甲覆盖的地方，所以这年轻人受了重伤，但不是致命伤，也不会使他面临死亡的危险。另一个哥特人又从前方用矛刺中他的左大腿，将那里的肌肉切断了，这不是直插进去的，只是一个斜插的切口。但瓦莱里安和马丁努斯看到了正在发生的事，便全速前去营救他。打散了敌人后，两个人都抓住了博查斯坐骑的缰绳，一起回到城中。夜幕降临时，尤塔留斯带着钱安全进城了。

所有人都进城后，大家开始医治伤员。医生在处理阿尔泽斯的伤口时，尽管想把箭从他的脸上取出，一开始却不愿这样做，并不是因为担心这样可能导致他的眼睛失明，而是因为那个部位的大量的薄膜和软组织一旦被切断就会导致死亡，而他又是贝利撒留最杰出的侍卫之一。后来，塞奥提斯图医生用手按他脖子后面部位，问他痛不痛，当他回答痛时，医生说："不仅你的生命能得救，连你的眼睛也能保住。"他之所以这样说是因为他推断箭的倒钩只差一点就刺穿皮肤，于是他剪下了露在外面的那部分箭杆，将头后部阿尔泽斯感到最痛的位置切开皮肤，轻易将带三个尖头卡在那里的倒钩和其余箭身一起取了出来。这样阿尔泽斯完全脱离了危险，在他的脸上甚至没有留下任何疤痕。至于库蒂拉斯，将投枪从他的头中猛烈拔出时（因为刺得非常深），他昏了过去，伤口处的膜开始发炎，最后发展成脑炎[1]，不久就死去了。博查斯的大腿被刺中时立刻流了很多的血，看上去不会活很久了。流血的原因，据医生说是因为伤口处的肌肉不是从正面被刺中的，而是倾斜着被切断的，3天后，他也死去了。罗马人为他们的死悲哀痛哭了一夜，他们同时也听到了从哥特大营中传出的哀嚎和恸哭的声音。罗马人很奇怪，因为他们认为敌人除了在多次对战中大量死伤以外，前一天并没有遭遇大的灾难，以往他们在这种情形，甚至是伤亡更为惨重的情况下也没有这么悲痛啊，因为他们有那么多人。第二天，他们才得知哥特人是为他们在尼禄平原作战中牺牲的最有声望的勇士们而悲哀，这些人就是博查斯第一次出击时杀死的。

后来又发生了一些小规模的战役，我认为没有必要一一记载。我只想说在这次围城期间共发生了大小67次战斗，包括下面我还将讲到的两场决定性的最终战斗。冬天即将结束，这场战争的第二年也要过去了。这部历史是普罗柯比撰写的。

---

[1] 大脑发炎。

第 3 章

　　春分时节初,饥荒和瘟疫同时降临到这个城市的居民头上了。尽管没有其他形式的供给,只有一些谷物供士兵食用,但其余的罗马人已经没有谷物供应了。瘟疫伴随着饥荒一起重重压在他们身上。哥特人得知此事后不再冒险与敌人决战,而是继续围困着这座城,不让居民运进任何东西。在拉丁和亚壁古道之间有两道高架引水管,由拱形的支撑渠道引导很长的一段距离,这两个水管在离罗马50斯塔德处[1]会合、交叉互换位置后延伸了一小段距离,之后再次交会,管道回到原来的一边。于是两条管道两次交叉形成了一个包围空间,形成了要塞。蛮族人用石头和泥土沿导水管低处拱顶建了一堵墙,形成了一个堡垒,派驻7000人以上,在那里守卫,切断了罗马城的供应线。

　　此时的罗马祸不单行,每次希望都落空了。然而,只要还有成熟的谷物,贪财而大胆的士兵就在夜里骑马出城去附近的田地收割,后面还牵着一队马匹,割下谷穗,放在带来的马背上,在敌人没有察觉的情况下运回城中,以高价卖给罗马的富人。而普通的居民则以各类大量生长在城市外围和城堡中的药草维生,因为在罗马的土地上一年四季生长着茂盛的植物,从不缺药草,被围攻的居民亦在这些地方放牧马匹。还有一些人把死在城里的驴做成香肠出卖。当田地里的谷物被偷光时,所有的罗马人就陷入了

---

[1] 托雷·菲斯卡尔(Torre Fiscale),它离罗马仅有30斯塔德远。

极度的困境，他们围住贝利撒留劝他与敌人决一死战，把一切都押上去，允诺所有的罗马人都参加这场战斗。贝利撒留在这种情况下不知所措，极度沮丧时，一些民众鼓动他说：

"将军，我们并没有为目前这巨大不幸做好足够的准备，实际所发生的事与我们的期望恰恰相反。在我们以诚心取得一些战绩之后，又陷入到目前的不幸之中，我们最终认识到，我们以前认为自己优秀的表现能得到皇帝的关心和帮助，这是愚蠢的，也是巨大灾难的开始。事实上是这条路把我们引入了困境，现在我们要再一次鼓起勇气用自己的力量对抗蛮族人、保卫自己的家园。我们斗胆来到您面前，是因为饥饿的人不知羞耻。当我们为此请求原谅时，这种困境为我们的鲁莽作了最好的解释，没有什么事比在灾难中苟延残喘更令人难以忍受的了。你也看到我们因遭此不幸而痛苦不堪，田地和整个乡村都落入敌人手中，城市已断绝供应很久了。死去的罗马人无葬身之地，我们这些活着的人则把所有的不幸都归于一句话，即恳求死后能够安置在那些倒下去的人的身旁。因为当人遭受了饥饿，就知道其他的不幸都可以忍受。一旦发生饥荒，其他的不幸都不值一提，其他形式的死亡都比饿死要让人欣慰。所以，在邪恶夺走我们的生命之前，请让我们代表自己参加战斗，这样做的结果或者是取胜或者是永久摆脱饥饿的痛苦。因为当拖延能够给人以获救的希望时，草率地使全部人陷入危险是一件愚蠢的事，但当拖延使战斗更加艰难时，即便推迟行动很短一段时间也比匆忙行动更为恶劣。"

罗马人说完这些话后，贝利撒留回答说："从我的角度来讲，首先，我早已经为你们这种行动做好了一切准备，一切都与我期望的一样。我很早就知道民众是最不理智的，他们生来不能忍受现状，也没有为将来做准备，只知道鲁莽行事，去尝试不可能成功的做法，其结果只能是毁掉了自己。而我决不愿受你们的鲁莽所驱使，这不仅会毁掉你们，连皇帝的事业也会随你们一起毁掉。因为战争要讲求成功的方法，通过好的建议，在决定性时刻预计到战争的转折点，而绝非不理智的草率行事能成功。然而你们却表现得像在玩骰子，想要赌一局定胜负，但我不喜欢选择走捷径，而要看哪条路更有利。其次，你们答应会帮助我们一起打击敌人，但你们什么时候接受过战争的训练呢？真正用武器对抗过敌人的都知道战争不是儿戏，在战争中，敌人也是不会给你们锻炼机会的。这一次我真心敬佩你们的热情，也原谅你们的冲动，但我要说清楚一件事：你们选择了不适当的时间采取行动，静静等待才是深谋远虑。皇帝已经为我们从世界各地召集并派遣了不计其数的军队，还有一支前所未有的大型罗马舰队从坎帕尼亚一直延伸到大部分爱奥尼亚湾，几天之内这些援军就会来到这里了。他们带来了各种供给，即将结束我们的困境，以众多的投射物埋葬蛮族人的营房。所以我认为目前拖延开战的时间直到他们到达才是最好的办法，这样我们才会安全地取得胜利，而不是凭一时的鲁莽冲动而断送我们的性命。现在我最关心的是保证他们不要耽搁，立即赶来。"

第 4 章

贝利撒留以这番话鼓舞了罗马民众。将他们打发走后，贝利撒留立即派写这部历史的普罗柯比去那不勒斯，据谣传皇帝派了一支军队到那里。贝利撒留吩咐他把谷物装上尽量多的船只，将当时已经从拜占庭回来的士兵和在那不勒斯照管马匹或者担负其他任务的士兵都聚集在一起，因为他听说有很多士兵来到坎帕尼亚不同的地方，接着命令普罗柯比从那里的守备队中抽调一些士兵，与他们一同将谷物运到罗马的奥斯提亚港。普罗柯比在侍卫蒙蒂拉斯（Mundilas）和一些骑兵的护送下，乘夜色掩护从使徒保罗门[1]出城，避开了敌人为看守亚壁古道而建在路边上的敌营。蒙蒂拉斯和其他的人回到罗马，汇报说普罗柯比已经到了坎帕尼亚，路上没有遇到蛮族人，因为夜间敌人从不出营。于是每个人都满怀希望，贝利撒留振奋精神，实施了下面的计划：他先派了许多骑兵去邻近的要塞，指示只要任何敌人从那条路运物资入营，他们就不断地从他们所在的位置袭击敌人，并在这一地区处处设伏兵不让敌人成功完成任务，敌人反而会全力围起篱笆。这样，城里人在缺少供给的情况下也不会像之前那般痛苦，减轻一些压力，同时也让蛮族人围攻罗马城时也尝一尝被围的痛苦。于是他命令马丁努斯和图拉真率领 1000 人去塔拉西纳，同时也让他的妻子安东尼娜一同前往，让她在几个人的护送下去

---

[1] 波塔·奥斯提安西斯门（Porta Ostiensis）。

那不勒斯，在那里安全地等待幸运降临到罗马人的头上；他又派马格努斯（Magnus）和侍卫辛修斯（Sinthues）率500左右兵力赶往离罗马城140斯塔德远的蒂布尔（Tibur）要塞；他早些时候还派冈萨雷斯（Gontharis）率领一些埃吕利人前去占领位于亚壁古道上距罗马城同样远的阿尔巴尼城[1]，但不久哥特人就以武力将他们从那里驱逐出来。

在离罗马城堡14斯塔德远的台伯河边有一座使徒保罗的教堂[2]，此处没有堡垒，只有排列整齐的柱廊沿路从罗马城一直延伸到教堂门口。它四周有许多建筑物，使人难以进入教堂。哥特人对这类教堂非常敬畏，事实上在整个战争过程中他们都没有占领这两个使徒[3]教堂，所有的仪式都在教士的主持下照常进行。贝利撒留命瓦莱里安率领所有的匈奴人在此处的台伯河岸边设置围栏，保障马匹的安全，并能限制哥特人的行动范围。瓦莱里安遵照吩咐命令匈奴人在将军指定的地点扎营后，他又骑马回城。

贝利撒留完成这项准备后依然按兵不动，没有与敌人开战，而是急切地加强城墙的守卫，以防有人图谋不轨从外面进攻城墙，同时也为一部分罗马民众供应谷物。马丁努斯和图拉真（Trajan）那天夜里穿越敌营到达塔拉西纳（Taracina）后，一方面派一些人护送安东尼娜去了坎帕尼亚，另一方面他们自己则占据了当地的堡垒，以这里为作战基地发动突袭，限制了那一地区的哥特人自由活动。马

---

[1] 见第5卷，第6章注释。
[2] 圣保罗教堂位于罗马以南，在波塔·奥斯提安西斯门外，也称为Porta S. Paolo。
[3] 圣彼得和圣保罗。

格努斯和辛修斯在很短的时间内就修复了要塞毁坏的部分[1]，保障了安全后就立即开始扰乱附近要塞中的敌人，不仅时时突袭他们，出人意料的行动还把护卫供给车的蛮族人吓得胆战心惊。但后来，辛修斯在一次战斗中右手被矛刺中，因肌腱损伤严重，从此不能再打仗了。匈奴人如上所述在附近扎营后，也不断骚扰哥特人。就这样，哥特人也和罗马人一样尝到了饥荒的滋味，因为他们再也不能像以前那样顺利无阻地运粮食进来了。哥特军中也发生了瘟疫，病死者甚众，尤其是靠近亚壁古道的大营，也就是我之前提到的那一个营地的情况最为严重，只有少数人幸存，也都撤到别的营中去了。匈奴人也感染了瘟疫，撤回罗马。这里的事情就是这样的。至于普罗柯比，他到达坎帕尼亚后，召集了 500 多名士兵，将大量船只装满谷物，做好了回去的一切准备。安东尼娜不久后也赶到这里，立刻着手帮助他安排船队行程。

　　此时维苏威（Vesuvius）火山发出了隆隆巨响，虽然还没有喷发，但这么大的响声令人们确信即将发生火山喷发，因此，居民们极其恐慌。这座山离那不勒斯有 70 斯塔德远，位于那不勒斯的北面[2]，而且十分陡峭，其较低的部分向各个方向延伸，高处却极其陡峭难以攀登，但在它的顶部中心地区看下去有一个极深的大洞穴，人们猜想它一直通到山底部，如果敢从洞穴边缘往下看，可以看到火。虽然火焰只是不断地翻腾，平时也不会给当地居民带来什

---

[1] 蒂布尔（Tibur）要塞。
[2] 这是一个错误，实际上它位于那不勒斯的东南。

么麻烦,然而一般情况下当山上发出咆哮般的隆隆声后不久就会喷发出大量的火山灰。如果沿着这条路旅行的人遭遇这种可怕的火山灰,必死无疑。这些火山灰落到房子上,房子也会被它的重量压塌。但无论何时,碰巧刮一阵大风,灰就会上升到肉眼看不到的高度,随风而飘,落在很远的地方。据说有一次火山灰落到了拜占庭[1],那里的人非常害怕,从那时起直到今天整个拜占庭的居民每年都向上帝作祈祷,还有一次火山灰落到了利比亚的的黎波里。据当地人说最初每隔100年或更长时间才出现一次喷发[2],但后来发生得越来越频繁。但他们强调,每次当维苏威喷发出这些灰之后,四周乡村就会长满丰富的谷物,而且山上的空气也清新了,对人身体的健康非常有益。事实上,从远古开始就有很多得了肺病的人被医生送来这里疗养。关于维苏威火山的事就讲这么多。

第 5 章

这时另一支由保卢斯(Paulus)和科农(Conon)率领的3000名伊苏里亚军队也经海路从拜占庭赶到那不勒斯港。约翰率领800名色雷斯骑兵也到达德里乌斯,约翰是前僭主维塔里安的侄子,同行的还有一支由包括亚历山大和马尔森提乌斯等人在内众多将帅带领的千人正规骑兵。碰巧泽诺也率领300名骑兵经萨莫奈和拉丁之路到达罗马。

---

[1] 这事发生在472年大喷发时。
[2] 因为最大的一次喷发在79年——这是有历史记载的第一次喷发——这次喷发与下一次间隔从100年到100多年不等。

当约翰和其他所有的军队到达时,卡拉布里亚居民为他们提供了很多货车,在坎帕尼亚聚集的 500 名士兵也加入到这支队伍,他们推着货车沿岸边出发,打算敌人一出现,他们就将货车围成一个圆形以形成防御围墙阻击敌人。他们还命令保卢斯和科农手下的人全速航行,在罗马的奥斯提亚港[1]与他们会合。货车上装满了谷物,船上也满载着粮食、酒和其他的生活必需品。实际上他们希望能在邻近的塔拉西纳见到马丁努斯和图拉真的军队,但当他们到达塔拉西纳时便得知这支军队最近已经被召回罗马去了。

贝利撒留得知约翰的军队正在返回途中,担心他们会遇到人数占优的敌人并遭到歼灭,就采取下面的措施:因为敌人在离弗拉明尼安门非常近的地方扎营,所以战争一开始时贝利撒留就用石头建筑堵住了这扇门,这我在前文讲过[2],他这样做既可以阻止敌人从该门进城,也防止敌人从此处攻城,因此在这扇门从未发生过战斗,蛮族人也肯定敌人不会从这里袭击他们。于是贝利撒留命人夜里在任何人都未觉察到的情况下拆掉了这堵门的石头墙,把几乎全部的军队都聚集在那里。黎明时分,他派图拉真和狄奥根尼斯率 1000 名骑兵从小平西安门出城,向敌营放箭,只要敌人一出来反抗,就立即以最快的速度骑马回城。他还在这扇城门内安置了一些守卫。图拉真按照贝利撒留的吩咐率军前去骚扰哥特人,从各个营中冲出来的哥特人开始抗击,两军都以最快速度向城墙处移动,图拉真装作逃

---

[1] 定期的港口,波图斯港已被哥特人占领。
[2] 第 5 卷,第 19 章。

跑，哥特人则以为自己在追击敌人。

贝利撒留一看到敌人中计开始追击就命人打开了弗拉明尼安门，罗马军队从这里冲出去突袭蛮族人，这完全出乎蛮族人的意料。碰巧在靠近城门的路上有一个哥特人的营房，营前有一条极窄的路，夹在陡峭的河堤之间，要进入非常困难。当一个身披铠甲、体格健壮的蛮族人看到敌人冲过来时，就赶在他们之前到达这个地方守在那里，同时亦召唤了他的同伴，并催促他们帮助守卫这个狭窄的通道。蒙蒂拉斯在他还没来得及行动之前就杀死了他，并且不允许任何蛮族人从这里通过。于是罗马人顺利地通过这条窄道，其中一些人来到附近的敌营中，他们一度曾尝试着占领它，但没成功。尽管里面留下的蛮族人不多，但围栏非常坚固，因为敌人挖的战壕极深，挖出的土全都沿着深沟内圈堆放至很高的高度，像一堵墙一样，还有大量木桩支撑着，木桩既尖又密，形成一圈木栅栏，难以攻入。蛮族人凭借着这样的防御工事壮起胆来顽强抵抗。贝利撒留的一个侍卫阿奎利努斯（Aquilinus）身手敏捷，他抓住了一匹马的缰绳，翻身上马，从壕沟上一跃而过，冲入敌营，杀死了几个敌人后被包围，敌人投掷了大量的投枪，他的马受伤后倒下，而他本人却惊人地从敌人的包围中逃脱了，与他的伙伴们一起徒步赶到平西安门，追上了仍在追击罗马骑兵[1]的蛮族人，便开始从后面投射敌人，又杀死了一部分敌人。

当图拉真和他的手下察觉到这一情况，再加上附近待

---

[1] 他们是图拉真和狄奥根尼斯的军队。

命的骑兵已加入到他们的队伍中,便马上掉转马头全速回击蛮族人。这样,哥特人在敌人的战术面前遭到失败,意外地被夹在两支罗马军队之间,遭到无情的屠杀,大多数都阵亡,只有很少的人勉强逃回营中。而营中的人担心据点的安全,把自己关在里面,之后一直留在那里,心想罗马人很快又会来攻击他们。混战中一个蛮族人射中了图拉真的脸部右眼上方离鼻子不远的部位。尽管倒钩又长又大,但整个箭头都深入到头部,不过箭杆却在没有任何外力的情况下掉到地上,我认为是铁头和箭杆之间的连接不牢固。图拉真不顾伤痛继续杀敌和追击敌人。在其后的第5年铁尖无来由地开始从脸部伸出来,到今年已经是铁尖伸出并慢慢向外移动的第3年。因此可以想象,不久之后整个倒钩就会全部掉出来,但它却没对他的身体产生任何影响。这些事情就说到这儿。

第 6 章

这时,蛮族人马上开始对赢得战争感到绝望,考虑该怎样从罗马撤兵,因为他们经过瘟疫和敌人的打击,损失惨重,人数从上万人锐减到只剩一些兵士。更重要的是,他们也忍受着饥饿的折磨,虽然名义上是他们围攻罗马,事实上他们反被敌人包围,被罗马人切断了一切供给。当他们得知还有一支军队从拜占庭水陆并进前来增援敌人时,尽管并没有消息说明军队具体规模,但在流言的作用下,他们都以为它异常庞大,便对这危机感到害怕了,开始为撤离作计划。因此哥特人派了三位使者去罗马城议和,其

中有一个是在哥特人中有很高声誉的罗马人,他来到贝利撒留面前说:

"我们都已经清楚地知道这是一场对双方都没有好处的战争,害得双方军队都处境艰难,为什么两支军队的人都否认事实,以至于这些事实至今仍无人理会呢?我认为无人能否认,至少每个人都明白,只有愚蠢的人才会仅仅为了满足自己一时的争强好胜心理而选择忍受无尽的痛苦,不去寻找解决问题的办法。这个时候,双方的统帅都不应该为了他们个人的声誉而牺牲下属的性命,而应该选择考虑到自身和敌人的长远之计,结束目前的困境。只有缓和与协商才能提供一条解决所有困难的途径,而争论却不能解决任何关键问题。我方经过深思熟虑,对这次战争做出总结后,派我来到你的面前,提出对我们双方都有利的建议,我们甚至甘愿放弃一部分权利。你们也应该好好考虑一下,不要再继续与我们僵持下去毁掉你我双方了,请选择对你自己更有利的道路。我们双方可以平心静气地坐下来谈条件,并不要发表长篇大论,而在觉得对方的话中有什么不妥时可以随时打断另一方。这样双方都可以简要地陈述自己的观点,同时又能解决关键的问题。"贝利撒留回答说:"没有什么事情能阻止用你建议的方式谈判,只要你说的话都是为了和平和正义。"

哥特使节又说:"你们罗马人以武力不公正地对待了我们这些你们的朋友和盟友,而且我们认为你们每一个人都跟我们一样非常清楚这指的是什么事。哥特人没有用武力强占的方式从罗马人那里夺取意大利的土地,是奥多亚克之前废黜了皇帝,在意大利建立僭主政治。那时的东部皇帝泽诺虽然想为他的伙伴西部皇帝报仇并将这片土地从僭主手中解放出来,但他没有能力推翻奥多亚克政权。于是他劝说当时正在围攻他和拜占庭的哥特国王狄奥多里克,不仅让狄奥多里克回想起已获得的荣耀,即成为贵族和罗马人的执政官,消除了狄奥多里克对他本人的敌视,还惩罚了奥多亚克对奥古斯都鲁斯(Augustulus)做出的不公正对待,从此与哥特人一起作为这块土地正当合法的统治者。我们以这样的方法取得了意大利的统治权,与所有罗马皇帝一样严格保留着政府机构和法律。狄奥多里克和任何坐上哥特王座的继承者们绝对没有引入过任何成文的或不成文的法律条文。我们还小心谨慎地为罗马人保护着他们对上帝的信仰和崇拜,直到今天,当哥特人已改变了信仰的时候[1],没有任何一个意大利人或者被迫或者自愿地改变自己的信仰,我们也不会强迫别人改变自己的信仰。事实上我们一直给予罗马人的教会最高荣耀,在所有教堂中寻求庇护的人都从未受到过任何的暴力对待。罗马人仍继续把持着国家的所有官职,没有任何一名哥特人担任过这些官职,如果谁认为我们的话是不真实的,可以站出来驳斥我。除此之外,哥特人还准许东部皇帝每年将执政官的荣誉授予罗马人,我们一直都遵循这些传统。而你们,当意大利落入奥多亚克和蛮族人手中的 10 年间饱受摧残的时候,却没有站在意大利人的立场上,10 年时间可不短,现在反而对合法取得这块土地的我们施暴,尽管我们并没有妨碍你们。因此,请你们带上自己的和抢夺来的东西离开

---

[1] 哥特人是基督徒,但属于阿里乌派异端。

我们的国家。"

贝利撒留说："尽管你承诺过要把发言作得简要、温和，但你的演讲却既冗长又伪诈。泽诺皇帝派狄奥多里克来对付奥多亚克，并不想让狄奥多里克占有意大利，皇帝怎会以一个僭主取代另一个僭主呢？派他来的目的是使意大利获得自由并臣属于皇帝本人。尽管狄奥多里克以令人满意的方式解决了奥多亚克那个暴君，但他处理其他事的表现都很不恰当，因为他从未想到过要把土地还给它合法的主人，而我认为那些以武力夺取别人土地的行为与不愿归还邻居财产的个人行为是相同的。我是不会将皇帝的国土让给别人的。如果你们想得到其他的东西替代它，可以说出来。"

蛮族人说："你们所有的人都能意识到我们说的每一件事都是真实的，但为了不引起争端，我们将广阔富庶的西西里让给你们，因为没有它你们无法安全地保有利比亚。"

贝利撒留说："我们也允许哥特人占有比西西里大得多的整个不列颠，那里自古就属于罗马人。以平等交换的方式回报做了好事或者诚恳和蔼的人才是公平的。"

蛮族人说："那如果我们就坎帕尼亚和那不勒斯向你提一些建议，你愿意听吗？"

贝利撒留说："我不想听，因为我们没有权力违背皇帝意愿处理其事务。"

蛮族人说："即使是我们强迫自己每年都交出一定数量的贡赋也不行吗？"

贝利撒留说："真的不行，因为我们除了为主人保卫这块土地以外，没有被赋予任何其他的权力。"

蛮族人说:"那么,我们得派使节去见皇帝就整件事与他进行协商。我们现在应该为两军确定一段时间明确的休战期。"

贝利撒留说:"非常好,那就定下吧。你们制定和平计划的时候,我是不会阻拦的。"

说完这些话以后,双方都离开谈判室。哥特人使者回到他们自己的营帐。在以后的日子里,他们又多次互访,安排休战事宜,同意双方互换一些名人作为人质以保证休战期的和平。

第7章

双方在罗马的谈判取得进展的同时,伊苏里亚人的舰队已经停泊在罗马港口[1],约翰和他的手下来到了奥斯提亚,在他们拉船上岸和扎营的过程中没有遇到任何阻碍。但为了能安全过夜免受敌人的袭击,伊苏里亚人在港口附近挖了深沟,派人不间断地轮流守卫。而约翰的士兵就在营帐周围用他们的货车作了一道屏障,在那里静候。夜晚来临时,贝利撒留率100名骑兵赶到奥斯提亚,将最近发生的战事和罗马人与哥特人达成的协议还有其他振奋人心的消息告诉他们后,就命令他们以全部精力将这些货物运到罗马城。他说:"因为我要确保路上的安全。"于是他本人在黎明时分骑马回城,而安东尼娜和其他的统帅们在刚破晓时就开始考虑运货的方法。但对他们来说这是一项艰

---

[1] 奥斯提亚港,因为季节性港口波图斯港已经被哥特人占领。

巨的任务，被种种困难困扰，公牛都已累得半死，再也坚持不住了，而且在极狭窄的道路上拉车非常危险，他们也不可能像以前一贯做法在河岸上拉水中的驳船，因为河流左侧的道路[1]已经被敌人占据，我在上文提到过这一点[2]。罗马人那时不能走这条路，而河流另一侧的道路几乎完全废弃了，至少在河岸边的那一部分是废弃的。于是他们只能利用大船上的小船，以高木板围住小船的四周作为防御，以避免船上士兵受到敌人的射击，同时还为每条船配备了数量适中的水手和锚。他们将所有可以装载的货物都装上船后，等有利的风向来了，就开始顺着台伯河航行到罗马，一部分军队沿着河右岸[3]跟随并保护他们，还留下大量的伊苏里亚人保护他们的大船。在这段河道笔直的地方，他们能够毫不费力地航行，只消扬起船上的帆。但在水流蜿蜒或者方向与风向相反的地方，船失去了船帆提供的动力，水手只能费力地逆流划船使船前进。当时蛮族人都守在营中，根本不想阻拦他们的敌人，也许是因为他们害怕危险，也许他们认为罗马人用这种方式根本无法把任何供给运进城。他们不想因为一些没有意义的小事而失去休战协定的希望，违背了他们的切身利益，这协定是贝利撒留允诺过的。再者，尽管奥斯提亚港的哥特人看见敌人不断地在几乎伸手可及的距离外航运货物，也不阻拦他们，而是待在原地惊叹罗马人竟然想到这样的计划。就这样罗马人反复多次以同样的方式在河中运输，未遭任何

---

[1] 即逆流方向。
[2] 第4卷，第26章。
[3] 逆流。

阻碍地将所有的货物都顺利地运到城里，水手们都上船全速回航，因为这时已经接近冬至日了。除了保卢斯和一些伊苏里亚人还留在奥斯提亚外，其余的军队都回到罗马城。

不久后，双方交换人质以保证休战。罗马方面以泽诺，哥特人以没有什么显赫地位的乌利亚斯（Ulias）为人质，并同意在3个月之内互相绝不进攻，一直要等到使节从拜占庭回来，汇报皇帝的意愿才能行动。即便一方冒犯了另一方，使节们还是会回到自己国家的。于是蛮族使节在罗马人的护送下前往拜占庭。这时安东尼娜的女婿伊尔迪戈尔（Ildiger）从利比亚率领一支人数可观的骑兵队来到罗马。维提却斯命令在波图斯港守卫要塞的哥特人放弃该地，因为他们的供应已经枯竭了，他们应召回到了大本营。于是保卢斯率领他手下的伊苏里亚人从奥斯提亚回来，占领了波图斯港。这些蛮族人供应枯竭的主要原因是因为罗马人占领海域，阻断了他们所有的海上运输。基于同样原因，也就是供给短缺，差不多同一时间，他们还放弃了一个非常重要的沿海城市森图姆塞勒（Centumcellae）[1]，这是一座人口众多的大城市，位于罗马以西280斯塔德的托斯卡尼地区。罗马人占领了这座城市以后继续扩展他们的势力，又占领了位于罗马以东的阿尔巴尼（Albani）。蛮族人那时也是由于供给短缺，从那里撤离，现在罗马人已经从各个方向包围了蛮族人。于是哥特人怀着破坏协定伤害罗马人的企图，派使节去见贝利撒留，声称他们在休战期间受到了不公正的对待，因为在维提却斯传召波图斯港的哥特人

---

[1] 现在的奇维塔·韦基亚（Civita Vecchia）。

回去执行任务时,保卢斯和伊苏里亚人毫无理由地占据了那里。他们还就阿尔巴尼和森图姆塞勒问题作了同样的错误指控,并威胁说不把这些地方还给他们,他们就会进行报复。贝利撒留笑着打发走他们,说他们的指责仅仅是借口,谁都知道为什么哥特人会放弃这些地方。双方相互猜忌,互不信任。

后来,贝利撒留见罗马城有充足的士兵,就从罗马派出许多骑兵向很远的地方进发。他命令维塔里安的侄子约翰统帅800名骑兵在位于皮森努姆的阿尔巴城(Alba)附近驻扎过冬;他又派瓦莱里安的侄子达米亚努斯(Damianus)率领瓦莱里安的部下400人以及由矛兵苏尼塔斯和阿德吉斯(Adegis)率领他自己的800名勇猛的侍卫跟随约翰的军队深入哥特人的后方。他吩咐约翰,只要敌人坚守双方之间的协定,他们就不采取任何行动;如果任何时候他发现敌人破坏休战协定,就以牙还牙,以他的全部军队发动对敌人的突袭,侵占皮森努姆的土地,到达那个地区的每一个管区。在这片土地上已经几乎没有一个男人留下了,因为所有的男人都投入到对罗马城的进攻了,处处都是敌方的妇女、儿童和财产,因此贝利撒留指示他们可以任意奴役和抢劫,但注意不能伤害到任何生活在那里的罗马人。如果遇到有男人守卫和有防御工事的地方——的确有这可能——就以全部军队攻占它。如果能成功占领,就继续前进;如果失败,马上回师或按兵不动。因为将敌方的要塞留在身后继续前进是非常危险的,他们一旦遇到敌人的袭击,不可能轻松取胜。同时他还要保管好全部的战利品不让别人接触,这样才能确保在军队中公平合理地分配。他还笑着补充道："如果一支军队费了很大力气才获得蜂蜜，而其他没有经历任何困难的军队却能享受蜂蜜，这是不公平的。"下达指示后，约翰和他的军队就出发了。

与此同时，米兰的教士达蒂乌斯（Datius）和其他一些在米兰公民中享有盛誉的人一起来到罗马恳求贝利撒留派一些侍卫给他们，他们宣称自己可以轻易地从哥特人手中取得米兰甚至是整个利古里亚，为皇帝收复这块土地。米兰位于利古里亚，大约在拉文纳和高卢边界的阿尔卑斯之间，一个轻装旅行者从两地到米兰都需要8天的时间，它是西部的第二大城市，在人口、规模和繁荣程度上仅次于罗马城。贝利撒留答应他们的要求，但挽留他们在罗马过冬。

第8章

这些事情的经过就是这样。但命运女神因为嫉妒而突然与罗马人作对，当她看到一切事情进展顺利时，就在好事中混合一些罪恶，利用一些小事挑起贝利撒留和康斯坦提努斯之间的争端，下面我将叙述这事因何而起，如何结束。有一个生活在拉文纳的罗马人普莱西狄乌斯（Presidius），地位并不显赫，他在维提却斯即将进军罗马时触犯了哥特人，于是他与几个家人以外出打猎的名义逃跑了。他没有把他的计划告诉任何人，也没有带走任何财产，除了他本人携带的两把短剑，每把剑的剑鞘上都是以大量黄金和宝石装饰的。当他来到斯波莱提厄姆后，住在城堡外的一个寺庙里。当时正巧康斯坦提努斯还滞留在那里,他听说此事后,派他的一个侍卫马克森提鲁斯(Maxentiolus)无缘无故地从普莱西狄乌斯那里抢夺了这两把短剑。这大大冒犯了普莱西狄乌斯,他以最快速度赶到罗马去见贝利撒留。因为有人报告哥特军队就在附近了,康斯坦提努斯不久后也回到了罗马。普莱西狄乌斯在罗马城形势严峻而且紧张混乱的时候一直保持沉默,但当他看见罗马人占了上风、哥特人的使节已经去见皇帝时,他就经常到贝利撒留那里讲述自己受到的不公正的对待,要求他为自己伸张正义。于是贝利撒留本人多次谴责康斯坦提努斯,也多次通过别人劝他为自己不公正的行为和丢人的事赎罪。但康斯坦提努斯一定是邪恶上身了,总是轻率地逃避职责,不听劝告,无端咒骂别人。有一次在公会广场,普莱西狄乌斯见贝利撒留骑在马上,就一把拉住马的缰绳,大喊着问皇帝的法律是否规定他们可以随意以暴力抢夺从蛮族人那里逃出来向他们寻求帮助的避难者的财物。虽然当时周围有很多人用恐吓的语气命令他松开马的缰绳,他一直不松开,直到贝利撒留最终答应帮他要回短剑。第二天,贝利撒留把康斯坦提努斯和其他很多统帅都召到宫中的一个房间里,讲了前一天发生的事,劝他虽然事发已久,还是得归还短剑。但康斯坦提努斯拒绝了,不仅如此,他还表示宁愿把剑扔到台伯河里也决不还给普莱西狄乌斯。贝利撒留生气了,质问康斯坦提努斯是否认为自己不用听命令了,他表示可以按照皇帝的意愿服从所有其他的事,但目前的这个命令是针对他个人的,他绝不服从。于是贝利撒留命令他的侍卫进来,康斯坦提努斯说:"事情很清楚了,你要让他们杀我。"贝利撒留说:"不是,而是让他们迫使你的侍卫马克森提鲁斯,那个为你抢短剑的人把以暴力得到的东西还给它们的主人。"但康斯坦提努斯认为自己就要被杀了,希望能在自己有任何不测之前做些大事,就拔出了挂在他大腿上的短剑,突然直刺贝利撒留的腹部。贝利撒留惊恐地后退,伸手抓住站在附近的贝萨,成功逃过这一刺。康斯坦提努斯仍怒火中烧,不能自抑,伊尔迪戈尔和瓦莱里安见状,一左一右将他向后拖,这时贝利撒留刚才召唤的侍卫进来了,强行把短剑从康斯坦提努斯手中夺下,在吵闹之中将他制服,但当时没有伤到他,我想也许是因为当着众多官员们的面所以没有伤害他。贝利撒留命令侍卫将他带到另一个房间,过了一会儿,杀了他。这件事是贝利撒留做过的唯一一件不神圣的事,这绝不能代表他的性格,因为他一贯对所有的人都是那么亲切和蔼。一定因为邪恶降临到康斯坦提努斯的头上,我之前也说过了。

第 9 章

不久后,哥特人决定集中全力重击罗马城墙。他们先是在夜里派一些人进入战争开始时他们取水的其中一条管道,用灯和火把探索着从这条管道进城。在离小平西安门不远处的水道有一弓形结构,此处恰好有一个裂缝,一个卫兵透过裂缝看到了里面的火光,立即告诉了他的同伴。但他们都认为他看到的是一只狼从他站岗的地方经过,因为这一处水管结构离地不高,所以他们就认为卫兵把狼眼睛的光亮想象成了火。于是蛮族人就探索着这条通道到达城中部。那里有一条古代修建的通道一直向上通向宫殿，蛮族人就是在这里遇到了砖石结构，既无法前进又无法攀高。这里的砖石是贝利撒留在围城一开始时作为防御措施砌好的，我在上文讲过。于是他们决定先从墙上移开一块小石头，然后立刻回到维提却斯那里，拿出石头汇报了这个过程。正当维提却斯与最杰出的哥特人作计划时，在平西安门守卫的罗马卫兵第二天都在议论狼眼的事。这故事到处流传，贝利撒留也得知了此事，但这位将军并没有轻率地对待问题，立即派侍卫狄奥根尼斯和军中一些杰出的人下到水道迅速调查此事。他们发现沿着水道都是敌人燃尽的灯和火把掉下来的灰，观察到了哥特人移去石头的那部分城墙，向贝利撒留汇报了情况，因此贝利撒留私下在此布下了严密的守卫。哥特人察觉以后，只好放弃了这个企图。

后来，蛮族人策划了一次对城堡的袭击。他们在罗马人吃午饭的时间携带梯子和火把，趁敌人最松懈的时候向小平西安门发动了袭击，企图通过突袭占领该城，因为城中留下的士兵已不多。碰巧那时伊尔迪戈尔和他的手下都被派到这里轮流守卫，当他看到敌人混乱前进时，趁他们尚未列好阵式，就冲出来迎击敌人，轻易地将敌兵击溃并杀死了很多人，呐喊声和骚动声响彻全城。罗马人以最快的速度从其他守卫地点聚集到这里，蛮族人急忙撤回营去了。

维提却斯又想出了一个攻城的计划：台伯河岸边那部分城墙非常薄弱，因为古代的罗马人对河流给予的保护很有信心，认为台伯河完全足以抵挡敌人，建墙的时候很马虎，不仅把城墙修得很低，也没有塔楼。于是维提却斯计划从此处突破轻易占领罗马。的确在这里甚至没有任何守卫队，他用钱贿赂了两个住在圣彼得教堂附近的罗马人，让他们在夜里拿着一皮袋酒从卫兵那里经过，向他们表达友好送他们酒，坐下来与他们一起喝酒，一直要喝到很晚。维提却斯事先还给了他们一些催眠药，让他们放在每个守卫的杯子里。另外他又秘密在河对岸准备了一些小艇，等士兵们都睡着时，一些蛮族人就采取一致行动，乘船过河，将梯子运过来，对城墙发动突袭。他还命令全军做好准备，想通过快攻占领整个城市。在他做好了一切安排后，维提却斯买通的那两个人中的一个（因为罗马注定不会被哥特人的这支军队占领）主动见贝利撒留坦白了一切，还讲出了另一个人的名字，那个人在拷问下坦白了所有他要做的事，交出了维提却斯给他的药。贝利撒留割下了他的鼻子和耳朵，让他骑着驴去敌营。当蛮族人看到他时，意识到是上帝不允许他们任意达到自己的目的，所以罗马从未被他们占领过。

第 10 章

与此同时，贝利撒留传信给约翰，命令他开始行动，于是他率领 2000 名骑兵开始在皮森努姆的土地上四处突袭，肆意抢劫，像对待奴隶一样对待敌人的妻子儿女。维提却斯的叔叔乌里修斯（Ulitheus）率一支哥特人军队抗击他们，约翰在战斗中打败了他们，杀死乌里修斯和几乎全部敌军,从此无人敢再与他对抗了。但当罗马军到达奥克西姆城时[1],尽管约翰知道这里有一支微不足道的哥特守备队,但从其他方面看,这个地方十分坚固,不可能占领。因此他不想围攻该城,反而迅速离开此处向前进,来到乌尔比努斯(Urbinus)城[2],但他同样放弃围攻该城。而在距拉文纳仅有一天路程的阿里米尼(Ariminum)[3],罗马人邀请他们进城,因为在那里守卫的蛮族人都对罗马居民极不信任,一听说这支军队来了,就事先撤退逃跑到了拉文纳。约翰兵不血刃解放了阿里米尼,但他在身后的奥克西姆和乌尔比努斯都留下了敌人的守备队,并非因为他忘记了贝利撒留的命令,也不是因为胆大而丧失理智。约翰是智勇双全的战将,他经过深思熟虑得出结论,如果哥特人得知罗马军队靠近拉文纳,他们就会立即撤军放弃对罗马的围攻,因为他们担心会失去拉文纳,后来这个结论被证明是正确的。事实上,他的想法是正确的。维提却斯和哥特军一听说阿里米尼被敌人占领,陷入极大恐慌,担心拉文纳的安危,立即放弃其他的计划迅速撤退,下文就会讲到。约翰因此赢得了极大的声誉,而他在此之前就已经很出名了。他勇敢,做事效率高,临危不乱;而在日常生活中总是很朴素,能忍受艰苦的生活,任何蛮族人和一般士兵都比不上他,约翰就是这样的人。此时,维提却斯的妻子玛塔松塔因为一开始是他用暴力抢过来当妻子的,所

---

[1] 现在的奥西莫(Osimo)。
[2] 现在的乌尔比诺(Urbino)。
[3] 现在的里米尼(Rimini)。

以一直敌视她的丈夫[1]。当她听说约翰来到阿里米尼时，非常高兴，派人捎信给他，开始与他秘密商议关于婚姻和背叛这个城市的事宜。

这两个人瞒过其他人不间断地向对方送口信，为上述事宜作了安排。围攻罗马城的哥特人听说了在阿里米尼发生的事，加之此时他们所有的供给被切断达3个月之久了，尽管他们没收到任何关于使者的消息，也开始了撤兵。这时大约在春分日，在围城一年零9天后，哥特人烧了所有的营帐，在黎明时撤离。罗马人看到敌人逃走，一时不知该怎么办。当时大部分骑兵都不在城中，我在上文讲过[2]他们被派去不同的地方了，罗马人觉得光凭自己的力量难以对付这么多的敌人。但贝利撒留装备了所有城中的步兵和骑兵，乘余下的敌人有一多半正在渡过那座桥时，他率军从小平西安门冲出来，接下来的近身战的战果与之前发生的所有战斗一样，蛮族人起初勇猛抵抗，双方在第一次发动进攻时有很多人倒下。不久之后，哥特人便丧失信心，纷纷逃跑，这给他们自己带来了灭顶之灾，因为每个人都想抢先过桥，结果相互拥挤，导致了他们的悲惨命运。哥特人互相残杀，罗马人也不断杀敌，还有很多人从桥两边掉下去，与他们的武器一起沉入台伯河。他们就这样失去了绝大多数人。最后，剩下活命的人与之前已经渡过桥的军队会合。在这次战斗中，伊苏里亚人隆吉努斯（Longinus）和贝利撒留的侍卫蒙蒂拉斯表现出色，蒙蒂拉

---

[1] 见第5卷，第11章。
[2] 见第7章。

斯同时与4个哥特人作战,将他们全部杀死,自己安然无恙。隆吉努斯是使敌人溃败的主力,但他在战斗中阵亡,罗马军队都为他的死而感到惋惜。

第11章

维提却斯率领其余的军队回师拉文纳,沿途在各个要塞增派大量守卫:在托斯卡尼城的克鲁吉厄姆(Clusium)[1]留下1000人,命吉比莫尔(Gibimer)为统帅;在乌尔维文图斯(Urviventus)[2]也留下1000人,以哥特人阿尔比拉斯(Albilas)为统帅;在图德拉(Tudera)[3]留下400人守卫,以乌里吉萨鲁斯(Uligisalus)为统帅;重新装备了以前驻扎在皮森努姆的佩特拉要塞的400名士兵;在那个国家最大的城市奥克西姆留下了4000名哥特精兵,其统帅是英勇善战的维桑杜斯(Visandus);在乌尔比努斯城留下了由莫拉斯(Moras)统帅的2000人,其余的两个要塞凯森纳和蒙特费尔特拉(Monteferetra)[4],每个都留下了不少于500人的守备队。他本人率其余部队直奔阿里米尼,围攻该城。

在此之前,贝利撒留在哥特人一解除对罗马的包围时就派伊尔迪戈尔和马丁努斯率领1000名骑兵从另一条路以更快的速度前进,目的是率先到达阿里米尼,他还指示他

---

[1] 现在的丘西(Chiusi)。
[2] Urbs Vetus,现在的奥尔维耶托(Orvieto)。
[3] Tuder 或 Tudertum,现在的托迪(Todi)。
[4] 现在的蒙特费尔特罗山(Montefeltro)。

们将约翰和他在城中的军队迅速带出来，从离阿里米尼有2天路程的爱奥尼亚湾的安科纳要塞（Ancon）中抽调足够的士兵到这里代替约翰守卫。不久前，贝利撒留已经派科农率领数量众多的伊苏里亚人和色雷斯人占领了这个要塞。他希望如果阿里米尼由不知名的将领和没有后援的步兵占据，哥特人就不会围攻该城，而是对围攻不以为然，立即赶往拉文纳，即便他们真的围困阿里米尼，那里的供给品也足够让城中的步兵坚持更长一段时间。他还考虑到以2000名骑兵[1]和其余军队从包围圈外袭击敌人，会给敌人以重大的打击，轻易地使他们放弃围城。贝利撒留基于这样的考虑，向马丁努斯和伊尔迪戈尔还有他们的手下发布了命令。他们取道弗拉明尼安之路，远比哥特人早到达那里。因为哥特人大部队行军缓慢，还被迫走了很多绕行的路，一是因为缺少供给，二是因为他们不愿走弗拉明尼安之路，因为这条路上的纳尼亚和斯波莱托、佩鲁西亚都在罗马人控制下，这一点我在前文提过[2]。

当罗马人的军队到达佩特拉时，立即开始进攻这个要塞，这是他们征途上的一个小插曲。佩特拉要塞并非人手建成，而是天然形成的，因为它所在的那条路穿过一个山地极多的农村地区，路的右边是一条水流湍急、无人能涉水而过的河流，左边不远处则是一块陡峭的大山岩，在山顶上的人看下面的人就像最小的鸟那么大。古时这里是没有路穿过去的，因为山岩的末端和湍急的河流连在一起，

---

[1] 第10章中在约翰的军队袭击皮森努姆时，留下这些骑兵守卫阿里米尼。
[2] 见第5卷，第29章。

想从那里通过的人根本没地方走。于是古代人在山岩与河流的交会处挖了一个隧道,开了一道门[1],此处他们还填补了另一个入口[2],只留下一扇小门的空间,于是在那里依据天然地形建成一个要塞,名为佩特拉。马丁努斯和伊尔迪戈尔的军队首先进攻两道门之一[3],发射了很多的投射物,尽管那里的蛮族人根本没有抵抗,但毫无作用。后来他们硬是爬上要塞后面的悬崖,从那里向哥特人头上投掷石头,敌人仓惶躲进隧道中不出来,这样一来罗马人用石头也奈何不了敌人,就又采取了下面的计划:他们从悬崖上得到大块石头,一起推下去砸向敌人的洞口,巨石都只不过是轻轻擦过建筑,然而却给整个要塞带来不小震动,令蛮族人非常害怕。结果哥特人把手伸向那些还在门口的人表示投降,声称只要不受伤害,他们愿意交出要塞,成为贝利撒留的臣属和皇帝的奴隶。伊尔迪戈尔和马丁努斯将他们大部分带走,以完全平等的态度对待他们,还有一些人与他们的妻子儿女留下来。他们在这里留下罗马人的守备队后,又去了安科纳,从那里带走许多步兵,第三天到达了阿里米尼,向约翰宣布了贝利撒留的意愿,但约翰不仅自己不愿与他们一起走,反而劝达米亚努斯(Damianus)和他的400名步兵留在那里,于是他们把步兵留在那里,率领贝利撒留的枪兵和卫队从那里全速撤离。

---

[1] 这个隧道是76年韦伯芟(Vespasian)皇帝命人开凿的,这道门在隧道南端的尽头。
[2] 北端。
[3] 上面的,或南山。

第 12 章

维提却斯和他的全部军队到达阿里米尼不久后，安营扎寨并开始攻城。他们先是建了一座装有四只轮子的比城墙高的木塔，将其拉到他们认为最薄弱的城墙处，但为了不重复在罗马城下的经历，他们不再用牛拉塔车了，而是将士兵藏在塔中推车。在塔内有一段宽大的楼梯，这样人数众多的蛮族人也能够轻易地爬上去了。哥特人希望将木塔顶到城墙处后，就能够轻易地从里面登上外城墙发动进攻，因为他们把木塔做得很高。他们将攻城机械运到靠近城堡的地方，由于天色已黑，就在那里止步，在木塔的周围留下守卫的士兵，其余的蛮族人都回营过夜去了，心想他们不会遇到任何障碍了。事实上他们在前进的路上也没有遇到任何障碍，他们和城墙之间甚至连一条壕沟也没有，只有一条微不足道的小沟。

罗马人提心吊胆地度过了这一夜，猜想第二天他们就会被敌人杀死。但约翰面临危险没有绝望，也没有焦虑不安，设计了以下计划：深夜，其他人都在岗位上守卫，他本人则带领伊苏里亚士兵拿着鹤嘴锄及其他类似的工具走出城堡，他在城里的时候没有事先告知他们这个计划，一到城外就命令这些士兵悄悄地把小沟挖深。伊苏里亚人按照指示做，并不断将挖出的土堆到城墙一边形成土垒。因为敌人都在睡觉，所以过了很长时间都没有发觉他们的行动。于是伊苏里亚人很快就在蛮族人即将用攻城机发动袭击的那段城墙最脆弱的地点挖了一道又宽又深的壕沟。入夜更深时，敌人察觉到他们正在干什么后，便迅速前去阻止挖沟的人，约翰率领伊苏里亚人随即返回城里，这时壕沟已经基本完工。

黎明时分，维提却斯注意到此事后非常气愤，随手处死了几名守卫士兵。然而他还是像以前一样急于发挥他的战争机械的作用，命令哥特士兵尽快向壕沟中投掷大量柴把，接着将木塔拉过壕沟到达指定地点。尽管罗马人勇猛地不断从城墙上向他们射箭迫使他们后退，士兵们在维提却斯的指挥下斗志昂扬地拉木塔。但当木塔压到柴把上时，柴把自然支撑不住陷了下去，而前面就是罗马人的土堆，路更陡，所以蛮族人根本不可能推动它。哥特人害怕夜晚来临时敌人会发动袭击，点燃木塔，因此开始将机械往回拉，约翰当然要全力阻止他们了，所以他命令士兵全副武装，召集到一起，鼓励他们说：

"士兵们，我们正在共同面临的危险再普通不过，如果你们中的任何人想活着见到自己的家人，请意识到实现这一愿望的唯一希望就掌握在你们自己手中。贝利撒留最初派我们来时，因为罗马人取得了全部的制海权，所以从未想到过会被围困在这里的沿海地区，也没想到皇帝的军队会这样忽视我们，对胜利的希望和对许多事物的渴望使我们热衷于完成任务。此外，那时我们有机会表现对国家的忠心，血战之后又能在所有人面前显示我们的赫赫战功，这激励我们无畏行动。而现在的情况是，我们除了鼓起勇气不可能活命，我们只能接受危险的挑战，这是拯救我们自己生命的唯一指望。因此，如果你们中有谁认为自己勇敢，谁就有机会证明自己是英勇的人。如果在这个世界上真有让英雄表现的机会,并因此得到荣誉,取得一个公平的称号,那不是打败了比自己弱小的敌人,而是以较差的装备靠伟大的意志仍能取胜。至于那些热爱生命的人,壮起胆来对他也是有好处的,因为当每个人的生命处于千钧一发的关键时刻,只有藐视危险才能得救,一般人都会这样做,这是人类的真理。现在我们面临的就是这样的情况。"

约翰讲完这番话后,留下了很少的军队守卫在城垛外,率领其他的士兵全部出动向敌人发动攻击。哥特人也不甘示弱,战斗异常激烈,经过了艰难险阻,到傍晚时蛮族人才将木塔拉回营中。但他们损失惨重,决定不再继续攻城了。由于不可能通过攻城占领城市,他们继续围困,期望敌人会因饥荒而投降,因为罗马人根本找不到运进供给的地方,已经断绝了粮食供应。

这里的事情就讲到这儿,至于贝利撒留派到米兰的1000人将士,他们都是伊苏里亚人和色雷斯人,恩纳斯(Ennes)是伊苏里亚人的统帅,保卢斯(Paulus)是色雷斯人的统帅,两军的总统帅是蒙蒂拉斯(Mundilas),他亲自指挥,手下的卫兵是从贝利撒留的卫兵队中抽调出来的少数几个人。这支军队中的军需官(praetorian prefect)是菲德留斯(Fidelius),因为他是一个米兰人,在利古里亚有一些影响力,所以被认为是随军的合适人选。他们从罗马的港口出发,在热那亚靠岸。热那亚是托斯卡尼(Tuscany)最北的一个城市,它是去高卢和西班牙途中的停靠港。将船只停在那里后,罗马军队从陆路前进,将大船上的小艇装上车,以便他们可以渡过波河。他们以前都是用这种方法渡过波河。罗马人渡过波河后，推进到提西纳姆城（Ticinum）[1]，哥特人立即冲出来与他们展开大战。因为提西纳姆城防坚固，所以当地居住的蛮族人都把最有价值的财产存放在那，并留下守备军，不仅人数众多而且都是训练有素的精兵。罗马人不畏强敌，在激战中取胜，杀死大量的敌人，将他们打散。由于罗马人在追击敌人时都紧跟其后，蛮族人费了很大力气才关上城门，差一点就被敌人占领了城市。当罗马军队走远时，菲德留斯进入那里一个寺庙里祈祷，他最后一个离开那里，不巧他的马被绊倒，他也倒下了，这里非常靠近敌人的要塞，哥特人见此情景立即冲出来杀死他，罗马人并未察觉。因此当蒙蒂拉斯和其他罗马人后来得知此事后，都非常难过。

离开提西纳姆后，罗马人到了米兰，在利古里亚人的配合下和平解放了该城。维提却斯听说此事后，派他的侄子乌莱亚斯（Uraias）率领一支庞大军队全速前去围攻米兰。法兰克人的首领希尔德伯特也应邀派来1万名同盟军，这些人不是法兰克人，而是勃艮第人，表面上看起来并没有破坏与皇帝的约定，因为他对外宣称勃艮第人是自愿参加征途的，并不是为了遵从希尔德伯特（Theudibert）的命令。这些军队与哥特人一同到了米兰，在那里扎营后，在罗马人完全没有做好准备的时候开始围攻该城。不管怎么说，围困中的罗马人不可能运进任何食物供应，很快就会面临着粮食短缺的困难。事实上，就连城墙也没有常规军守卫。因为蒙蒂拉斯刚刚占领了米兰附近所有有防御能力

---

[1] 现在的帕维亚（Pavia）。

的城市，如贝格莫姆（Bergomum）、科莫姆（Comum）和诺瓦利亚（Novaria）[1]及其他一些要塞，并在每一个地方都留下了人数相当多的守备队，他本人则与大约300人的军队留在米兰，恩纳斯和保卢斯也与他在一起，结果城里的居民都必须轮流守城。这就是利古里亚发生的战事。冬天就要过去了，这场战争的第三年也要结束了，这部历史是普罗柯比撰写的。

第 13 章

大约在夏至日前后，贝利撒留向维提却斯和哥特人的军队发动进攻。他在罗马城内留下了一些守备部队后，率主力部队出征。他先派遣了一小队人去图德拉（Tudera）和克鲁喜厄姆（Clusium），命令他们在那里扎营，他的大部队随后就到，帮助他们围攻那里的蛮族人。当蛮族人听说敌军已经临近时，不想招致毁灭的命运，就派使节面见贝利撒留，允诺只要他们不受伤害，愿意投降并交出这两座城市。贝利撒留的军队到达这两座城市时，哥特人履行了诺言。贝利撒留将这两座城的哥特人全部迁到西西里和那不勒斯，在克鲁喜厄姆和图德拉各建立一支守备队后，率军继续前进。

与此同时，维提却斯又派瓦奇姆斯（Vacimus）率另一支军队去奥克西姆（Auximus），命令他们与那里的哥特军队汇合，共同对付安科纳（Ancon）的敌人，抢占那里的

---

[1] 即现代的贝加莫（Bergamo）、科莫（Como）和诺瓦拉（Novara）。

要塞。安科纳是一块突出的岩石,因为它的形状很像"胳膊肘",所以得此名字。它距离奥克西姆城大约有 80 斯塔德远,是奥克西姆的一个港口。这个要塞的防御主要依靠这块突出的岩石,非常安全。但要塞外面数量众多的建筑自古就没有城墙保护。该城守备队统帅科农(Conon)听说瓦奇姆斯的军队发兵进军来攻打这个要塞,已经离他们不远了,情急之下表现得愚蠢而轻率。他认为要保护要塞中的居民和士兵不受伤害太简单了,于是他带领全部人到达离安科纳有 5 斯塔德远的一个地方,列队准备战斗。然而他们没有排列成一个纵深的方队,而是围着山脚形成了一个薄弱的圆圈,像打猎的样子。当罗马军队看到敌人的数量占有绝对优势时,他们立即掉头逃回要塞,蛮族人紧追不舍,当场杀死大部分那些还没来得及进城的士兵。接着蛮族人把梯子立在墙边,试图爬上城墙。一些蛮族人还开始放火烧要塞外的房子。定居在要塞里的罗马人被发生的事吓坏了,他们先是打开小门让那些混乱逃回来的士兵进城,但当他们发现蛮族人紧跟逃兵后面,就在不远的地方时,害怕他们会一同混进来,就迅速地关上门,从城垛放下绳索拉逃兵上来,救了一些人,其中也包括科农本人。蛮族人也借助云梯攀登城墙,差一点就可以快速攻占要塞。如果没有两个人与敌人英勇搏斗,他们就要成功了。这两个人不断把已经爬上墙的人推下墙垛,两人之一是贝利撒留的侍卫、色雷斯人乌里穆特(Ulimuth),另一个是瓦莱里安(Valerian)的侍卫马萨革泰人库布尔古都(Couboulgoudou),他们碰巧不久前刚从海路来到安科纳。在紧张的战斗中,他们英勇无比,用剑将那些正在登城墙的敌人击退，遏止了哥特人的进攻，出人意料地拯救了该城，而他们自己则全身多处受伤，人们从城垛上把他们抬走时他们已经半死。

此时，有人向贝利撒留汇报说，纳尔泽斯（Narses）率领一支大军从拜占庭赶来，现在已经到达皮森努姆（Picenum）了。纳尔泽斯[1]是一位宦官，也是皇室财产的总管，但他聪明能干，与一般的太监完全不同。他率领的5000名士兵分成几个分遣队，各部统帅为：伊利里亚将军查士丁（Justinus）、之前从臣属波斯的亚美尼亚人那里逃到罗马领土的另一个纳尔泽斯（Narses）以及他的兄弟阿拉蒂乌斯（Aratius），后者不久前与另一支军队一起编入贝利撒留的部队中。此外，还有大约2000名埃吕利人在维桑杜斯（Visandus）、阿卢伊特（Aluith）和帕尼修斯（Phanitheus）的统领下与他们一同出征。

第 14 章

现在我要讲一讲埃吕利人（Eruli）是怎样的民族以及他们是怎样与罗马人结盟的。埃吕利人曾经自古定居在伊斯特河[2]岸边，信奉许多神，即使要用活人祭祀供奉的神灵，他们仍觉得这些神是神圣的。他们的许多民族风俗也与众不同，人一旦老了或病了就被剥夺生存的权利，当某人老了或病了就要求亲人帮他尽快离开人世，他的亲人们

---

[1] 他是波斯亚美尼亚人，见第1卷，第15章。
[2] 现在的多瑙河。

堆起很高的一大堆木头，将这个人放在最上面，然后派与他非亲非故的另一个埃吕利人去他身边用短剑杀死他，因为他们的法律不允许亲人之间互相残杀。当杀死他们亲人的人回来后，他们就会马上从边缘开始，点燃整个木堆焚烧尸体，燃尽之后，亲人们当场拾起骨灰埋在土中。在一个埃吕利人死后，如果他的妻子具有高贵的品德希望留下美名，她必须在短期内用绳吊死在她丈夫的坟旁。如果她不这么做，从此她就会声名狼藉，为她丈夫的亲人所憎恶。这就是古代埃吕利人的习俗。

随着时光的流逝，埃吕利人无论在数量上还是力量上都超过了生活在周围的所有蛮族人，自然而然，他们经常袭击其他民族，彻底击败他们，并抢夺财产，最后还迫使信奉基督教的伦巴第人和其他的一些民族臣服于他们并交纳贡赋。尽管那个地区的蛮族人都不习惯这样做，但贪婪和野蛮粗暴、目无法纪驱使埃吕利人做了这样的事。然而，当阿纳斯塔修斯取得罗马帝国的统治权时（491年），埃吕利人因为没有可侵略的对象了，就放下武器，恢复平静，在3年内保持和平。但他们的族人却极度愤怒，开始肆无忌惮地辱骂他们的首领鲁道夫斯（Rodolphus），时时去他面前称他胆小懦弱、缺乏男子气概，肆无忌惮地埋怨，还用其他名字来嘲笑他。鲁道夫斯因为不堪忍受侮辱，就向无辜的伦巴第人进军，没有指控他们犯错或是违反协议，毫无理由地就要与他们开战。当伦巴第人得知后，派使节面见鲁道夫斯，质问并要求他说明埃吕利人用武力进攻伦巴第人的原因，同意如果他们拖欠了埃吕利人的贡赋，他们会立即带息补偿；如果他们抱怨强加给伦巴第人的贡赋不够多，伦巴第人将非常愿意再增加贡赋，这就是使者提出的要求。鲁道夫斯威胁他们并打发他们走，继续进军。伦巴第人再次派其他使节怀着相同使命去恳求他，他又以同样的方式对待了第二次的使节。伦巴第人第三次的使节来到他面前禁止埃吕利人毫无借口地对他们发动战争，他们声称，如果鲁道夫斯一意孤行，虽然他们不情愿，在极端必要下，会列队迎击敌人，以上帝为见证人，召唤上帝给与恩惠，即使恩赐很少也足以与全人类的力量抗衡，帮他们扭转形势，上帝极有可能被战争触动而决定最终的胜负。伦巴第使者想以这样的话进行恐吓，但埃吕利人根本不退缩，决定与伦巴第人一决高低。当两支军队靠近时，伦巴第人军队的上方有一块乌云，又黑又厚，天色变得晦暗，而埃吕利军队上方的天空却十分晴朗，从这个现象看，人们一定会猜埃吕利人发动的这场战争会给他们自己带来灾难，因为以前在蛮族人作战时没有比这更令人忌讳的凶兆。但埃吕利人根本没有注意到这一点，完全忽视了它，极度轻蔑地向敌人发动猛攻，仅因他们的人数占优就预测自己能战胜伦巴第人，但进入近身战后，许多埃吕利人被杀，鲁道夫斯本人也阵亡，其他人完全失去勇气，全速逃跑，在敌人的追杀下，埃吕利人大多数都死在战场，只有很少的人幸存下来。

因此，埃吕利人从此以后不能再留在他们世代生活的故乡了，带着妻子儿女尽快离开，马不停蹄地穿越了伊斯特河边的所有国家，当他们来到罗吉人（Rogi）自古就生活的地区，因为罗吉人都加入哥特人的军队去了意大利，他们就在这里定居下来。但这里土地贫瘠，颗粒无收，埃吕利人被饥荒所迫，不久后就离开了那个地方，迁移到格庇德人（Gepaedes）国家[1]附近的一个地方。最初在他们的哀求下格庇德人允许他们住在那里，成了他们的邻居，但不久后，格庇德人便开始无缘无故地对他们做了许多邪恶的事，他们强奸妇女，抢夺埃吕利人的牛和其他财物，无恶不为，最后不公正地对他们发动了攻击。埃吕利人无法忍受，再次迁移，越过了伊斯特河，决定与生活在那一地区的罗马人为邻。那时是阿纳斯塔修斯皇帝的统治时期，他友好地接受了他们，允许他们生活在那里。不久后，这些蛮族人对当地的罗马人做出无法无纪的行为，触犯了皇帝，因此皇帝派一支军队进行讨伐并在战斗中打败了他们，杀死大多数的埃吕利人。虽然罗马军完全有机会将敌人斩尽杀绝，但幸存者乞求将军可怜他们，留下他们的性命，从此成为皇帝的奴仆和同盟者。当阿纳斯塔修斯皇帝听说后，很高兴。于是一定数量的埃吕利人活了下来，但他们从未成为罗马人的同盟者，也没为罗马人做过什么贡献。

在查士丁尼皇帝掌权时（527年），赐予他们肥沃的土地和其他的财物，完全取得了他们的友谊，还劝说他们全体皈依了基督教。结果，埃吕利人接受了这种更文雅的生活方式，决定完全遵循基督教的教规，一直遵守结盟的协议，通常都编入罗马军队共同作战。然而他们对罗马人不忠诚，加上贪婪成性，热衷于袭击邻人，而且对这种行为毫不羞耻。埃吕利人中还残存着亵渎的性交方式，尤其是男人和驴子的交媾，因此他们是最卑贱的人，彻底堕落，

---

[1] 见第3卷第2章和第7卷第24章。

是恶棍。

之后,尽管部分埃吕利人始终与罗马人保持和平关系,这我将在下文述及[1],但其他埃吕利人发动了暴乱,原因如下。埃吕利人讨厌他们的"勒克斯"奥库斯(Ochus)到了疯狂的程度,他们以一个不成立的理由突然杀了他,他们这样做仅仅是因为希望从此不再有一个国王统治他们。此前,他们的国王虽然拥有这个头衔,实际上他和任何普通民众比起来都没有优势,其他人都可以与他平起平坐,共同进餐,谁都可以不受限制地侮辱他,在这个世界上没有比埃吕利人更目无法纪和反复无常的民族了。他们做了这件邪恶的事后,立即后悔了,说他们不能生活在没有首领、没有将军的状态下,经过多重考虑,他们认为传召在极北岛的一个王室成员回来是最好的解决办法。这其中的原由我在下文再讲。

第 15 章

上文提到埃吕利人被伦巴第人击败后,从他们世代生活的故乡迁走,我提到过一些人在伊利里亚定居[2],其余的人反对渡过伊斯特河,喜欢定居在极其边远的地区。不管怎么说,他们在许多皇室后裔的领导下,一个接一个地穿越所有的斯拉夫人国家,又穿过了一个庞大贫瘠的国家,

---

[1] 第 7 卷,第 34 章。
[2] 普罗柯比没有提到过这件事。

到达沃尔尼（Varni）[1]，此后他们又经过了达尼人（Dani）[2]的国家，没有受到当地蛮族人的袭击，从那里出发顺利到达海边，取道海路，在极北地区靠岸[3]后，他们就在那里定居了。

极北岛是个大岛，面积相当于英国不列颠岛的10倍，在不列颠岛以北很远的地方，岛上大部分地方土地贫瘠，但有13个人口众多的民族生活在那个国家里，每个民族都有自己的国王。这个地方每年都发生一件让人惊奇的事情：在夏至日前后40天太阳始终不落，在整个时间段内太阳都一直出现在天上。但6个多月以后的冬至日前后的40天里岛上的人根本看不到太阳，都是无尽的黑夜。因此每到这个时候，人们的心情都很忧郁，因为这期间他们不能通过任何办法互相交往。尽管我非常想去这个岛，亲眼看看这样的怪事，但从未有这样的机会。但当我向从岛那里来的人询问，既然太阳在预定时间内从不升起和从不落下，他们到底是怎样估计一天的长度时，他们给了我一个可信而真实的解释，他们说，的确，太阳不落40天，但人们可以看到它移向东方，然后又移回西方，因此每当太阳回程，它都会到达地平线上的同一地点，即通常他们见到太阳升起的地方，他们用这种方法推断一天一夜的时间。当无尽的黑夜来临时，他们就通过观察月亮和星星的轨迹来判断

---

[1] 或Varini，是居住在莱茵河口附近的一个部落。
[2] 生活在丹麦半岛的一个部落。
[3] 很可能是冰岛或斯堪的纳维亚半岛北部，他们认为这是一个岛，称为"Scanza"，古代人早就熟悉"极北"这个名称，在亚历山大一世时代，航海家Pytheas就声称他到过这个岛，实际上两者并不是同一地点，但通常人们认为世界的最北端就是"极北地区"。

一天的时间。当无尽长夜过去 35 天时,就按照习俗,派人到山顶上,当他们能从那里勉强看到太阳时,就传话给下边的人,说 5 天之内太阳就会升起来了。全体居民都为这个好消息欢呼,在黑暗中举行庆祝仪式,这是极北岛各民族最盛大的节日,我想这些岛民尽管每年都能看到同样的事情发生,但他们还是很害怕太阳会忘记他们的存在。

生活在极北岛的蛮族人中,只有一个叫斯克里斯菲尼人(Scrithiphini)的民族过着与野兽无异的生活,既不穿衣也不穿鞋,既不饮酒,也不吃任何从地上长出的可食物,男女都不劳作,女人平常都与男人们一块打猎,这是他们唯一的爱好。广阔的森林和山区为他们养育了丰富的野兽和其他动物。他们只食用自己杀死的野生动物的肉,以它们的兽皮为衣。因为他们既没有亚麻也没有任何缝制衣物的工具,就以动物的肌腱连结兽皮,用这种方式遮住整个身体。实际上,就连他们的婴儿也不像其他民族的婴儿那样靠母乳哺育长大,斯克里斯菲尼人的孩子从不碰母亲的乳房,而只靠喝猎杀的动物的骨髓获取营养。女人一生下孩子后,把他包在一块兽皮里,直接挂在树上,将骨髓喂入孩子的嘴里,就马上与丈夫一同出去常规狩猎了,因为他们男女都做一样的事,也同样持有这一爱好。这就是他们的生活。

总的来讲,所有其他生活在极北岛的居民都与其他民族没有太大区别,只是他们供奉天、空气、土地、海洋诸神和妖魔及其他各种各样据说生活在泉水和河流中的灵魔。他们经常为死者献上各种祭祀品,在他们眼中,最高级的祭品要数在战争中俘虏的第一个人,把他献给他们的最高神——战神阿瑞斯。他们献出俘虏的方法不仅包括在祭坛上将他杀死,还有把他吊在树上,或扔到荆棘中,或以其他最残忍的方式致死,用来献祭。这就是极北地区居民的生活情况。他们之中高提人是人数最多的民族之一,那时新来的埃吕利人就住在他们旁边。

现在定居在罗马人中的埃吕利人在杀死他们的国王之后,派他们中间一些地位显赫的人去极北岛寻找并随便带回那里的一个王室成员。当他们到达该岛后,找到了很多王室成员,他们选出了最令人满意的一个人后和这个人一起踏上返程路。但这个人在走到达尼人国家的时候就生病死去了。于是这些人再次返回极北岛,找到了另一个皇室成员达提乌斯,他的弟弟奥尔杜斯和200名居住在极北岛的埃吕利年轻人随同他们一起出发。因为他们自上路以来已过了很长时间,辛吉敦纳姆(Singidunum)附近的埃吕利人就觉得违背皇帝意愿从极北岛带回一个领袖并不符合他们的切身利益。于是他们派使节去拜占庭,恳求皇帝亲自选择,给他们指派一个国王,于是皇帝就指派一个长期旅居在拜占庭的埃吕利人苏阿图阿斯(Suartuas)为他们的国王。开始时埃吕利人非常欢迎他,听从他的命令,但过了没几天,信使来到埃吕利人处汇报说从极北岛回来的人快到了,苏阿图阿斯就命埃吕利人与他一同去见这些人,目的是杀死他们,这里的埃吕利人同意他的意见,马上出发。但当两支军队相距仅有一天路程时,国王手下的人在夜间都离开他主动投奔到新来的人那一边了,他独自一人逃跑,向拜占庭出发,在那里皇帝热心地尽一切力量帮他恢复王位。这时埃吕利人因害怕罗马人的力量,决定臣服于格庇德人，这就是埃吕利人发动暴乱的原因[1]。

第 16 章

贝利撒留和纳尔泽斯率领的两支军队在菲尔莫姆（Firmum）城[2]附近会师。菲尔莫姆位于爱奥尼亚湾岸边，离奥克西姆城有一天的路程。他们在这里召集全体将领开会，讨论从哪里发动对敌人的袭击最有利。一方面，如果他们从阿里米尼军队的包围圈中突围前进，在奥克西姆的哥特人很有可能抢夺他们的后方地区，给他们及生活在那一地区的罗马人造成难以弥补的损失；但另一方面，他们又为被围困的人而担忧，因为他们正在忍受着饥饿的折磨，这也会带来很大的损失。大多数人都对约翰怀有敌意，纷纷发表自己的意见，指责他违背贝利撒留决定的方案私自采取军事行动，正因为他的不理智和对金钱的贪欲才将他置于目前的危险境地。纳尔泽斯是约翰的好朋友，他担心贝利撒留面对目前形势，会让步于这些人的话，将阿里米尼的形势置于次要的地位，于是他说：

"将领们，你们讨论的不是一个普通的问题，召开这次会议也不是为了一个让人怀疑其真实性的形势，在目前的情况下，即使是没有战争经验的人也应该立即做出选择，选择一条更好的行进方向。两个选择哪一个失败了都会面临同样的危险，造成同样的伤害，真是这样的话，我们就

---

[1] 见第 14 章的这个话题。
[2] 现在的费尔莫（Fermo）。

应该深思熟虑和详细讨论,只有这样才能做出正确的决定。如果我们拖延一段时间袭击奥克西姆,其结果不会影响到我们的任何关键利益,迟或早有什么区别吗?但如果我们在阿里米尼失败了,那么最大的可能就是罗马人的军队被摧毁。尊敬的贝利撒留将军,约翰无视你的命令,已经受到足够的惩罚,现在你或是在危难之中拯救他或是把他丢给敌人。约翰因无知而犯下错误应对他实施惩罚,但是你没有从皇帝那里或从我们这里得到这样的要求。如果哥特人在目前的关键时刻占领了阿里米尼,他们就有幸能俘虏一位能干的罗马将军、他的整个军队和一座属于皇帝的城市。灾难不会就此停止,它还有足够分量在各个方面影响到战争的进程。您应考虑一下,敌人的士兵在现在这种形势下人数上还占有优势,在多次挫折之后,他们损失了不少士气。这是自然的,厄运已经带走了他们所有的信心。因此如果他们取得了这次战役的胜利,那他们就会马上恢复士气,勇敢地面对战争,不是与我们相同,而是比我们更有勇气,因为摆脱困境的人总比没有遇到过灾难的人的心态更坚定。"纳尔泽斯说了这番话。

这时一个士兵突破蛮族人的包围圈,从阿里米尼逃到罗马军大营,将约翰的亲笔信交给贝利撒留。信的大意是:"因为我们的供应已经耗尽很长时间了,现在我们既不能安抚民众,也无法抵抗敌人对我们的攻击,7天之内就要被迫投降,将这座城市交给敌人,因为我们实在克服不了粮食的问题,如果我们做了羞耻的事,饥饿就是我们最好的借口。"以上就是约翰所写的信。贝利撒留为此陷入了极大困境,举棋不定,一方面他为被围困的军队担忧,另一方面他又害怕奥克西姆的敌人将占领几乎整个国家，无耻地掠夺一切财物，他还担心他们会抓住一切机会从后方伏击自己的军队，尤其是当他与敌人正在作战时，遭到前后两方面敌人的袭击，这样会给罗马人带来不可弥补的巨大损失。最后他做出如下决定：留下阿拉蒂乌斯率领1000名士兵在离奥克西姆200斯塔德处的海边扎营，不允许他们擅自离开，也不允许他们与敌人轻易开战，除非军营受攻击时要把敌人赶出军营。他这样做的目的是通过这一行动确定蛮族人在看到罗马人在附近扎营后，是否还会静静地留在奥克西姆而不来攻击他们。然后他又派遣了一支优秀的海军，以希罗狄安（Herodian）、乌利亚里斯（Uliaris）和阿拉蒂乌斯（Aratius）的兄弟纳尔泽斯为统帅，又任命伊尔迪戈尔为远征军的总统帅，贝利撒留指示他们直接航行到阿里米尼，在陆军未到达之前不要靠近港口城市登陆，而是沿着海岸线推进。同时他又命令马丁努斯率领另一支部队在岸边行军，与这些船只保持很近的距离。当他们靠近敌人时，就在夜里点燃比平常多数倍的营火，让对方误认为罗马军的数量比实际上要多。他本人则与纳尔泽斯和余下的军队一同从另一条离海岸较远的路前进，途经乌尔比萨里亚城（Urvisalia）[1]，这座城市早些时候已经被阿拉里克夷为平地，完全没有迹象可以看出之前的宏伟，只有一扇破损的门和相邻建筑物的地板残留了下来。

---

[1] Urbs Salvia，现在的乌尔比萨利亚（Urbisaglia）。

第 17 章

我在那里有幸亲眼目睹了这样一件奇事。当约翰的军队到达皮森努姆以后，当地人自然非常恐慌，妇女们有的匆忙逃跑了，逃到可以躲藏的地方，其他的则被碰上的敌人粗鲁地掳走。碰巧城中有一位妇女刚刚生产，她只能丢下婴儿逃跑，把婴儿留在襁褓中放在地上。不管她成功地逃跑或者被敌人抓住，她都没能再回到这个地方了，可以确定她从这个世界至少是从意大利消失了。这个被遗弃的婴儿大哭起来，一只寂寞的母山羊看到了他，因可怜他，走了过来，把自己的乳头放在他的嘴里（因为它也刚生产不久），小心地保护他，唯恐狗或其他的野兽伤害他。因为这次混乱持续的时间很长，所以这个婴儿也喝了很久的羊奶。但当皮森努姆人得知皇帝的军队前来攻打哥特人，罗马人不会受到伤害的时候，他们马上又纷纷回来了。当罗马妇女跟随男人们回到乌尔比萨里亚城，看到这个裹在布里的婴儿还活着，感到难以置信，一致认为这是一个奇迹。每个恰好能哺乳的妇女都要给孩子喂奶，但这个婴儿根本没喝过人乳，这只山羊也根本不愿离开他，围着孩子咩咩地叫，似乎对靠近孩子、惊吓了他的妇女感到非常生气。总之，这只母山羊坚持认为这个婴儿是它自己的。于是妇女们不再打扰这个婴儿了，山羊也继续无忧无虑地哺育他，无微不至地呵护他。因此该地居民称这个婴儿为埃吉修斯

(Aegisthus)[1]，我碰巧在此地逗留，为了让我能看到这一奇观，当地人带我靠近婴儿，假装要伤害他，婴儿因受到骚扰，哭了起来，那只山羊正站在一块石头扔出去那么远的地方，听到哭声就跑来了，在孩子旁边咩咩大叫，挡住了婴儿，没人能够再伤害他了。这就是埃吉修斯的故事。

贝利撒留率军从这里的山区经过，因为在数量上罗马军队比敌人要少很多，所以他不想与敌人公开交战。鉴于蛮族人因之前的数次失败已经陷入瘫痪状态，因此贝利撒留认为哥特军队只要听说罗马军队从各方向进攻的消息，就会失去抵抗的念头，毫不犹豫地四处窜逃。事实证明贝利撒留对形势的观察是正确的，他的推测与事情后来的发展大致吻合。当罗马军到达山里一个离阿里米尼仅有一天路程的地方时，碰巧遇到一支奉命送信的哥特小分队。这些哥特人意外地遭遇敌军，受到乘棚车行进的敌人的攻击，使他们无法逃跑，一些人倒下了，另一些人受伤后登上附近的山上躲起来，他们从那里看到罗马军队从四处聚集过来，误以为敌军一定人数众多，看到了贝利撒留的军旗后也意识到这支军队由他亲自率领。夜幕降临时，罗马人就地露营，那些受伤的哥特人偷偷跑回维提却斯的营帐，大约中午时分他们才到达。他们展示了自己的伤口，汇报说贝利撒留即刻就会率领一支人数占有优势的大军前来，哥特人在阿里米尼的北部开始备战。因为他们认为敌人会从这个方向发动进攻，并且频繁往山那边观望。但夜晚来临，哥特士兵都放下武器休息的时候，却看到城东部60斯塔德

---

[1] 来自"山羊"之意。

远处的许多营火——那是马丁努斯军队的营火——遂极度恐惧,猜想黎明时就会被敌人包围,在恐惧中度过一夜。第二天黎明,哥特人又看到一支庞大的舰队向他们驶来,陷入极度恐慌之中,慌忙逃跑,正当他们匆忙地打行李时,军中一片混乱,人喊马嘶,将领的指挥完全失去了作用,每个人都只想怎样从军营里逃出去,逃到拉文纳,保其自身,除此之外不关心任何事。这时如果城内被围的罗马军队还有力量或勇气,对哥特人发动袭击,他们将大量杀伤敌军,冲破包围圈,这次战争就会结束了。但城中的军队因为过去的经历和饥饿导致意志的软弱,极其恐惧,失魂落魄,以至于在蛮族人逃跑时无动于衷,坐失良机。这些蛮族人在慌忙中丢下很多东西,直奔通往拉文纳的路逃去。

第 18 章

在各路罗马大军中,伊尔迪戈尔和他的部队最先到达敌营。他们把因病而留在营中的哥特人变为奴隶,劫掠哥特人逃跑中遗留下的战利品。贝利撒留和他的军队中午时才赶到。当他看到约翰和城中的人都面色苍白,极度憔悴时,对他说了一些话,暗示他应对自己目中无人的鲁莽举动检讨并对伊尔迪戈尔表达感激之情。而约翰却说他绝不感激伊尔迪戈尔,而应感激皇帝的内务总管纳尔泽斯。我认为他的意思是指,贝利撒留在纳尔泽斯的劝说下不十分情愿地赶来保护他。此后,两人互相猜忌。正是这个原因,纳尔泽斯的朋友们甚至阻止他与贝利撒留同行,认为一个皇帝的近臣却不是军队的统帅,而要听从于一个普通将军的命令，这是一件丢脸的事。他们认为贝利撒留不愿与纳尔泽斯享有平等的军队统帅权。如果纳尔泽斯希望独自统帅罗马人的军队，就应拥有更多士兵，获得大部分精锐部队以及他们将领的拥护。他们指出，埃吕利人、纳尔泽斯的枪兵与卫兵、查士丁和约翰的军队、阿拉蒂乌斯和另一个纳尔泽斯的军队总共有大约1万人，他们都是勇敢的士兵，有才干的勇士，他们不希望将征服意大利的功劳全部归于贝利撒留所有，认为纳尔泽斯也应分享这一荣誉。他们认为，他离开皇帝，舍身蹈险，不是为了给贝利撒留赢得荣誉，而是要展示自己的智慧和勇敢，成为最有声誉的将领。他们还说，即使是贝利撒留这样的人物，如果没有这些军队的帮助根本不能取胜，因为贝利撒留的军队大部分都已经留在他占领的城市和要塞中充当守卫队了。他们还列举了从西西里到皮森努姆的全部城市和要塞的名称。

纳尔泽斯听到这样的话后，对这个建议感到非常高兴，不再强迫自己接受目前的安排了。因此，当贝利撒留想要实施一些新的计划时，他经常提出这样或那样的借口阻止计划的进行。当贝利撒留察觉到这一点后，将所有的将领都召集在一起，说：

"将帅们，在我看来，我对这里发生的这场战争与你们的观点不同，我知道你们傲视敌人，认为已经彻底征服了他们，而我认为，你们的这种自信会令我们陷入危险之中。这危险是有预兆的，因为我知道，我们能战胜哥特人并不是因为他们缺乏勇气或是人数上处于劣势，而是因为我们制定了详尽的计划，以战术取胜，才使敌人从这个地方逃走。我担心你们错误地分析形势，以致忽略了这些事实，给你们自己和罗马人都将造成不可弥补的损失。居功自傲的人比曾经遭受意外失败的人更容易失败，因为后者时刻被恐惧所激励，更重视他们的敌人，漫不经心的人即便处于良好的状况也会被击败，而不幸的人则会化不幸为力量和渴望。因为一方面，在人们漫不经心的时候，他们的力量通常会降低；而对形势的仔细分析则会增强力量。因此，你们每个人都应该记住以下事实：维提却斯和成千上万的哥特大军都在拉文纳，乌莱亚斯（Uraïas）正在围攻米兰并占领了全部的利古里亚（Liguria），奥克西姆（Auximus）集结着数量众多、难以应付的敌人，罗马附近的许多城市、远至乌尔维文图斯（Urviventus）都有可与我们匹敌的蛮族人守备队在守卫。因此我们目前的形势比以前更危险了，我们已经处在敌人的包围之中，这还不是全部，我还没有提到法兰克人也加入了他们在利古里亚的军队，这使所有罗马人都处在惊恐之中，无法忘怀。因此，我认为应该派一部分军队去支援利古里亚和米兰，其余的则对抗奥克西姆的敌人，这样才能尽量取得上帝容许的最大程度的成功。在这之后，我们就应该用最佳办法来处理战争的其他任务。"贝利撒留讲了这番话。

纳尔泽斯回应道："将军，在其他方面，没有人会否认你的正确性，但把皇帝在这里的军队分隔在米兰和奥克西姆之间，我认为是完全失策的。对您而言，您和罗马人都希望进攻两地，不无道理，但从我们的角度考虑，应该首先为皇帝占领埃米利亚的土地，因为这里是哥特人极想取得的土地，而且我们还会对拉文纳的敌人构成威胁，这样您就可以在敌人缺乏援军的时候粉碎眼前的这些敌人。但如果我们与你一同围攻奥克西姆,我怕蛮族人会从拉文纳前来攻打我们,我们将腹背受敌,再加上我们的供应基地又很远,很可能会导致全军覆灭。"纳尔泽斯说了这番话。

贝利撒留担心如果罗马人同时进攻几个地点,皇帝军队的力量就会削弱,由此引起的混乱最终将导致军队的灭亡,于是他把查士丁尼皇帝给军队将领的信读给大家听:"我派总管纳尔泽斯去意大利不是要他指挥军队,因为我希望贝利撒留一人以他认为最佳的方式统帅全军,你们有责任为了国家的利益听从他的安排。"这是皇帝的信的大意,而纳尔泽斯却抓住信尾的那句话大做文章,宣称贝利撒留目前制定的计划是违背国家的利益的,因此他说大家没有必要服从贝利撒留的命令。

第19章

听到这些后,贝利撒留派佩拉尼乌(Peranius)率领一支庞大军队去围攻乌尔维文图斯,他本人则率军攻打乌尔比努斯(Urbinus)[1],这是一座有坚固的城防设施和大量哥特人守备队的城市(距阿里米尼有一个轻装旅行者走一天的路程),纳尔泽斯、约翰和其他将领率主力部队殿后。在靠近该城时,他们沿着山脚分两队兵驻扎。因为军队还没有汇合,所以贝利撒留的军队在城东扎营,而纳尔泽斯的军队则在城西扎营。乌尔比努斯城坐落在一座圆形的山上,这座山很高,但并不陡峭,可以爬上去,但是坡度非

---

[1] 现在的乌尔比诺(Urbino)。

常大，特别是在靠近城墙的地方。在城北部有一个水平入口，所以罗马人在那里部署包围圈。贝利撒留认为蛮族人已经成为惊弓之鸟，稍稍施加压力很快就会向罗马人投降。于是他派使节去劝降，允诺他们会得到很多利益，劝诫他们成为皇帝的臣属。这些使节站在门口处（因为敌人不允许他们进城），费了很大力气试图说服他们，而哥特人对于自己的地理位置和粮食储备都很有信心，根本不听使节的建议，命令罗马人尽快离开该城。当贝利撒留听说了这些话后，命手下人收集粗木杆，连成一排，计划让士兵藏在其中，向前移动靠近那扇位于平坦地面上的大门，从那里发动攻势，于是士兵都干活去了。

但纳尔泽斯的几个心腹聚到他身边声称贝利撒留正在从事一项没完没了的任务和不切实际的计划。因为他们说约翰已经试图夺取这个地方[1]，那时该城的守卫人数也很少，但却是坚不可破的（这是真的），他们认为贝利撒留应该为皇帝收回埃米利亚。他们说服了纳尔泽斯夜里放弃了围城，尽管贝利撒留恳切挽留，希望纳尔泽斯协助他拿下乌尔比努斯城，但纳尔泽斯还是与他的亲信将领和随从们一起带着一部分军队赶去阿里米尼。当莫拉斯与他的蛮族军队在黎明时分看到一半敌人撤走时，便在城墙内开始辱骂和嘲讽留下的罗马人。然而贝利撒留命令剩余力量继续攻城。当他落实这个攻击计划时，所有的好运又降临到他的头上。在乌尔比努斯只有一处可供饮用的泉水，该城所有的居民都要从这里取水，随着围困的持续，泉水逐渐

---

[1] 见第 6 卷，第 10 章。

用尽干涸。只过了3天，蛮族人喝的水中就混有泥土了，他们最终决定向罗马人有条件投降。而贝利撒留对此一无所知，依然准备攻城，他的军队全副武装围山一周，然后他命令几个人在地面平坦的地方向前移动木排（"柱廊"[colonnade]，是这种装置常用的名称[1]），这些士兵藏进去，与"柱廊"一同向前移，躲过敌人的视野。这时蛮族人从外城墙伸出右手，祈求和平解决。但罗马人因为不知道泉水的事，误以为一定是敌人害怕这场战斗和罗马人的装备。双方都乐于停止战斗。哥特人向贝利撒留投降，拱手让城，条件是他们免受伤害，与罗马军队完全平等，成为皇帝的臣民。

当纳尔泽斯听说胜利的消息后既惊奇又沮丧，他本人依然不动声色地留在阿里米尼，命令约翰率领他的全部军队进攻凯森纳（Caesena）[2]。他们带着梯子靠近这个要塞，发动进攻，想破坏他们的城墙，蛮族人毫不示弱，英勇抵抗，罗马军损失惨重，埃吕利人的首领帕尼修斯（Phanitheus）也战死疆场。约翰没能顺利攻下这个凯森纳，便丧失信心，认为这里坚不可破，于是就和查士丁率领剩余部队继续前进。此后，他们发动突然袭击成功占领了福罗科尔尼留斯古城（Forocornelius）[3]，因为蛮族人退缩，根本不敢与罗马军队开战，于是他轻易地为皇帝收复了全部埃米利亚（Aemilia）。这就是这些事情的经过。

---

[1] 希腊人的柱廊 stoa，即为罗马人的 vinea。
[2] 现在的切萨纳（Cesena）。
[3] Forum Cornelii，现在的伊莫拉（Imola）。

第 20 章

大约在冬至日贝利撒留占领了乌尔比努斯之后,他认为立即出兵奥克西姆是失策的。他认为围困这座城市会耗费大量时间,因为这座城市防御坚固,蛮族守备队人数众多,又都是精锐部队,这在上文提到过[1],加之他们从乡村抢夺了大量的粮食,储备十分充足,因此想迅速攻破此城是不可能的。贝利撒留命令阿拉蒂乌斯率领一支大军在菲尔莫姆过冬,设置防线以阻止蛮族人自由从奥克西姆出兵,对那一地区发动猛攻。他本人则率军进攻乌尔维文图斯,因为佩拉尼乌从逃兵那里得到消息说那座城市里的哥特人已经短缺粮食了,催促他率全部军队前去攻城,敌人马上就会投降,事实果真如此。贝利撒留到达乌尔维文图斯后,命令全军在有利位置扎营后,他本人围城走了一周,仔细观察是否能通过强攻取胜,最后他发现任何方式的袭击都难以攻下该城。但通过计策取胜却是可能的。

乌尔维文图斯位于一座孤零零的从水平地面升起的小山上,山的顶端平坦,但底部陡峭,这座山被相同高度的岩石环绕,但不在山脚下,而是离山有扔一块石头远的地方[2],古代人在山上建城,他们依仗着得天独厚的地形既没有修城墙,也没有修建其他的防御工事。只有一个进城的入口从岩石中穿过,城中居民只需守住这个入口,就不

---

[1] 见第 11 章。
[2] 最近的高地大约在半英里远处。——霍奇金

用担心敌人会从其他方向攻城。除了这个天然形成的城市入口,还有一条既宽又深的难以渡过的河[1],在这座山和刚刚提到的岩石之间流过,古罗马人根据这种地形在入口处修了一段短短的城墙,城门就在城墙上,哥特人也守卫在那里。这就是乌尔维文图斯的地形情况。

贝利撒留开始出动全部军队围城,他的战略意图是或者渡河发动攻击,或者迫使敌人因饥荒而投降。这时蛮族人还有一点粮食储备,尽管远远满足不了需求,他们仍坚持忍耐,超出人们的想象,每天只吃很少的食物维持生命,得不到足够的营养,最后,当他们将所有的粮食都吃光了的时候,他们就开始吃之前在水中长时间浸泡过的兽皮。守军统帅阿尔比拉斯(Albilas)是哥特名将,他一直以空洞的希望支持属下[2]。

时光飞逝,夏季来临,玉米地里的谷物也成熟了,但因无人照看,所以产量不多,事实上几乎没有收成。因为无人犁田,所以没有垄沟,种子都留在了表面,只有很少的种子扎根,成熟后因无人收割,就又掉到地上,以后就没有长出任何东西了。在埃米利亚也发生了这样的事,正因如此,当地居民都离开家园去了皮森努姆,他们认为那个滨海的国家一定不会缺少食物。托斯卡纳人也因同样的原因而受饥荒的折磨,山区的居民都以橡树籽制成的面包为生,他们像磨谷物一样将其磨碎,制成面包,结果大多数人都得了各种不同的疾病,只有很少的病人摆脱疾病,

---

[1] Paglia 河现在只流经这座山的两侧。——霍奇金
[2] 在前文中暗示这个城市被围困,但没有详细叙述,后来普罗柯比也没有回到这个话题上。

恢复了健康，事实上据说在皮森努姆的罗马农民中有不少于5万人被饿死，在爱奥尼亚湾北部死的人更多[1]。

现在我讲一讲他们的症状及死亡的情况，这是我亲眼所见的。他们起先都因营养不良而变瘦，面色苍白，应了古代的一句谚语："病从胆生"，他们的身体中胆汁的含量过高，从外表就可以看出来。当疾病继续恶化时，他们的皮肤因失水而像皮革一样干枯，瘦得皮包骨，皮肤的颜色也由乌青变成黑色，就像完全烧焦的火把的颜色。他们的脸也总是呈现出一副惊愕的表情，用恐慌的眼神盯着人看。一些人因为缺少食物饥饿而死，另一些则因为吃了太多而死，因为他们已经耗尽了体内的能量，当有人喂饱他们时，没有像喂婴儿那样一点一点地喂，使得他们根本没法消化这么多食物，还没病死就先撑死了。还有一些人因为饥饿而吃人。据说在这个国家中，阿里米尼城另一边的一个地方有两个妇女一共吃了17个男人，这两个女人是当地仅有的幸存者，当陌生人从这里经过时，只能在她们的小屋里留宿，她们会趁陌生人睡熟时杀掉他们并吃掉。当第18个人在这两名妇女就要下手时从睡梦中惊醒，起身反抗，从她们的口中得知其所作所为后，杀死了她们两个。这个故事是我听说的。那时大家都饥饿难忍，如果发现有一棵草，他们都会发疯般地冲上去，跪下来，想把它从土地里拔出来，但他们连这一点力气也没有了，最后倒在草上，松开手，死去了。没人掩埋他们的尸体，事实上根本没人关心此事，就连以吃尸体为生的鸟类也不碰他们的尸体，因为

---

[1] 普罗柯比所指的爱奥尼亚湾就是亚得里亚海。

尸体上已经没有鸟想吃的部分了，我之前提过，他们所有的肉都因饥饿而耗尽。这就是饥荒侵袭这片土地的情况。

第 21 章

当贝利撒留听说乌莱亚斯率领的蛮族人包围了米兰时，就派马丁努斯和乌利亚里斯（Uliaris）率大军前去解围，当这支军队到达离米兰只有一天路程的波河时，扎下军营在那里修整，花了很长时间反复讨论怎样过河。当蒙蒂拉斯（Mundilas）听说后，派一个叫保卢斯（Paulus）的罗马人去见他们。他在敌人未发现的情况下冲出包围圈，来到波河岸边。不凑巧当时没有摆渡的船，他就脱下衣服，冒险游泳过河，到达罗马人的大营。他对统帅们说：

"马丁努斯和乌利亚里斯，你们做的事与所享有的名誉不相符，表面上你们为了拯救皇帝的帝业，实际上却是助长了哥特人的力量。因为米兰无论在城市规模、人口数量还是繁荣程度上都大大超过了意大利的其他城市，而且除了这些优势，它还是对抗日耳曼人和其他蛮族人、保卫整个罗马帝国的前哨。我的意思是，这座城市现在与蒙蒂拉斯和皇帝的军队一同受到敌人的围攻，正处于危险之中，但你们却视而不见。现在我就不讲你们对皇帝做的错事了，因为目前的形势十万火急，我得长话短说，在城市还有希望的时候寻求快速的帮助。你们必须以最快的速度前去支援处在危机中的米兰人，我们才能有救。在这样的危机下，如果你们再犹豫不来，最终只能导致两个结果：其一，我们在忍受最残酷的命运之后灭亡；其二，你们会把皇帝的权力出卖给敌人,因为有可能会打开城门放敌人进城的人不仅有被称为叛徒的人,还有其他人,他们与叛徒一样有罪,而且更有甚者,这些人在受围攻时明明有能力保护最重要的人,但却犹豫不决,害怕面临危险和艰苦的战争,给敌人以取胜机会。"保卢斯讲完这番话后,马丁努斯和乌利亚里斯答应他立即出发。保卢斯又一次在夜晚成功地穿越封锁线回到米兰城,未被蛮族人察觉,他又燃起了士兵们和所有罗马人的希望,也增强了他们对皇帝的忠诚。

尽管如此,马丁努斯和他的手下还是不愿行动,依然留在原处,犹豫了很长的时间。最后马丁努斯希望消除保卢斯的指责,只能给贝利撒留写了一封信,内容是:"你派我们来这里来援助被围困的米兰人,我们按照你的命令匆匆赶来,但到了波河后军队士兵害怕过河。我们听说在利古里亚有一支哥特大军,还有相当多的勃艮第人与他们在一起,我们不能单独对抗这么大的一支敌军,请命令在我们附近的埃米利亚的约翰和查士丁率领的全部军队前来援助我们共同对敌。从这里一起进攻,这样我们不但能保住自身,也能对抗敌人了。"这就是马丁努斯书信的内容。贝利撒留读过之后,立即命令约翰和查士丁加入马丁努斯的军队,火速赶去米兰救急。但他们却说他们只听从纳尔泽斯的命令,否则什么也不做。于是贝利撒留又给纳尔泽斯写了这样的信:

"皇帝的全部军队是一个整体,如果不为同一目的统一行动,就像一个团体中的成员,每个人各自为政,其结果是我们都会在未完成职责之前全部毁灭。既然目前埃米利亚既没有要塞,也不具备对罗马人成败起决定作用的重要地位,你必须立即命令约翰和查士丁率军前去与马丁努斯的军队汇合,共同打击米兰的敌人。因为他们的军队近在咫尺,有足够强大的力量打败敌人。我这里没有足够的军队可以派去,而且我认为从这里派士兵增援米兰是失策的,因为在路上要浪费很多时间,不可能及时赶到那里,另外他们也难以在长途跋涉、精疲力竭地到达之后立即与敌人开战。如果这些人[1]能与马丁努斯和乌利亚里斯共同支援米兰,就可以打败那里的蛮族人,再次占领埃米利亚,而不会遇到进一步的抵抗。"纳尔泽斯读完信后,派人传令让约翰和查士丁与他们的军队一同赶去米兰,约翰不久后从海路出发,配备足够让军队渡过波河的船只。但因为他得了一场病,所以部队耽搁下来。

当马丁努斯的军队在波河边犹豫是否要渡河时,约翰的军队正等待纳尔泽斯的指示,又浪费了大量的时间,敌人也在加紧围城。这时城中的居民已经面临严重的饥荒了,他们大部分人开始饥不择食地吃狗、老鼠和其他从未吃过的动物。蛮族人派使节去见蒙蒂拉斯,命他投降,交出该城,他本人和士兵们就会免受伤害。但蒙蒂拉斯同意投降的唯一条件是他们不仅要保证罗马人守备队的安全,还要保证不伤害城中的每个人。虽然敌人已经允诺保证蒙蒂拉斯和士兵们的安全,但却对利古里亚人充满仇恨,有意要屠杀全体居民,于是蒙蒂拉斯将所有的士兵们召集到一起说:

"在我们之前曾有一些人,尽管他们有机会耻辱地活下

---

[1] 约翰和查士丁。

去，但他们还是选择了放弃苟且偷生，光荣地死去。现在我希望你们能成为这样的人，不要为了存活下来而苟且偷生，违背贝利撒留的教诲，你们已从他的教诲里面收获良多，高尚和勇敢就是你们的品格。人生在世，难免一死，但每个人死亡的方式是不同的，其区别在于胆小的人接受命运的安排，从敌人那里受到侮辱和嘲弄，而高尚的人却勇敢地面对敌人，受到人们的称赞。除此之外，如果有可能在变成蛮族人的奴隶的同时拯救全体居民，至少可以从我们的耻辱中得到一些宽恕。但如果我们被迫眼看这些罗马人惨死在敌人手上，这将比任何一种死亡都要痛苦，我们就成了这些蛮族人的帮凶，犯下了可怕的罪行。然而我们完全可以拿起武器，勇敢地面对命运的安排。我建议我们尽可能武装好，然后出其不意进攻敌人。这样做的结果有二：或者我们受到命运女神的眷顾，出乎意料幸运地取胜；或者光荣地死去，留下美名千古传扬。"

但蒙蒂拉斯讲完这番话后，没有一个士兵愿意冒险，他们答应了敌人提出的条件，将城市拱手相让，丢下武器投降。蛮族人真的没有伤害士兵，只是将蒙蒂拉斯和士兵们看管起来，而整个城市则被夷为平地，他们杀死了不少于30万老老少少的罗马男人，将妇女变为奴隶，送给勃艮第人以报答他们的支持。当哥特人找到了执政官雷帕拉图斯（Reparatus），将他的身体剁成碎块喂狗吃了。而韦尔根提努斯（Vergentinus）（碰巧他也在米兰）却得以幸存，和他的随从们一起穿过维尼提（Veneti）和那个地区其他国家，逃到达尔马提亚，再从那里回到拜占庭，向皇帝讲述了罗马人的这次大灾难。哥特人的胜利迫使其他有罗马守备队的城市投降,他们再次占领了整个利古里亚。马丁努斯和乌利亚里斯则领军返回罗马。

第 22 章

以上就是在利古里亚发生的事。贝利撒留此时还不知道利古里亚发生的事情。因为冬天即将结束,所以他率大军前往皮森努姆。但他在路上听说了米兰的悲剧,极度痛心,从此再也不想见到乌利亚里斯了,并写信向皇帝汇报了发生的事,但皇帝没有因此而处罚任何人,只是得知贝利撒留和纳尔泽斯的不合后传召纳尔泽斯立即回首都,任命贝利撒留为全军的总统帅。于是纳尔泽斯带着极少数士兵返回拜占庭。但埃吕利人士兵见纳尔泽斯离开了意大利,也不想再留下,尽管贝利撒留允诺他们如果留下会从自己和皇帝这里得到很多好处,但他们都背起行李离开。他们先去了利古里亚,遇到了乌利亚里斯的军队,把他们带走的所有奴隶和牲畜都卖给了敌人,得到了一大笔金钱,他们还发誓从此不再与哥特人对抗或征战了,和平地撤退了。此后,埃吕利人来到维尼提,却在这里遇到了维塔留斯(Vitalius)。他们开始为自己对皇帝做的错事感到后悔了,为了消除对他们的指责,他们在那里留下了一个统帅维桑杜斯(Visandus)和他的军队,其余的人在阿鲁伊特(Aluith)和菲勒蒙特(Philemuth)的率领下前往拜占庭。其中菲勒蒙特是帕尼修斯(Phanitheus)在凯森纳(Caesena)被杀之后取得统帅之职的。

维提却斯和他的哥特军队听说贝利撒留一开春就要向

拉文纳发动进攻，非常害怕。面对这样的形势，他意识到以自己的力量难以打败敌人，开始广泛征求意见，在深思熟虑以后决定求助于其他蛮族人。在这个过程中，他们避开了日耳曼人，因为他们已经领教了日耳曼人狡猾和易变的性格，只要他们不与贝利撒留联手对付哥特人，对双方都不插手就令人很满意了。维提却斯派使节去见伦巴第人首领瓦塞斯（Vaces），以重金邀请他们结成攻守同盟，但当使节们听说瓦塞斯是皇帝的朋友和同盟者之后，无功而返。在这样的状况下，维提却斯自然感到不知所措，他多次召集年长者询问制定什么样的计划才能取胜。参加会议的人提出了很多建议，其中一些根本不切实际，另一些则可供参考，以下便是其中一个好点子：罗马人皇帝在与波斯人签订和约之前从来没有与西方的蛮族人开战，是签成之后才去消灭汪达尔人和摩尔人势力的，让哥特人陷入了现在的不幸当中。相应地，如果有人再次挑起波斯国王对查士丁尼皇帝的仇恨，使罗马人与波斯重开战端，那么他们就无暇挑起另一场战争了。维提却斯和其他的哥特将领对此建议深为嘉许。

于是维提却斯立即派使节面见波斯国王科斯劳。他考虑到如果派哥特人出使波斯，那么他们的身份很容易暴露，被罗马人看作是皇帝的敌人，从而导致这个计划功败垂成。于是他以重金贿赂了两个利古里亚教士为他们服务，两人之中看上去更受尊敬的人担任使节，假称自己为主教，并打扮成那样，另一个装扮成他的助手。维提却斯又写了一封信委托他们交给科斯劳。科斯劳因受这封信的影响，在和平时期对罗马人做了许多残暴之事，我在前面已经讲过了，当查士丁尼皇帝听说科斯劳和波斯人要破坏和平协议，他商定尽快结束西线的战事，召回贝利撒留对付波斯人，于是他立即打发了维提却斯的使节（因为他们碰巧还在拜占庭），答应他们他会派人去拉文纳与哥特人拟订令双方都满意的协议。但贝利撒留一直扣留这些使节，直到哥特人释放了阿塔纳修斯和彼得后[1]才释放他们。当这两个人回到拜占庭后，皇帝赐予他们最高的荣誉，任命阿塔纳修斯为意大利执政官，任命彼得为军事长官（magister）[2]。(539年）冬天即将结束，普罗柯比写的这场战争的第四年过去了。

第 23 章

贝利撒留希望能首先占领奥克西姆和费苏拉（Fisula）[3]，消灭阻碍他进军或是骚扰他后方的敌人，然后再进军拉文纳，讨伐维提却斯。他派西普里安（Cyprian）和查士丁（Justinus）率领其手下和一些伊苏里亚人去费苏拉，他还从季米特里乌斯（Demetrius）的分遣队中调出500名步兵与他们一同前往，指示他们在城堡附近扎营，围攻蛮族人守备队。马丁努斯和约翰的军队以及另一支由"贪吃者"（Glutton）约翰率领的军队则前往波河沿岸的城市阻止乌莱亚斯和他的军队从米兰赶来进攻罗马军的主力部队。如果他们难以抵抗敌人的进攻，就秘密

---

[1] 见第5卷，第7章。
[2] 军队中的最高军阶。
[3] Faesulae，即现在的菲耶索莱（Fiesole）。

跟在敌军的后面,袭击其后军。于是他们占领了多尔松(Dorthon)[1],这是一座沿河而建的没有城墙的城市,驻营停留,贝利撒留则与11000个战士前往奥克西姆,它是皮森努姆的第一大城,罗马人习惯上称它为大都市。此处离爱奥尼亚湾岸边有84斯塔德远,距离拉文纳有3天的路程,大约80斯塔德远。城市坐落在一座高山上,在水平线上根本没有入口,敌人也根本没法进入城内。维提却斯在该城中召集了哥特人中最出色的士兵,建立了一支精锐守备队,猜测罗马军在没有占领这座城的情况下一定不敢轻易进军拉文纳。

当罗马军队到达奥克西姆时,贝利撒留命令他们在山脚下树篱扎营。于是他们分成小队,在不同点上搭好帐篷。哥特人观察到敌人队与队之间相隔很远,很难互相援助,又在大平原上,因而决定在傍晚对城东的敌人发动突袭。此时贝利撒留正与他的枪兵侍卫在那搭帐篷,他们拿起武器奋力抵抗敌人的袭击,不费吹灰之力,勇猛地打退了敌人并一直追到半山腰处。蛮族逃兵依仗地形优势向罗马追兵发动反攻,他们居高临下,箭如雨下,罗马人损失惨重。天色渐黑时才停止了战斗,在夜里回营。碰巧前一天有一些哥特人在黎明时被派出去到附近乡村抢夺粮食,这支抢劫小队根本不知道敌人已经出现,他们在夜间返回时突然看到了罗马人的篝火,非常惊讶和害怕,有一些人鼓起勇气,冒险逃过敌人的侦察,回到奥克西姆城,但还有很多人非常害怕躲在灌木丛中等待时机去拉文纳,这些人很快

---

[1] Dertona,现在的托尔托纳(Tortona)。

被罗马士兵擒获杀掉。贝利撒留认为奥克西姆城防设施非常坚固，根本不可能对城墙发动攻击，以强攻占领它，于是决定改变战术，以围困的方式断绝城中的食物供应，届时守军自会投降。

在离城堡不远处有一片青草丰富的土地，这引发了罗马人和哥特人每天的小规模冲突。每当罗马人看到他们的对手为马匹割草时，他们就冲上山袭击敌人，英勇地阻止他们割草，他们在这个地方杀死了很多哥特人。哥特人发现敌人更英勇，就采取了下面的计划：他们将货车上的轮子和轴拆下来备用，当他们割草时，一看到罗马人上山，登上半山腰时，就将轮子滚下去，从上面砸死罗马人，但碰巧这些轮子都滚到水平线上而没有撞到一个敌人，计划失败，蛮族人只能逃回城堡。哥特人一计不成，又生一计。他们预先在离城堡很近的沟壑中设下精锐伏兵，然后故意让敌人看到一些士兵在接近草地，当双方战到沟壑附近时，伏兵立即冲出来，凭借数量上的优势击败敌人，因为罗马人在这之前都没有受到过攻击，常常是杀死很多哥特人，把其余赶跑，所以遭到袭击后陷入恐慌。尽管营中的罗马人看到了敌人的伏兵从沟壑中出来，大喊着让他们的同伴们回来，但战场上的人根本听不到他们的喊声，一是因为他们相隔太远了，二是蛮族人故意大声撞击武器以阻止罗马人听见喊声。

面临这种形势贝利撒留非常困惑。这部史书的作者普罗柯比来到他的面前说："将军，在罗马人军中吹号的人自古就能分辨两种不同的旋律：一种是鼓励士兵前进，促使战斗的旋律；另一种则是在将军您不得已的情况下让那些战斗中的士兵回营的旋律。您可以通过这种方式对士兵发布准确的命令,士兵们也可以通过这种方式知晓并执行命令。因为在战斗中,人的声音没有武器撞击的声音大,所以不足以发出明晰的命令,战士的感觉也会因恐慌而变得不灵敏。在目前的情况下以一声号角传达军令已经被忘却遗弃了,但你可以采用这样的办法,以骑兵的喇叭催促士兵继续与敌人作战,以步兵的号声命令士兵回营,他们不可能分不清这两种声音,因为一种声音是皮和细木发出的声音,另一种声音则是厚重的黄铜号发出的。"普罗柯比说了这番话。

贝利撒留对这个建议深以为然,召集全体士兵说:"我认为拥有战斗热情是一种值得夸奖的好事,只要它表现适度并且不会给拥有它的人造成伤害。因为好事一旦过了头就会变成坏事。因此,从今以后你们不应该因自己的战斗激情而招致失败,与处于劣势的敌人战斗时逃走自然是一件可耻的事情,但是,看不到眼前的危险的人在应该撤退的状况下仍一味坚持继续战斗一样也很愚蠢。真正高尚的人是那些在不可避免的危险中表现勇敢的人。现在蛮族人不敢与我们一决胜负,就设陷阱害我们,对我们来讲,自投罗网比逃脱他们的伏击更该受到责骂,没有什么事比落入敌人的陷阱更丢脸的了。我会负责查明那些你们没有发现的敌人的埋伏,你们必须在我发出信号后以最快的速度撤退,这个信号就是步兵的铜号声。"贝利撒留说了这番话后,当士兵们看到敌人靠近草地时,立即开始进攻,第一次袭击时就杀死一些敌人。一个摩尔人见倒下的哥特人中有一人头上戴有黄金饰品,就拖着他的尸体准备抢劫,此时一个哥特人向他投了一把投枪,击中他的双腿,投枪刺入他胫骨后面的肌肉中,结果两条腿被一支投枪刺穿,钉在一起,但这个摩尔人还是抓着尸体的头发拖着他。这里哥特人把伏击的人喊了出来,贝利撒留从军营中见状急忙命令步兵吹号,罗马人听到后纷纷撤退,他们带着这个摩尔人以及腿上的投枪回归大营,哥特人不敢继续追赶,铩羽而归。

第 24 章

蛮族人见他们的食物供应越来越少,很快就会不够用,想把这一情况汇报给维提却斯,因为没有人敢出城完成这一使命(他们认为这次不会逃过围城者的眼睛了),于是采取了下面的计划:他们先让使者们做好准备,等待一个月黑风高的夜晚。这一夜终于来了,他们让使者带信出发,并突然在大部分城墙上响起了巨大的呐喊声,就像敌人发动突袭占领这座城市引起的混乱情况一样。罗马人被发生的事情迷惑了,毫无头绪,按照贝利撒留的命令不动声色地待在营中,猜测他们在进行一项计划,并且有一支来自拉文纳的敌军前来援助。罗马士兵非常害怕,认为留在一处安全的地方比在这个漆黑的夜晚出去冒险更好。蛮族人就这样瞒过了敌人,神不知鬼不觉地突出重围,前往拉文纳,他们没有被任何一个敌人发现行踪,于第 3 天来到维提却斯面前呈上信。信的内容是:"陛下,当你命令我们守卫奥克西姆,就表示把拉文纳和你的王国的钥匙交给了我们。因此,命令我们用心守卫,决不能把哥特人的利益出卖给敌人,你还断言,在我们迫切需要帮助时,你将会主动地召集全军帮助我们。至于我们,正在与饥荒和贝利撒留同时作战,证明自己是您王国的忠实守卫者,但是您还完全没有要援助的意思。你必须要考虑,如果有一天罗马人占领了您毫不理会的奥克西姆,就等于占据了王国的大门,那么您就会被夺走一切。"这就是信的大意。

维提却斯看过信后,当时的确允诺派全部哥特军队驰援奥克西姆,送走了使节,但后来,他又举棋不定,态度消极了。因为一方面,他担心约翰的军队将包抄到他的后面,使他腹背受敌;另一方面,他又害怕贝利撒留的军队人数众多,充满斗志。于是他陷于无助而恐惧的状态中。但他最关心的还是饥荒,这是最令他心神不定的事。因为他已经没有办法给他的军队提供食物供应了。其原因在于罗马人已经控制了海域,占据安科纳要塞,从西西里和卡拉布里亚带来的所有食物供应储存在那里,可以在任何时间供应军队;哥特人则相反,如果他们进军到皮森努姆,就没有粮食来源了,维提却斯非常清楚这一点,因此他不知所措。后来,从奥克西姆派去见维提却斯的使者又在罗马人没有发现的情况下返回,带回了他的承诺,以空洞的希望鼓励城里的蛮族人。贝利撒留从逃兵那里听说这件事后,加紧守卫,不允许此类事情再次发生。这些事情的经过就说到这儿。

与此同时,西普里安和查士丁的军队正在围攻费苏拉,因为要塞从哪个方向都很难攻破,所以他们难以对其发动袭击,甚至不能靠近它。但蛮族人却经常袭击他们,希望能与罗马人决战一场,这比受饥饿的折磨更好。最初的战斗都是小规模的，过了一段时间，罗马人逐渐占据优势，将敌人围困在城内，严加防范，不让任何人离开该城。蛮族人发现他们已经断粮了，而且在当时的形势下孤立无援，于是便又秘密派人逃过敌人的封锁去见维提却斯，恳求他尽快派援军，因为他们不能再支撑多久了。维提却斯命令乌莱亚斯率利古里亚的军队前往提西纳姆（Ticinum）[1]，宣称他随后也会亲自率整个哥特军队去支援。于是乌莱亚斯奉命率领手下的整支军队前往提西纳姆，他们渡过波河，来到罗马军营附近[2]，在离敌人60斯塔德远处扎营。双方都未发动进攻。因为一方面罗马人认为自己有能力阻止敌人前进，所以敌人是不能突破他们包围圈的；另一方面蛮族人不愿在这里与敌人决战，如果他们在这次战斗中失败，就会破坏哥特人的整个计划，那样他们就不能与维提却斯的军队联合起来援救被围的哥特人了。因为这两方面的原因，两军对峙不动。

第 25 章

这时，法兰克人听说哥特人和罗马人在战争中两败俱伤，便想从中渔利，以为能轻易攫取更多意大利的土地。他们逐渐认识到，让别人为争夺离他们自己如此近的土地的统治权而进行长期的战争，而他们自己却保持沉默并观望双方的成败是荒谬的。所以，他们背弃了此前不久与罗

---

[1] 现在的帕维亚（Pavia）。
[2] 在多尔松（Dorthon）。

马人和哥特人签订的协议和所发的誓言（因为这个民族是世界上最不可靠的民族），立即聚集了10万人的军队，命希尔德伯特（Theudibert）率部进军意大利。法兰克人军队以步兵为主，只有少量的骑兵在统帅身边行进，只有他们配备了长矛，其他人都是步兵，既没有弓，也没有投枪，士兵的武器是一把剑、一个盾牌和一把斧头。这种斧头的铁头很厚，两面都很锋利，木把很短，他们一听到命令就将斧头飞掷而出，砸破敌人的盾牌杀死敌人。

　　法兰克人翻越横亘在高卢和意大利之间的阿尔卑斯山，进入利古里亚[1]。在此以前，哥特人曾对法兰克人的以怨报德行为非常愤怒，因为，尽管哥特人以大量的土地和金钱换取法兰克人的同盟，但这些法兰克人却不愿意遵守诺言。当哥特人听说希尔德伯特拥有一支大军，他们高兴起来，指望他们不需要战争就能够以优势的军队击败敌人。至于日耳曼人（普罗柯比所指的"日耳曼人"和"法兰克人"是同一种人），只要他们在利古里亚，就不会伤害哥特人，这样哥特人就不会阻止他们渡过波河。当他们到达提西纳姆城后，那里有一座古代罗马人建造的跨河桥，守卫该桥的哥特人尽力帮助他们安全过桥。但当法兰克人控制了这座桥后，便开始屠杀附近的哥特妇女和儿童，将她们的尸体抛入河中，作为战争的供品，因为这些蛮族人虽然皈依了基督教，但还保留着大部分古代信仰，举行人祭和其他不神圣的祭祀仪式，他们还有预言的能力。哥特人见状非常恐惧，都逃进城堡中了。

---

[1] 普罗柯比所称的利古里亚是指波河北部，见第5卷，第15章和注释。

日耳曼人渡过波河后，来到哥特军营，最初哥特人见他们三五成群来到自己营中很高兴，以为他们是来协助战斗的，但大群的日耳曼人出现后便发动进攻，投掷斧子杀死很多哥特人，哥特人掉头逃跑，穿过罗马大营逃往拉文纳方向，罗马人见哥特人逃跑，以为贝利撒留的援军已到并攻占了敌军大营，希望能快点与他汇合，他们拿起武器快速前进，但却意外地遇到了另一支敌军。罗马士兵被迫与法兰克人交战，遭到惨败，死伤累累，幸存的罗马人都逃跑了，逃回军营已经是不可能的了，于是他们逃向托斯卡纳。最终他们到达那里后，向贝利撒留汇报了整件事的经过。

法兰克人打败了两方的军队并占领了空无一人的两军大营，并在营里找到了许多粮食，但他们很快就把营中所有的食物都吃光了。因为他们的人数太多了，而且此地荒无人烟，他们只能吃牛肉，喝波河水，除此之外没有其他可吃的东西了。但因为他们喝的水太多，又不能消化这些牛肉，许多人都得了痢疾，腹泻不止，他们又没有易消化的食物，所以很难康复，据说有三分之一的法兰克士兵因此死亡。他们不能继续前进，只能停在原地休整。

当贝利撒留听说有一支法兰克人的军队进攻意大利以及马丁努斯和约翰的军队被他们打败溃逃的消息，非常烦恼，他不仅担心自己的整个军队，而且更担心正在围攻费苏拉的先遣队，因为他知道这些蛮族人已经是他们最大的威胁。于是，贝利撒留马上给希尔德伯特修书一封："伟大的希尔德伯特，我认为在任何情况下，一个杰出的人出尔反尔、背信弃义都是一件耻辱的事，特别当这个人是像您这样的统治者。你们是一个人口众多的大民族,却违背自己写下的誓言,无视条约,即使是一个无足轻重的小人物也是不应该违背协议的。但在目前的情况下你们却犯下了这样的错误,你自己心里很清楚,你们最近答应我们会在战斗中抗击哥特人,但你们不但没有避开我们和哥特人间的冲突,反而以草率的态度拿起武器对我们发起进攻。我的朋友,请不要这样做,当你们冒犯了皇帝时,他一定不会宽恕你们对他的侮辱,也不会忘记对你们施加惩罚。现在最好的办法就是各自保护自己的财产,不要窥视别人的财产,把自己陷入危险当中。"当希尔德伯特读过这封信后,他既面临困境,又受到日耳曼人的谴责,因为他们认为没有必要在这片荒芜的土地上饿死,于是他和幸存的法兰克人拆掉营帐,以最快的速度撤回自己国家去了。

第 26 章

希尔德伯特就这样在进军意大利之后又撤离了。尽管形势已经发生变化,马丁努斯和约翰仍回到意大利,以保证敌人没有任何机会攻击参与围城的[1]罗马人。在奥克西姆的哥特人对于法兰克人的入侵一无所知,因为拖延的时间太长而对拉文纳的援军不抱希望了,想再派人去恳求维提却斯,但他们都没能逃出罗马军的封锁线,极其沮丧。后来哥特人将注意力转到一个罗马人身上,他是贝西(Besi)家族的布尔森提努斯(Burcentius),在亚美尼亚人

---

[1] 在费苏拉(Fisula)。

纳尔泽斯麾下听令,因为他们注意到在中午只有他一人守卫以防有人从城里出来割草。于是他们靠近他,跟他打招呼,发誓不会伤害他,劝他来见哥特人统帅,允诺他会得到一大笔钱。布尔森提努斯见到哥特统帅时,蛮族人恳求他带一封信去拉文纳,允诺立即给他很多黄金,如果他能从那里带回来一封维提却斯的亲笔信,还将得到更多的钱。布尔森提努斯见钱眼开,满口应承,并做出了实际行动,从哥特人那得到一封密封的信,全速赶到拉文纳,面见维提却斯,把信交给了他。信的内容是:"当你询问传信人是谁时,你就知道我们的处境有多么窘迫了。因为没有一个哥特人能出城,所以传信的是一名罗马人。至于食物,我们只能吃生长在城墙附近的草了,有时甚至连草都很难弄到,有很多人为了争草而死。现在是你和拉文纳的哥特人考虑结束这一切的时候了。"

维提却斯读过信之后,回信说:"我最亲的人啊,不要认为我们没有努力,也不要认为我们会卑鄙到漠视放弃哥特人的事业。因为我们最近才完全做好出征的准备,我把乌莱亚斯和他的全部军队从米兰召回来了。但因为法兰克人出人意料地袭击了我们,给我们的准备工作造成了极大的破坏,我受到了不公正的谴责。因为凭人类力量无法控制的事更容易降临到受指责的人身上,命运女神最喜欢从灾祸中寻求刺激。听说现在希尔德伯特撤回去了,如果这是上帝的意愿,我们很快就会率领全部哥特人军队赶去你们那里。你们一定要勇敢地坚持住,遇到任何事都要尽可能地忍耐。要记住,拿出你们的勇气,因为你们勇气过人,所以我才把你们从全部军队中挑选出来守卫奥克西姆。

全体哥特人都敬重你们，把你们作为拉文纳和整个帝国安全的堡垒。"维提却斯把这封信和一大笔钱交给传信人后，打发他走了。当他回到奥克西姆时，又加入到同伴的行列，借口说这一段时间里他生病了，一直待在附近的一所教堂中，他再次执行守卫和任务，还是在他以前值班的地点，在罗马人都不知道的情况下把这封信交给了敌人。哥特人读过这封信后，虽然他们已经备受饥荒的折磨，仍士气大振，因此他们依然不愿向贝利撒留屈服，尽管后者向他们许诺了很多诱人的条件。过了几天，还是没有军队离开拉文纳，哥特人也因缺少食物而痛苦不堪，再次派布尔森提努斯传信，声称5天之后，他们就陷入饥荒了，他第二次回来，带回了维提却斯的信，同样又让他们空欢喜一场。

现在罗马人也与哥特人同样沮丧，因为他们在荒野之地围困敌人这么长时间，蛮族人虽然忍饥挨饿，但依然不肯屈服，这让罗马人非常为难。贝利撒留见此状况，很想抓到敌人当中一个显赫的人，以得到这个问题的答案。瓦莱里安自告奋勇执行这一任务。他说他的手下有一些斯克拉维尼人（Sclaveni），善于将自己潜藏在附近的石头后或灌木丛中靠近敌人，发动突袭。事实上，他们经常在他们生活的伊斯特河流域做这样的事，曾对罗马人和蛮族人都发动过突袭。贝利撒留对这个建议非常高兴，命令他以最快的速度办好这件事。瓦莱里安选出一个身形小巧灵活的斯克拉维尼人，命他抓回来一个敌人，允诺他会从贝利撒留那里得到慷慨的回报，并建议他就在那片草地行动，因为过去很长时间里哥特人耗尽了食物储备，一直靠这些杂草为生。于是这个蛮族人在黎明时靠近城堡，藏在灌木丛后面，将身体蜷成一团，就藏在接近草地的地方。天亮时，一个哥特人到那里慌张地拔草，他认为灌木丛中没有危险，只顾看着敌营方向，害怕敌人会从那里出来进攻他。蛮族人出其不意地扑到这个哥特人身上，双手抱住他的腰，将其制服，带回营中交给了瓦莱里安。当询问他哥特人基于什么样的信心和保证能自愿忍受这样的苦难而绝不屈服时，哥特人将事情的全部经过告诉了瓦莱里安，并提到了布尔森提努斯。布尔森提努斯被带到贝利撒留面前，他发现事情已经败露，只能坦白了一切。贝利撒留将他交给了他的伙伴随意处置，不久后他们活活烧死了他，敌人也看到了这一过程，这就是布尔森提努斯贪财的下场。

第 27 章

贝利撒留看到受苦的蛮族人还不肯投降，就想用切断供水的方式战胜他们，通过这个方法更容易攻占敌营。在奥克西姆北面悬崖的斜坡上有一处泉水，离外城墙有抛一块石头那么远，细细的水流一直流到一处自古就留下来的贮水池，当水池贮满时，奥克西姆的居民就可以轻松提水了。贝利撒留认为如果没有水池，那么蛮族人就不可能顺利取水，因为他们会长时间暴露在敌人的发射物中。于是他计划毁掉贮水池，采取了下面的方案：命军队全副武装，围着外城墙站一周，装出要发动袭击的样子，让敌人认为他们马上要从各个方向进攻城堡。蛮族人害怕敌人进攻，一直按兵不动待在城垛上，想从城墙上阻击敌人前进。与此同时，贝利撒留选出了 5 名伊苏里亚泥瓦工，指示他们用鹤嘴锄和其他砍凿工具在盾牌的掩护下尽最大的力量尽快拆毁贮水池的墙。蛮族人看到敌人要攻城，一直不动，想等到敌人靠近时再以投射物反击，完全没猜到罗马军的真正目的。当他们发现伊苏里亚泥瓦工进入水池后，便开始投掷石头等物阻止。其他的罗马人都撤回了，只有那5名伊苏里亚人有了安全保障，开始了他们的工作，因为在贮水池上面有一个古人建的拱形圆顶，是遮盖水池用的。他们在圆顶下面工作，尽管敌人密集地投射，他们也完全不用理会敌人。

　　哥特人见状，再也按捺不住，急忙打开了这个方向的小门，全都冲出来愤怒地反击敌人。罗马人在贝利撒留的鼓励下斗志昂扬，与敌人展开激战。在这场短兵相接的激烈肉搏战中，双方都死伤惨重，罗马人倒下的更多，因为自卫的蛮族人居高临下，能够以少对多，在近距离作战中占有绝对优势，杀死敌人的数量比牺牲的人数要多。然而罗马人也绝不屈服，贝利撒留正叫喊着鼓励他们，如果他们屈服的话，在贝利撒留面前一定会无地自容。在战斗进行中，突然从敌方射出了一支尖锐的投掷物，朝将军腹部嗖嗖地飞过来，也许是故意的也许是碰巧，贝利撒留根本没看到，既没有挡住它，也没有躲闪它。他的一位名叫温尼加斯图斯（Unigastus）的枪兵就站在他身旁，在投枪就要击中贝利撒留腹部的时候看见了它，他伸出右手出乎意料地抓住了它，虽然救了将军，但自己却受了伤，他忍着剧烈疼痛马上撤退了，因他的肌腱受损，从此再也不能使用右手了。这场战斗从清晨一直持续到中午。

　　纳尔泽斯和阿拉蒂乌斯手下的7名亚美尼亚勇士作战

极其勇猛。他们奔跑在陡峭的倾坡上，如履平地，所到之处，血肉横飞，死伤枕藉，真是所向披靡，哥特人骇于其悍勇，节节败退。其他的罗马人见敌人撤退，马上发动追击，彻底击溃了敌人，幸存的蛮族人全部逃回城堡中。罗马人认为伊苏里亚人完成了任务，贮水池已经被毁了，但事实上，因为古代工匠的工程非常细致，不管是时光的流逝，还是遭到敌人的破坏，他们的工程依然坚固无比，难以破坏，伊苏里亚人费了很大力气也难以刨坏泥土上的小圆石，他们见罗马人胜利撤军，自己却还一事无成，也离开水池撤回营去了。结果贝利撒留命令士兵们将动物的尸体和对人体致命的草都扔到水池中，还有一种彻底烧过的石头，古人称为"白灰"（titanos），现在人称为"石灰"（asbestos）扔到水中冷却。士兵们照做了，但蛮族人却在城堡中的一口井取水，尽管井里水量非常少。因此，他们喝着非常少的水，在这段时期勉强维持。于是，贝利撒留不再想以强攻或密谋控制水源或者其他方法占领这座城市了，只希望能以饥饿征服敌人，因此他更加关注防卫工作。哥特人在缺少食物的状态下，只能静静地期盼着拉文纳的援军尽快到来。

与此同时，被围困在费苏拉的哥特人因不堪忍受饥饿的折磨，加之对拉文纳已经丧失信心，决定向敌人投降。于是他们公开与西普里安和查士丁谈判，在保证他们生命安全的前提下投降，交出要塞。西普里安在费苏拉建立一支充足的守备队后，率领同伴和罗马军队来到奥克西姆。贝利撒留从此不断地向奥克西姆的蛮族人宣传费苏拉哥特人投降的明智之举，劝他们不要继续愚蠢地抵抗，放弃对拉文纳的希望，因为他们跟其他人一样，不会有援兵赶来帮助他们的，在遭遇了重重困难筋疲力尽后，他们最终的命运与费苏拉的守备队是一样的。经过长时间的考虑之后，蛮族人看到自己不能继续与饥饿作斗争了，准备接受他的建议投降，条件是在不受到伤害的情况下拿着自己的物品去拉文纳。贝利撒留面对这样的情况很为难，不知如何做。一方面他认为放这么多敌方精兵与拉文纳的敌军会合是失策之举，另一方面他又不愿放弃这个机会，在问题还没有解决时，他还不能前往拉文纳与维提却斯决战。因为法兰克人引起了他的关注，他担心他们很快就会来帮助哥特人，期待与他们一战，但又不能在奥克西姆尚未占领之前打开包围圈。士兵们也不同意他把财产让给蛮族人，向他展示了他们手上的伤痕，列举了所有在围城期间的战役，他们宣称定要抢劫这些被击败的蛮族人的财产，作为自己所受之苦的回报。但最后，因为罗马人也开始缺少供给了，哥特人则完全被饥饿征服，双方达成协议，讲明罗马人分得蛮族人一半的财产，哥特人保留其余的一半，从此臣属于皇帝，双方都发誓保证实践诺言，罗马统帅们以此协议约束自己，哥特人则不能隐藏自己的任何财物。双方平分财物之后，罗马人占领了奥克西姆，蛮族人则被编入皇帝的军队中。

第 28 章

占领奥克西姆后，贝利撒留率全部部队快速进军拉文纳。他同时派马格努斯率一支大军包抄拉文纳的另一侧，频繁地在波河岸边来回巡察，阻止哥特人通过水路运送粮草。这时，来自达尔马提亚的维塔留斯也率军加入到他们的队伍中，守卫波河的对岸。在这里罗马人遇到了一点好运气，他们知道命运女神要为两方的命运作决定了。哥特人早就在利古里亚聚集了大量船只，开到波河后装满谷物和其他的供应品，准备驶向拉文纳，但因为这条河的水位当时很低，船只不能在水中航行，因此耽搁了行期。罗马人赶到后，毫不费力地得到了所有的船只和船上的货物。不久河流又回到了原来的水位，可以航行了。据我所知，这条河以前从未发生过这样的事。当时，蛮族人的供给已经吃紧，因为他们的敌人四处占领了爱奥尼亚湾，所以他们既不能通过海路运进货物，也不能从海路出去。法兰克人的首领们听说了此事后，也想乘机占领意大利，就派使节去见维提却斯，允诺与他们结成防守同盟，提出条件要求和维提却斯一起统治这块土地。贝利撒留听说此事，也派了使者过去，其中就有塞奥多西乌斯（Theodosius）这位其家族中最有名望的人，他们到哥特人那里，伺机以言语攻击日耳曼人。

日耳曼人的使节首先来到维提却斯面前说："日耳曼人的首领们派我们来到这里，首先是因为他们听说你们被贝利撒留围困后十分气愤，其次，他们想尽快根据我们的同盟协议替你们报仇。我们的军队估计不少于50万人，现在已经穿越阿尔卑斯山。我敢保证我们的军队用斧头只需一击就可毁灭罗马人的全部军队，你们也应该积极配合，不要向将要奴役你们的人屈服，应该帮助忠实与你们相伴而加入到危险战争中的人。此外，如果你们的军队与我们的军队联合起来，罗马人在战斗中同时面对两支军队，将没有一点胜利的希望。我们从一开战就会占有绝对优势，这是一种情况；但另一种情况，即便哥特人与罗马人联合，也不能抵挡法兰克人的力量（因为战争不只是力量的较量），你们最终的结果就是面临最强大的敌人并招致失败。当有机会安全地活下来时，你们还要一头扎进可以预见的灾难当中，这是非常愚蠢的。除此之外，事实证明罗马人国家对于所有的蛮族国家来说都是不可信任的。因为他们本来就对蛮族人怀有敌意。我的建议是：如果你愿意与我们分享意大利的统治权，我们会以最佳的方式进行管理。你和哥特人应该选择对自己有益的事。"法兰克人说了这番话。

贝利撒留的使节也来了，走上前说："日耳曼人众多的军队不会对皇帝的军队造成危害，他们只是在用人数吓唬你们，他们根本没有必要来到您跟前发表那冗长的证明，来告诉您战争胜负是由什么决定的，要让您相信单靠勇气不能战胜众多的敌人。而且不言自明，事实上，皇帝的军队在数量上超过所有的敌人。至于法兰克人，他们骄傲地宣称对所有的蛮族人都忠诚，先是对图林根人（Thuringian）和勃艮第人，现在又来对你们这些法兰克人的同盟者表达忠诚！我们倒很乐于询问这些法兰克人，他们是以什么神的名义向你们发誓表示忠诚的。因为你们也知道他们到底是怎么对待其发过誓的人的，他们已经从你们那里得到了大笔金钱，并得到高卢的领土作为与他们联盟的赏赐，如果你们知道发生在波河的事情，那你们就会知道法兰克人在你们面临危险时不仅没有帮助你们，事实上还毫不犹豫地与你们为敌。我还有必要详细讲述法兰克人的邪恶行为吗？他们目前的企图极端邪恶，他们转眼就会将与你们签订的协议和他们所发的誓言抛诸脑后，肆无忌惮地要求分享你们的一切。他们一旦得逞，你们就要考虑一下何时才能满足他们的贪欲了。"

贝利撒留的使节讲了这番话，维提却斯与哥特统帅们经过长时间的协商之后，表示愿意与皇帝缔约，将未达目的的日耳曼人使节打发走了。从此，哥特人和罗马人开始了协商，但贝利撒留丝毫没有放松防卫，阻止蛮族人运输供给物品。他还命令维塔留斯率军去维尼提亚，尽量收复那一地区的城镇，他本人和他已经派出的伊尔迪戈尔的军队加紧守卫波河两岸，迫使蛮族人因为缺少食物而屈服并按照他的意愿签订和约。贝利撒留知道在拉文纳的粮仓中还存有大量的谷物，于是他贿赂了一个拉文纳市民秘密点燃这些仓库，烧毁全部谷物，也有人说事实上是维提却斯的妻子玛塔松塔指使人烧毁的。只有少数人相信谷物突然起火是一场阴谋，其他人则猜测是粮仓被闪电击中的。总之，无论两种观点中哪种是真的，维提却斯和哥特人的处境都比以前更加无助了，他们甚至不能相信自己的同胞，认为是上帝本人对他们发动了战争。这些事情就说到这儿。

把高卢和利古里亚分隔开来的阿尔卑斯山上有很多坚固的要塞，罗马人称这段阿尔卑斯山的支脉为科蒂安阿尔卑斯山（Cottian Alps），这些要塞中都有守备队，按照多年的习惯，哥特贵族和他们的妻子儿女都住在要塞中。当贝利撒留听说这里的守备队希望能归降他，就派一个叫托马斯的官员和几个手下按照指示给予承诺，并接受那里的蛮族人投降。当他们到达阿尔卑斯山时,那里守备队的统帅西斯吉斯(Sisgis)在其中的一个要塞接待了他们,他不仅自己投降,而且还说服其他的统帅也投降。就在这时,乌莱亚斯率领4000名利古里亚人和从阿尔卑斯山要塞中选出的士兵正在朝拉文纳前进,要援助那里的哥特人。但当他们听说西斯吉斯投降的事后,非常担心自己的家人,都要求先回阿尔卑斯山。于是乌莱亚斯率领他的全部军队来到科蒂安阿尔卑斯山,包围了西斯吉斯和托马斯的军队。当维塔利安的侄子约翰和马丁努斯得知这个形势后(因为他们恰好离波河很近),立即率全军尽快赶去救援,突袭占领了阿尔卑斯山的一些要塞,将其中的居民变为奴隶,其中大量俘虏碰巧是乌莱亚斯手下士兵的妻子儿女,因为他手下的士兵大多数都是这些要塞中的居民。当这些士兵听说他们的家已经被占领,就突然离开了哥特人的军队,决定归顺到约翰军中。结果乌莱亚斯没有取得任何战绩,也不能援助拉文纳的哥特人了,带着几个人无功而还,回到利古里亚,在那里静观局势变化。贝利撒留则在没有人干预下继续限制拉文纳的维提却斯和哥特贵族。

第29章

在这种情况下,皇帝的使节到了,他们是元老院元老多米尼库斯和马克西米努斯。他们代表皇帝愿就以下条件与哥特人达成和平协议:维提却斯会保有皇家财产的一半和波河以北地区的统治权,另一半财产及波河以南的土地归皇帝所有,那里的居民要向皇帝纳贡。使节们将皇帝的信交给贝利撒留后,来到拉文纳,维提却斯和哥特人得知他们来的目的后,愉快地答应了这些条件,签订协议,但贝利撒留听说后非常生气,他认为有人密谋要在他可以顺利进行的时候阻止他取得整个战争的决定性胜利,并阻止他将维提却斯俘虏并押解回拜占庭。当使者们从拉文纳回来见他时,贝利撒留坚决拒绝签名批准这一协议。哥特人知道此事后,怀疑罗马人给予和平是另有阴谋企图的,就开始怀疑他们,宣称没有贝利撒留的签名和他的誓言,决不与罗马人签订和约。

贝利撒留听到一些统帅因为自己违背皇帝的意愿,不愿结束这场战争而严厉地谴责他,于是他把将领们召集到一起,当着多米尼库斯(Dominicus)和马克西米努斯的面说:"我认为不只我一个人知道战争的结果是难以预料的,你们每一个人对这一方面也都是这样想的。当胜利似乎确定来到他们身边时,很多人都被这一胜利的希望所欺骗,而人们表面上遇到灾难时,却许多次都出人意料成功地打败了他们的敌人。因此我认为人们在考虑和平的时候,不应该只是想到成功的希望,还应该考虑到其他的结果,你们应该以此为基础制定政策。因此,伙伴们,皇帝的使节们,我认为无论怎样,我最好还是在会议快结束的时候对你们说,在目前的情况下,只要是为了皇帝的利益,我们可以按自己的意愿做一次选择,这样以后你们就不会责备我了。起初在有可能选择最好办法的时候保持沉默,但当命运女神的决定已成事实时则要责难别人,这可能是最邪恶的事了。现在皇帝决定尽快结束战争,维提却斯的想法你们也都知道了。如果你们认为这样做是有利的,每个人都可以上前来发表自己的意见。然而,如果你们认为能够为罗马人收复整个意大利并取得对敌人的统治权,没有什么可以阻止你们坦白地说出来。"贝利撒留讲完这番话后,所有人都肯定地认为皇帝的决定是最好的,他们已经无法进一步压制敌人。贝利撒留对于将领们能表达自己的意见很高兴,让他们都写下了一份书面文件,以防他们将来否认自己说过的话。于是,他们都写下文字,表示他们已经不能在战争中取得对敌人的进一步的胜利了。

当他们在罗马营中商讨这个问题时,哥特人因为受饥饿的折磨,实在忍受不住这痛苦,内心非常焦虑。一方面他们对维提却斯的统治充满敌意,因为他实在是太背运了;另一方面他们仍不愿屈服于皇帝,唯一担心成为皇帝的奴隶后将被迫离开意大利,去拜占庭并在那里定居。因此,在深思熟虑之后,哥特人中的精英分子一致决定推举贝利撒留为西部皇帝,秘密派人去见他,恳求他执掌皇权,他们宣称只有在这样的条件下他们才乐意服从命令。但贝利撒留不愿违背皇帝的意愿,执行统治权,因为他极厌恶僭主的坏名声,而且事实上他也曾对皇帝庄严发誓决不在他有生之年发动政变,甘愿受皇帝的统治。但为了让目前的局势朝最好方向发展,他假装乐意接受了蛮族人的建议。维提却斯得知此事后很害怕,不得不承认哥特人的深思熟虑已经得到了最好结果,于是暗中鼓励贝利撒留称帝。他说,因为没有人会阻止他这样做。于是贝利撒留再一次召集皇帝的使者和所有的统帅,询问他们是否认为俘虏维提却斯和所有的哥特人、剥夺他们的财产以求安全、恢复罗马人对整个意大利的统治是一件非常重要的事。他们认为这对于罗马人来说是一件非常伟大而幸运的事，而且恳求他能尽快实现这一切，无论用任何手段。于是贝利撒留马上派人去见维提却斯和他最亲密的哥特贵族，命他们实践自己的允诺，事实上饥荒已不允许哥特人再拖下去了，在增长的压力下他们必须作出决定。于是哥特人再次派使节来到罗马大营，按照指示发表了一些言语模糊的公开声明，暗中却从贝利撒留那里得到哥特人不会受到伤害的保证，他答应从此成为哥特人的国王和意大利人的国王，事成之后，他率领罗马军队与哥特人一起回拉文纳。按照使节们的要求，贝利撒留对每一件事都发誓，但关于称王之事他说他只会在维提却斯本人和哥特人的首领们面前发誓。使节们相信贝利撒留是不会拒绝称王的，而且还会为此付出最大努力，便毫不犹豫催促他与他们一同去拉文纳。于是贝利撒留命令贝萨、约翰、纳尔泽斯和阿拉蒂乌斯（Aratius）分别率领各自的军队去不同的地方（因为这些人是他认为最敌视他的人），让他们各自为自己的军队筹备粮食，因为他宣称他所在的地方已经不可能为全部军队供应足够的粮食了。于是这些统帅和刚从拜占庭赶来的执政官阿塔纳修斯按照指示行动，而他本人则率其余的部队与哥特人使节一同赶去拉文纳。他们的船上满载着谷物和其他的供给之后，他命令船队以最快速度驶向克拉塞斯港（Classes），这是罗马人对拉文纳郊区的港口的称呼。

当我看到罗马军队进入拉文纳时，头脑中产生了一个想法，即这件事情的结果根本不是通过人类的智慧或其他方面的杰出能力完成的，而是有某种神圣的力量在支配，使事情能够畅通无阻地顺利发展。因为尽管哥特人在数量上和力量上都远远超过对手,自从他们来到拉文纳以后,就没发生过决定性的战争,也没有受到其他灾难带来的精神打击,但他们却被比自己弱小的军队俘虏,而且并不认为做奴隶是一种耻辱。当坐在门口的妇女们看到罗马人所有的军队时(因为她们已经从丈夫那里得知敌人体格高大,数不胜数),她们就用手拍打自己丈夫的脸,指向胜利者,嘲笑丈夫的胆怯。

贝利撒留命人看守维提却斯,不但没有羞辱他,还鼓励那些生活在波河以南的蛮族人回到自己的土地上安居乐业。他这样做是因为他感到在那一地区已经没有与他敌对的势力了。并且那里的哥特人绝不可能联合起来进行反抗,因为他之前已经在当地建立了人数众多的罗马人守备队,于是这些哥特人愉快地匆忙重返家园。这样罗马人的处境就安全了,因为在拉文纳,他们的人数不再少于哥特人。接着贝利撒留接受了宫中的财产,准备带回去交给皇帝。他自己不抢夺,同时也不允许其他罗马人抢劫任何一个哥特人的私有财产,每个哥特人都根据协议保有他们的财产。这时,在最坚固的城镇中守卫的蛮族人听说拉文纳和维提却斯都已归服了罗马人,就开始派使节传信给贝利撒留,急于投降并将他们驻守的要塞移交给贝利撒留,贝利撒留非常高兴地向他们所有人承诺,并接管了塔尔贝喜厄姆(Tarbesium)城[1]和其他在维尼提亚的要塞。至于在埃米利亚唯一留下的一个要塞凯森纳,他在此之前已经在接管拉文纳时接管了这个要塞。指挥这些城镇的哥特人一得到

---

[1] 现在的特雷维索(Treviso)。

保证，都前来归顺贝利撒留，留在他身边，除了伊尔迪巴杜斯（Ildibadus）。他是一个出色的人，是维罗纳（Verona）守备队的统帅。虽然他也同其他人一样派使节去向贝利撒留表示归顺，尤其是贝利撒留还在拉文纳找到了他的子女让他们归顺，但他迟迟没有来拉文纳或是归服贝利撒留。我下面就讲一讲，是命运使他陷于这种状况。

第30章

罗马军队中的一些军官因为对贝利撒留怀有恶意，就开始在皇帝面前诽谤他，毫无根据地控告他篡权。皇帝相信了那些人的话，更重要的是因为波斯战争一触即发，就传召贝利撒留尽快回首都整顿部队与波斯人开战。与此同时，他命令贝萨、约翰和其他人率军接管意大利，命令康斯坦提亚努斯从达尔马提亚赶去拉文纳。居住在波河北部的城市和拉文纳的哥特人听说皇帝传召贝利撒留，开始时没在意，认为贝利撒留会一直把意大利王国和对查士丁尼皇帝的忠诚看得一样重。但当他们听说他积极地为离开做准备时，所有留在那一地区的忠诚的哥特人达成共识，他们去拜见了滞留在提西纳姆的维提却斯的侄子乌莱亚斯，抱头长哭后说："对哥特人国家目前所遭受的不幸担负最大责任的人就是你，我们早就该把你叔叔从王位上赶下去，就像我们以前废黜狄奥多里克的侄子塞奥达图斯一样，因为他胆小地统治我们，运气也相当糟糕。我们非常尊敬你所表现出来的突出勇气，曾经决定仅仅承认维提却斯国王的名义，而把哥特人的统治权托付给你。现在很清楚了，承认维提却斯为国王这种想法是愚蠢的，导致了我们的不幸。但我们现在正面临着巨大的困难，亲爱的最高贵的乌莱亚斯，你知道许多哥特人都战死沙场，而贝利撒留会将其余的幸存下来出色的人和维提却斯连同我们的所有财富都带走。无可否认，我们在不久以后也要遭受同样的命运，因为我们只剩下少数可怜的一群人了。因此，在这巨大的不幸面前，我们宁愿光荣战死也不愿看到我们的妻儿被敌人带到天涯海角。只有你带领我们斗争时，我们才能成为勇敢的人，有所作为。"哥特人说了这番话。

乌莱亚斯回答说："你们认为在目前的灾难面前我们与其受奴役不如铤而走险进行战斗，我同意你们的观点。但另一方面，我认为由我继承哥特王国的王位是不合适的，首先因为我作为维提却斯这倒霉人的侄子，在敌人面前会受轻视，因为人们相信在亲属之间幸运是可以传承的，霉运也同样可能遗传；其次，篡夺叔叔的王位是邪恶的行为，如果我这样做了，可能大多数哥特人都会很生气。我的意见是让伊尔迪巴杜斯在这一危急关头成为哥特人首领。他精力充沛，各方面都非常出色，我可以肯定地期待他，因为西哥特人首领塞乌迪斯（Theudis）是伊尔迪巴杜斯（Ildibadus）的叔叔，所以在战争中会因为这种亲属关系而帮助他的。事实上，这一点在与敌人斗争过程中给予我们更多的信心。"

当乌莱亚斯说到这里时，所有在场的哥特人都认为他指的道路会对他们有利，于是就马上从维罗纳召回伊尔迪巴杜斯，给他穿上紫袍，宣布他为哥特人国王，赋予他掌握并解决目前形势的大权。伊尔迪巴杜斯就这样得到了王权,但登上王位后不久,将所有的哥特人都召集到一起说:"所有的士兵伙伴们,我知道你们有丰富的战斗经验,所以我们永远不会因一时头脑发热而发动战争,因为经验使我们清晰判断,无论何时都不会轻率行动。你们应该公平地对待自己,回忆一下到今天为止在我们身上发生的事情吧,我们应该以此为依据制定计划应对当前局势。因为当人们忘记过去发生的事时,他们就会在错误的时间里头脑发热,被愚行占据,一旦他们所有的一切都面临危险时,就会招致灭顶之灾。当维提却斯投降敌人时,你们没有反对也没有努力阻止他,但就在那时,你们在命运面前低头了,觉得应该更多地待在家里考虑自己的利益,觉得服从贝利撒留的领导比在无尽的危险中浪费生命更有利。但现在,当听说贝利撒留出发去拜占庭时,你们就要发动政变。你们应该仔细考虑一下事情并不总是按照人们的意愿发生的,许多事情的结果都出乎意料地与人们的预料相反。因为机会或内心的转变往往会在希望最小的时候找到解决问题的正确方法,这也可能发生在贝利撒留身上,最好先去询问他,尝试让他回心转意,实践他早些时候的承诺,只有在这之后你们才能考虑其他的最佳办法。"

当伊尔迪巴杜斯讲完这番话,哥特人都认为他的忠告有道理,就派使节飞速赶往拉文纳。当使节们来到贝利撒留面前时,提醒他与他们达成的协议,谴责了他违背诺言,因为他作出的选择而称他为"奴隶",嘲笑他宁可选择被奴役也不当王,还不感到羞耻,他们还以许多类似的话刺激他接受统治权。如果他答应了,他们保证伊尔迪巴杜斯就会自愿前来,脱下紫衣,让贝利撒留成为意大利人和哥特人的国王。使节们不停地讲这些话，猜想他会毫不犹豫地立即接受王位。但贝利撒留跟他们的期待相反，直接拒绝了他们，声称只要查士丁尼皇帝活着，贝利撒留就永远不会篡取国王之位。他们听到此话，以最快的速度离开，将整件事汇报给了伊尔迪巴杜斯。贝利撒留也回拜占庭去了。(540年)冬天就要结束了，普罗柯比写的这场战争的第五年也即将结束。

第 7 卷
哥特战争（下）

第 1 章

尽管意大利的问题没有彻底解决，贝利撒留还是离开了，应皇帝之召与维提却斯（Vittigis）和其他蛮族人以及伊尔迪巴杜斯（Ildibadus）的孩子们，带着他们全部的财产回到拜占庭。伊尔迪戈尔（Ildiger）、瓦莱里安（Valerian）、马丁努斯（Martinus）和希罗迪安（Herodian）负责一路护送。查士丁尼见到维提却斯和他的妻子非常高兴，又惊叹于蛮族人的堂堂仪表和高大身材。皇帝接收了狄奥多里克（Theoderic）的财产，其数量非常可观，他仅仅在宫中私下展示给元老院的成员们看了，小心守护着壮观的成就。他也从未当着民众的面拿出这些财宝，也没有像贝利撒留上次打败盖里莫尔（Gelimer）和汪达尔人凯旋时那样按惯例表彰他。然而贝利撒留的名字却在民众之中广为传诵：他取得了两次大的胜利，从来都没人取得过这样的成就，俘虏了两个国王押送到拜占庭，这两个国王都是蛮族人最著名和受崇拜的，还意外地打击了他们的人民，并将盖赛里克（Gizeric）的家族和狄奥多里克皇室的财产全部收归到了帝国的手中，在极短的时间内收复了帝国海陆领土的一半，恢复了帝国对那里的统治。拜占庭人非常爱看贝利撒留，无论是他每天从家里出来去市场，还是回家，每个人都看不够。贝利撒留的每次出门简直成了人数众多的节日庆典游行，因为在他身边经常有汪达尔人、哥特人和摩尔人护送。此外，贝利撒留体形健美、身材高大、相貌英俊，行为举止彬彬有礼，对人态度和蔼，看上去就像一个没有地位的穷人那样谦恭。

作为统帅，贝利撒留赢得了士兵和农民的爱戴，一方面他对士兵比谁都要慷慨，任何人在战争中遇到不幸时，他都以大笔金钱来安慰受伤的将士，而对于作战英勇的人，他会给他们戴上手镯、项链作为奖励，士兵们在战争中失去马匹、弓箭或其他东西时，他都会马上给他们补上；另一方面，他之所以赢得农民的爱戴是因为他细心地替农民们考虑，限制士兵们的破坏活动。贝利撒留任将军期间，农民从未受过暴力对待，相反，凡是他的大军经过的地方，农民都意想不到地更加富裕了，因为他们可以自己定价将农产品卖给士兵。在庄稼成熟的季节，贝利撒留常常亲自视察，不让路过的骑兵践踏任何人的庄稼。树上的果子成熟时，他也不允许任何一个士兵随意采摘。此外，贝利撒留具有惊人的自律美德，除了他的发妻外，他从未碰过任何女人，尽管他从汪达尔人和哥特人那里俘虏了大量的女子，我想大概没有任何男人见过如此众多美貌的女子，但他却拒绝让她们中的任何人以任何方式会见他。除了这些品质之外，贝利撒留还是一位极其敏锐的人，擅长在不同的场合和条件下准确地判断并决定最佳行动路线。再者，在危险的战争中,他勇谋之余又避免不必要的冒险,大胆之余又不失冷静判断,或者迅速打击敌人,或者根据形势的需要果断停止对敌人的进攻以避免不必要的损失。一方面,在令人绝望的情况下他信心十足,即使激愤也能保持沉着冷静;另一方面,他取得成功后既不虚荣也不放纵,任何时候都没有人看到他为自己的功绩沾沾自喜。

只要贝利撒留统帅着利比亚和意大利的罗马军队,就会不断地取得胜利,他总是能控制眼前的任何事物。他被皇帝召回拜占庭后,其能力比以前得到了更普遍的认可和赞赏。他在各个方面的优点使他比其他人出色,他的财富与侍卫和枪兵的数量都大大超过了所有其他时期的将军。因此他受到其他官员和士兵的尊重。我肯定没人敢抗拒他的命令,他的手下也从未拒绝执行他的指示,他们既尊敬他的能力又畏惧他的权威。他在自己的家族[1]中装备了7000名骑兵,没有一个劣等人,个个都勇于冲锋,敢于挑战最厉害的敌人。事实上,当罗马城被哥特人围困之时,上了年纪的罗马人通过历次战役观看战争的进程[2],他们对于其个人的家族武装能摧毁狄奥多里克的军队而惊叹不已。

如上所述,贝利撒留成为了有权势的人,它来自别人对他的尊敬以及他杰出的判断力。贝利撒留总是以皇帝的利益为中心,集思广益,最后以独立的判断力做出决定。而其他的统帅不像他那样平易近人,与大家平等相处,除

---

[1] 即他的随员。
[2] 见第 5 卷第 19 章至第 6 卷第 10 章中的描写。

了保证他们个人的利益以外就不再考虑其他人了,他们早就开始抢劫罗马城的居民了[1],放任市民们遭受士兵的蹂躏。他们不再关心时局发展的要求,士兵们也不服从统帅们的命令,因此发生了很多抢劫事件,最终导致罗马政权在极短的时间内被摧毁。下面我就要尽我所能讲述这些事。

当伊尔迪巴杜斯听说贝利撒留已经离开拉文纳上路了,他就想把所有的蛮族人和有反叛倾向的罗马士兵都聚集到他的身边,尽一切可能强化他的统治,千方百计地想要恢复哥特国家在意大利的统治权。最先只有不到1000名守备提西纳姆(Ticinum)的士兵归顺了他,后来渐渐地所有利古里亚和维尼提亚(Venetia)的居民都逐渐团结在他的身边。

在拜占庭有一个叫亚历山大(Alexander)的人,是掌管帝国财产的会计官,罗马人用希腊语称这个职务为"国库长"(Logothete)[2],他总是控告丢失国家财产的士兵[3],使他们遭受这类犯罪的审判,因此很快由一个默默无闻的小人物变成社会名流,也从一文不名变成腰缠万贯。不仅如此,他还为皇帝聚敛了很大一笔财富,比他所有的前任都多。但是,他也同样应该对军队纪律的败坏负有直接责任,比其他人更甚,导致士兵数量剧减,变穷,变得不愿面对危险的战争。拜占庭人还称他为"咔嚓",因为他有一种技艺,即剪掉金币一周的边缘,使其变得如他希望的那么小,却还能保持其原有的那么圆,因此,他们也

---

[1] 在意大利。
[2] 即"查账人"。
[3] 对于约翰来说,维持一支军队也包含一些不必要的小开支。

把完成这工作的工具称为"咔嚓"。就是这个亚历山大，在皇帝召回贝利撒留以后被派去意大利。当他一到达拉文纳，就公布了一份不合理的财政核算制度。虽然意大利人从未向皇帝索要金钱，也没触犯国家法律，他还是召见了他们，首先进行一项调查，让他们坦白对狄奥多里克和其他哥特统治者犯下的罪行，根据他的指控强迫他们上交所有的钱财，欺骗哥特人。其次，在估算应偿付士兵们的伤员费和损失费时，他的小气令士兵们失望。其倒行逆施不仅导致意大利人对皇帝不满，而且罗马士兵们也都不愿冒险参加战斗了，他们拒绝战斗，助长了敌人的气势。

其他的统帅面临哥特人的进攻均按兵不动，只有维塔留斯（Vitalius）（因为碰巧他安排在维尼提亚的大军中有大量的埃吕利人）有勇气与伊尔迪巴杜斯作战。其他将领担心，事实亦证明如此，维塔留斯不久后会势力坐大，他们就没办法抑止他的势头了。最终在塔尔贝喜厄姆城（Tarbesium）[1]附近发生的一场激烈的战斗中，维塔留斯的军队大败，士兵除一小部分逃跑之外，大多数都战死沙场，埃吕利士兵死亡人数最多，其中包括埃吕利人的首领维桑杜斯（Visandus）。而毛里西乌斯的儿子、蒙顿的孙子毛里西乌斯（Mauricius）那时虽然还是一个少年，也经历了几乎命丧黄泉的危险，侥幸与维塔留斯一起逃脱。是役，伊尔迪巴杜斯声誉鹊起，威名远扬，连皇帝都知道了他的战绩。

但过了一段时间后，乌莱亚斯（Uraïas）和伊尔迪巴杜

---

[1] 现在的特拉维索（Treviso）。

斯之间结下仇怨，其原因是，乌莱亚斯的妻子被公认为所有蛮族妇女中最美丽最富有的人，一次她衣着奢华地在大队仆从的陪伴下去洗浴，非常引人注目。当她看到在浴池内的伊尔迪巴杜斯的妻子衣着平常，不仅没有向她表示对王后的敬意，反而轻视冒犯了她。因为这时的伊尔迪巴杜斯还不富有，没有跻身于皇室富人的行列。伊尔迪巴杜斯的妻子受到了这不必要的侮辱，哭着去见她的丈夫，要求他为她受到这般粗鲁对待报复乌莱亚斯的妻子。于是伊尔迪巴杜斯首先向蛮族人诽谤乌莱亚斯，指控他要背叛投敌，不久后以叛逆罪将其处死，这件事引起了哥特人极大的不满，因为他们并不希望乌莱亚斯就这样结束生命，他们立即形成了一个党派，开始激烈指责伊尔迪巴杜斯这邪恶的行为，然而没有人愿意为乌莱亚斯报仇。

反对派中有一个叫韦拉斯（Velas）的人，他虽然是一个格庇德人，但在国王的卫队中享有很高的声誉。韦拉斯疯狂爱上了一位美丽的姑娘并打算向她求婚。但在他为了和其他人一起打击敌人外出远征打仗期间，伊尔迪巴杜斯不知是忘记了还是什么别的原因，将韦拉斯的未婚妻许配给另一个蛮族人。韦拉斯从战场回来后听说此事非常气愤，他不能忍受这样的耻辱，决定立即杀死伊尔迪巴杜斯，心想这样做所有的哥特人都会满意。于是，有一天，当国王在宴会上与哥特贵族们享乐时，韦拉斯伺机行动。按习惯在国王吃东西时，他的侍卫和其他人都要站在他的周围，当他斜倚沙发把手伸向食物时，韦拉斯突然拔剑刺向他的脖子。刺杀行动是如此迅速，以至于当食物还在伊尔迪巴杜斯的指间时，他的头已经被砍落在桌子上，所有在场的人都非常震惊。这就是伊尔迪巴杜斯杀死乌莱亚斯而遭到的报应。冬天又要过去了，普罗柯比记载的这场战争的第六年即将结束（541年）。

第 2 章

在哥特人中有一个叫埃拉里克（Eraric）的罗吉人（Rogi），在蛮族人中很有权势。罗吉人属于哥特民族，但自古他们就单独生活，不与其他民族混居。狄奥多里克很早就劝他们与其他民族一块与之形成联盟，在对敌作战等事务中统一行动，但他们为了保持血统的纯正，绝不与本族以外的女子性交，因此他们的民族一直保存着自己的名称和血脉。在伊尔迪巴杜斯被刺杀的这场混乱中，埃拉里克突然被罗吉人拥立为国王，这一举动令哥特人十分不满，实际上他们大部分人更加消沉，因为他们寄托在伊尔迪巴杜斯身上的所有希望都破灭了。而他们又把希望寄托在埃拉里克身上，希望他能恢复哥特王国以及哥特人在意大利的统治权。然而埃拉里克根本没有做出什么值得夸耀的事，他在位5个月后就被杀害了。伊尔迪巴杜斯的侄子托提拉（Totila）行事谨慎，精力充沛，在哥特人中很有威望。他当时恰好担任塔尔贝喜厄姆哥特军队的统帅，托提拉听说伊尔迪巴杜斯被杀的经过后，就派人去拉文纳与康斯坦提亚努斯（Constantianus）联络，以他手下的哥特人和塔尔贝喜厄姆作为交换条件，要康斯坦提亚努斯保证他的生命安全。康斯坦提亚努斯高兴地答应了他的建议，并允诺了托提拉的所有要求，共同选出一天举行双方的交接仪式。是日，托提拉和守卫塔尔贝喜厄姆的哥特军队将康斯坦提亚努斯的使节迎进城中，归顺他们并将该城拱手相让。

哥特人早就对埃拉里克的统治不满，认为他根本无力在战场上对抗罗马人。大多数人都公开辱骂他，指责他是哥特人取得伟大胜利的障碍，声称是他干掉了伊尔迪巴杜斯[1]，最后他们一致同意派人去见塔尔贝喜厄姆的托提拉，催促他继承王位，因为哥特人已经开始为失去伊尔迪巴杜斯的统治而深感遗憾和痛悔，于是就把胜利的希望寄托在他侄子托提拉的身上，因为托提拉与他们有着共同的愿望，他们对他充满信心。托提拉见到前来拜访的信使，毫无隐瞒地讲出了他与罗马人的协议，但又说到如果哥特人在指定的时间内杀掉埃拉里克，他就会答应他们的请求，按照他们的意愿登基即位。当蛮族人听了他的意见后，便图谋杀死埃拉里克。这就是在哥特人大营中发生的事情。

与此同时，尽管敌人忙于处理内部事务使罗马军队暂时得到了安全，但罗马军队既不进行军队间的合并，也没有制订任何进攻蛮族人的计划。至于埃拉里克，他把所有的哥特人都召集到一起，劝他们派使节去见查士丁尼皇帝，恳求他像之前与维提却斯签订协议一样与他们签订和平协定，他们用于交换的条件是，拥有波河以北领土的哥特人从意大利其他地区撤军。哥特人都赞成他的建议。埃拉里克挑选几名心腹亲随，其中包括卡巴拉里乌斯（Caballarius），派他们出使拜占庭。这些使节表面上按照以上条件和谈，

---

[1] 这里第一次暗示埃拉里克与伊尔迪巴杜斯的被杀有关，在前面的章节中则归罪于韦拉斯。

但暗地里他却指示他们向皇帝提出,只要给埃拉里克本人一大笔钱并封他为贵族,他就会交出整个意大利,放弃他的头衔。当使节们到达拜占庭开始办理这些事情时,哥特人便阴谋杀害了埃拉里克。他死后,托提拉根据协议执掌哥特王国的统治大权。

第3章

当查士丁尼皇帝听说埃拉里克的厄运和哥特人拥立托提拉为国王后,便开始指责意大利的军队统帅们贻误军机,他一直没停止过这样的指责。于是维塔里安的侄子约翰、贝萨(Bessas)、维塔留斯和其他所有的统帅在他们各自驻扎的城市建立守备队后,都集结到拉文纳,我之前提到过,那里是康斯坦提亚努斯和亚历山大的驻地。当他们全都聚集起来后,决定选择最佳路线,先进军维尼提亚的维罗纳,占领该城并俘虏那里的哥特人后,再去攻打托提拉和提西纳姆城。这支罗马军聚集了12000人,11名统帅,康斯坦提亚努斯和亚历山大首先率军出发,直奔维罗纳城,在距该城60斯塔德远的平原扎营,因为这个地点的各个方向都有平原延伸出去,一直延伸到离维罗纳城只有一天路程的曼图亚(Mantua)城。

在维尼提人中有一个重要人物马尔奇安(Marcian),他就住在离维罗纳城不远的一个城堡中。他是皇帝忠实可靠的支持者,急于将维罗纳城交到皇帝军队手中。维罗纳城的一个卫兵是马尔奇安自小就认识的伙伴,于是他派自己的几个亲信贿赂这名守卫,让他将皇帝的军队放进城中,守卫满口应允之后，马尔奇安就把处理好这件事的人派去面见罗马统帅，向他们汇报事情的安排，并加入他们，在夜晚和一支军队攻城。统帅们决定派一名将领率领为数不多的几个人行动，如果城门是开着的，他们就快速占领城门并将军队安全地迎进城中。但除了阿尔塔巴泽斯（Artabazes）之外，所有的人都不愿执行这项危险的任务。阿尔塔巴泽斯是一个亚美尼亚人，在战争中显示出过人的能力，他毫不犹豫接下了任务。其手下军队是贝利撒留不久前占领西绍拉农要塞（Sisauranon）[1]之后派出的与布莱斯沙姆斯（Bleschames）一起去拜占庭的波斯人。阿尔塔巴泽斯为了完成这个任务，从军队中挑选出100人，在深夜靠近城墙。已被收买的卫兵按照约定打开了城门，一些人站在门口催促士兵赶快进城，另一些人爬上城墙，在那里的守卫完全没有防备的情况下杀死他们。哥特军队察觉到自己的困境后，急忙从另一个城门逃跑了。

在维罗纳城墙外有一块很高的岩石，从那里可以看到城中发生的所有事情，连人数都能数清楚，还能看到遥远的平原地区。哥特人撤退后整晚都留在那里没有行动。罗马军队在行进到距该城40斯塔德远时就不再前进了，因为各个统帅之间因为进城后钱财的分配问题发生了争吵，他们为掠夺物的问题一直争论到天亮。而哥特人从高处准确观察到分散在城中的敌人人数和在维罗纳远处停下的其余罗马军队与城的距离，对该城发动突袭，还是通过他们出城的那扇门。罗马人根本守不住这扇门，他们急忙躲在外

---

[1] 见第2卷，第19章。

城墙的城垛下进行商议，当大量的蛮族人在附近攻击他们时，罗马人表现出许多英雄事迹，英勇地抵挡住敌人，尤其是阿尔塔巴泽斯在抗敌过程中表现得最为突出。

与此同时，罗马军队的统帅们最终就维罗纳城的钱财问题达成一致意见，决定率领剩余军队进攻该城。但当他们发现城门紧锁，还遭到敌人猛烈的反攻时，立即向后撤退，尽管他们看到其他在城中作战的人乞求他们不要丢下他们，他们还是原地不动，直到城里的人逃命出来。这样阿尔塔巴泽斯和他的部队因为敌人人数众多占有绝对优势，对自己一方的军队援助不抱希望，都逃出城外，其中一部分幸运地从城墙上掉到地上而没有受伤，逃回罗马人军队那里，其中有阿尔塔巴泽斯，而落到崎岖不平地面上的人都摔死了。当阿尔塔巴泽斯回到罗马军大营时，狠狠辱骂了那些带兵将领（见死不救）。此后，罗马军渡过埃里斯达诺斯河（Eridanus River）[1]，来到法温提亚城（Faventia）[2]，这座城市位于离拉文纳120斯塔德远的埃米利亚（Aemilia）。

第 4 章

当托提拉听说了在维罗纳发生的事之后，他立即从那里召回了许多哥特人，与他的主力部队兵合一处共同抗击敌人，兵力合计为5000人。罗马军队统帅得知后，开始考

---

[1] 现在的波河。
[2] 现在的法恩扎（Faenza）。

虑目前的形势。阿尔塔巴泽斯走上前说："将领们，目前你们任何人都不要因为敌人的数量少于我们而轻视他们，也不要因为要与贝利撒留的手下败将作战而鲁莽行事。因为许多人都是因错误估计形势才导致自己的失败，而另一些人过于轻视他们的敌人而导致了全军覆灭。除此之外，他们以前的厄运会把他们磨炼成更强大的人，因为当命运女神令人绝望，剥夺了他的希望时，就改变了他的本性，使他孤注一掷，我在你们面前作出这些声明，并非由于我的猜测，而是最近在与这些人决战时对他们的大胆行为深有体会。你们不要认为我和几个手下被击败了就会对敌人的力量害怕。对于即将与之作战的人来说，无论在人数上占优势与否，士兵都应该表现出他们的勇气。我的看法是静观蛮族人过河，这样对我们比较有利，等待蛮族军队有一半人正在渡河时，再向他们发动进攻，这样比等他们排好队形时再进攻要好得多，你们不要认为这样取得的胜利是不光彩的，因为人们本来就是要以最终的胜利来决定采取的行动是光荣的还是耻辱的，人们习惯于赞颂胜利者而不问取胜的方式。"阿尔塔巴泽斯说了这番话，但统帅们又出现了意见分歧，该做的事情一样也不做，继续原地不动，延误了战机。

现在，哥特人的军队已经相当靠近。在即将渡河之前，托提拉将士兵召集到一起，鼓励他们说："兄弟们，一般来讲，所有的战争都有可能成为一场势均力敌的竞争，这种竞争会刺激双方的军队去斗争。然而，我们目前要加入这场战斗，在运气方面和敌人是不平等的，敌我双方面临的处境非常不同；尽管罗马人有可能失败，但他们能在不久后再次发动进攻,因为在他们的后面有无数罗马军队守在全意大利的各个要塞中,随时可以向我们发动进攻,而且,来自拜占庭的另一支罗马军队也完全可以在很短时间内赶来援助他们;另一方面,如果我们被击败,哥特人的荣誉和希望就彻底消失了,因为我们军队的人数经过数次冲突已经从20万减少到5000人。我做这样的战前动员,是认为有必要提醒你们这一事实,那就是,当你们决定拿起武器与伊尔迪巴杜斯一起反对皇帝时,你们军队的人数将不多于1000人,你们的全部领土也只剩下提西纳姆,但我们在此前一场战斗中胜利了,我们的军队和领土都有所增加,所以如果你们愿意在战斗中表现出自己的勇气和精神,那么在接下来的战斗中,我们还是有希望取得胜利。因为胜利会使军队人数和力量增长,这是真理。让你们每一个人都拿出所有的力量投入到对敌的战斗中去吧,你们清楚地知道,如果我们在这场战斗中被打败,就不可能再次发动对敌人的战争,而且,我们有理由怀着希望以高昂的士气对敌作战,这是对他们不公正行为的还击。因为他们教导意大利人,说他们已经不需要为他们敢于对抗哥特人的背叛行为受到进一步的惩罚了。所以,用一句话来概括,目前所有的罪恶都是因为人们落入了他们诚恳接受帮助的人的陷阱导致的。敌人的行为是那么邪恶,即使他们打着上帝的旗号,我们也能轻松取胜。[1] 不仅如此,他们对我们的恐惧会成为我们战斗的动力,增强我们的信心。我们应该首先进攻入侵维罗纳中部的敌人,放弃这个办法没有一

---

[1] 指他们违背了自己的誓言。

点好处。看样子，即使没有人追杀他们，他们也会羞耻地望风而逃。"

托提拉讲完这一番鼓励士气的话之后，命令手下300人渡过离该地20斯塔德远的一条河，包抄到敌人营帐的后面，当进入近距离战斗后，从他们后方射击，向敌人投掷发射物，尽一切力量攻击敌人，使罗马人陷于腹背受敌的混乱状态而放弃抵抗。与此同时他本人率剩余部队立即渡河直接向敌人发动进攻，罗马人毫不示弱，针锋相对。当两军接近时，一个身体高大、相貌可怖、作战勇猛、斗志昂扬的哥特人瓦拉里斯（Valaris）飞马来到两军阵前，在两军中间的空地勒马，穿着铠甲，戴着头盔，向所有的罗马人挑战，问是否有人愿与他单打独斗。在大家都因恐惧而保持沉默时，阿尔塔巴泽斯冲出去接受挑战。于是他们骑马向对方冲了过去。在他们的马接近时，两人都抽出矛，阿尔塔巴泽斯先发制人，直刺瓦拉里斯的右侧，在蛮族人身受重伤就要掉下马时，他以矛支在后方地面的一块岩石上，才没掉下来。至于阿尔塔巴泽斯，他继续勇猛进攻，将矛刺入这个人的致命处。但是，阿尔塔巴泽斯没有料到自己也受到了致命伤，垂直立着的瓦拉里斯的矛尖刺穿了他的铠甲，最初它一点一点地刺进铠甲，接着轻轻滑过阿尔塔巴泽斯脖子处的皮肤，突然铁尖向前一刺，恰好切断了他脖子上的一根动脉，鲜血顿如泉涌。但他没有感到疼痛，骑马回到罗马军中。而瓦拉里斯战死倒在地上，阿尔塔巴泽斯伤口也流血不止，第3天，他就离开了人世。这一不幸使罗马人的希望破灭了，因为他再也不能参与接下来的战斗，阿尔塔巴泽斯的死严重挫伤了罗马军队的士气。

在阿尔塔巴泽斯离开战场养伤期间，两支军队遂展开了激烈的混战。

在战斗进入白热化阶段时，那300名蛮族人突然出现在罗马军队的后面。罗马士兵看到后误以为敌人的人数一定很多，马上阵脚大乱，各自逃命，蛮族人趁罗马人混乱逃跑时杀死很多人，还有很多罗马人被俘，他们还缴获了所有的罗马战旗，这在罗马人中从未发生过[1]。罗马统帅们都带着所剩无几的手下随从拼命逃跑到安全的城市并守卫在那里。

第5章

此后不久，托提拉派哥特最好战的统帅弗莱达斯（Vledas）、罗德里克（Roderic）和乌利亚里斯（Uliaris）率军进攻查士丁驻守的佛罗伦提亚（Florentia）[2]。当他们到达佛罗伦提亚后，便在城墙外扎营，准备围攻。查士丁因为事先没有运粮食进城，非常焦急，就派人去拉文纳，恳求那里的罗马统帅尽快前来支援。传信人在夜晚躲过侦察，穿越敌人封锁线，到达拉文纳，向那里的守备队汇报了这里的情况。这一明智之举的结果是一支相当数量的罗马军队在贝萨、西普里安和维塔里安侄子约翰的率领下立即启程向佛罗伦提亚进军。当哥特人通过侦察兵得知罗马援军即将赶到，立即放弃围城，退到距佛罗伦提亚有1天

---

[1] 事实上这是不准确的，在公元前53年格拉苏（Grassus）就失去了战旗，公元9年瓦鲁斯（Varus）也失去了战旗，这都是普罗柯比知道的。

[2] 现在的佛罗伦萨（Florence）。

路程的穆塞里斯（Mucellis）[1]。援军与查士丁的军队会合后，统帅们留下少量军队守城，和其余的军队一起向敌人发动进攻。

在行军途中，他们制定了一个最有利的计划，即其中一个将领在全军中挑选一些最有名的战士和他们一起作为先遣队出其不意地袭击敌人，而余下的军队则保持原来的行军速度稍晚一些到达。于是他们挑出能执行计划的一些人，由掷签决定先遣队的将领，约翰抽到了这一签，但其他的将领却不愿执行这一计划了（即从每个人的军队中挑选出最强壮的士兵），约翰被迫率领他自己的军队提前一步先进攻敌人。当蛮族人听说敌人就要发动攻击，非常害怕，决定放弃他们在平原地区的营寨，混乱地跑到附近的山顶上。当约翰的军队到达后，也跑上山立即对敌人发动攻势，蛮族人也奋力抵抗，双方军队展开了一场大战。双方都作战英勇，表现了大无畏的精神，很多战士倒下了。尽管约翰大喊着回击敌人，但碰巧他的一个侍卫被敌人的一支投枪击中倒下，导致罗马人的进攻被阻断，全军溃退。

这时，其余的罗马军队也赶到这个平原，他们列成方阵等待。如果他们立即支援正在逃散的约翰的军队，他们就能一齐向敌人进攻。他们不仅能在战场上击败敌人，还能捕获一整支军队。但不知什么原因，罗马军中流传着一个谣言，说约翰在进攻时死在他的一个侍卫手下。将领们听说后不想再坚守阵地，全都耻辱地撤退了。他们既没有保持军队的秩序，也没有成队地离开，而是各自为政，争

---

[1] 现在的穆杰洛（Mugello）山谷。

先恐后地逃跑，致使许多士兵在逃跑的过程中被杀。余下的人即便无人追击了，仍继续逃跑了很多天，之后就各自进入碰巧路过的要塞中，见到要塞中的人就只会说"约翰已死"。此后他们之间也没什么联系了，他们也没有联合对敌的愿望，每个人都留在自己所在的堡垒中，着手准备，害怕蛮族人前来围攻。同时，托提拉对俘虏十分友好，赢得了他们的效忠，大部分俘虏都归服在他手下对抗罗马人。冬天即将结束，普罗柯比记载的这场战争的第七年就要结束了（542年）。

第6章

此后，托提拉占领了凯森纳（Caesena）要塞[1]和佩特拉（Petra）要塞。不久后，他率军进入托斯卡纳试探那里的人，但没人愿意归顺，他因此率军渡过台伯河，小心不踏入罗马人的领土，并立即向坎帕尼亚和萨莫奈（Samnium）前进。他们轻易占领了贝内文托城（Beneventum）这座防守坚固的城市，将该城的城墙毁掉，以防止来自拜占庭的军队以此为坚守基地给哥特人制造麻烦。之后，托提拉决定围攻那不勒斯。因为，该城居民不愿打开城门，迎他们进城，无论他说了多少能够取胜的话。而且，这里由科农（Conon）率领的1000名罗马人和伊苏里亚人组成的军队驻守。托提拉的主力部队在离该城不远处扎营不作任何行动。但他派一支军队占领了库麦和其他

---

[1] 现在的切萨纳（Cesena）。

一些要塞，从那里得到了大量的财富，还发现元老们的妻子都在那里。他不仅没有侮辱她们，还友好地让她们自由离开，他的这一举动在所有罗马人中赢得了智慧和仁道的美名。

因为没有敌人前来进攻，托提拉不断地派遣小股部队在附近巡逻，寻找战机，取得了重大的战果。通过这种方式，哥特军先后占领了布鲁提（Brutii）、卢卡尼（Lucani）、阿普利亚（Apulia）和卡拉布里亚（Calabria）。他向当地居民征收公民税并代替地主征收的土地税，通过这种方法和其他方式表明自己就是意大利的主人。此举的另一个结果是罗马士兵无法如期领到军饷，皇帝因此拖欠了士兵一大笔钱。正因这种情况，一方面意大利人被逐出他们的土地，再次面临死亡的威胁，心情沮丧；另一方面士兵们越来越不听从将领的指挥，只愿意留在城里。当时在意大利的罗马将领中，康斯坦提亚努斯占据拉文纳，约翰占据罗马，贝萨占据了斯波莱提厄姆（Spolitium）[1]，查士丁占据佛罗伦提亚，西普里安（Cyprian）占领佩鲁西亚（Perusia）[2]，其他的每一位统帅也都在他们最初逃亡时避难的地方常住下来。

皇帝听说这些事后，对形势非常担忧，立即任命马克西姆努斯（Maximinus）为意大利行政长官[3]，授予他在战争中统领全体将领的权力，有权根据士兵的需要为他们提供供给物资。他派出一支舰队随他一同前往，在船上满

---

[1] 现在的斯波莱托（Spoleto）。
[2] 现在的佩鲁贾（Perugia）。
[3] 即 Praefectus Praetorio，但在意大利 praetorians 已不再是皇室侍卫。

载着色雷斯士兵、亚美尼亚士兵及一些匈奴士兵,色雷斯人的统帅是希罗迪安(Herodian),亚美尼亚人的统帅是佩拉尼乌的侄子帕扎斯(Phazas)。马克西姆努斯率领整支舰队从拜占庭出发,到希腊的伊庇鲁斯后,在那里无端耽搁了很长时间,因为他根本没有作战经验,结果因懦弱胆小而贻误了战机。

后来,皇帝又任命狄米特里乌斯(Demetrius)为将军掌管意大利。此人曾是贝利撒留麾下一支骑兵分遣队的统帅。舰队到达西西里后,他听说科农和那不勒斯的居民遭到围困,被逼得很紧,城内已经断粮,便想以最快的速度去援助他们,但因为他的部队人数太少,根本起不了作用,所以采取了下面的计划:他命人从西西里各地尽量搜集船只,多多益善,在船上装满谷物和其他供给,扬帆出海,其目的是让敌人误认为船上是一支庞大的军队。狄米特里乌斯的想法是正确的,敌人仅仅听说一支庞大舰队从西西里驶来,就真的认为一支大部队要来进攻了。如果狄米特里乌斯愿意直接赶到那不勒斯,我相信他能够吓跑敌人并拯救这座城市,不会遭到任何反抗,但是他认为面临的危险太大,根本没去那不勒斯,而是驶向罗马港,在那里匆忙地召集士兵。但是在罗马的士兵吃过败仗,仍畏敌如虎,根本不愿与狄米特里乌斯一起进攻托提拉和哥特军队。狄米特里乌斯被迫率领他从拜占庭带来的军队赶去那不勒斯解围。

还有一个狄米特里乌斯,是凯法利尼亚人(Cephalenian),他过去作过水手,曾与贝利撒留一起航行到过利比亚和意大利,此人精通所有与海洋有关的知识,也知道大海的危险，这给他带来了很高的声誉。皇帝因此任命他为那不勒斯总督。当蛮族人开始包围这座城市时，他非常放纵自己，经常大肆辱骂托提拉，在这段紧张的时期表现得极为鲁莽。

形势越发严峻，被围的那不勒斯死亡人数急剧上升。在科农建议下，总督狄米特里乌斯秘密乘坐小艇大胆地独自一人去狄米特里乌斯将军那里求援。他出人意料地冲出重围，安全来到狄米特里乌斯将军面前，尽其所能鼓励他大胆行动，赶快着手眼前的任务。当托提拉听说有关罗马舰队的实际情况后，准备了许多快速帆船。当敌人在距那不勒斯不远的海岸靠岸后，他出其不意地发动了袭击，罗马军队惊慌逃跑。哥特军乘胜追击，杀死了很多罗马人，也俘虏了大部分，成功逃跑的只有最先跳上大船救生艇的人，其中有狄米特里乌斯将军。蛮族人缴获了所有的船只、货物并俘虏全部船员，其中包括前来求援的那不勒斯总督狄米特里乌斯。他们砍下他的舌头和双手，但没有杀死他，而是在弄残了他的肢体后放他走。这就是托提拉对狄米特里乌斯不受约束的舌头的惩罚。

第 7 章

此后不久，马克西姆也率整支舰队在西西里靠岸。当他们到叙拉古（Syracuse）时，因为畏惧战争一直按兵不动。当罗马军队的统帅们听说他到来的消息后，立即热切地派人去见他，恳求他尽快前去救援。受到蛮族凶猛围攻的科农也从那不勒斯发出一个紧急救援的消息，因为到目前为止他们的所有粮食都已经耗尽了。但马克西姆在这关键时刻和恐惧状态中延误多时,最终因害怕皇帝怪罪,在其他统帅们的指责下让步,他本人原地不动,派希罗迪安、狄米特里乌斯和帕扎斯率领所有军队赶往那不勒斯。这时冬天就要到了。

当罗马舰队行驶到那不勒斯附近时,一股强劲的风吹来,暴风雨天气随即而至。天地一片黑暗[1],波涛汹涌的海水阻止水手扬帆或使用其他方式操控船只,海浪的咆哮声使船员相互之间听不见声音,陷入一片混乱,只能听凭风暴摆布。大风与他们作对,偏偏将他们吹到敌人扎营的岸边,蛮族人任意登上罗马人的船,未遇任何抵抗,杀死船员并将船只全部凿沉。狄米特里乌斯将军和他的手下成为阶下囚,只有希罗迪安、帕扎斯与其他几个人逃跑了,因为他们的船只没有太靠近敌营。这就是这支舰队的最终下场。

托提拉将一根细绳系在狄米特里乌斯的脖子上,把他拉到那不勒斯城墙下,命他劝说城中人不要指望援军而折磨自己了,应该尽快向哥特人交出该城以解除他们的痛苦,他说皇帝没法再派援兵过来,援军和希望都随着罗马舰队一起破灭了。狄米特里乌斯按照托提拉的命令说了这样的话,正受到饥荒重压的城里人看见狄米特里乌斯的命运,听到他的话后,在绝望中无助地痛哭流涕,人们开始骚动并且感到无比悲痛。

托提拉本人也在城垛处亲自规劝说:"那不勒斯人啊,

---

[1] 手抄本文献未能提供一份可读性文件,这里的翻译代表着基督徒的推测。

我们目前的围攻不是想要指控或责备你们，而是要把你们从仇视的主人那里解放出来，以报答你们在这次战争中为我们提供的服务，这种服务招致了敌人残酷的对待。你们成为全意大利最效忠于哥特人国家和最不愿屈服于敌人统治的人。现在我们被迫在围攻他们的时候也牵连到你们，我们自然感觉到了你们对我们的忠诚，我们并不想伤害那不勒斯人，不要再为围困带来的不幸所折磨，也不要理所当然地生哥特人的气了，因为那些为朋友提供帮助的人不该受到责备，尽管他们被迫以不愉快的方式提供这些服务。至于敌人，不要对他们有丝毫恐惧，不要因为过去的事情认为他们会打败我们，生活中因为机遇与预期相反的不合理的事情[1]，很容易随着时间的流逝而烟消云散。这就是我们对你们寄予的美好愿望。我们允诺科农和他的所有士兵都能如他们所愿脱离危险，条件是他们将该城交给我们，带着他们所有的物品离开这里，我会严格履行自己的诺言并保卫那不勒斯人的安全，没什么能阻止我们。"

托提拉讲完后，那不勒斯人和所有科农手下的士兵都表示赞成，因为他们再也不能忍受饥饿的折磨了。然而为了向皇帝表达他们的忠诚并且仍然期待援军，他们同意30天之后投降。托提拉为了让他们彻底对皇帝的援助死心，定下3个月的时间，3个月后他们要实践诺言。他还进一步宣称在这段时间里不会再对城墙发动袭击，也不会施展任何诡计，就这样双方达成了协议。然而城中人没能坚持到指定的日子（因为他们已经完全断粮了），不久就把托

---

[1] 指的是罗马人的胜利。

提拉和蛮族人迎进城中。冬天即将结束，由普罗柯比记载的这场战争的第八年也要过去了（543年）。

第8章

托提拉占领那不勒斯后，对待俘虏十分宽厚，其行为完全不像敌人也不像蛮族人。当发现在罗马人中因为饥荒而疾病流行，就分发食物——事实上他们的体力已被彻底削弱了——他害怕他们突然大口吃食物有可能会噎死，于是他制定了以下计划，在港口和城门处设卫兵，禁止任何人离开这座城市，他怀着一种顾及将来的吝啬，分发食物异常节省，比他们想得到的少得多，每天增加的食物量几乎看不出来。等罗马人的体力渐渐恢复后，再打开城门，允许他们随便出入。

科农和他手下的士兵不愿意继续留在城里，便登上船，科农命令他们自由航行。他们考虑到回拜占庭会受到蔑视，就想以最快的速度驶向罗马。但风向始终是逆风，所以他们一直无法从港口出海，非常困窘，唯恐已经获胜的托提拉会在某种程度上背弃自己的誓言，对他们进行报复。当托提拉察觉罗马人的想法，把他们召集到一起，再次向他们保证并证实自己的誓言，让他们马上鼓起勇气，不要害怕与哥特军相处，可以像朋友一样从他们那里获得任何所缺的东西，购买食物。之后的风向一直与罗马人要去的方向相反，因此他们又耽搁了很长时间。托提拉见状，为他们提供马匹，装载供给的牲畜和路费，让他们从陆路前往罗马，而且还派一些哥特将士护送他们。

他接着派人将城墙大部分拆毁,只留下一小部分,其目的是防止罗马人再次占领该城后以之为基地与哥特人作对。因为托提拉宁愿在平原上与罗马人决战,认为这样比施展种种诡计进行持久战要好得多。

在托提拉忙着这些事时,一个罗马人来到他面前,他是一个卡拉布里亚人,控告托提拉的一个侍卫强暴了他的女儿,一个处女,完全违背了她的意愿。托提拉在当事人承认自己的罪行之后,马上惩罚了他并将他关进监狱。这引起蛮族人中最显要人物的恐惧(因为他是一个能干的手下和勇士),他们立即聚到一起来到托提拉面前,请求撤销对这个人的惩罚。

但托提拉听了他们的陈述后,温和稳重地说:"士兵兄弟们,讲这番话不是因为我屈服于残暴的行为,或者为我亲人的不幸而感到特别高兴,而是对哥特人即将面临的巨大不幸而深深担忧。现在我知道,当大部分人扭曲了对事物的看法,颠倒黑白,他们也颠倒了真理的含意。因为一方面,他们一贯把无法无天的违法行为称为仁慈,结果使好事变成坏事;另一方面任何想要正确地维持法律秩序的人都被他们说成是错误的。最后,明白地说,他们以此为借口作为他们放纵行为的遮羞布,肆无忌惮地犯罪,表露出他们的本性。我劝你们不要为一个人的罪恶行为牺牲自己的安全,也不要卷入这一恶行中,因为你们还没有做错事。我认为罪犯和阻止惩罚犯罪的人都应该受到同样的处罚。我希望你们就此事做出决定,有两个选择,或者是这个人不用为自己犯过的错受到惩罚,或者是哥特国家在这场战争中获胜,国家得救。我希望你们考虑一下,我们在战争伊始就拥有一支久经沙场、声誉卓著的大军，我们的财富多得不计其数，我们的马匹和武器都相当充足，而且还占有意大利的所有要塞。的确，这一切在战争中都是非常有用的。但是开战以后，在塞奥达图斯这个重利忘义的人率领下，我们每天的不法行为不断增多，最终使上帝放弃了对我们的帮助，我们此后的命运你们已经知道了，是什么样的人和多么少的军队打败了我们。现在上帝已经对我们犯下的罪实施了足够的惩罚，再一次根据我们的愿望安排我们的生活了。总的来说，他正在以比我们期待的更好方式引导我们。我们具有超过我们实际能力的好运去打败敌人，以公正的行为保卫我们的胜利比倒行逆施骄傲自满更有利。因为做了不公正的事和暴力行为的人要想再次获得荣誉是不可能的，而战争的结果是根据每个人的表现决定的。"托提拉说了这番话，哥特人的显要人物都同意他的说法，不再请求释放那个侍卫，让托提拉以最合适的方式处罚他。他不久之后就处决了这个人，将他所有的财产都赐给了那个受害的女孩。

第9章

当托提拉忙于此事时，罗马军队的统帅和士兵们却在抢劫臣属的财产[1]，他们的傲慢和放纵行为丝毫没有收敛。统帅们与情妇在要塞中饮酒狂欢，士兵们则越来越不听从统帅的命令，无法无纪。在这种形势下，意大利居民

---

[1] 指意大利居民。

深受其苦，处于两支军队的双重蹂躏之下。一方面，他们被皇帝的军队夺走了土地，另一方面他们又被抢走了所有的财产，除了受尽折磨，面临死亡的威胁，还要受到粮食短缺的重压。而士兵们尽管完全不能在敌人的打击下保护他们，却丝毫不以为耻，他们犯下的错反而令居民们更渴望蛮族人的到来。康斯坦提亚努斯在这样的形势面前不知所措，他派人送信给查士丁尼皇帝，直言他不能胜任与哥特人作战的职责，其他的统帅们也似乎都这样认为，在同一封信中表示他们已不愿再战了。这就是意大利人的命运。

同时，托提拉也给罗马元老院捎去了自己的亲笔信："由于疏忽或是容易忘却的人对邻国做出不公正的事，受其虐待的人有可能原谅他们。因为由他们的疏忽或忘却导致的错误会为他们提供借口，然而如果任何人因为深思熟虑的目的而做错事，这个人就没有开脱罪责的借口了。不仅是这件事本身，光是因这一企图他就要承担责任。因此你们想想，要拿什么来辩护你们对哥特人的行动，你们真的不顾狄奥多里克和阿玛拉松塔做的好事了吗？或者是因为时间流逝和健忘症从你们脑海中抹掉了这一切？不，这不是真的，因为他们的仁慈不是表现在对你们古代祖先的一些小事上，而是表现在发生于最近岁月里的一些非常重大的事件上，对你们，我亲爱的罗马同胞，难道是因为你们听说或经历过希腊人对他们臣属的公正对待，就决定投靠他们，这与你们以前投靠哥特人和意大利人一样吗？无论如何，我认为你们已经很好地款待他们了，如果你们对关于亚历山大的公众评论有所耳闻的话，你们就知道他们是什么样的朋友和客人了。我也不需要再提及对你们友好和宽宏大度的士兵和统帅们了,很明显,是这些人的行为将他们引入此等境地。你们不要认为我因为有野心才批评他们,或者因为我是一个蛮族首领而倾向于自夸。我认为,征服这些人不是基于我们的勇气,我可以肯定地说,是他们对你们做错事而遭到了报复,他们不是已经表现出极端残暴的行为了吗?上帝也站在你们的立场上要报复他们,你们还要天真地忠于他们的暴行不愿从这不幸中解脱吗?因此,给你们一次拥护哥特人的机会,也给我们一次原谅你们的机会吧。现在你们的希望已很渺茫,于事无补,如果你们不想等到开战,想选择更好的道路,更正对我们做出的错事,就给我们这个机会。"

这就是信的内容。托提拉将它交给一些俘虏,命令他们到罗马交到元老院。他们按照吩咐做了,但约翰却阻止看过信的元老给托提拉以答复。因此托提拉又试了一次,写了许多封短信表达了自己最庄严的誓言,明确发誓以后哥特人不会再伤害任何罗马人。至于什么人把这些信传到罗马,我也不知道,因为他们都是在深夜将信带到城里的隐秘之处,天亮后人们才发现这些信的。但罗马统帅们怀疑是阿里乌派教士们做的,他们很快就将所有这些信都拿走了。

托提拉听说此事后,就派一部分军队去卡拉布里亚,命令他们劝说德里乌斯(Dryus)[1]要塞的人投降,但这里的守军坚决拒绝向他们屈服。托提拉就命令派去那里的军队发动围攻,而他本人则率领大部队前往罗马附近。当

---

[1] Hydruntum,现在的奥特朗托(Otranto)。

皇帝听说此事后，非常局促不安，不顾波斯军的强大攻势，被形势所迫，命令贝利撒留率军攻打托提拉。冬天就要过去了，普罗柯比记载的这场战争的第九年即将结束（544年）。

第10章

这样，贝利撒留第二次前往意大利，但他的部队人数太少，因为他把自己的军队从波斯调回来是不可能的，只能在经过整个色雷斯时用金钱招募新兵。遵照皇帝的指示，他与刚从意大利回来、把军队留在伊利里亚的伊利里亚将军维塔留斯（Vitalius）会合，一起上路并招募了一支4000人的军队向萨罗尼斯（Salones）[1]进发。贝利撒留得到消息说哥特人已经在卡拉布里亚和坎帕尼亚扎营，这样一来罗马军队不管是潜入还是与敌人正面抗衡都不可能在罗马附近登陆，因为以他们的力量无法与哥特军队抗衡，所以就想首先到达拉文纳，用一切可行办法在那里与敌人开战。

与此同时，被围困在德里乌斯的罗马守军因粮草断绝，就与围攻的蛮族人达成协议，说他们会拱手让城，并商定了投降的日期。但贝利撒留在船上装满了足够一年吃的食物，命令瓦伦提努斯开船去德里乌斯，把现任的守备军尽快换掉——因为他听说他们被疾病和饥饿折磨得非常虚弱——并依靠一起航行的士兵建立了一支新的守备队替代那里的士兵。这样的安排可以使供给充足的新兵胜任守卫

---

[1] 或萨罗纳（Salona），靠近现在的斯帕拉托（Spalato）。

堡垒安全的工作。瓦伦提努斯又遇上了合适的风向，舰队一路顺风，在投降日期到来的前4天赶到德里乌斯，他们发现港口无人守卫，就先占领了港口，顺利进入要塞。因为哥特人对他们的协议充满自信，认为他们一定能顺利接收要塞，所以根本没有注意罗马军的动静，按兵不动。然而他们突然遭到舰队袭击，军心大乱，放弃围攻匆匆逃到很远的地方，扎营并向托提拉汇报情况。就这样德里乌斯要塞逃过了千钧一发的危险。但瓦伦提努斯手下的一些士兵意图在周边地区大肆抢劫，便又出发了。碰巧他们遇到在海岸附近的敌人，与他们展开一场战斗。罗马军队被打得惨败，大部分人都跳到海中，淹死170人，其余的人撤回要塞。

瓦伦提努斯发现从前在这里的守备队有一半的人已经死了，便将他们从要塞中撤走，建立新的守备队，按照贝利撒留的指示，给他们留下了一年的供给后，与其余的军队一起回到萨洛尼斯。

接着贝利撒留命全体舰队离开萨洛尼斯，在波拉（Pola）靠岸后做短暂逗留以整顿军队。托提拉听说贝利撒留已经到达波拉，希望能打探他的兵力情况，就采取了下面的措施：他以热那亚守备队统帅约翰的侄子博努斯（Bonus）的名义给贝利撒留写了一封信，声称他正面临极度危险，催促他全速前往救援。于是他选出了5名擅长刺探情报的人，把信交给他们，假装是博努斯派来的人，伺机仔细观察贝利撒留的军队。这些人见到贝利撒留时，他像往常一样友好地接待了他们。贝利撒留读完信后，命令这些人回去报告博努斯说贝利撒留不久就会率全军援助他。

这些人按照托提拉的指示仔细观察了一切后，回到哥特人营中，宣称贝利撒留的军队人数不多。

与此同时，托提拉因为一场叛变占领了伊苏里亚人守卫的蒂沃利城（Tibur）。事情的经过如下：该地区有些居民与伊苏里亚人一起守卫城门，但因为这些居民与一起守卫的伊苏里亚人发生了争吵——尽管伊苏里亚人完全没有冒犯他们——就在夜里将附近扎营的敌人放进城。而这些伊苏里亚人在城市被占领时采取一贯做法，全都逃跑了，城里的居民无一幸免，全部被哥特人杀死，包括该城的教士，尽管我知道他是怎样被杀死的，但我不想提及，不想给后人留下残忍的记录。在受害者中还包括意大利杰出的人物卡特鲁斯（Catellus）。就这样，蛮族人占领了蒂沃利，此后罗马人不能再从托斯卡纳通过台伯河运输物资了。因为这座距罗马大约120斯塔德远的河边城市[1]成为阻断罗马河运航道的前哨。

第11章

这就是蒂沃利城的遭遇。至于贝利撒留，他与全部舰队到达拉文纳后，召集了全城的哥特人和罗马士兵，对他们说："这已经不是第一次有德之人败在耍阴谋诡计的人手中，因为自古人间的事情就是这样，许多优秀人才的堕落足以令人沮丧并让好事变成坏事。现在这件事就毁了皇帝的计划。他诚心纠正自己的错误，认为拯救意大利比打败

---

[1] 霍奇金指出，普罗柯比将阿尼奥（Anio）河与台伯河弄混淆了。

波斯人更重要,在这个紧要关头派我来你们这里,让我纠正和弥补统帅们对这里的士兵和哥特人做的错事。人非圣贤,孰能无过。在事态的发展中错误也是不可避免的。皇帝之所以伟大就在于他能及时纠正自己的错误,这也是对他钟爱的臣民们的一种安慰,你们不仅能摆脱沮丧,而且还有特权能理解并分享皇帝对你们的亲善。在世上有什么能比这更令人高兴呢?为了让我们共同达到这一目的,你们每一个人都有义务尽最大的力量,才能从我的效劳中获利。如果你们中碰巧有人是篡权者托提拉的亲人或朋友,尽快让他召见你们,告诉他皇帝的意图,只有这样他才能获得和平并得到强大皇帝手下阵亡战士的祝福。我不是贪恋战争才来这里的,也永远不会与皇帝的臣属为敌,至少在能够选择的情况下是如此。然而,如果他们到现在还不为自己选择正确的道路,继续反对我们,我们有必要,即使是违背意愿,像对待敌人那样对待他们。"

贝利撒留说了这番话后,没有一个敌人反对他,无论是哥特人还是罗马人。他命令侍卫图里穆特(Thurimuth)率领自己的嫡系部队和维塔留斯,还有伊苏里亚士兵一同前往埃米利亚,命他们尽可能占领那里的城镇。于是维塔留斯和他的军队占据了博诺尼亚(Bononia)附近地区[1],在邻近的一些要塞投降之后,他们依然留在博诺尼亚,不采取任何行动。但不久以后,既没有受到指责,也没有受到不公正对待,维塔留斯手下所有的伊利里亚人突然在一个夜晚秘密逃回家乡去了。他们派使节去见皇帝乞求他的

---

[1] 现在的博洛尼亚(波伦亚)(Bologna)。

原谅，他们以这种方式回家乡的原因无非是长期在意大利服役却未得到固定的收入，国家欠他们一大笔钱。碰巧有一支匈奴人军队侵入伊利里亚，奴役妇女儿童，因为这一情况以及意大利缺少粮食供给，所以他们才当了逃兵。尽管皇帝开始很生气，但最终还是原谅了他们。

托提拉听说伊利里亚人逃走的消息后，立即派一支军队前去攻打博诺尼亚，意图发动突袭，俘虏维塔留斯和他的军队。然而维塔留斯和图里穆特在很多地方设了伏兵，前来进攻的哥特军队大部被消灭，其余的则逃跑。其中伊利里亚军队中一个有名的统帅人物叫纳扎里斯（Nazares），他的善战无人能比。此后，图里穆特前往拉文纳面见贝利撒留了。

最终贝利撒留派他的三个侍卫图里穆特、里奇拉斯（Ricilas）和萨比尼亚努斯（Sabinianus）率1000名士兵赶去奥克西姆援助被围困的马格努斯（Magnus）和罗马人。这支军队连夜穿越托提拉和敌人的军营，进入奥克西姆城内，开始计划对敌人发动突击。于是第二天中午，当听说一些敌人就在附近，他们决定对敌人发动突袭，出发前首先派侦察兵探知敌人的兵力以便在发动袭击时有准备。

然而贝利撒留的侍卫里奇拉斯碰巧喝醉了，他不允许任何人去侦察，而要自己一人骑马全速出城。他是一个极其勇敢的人，由于看见在一个陡峭斜坡上有三个哥特人，便想与他们开战，但当他看到四面八方的敌人都冲向他时，只好匆忙逃跑，但他的马因路不平被绊倒，敌人大声吼叫并向他投掷投枪。当罗马人听到吼声后，立即跑来救他，但里奇拉斯已经身中多支投枪死亡了。图里穆特的军队打退敌军后，把他的尸体带回奥克西姆城，里奇拉斯就这样以与他的英勇毫不相称的方式死去了。

因此萨比尼亚努斯和图里穆特一起与马格努斯商议，他们认为在这里浪费太多时间是失策的，原因很明显，他们的人数在战场上根本不足以与敌人抗衡，除此之外，如果罗马军耗完城里的供给，这座城市就会很快被敌人占领。当他们作出这一决定后，准备带着他们 1000 多人的军队在夜里离开，开始他们的路程。但因为有一个士兵偷偷跑到敌营中泄露了罗马人的计划，于是托提拉选出 2000 名勇猛精兵夜里守卫在奥克西姆以外 30 斯塔德处的路上，他的行动完全保密。接近午夜时，埋伏的哥特士兵看到敌人匆匆赶来，立即抽出剑发动进攻，杀死了 200 人，缴获所有辎重、武器、军服以及一批奴仆。图里穆特和萨比尼亚努斯以及余下的人都趁着黑暗逃到了阿里米尼。

在爱奥尼亚湾海岸有两个要塞——比索鲁斯（Pisaurus）[1]和法努斯（Fanus）[2]，它们坐落在奥克西姆和阿里米尼之间。在战争一开始时，维提却斯就破坏了这两个要塞，烧了那里的房屋，捣毁了一半城墙，以防止罗马人占据这些要塞给哥特人制造麻烦。贝利撒留想占领其中的比索鲁斯要塞，因为他认为此处的地形适合放牧马匹。他连夜派几个手下秘密测量每一个城门确切的高度和宽度，然后按尺寸造门，包上铁皮，装上船运来，命令萨比尼亚努斯和图里穆特的手下人尽快将这些城门装在城墙

---

[1] 现在的佩萨罗（Pesaro）。
[2] Fanum, Fortunae, 现在的法诺（Fano）。

上,然后待在城墙内,等安全后,再尽可能用石头、泥或其他材料将倒塌的城墙修复。萨比尼亚努斯和图里穆特领命行事。当托提拉听说了发生的事后,率大军前去进攻其中一个要塞,但久攻不下,一筹莫展地回到了在奥克西姆的大营。

然而,这时罗马人停止了对敌人的袭击行动,每个要塞的罗马军队都留在城墙内。贝利撒留派他的两个侍卫波斯人阿尔塔西里斯(Artasires)和色雷斯人巴尔巴蒂昂(Barbation)去罗马,为了帮助贝萨保卫这座城市,他指示他们绝对不能轻易袭击敌人。托提拉和哥特军见贝利撒留的军队没有做好作战准备,决定首先袭击这些城堡中最坚固的一座。于是他们先在皮森努姆(Picenum)扎营,然后推进到菲尔莫姆(Firmum)[1]和阿斯库勒姆(Asculum)[2],开始围攻。冬天就要结束了,普罗柯比记载的这场战争的第十年就要过去了(545年)。

第 12 章

现在贝利撒留发现他已完全无力援助被围困的要塞,就派维塔利安的侄子约翰去拜占庭,在临走之前让他庄严发誓会尽一切努力尽快赶回来。他的任务是恳求皇帝派来一支大军并慷慨地提供军费以及马匹武器,这里所剩无几的士兵宣称因为国家长期拖欠军饷,又缺少军需物资,所

---

[1] 现在的费尔莫(Fermo)。
[2] 现在的阿斯科利(Ascoli)。

以不愿打仗。这的确是事实。贝利撒留还给皇帝写了一封信,讲述了这些情况。信的内容[1]是这样的:

"皇帝陛下,我们已经到达意大利,但我们缺乏士兵、马匹、武器和军费,我想这些军需如果不充足的话,我们就根本无法开始作战。尽管我们尽最大力量在色雷斯和伊利里亚周围招募新兵,但我们的士兵人数仍少得可怜,他们既没有武器,又缺乏战斗经验。另一方面,我们发现留在意大利的罗马士兵人数也非常少,他们对敌人充满恐惧,在遭受多次失败后,他们精神已被彻底击垮了,他们不但随意逃走,还把马和武器都丢掉了。至于收益,要想从意大利取得任何钱财都是不可能的,因为钱财已经全部被敌人搜刮走了。结果,因为长期没有给士兵发放军饷,我已经难以再对他们发布命令,债务剥夺了我们发号施令的权力。陛下,您也应该知道您军营中的大部分人都逃到敌军一方去了。因此,如果认为把贝利撒留派到意大利就足以表明您已经为开战做了最好的准备,那是因为我已经身处意大利了。然而,如果您想要在战争中打败敌人,那就要提供其他一切所需的物资,因为没人愿意成为一个无兵之帅。最重要的是,我需要您派来枪兵、卫队以及一支人数众多的由匈奴人和其他蛮族人组成的军队,而且,你要立即发给他们薪俸。"

这就是贝利撒留书信的内容。至于约翰,虽然他在拜占庭费了很长时间,但还是没有达到任何目标,只顾着与

---

[1]"这封信体现了一个英雄的灵魂,我们不能将这样坦诚真实的言语与复杂而空洞的拜占庭历史学家的演讲等同看待。"吉本《罗马帝国衰亡史》第4卷,第43章。

皇帝的侄子日耳曼努斯的女儿结婚。与此同时，托提拉以招降的方式占领了菲尔莫姆和阿斯库勒姆，进军托斯卡纳，开始围攻斯波莱提厄姆[1]和阿西斯（Asise）[2]。斯波莱提厄姆守备队的统帅是希罗迪安，阿西斯的统帅则是西西弗里杜斯（Sisifridus），尽管西西弗里杜斯是哥特人，却对罗马人和皇帝忠心耿耿。希罗迪安考虑再三，与敌人达成协议，在30天内双方都不采取行动，如果在这段时间里没有援兵帮助罗马人，他就将该城连同自己、士兵和居民一并交给哥特人，他把自己的儿子作为人质以保证这一协议的实施。在那一天到来时，仍没有罗马援军到来，希罗迪安和斯波莱提厄姆的整支守备队根据协议向托提拉和哥特人交出了自己和该城。但据说希罗迪安和贝利撒留之间素来不睦，相互敌视，这才是他投降哥特人，交出斯波莱提厄姆的真正原因。而引起敌视的原因是贝利撒留扬言要召见他让他解释之前做的事。

这就是在斯波莱提厄姆发生的事。在另一边，阿西斯统帅西西弗里杜斯率军英勇抗敌，但他本人和大多数士兵都战死沙场，因此阿西斯的居民对形势感到绝望了，立即把城市交给了敌人。托提拉也马上派人去见西普里安（Cyprian），要求他交出佩鲁西亚，还百般恐吓他，以免他不服从。但托提拉又承诺如果他答应这一要求，可以得到一大笔钱。西普里安毫不畏惧托提拉的恐吓。托提拉一计不成，又生一计，他贿赂了西普里安的一个侍卫乌里弗斯

---

[1] 现在的斯波莱托。
[2] 现在的阿西西（Assisi）。

（Ulifus），让他背叛并杀死西普里安。于是乌里弗斯在一次单独与西普里安会面时，杀死了西普里安并逃到托提拉那里。然而西普里安的士兵仍继续为皇帝守卫该城，结果哥特人决定从佩鲁西亚撤军。

第13章

这件事后，托提拉进军罗马城，在城市附近开始围城。然而他没有伤害这里和意大利其他地区的农民，让他们不必害怕，像平常一样安心种地，将平时交给国库和土地主人的税收交给他。当一些哥特人靠近罗马卫城时，阿尔塔西里斯和巴尔巴蒂昂突然袭击了他们。尽管贝萨根本不同意这次行动，但阿尔塔西里斯和巴尔巴蒂昂还是率领大部分手下士兵一同前去进攻，歼灭了很多敌人，也有许多哥特士兵逃跑。罗马人紧追不舍，追了很长一段距离，不料落入敌人的埋伏，折损大半，只有阿尔塔西里斯、巴尔巴蒂昂和少数人得以艰难逃生，从此他们再也不敢出城进攻敌人了，只能被动抵御敌人的进攻。

从这时起，在罗马城中发生了严重的饥荒，因为他们不能再从乡村运进粮食，海路交通也被切断了，因为哥特人占领那不勒斯之后，就在那里和埃奥利亚岛（Aeolian Island）及沿岸其他岛上驻扎了大量的海军和轻型舰船，他们严密监视着海上运输。从西西里出发的船只驶入罗马港后连同船员都落入这些巡逻兵手中。

托提拉派遣一支军队赶去埃米利亚，命令他们或者以突袭、或者以劝降的方式占领普拉森提亚城（Placentia）[1]。普拉森提亚是埃米利亚最重要的城市，坐落在埃里斯达诺斯（Erisdanus）河畔，有坚固的防御设施，是这一地区唯一臣属于罗马人的城市。所以哥特军接近了普拉森提亚，向守备队提出一些交换条件，想让他们将此城移交给托提拉和哥特人，但没有成功，哥特人察觉到城里的居民粮食短缺的困境，于是在此扎营开始围攻。

此时在罗马的军队统帅之中发生了怀疑塞特古斯（Cethegus）叛敌的事件。塞特古斯是一个贵族，也是罗马元老院的首脑人物，因为这个原因他匆忙离开罗马去了森图姆塞勒（Centumcellae）[2]。

贝利撒留因此开始对罗马城和全体罗马人担心起来，因为从拉文纳再也派不出援军，即便是一支小部队也不可能。于是他决定先离开拉文纳，占据罗马周围地区，逐步推进以营救那里被围困的人。事实上，贝利撒留对于再度来到拉文纳非常后悔，早些时候听维塔留斯的劝告而采取的方案对于实现皇帝的目标毫无益处，因为他们把自己置于隔离架空的地位，使敌人能够任意决定发动战争。我认为或者是因为罗马人注定受挫，导致贝利撒留选择了错误路线，或者是因为他选择的这条路线确实有利，上帝决定要帮助托提拉和哥特人，所以阻止他的计划，因此贝利撒留最好的计划与他的期望完全相反。而那些得到幸运女神眷顾的人，即便他们采取了最错误的计划，也不会遭到失

---

[1] 现在的皮亚琴察（Piacenza）。
[2] 现在的奇维塔·韦基亚（Civita-Vecchia）。

败,因为上天故意颠倒这些计划,把他们完全推向有利的方向;我认为,如果命运女神阻挠并剥夺了一个人理解和洞察真相的能力,那么他完全没有办法作出明智的选择,注定要遭受厄运,即使他制订的一些计划符合形势的要求,在他做出决定后命运女神却与他作对,逆转了他的明智选择,以至于招来可悲的结局。然而,究竟是不是这样,我也不知道。

接着,贝利撒留任命查士丁为拉文纳的守备队统帅,他本人只带很少的几名随从,从那里出发经由达尔马提亚和邻近的领土来到埃庇丹努斯(Epidamnus)[1],在那里按兵不动等候拜占庭援军的到来。他给皇帝写了一封信,汇报了目前的形势。于是皇帝不久之后就派维塔利安的侄子约翰、阿拉蒂乌斯(Aratius)的兄弟亚美尼亚人伊萨克(Issac)和纳尔泽斯率一支由蛮族人和罗马人组成的军队赶来增援。这些军队到达埃庇丹努斯后,加入到贝利撒留的队伍中。

皇帝又派宦官纳尔泽斯去埃吕利人的首领们那里,尽可能地游说他们向意大利进军,于是许多埃吕利人在菲勒穆特(Philemuth)和其他一些统帅的率领下和纳尔泽斯一起来到了色雷斯。他们计划在那里过冬后,春天一到就派人去见贝利撒留,人称"贪吃者"的约翰也与他们在一起。在这次行程中,他们还意外地帮了罗马人一个大忙,因为一大群蛮族斯克拉维尼人刚巧渡过伊斯特河,劫掠附近乡村,奴役当地大量的罗马人。埃吕利人突然出现在这

---

[1] 现在的都拉斯(Durazzo)。

些蛮族人面前，与他们展开大战，尽管斯克拉维尼人人数大大超过了埃吕利人，但埃吕利人还是打败了斯克拉维尼人，杀死了一些敌人，将被俘虏的罗马人都释放回家。那时纳尔泽斯还抓到了那个假冒曾经是著名罗马将军希尔布狄乌斯（Chilbudius）的人，成功地揭穿了这个阴谋。下面我就要讲一讲这件事的经过。

第 14 章

查士丁尼皇帝的家族中有一个叫希尔布狄乌斯的人，他在战争中非常讲求效率，但更喜欢别人的钱财，因此自己拥有一笔财产。在查士丁尼皇帝统治的第四年（531年），此人被任命为色雷斯将军，负责守卫伊斯特河，防御那一地区的蛮族人过河抢劫。因为那里的匈奴人、安泰人和斯克拉维尼人已经多次渡过这条河，给罗马人带来不可弥补的灾难。希尔布狄乌斯成为蛮族人恐惧的对象，在他任职期间的三年内对蛮族人的防御颇有成效，不仅没有蛮族人成功渡过伊斯特河骚扰罗马人，反而希尔布狄乌斯率罗马士兵多次渡过这条河，打垮并奴役那里的蛮族人。但三年后，有一次，希尔布狄乌斯像平常一样只带少量军队渡过伊斯特河，遇到了斯克拉维尼人全体士兵的反击，在激烈的战斗中，希尔布狄乌斯将军和许多罗马人阵亡。此后罗马人只能任由蛮族人随意渡河，侵入自己的土地，横行肆虐。整个罗马帝国都无能为力，在抵抗蛮族人的战斗中表现出来的勇气还不如他一个人大。

后来，安泰人和斯克拉维尼人互相敌视，进行了一次战斗，安泰人最终被打败。在这场战斗中，一个斯克拉维尼人俘虏了敌军的一名年轻人把他带回家，他名叫希尔布狄乌斯，才刚刚长出胡须。这个希尔布狄乌斯在长期与主人相处的过程中表现得尽心尽力，在对敌作战中也异常勇猛，事实上，他曾多次冒着生命危险救了自己的主人，因而表现英勇的他受到大家的赞扬，赢得了很高的声誉。与此同时，安泰人突袭色雷斯，抢劫罗马人的财产，奴役罗马居民，还把这些俘虏带回他们自己家中。

其中一个俘虏有幸落入一位仁慈而亲切的主人家中，而这个俘虏却是一个大恶棍，逃避法律，欺骗俘虏自己的人，因为他用任何手段都不能如愿地回到罗马人的土地上，于是他设计了下面的计划：他来到主人面前，先赞扬他的仁慈，说上帝会因此赠与他无限祝福，同时表现自己的忠心，声称绝不会对如此仁慈的主人忘恩负义。如果他愿意采纳他极佳的建议，就将在很短的时间内拥有大笔金钱。他说在斯克拉维尼人中有一个人叫希尔布狄乌斯，是奴隶出身的前任罗马人将军，在战争中蛮族人忽视了他的存在，如果他愿意为希尔布狄乌斯出钱，把他送到罗马人的土地上，那么他不但可以从皇帝那里获得声誉，还能赚一大笔钱。这个罗马人用这番话一下子就说动了他的主人。他们两人一起来到斯克拉维尼人中，因为这些蛮族人已经达成和平协议，互相之间无须恐惧地混居在一起。他们付一大笔钱给希尔布狄乌斯的主人将其买下并立即带着这个人离开。当回到自己的国家，买者问这个人是否就是罗马将军希尔布狄乌斯时，他毫不犹豫地把所有的实情一一说出，说他也是安泰人，他和他的同胞们在对抗斯克拉维尼人时，被一个敌人俘虏。现在,他回到了自己的国家,根据法律他从此获得了自由。

那个为他付钱的人因此变得哑口无言,非常恼火,因为完全失去了赚钱的希望。但这个罗马人为了使那个人安心并能不受任何阻碍地回到自己的家乡,反驳了这一事实,仍坚持这个人就是罗马将军希尔布狄乌斯,但因身处蛮族人的国家,十分害怕,不愿说出事实,然而如果他能回到罗马人的土地上,他不仅不会隐瞒事实,反而还会为讲出他的名字而骄傲。最初的这些事情蛮族人都毫不知情。

后来,当消息传遍全国时,所有的安泰人都聚在一起,对此事议论纷纷,他们要求公布真相,认为如果确认他们已经成为罗马将军希尔布狄乌斯的主人,他们就会获取巨大的利益。斯克拉维尼和安泰民族并不由君主统治,自古就形成了民主制度,所以每一件事都关系到所有族人的命运,无论是好事还是坏事,都与民众息息相关。事实上,这两个民族的人们在所有其他的方面也都一样,自古就形成了同样的制度和习惯,他们相信上帝是光明的创造者,是万物的唯一主人;他们把牛和其他的祭品奉献给上帝;他们既没听说过命运女神,也不承认命运会给人类带来任何影响,只有因受到疾病侵袭或面临战争而临近死亡时,他们才会承诺,如果能够幸存,就会因获得新生而向上帝献祭,如果真的逃过灾难,他们就按照自己的承诺献祭,认为是这些牺牲品给他们带来了安全。然而,他们崇拜河流、山泽女神和其他的一些神灵,也为这些神灵献祭,还把预言与这些牺牲品联系在一起。他们以简陋的茅舍为家,相互之间相隔很远,但一般来说,他们都频繁地更换住处。

在战争中，他们大部分都步行参加战斗，手持轻便的盾牌和投枪，但从不穿铠甲。事实上他们中的一些人甚至不穿衬衫或斗篷，在与敌人作战时只穿着仅能遮羞的紧身短裤。这两个民族的人都讲同一种蛮族语言。他们在外貌上难以区分，身材都非常高大、健壮，他们皮肤和头发的颜色不深不浅，有些发红的颜色。他们生活条件非常艰苦，根本不注意保养身体，就像马萨革泰人一样永远都是满身污垢。然而他们却绝非卑鄙或邪恶的人，保留着匈奴人朴实天真的性格。事实上，在远古时代，安泰和斯克拉维尼人有同一个名字，都被称为斯波里人（Spori），我想大概因为他们每个人与另一个人之间生活的地点有一段距离，各自孤立地生活在他们的国家里，因此他们拥有大片土地，占据了伊斯特河北岸的绝大部分土地。关于这些人的情况就说到这儿。

眼下安泰人都聚集到一起，正如我之前所说，迫使这个人答应承认自己就是罗马人将军希尔布狄乌斯本人。他们威胁说如果他否认，就要对其实施惩罚。此时，查士丁尼皇帝派使节来到这些蛮族人中间。使节表达了皇帝希望蛮族人定居在古城图里斯（Turris）的意愿。这座城市位于伊斯特河以北，是罗马皇帝图拉真在位时修建的，但在遭到当地蛮族人洗劫之后，长期无人居住。查士丁尼皇帝同意将该城及其附近的土地让给他们居住，强调这是罗马人的土地，还同意在权力范围内帮助他们重建家园，付给他们一大笔钱。对他们提出的条件是从此与罗马人和平相处，并在匈奴人想要推翻罗马统治时阻拦他们入侵罗马领土。

这些蛮族人听完表示同意并允诺兑现所有的条件，但是要皇帝恢复希尔布狄乌斯的罗马将军之职,让他帮助他们重建自己的城市,按自己意愿,坚决强调他们之中的那一位就是希尔布狄乌斯。假冒者也激动起来,和其他人一起宣称自己就是罗马将军希尔布狄乌斯。事实上,纳尔泽斯在出发去拜占庭执行任务时,在路上遇到了他并发现此人是个冒名顶替者。尽管他也讲拉丁语,也学会了希尔布狄乌斯的许多个人特点并成功地模仿他,但还是被揭穿了。纳尔泽斯将他逮捕入狱,强迫他供出全部事实后,将他带回拜占庭。现在我要回到前面的话题上去了。

第 15 章

当皇帝采取上文提到的措施时,贝利撒留那边正派瓦伦提努斯和瓦伦提努斯的一个非常能干的侍卫福卡斯(Phocas),率一支军队到达罗马港,吩咐他们加入伊诺森提乌斯(Innocentius)统帅的波图斯(Portus)港守备队,帮助他们守卫那里的要塞,一旦有机会,就马上出征突击敌营。于是瓦伦提努斯和福卡斯秘密派人传信到罗马,告诉贝萨他们即将对敌人的防御营地进行突袭,让他选出最勇猛善战的罗马战士,只要一开战就赶来相助。两支军队前后夹击,蛮族人定将溃不成军。但贝萨对此计划无动于衷,尽管他有 3000 名士兵。瓦伦提努斯和福卡斯率领一支 500 人的军队对敌营发动突袭,杀死了一些敌人,这一情况很快传到被围困的波图斯港守备队那里,他们立即出兵作战,但瓦伦提努斯军看到没有任何人从城中出来攻打敌营,便迅速撤回港口,没有造成任何损失。

瓦伦提努斯和福卡斯第二次派人去见贝萨,先是指责他太胆小不敢进攻,然后宣称他们很快就会再一次进攻敌人,催促他在适当的时候率领全部军队进攻蛮族人。然而贝萨仍然拒绝对敌人发动突袭,不想参战。尽管如此,瓦伦提努斯和福卡斯仍打算攻击敌人,已经做好一切准备,但伊诺森提乌斯的一个士兵逃到托提拉一方,将第二天他们就要从波图斯港发起进攻的消息泄露给他,托提拉决定在所有合适的地点设置伏兵。结果第二天,瓦伦提努斯和福卡斯落入埋伏之中,不仅自己丧命,而且他们军队的大部分也被歼灭,只有很少的几个人艰难地逃回到波图斯。

那时,罗马大主教(the chief priest of Rome)维吉里(Vigilius)[1]旅居在西西里,他在尽可能多的船上装满谷物,想以某种方式将运送这些货物的人送进罗马,所以这些船都向着罗马港航行。敌人侦察到这一情况后在舰队到达之前短时间内赶到港口,藏在城墙内,等船一靠岸,就会轻易俘获他们的物品。当波图斯守卫的罗马人发现敌人后,他们站在城垛上挥舞着外衣,尽力给船上的人发送信号不要靠近,立即改变航向去别的地方,哪里都行。但船上的人没有理解他们的含义,认为波图斯的罗马守备队在欢呼,邀请他们驶入港口。船队借顺风很快驶入港口。甲板上站着很多罗马人,其中有一个叫瓦伦提努斯的主教。蛮族人立即从他们藏身的地方冲出来,轻易地占领了所有的船只,将主教俘虏,带他去见托提拉,然后杀死了所有其余的人,将船只拉上岸,在船上还装着货物的情况下,

---

[1] 维吉里在537—555年任罗马主教。

他们离开了。托提拉随便询问这个主教几个问题,然后指控他没有说实话,就砍下他的双手。这就是这些事情的经过。冬天即将结束,由普罗柯比记载的这场战争的第十一年就要过去了(546 年)。

第 16 章

罗马大主教维吉里应皇帝传召,从西西里赶往拜占庭,他已经在西西里等待这个传谕很久了。

与此同时,普拉森提亚(Pracentia)的罗马人遭到敌人的围攻,他们的粮食供给已经用光了,在饥饿的情况下只能依靠一些非正常的食物生存。事实上,他们已经在吃人肉了。他们为形势所迫,不得不与哥特人达成协议,宣布投降,将该城交给哥特人。这就是这里发生的事。

罗马的居民也是一样,在托提拉的围攻下已经筋疲力尽,所有的生活必需品都用光了。有一个罗马教士叫佩拉吉乌斯(Pelagius),任教会执事(deacon),曾在拜占庭生活过很长时间,与查士丁尼关系密切,碰巧在前不久他带了一大笔财产回到罗马城。在围困期间,他把大部分财产赠给了缺乏生活必需品的人们,尽管在此之前他在意大利人中已是一个名人了,现在他的仁义善举为他赢得了更多赞美。于是,在饥荒面前绝望的罗马人就鼓动佩拉吉乌斯去见托提拉,与他商谈是否可以休战一段时间,如果在休战期间没有人从拜占庭赶来援助,他们就投降,将该城交给哥特人。于是佩拉吉乌斯就带着这一使命去见托提拉。托提拉以友好和尊敬的态度接待了他,对他说:

"在所有的蛮族人中几乎都有尊重使者的惯例,而我一直以来也非常尊敬那些像您这样杰出的人物。我认为对一个身着使者服装的人尊敬还是侮辱的区别,不是通过接待者微笑的表情和夸张的言语表现出来的,而是通过是否直截了当以及言词是否具备诚意表现出来的。因为一方面,把真相直白地告诉使节再恭送人家离开,才能表现出尊敬,而另一方面,对使者最大的侮辱莫过于让他听到欺诈和不诚恳的话语之后让他离开。现在,佩拉吉乌斯,在我这里有三件事,不管你如何想,你绝对办不到,我提醒你最好避免提起这些事,以免你会因为没有完成使命而受到责备,把失败的责备推到我们身上。因为对实际情况提出不适当的请求只能导致难以实现个人的目标。我警告你,不要站在西西里人、罗马防御工事或处于我们保护之下的奴隶的利益上对我们提出恳求。因为哥特人对西西里人、罗马城墙的保护或是为了回到从前主人那里而在我们军中服役的奴隶都是不会怜悯的。为了避免你提出这些不理智的请求,我要首先表达我们的立场以澄清你们对我们的怀疑。

"首先,那个岛[1]自古就繁荣富饶,从每年的税收和粮食产量的数额就可以证明这一点,它不仅能为当地居民提供充足的农产品,而且你们罗马人也以贡赋的形式进口西西里的农产品,得到了充足的供应。因此,罗马人在狄奥多里克统治初年就恳求他不要在那里设立人数众多的哥特人守备队,以免有人干涉那里居民的生活,觊觎他们的富庶。在这种情况下,来到这里的敌人军队的兵力无论在

---

[1] 西西里岛。

数量上还是在其他方面都比不上我们,但当西西里人看到舰队到来时,他们不但不向哥特人报告,不固守在要塞中,不对我们的敌人进行反抗,反而打开城门,以极大热情欢迎他们进城[1],就像被我怀疑的最不忠实的奴隶要做的那样,他们早就等待有利的时机从主人这里逃走并寻找新主人。于是,敌人就以这个岛为基地,就像从一个供给充足的要塞出发去战斗一样,毫不费力地占领了整个意大利,夺取了罗马城,因为他们从西西里运来大量的谷物,即使他们被围困一整年,所有城里人的粮食供应也十分充足。这就是西西里人的情况,他们做的错事哥特人是绝不会原谅的,他们所犯的严重罪行不值得我去怜悯。

"第二,我们的敌人藏在罗马防御墙后面,不愿出来到平原地区列队与我们开战,反而通过狡猾的诡计和令人迷惑的阴谋对付我们。他们不时地捉弄我们,通过不正当手段将我们的财产据为己有。我们应该做好准备以免再经历这样的事。当受过挫折的人们不因此而汲取经验,对受过的不幸不做任何准备,导致再一次陷入相同的困境时,他们就会知道这个灾难并不是因为不幸,而是他们的愚蠢导致的。加之,罗马城墙的毁坏对你们非常有好处,这样你们从此就不会被围困在城中,在攻城者的包围下与外界断绝一切供给来源了。反之,两支军队如果在公开的战争中决一胜负,你们也不必冒险,仅仅是落入胜利者的手中。第三,对于向我们寻求庇护的奴隶,我只能说,他们已经站在我们一方共同抗敌,并得到我的承诺决不将他们交给

---

[1] 字面意思是"朝上翻的手"。

原来的主人。如果在目前的关键时刻,我决定把他们交给你们,我们就没有资格得到你们的信任,因为与最不幸的人定契约的人是不可能证明自己值得信赖的,但一旦违约,他不可靠的名声会一直跟着他,就像他在处理人际关系中所表现出的其他本性一样。"

托提拉说了这番话后,佩拉吉乌斯回答道:"尊敬的陛下,尽管你一开始就表示不仅敬重我,也敬重使者的名声,但实际上你的表现却是对我最大的不敬。确实,我也认为真正侮辱既是朋友又是使节的人,不是打他的头部或以其他方式伤害他的人,而是要他的访问者带着未完成的使命离开的人。因为使节的目的不是想在接待我的人那里取得什么荣誉,而是要给派他出来的人带回去一些好消息。因此即使我们受到了粗鲁的对待,但却能够实现一些目标,这比听到恭敬的语言,却失望地回去要好得多。在目前的形势下,基于您之前所提及的,我不知道该对你提出什么请求,对于听到对他提出恳求之前就已经拒绝别人的人还强求什么呢?但是,我不能什么都不说就走,你对于拿起武器反抗你们的罗马人会用什么仁慈的方式我是很明白的,因为对西西里人,你已经无情地向他们发泄了你的仇恨,尽管他们根本没有反对你。至于我,要把请愿书交给你并对上帝讲出我的使命,因为他经常惩罚那些嘲弄诚恳的乞求者的人。"

第 17 章

佩拉吉乌斯说完这番话就离开了。罗马人见他无功而还,更加迷惘无助了。因为饥荒日益严重,每天都不停地折磨他们。士兵们还没有完全断粮,依然还在坚持。因此,罗马人聚集起来到罗马军队统帅贝萨和科农面前,哭泣着说:"将军们,我们目前遭遇如此不幸,如果我们真的有能力做一些不神圣的事情对抗你们,也不会受到责备,因为严重断粮能够为我们提供充足的借口。但我们的力量并不足以反抗,所以求助于言语,来到你们面前说出我们想说的话,明白自己的地位,哀悼我们的不幸。请你们一定要忍耐着听我们说完,不因为我们言语过分而生气,而是根据我们遭受的苦难理解这些话。因为被迫对生存失去希望的人不能控制自己的行动,也不能控制他的言语,无法保持社会礼仪。至于我们,将军们,你们不要认为我们是罗马人或乡村农民兄弟,也不要认为你们已经同化了我们的行政管理,更不要认为一开始我们将皇帝的军队迎进城中是自愿的。请一直把我们看作你们的敌人,曾经拿起武器反抗你们,因为后来在战斗中失败了,所以按照战争的惯例才成为你们的俘虏。你们为俘虏提供充足的粮食了吗?如果不足以让我们吃饱,至少要让我们活下去,只有你们这样做我们才可以存活并像奴隶服侍主人一样为你们服务作为回报。但如果你们认为这一点都难以办到或者不想这么做,至少应该同意释放我们,这样你们就不必再为埋葬奴隶而烦恼了。如果你们连这样的恩惠也不给我们,那就让我们光荣地去死吧,我们并不怕死,死亡对于我们来说是最幸福的事情。这一简单的行动可以把罗马人从所有的困扰中解脱出来。"当贝萨和他的军官们听完这番话后,首先宣称要分给他们食物是不可能的;第二,让他们去死是不神圣的事；第三，即使释放他们也非常危险。但他们坚持说从拜占庭全速赶来的贝利撒留的军队很快就要到了，贝利撒留到达后就会放他们走。

随着时间的推移，罗马的饥荒变得越来越严重，造成的破坏更大。居民被迫去吃许多不适合人吃的奇怪食物。开始时，统帅罗马守备队的贝萨和科农还储存了大量的谷物以供罗马城墙里的自己人用。他们和士兵们不断地从发给自己的粮食中拿出一部分以高价卖给罗马富人，1蒲式耳的粮食价格高达7个金币[1]，而他们的仆人就吃不起这么昂贵的粮食了，他们以这一价格四分之一的现金就可以买到1蒲式耳的麦麸，麦麸有甜味，适合他们的口味。至于牛肉，贝萨的侍卫每次在突袭中俘虏一头牛，就可以卖50个金币。如果有谁的马或其他动物死了，那么这罗马人就算是非常幸运的了，因为他可以吃这只动物的肉，过上一段时间奢侈的生活了。然而不计其数的居民都在吃荨麻，这种荨麻大量生长在城墙和满城的废墟中。为了防止锐利的刺扎入嘴唇和嗓子，他们要先彻底煮烂这些植物然后再吃。

只要罗马人还有金币，他们就买谷物和麦麸度日，当他们的金币用光时，就把家中所有的财物都拿到集市上去换每日所需的食物。最后，当皇帝的士兵也没有粮食可卖时（事实上只有贝萨自己还留下一点粮食），罗马人也没有什么财物可换了，就都扑向荨麻。但荨麻也不足以供他们食用了，于是他们逐渐瘦下去，几乎全都皮包骨，皮肤

---

[1] 索里德，每个索里德约合12先令70分或3.06美元。

的颜色逐渐变成青黑色，看上去极其可怕。许多人即使是在嚼着荨麻走路时，也突然倒下死去。他们甚至开始吃别人的粪便，许多人在饥饿的折磨下，自残身体，他们已经找不到狗、老鼠或其他任何死去的动物来食用了。

在罗马城内有一个罗马人，是5个孩子的父亲，这5个孩子都聚到他身边，抓住他的衣服要吃的，但他没说一句悲叹的话，也没流露出他内心的痛苦，只是让孩子们跟着他，好像会拿到食物一样。当他走上台伯河上的一座桥时，他把宽大的外衣系在头上，挡住眼睛，从桥上纵身跳入台伯河中，他的孩子们和所有在场的罗马人都看到了这件事。

从那时起，皇帝军队的统帅们释放了那些希望离开城的罗马人，但要付钱，只有很少的人还留在城里，其他人都通过任何可行的方法逃跑了，大多数人都因为饥荒而体力不支，刚开始逃亡就倒下了，死在水路或陆路上，还有很多人在路上被敌人抓到后杀死。罗马人和罗马元老们也居然遭此厄运。

第18章

约翰和伊萨克的军队到达埃庇丹努斯与贝利撒留的军队合并后，约翰力劝所有的军队渡过海湾，之后从陆路前进，消灭所有遇到的敌人。但贝利撒留认为这个计划不够明智，他认为乘船直航罗马人的邻国更有利，因为从陆路走会浪费更多的时间，还可能会遇到一些障碍。与此同时，约翰的军队穿过卡拉布里亚人和那个地区其他民族的土地，将那里为数很少的蛮族人赶走,征服了爱奥尼亚湾南部地区之后,来到罗马附近与他的朋友们兵合一处。事实上,他们到达的地点就是贝利撒留与余下的军队计划登陆的地点。因为他认为城里的罗马人正遭受残酷的围攻,拖延一点点时间都有可能给他们造成巨大的灾难。如果他们从海路走,在顺风的情况下第 5 天就可以登陆罗马港,而从德里乌斯出发走陆路则 40 天时间都到不了罗马。

于是贝利撒留给约翰下达指令后,率领他的全部舰队从那里立即出发,但一股大风吹向他们,他们被迫在德里乌斯靠岸。那里留守围攻要塞的哥特人看到这支舰队后,立即放弃围城,撤退到离德里乌斯只有两天路程的布林底西(Brundisium)附近[1]。这是一座没有城墙的沿海城市,他们之所以退到这里是因为他们认为贝利撒留会立即渡过德里乌斯(Dryus)海峡[2]。哥特人向托提拉汇报了情况,托提拉准备以全部军队对抗贝利撒留,命令卡拉布里亚的哥特人全力以赴不惜一切代价守住关口。

但当贝利撒留终于等到合适的风向,率舰队从德里乌斯出航时,在卡拉布里亚的哥特人就不再留意贝利撒留的趋向,漫不经心地指挥行动,托提拉依然按兵不动,并加强对罗马城出入口的看守,阻止城外的粮食运进城内,他在台伯河上设置了下面的结构:在离城有 90 斯塔德处河流水道非常狭窄的地方放置了一根长长的管子连结两岸,在那里形成一座桥,河两边各建一座木塔,每座木塔内设置

---

[1] 在北方。
[2] 奥特朗托(Otranto)海峡,贝利撒留应向南行军,这样他们就不会受到敌军的侵扰了。

一支善战的守备队,这样任何船只都不能从波图斯港经过这条河进入城内了。

与此同时,贝利撒留在罗马港登陆,约翰和他的部队还留在原来的位置不动。当哥特人还在布林底西附近等待时,约翰躲过他们的侦察率军队坐船来到卡拉布里亚,他俘虏了两名侦察兵,杀掉一个后,另一个抱着他的膝盖跪地求饶,希望被关进监狱,他说:"我对你和罗马军队都会有用的。"当约翰问他如果不杀他,他会对罗马军队有什么帮助时,他承诺可以令他们出其不意地突袭哥特人。约翰对这个人说他知道了,但首先要告诉他敌人的牧马场在哪里,蛮族人答应了他,于是约翰军跟着他一起去了。首先,罗马军找到正在吃草的敌人的马后,所有的步兵都跳上马背,组成了一支人数众多的精锐骑兵部队,然后快速赶到敌人的营帐,蛮族人面临这样的突袭猝不及防,手足无措,非常恐惧,大多数死于乱军之中,完全没有表现出勇猛,只有少数人侥幸逃回托提拉那里。

约翰开始招安卡拉布里亚人,极力劝说他们效忠于皇帝,允诺他们将从皇帝和罗马军队那里得到很多好处。然后他们尽快离开布林底西,占据了卡努喜厄姆(Canusium)[1]。此处位于阿普利亚的中心,它距离布林底西有5天的路程,与一个人朝西向罗马方向走的距离相当。在距离卡努喜厄姆城25斯塔德远处是坎奈城(Cannae),据说这里的罗马人曾受到利比亚将军汉尼拔(Hannibal)的入侵,遭受了巨大的灾难(公元前216年)。

---

[1] 现在的卡诺莎(Canosa)。

在这座城中有一个叫图里亚努斯（Tullianus）的罗马人，是韦纳蒂乌斯（Venatius）的儿子，在布鲁提姆和鲁卡尼亚人中很有权势。他来到约翰面前，控诉皇帝的军队对意大利人所犯的罪行，他也同意如果这支军队从此和善地对待他们，他们就会把布鲁提姆和鲁卡尼亚移交给罗马人，如从前一样向皇帝称臣纳贡。他说他们并不愿意臣服于蛮族人和阿里乌派信徒，但是他们的敌人对他们严加看管，而且皇帝的士兵对他们也不公平。当约翰宣称从此意大利人会在罗马军队中享受到种种福利待遇时，图里亚努斯立即同意与他一起进军。于是士兵们不再对意大利人心存怀疑，而爱奥尼亚湾南部的大部分居民就臣属于皇帝，对罗马士兵十分友好。

当托提拉听说此事后，选出300名哥特人秘密前往卡普亚。行前，托提拉指示他们只要看到向罗马前进的约翰军队，就悄悄跟在他们后面，不让他们察觉到，而他本人则另有安排。约翰因此害怕自己的军队会落入敌人的陷阱而被包围，便停止行军与贝利撒留会合，改为向布鲁提姆和鲁卡尼亚人方向缓慢推进。

托提拉任命一个名叫雷西蒙杜斯（Rhecimundus）的声名显赫的哥特人率领一些哥特士兵和罗马人、摩尔人逃兵一同守卫希拉（Scylla）[1]海峡和附近的海岸，防止有人肆无忌惮地从那里乘船去西西里或是从岛上在此登陆。他们对约翰军队的到来一无所知。当约翰在雷吉乌姆（Rhegium）和万农（Venon）之间的一个地方对他们发动

---

[1] 墨西拿（Messina）。

突袭时，他们非常震惊，毫无斗志，根本没有抵抗，立即撤退，一直逃到附近山里寻找藏身之处。这座山非常陡峭，难以攀登，但约翰的军队乘胜追击，一直追到陡坡上，趁敌人立足未稳就发动进攻，尽管敌人勇猛抵抗，他们还是杀死了很多摩尔人和哥特人士兵，并活捉了雷西蒙杜斯和其余的哥特人。

这次战役之后，约翰依然按兵不动，焦急等待的贝利撒留也没有任何行动，他对于约翰不敢与卡普亚的仅仅300名守军开战十分气恼，责备约翰说，尽管他手下的蛮族人都是精挑细选的勇猛士兵，却没有杀出一条路。最终，约翰放弃了这个计划，他率军去了阿普利亚的一个叫切尔瓦里厄姆（Cervarium）[1]的地方，在那里按兵不动。

第19章

贝利撒留担心被围困在城里的人因为缺少粮食而绝望，就开始计划用各种办法向罗马城运进粮食。因为他没有足够的军队给敌人设下陷阱，所以只能在平原地区与敌人展开决战，他首先制定了这样的计划：先选出两艘非常宽的小船，把它们结实地绑在一起，在船上设一座木塔，高度超过敌人桥上的木塔。因为他曾派一些人假冒逃兵去蛮族人那准确测量过木塔的尺寸。下一步，他命人在200艘快船上设立木墙，将它们放到台伯河中，木墙的每一部分都有开口，士兵们可以从这里向敌人射击。最后，将船装满

---

[1] 现在的切尔瓦罗（Cervaro）。

谷物和其他供给，派最勇敢的战士护卫。另外他还在台伯河附近某个易守难攻的地方，在河流两岸布置了骑兵和步兵，命令他们坚守岗位，如果有敌人威胁波图斯港，就全力阻止他们。他又命伊萨克部署在波图斯港，把自己的妻子和其他的财产以及这座港口都委托给他，指示他无论如何不能擅离职守，即便听说贝利撒留死在敌人手中，也要严密防守，以便罗马人在遭遇危险时有地方可以避难，保全自身。因为罗马人在这一带只有这一个堡垒，周围都被敌人占领了。

接着，贝利撒留乘坐其中一艘快船为整个舰队领航，命令他们拖着那两艘有木塔的船，在塔的顶部还设置了一艘满载沥青、硫磺、松脂和其他可燃物的小船。在河的另一岸，即从波图斯港去罗马方向的右侧，有一支步兵队沿着河岸保护他们。在前一天，他就派人传话给贝萨，说他第二天要率大军袭击敌人大营，以制造混乱。事实上他已经多次传出这一命令了，但无论之前还是现在，贝萨都认为没有必要执行他的命令。原因在于，他是城中唯一留有谷物的人，在这之前，他在由西西里的长官运送到罗马供应士兵和居民的谷物中，只留给民众很少的谷物，而他自己则借口为士兵提供粮食私藏谷物，以高价卖给元老们，从牟利的角度来说，贝萨不希望罗马立即解围。

与此同时，贝利撒留与他的舰队逆流而上。然而哥特人没有采取任何阻拦行动，只是静静地待在增强了兵力的营中。到了桥边时，罗马人马上遇到了抵抗，这支敌军分布在河流两岸，专门守卫托提拉不久前在这里设置的铁链。这条铁链横向拦住河道，防止敌人来到桥下。罗马人以投枪杀死一些卫兵，其余的敌人都逃跑了。接着罗马士兵拔掉铁链，径直奔向那座桥，到那里后，立即进攻敌人。蛮族人则从塔上射箭，迫使他们后退，这时营中的蛮族人也聚集起来，勇猛地冲向桥边。

与此同时，贝利撒留将那艘有木塔的船尽量靠近敌人的一个木塔，即通往波图斯的路上靠水边的那座塔，命人把小船点着并扔到敌人的塔顶上。罗马士兵按照命令做。小船被扔到木塔后，迅速点燃了木塔，就这样，大火烧毁了这座木塔，塔内 200 名哥特人，包括他们的统帅、著名哥特勇士奥斯达斯（Osdas）全部葬身火海。罗马人士气大振，更快更猛地向前来援助同伴的蛮族人射箭，哥特人面对敌人的攻势惊慌失措，溃不成军，四处窜逃。罗马人趁机拆毁这座桥并准备立即烧毁它，这样他们就可以在无人抵抗的情况下进入罗马城了。但因为命运女神的干涉，罗马人的计划没有实现。

当两支军队激战时，有消息传到波图斯，说贝利撒留胜利了，灭掉了那里的蛮族人，夺取了铁链，还有上述的其他东西。伊萨克听到这个消息后，抑制不住激动的心情，渴望在这份光荣的胜利里插一脚，于是他无视贝利撒留的命令，立即率领军中 100 名骑兵来到贝利撒留扎守的河对岸进攻敌营，这里的哥特人统帅是鲁德里克（Ruderic），一个非常有才能的战士。伊萨克对敌营发动突袭，打死打伤了一部分敌人，包括前来迎击的鲁德里克，于是哥特人立即放弃营帐逃跑，也许是他们认为伊萨克后方还有一支大部队，也许是意图通过假逃跑欺骗敌人以便活捉他们，事实就是这样。

伊萨克和他的士兵冲进敌营,大肆劫掠白银和其他有价值的东西,哥特人这时又杀了回来,杀死了许多敌人,活捉伊萨克和其他一些人。于是罗马骑兵匆忙赶到贝利撒留那里向他汇报了伊萨克已经被俘的消息,贝利撒留非常震惊,他没有调查伊萨克是怎样被俘的,就认定波图斯港和他的妻子都已经落入敌手,罗马人面临巨大的灾难,因为那一地区没有其他的要塞可以避难,立即就变得一筹莫展,这种经历以前从未有过。于是贝利撒留率军队匆忙后撤,想要进攻混乱的敌人,不惜一切代价收复波图斯。

因此,罗马军队未达到目的,也从桥上撤了下来,但当贝利撒留到达波图斯后,听说了伊萨克的疯狂行为,意识到自己的应对是毫无理由的;为所遭受的不幸而过度悲哀,一病不起,高烧不退,受到疾病的折磨,面临死亡的威胁。两天之后,鲁德里克死去,托提拉为战友的逝去深感悲痛,处死了伊萨克。

第 20 章

与此同时,贝萨以高价出售谷物,继续发大财,由于他只关心他的交易,所以根本不关心城墙上的防卫,也不考虑其他的安全措施,反而允许士兵们放弃职责,只有一支不起眼的守备队在城墙上。即便如此,守卫工作还是没有受到重视。而那些恰好被任命连日守卫的人则可以随便睡觉,因为没有人指挥他们,也就没人注意到这种行为了;同时,没有任何官员围着城墙巡察他们的守备情况。城内的居民也不能帮助他们守卫了,我之前讲过,因为只有很少一部分人还留在城里,而他们也因饥荒耗尽了体力。

在这种状况下,守卫着阿辛纳里亚门(Asinarian gate)的四个伊苏里亚人士兵在轮到他们守卫那部分城墙时小心翼翼地待到晚上,等附近的士兵都睡熟时,在城墙上系了一根绳子垂到地面,顺着绳子出城,来到托提拉面前,答应他将哥特军队迎入城中,他们宣称可以轻易做到这件事。托提拉说如果真能实践他们的诺言,他将非常感激,还会赏给他们大量的金钱。于是他派了两名手下人与这些伊苏里亚人一起去察看入城口。他们保证哥特人可以从那里进城。他们来到城墙下,抓着绳子登上了城墙,没有人听见声响或感到不妥。当他们到达顶部时,伊苏里亚人指示给他们看城墙上的一切,说想登上城墙的人不会遇到任何障碍,爬上去后完全可以自由行动,没有人阻拦他们。他们让蛮族人向托提拉汇报这些情况后,就把他们打发走了。

当托提拉听到报告后,对这一妙计感到非常高兴,尽管如此,他对伊苏里亚人仍有所怀疑,对他们并没有太大的信心。几天后,伊苏里亚人又来到他面前,催促他快点行动。于是托提拉派另外两个人与他们一同前去,指示他们要彻底调查整个情况,回来报告。这些人回来后,报告中的所有细节与上次去的人一样。在这期间,一支外出侦察的罗马大军在离城不远的公路上遇到十个哥特人,就俘虏了他们,并把他们带到贝萨面前。贝萨询问这些蛮族人,托提拉的真正目的是什么,哥特人说他希望一些伊苏里亚人能放他们进入该城,这件事情有很多蛮族人都知道了。但贝萨和科农根本没有对此给予必要的重视,也没有报告上级。那几个伊苏里亚人第三次来到托提拉面前,劝说他赶快进城，这次他又派了一些人，包括一名得力亲随与他们一块儿去侦察，回来后汇报了整个情况，鼓励他赶快行动。

于是托提拉等到夜晚一降临，就悄悄地武装好全部的军队，率领他们悄悄地走近阿辛纳里亚门。他首先命令四个最勇敢健壮的哥特人与伊苏里亚人一起顺着绳子攀上城墙，当然，这个夜晚轮到其他人睡觉，守城的任务由伊苏里亚人承担。当这些哥特人攀上城墙后，在阿辛纳里亚门没有遇到任何人的抵抗，他们用斧子劈碎了塞在门两边与墙的缝隙中的木杠（罗马人通常用它们来把门关紧），还破坏了罗马守卫在需要时用钥匙开启或关闭的铁锁，把门摇开，正如他们期待的那样顺利地把托提拉和哥特人军队迎进城中。

托提拉把他的人都带到一处，不让他们分散，以避免落入敌人的埋伏之中。这时，城里自然陷入一片大乱，大多数罗马士兵都和他们的统帅一起从另一扇城门逃走，每个人都尽可能地选择最容易走的路出城，只有很少的士兵和其余的罗马人在教堂中躲避。贵族达西乌斯（Decius）、巴西留斯（Basilius）等人（因为他们手头恰好有马匹）成功地和贝萨一起逃跑了，而马克西姆（Maximus）、奥利布里乌斯（Olyvrius）、奥雷斯特斯（Orestes）和另一些人则逃到使徒彼得的教堂中躲避[1]。普通民众中只有500人还留在城里，他们费了很大力气才在教堂中找到了藏身之处。其余的人都离开了，一些去了其他民族生活的地区，另一

---

[1] 这座由君士坦丁始建的长方形会堂位于圣徒彼得教堂的旧址上。

些人则被饥荒夺去了生命，我之前也提到过。那天夜里，有很多人向托提拉汇报说贝萨和敌人都逃跑了，但他却说这是一件令人愉快的事，不允许他们追赶，他的理由是："有什么事比看着敌人逃跑更令人欣喜呢？"

当天色大亮时，托提拉确定已经没有埋伏了，就到圣彼得教堂去祈祷，而哥特人则开始屠杀遇到的人，杀死26名士兵和60名民众。托提拉来到教堂时，佩拉吉乌斯手拿《圣经》来到他面前，用尽一切办法恳求他说："陛下，请您饶恕。"托提拉以藐视的态度冷淡地说："佩拉吉乌斯，最终你还是成了我的阶下囚。""是的，"佩拉吉乌斯回答，"是上帝让我成为你的奴仆，而且从现在开始，陛下，请您宽恕你的奴仆。"托提拉答应了他的请求，禁止哥特人屠杀罗马人，可以肆意抢劫所有的罗马人财产，除上交最有价值的财产之外，归为己有。

托提拉在贵族们的家中发现了很多财富，尤其是在贝萨的家中发现得最多，这个倒霉的人高价倒卖粮食，孰料最终却只是在为托提拉积聚财物。普通罗马人尤其是元老院元老们全都落得如此下场，穿着奴隶和乡下人穿的衣服，从敌人那里乞讨面包或其他食物为生。这个变化的一个非常明显的例子是鲁斯蒂西安娜（Rusticiana），她是西马库斯（Symmachus）的女儿，伯丘斯（Boetius）的妻子，她一向慷慨地向贫穷的人施舍财物。现在这些可怜人却只能不顾羞耻挨家挨户敲门乞讨食物。

哥特人想处死鲁斯蒂西安娜，罪名是贿赂罗马军队统帅，她还毁坏了狄奥多里克的塑像，目的是为自己被谋杀的父亲西马库斯和丈夫报仇。在这种情况下，托提拉不允许她受到伤害，而是保护她和所有其他的妇女免遭侮辱，尽管哥特人都渴望对她们做出不轨行为。罗马城中无论是已婚妇女，还是未婚少女或寡妇都没有受到哥特士兵的侮辱，因此托提拉赢得了良好的声誉。

第 21 章

托提拉占领罗马后的第二天，把所有的哥特人召集到一起训示说："士兵伙伴们，把你们召集到这里来的目的不是要向你们提出一些新的或从未听说过的劝诫，而是要重复那些我经常对你们说的话，你们一直重视这些话，得到了最大的祝福，因此不要轻视这一次的劝诫，它们可以令你们受益终身，尽管你们有可能会听得不耐烦，但却不要认为这些话是多余的，因为你们无法反驳它们带来的好处。我要说的是：只是在不久前，我们还拥有一支大约 20 万善战士兵的军队，军费充足，马匹和武器应有尽有，还有行事谨慎的众多将领——战争中最有利的条件——然而在如此有利的条件下，我们却被 5000 名希腊人打败了，无缘无故地失去了我们的军队和所有的东西。现在我们又走运了，尽管人数很少，缺乏武器，面临困境，又缺乏经验，但却打败了敌人 2 万大军。一句话，我刚才讲述的就是我们的经历。至于这一结果的原因，虽然你们非常清楚，我还是要讲出来。以前哥特人最无视正义，互相之间不守信用，而且对罗马属民也十分无礼，于是上帝与我们作对，倒向我们敌人那一边了。尽管我们在人数、士气和战备上都大大超过我们的对手，但还是被一种看不见的神秘力量打败了。所以能否保住上帝的祝福取决于你们，取决于你们能否保持正义。一旦你们改变了行动方向，上帝也会立即改变他的好意而与你们为敌。并非他想与人类或某一民族作对，而是要通过这种方式表达他对正义的尊重。他想将恩惠从一个人转给另一个人，根本不费力，一切事物都纳入他的控制之下，但他只想阻止人类错误的想法。因此，你们必须严格检查互相之间及对你们臣属们的行为是否符合正义的标准，这将直接关系到你们是否能永远保持好运。"

托提拉讲完这番话后又把罗马元老们召集到一起，长时间地责备和辱骂他们，说尽管他们在狄奥多里克和阿塔拉里克那里得到不少好处，被任命为王国的最高官员，管理政府，还聚集了大量的财富，但却依然对他们的恩人哥特人忘恩负义，拒绝履行义务，策划了一起害人害己的叛乱，在一时冲动下背叛了他们自己，招致希腊人进攻自己的祖国。在询问他们是否在哥特人手中受到过什么个人伤害以后，他又强迫他们说出查士丁尼皇帝是否给过他们什么恩惠，按顺序依次回顾了发生的事：首先，元老贵族被剥夺了所有的官职；其次，他们受到了查账官（Logothete）的严酷对待，他们被迫解释任职期间对哥特人的所作所为；最后，尽管他们饱受战争之苦，却依然要向希腊人交纳与和平时期同样数额的赋税。他还说了许多其他话，这些话都是一个愤怒的主人责备奴隶的话，他还向他们表扬了将罗马献给哥特人的希罗迪安和那几个伊苏里亚人，说："你们这些曾经跟从哥特人的人，直到今天也不肯把哪怕是一座空城移交给我们，是这些人把我们迎进罗马城和斯波莱提厄姆的。因此，你们从现在起降为家奴，而他们以行动证明自己是哥特人的朋友和亲人,他们从此后接任你们的官职。"当贵族们听到这些话后,都静静地坐着,只有佩拉吉乌斯替他们向托提拉乞求,说他们也曾遭到失利和不幸,直到托提拉允诺友好地对待他们才让他走。

此后不久,托提拉派佩拉吉乌斯和一个罗马的演说家塞奥多鲁斯作为使节去见查士丁尼皇帝,临走之前还让他们立下最庄严的誓言,要对他效忠并以最快的速度回到意大利,指示他们尽力达成他本人与皇帝的和平关系,告诉他托提拉并不想被迫将罗马夷为平地,杀掉元老院成员,与罗马人在伊利里亚开战。他还写了一封亲笔信交给查士丁尼。皇帝已经听说了在意大利发生的事情。托提拉的使节来到他面前时,传达了托提拉指示他们说的话并将托提拉的亲笔信转交给他。

信的内容是:"关于在罗马城发生的事情,我猜想你已经都听说了,我不再多说。这次我派使节的目的你马上就会得知。我们要求你能从和平中得到好处,同时也赐予我们这些好处。这些益处最好的例子在阿纳斯塔修斯和狄奥多里克时代就有先例,在不久前他们的整个统治时期,和平富庶令人向往。如果同样的条件能令你满意,那就接受我的先辈的召唤,与我们缔结联盟共同对付那些反对我们的人。"查士丁尼皇帝读毕信件,听完使者的话后,立即打发他们回去,只给托提拉写了以下一封回信,说他已经任命贝利撒留为战争总指挥官,所以他有全权按照自己的意愿与托提拉进行谈判。

第 22 章

托提拉的使节在经过拜占庭回意大利的途中，在鲁卡尼亚发生了这样的事。图里亚努斯召集当地的乡下人整编为卫队守卫当地唯一的关口（一个非常狭窄的过道），以阻止敌人进入鲁卡尼亚搞破坏，此外还有300名安泰人也帮助他们守卫关口，这些人是约翰之前应图里亚努斯（Tullianus）的要求留下的军队，因为这些蛮族人在崎岖山区的战斗力大大超过其他人。托提拉听说此事后，尽管他认为把此任务交给哥特人是不明智的，但还是召集了大量的乡下人，派几名哥特人与他们一起，命他们尽全力去攻打这个关口。两军开战后，战斗异常激烈，双方都想逼退另一方，安泰人以过人的勇气并凭借他们在崎岖山区作战的优势，与图里亚努斯率领的乡下人一起打退敌人，在这场战斗中，大部分敌人被杀。

托提拉听说此事后，决定先将罗马夷为平地，然后把他的大部分军队留在附近地区，他本人率其余的部队前去对抗约翰和鲁卡尼亚人。于是他捣毁了许多地方的要塞，大约有三分之一的要塞被毁。他还要烧毁罗马城最伟大的建筑，使罗马城变成一个牧羊场。当贝利撒留听说他的企图后，派使节传信给他。使节见到托提拉后陈述此行目的，递上贝利撒留的信，信的内容是：

"能够在一座不美丽的城市中创造美，这是理解文明含义的智者所为，没有理解力的人才会毁坏现存的美，还把自己的丑劣传给后人，并对此没有感到羞耻。如今罗马城被公认为是阳光下所有城市中最伟大、最壮观的城市，它不是靠一个人的力量建造而成的，达到如此伟大壮美也不是一个短期在位的帝王的功劳，而是无数帝王、大量最杰出的军队耗费大量时间和不计其数的钱才把全世界的奇珍异宝和技艺精湛的工匠聚集到这座城市，他们一砖一瓦地把城市建起来，把这些伟绩作为他们才能的见证留给后人，如你所见。这座城市给我们的子孙留下了所有他们祖先的记忆，因此毁坏这些建筑物是对所有时代的人们犯下的重罪，因为这样的行为令前几代人失去了对他们才能的纪念，未来的人们则被剥夺了看到祖先业绩的机会。你们要认清事实，那就是以下两件事一定有一件会变成现实，或者你们在战斗中被皇帝的军队打败，或者你们成为胜利者。首先，假设你们胜利，如果你们要拆毁罗马，那么你们拆毁的建筑不是别人的财产，而是你们自己的城市和财产，反之，尊敬的先生，如果你保留了这些建筑，你自然为自己保留了这份最伟大的遗产而变得富有；其次，万一你们遭受了厄运，放过罗马，你定会赢得胜利者对你的感激，如果你们毁了这座城市，就没有人会可怜你，而且这样做你们也不会得到任何好处。此外，所有人都会评论你的行为，名声的好坏完全取决于你的选择。因为统治者的行动是善是恶必然会决定行动带来的声誉是好是坏。"这就是贝利撒留信的内容。

托提拉读过很多遍之后，正确意识到了这个建议的重要性，被信说服了，不再进一步破坏罗马城了。他派人将这一决定告诉贝利撒留，让信使马上出发，然后命令军队主力在罗马城以西不超过 120 斯塔德处的阿尔吉顿（Algedon）[1]扎营守卫，以防止贝利撒留的军队自由离开波图斯去其他的地方。余下的部队由他本人率领前去进攻约翰和鲁卡尼亚人。他拒绝任何人留在罗马，命令元老院成员与自己一同随军出征，他们的妻子儿女以及其他民众则被送往坎帕尼亚。罗马变成了一座空城。

约翰得知托提拉前来进攻的消息，拒绝继续留在阿普利亚，赶去德里乌斯。那些被送去坎帕尼亚的贵族也按照托提拉的指示，派一些家人来到鲁卡尼亚，命令他们的隶农放弃阴谋，如同以前一样耕地，因为有消息说他们将占有主人的财产。他们从罗马军中分离出来，在当地静静等候。在此之后，图里亚努斯（Tullianus）逃走了，而那 300 名安泰人也决定跟着约翰后退，这样整个爱奥尼亚湾南部地区，除了德里乌斯之外，又一次落入托提拉和哥特人手中。蛮族人这次充满信心地以小股分散部队开始侵扰附近的乡村。当约翰听说此事后，派遣一支大军前去迎击他们，他的部队出其不意地出现在敌人面前，歼灭了大量敌人。托提拉在这次经历之后谨慎起来，命令所有军队都在接近阿普利亚中心的甘加农（Garganon）山附近[2]集结，在利比亚汉尼拔将军入侵时建立的防御工事中扎营，按兵不动。

---

[1] 可能是阿尔吉杜斯（Algidus）山，现在的切拉索（Ceraso），尽管它位于罗马城东部，而不是西部，并且离波图斯港很远。
[2] 现在的甘加农（Gargano）。

第 23 章

这时有一个在罗马城被占领时与科农一起逃出的人,即拜占庭人马丁尼亚努斯(Martinianus),来到贝利撒留面前,请求他同意自己假装逃兵去敌人那里诈降,允诺借机帮助罗马人。贝利撒留同意后,他赶去哥特人那里。托提拉见到马丁尼亚努斯前来归顺,非常高兴,因为他听说这个年轻人在一对一的搏斗中赢得了声誉,曾见过他很多次,由于这个人的妻子和两个孩子也在俘虏中,托提拉当即把他的妻子和一个孩子归还给他,另一个孩子则继续留下作为人质,然后派马丁尼亚努斯率小部分人前往斯波莱提厄姆。

碰巧这时希罗迪安投降,哥特人兵不血刃占领了斯波莱提厄姆,实际上,他们已经将整个外城墙推倒,但却把城前面建筑的入口砌墙彻底封了起来,那里是圆形露天竞技场关野兽的地方。哥特人在那里建立了一支由哥特人和罗马逃兵组成的守备队,守卫附近乡村。所以当马丁尼亚努斯到达斯波莱提厄姆时,与 15 名士兵结成好友,劝说他们在打败蛮族人立功之后回到罗马军中。他又派一些人去见佩鲁西亚的守备队统帅,命令他派一支部队以最快的速度赶到斯波莱提厄姆,向他说明了现在的整个情况。上文已经提到这里原来的守备队队长西普里安是被他自己的侍卫背叛,被害死了,现在的佩鲁西亚守备队统帅是匈奴人奥达尔甘(Odalgan),他亲自率军到达斯波莱提厄姆,当马丁尼亚努斯确定这支军队就要到达时,他与那 15 名士兵突然杀死守备队统帅，打开城门，把所有的罗马军队迎进要塞中，他们杀死了大部分敌人并俘虏了一些，将他们带回罗马军大营。

不久之后，贝利撒留有了这么个想法，想去罗马看看那里的状况，于是他选出1000名士兵出征。但一个罗马城里的人匆忙赶到阿尔吉顿的敌营向哥特人汇报了贝利撒留的到来，于是蛮族人抢占了罗马城前的地方，设下埋伏。当他们看到贝利撒留军队靠近了，就从埋伏的地点一跃而起，发动进攻，在这场激战中，罗马人英勇地击败敌人，杀死大部分敌军，之后就马上撤退到波图斯。这是在罗马发生的事。

在卡拉布里亚岸边有一座塔兰托城（Tarentum），扼守从德里乌斯前往图里伊（Thurii）和雷吉姆（Rhegium）的道路，这里距德里乌斯有两天的路程。应塔兰托人之邀，约翰和他的一小部分军队来到这里，其余的人则留在德里乌斯守卫。当他发现这座城市规模宏大，却完全没有防御设施时，便认为他不可能保卫整座城市，但他观察到在城北处由大海形成了两侧都有狭长陆地的海湾，塔兰托要塞就坐落在那里，而且在港湾之间的空间内形成了一个不少于20斯塔德宽的地峡，他想出了这样一个计划：首先他命人修一堵连接海湾的墙，完全包围地峡上的那部分城市，将它与该城的其他部分隔离开来，然后沿着这堵墙挖一条深沟。他将塔兰托人和附近乡村的居民都召集来，并留下一支相当规模的守备队，这样所有的卡拉布里亚人就都占据安全的位置，萌生了叛变哥特人的念头。这就是塔兰托的情况。

而托提拉在鲁卡尼亚占据了位于卡拉布里亚边界附近被罗马人称为阿谢龙提斯（Acherontis）的坚固要塞，在那里建立了一支不少于400人的守备队后，他本人率领其余的部队进军拉文纳。在坎帕尼亚也留下了一些蛮族人，命他们负责看守罗马的俘虏，罗马元老们也留在那里。

第 24 章

与此同时，贝利撒留构思了一个大胆而有远见的计划，确实，人们一开始看见或听到他的这一计划时都认为他疯了，但结果证明是一项极为重要的壮举。贝利撒留只留下极少的士兵守卫波图斯，自己率其余的部队出发去罗马，打算尽一切力量占据该城。因为他不能在短期内修复所有被托提拉毁坏的城墙，于是他命人把附近的石头都运来，不管整齐与否，一块块地堆积起来，石块之间没有任何连结物，因为贝利撒留既没有石灰也没有其他替代物，他只关心这面砖石墙是否搭得稳，在墙外又插上大量的木桩，因为他事先已经沿着外城墙挖好深沟，上文已经提到[1]，整个军队干劲十足，25天之内城墙被拆除的地方工程全部完工。这时所有住在附近的罗马人都聚集在城里，一是因为他们想在罗马安家，另外因为他们已经缺少食物供给一段时间了，而在罗马城却粮食充足，因为贝利撒留在大量船上装满了各种供给，沿着台伯河一直排到罗马。

当托提拉听说此事后，立即命令全军行动起来在贝利

---

[1] 见第5卷，第4章。

撒留在城墙上装上城门前赶去攻打罗马城，因为托提拉毁坏了所有的城门，而贝利撒留因为缺少工匠所以直到现在都还没有建好城门。蛮族军队来到罗马城附近的台伯河岸边扎营，第二天日出他们发起进攻，愤怒地大喊着冲到城墙下。贝利撒留选出了他最英勇善战的士兵守卫在开放的城门位置，其余的部队则行动起来，全力以赴把敌人从墙边击退。一场激战开始了。蛮族人本希望能在第一次进攻后就占领该城，但事实证明他们的尝试极难成功，因为罗马人顽强抵抗，他们非常愤怒，以异乎寻常的胆量和勇气压逼敌人，与此同时，越是危险罗马人越是勇敢，坚决反抗，杀死了大量的蛮族人，其中多数都是被高处发射的箭射死的。这场战斗从早上开始一直到晚上才结束，双方军队都非常疲倦。蛮族人回到营房并在那里过夜，照顾伤员，罗马人中一些人守卫城墙，其他更勇敢者轮流守卫敞开的城墙出入口，在入口前撒下大量的铁蒺藜，防止敌人趁夜色发动偷袭。

这些铁蒺藜（triboli）[1]是这样的。用4根长度相同的铁钉在钉头处互相扎紧形成了三角锥的形状。他们将其随便扔到地上，因为它们形状特殊的关系，有三个铁钉会自动牢牢固定在地上，另一根铁钉则钉尖朝上，对人和马匹构成障碍。每当有人翻动其中一个铁蒺藜时，朝上的铁钉就会扎入地面，而另一根铁钉则代替它的位置朝上，这些东西能有效地阻止敌人前来袭击。这就是铁蒺藜。双方军队战后一夜相安无事。

---

[1] 铁蒺藜（Celtrops），以前被用于烤燕麦饼。

第二天，托提拉决定投入全部军队再次攻城，罗马人则以上文提到的方式反击，在战斗中占了上风。他们鼓起勇气对敌人发动突袭，当蛮族人退却时，有一些罗马人一直追赶到离城墙很远的地方，蛮族正要包围他们阻止他们回城的时候，贝利撒留注意到他们的行动，派遣大批手下士兵前去，成功地救出军队。就这样，被击败的蛮族人连连撤退，失去了许多善战的士兵，还带着大量伤员回到营中，伤亡非常惨重。他们回营后休整部队，照护伤员，护理武器（大部分都已损毁），准备再战。

许多天以后，哥特军再次前来摧毁城墙，罗马人出城迎敌。战斗中托提拉的掌旗官不巧受了致命伤，从马上掉了下来，把旗子扔到地上。于是在那个位置战斗的罗马人直冲向他，以夺取战旗和他的首级，但几名最勇敢的蛮族人抢先到达，一把抓住战旗，有人还把掌旗官的左手砍下来连同旗杆一起拿走，因为倒下的这个人左手上戴着一个耀眼的金镯子，他们不愿意让敌人得到这份惊喜，也为了避免失去镯子而丢脸。接着蛮族军队混乱地撤退了，罗马人则抢走了剩下的部分尸体，乘胜追出了很远，杀死了很多敌人后安全无恙地回到城里。

所有显赫的哥特人都聚集在托提拉面前，猛烈抨击，无情地指责他缺乏智慧。他们说，在占领罗马后，他既没有将整个城市夷为平地使敌人不可能占领它，自己也没有占据这座消耗了他们大量的时间和人力的城市，他完全是以毫无理智的方式做这件事的。人类天生就根据事情的结果判断是非，被命运主宰自己的思想，命运一变，自己的观点也会马上改变。事实上，正是这个原因，当托提拉的事业取得胜利时,哥特人像对待上帝一样崇敬他,称他为常胜无敌的国王。那时,他只允许他们毁坏被占领城市的一部分城墙。但当托提拉遭遇了不利,正如上面发生的事,就受到哥特人的谴责。他们认为这种抨击是理所当然的,将以前对托提拉的赞美之言抛诸脑后,毫不犹豫地说相反的话。但人总是不可避免地犯这类判断错误和其他类似的事情,因为这是由人的天性决定的。

托提拉和他的军队放弃对罗马的围攻,前往蒂沃利城。他们拆毁了台伯河上所有的桥,这样罗马人想进攻他们就难了。但有一座桥即穆尔维乌斯桥因为离城太近没能拆掉。哥特人决定集中全部力量在他们以前摧毁了的蒂沃利重修要塞。然后把他们所有的财产都存放在那里,静观敌人的动向。而贝利撒留现在不必担心什么了,趁此时机修好了罗马每面城门并用铁皮包好,把城门钥匙再次交给了皇帝。冬天即将结束,普罗柯比记载的这场战争的第十二年就要过去了(547年)。

第 25 章

很久之前,托提拉就派军队去进攻佩鲁西亚了,他们在靠近城墙的地方扎营,一直坚持严密包围那里的罗马人。哥特军探听到该城已经断粮了,就派人到托提拉那里,请求他率领全部军队赶来,认为可以一击得手,既不花费力气又无阻碍地占领该城,捕获里面的罗马人。托提拉见手下军队对他的命令有些怠慢,想发表一番劝诫,就把他们召集到一起,说道:

"士兵们，我最近发现你们对我有些怨气，而且也为之前我们遭受的厄运而气愤，因此我才决定召集你们到这里，以清除你们头脑中的错误思想，增强你们的判断力，这样你们既不会错误地对我忘恩负义，也不会一时冲动亵渎神灵了。失败会经常光顾我们，这是人类事情的本质。当人们违背自己的天性，反抗自己的命运时，他就会得到一个愚蠢的名声，最终仍然逃不出命运的安排。现在我希望你们回忆过去的事情，这不是为了让自己免除过去的责备，而要证明你们更应该责备自己。当维提却斯刚一开战时，他就破坏了沿海城市法努姆（Fanum）和比索鲁姆（Pisaurum）的城墙，而罗马和意大利其他的城市则幸免于难，一点也没有遭到破坏。因此法努姆和比索鲁姆没有给哥特人制造麻烦，但罗马城和其他设防城市却令高卢人和维提却斯头痛，这你们非常清楚。

"于是当我接受你们赐予我王权时，我产生了一个理智的想法，就是要仿效对我们有益的行为并避免做有害的事情毁灭我们的事业。因为就人的本性来说，人与人之间是没有太大差别的，但一些人的优势在于经验丰富，这些经验像老师一样给他提供教训，使他在各个方面都比那些经验不足的人要强。所以当我们占领贝内文托时，我们推倒了它的城墙，并立即占领其他城镇，同样把城墙夷为平地，以防止敌人的军队利用这些防御基地使用计谋对付我们，迫使他们来到平原和我们作战。所以当敌人逃脱时，我便下令把占领的城市夷为平地。你们也都对我的明智之举惊叹不已，支持我的决定并加以效仿。模仿别人做的事情、当成是自己事情的人会受到别人的称赞。现在，我最亲爱的哥特人兄弟，你们颠倒了自己的位置，仅仅因为贝利撒留以不理智的大胆行动出乎意料地达到了他为之奋斗的目标，结果你们就为这个人出奇的勇气而震惊。因为与其称有远见的人为稳重的人，不如称大胆的人为勇敢的人。因为拿出超人的勇气能得到荣耀，获取不屈不挠的美名；而经过谨慎判断避免了危险但没有任何战绩的人却要为发生的事情负责，即使他达到了预期的目标，依然会被人认为是愚蠢的，没有得到任何成就。

"除此之外，你们不要因为现在的事而生我的气，你们真的相信贝利撒留已经战胜了你们，得了光荣的胜利了吗？你们这些人都曾经沦为战俘和逃亡奴隶，但在我这个将军的指挥下不也是多次拿起武器以实际行动证明自己有能力打败他吗？如果你们成功战胜敌人是我的功劳，那么你们除了敬佩我以外应该保持沉默，记住：任何事情都不是一成不变的；另一方面，如果命运女神赋予你们胜利，那你们就更应该尊重她，而不是生她的气，免得你们在失败中才得知她的帮助的真正意义。事实上，不久前刚刚取得伟大胜利的人们现在遇到了一些小小的失败，这不也说明温和的命运女神瞬息万变，避免人们骄傲自满吗？因为骄傲自满的态度纯粹意味着你们固执地拒绝承认自己是凡人。只有上帝才不会犯错，因此，我认为你们应该放弃这样的态度，拿出全部斗志与佩鲁西亚的敌人作战。如果你们能证明自己有能力打败他们，命运女神就会再次向你微笑，已经发生的事永远无法抹掉，当新的成功降临到遭遇过挫折的人身上时，也会冲淡他对挫折的记忆。

"你们会轻易成为佩鲁西亚的主人，因为命运女神已经放弃了那里的罗马统帅西普里安[1]，再加上我们周详的计划和他们无法控制的民众，尤其是当他们已经断绝粮食供应时，就更没有能力抵抗我们了。实际上，也没有人能从后面进攻我们，这不仅因为我已经命人将河上的桥都拆毁了，以防止受到意外的袭击遭受损失，而且因为约翰和贝利撒留互相猜疑，从之前发生的事件中可以看出这一点。当一个人与另一个人持不同观点时就会通过行动明显表现出来，这也是直至今日他们两军未能会合的原因。他们之间的互相猜疑令两人都很困惑，而猜疑的人一定会相互嫉妒和敌视。一旦这种感情占据了他们的头脑，他们就将一事无成。"托提拉讲完之后，就率军去攻打佩鲁西亚了，到达后立即在城墙边扎营，开始围攻。

第 26 章

与此同时，约翰正在围攻阿谢龙提斯要塞，因为收效甚微，所以他想出了一个大胆的计划，不仅能够救出罗马元老们，还能在所有罗马人中为自己赢得极高的赞誉。当他听说托提拉和哥特军队正忙于袭击罗马人的要塞时，便选出最著名的骑兵队，一起赶往坎帕尼亚（因为托提拉把元老院成员都留在那儿了），没有把计划告诉任何人。他们日夜兼程，想通过突袭的方式解救元老们，因为那里的城镇完全没有防御设施。

碰巧就在这时，托提拉开始警惕，怕一些敌人会来坎

---

[1] 见第 12 章。

帕尼亚对自己的军队发动突袭以解救俘虏，于是他派了一支骑兵队赶去坎帕尼亚。当他们到达明特奈城（Minturnae）[1]时，决定主力部队停止前进，照顾马匹（因为旅途漫长马匹已经非常疲劳），同时派出400名精力尚属充足、马匹仍精神抖擞的骑兵组成一支巡逻队在卡普亚和附近地区侦察，这两个地点之间不超过300斯塔德远。碰巧在这天同一时间约翰的军队和这支400人的蛮族人巡逻队都到了卡普亚，他们以前都没听说过对方的消息。双方不期而遇，立即展开一场激战，罗马人取得了决定性的胜利，迅速杀死了大部分敌人，只有少数幸存的蛮族人逃回明特奈，他们有的还在流血，有人身上还插着箭，其他人沉默不语，拒绝解释事情的经过，仍坚持撤退，丝毫不掩盖他们的恐惧，当其他人看到他们时，也立即骑马加入撤退的人流。当他们见到托提拉时，为了掩饰逃跑的耻辱，便谎称敌人人数众多。

现在有不少于70名此前逃到哥特人一边的罗马士兵也正前往坎帕尼亚的城镇，他们决定回到约翰的军队中。约翰发现在坎帕尼亚只有几个元老，但元老院所有元老的妻子都在这里，因为在罗马被占领时，许多元老都与士兵们一起逃到了波图斯，而所有妇女都被俘了。然而有一个贵族克莱门蒂乌斯（Clementinus）在其中一座教堂中躲避，坚决拒绝和罗马军队一起走，因为他过去曾把那不勒斯附近的一个坚固要塞移交给了哥特人和托提拉，害怕因此激怒皇帝。还有罗马执政官奥雷斯特斯也在这里，尽管他恰

---

[1] 靠近现在的特莱托（Traetto）。

好离罗马军很近，但因为他没有马匹，不情愿地留下了。于是，约翰立即把这几个元老院成员和这70名士兵派到西西里去了。

托提拉听说后非常懊恼，急于找机会报复约翰。于是他率主力军队进攻约翰，只留下一小部分军队留守。碰巧约翰和他1000人的军队正在鲁卡尼亚扎营，之前已派出侦察队严密看守所有道路，以防止敌人到达目的地发动袭击。托提拉认为约翰一定会在扎营之后派人出来巡逻，所以他放弃了普通的道路，而选择山路作为进攻路线。当地许多山路崎岖陡峭，还有地势险峻的高山，没有人会怀疑这点，实际上这些山都被认为是不可越过的。此时，约翰派出的巡逻队也侦察到敌军已经到达这一地区，但还没有获得准确的信息，他们害怕的事确实发生了，所以也向罗马大营进军。结果他们和蛮族人都在夜晚到达了罗马大营，而托提拉已完全被怒火控制了，没有仔细考虑，自食恶果。因为尽管他的军队是敌人军队数量的10倍，而且很明显派一支比对手强的军队在白天决战是非常有利的，但他却宁愿在黄昏与敌人展开激战，目的是防止敌人在夜间逃跑，事实上他根本没做任何预防措施。他本可以在敌人四周设置一条警戒线，马上就可以像捕鱼一样抓住每一个敌人。相反，他屈服于愤怒，在深夜里攻击敌人，尽管大多数罗马士兵都还在睡觉，根本没有想到要抵抗，但哥特人依然无法杀死大量敌人，因为罗马兵醒了，大部分人都趁着黑夜的掩护成功逃出大营，直接冲上附近的山区，因此而得救，在这些人中有约翰和埃吕利人的首领阿鲁弗斯（Arufus）。是役，仅有100名罗马人被杀。

与约翰在一起的人中有一个亚美尼亚人吉拉西乌斯（Gilacius），他是亚美尼亚人一支小部队的统帅，他只会讲亚美尼亚语，对于希腊语、拉丁语和哥特语及其他语言都一窍不通。当一些哥特人遇到他时，询问他是谁。因为哥特人不敢见人就杀，唯恐在夜战中杀错人，就先问问这个人是谁，他只会讲自己的名字吉拉西乌斯，是一个将领，因为这个名字是皇帝赐予的，他已经听过许多次了，所以能记住，除此之外他不能回答任何问题。因此蛮族人察觉到他是敌人，就将他俘虏，不久后就处死了他。约翰和阿鲁弗斯等人以最快速度逃走，前往德里乌斯躲藏，哥特人在劫掠了罗马人的营帐之后，也撤走了。这就是两军在意大利的战况。

第 27 章

查士丁尼皇帝决定派另一支军队去对抗哥特人和托提拉。因为贝利撒留在急件中不断催促他采取行动，多次提及罗马人的形势。于是皇帝先派所罗门的侄子塞尔吉乌斯（Sergius）和佩拉尼乌斯的儿子帕库里乌斯（Pacurius）等人率领部队到意大利，而后立刻与那里的军队会合，后来他又派韦鲁斯率领 300 名埃吕利人、亚美尼亚人瓦拉泽斯（Varazes）率领 800 人的亚美尼亚部队以及刚刚召回的亚美尼亚将军瓦莱里安率旗下 1000 多名枪兵和卫兵一同前往意大利。韦鲁斯（Verus）第一个到达德里乌斯并将船只停靠在岸边。他不愿留在约翰军队所在的地方，于是与手下部队一起骑马前进，韦鲁斯虽然秉性温和，但嗜酒如命，酒后总是做鲁莽之事。当他们靠近布林底西城后,便在那里安营扎寨。

托提拉听说此事后,说道:"韦鲁斯拥有以下两样东西里的一种:或者是一支强大的军队,或者是一个愚蠢的头脑。现在我们就去攻打他,也许可以试探其军队的力量,也许会让他意识到自己的愚蠢。"于是托提拉率领一支大部队前去进攻韦鲁斯。埃吕利人刺探到敌人就要到来时,藏在附近的树丛中避难,敌人包围了他们,杀死了200多人,正准备向韦鲁斯和藏在荆棘中的其他部队下手时,命运女神帮助了他们,使他们意想不到地得救。瓦拉泽斯和他的亚美尼亚军队突然驾船驶入这里的海岸,托提拉见罗马舰队帆樯如林,误以为敌人主力部队到达,立即撤退。韦鲁斯和他的士兵们都逃上了船,瓦拉泽斯决定不再向前航行,而是与他们一同前往塔兰托。不久后维塔里安的侄子约翰率领他的全部军队也来到这里。这就是事情的经过。

现在皇帝致信贝利撒留,知会他已经派一支大军去意大利,他们应该在卡拉布里亚会合后向敌人发动进攻。事实上瓦莱里安已经靠近了爱奥尼亚湾,但他认为目前无论如何不宜立即摆渡。因为此时接近冬至日,人马粮草都不足。他的确派了手下300人的军队去约翰那里,还允诺说他在原地过冬之后,第二年春天一到就率全部军队与约翰的军队会合。

贝利撒留读了皇帝的信后,挑选出900名勇敢的士兵,包括700名骑兵和200名步兵,其余的人由科农率领原地留守总部。贝利撒留亲率900精兵起航去西西里,然后再从那里从海路前往塔兰托。在航行中,在他的左侧就是锡拉岩礁（Scyllaeum），是诗歌中斯库拉女妖（Scylla）的栖居地。据说，那里并非真有一位外貌像野兽的女子，而是因为有一种鱼，以前被称为"scylax"，现在称为"cyniscus"，这个海峡中自古这种鱼的数量就非常多，直至今天亦如此。因为最初的命名总是用于描述拥有这个名字的事物，但传闻却忽略事实，将这些名字加到另一些人的头上，导致人们产生误解。随着岁月的流逝，真实变成了谣言，诗人也加盟进来，以他们自由的艺术创作来为从未发生过的事情做见证。例如塞尔西拉（Cercyra）岛的土著居民自古就称这个岛上一个朝东的海角为"狗头"，而其他人则因为这个名字联想到那里的人的头像狗头。事实上他们甚至称皮西迪亚人（Pisidian）为"狼头"人，不是因为他们长着狼头，而是因为当地有一座山名是"狼头盔"。关于这些事情，每个人都可以按照自己的愿望去想去说。现在言归正传。

第 28 章

贝利撒留率军一直赶到塔兰托。塔兰托的海岸呈新月形状，海岸向内凹，大海深入到海湾中，深入陆地很远，当沿着海岸航行，整个长度为 1000 斯塔德远，湾口处的岸边各有一座城市，朝西的城市是克罗顿（Croton）[1]，朝东的是塔兰托（Tarentum）[2]，在海岸的中间是图里伊城。

---

[1] 现在的科特罗内（Cotrone）。
[2] 这样的说法是一个误解，塔兰托坐落在新月海岸的东部凹陷处，而不是在顶部。

贝利撒留在这里遭遇暴风雨的袭击,一股强劲的风和很高的海浪迎面扑来,舰队无法继续前进,被迫就在克罗顿港停靠。

因为他没有在那里发现任何要塞和可以为士兵供应食物的地方,于是贝利撒留本人和他的妻子与步兵留下,以召集和整编约翰的军队,他又命伊比利亚人帕扎斯(Phazas)和侍卫巴尔巴蒂昂为统帅,率领所有的骑兵继续前进,在进入这个地区的关口处扎营。贝利撒留认为他们能够在这条路上获得供给,也完全可以凭借狭窄的关口打退敌人。因为鲁卡尼亚山一直绵延到布鲁提厄姆(Bruttium),由于这两地距离很近,所以人们只设置了两个关口,都非常狭窄,其中一个拉丁文名为"血岩"(Rock of blood)[1],另一个被当地人称为"拉武拉"(Lavula)。这两个关口附近的海岸坐落着图里伊城的海港罗西亚尼(Rusciane),在它前面60斯塔德远有一座非常坚固的要塞[2],是古代罗马人修建的。约翰早就占领了这个要塞,还在这里设立了一支人数众多的守备队。

贝利撒留的士兵到这里后,恰好与托提拉派来袭击这个要塞的敌军相遇,立即展开混战。贝利撒留的军队虽然人数处于劣势,但士气高昂,作战勇敢,轻易打败了敌人,杀死200多人,余下的敌军逃回托提拉那里并汇报了发生的情况。这些罗马人就在原地扎营,但因为他们没有一个合适的统帅进行统一指挥,而且刚刚胜了一仗,行动相当

---

[1] 佩特拉·桑奎内斯(Petra Sanguinis)。
[2] 可能是今天的罗萨诺(Rossano)。

草率,所以他们既没有聚在一起扎营,也没有占据并守卫附近的关口。他们行动散漫,晚上睡觉时帐篷与帐篷之间相隔很远,白天则出去寻找食物,根本没有设置巡逻兵和其他安全防范措施。

托提拉得知这一情况后,从全军挑选出 3000 名骑兵前去进攻敌人。哥特骑兵如同从天而降,并没有排列战斗队形。罗马人惊慌失措,军心动摇。这时,恰好在附近扎营的帕扎斯也来抗敌,表现得异常英勇,他拯救了一些罗马士兵的生命,但他自己和手下人却都牺牲了。这个不幸的消息给罗马人以沉重的打击,因为他们一直把这支先头部队作为特殊的主力,寄予很高的期望。大部分成功逃跑的人以不同的方式自救,贝利撒留的侍卫巴尔巴蒂昂和另外两个人艰难逃脱敌人后,首先到达克罗顿,汇报了战况,并补充说自己认为蛮族人已经近在眼前了。贝利撒留听到帕扎斯阵亡的消息后非常悲痛,率军上船,从那里出海顺风航行,当天就到达西西里的梅萨纳(Messana),此处位于雷吉姆的对面,距克罗顿有 700 斯塔德远。

第 29 章

大约同一时间,一支斯克拉维尼人的军队渡过了伊斯特河,使整个伊利里亚到埃庇丹努斯的广大地区都沦为废墟,他们杀死或奴役途中俘获的人,不管老少,还抢夺其财产。他们轻易地占据了当地大量无人守卫的要塞,这些要塞都被认为是非常坚固的。这些人继续放肆地四处游荡,抢走所有东西,无恶不作。伊利里亚人统帅们率一支

15000 人的军队跟在他们后面,但却没有勇气靠近他们。

这个冬天,在拜占庭和其他地区发生了多次强烈的地震,都在夜里发生,这些城市的居民都以为他们会被埋在地下,非常害怕,然而地震却没有给他们带来任何伤害。

尼罗河亦涨了 18 腕尺,淹没了埃及全境。在该河上游的底比斯地区,河流涨落都有固定的时间,使当地居民有机会播种和像往常一样进行其他工作,至于下游低地乡村地区,河水第一次淹没土地之后,就再也没退下去过。整个播种季节一片汪洋,这种情况以前从未发生过。有的地区即使水退了,不久后又重新被淹没,在洪水间隔期间播种的种子全都烂掉了。这奇怪的现象导致当地居民生活悲苦,大多数动物都饿死了。

就在那时,拜占庭人称为波菲里乌斯(Porphyrius)的那头鲸鱼终于被抓到了。这头鲸鱼危害拜占庭及其附近城镇已有 50 年了,并非连续不断,有时它会销声匿迹相当长时间。它撞沉船只,威胁乘客的安全,有时将人们的船只从航行路线中赶走,拖到很远的地方。因此查士丁尼皇帝对此事非常关心,下令捕捉这头鲸,但用任何办法都没有成功。下面我就讲一讲这一回这头鲸被抓住的过程。一天,海面上风平浪静,在亚克兴海口附近聚集了大量的海豚。突然鲸出现了,海豚纷纷逃跑,大多数都逃到桑加里乌斯(Sangarius)海口附近,还有一些海豚被这头鲸吞吃了。不知是没吃饱,还是出于好胜心,这头鲸鱼不顾一切地追逐海豚,根本没有意识到自己已经非常靠近陆地了,最终它陷入浅滩的淤泥中,拼命挣扎,想尽快摆脱淤泥,然而却无法脱险,反而越陷越深。当附近的居民得知此事后,立即赶来用斧头不停地砍这头鲸,虽然砍遍了全身,但却没能杀死它。他们用粗绳子将它拖了出来,装上货车。它的长度大约有30腕尺,宽10腕尺[1]。居民们分成几个小组,日夜不停地工作,将这头鲸的肉分成小块,一些人当即就开始吃生肉,另一些人则将分给自己的那部分肉制成腌肉或熏肉。

拜占庭人经历了地震,得知尼罗河涨水的情况和捕获鲸鱼之后,就开始根据自己的想法去预言未来,因为当人们被眼前的事情困扰时,就会以一些令人敬畏的关于未来预言来转移对困扰事情的注意力。至于我,对这些奇异事情的预言和解释退避三舍。但是,我清楚地知道尼罗河水在陆地上持久不退是当时许多大灾难的一个诱因,另一方面鲸的消失无疑减少了诸多麻烦事。还有一些人说这头被捕的鲸并非我提到的那头,而是另一头。我现在要回到前面的话题上。

托提拉取得了上文提到的胜利后,听说罗西亚尼附近要塞的罗马人已经开始粮食供应不足了,认为他们如果无法运进粮食,很快就能征服他们,于是他在该城附近扎营,开始围攻。冬天就要结束了,普罗柯比记载的这场战争的第十三年就要过去了(548年)。

第30章

查士丁尼皇帝命令瓦莱里安率领不少于2000名步兵从

---

[1] 大约相当于长45英尺(约13.7米),宽15英尺(约4.6米)。

海路前往西西里，登陆后立即与贝利撒留的军队会合。于是他渡海后在德里乌斯靠岸，在那里见到了贝利撒留和他的妻子。大约在这个时间，贝利撒留的妻子安东尼娜出发去拜占庭，打算恳求皇后能够为持续的战争提供更多供给。但狄奥多拉皇后却因病去世（548年6月28日），她作为皇后一共在位21年零3个月[1]。

与此同时，被围困在罗西亚尼（Rusciane）附近要塞中的罗马人的境遇每况愈下。由于粮食断绝，他们迫不得已与敌人协商，同意如果在盛夏之前没有人前来援助，他们就将此要塞交给哥特人，条件是保证其生命安全。在这个要塞中有很多意大利显贵，其中包括图里亚努斯的兄弟德奥弗龙（Deopheron）。这里的罗马驻军大部分是约翰派驻该地的300名伊利里亚骑兵，他们的统帅是马萨革泰人勇士沙拉扎尔（Chalazar），他是一名卫兵，还有色雷斯人古迪拉斯（Gudilas），另外还有100名贝利撒留派来守卫要塞的步兵。

也是在这个时候，贝利撒留派出的守卫罗马的士兵发生哗变，杀死了他们的统帅科农，指控他非法买卖谷物和其他供给，有损他们的声誉。哗变士兵派几名教士作为使节去见皇帝，坚决宣称如果皇帝不在指定的时间内赦免他们并发放国家拖欠的军饷，他们就会毫不犹豫地投靠托提拉和哥特人。皇帝答应了他们的请求。

贝利撒留把约翰召来德里乌斯，在约翰、瓦莱里安和其他将领的帮助下建立了一支庞大舰队并以最快的速度驰

---

[1] 从527年4月1日开始。

援罗西亚尼，打算解救被围困的人。要塞中的人从高处看到了这支舰队，心里顿时燃起希望，尽管既定的日期就要到了，但他们还是决定不向敌人屈服。这时一场暴风雨突然降临，而罗西亚尼所在的海岸又没有港口，所以舰队就被冲散了，两地相隔很远。这浪费了大量的时间。罗马舰队终于聚集在克罗顿港后，再次赶往罗西亚尼。蛮族人看到他们后，立即纵马来到海滩，阻止敌人登陆。托提拉命令哥特军队沿海岸面对敌军船头排列了很长一段距离，一些士兵持矛肃立，另一些士兵弯弓搭箭，与罗马军队对峙。这样的阵势令罗马人胆怯了，根本没有勇气靠近，而是在远处把船停下，停留了一段时间，最终在绝望中不得不放弃登陆，调头又一次驶回克罗顿港。

罗马将领在船上经过协商之后，决定请贝利撒留回到罗马，以最好的方式把事情安排好并带回供给。约翰和瓦莱里安率军队和马匹登陆，经由陆地向皮森努姆进军，目的是使围攻那一地区要塞的蛮族人陷入混乱，他们希望托提拉会因此放弃围城，以追击罗马军。于是约翰率领旗下1000士兵按照这一计划行动，但瓦莱里安却贪生怕死，他的舰队在爱奥尼亚湾转了一圈之后直驶向安科纳，他认为只有这样才可以安全到达皮森努姆与约翰的军队会合。即使这样，托提拉还是不愿放弃围城，他从军中选出2000名骑兵去皮森努姆，与那里的蛮族人会合，一起打退约翰和瓦莱里安的军队。他本人依然率领主力部队驻扎在原地，继续围城。

罗西亚尼被围困的罗马人粮草已经告罄，对罗马人的援助不再抱任何希望，他们考虑到自身安全，派侍卫古迪拉斯和意大利人德奥弗隆去和托提拉协商，祈求他原谅他们的行为。托提拉答应他们只惩罚沙拉扎尔一人，因为他背弃以前的协议，其他的人则全部赦免。在这些条件下，托提拉亲自接管了要塞，将沙拉扎尔的双手和外生殖器切下，然后将其处死。托提拉准许想留下的士兵留下，继续保有自己财产，条件是从此以后编入哥特人的军队中，与哥特士兵完全平等。实际上，这是托提拉占领其他要塞后的一贯做法。根本不想留下来的人，托提拉命令他们在不带走任何武器装备的情况下离开，以免其军队里保留有不愿投降的士兵。80名罗马士兵放弃了他们的财产去了克罗顿，其余的人则留了下来，继续保有自己的财产。要塞中的意大利人虽然没有受到人身伤害，但被剥夺了所有的财产。

当贝利撒留的妻子安东尼娜到达拜占庭城时，皇后已经去世，她恳求皇帝传召她的丈夫回来，她的恳求轻易奏效了。因为波斯战争已经把查士丁尼皇帝折磨得筋疲力尽，促使他作出这一决定。

第 31 章

在这个时候，有人策划了一起袭击查士丁尼皇帝的阴谋。下面我就讲讲这个阴谋、其实施受阻和失败的过程。上文我曾讲过阿塔巴尼斯（Artabanes）在杀死僭主冈萨雷斯（Gontharis）以后，奢望自己能娶皇帝的外甥女普雷耶克塔（Preïecta）为妻。两人已经订婚，她之所以热心答应这门亲事不是因为她爱他，而是因为知道自己欠了他很大的人情，他不仅为她死去的丈夫报了仇，而且在她被俘后即将被迫嫁给暴君冈萨雷斯时救了她，使她脱离了危险。因为双方都想要完成婚事，阿塔巴尼斯让普雷耶克塔先回到皇帝那里，他本人尽管已被任命为利比亚总司令，但还是编了许多虚伪的借口让皇帝召他回拜占庭。他急于成亲，因为这桩婚姻会给他带来很多好处，尤其是成婚后，他离皇位就不远了。当人们突然成功时，他们的思想就无法静下来，希望能成功地持续下去，直至最终连与他们不相称的幸福都被剥夺了。

然而，皇帝最终还是答应了阿塔巴尼斯的请求传召他回拜占庭，任命另一个人为利比亚总司令，接替他的职务，上文已经提到过。阿塔巴尼斯回到拜占庭之后，民众都敬仰他的功绩，也因其品质而爱戴他，他高大英俊，气质高贵，不善言辞。皇帝赐予他极高的荣誉，任命他担任拜占庭帝国军队将军和外籍军团（foederati）[1]统帅，还晋升他为执政官。但他不能娶普雷耶克塔，因为他已经结婚了，他的妻子是他的亲戚，很小的时候就嫁给了他，她已经被抛弃了很久，这无疑是因为他们夫妻关系不和造成的。只要阿塔巴尼斯没什么财富，她就会默默地待在家里，忍受自己的命运；当阿塔巴尼斯因卓越功绩而受到广泛崇拜，声名显赫时，这个女人就再也不能忍受耻辱了。她来到拜占庭，恳求皇后帮助，让丈夫回到自己身边。皇后天生就爱帮助不幸的女人，尽管阿塔巴尼斯强烈反对，她还是决定强迫阿塔巴尼斯接受他的妻子，而让庞培（Pompeius）

---

[1] 在外籍兵团（condottiere）中的私人部队，见第3卷，第11章注释。

的儿子、伊帕提乌的侄子约翰与普雷耶克塔结婚。阿塔巴尼斯不能忍受这一天大的不幸,非常气愤,抱怨说一个对罗马人如此忠心耿耿的人居然被抛弃,不能与他早已订婚并且愿意嫁给他的女人结婚,反而被迫永远睡在一个他最恨的女人的床上,这不可避免地要折磨一个男人的心灵。不久以后,皇后驾崩,他便不再拖延,果断地打发了他的妻子。

皇帝的侄子日耳曼努斯有一个兄弟博莱迪斯(Boraides)最近也去世了,他把自己的大部分财产都留给了兄弟日耳曼努斯和日耳曼努斯的儿子们,尽管他有妻子和一个女儿,但他指出只有这个女儿才能继承法律规定的那点遗产。因此皇帝决定捍卫他女儿的权利,这激怒了日耳曼努斯。

第 32 章

以上就是皇帝和阿塔巴尼斯、日耳曼努斯的关系。拜占庭有一个亚美尼亚人叫阿萨塞斯(Arsaces),是阿塔巴尼斯的亲戚阿萨西德(Arsacidae)家族的成员。不久前人们发现了他企图做伤害国家利益的事,他被判犯有叛国罪,因为他与波斯国王科斯劳密谋准备在罗马人中引起暴乱。皇帝对他很宽大,只是命人打了他后背几下,让他骑着骆驼全城游行示众,除此之外没有再伤害他,他的名誉和财产都没有什么损失,甚至也没有被放逐。但阿萨塞斯却非常愤怒,着手策划对付查士丁尼和国家的阴谋。当他见自己的亲戚阿塔巴尼斯也对皇帝心怀怒火时,就开始怂恿后者，日夜不停地责骂他，说他没有勇气、懦弱，还说阿塔巴尼斯一直对不幸的人十分关心，证明了自己的高贵精神，还冷静地亲手杀死他的朋友和主人冈萨雷斯，结束了僭主的统治，为帝国立下大功，但在这紧要关头却变成了胆小鬼，完全没有男子汉大丈夫气概，毫无行动。现在，他的祖国被牢牢地掌控着，因为无尽的税收日益贫穷，他的父亲在一个协议和盟约的掩饰下被杀，他的整个家族遭到奴役，分散在罗马帝国的各个角落，尽管这样还对自己作罗马人的将军和拥有执政官的头衔洋洋自得。阿萨塞斯挑拨说：“尽管我是你的亲戚，忍受着残酷的对待，你却一点也没有分担我的痛苦。而我却可怜你，我亲爱的兄弟，因为在两个女人之中，你遭受了命运的捉弄。你错误地欺骗了一个，却被迫与另外一个生活在一起。任何人，即使是精神萎靡的人，在这种情况下一定不会拒绝谋杀查士丁尼，不会犹豫，也不会害怕。他总是在无人守卫的门廊内坐到深夜，热心地与年长的教士们讨论《圣经》。而且，”他继续说，"查士丁尼的亲戚中没人会反对你，事实上，我相信他们中最有权势的日耳曼努斯和他的儿子们都会全心帮助你。因为他的儿子都是年轻人，所以对查士丁尼也非常不满，我认为他们很有希望会按照自己的计划做这件事的。他们受到了皇帝不公正的待遇，我们和其他亚美尼亚人都没有受到过这样的遭遇。"阿萨塞斯想以这样的蛊惑说服阿塔巴尼斯，他一见后者开始屈服，就去劝说另一个佩尔萨门尼亚人沙纳兰吉斯（Chanaranges）。沙纳兰吉斯年轻英俊，但不太正经，孩子气很浓，不谙世事，任性妄为。

阿萨塞斯跟沙纳兰吉斯和阿塔巴尼斯达成一致意见、

得到口头保证之后,允诺说服日耳曼努斯和他的儿子们加入他们的行动。日耳曼努斯的长子查士丁刚刚长出胡须,是一个精力旺盛、好动的年轻人,事实上他因这些品质,不久前刚刚荣获执政官的职位。阿萨塞斯接近他,约他在某个教堂中密谈。当他们在教堂碰面时,阿萨塞斯首先要求查士丁发誓永远对这次谈话的内容保密,除了他父亲之外不许告诉任何人。发誓后,阿萨塞斯再次鼓动如簧之舌进行挑拨,说一方面查士丁是皇帝的近亲,但却只能看着别人掌握着令普通罗马民众不可染指的国家官职,而另一方面他本人尽管已到了处理自己事务的年龄,却完全没有注意到一个事实,那就是,不仅是他自己,还有功绩卓越的父亲和弟弟查士丁尼都只能永远作一名普通公民,不被允许继承他叔叔的财产,尽管博莱迪斯指定他一人作为财产继承人,但大部分财产都不公平地被人抢夺了。一旦贝利撒留从意大利回来,他们极有可能会更丢脸,因为据汇报,贝利撒留已经推进到伊利里亚的中心地带。阿萨塞斯通过这番话想煽动这个年青人参与阴谋反对皇帝的活动,把他与阿塔巴尼斯、沙纳兰吉斯就这一计划的协议也告诉了他。查士丁听完后非常愤怒,热血沸腾,但他还是坦白地告诉阿萨塞斯,他本人和他父亲都永远不会做这样的事。

阿萨塞斯向阿塔巴尼斯汇报了这件事,查士丁也把这件事告诉了他父亲。日耳曼努斯与宫廷卫队长马塞勒斯(Marcellus)商议,考虑是否应该将此事告诉皇帝。马塞勒斯是一个非常高尚的人,冷静严谨地处理大多数问题,从不贪财,从不打诨或开玩笑,也不以其他的方式来娱乐自己,一贯以严肃和朴素的态度生活,对他这样生活的人来说快乐是陌生的；同时他严格认真地遵守正义，他还是真理的最热心的爱好者。所以在这种情况下，他自然不允许将此事禀告皇帝。他说："让你传达这样的消息是不明智的，因为如果你私下里与皇帝谈话，阿塔巴尼斯和他的朋友们就会怀疑此事已经被揭发，万一阿萨塞斯能够神不知鬼不觉地逃跑了，你的指控就不会得到证实了；另一方面，我在彻底证实之前从来都不会相信或是向皇帝汇报任何事情。我希望能够亲耳听到或者由我的一个亲信在你的帮助下准确无误地听到他们说起这些事情。"

日耳曼努斯听到这些话，就命令他的儿子查士丁安排马塞勒斯要求的事，但因为查士丁已经拒绝了阿萨塞斯，所以无法再跟他谈论这件事。日耳曼努斯继而询问沙纳兰吉斯阿萨塞斯最近是否在阿塔巴尼斯的建议下接近了他。他说："因为我永远鼓不起勇气把自己的秘密托付给他。如果你愿意亲自告诉我这件事，我们会仔细考虑，也许能完成一些值得的事情。"于是沙纳兰吉斯和阿塔巴尼斯商量此事后，又向查士丁汇报了阿萨塞斯之前告诉他的每一件事。

查士丁答应亲自去做每一件事情，也假装同意劝他父亲加入谋反协议，所以两人决定好让沙纳兰吉斯与日耳曼努斯见面协商，并订好了会晤的日期。日耳曼努斯将这件事汇报给马塞勒斯，要求他派一名亲信去偷听沙纳兰吉斯的话。马塞勒斯派阿塔纳修斯的女婿莱昂蒂乌斯（Leontius）前往，他是一个严格处理争议并对真相毫无隐瞒的人。日耳曼努斯把他领到自己家中的一个房间里，在这个房间里挂着厚厚的帘子，帘子后有靠椅，是他平时吃饭的地方。日耳曼努斯把莱昂蒂乌斯藏在帘子后面，他本人和他儿子查士丁留在外边。这样，沙纳兰吉斯到达后，莱昂蒂乌斯就可以清楚地听到他说的每一句话，以及沙纳兰吉斯、阿塔巴尼斯和阿萨塞斯的计划。他们还提到，如果在贝利撒留回到拜占庭之前杀死皇帝，会对他们不利。因为，尽管他们希望能把日耳曼努斯推上皇位，但贝利撒留很可能会从色雷斯一些城镇召来大军前来攻打他们，他们根本不可能击退贝利撒留。所以他们有必要拖延计划的实施，一直等到贝利撒留回到拜占庭。他回来后一定会在深夜与皇帝在皇宫里密谈，他们到那时出其不意地出现，用短剑杀死马塞勒斯、贝利撒留和皇帝。只有这样才能无所畏惧地使他们的计划顺利实现。

马塞勒斯从莱昂蒂乌斯那里听到这些话后，仍然犹豫不决，没有将此事汇报给皇帝。因为他不愿采取行动，以免过于匆忙地下决定，在证据不充分的情况下错怪了阿塔巴尼斯。但日耳曼努斯把所有事情都告诉了布泽斯（Bouzes）和康斯坦提努斯，以免事发后被怀疑叛国。

许多天以后，当贝利撒留即将到达拜占庭城时，马塞勒斯将整件事告诉了皇帝，皇帝立即下令逮捕阿塔巴尼斯和他的同党，命一些官员对他们用刑拷问[1]。当整个阴谋真相大白并形成书面材料时，皇帝把所有元老院成员都召集到宫中，因为皇宫是他们经常通过辩论决定大事的地方，他们读了犯人的供词后，对日耳曼努斯和他的儿子查士丁一起进行指控，直到日耳曼努斯通过马塞勒斯和莱昂蒂乌斯的证词成功地洗刷掉怀疑。因为这两个人以及康斯坦提

---

[1] 目的是取得他们的供词。

努斯和布泽斯发誓说，日耳曼努斯没有向他们隐瞒任何关于犯人密谋的事。他们把事情经过都告诉了皇帝。于是元老们立即一致宣布日耳曼努斯和他儿子没有犯任何叛国罪。

当所有的人都来到皇帝的房间后，皇帝非常生气，抱怨责备日耳曼努斯没有及时揭发此事，他的两个宫廷官员也迎合他，同意他的观点，看起来也一副不愉快的样子，这就更增加了皇帝的怒气，他们因皇帝对其他人的误解而洋洋得意。其他人因为胆怯，都沉默不语，不反对他的意见。只有马塞勒斯敢于站出来发言，他把皇帝的指责加在自己身上，尽力挑重点来说，说日耳曼努斯是在最合适的时间告诉他这件事的，但他本人经过仔细调查后，才小心谨慎地汇报了这件事，这话缓和了皇帝的愤怒。马塞勒斯在危险时刻的公正勇敢澄清事实真相的行为，得到罗马人的尊敬。查士丁尼皇帝只是罢免了阿塔巴尼斯，没有伤害他和其他人，也没有把他们关入丢脸的公共监狱，而是命人严加看守在宫中。

第 33 章

哥特战争发展的态势已经证明，蛮族人已经毫无疑问地成为整个西部的主人。尽管我在上文已经讲过[1]罗马人最初在哥特战争中取得了决定性胜利，但最终的结果是他们不仅以毫无意义的奢侈方式浪费了大量金钱和生命，而且他们也失去了意大利，目睹所有伊利里亚人和色雷斯人

---

[1] 见第 6 卷。

惨遭蛮族人的蹂躏和毁灭,因为蛮族人现在已经占领邻近他们的土地。事情的经过是这样的:

战争一开始,哥特人就把臣服于他们的那部分高卢地区割让给日耳曼人,因为他们认为不能同时对两个国家作战,这我在前文讲过[1]。罗马人不但不阻止这一行动,查士丁尼皇帝还鼓励他们这样做,这样就没有人阻止他在战争中拉拢日耳曼人(因为法兰克人[2]从来不认为自己已经合法安全地占有高卢,除非皇帝的文书承认他们的名号)。于是,日耳曼人的首领们占领了福西亚(Phocaea)的殖民地马西里亚(Massilia)[3],以及所有的海岸城镇,并控制了那一部分海域。所以他们可高枕无忧,不但在阿尔拉忒姆(Arelatum)[4]看赛马,还用高卢矿场中的金属制造金币,但不把罗马皇帝头像印在金币上,而是印他们自己首领的头像。波斯国王也习惯按照自己的意愿制造银币,即使自己的王国产黄金;波斯国王或是其他蛮族领袖要在金斯塔特上印自己的头像也会被认为是不正确的行为,即使与他做生意的人是蛮族人也一样不能使用。在法兰克人中也存在这样的问题。

当托提拉率领的哥特人军队在战争中占据上风时,法兰克人也未经许可就取得了维尼提亚绝大部分的控制权,罗马人无法继续抵挡敌人,哥特人也不能同时对付两个敌人。同时格庇德人控制了锡尔米厄姆(Sirmium)[5]和达

---

[1] 见第5卷,第13章。
[2] 即日耳曼人。
[3] 现在的马赛(Marseille)。
[4] 现在的阿尔勒(Arles)。
[5] 现在的米特罗维察。

吉亚所有的城市，皇帝刚把这些城市从哥特人手中夺过来就让格庇德人给占领了。他们不仅奴役当地的罗马人，还不断四处出击，对罗马人大肆抢劫和使用暴力。于是皇帝停止了长期给予他们的捐赠。查士丁尼皇帝将诺里科姆（Noricum）城[1]和潘诺尼亚的要塞都赐给了伦巴第人，还给了他们大量的钱财和其他许多城镇。这样伦巴第人就从他们祖先生活的故乡迁出，定居在伊斯特河南岸，离格庇德不远的地方。结果，轮到他们抢劫达尔马提亚和伊利里亚一直到埃庇丹努斯边界地区的居民了，他们到处捕捉俘虏，因为有一些俘虏成功地逃回家乡，这些蛮族伦巴第人就在与罗马人和平相处的名义下活动在罗马人的疆域内。当他们认出逃走的俘虏，就像对待自己逃亡的奴隶一样抓住他们，把他们从父母身边拖走，又把他们带回自己的家乡，没有人敢于反抗。辛吉敦纳姆城[2]四周的其他达吉亚（Dacia）城镇则作为皇帝的礼物由埃吕利人接管，他们目前定居在这里，大肆抢劫伊利里亚和色雷斯的城镇，他们中的一些人甚至成了罗马士兵，在外籍兵团中供职，被称为"外籍军团"（foederati），所以当埃吕利人使节作为罗马属地抢劫者的代表来到拜占庭时，他们轻而易举地从皇帝那里得到了所有的好处并带回了家。

---

[1] 很可能是诺里科姆（Noricum）省的诺雷亚（Noreia），即现在的诺伊马克特（Neumarkt）。
[2] 现在的贝尔格莱德。

第 34 章

蛮族人就这样分割了罗马帝国的土地,但格庇德人和伦巴第人成为邻居后,却对对方极度敌视,非常渴望与对方打斗,最终都决定对敌人开战,还订下了开战的日期。但伦巴第人考虑到他们势单力薄,在战争中不是格庇德人的对手(事实上,敌人人数远超过他们),就决定与罗马人结盟。他们派使节面见查士丁尼皇帝,请求他派兵支援。格庇德人听说此事后也派使节去拜占庭向皇帝提出同样的要求。当时格庇德人的首领是托里辛(Thorisin),伦巴第人的首领则是阿杜因(Adouin),查士丁尼皇帝不希望他们同时出现,于是让他们分别来见他,听他们的陈述。伦巴第人首先来到皇帝面前说:

"喔,陛下,我们对格庇德人的暴行深感震惊,因为尽管他们已经多次对您的王国犯下罪行,现在却来到您的面前向您提出要求,事实上这就是最大的冒犯,因为他们只会给邻国施加最大的侮辱,他们认为我们这些人老实可欺,就来到我们面前,想要利用我们的单纯捞好处,而他们已经错误地对待过我们。我们要求您考虑一点,那就是格庇德人对他们朋友的一贯态度,这样您一定能保证罗马帝国人民的幸福。格庇德人的忘恩负义已经充分证明这个民族的本性。这样的例子不胜枚举。

"您是否记得:当哥特人占领达吉亚把它作为交纳贡赋的省份时,所有的格庇德人原本都生活在伊斯特河的另一岸,处于哥特人强大的恐怖压力之下,一方面他们从未成功地越过这条河,也没有这样的企图;另一方面,他们与罗马人结成紧密的联盟和友谊,每年都以朋友的名义从前任皇帝们那里获取大量的赏赐,事实上,他们从您手中也得到了慷慨的馈赠。试问他们对罗马人都做了什么好事作为回报?没有一件好事,无论大小。现在他们之所以没有对你们做坏事,保持平静,不是因为他们已经服罪,而是因为他们没有机会去做。而您,在哥特人一如既往地从这边沿岸的土地去威胁他们时,也没有声明伊斯特河为自己所有。事实上谁会感激软弱者呢?什么样的友谊是以无能为基础的呢?没有!这些根本就不存在!机会可以考验一个人的本性,从他的自由行动看出他目无一切。看,格庇德人看到哥特人被驱出达吉亚而您又忙于对敌作战时,这些可恶的人就胆敢入侵到您的各处土地。

"谁能用言语准确地描绘他们的残暴本性呢?他们没有公然鄙视罗马帝国吗?他们没有破坏协议和联盟吗?他们没有侮辱过那些毫不相干的人吗?当他们对你的帝国实施暴力,那沦为奴隶的贵国居民向他们乞求做人的权利时,您有时间去对付他们吗?皇帝陛下,格庇德人正占据锡尔米厄姆,奴役那里的罗马人,还夸口说他们占领了全部达吉亚。他们何时打过胜仗,无论是与您联盟还是对抗您?他们凭什么战绩得到这块土地作为奖赏呢?没有。但他们还是像从前一样从您那里取得好处,得到报酬,我们已记不清这持续了多久。这些人目前的使命比以往更可耻,因为他们一看到我们急于对他们发动战争,就不远万里来到拜占庭,出现在曾经被他们狠狠羞辱过的皇帝面前,也许是要厚颜无耻地邀请您和他们结成军事同盟,以对付我们这些以前曾得到过您的帮助的人。如果格庇德人来此的目的真的是归还他们非法取得的土地，如果他们真的因为害怕罗马人而不情愿改变计划，在今天稍晚时候表达他们的感激，罗马人就会认为格庇德人是从中获益最多的人，因为得到好处的人自然应该感激对他的敌人造成威胁的人。如果他们事实上直到现在仍坚决不从他们掠夺的土地上撤走，有什么事能比他们这么做更卑鄙呢？

"这仅仅是我们这些蛮族人以朴实的话语和贫乏的词汇所作的辩解，还没有完全反映出现在的形势。但我们乞求皇帝仔细考虑一下，看我们说的话是否与事实相符，采取对罗马人和伦巴第人都有利的措施。除此之外，您还要考虑到您的人民，因为我们从一开始就信仰相同的宗教，罗马人正确地站在了我们这一边，所以他们把我们视为对手的最简单原因就是他们都信仰阿里乌派。"

第二天，格庇德人的使节来到皇帝面前说："喔，皇帝陛下，可想而知，那些接近邻近国家并要求建立武装联盟的人应该首先表明他们提出的是正义的要求，他们提出的建议应对缔结联盟的另一方有利，然后再讲出他们要解决的问题。首先，我们很明显是被伦巴第人冤枉的，事实说明一切。因为我们急于通过协商解决我们面临的困难，相信公正裁决的人根本不会诉诸武力；其次，众所周知，格庇德人在人数和勇气上都远远超过伦巴第人。他们不必来发表冗长的演讲来证明这一点。现在您有机会加入强大的一方，在不面临危险的情况下取得胜利，如果你仍采取站在弱者一方卷入冲突，就会令自己陷入可以预见的危险境地，我们认为，即使只拥有一丁点判断力的人都不会选择这样做。您还会发现，采取这样的策略不是任何人稍加考虑就会选择的路线。如果您站在我们一方，那么当您与其他的敌人作战时，格庇德人就会站在你们一边参战，用他们势不可挡的力量尽力帮助你们，以偿还对您的感情债，与你们并肩战斗取得对敌人的胜利。您还应该考虑这样一个事实：当伦巴第人在这紧要关头希望成为罗马人的朋友时，格庇德人早已与你们结盟了，我们自古就是朋友，长期牢固的友谊是不会轻易解除的，所以你们将会获得坚强有力而忠诚不渝的盟友。这就是我们邀请你们结成联盟的公正的基础。

"现在说说伦巴第人的本性吧。首先，他们坚决拒绝以仲裁的方式解决我们之间的分歧，尽管我们不断发出邀请，但他们却以无来由的大胆拒绝了我们。现在战争一触即发，他们却又畏首畏尾，因为他们意识到自己的弱点，就到您这里请求罗马人帮助他们打赢这场非正义的战争。这些贼人无疑提起了关于锡尔米厄姆和达吉亚其他的一些城镇的情况，以此为借口让你们加入战争。您的帝国已经拥有众多的城市和广阔的土地，而且还需要寻找一些居民定居在您的土地上，事实上法兰克人、埃吕利人和这些伦巴第人从您那里得到了城市和土地作为如此慷慨的赏赐。陛下，没人能将这些城市一一列举出来，我们为友情而鼓足勇气，已经完成了您的愿望。事实上当一个人形成了与别人共享自己土地财产的想法时，他会轻视那些不劳而获、等待接受他赠予的人，更欣赏那些通过自己的行动获取赏赐的盟友。他们这样做不是出于对所有者的傲慢，而是基于对他们友谊的信心。这恰恰就是格庇德人对罗马人的态度。我们请求您记住这些事,以所有的力量联合我方对付伦巴第人,以此来验证我们联盟的基础。否则就不要插手我们两方的事,因为你们做出这样的决定便能公正地行动,符合罗马帝国的利益。"

这就是格庇德人的一番话。查士丁尼皇帝考虑良久,决定拒绝格庇德人的请求,打发他们走,而与伦巴第人结成立誓的武装联盟,并派不少于10000人的骑兵队援助他们。骑兵队的统帅是康斯坦提努斯、布泽斯和阿拉蒂乌斯,参与此战的还有维塔利安的侄子约翰,他以前曾得到过皇帝的指示,一旦与格庇德人国家进行决战,他就立即率军赶到意大利。此时他刚从意大利回来。骑兵队还带上与他们结盟的1500名埃吕利人,由菲勒穆特和其他几个人统帅。除了这些埃吕利人,整个埃吕利民族,大约有3000人,都与格庇德人站在一起。不久前他们因为我上文提到的原因[1],在罗马军队中策动了叛乱。

现在有一支罗马人的分遣队在与伦巴第人会合的路上意外地碰上了一些由奥尔杜斯率领的埃吕利人,他是埃吕利人国王的兄弟。双方爆发了一场激战,罗马人最后取胜,杀死了奥尔杜斯和许多埃吕利人。当格庇德人得知罗马军队已经近在眼前时,立即与伦巴第人和平解决他们之间的争端,所以这些蛮族人签订和平协约保证今后和平相处,这与罗马人的愿望恰恰相反。当罗马人军队听到这个消息后,他们发现自己陷入了进退维谷的窘境,他们既不能继续前进,又不能匆匆折返,因为将军们担心格庇德人和埃

---

[1] 见第6卷,第14章。

吕利人会乘机征服并劫掠伊利里亚的土地。不管怎样,他们按兵不动,向皇帝汇报了目前的形势。这就是这件事情的经过。下面我要回到前面的话题[1]。

第 35 章

贝利撒留返回拜占庭,其征程并没有获得骄人的战绩,因为他被迫在海上躲避敌人,不断地从一个设防的海岸城市航行到沿岸边的另一个要塞,所以连续 5 年都没有登陆意大利的土地,也没有在陆地上成功地进军过。结果,无所畏惧的敌人肆意奴役和掳掠罗马人。同样原因,他还放弃了托斯卡纳的重要城市佩鲁西亚。实际上,他还在路上时,该城就被敌人一举攻占。由于他已经聚集了大量财富,而且还因为此前的成就受到人们的崇拜,所以回到拜占庭后就一直住在那里,就像他远征利比亚之前神预言的情景一样。

当时的预示是这样的:贝利撒留在拜占庭郊区有一处称为潘泰琼(Panteichion)的继承地产[2],位于对面的亚洲大陆上。贝利撒留正要率领罗马军队攻打盖里莫尔和利比亚人时,这块土地上的葡萄喜获丰收。他的仆人们将葡萄制成酒,装满大量罐子放进酒窖里。这些罐子的下半部埋在土里,上半部分抹上黏土。八个月后,这些罐中的酒开始发酵,将密封罐子顶部的黏土撑开,流得满地都是,

---

[1] 这些题外话是从第 31 章开始的。
[2] 现在的彭迪克(Pendik),在亚细亚海岸边。

形成了一个酒池,池中的酒可以装满许多酒罐。仆人们看到这一情景非常惊奇,他们再一次将这些罐子用黏土封好后,没有说起这件事。但当他们多次看到同样的情况,每次都在相同日期的前后发生,就将此事汇报给主人。贝利撒留把他的朋友们都找来参观这一景象,大家都认为这预示着在这个房子中会有好事发生。

这是贝利撒留的好运。与此同时,罗马大主教维吉里和城里的意大利人(那儿有许多显贵)却不停地恳求皇帝让维吉里全力捍卫意大利,而查士丁尼受到戈迪古斯(Gothigus)的影响最深,他是很久之前就荣升为执政官的贵族,最近也怀着同样的目的来到拜占庭。尽管皇帝允诺亲自关心意大利的事务,但他仍将大部分时间都用在基督教教义上,热切、坚定地希望为基督徒之间的争论提出令人满意的解决方案。

这就是拜占庭的情况。这时一个伦巴第人叛逃到格庇德人那里,事情的原因是这样的:当瓦塞斯(Vaces)还是伦巴第人首领时,他有一个侄子叫里希乌尔弗斯(Risiulfus)。按照法律规定,在瓦塞斯死后传位给他。但瓦塞斯想让自己的儿子继承王位,就无端陷害里希乌尔弗斯,将他流放。于是里希乌尔弗斯和一些朋友离开家乡立即逃到瓦尔尼,留下他的两个孩子。瓦塞斯贿赂了这些蛮族人,杀死里希乌尔弗斯。里希乌尔弗斯的两个孩子中,一个因病而死,另一个叫伊尔迪戈斯(Ildiges)的逃到斯克拉维尼人那里。

瓦塞斯病死后不久,伦巴第人的统治权落入他的儿子瓦尔达鲁斯(Valdarus)手中。因为此人尚且年幼,阿杜因被任命为摄政王管理政府，因此他的权力不断膨胀，在孩子病死后不久他本人取得了王权。当格庇德人和伦巴第人开战以后，伊尔迪戈斯流亡到格庇德人那里，还带去了跟从他的伦巴第人和许多斯克拉维尼人。格庇德人希望伊尔迪戈斯能恢复伦巴第王位。但阿杜因根据格庇德人与伦巴第人最近达成的协议，要求格庇德人友好地交出伊尔迪戈斯，但他们拒绝交出此人，而是命令他离开他们的国家，随便逃到什么地方。伊尔迪戈斯立即带着随从和一些格庇德人自愿者回到了斯克拉维尼人那里，又从那里出发带着一支不少于6000人的军队加入到托提拉的哥特军队中。当他到达维尼提亚时，与拉扎鲁斯（Lazarus）率领的一些罗马人相遇，展开了一场战斗。伊尔迪戈斯打败了罗马人，歼敌甚众。此后，伊尔迪戈斯改变主意，没有与哥特人联合，而是再次渡过伊斯特河撤回到斯克拉维尼人这里。

与此同时，贝利撒留的一个侍卫叫因杜尔夫（Indulf），是个感情冲动、精力旺盛的蛮族青年，他毫无原因地离开意大利去投奔托提拉和哥特人。托提拉立即派他率领一支大军和舰队赶往达尔马提亚。当他到达离萨洛尼斯非常近的沿海城镇穆伊库鲁姆（Mouicurum）时，最初以罗马人和贝利撒留的随员的身份与这个城镇的居民接近，之后却突然拔出剑，催促同行者也拔出剑，将这座城镇所有的人屠杀殆尽，大肆劫掠后离开。他又在另一座被罗马人称为劳雷埃特（Laureate）的海岸要塞如法炮制，占领要塞并杀死了所有遇到的人。

当时，萨洛尼斯的罗马统帅克劳狄安（Claudian）听说此事后，派一支军队乘"快船"（dromones）[1] 前去迎战。当这支军队到达劳雷埃特时，与敌人展开一场大战。然而，罗马军遭到痛击，溃不成军，罗马人遗弃在海港的舰艇和其他一些装满谷物和其他供给的船只全部被因杜尔夫和哥特人缴获。哥特人在杀死所有遇到的无辜居民并劫掠了值钱的财物后，得胜回归托提拉大营。冬天即将结束，普罗柯比所记载的这场战争的第十四年就要结束了（549年）。

第 36 章

（549年）托提拉率领全部军队进攻罗马并在那里扎营形成包围圈。贝利撒留选出了3000多勇士作罗马城的守备队，命他的贴身枪兵狄奥根尼斯（Diogenes）作统帅。狄奥根尼斯是一位智勇双全的战将。围城持续了很长时间，因为罗马人拿出极大的勇气和斗志，与哥特全军抗衡；而且狄奥根尼斯严密守卫，不给敌人接近城墙搞破坏的机会，此外，他还在城中各处播种谷物，所以罗马人的粮食非常充足。事实上，蛮族人曾多次试图袭击要塞和外城墙，速战速决，但每次都被城墙上勇猛的罗马人击退。但蛮族人还是占领了波图斯港[2]，进而加紧围攻罗马城。下面就是这件事的经过。

因为贝利撒留已经回到拜占庭了，所以皇帝就计划派另一名统帅率军前去攻打哥特人和托提拉，解罗马之围。

---

[1] 快速船。
[2] 在台伯河口。

罗马还在皇帝的掌控之中，城里的士兵仍团结一心，加上从拜占庭派去的援军，我相信，如果他真正执行了计划，罗马城还会归他所有。但事实上，他选出一个罗马贵族利贝里乌斯（Liberius），命令他做好准备之后，也许因为一些其他的事情转移了注意力，将解救罗马的事渐渐淡忘。

一些守卫使徒保罗门[1]的伊苏里亚人因皇帝长期拖欠军饷一直心怀委屈，又看见之前把罗马城交给哥特人的伊苏里亚人得到大笔金钱而洋洋自得，他们便在罗马被围持续了很长时间后，与托提拉密谈，同意移交该城，定好了日期。当预定的日期到来时，托提拉实施了这样的计划：他在夜里第一班上岗时命人将两艘船放入台伯河中，船上载着吹号手，命他们划船横渡河流，当靠近外城墙时，一起使劲吹喇叭。与此同时，他本人率领哥特军队秘密潜行到使徒保罗门严阵以待。同时，托提拉考虑到如果城内的罗马军队能够逃出城，他们在黑夜的掩护下只能去当地城镇唯一的罗马人要塞森图姆塞勒，他决定在通向森图姆塞勒的路上设下伏兵，这些伏兵都是善战的人，可以除掉溃逃的罗马军队。当船上的人接近罗马城时，立即按照指示吹起喇叭，罗马人面对这种情形惊惶失措，无来由地放弃了几个哨所，赶紧跑去援助他们认为敌人要进攻的那部分城墙。所以岗位上只剩下出卖这座城市的伊苏里亚人，他们不慌不忙悄悄打开城门，将敌人迎进城中，落入敌人手中的罗马人大部分被杀。尽管有很多人通过其他的大门逃

---

[1] 奥斯提安西斯港（Porta Ostiensis），见第6卷，第4章。

往森图姆塞勒[1]，但他们大多数都在途中落入敌人的埋伏而被杀，只有很少的人历尽千辛万苦逃出去了，据说狄奥根尼斯就是其中的一个，他虽然受了伤，但也幸免于难。

在罗马军中有一个叫保卢斯（Paulus）的西里西亚人（Cilician），他最初负责保卫贝利撒留的家人，后来率领骑兵队随军去意大利，与狄奥根尼斯一同指挥罗马守备队。保卢斯在敌人攻占罗马城时，与 400 名骑兵一起冲进哈德良皇帝的墓中，占据了通向使徒彼得教堂的桥。天刚蒙蒙亮，东方出现一缕曙光时，哥特人对他们发动了突袭，他们勇敢地抗击敌人并占了上风，事实是他们见敌人人数众多又挤在一起，便杀死了大量蛮族人。托提拉见状立即下令停止战斗，命哥特人悄悄包围封锁敌人，想以饥饿战术俘获这些人。因此，保卢斯和那 400 人当天就没吃东西，晚上亦空腹露营，第二天，他们决定杀死一些马匹充饥，尽管他们非常饿，但直到傍晚也不忍心杀死战马，他们表现得十分出色。他们考虑了很久之后，互相鼓励着最终作出决定，选择牺牲自己的生命，光荣地死去。他们决定突然袭击敌营，这样他们每一个人都能英勇战死。于是他们互相亲吻脸颊，在死前最后一次拥抱自己的战友，勇敢地面对死亡。

托提拉观察到这一情景后，他开始害怕这些正视死亡的人了，他们根本不想活着回去，会对哥特人造成巨大的伤害。于是托提拉派人进行交涉，为他们提供两个选择：一个是留下马匹和武器，发誓不再与哥特人为敌，就可以

---

[1] 现在的奇维塔·韦基亚（Civita Vecchia）。

不受伤害地离开这里回拜占庭；另一个是保有自己的财产，加入哥特人军队，享受与哥特人平等的待遇。罗马人高兴地接受了这个建议，当然，他们先是选择回拜占庭，后来考虑到没有武器步行撤退是一件羞耻的事，同时又担心在回家路上落入敌兵的埋伏而被杀，加之他们对罗马长期拖欠军饷耿耿于怀，因此他们最后都自愿编入哥特军队，事实上只有保卢斯和一个伊苏里亚人明德斯（Mindes）来到托提拉面前请求送他们回拜占庭，因为他们有妻子儿女在自己的家乡，离开她们，生活就没有意义了。托提拉仁慈地接受了他们的请求，相信他们说的是实话，给他们一些路费，派人护送他们，就把他们放走了。碰巧还有300名罗马军人在城中教堂避难，他们也接受承诺投奔了托提拉。至于罗马城，托提拉不愿拆除城防或放弃它，决定让罗马人与哥特人都生活在这里，这些罗马人中不仅包括元老院的成员，也包括所有其他的罗马人，原因下章详细叙述。

第37章

此前不久，托提拉派人去见法兰克人国王，请求他将女儿嫁给他，但法兰克国王拒绝了他，称托提拉还不是、也永远不会成为意大利国王，即使他占领了罗马城也绝对不可能守住它，而是在毁坏部分罗马建筑后再次被敌人占领。于是，托提拉面对这种情况，急忙派人往城里运送食物，命令士兵尽快重修他前一次占领罗马城时放火烧毁的所有建筑，接着又召见所有被看守在坎帕尼亚的元老院成员和其他人。在那里看完赛马后，他就让全部军队做好准备进攻西西里，同时他又让船做好进攻的准备，不仅包括自己的 400 艘战船，还有这段时间内俘获的大船，这些大船都是皇帝从东部帝国派出的。他还派一个罗马人斯特凡努斯（Stephanus）作为使节面见皇帝，请求他结束这场战争，与哥特人签订和平协议，答应今后当皇帝对其他敌人发动战争时，哥特人愿意作为他的同盟国参战。但查士丁尼皇帝根本没有接见哥特使节，也不想听他说什么。

托提拉听说此事后，重新开始积极备战。他认为先试探森图姆塞勒军队的实力然后再赶往西西里比较稳妥。那时森图姆塞勒的守备队由贝利撒留的侍卫狄奥根尼斯率领，并且战力强大。所以哥特军队到达森图姆塞勒之后，在离外城墙很近的地方扎营，准备围攻。托提拉派使节去狄奥根尼斯那里，质问他们是否真的希望与哥特人决一死战。他还建议他们不要对皇帝的援兵抱有希望，因为查士丁尼已经没有能力继续这场对哥特人的战争了，只要仔细考虑一下罗马这么长时间以来发生的事就可理智地得出结论。因此，他为他们提供了两条可供选择的道路：或者是在平等的基础上与哥特军队混编，或者不受伤害地离开这里回拜占庭去。但城中的罗马人和狄奥根尼斯明确表示他们既不愿与哥特人决战，也不愿意与哥特军队混编，因为他们不愿离开自己的妻子儿女。至于他们守卫的这座城，他们当下没有合理的原因放弃守卫而投降，事实上他们现在甚至没有借口这样做，这会令他们无颜面对皇帝。然而，他们却恳求拖延一段时间，以便他们在这段时间里向皇帝汇报情况，最后，如果时限已到而援兵未到，就放弃该城，交给哥特人，而他们也能为此作出合理的解释了。托提拉欣然允诺并规定了最后期限。他们双方互派30名人质以保证协议有效。哥特人放弃围攻，转而进军西西里。

哥特大军到达雷吉姆后，先对该城要塞发动了攻击，再渡过那里的海峡。要塞守备队的统帅是由贝利撒留任命的图里穆特和伊梅留斯（Himerius），他们手下有大量的精兵，在托提拉攻墙时，他们不仅打退了敌人进攻，而且还发动了反攻，在战斗中占据上风，因为他们人数远远少于敌人，后来被阻隔在外城墙内不能行动。于是，托提拉留下一部分军队在那里看守，希望能通过切断食物供应的方法使罗马守备队不战而降，同时他又派一支军队前去攻占塔兰托，轻易地接管了当地的要塞。同样，留在皮森努姆的哥特人也在阿里米尼城的罗马军队反叛后占领该城。

当查士丁尼皇帝听说这样的战况后，计划派自己的侄子日耳曼努斯为总司令对抗托提拉和哥特人，命令他做好出发的准备。当这个消息传入意大利时，哥特人对此极为关注。因为日耳曼努斯声望极高，另一方面罗马人对此充满信心，士气高涨起来，勇于面对危险和困难。但不知为何皇帝又改变了主意，决定任命利贝里乌斯为统帅，上文曾提到过这个罗马人，以替代日耳曼努斯。利贝里乌斯也确实以最快的速度作好了一切带兵渡海作战的准备，马上就要出发了。但皇帝又一次改变了主意，结果又没有行动。就在这个时候，韦鲁斯聚集了一伙精壮勇士，率领他们在拉文纳附近与皮森努姆的哥特人展开激战，伤亡惨重，韦鲁斯本人在战斗中英勇作战，身陷重围，最终殉国。

第 38 章

　　大约就在这个时候，一支少于 3000 人的斯克拉维尼人军队在没有遇到任何抵抗的情况下渡过了伊斯特河，并立即向希布鲁尔（Hebrus）河[1]进发。他们顺利渡河后，兵分两路进发，一部约 1800 人，另一部约 1200 人。尽管两队人马分开了，罗马军队在色雷斯和伊利里亚分别与他们作战都意外失利，一部分被歼灭，还有一些混乱地逃跑了。在两支蛮族军队俘虏了一些罗马将士后，尽管人数大大少于罗马军，其中一支还是向阿斯巴杜斯（Asbadus）的军队开战。阿斯巴杜斯是查士丁尼皇帝的一个护卫，是人称"白衣侍卫"（candidati）[2]中的一员。他同时还是古罗马步兵大队的统帅。这种步兵团队自古就驻扎在色雷斯要塞，是一支庞大的精英部队。但斯克拉维尼人轻易地打败了他们，罗马人丢脸地逃跑了。在追击过程中，他们杀死了很多罗马人，还俘虏了阿斯巴杜斯，当时因禁了他，但后来将他后背的皮剥掉后又活活地烧死。此后，斯克拉维尼人又抢劫了色雷斯和伊利里亚所有的城镇，没有遭到任何抵抗。尽管他们以前从未有过攻城的经验，也不敢来到平原地区，因为事实上这些蛮族人从未有过征服罗马人土地的企图，但两支军队都以围攻的方式占领了许多要塞、城堡。事实上，在我上文提到的情况之前，他们从未渡过伊斯

---

[1]　现在的马里查（Maritza）河。
[2]　穿着白色束腰上衣的侍卫队。

特河。

那伙打败阿斯巴杜斯的蛮族人到处抢劫，一直抢到了海边。尽管沿海城市托皮鲁斯（Topirus）[1]有一支守备队，他们还是通过袭击占领了它。它是进入色雷斯的第一个沿海城市，距拜占庭城有12天的路程，在城中有一支守备队。蛮族人是这样攻占它的：大部分蛮族人先隐藏在城堡前崎岖的山地之间，派小股部队靠近朝东的城门，袭击防御墙上的罗马人。那里的罗马守军误认为敌军只有这些人，立即反击夺下这些蛮族人的武器。蛮族人佯装畏惧，让敌人以为他们在逃跑撤回后方，罗马人乘胜追击，追出离城墙很远一段距离后，蛮族人伏兵突然从隐藏的地方冲出来，突袭追击者的后方，截断了罗马人回城堡的退路。那些假装逃跑的蛮族人也杀将回来，罗马人腹背受敌，惨遭全歼。蛮族进而攻城。城中居民在没有士兵支持的情况下，处境非常艰难，尽管这样他们还是尽力逼退敌人。开始的反击相当成功，民众把烧开的油和沥青泼向攻城的敌人，全体居民都向敌人投掷石头，几乎将敌人击退。但蛮族人发射大量的箭矢，压倒了他们，迫使他们弃墙，蛮族人乘机借助梯子登上城堡，快速占领了该城。他们杀死了15000名男丁，抢劫了所有的财物，把所有的妇女儿童都变为奴隶。然而在此之前，自他们刚刚踏入罗马人土地之后，两支军队就开始不分男女老幼，见人就杀，以至于整个伊利里亚和色雷斯地区尸横遍野。

斯克拉维尼人杀人的方式与众不同，不用剑或矛，也

---

[1] 在萨索斯（Thasos）对岸，位于今天的卡瓦拉（Kavalla）地区。

不是其他任何一种常用的办法,而是在地上固定着尖利的木桩,粗暴地让这些可怜的人坐在上面,让木桩尖刺进两半屁股之间,一直刺入肠内致死。这也是他们杀死居民的办法。他们还有一种杀人方法,即将 4 根粗木桩深深埋在地上,将被俘者的手脚分别绑在木桩上,不停地用短棍打他们的头,像杀死狗、蛇或其他的动物一样杀死他们,还有人被他们关进牛羊棚中,然后无情地烧掉这些牛羊棚,当然,他们完全没有能力带这些牛羊回去。就这样斯克拉维尼人不停地杀死抵抗的人,但从这次袭击之后,这两支嗜血的斯克拉维尼人军队将落入他们手中的人作为俘虏看管起来,最后他们带着数以万计的俘虏回国去了。

第39章

此后,哥特人又袭击了雷吉姆的要塞。被围攻的守军英勇抗击,击退来犯之敌。统帅图里穆特将军从战斗一开始就表现得十分英勇。当托提拉察觉到城中居民已经断粮的情况后,他只在那里留下一部分军队,继续封锁敌人,以切断他们的供给来源,迫使他们因饥饿而投降,把要塞让给哥特人。他本人则率其余部队来到西西里,对梅萨纳城墙发动进攻。当地守军由布泽斯的侄子多姆尼恩提奥鲁斯(Domnentiolus)统率。两军在要塞前面展开了一场激战,多姆尼恩提奥鲁斯一方在战斗中有所收获,但仍撤回城中闭门不出,加入该城的守卫工作。因为无人出来与哥特人交战,于是他们在整个西西里地区大肆抢劫。同时,被围困在雷吉姆的罗马军队在图里穆特和希迈里乌斯

（Himerius）统帅下，因为粮食供应完全断绝，被迫与敌人达成协议，交出了该要塞。

皇帝听说了这些事情后，立即组织了一支舰队，满载着一支由步兵分遣队组成的庞大军队在利贝里乌斯的率领下以最快的速度驶向西西里，全力援救该岛的罗马人。但他很快又后悔不该任命利贝里乌斯为舰队的统帅了，因为他年纪太大，又没有战斗经验。于是他赦免了阿塔巴尼斯所有的罪名[1]，任命他为色雷斯军队统帅，前往西西里参战，虽然为他提供的军队人数不多，但指示他接管利贝里乌斯统帅的舰队，因为他已传令让利贝里乌斯返回拜占庭。继而，皇帝任命自己的侄子日耳曼努斯为对抗托提拉和哥特军队的总司令，为他提供了一支人数不多的军队，却有大笔的军费，命令他从色雷斯和伊利里亚招募一支大军，然后全速进军意大利。他还指示他与埃吕利人菲勒穆特的军队，以及他自己的女婿维塔利安的侄子约翰统率的驻扎在伊利里亚的部队一同前往。

日耳曼努斯雄心勃勃地想推翻哥特人，这样，为罗马帝国夺回利比亚和意大利的功劳就归自己了。至少就利比亚而言，斯托察斯在那里建立僭主统治，牢牢掌控利比亚时，皇帝曾派他去那里，他不负众望，在战斗中打败了叛乱者，成功地控制了利比亚的局势，结束了僭主政治，又一次为罗马帝国夺回了利比亚，这些我在前面已经讲过[2]。现在意大利的情况很糟，日耳曼努斯自然希望能收

---

[1] 与宫廷阴谋有关，见第7卷，第30章。
[2] 见第4卷，第16章。

复这片土地为自己争得荣誉,再一次向皇帝证明他的能力。他计划的第一步就是要娶阿玛拉松塔的女儿、狄奥多里克的外孙女玛塔松塔(Matasuntha)为妻,他的发妻帕萨拉(Passara)已经去世很久,使得计划有可能达成。这时维提却斯已死,如果他带着这个女人一同出征,哥特人就会回忆起狄奥多里克和阿塔拉里克的统治,以拿起武器与她对抗为耻。那时,日耳曼努斯为筹建军队花费了大笔金钱,其中一小部分是皇帝提供的,大部分都是他慷慨地从自己的积蓄中拿出来的。令日耳曼努斯意想不到的是,他在很短的时间内即招募到大量勇敢善战的士兵。因为一方面在罗马人中有经验的战士们都离开了他们作为枪兵和侍卫所属的官员,前来投奔日耳曼努斯,这些人有的来自拜占庭,有的是在色雷斯和伊利里亚招募的,他的儿子查士丁和查士丁尼也在招募中表现出极大的热情——他在启程时将他们两人也带来了,另外他还在皇帝允许的情况下从驻扎在色雷斯的骑兵先遣队中调来一些人;另一方面伊斯特河附近生活的大批蛮族人也被日耳曼努斯的名声所吸引,再加上他们也收到了大笔金钱,因此加入到罗马军队中。除此之外,来自世界各地的蛮族人也不断地投入日耳曼努斯麾下,伦巴第国王也为他提供了1000名重装兵,答应他立即发兵。

当意大利人得知此消息后,再加上一些夸大的谣言,使得哥特人非常害怕这场对狄奥多里克后代的战争,同时也非常困惑。那些被迫在哥特军中服役的罗马士兵也不愿与他们开战,就派人去见日耳曼努斯,传话说只要他的军队一到意大利扎营,他们就毫不犹豫地前来归顺。事态的发展令在拉文纳和其他未落入敌人手中城市的罗马军队分遣队重新鼓起勇气,满怀信心决定为皇帝坚守城镇。此外,韦鲁斯和其他统帅手下的士兵中未与敌人交战过或是被敌人打败后未曾逃走的人现在都在四处游荡,无论他们在哪,一听说日耳曼努斯的军队已经出征时,就聚到伊斯特里亚,静静等待着这支军队的到来。

与此同时,托提拉派军前往森图姆塞勒[1](因为他和狄奥根尼斯达成协议,规定交出城镇的日子到了),命令狄奥根尼斯根据他们的协议交出该城投降。然而狄奥根尼斯说他本人不再有权力这么做,因为他听说日耳曼努斯已被任命为前敌总司令,他的军队已近在咫尺,只有他有权力决定是否投降。至于人质,他还补充道,一方面他希望能欢迎他们自己的人回来,另一方面,他也同意把哥特人的人质交还给他们。打发使者走后,他把精力转向了加固城防设施,期望着日耳曼努斯军队的到来。冬天就要过去了,这一年是普罗柯比所记载的这场战争的第十五年(550年)。

第 40 章

当日耳曼努斯在伊利里亚的萨迪斯城(Sardice)[2]招募和编整军队,全面做好一切战争准备时,一伙以前从未听说过的斯克拉维尼人来到罗马人的土地上。他们渡过伊斯特河来到奈苏斯(Naissus)[3]附近,其中有一些斯克拉

---

[1] 因为他和狄奥根尼斯已经达成协议在这个时候回到这里。
[2] 现在的索菲亚。
[3] 现在的尼什(Nish)。

维尼人和军队走散了,独自在乡村中游荡,被罗马人抓住,关进监狱。当罗马人问他们斯科拉维尼人这支军队为什么要渡过伊斯特河以及想要做什么时,他们坚决地称,他们来是想通过围攻的方式占领塞萨洛尼基(Thessalonice)[1]及其四周的城市。皇帝听说后非常气愤,马上给日耳曼努斯写信,让他暂缓对意大利的远征,全力保卫塞萨洛尼基和其他的城市,击退斯克拉维尼人的入侵。于是日耳曼努斯便专心致力于解决斯克拉维尼人的问题。

而斯克拉维尼人从战俘那里明确地得知日耳曼努斯已经在萨迪斯时,就开始害怕了,因为在这些蛮族人中,日耳曼努斯享有很高声誉。在查士丁尼统治时期,生活在斯克拉维尼人附近的安泰人曾渡过伊斯特河大举入侵罗马疆土,恰好皇帝此前不久任命日耳曼努斯为色雷斯将军。于是两军开战。他率军打败了蛮族人,在一场决战中彻底击败敌人,几乎将其全歼,日耳曼努斯得到如此成就,从此在所有民族中都声名鹊起,当然也包括这些蛮族人了。结果蛮族人害怕他,又得知他是皇帝派来攻打托提拉和哥特人的,便猜测他会率领一支强大的军队,这些斯克拉维尼人立即掉头,停止进军塞萨洛尼基,不敢再到平原地区来了,他们越过伊利里亚所有的山脉,到达达尔马提亚。于是日耳曼努斯不再关注他们,对全军发布命令为进军做准备,打算在两天后开始出发至意大利。

这时不幸的事情发生了:日耳曼努斯突然病逝。他就这么离开了人世。日耳曼努斯是一个拥有高尚品格和卓越

---

[1] 现在的萨洛尼卡。

功勋的人，一方面在战争中他不仅是有才能的将军，也是一个足智多谋、果敢善断的人；另一方面在和平繁荣时期，他非常清楚怎样坚定地维护国家的法律和机构，他是一位正直的法官，在力所能及的范围内他不允许宫中有任何触犯法律的行为出现，从未与拜占庭的阴谋者们谈话或同谋不轨，无论这些人的权势有多大，得到的好处有多少。在生活中，他将大笔钱款贷给急需的人，从不向他们索取利息。无论在宫中，还是在市场上，他都举止得体，给人留下深刻印象。而在正常的家庭生活中接待客人时，他又是一位令人愉快、开朗富有魅力的人。这些事情就说到这儿。

皇帝为日耳曼努斯的死深感悲叹和惋惜，他命令维塔利安的侄子、日耳曼努斯的女婿约翰与日耳曼努斯两个儿子中的一个查士丁尼继续率领这支大军前往意大利。他们向达尔马提亚进军，想在萨洛尼斯过冬，他们认为这个季节不可能在海湾绕行，因为没有船只他们不能摆渡过去，这是去意大利的必经之路。与此同时，利贝里乌斯因为不知道皇帝对他率领的舰队的计划作出了改变，在敌人还围攻叙拉古时就在那里登陆，他们闯过了敌人的封锁线，强行驶入港口，与全体士兵一起进入要塞中。阿塔巴尼斯此后不久到达凯法利尼亚（Cephallenia），发现利贝里乌斯和他的军队早已从那里出海去西西里了，他立即从那里出发，渡过亚得里亚海，当他们靠近卡拉布里亚时，遭到了暴风雨的袭击，这股风非常猛烈，所有的船只都被冲散了，大部分船只被吹到卡拉布里亚岸边，落入敌人手中。然而这还不止，他们最初遭到强风时船队散开了，接着转向，在海浪猛击下，又一次到达伯罗奔尼撒。至于其他的船只，有的沉没，有的获救，这完全取决于运气。但阿塔巴尼斯所在的那艘船在航行中桅杆被凶猛的海浪打断，在经历了如此程度的危险后，被汹涌的波涛一直送到迈利泰（Melita）[1]岛，阿塔巴尼斯侥幸获救。

现在利贝里乌斯发现自己的军队不能主动袭击围攻者或是与敌人展开决战。同时，因为军队人数众多，所以他们的粮食也不能维持多久了。于是利贝里乌斯率军出海，避开敌人，撤退到帕诺尔莫斯（Panormus）。

与此同时，托提拉和哥特人在整个西西里大肆抢劫，他们得到了大量的马匹和其他的牲畜，抢劫田里的谷物和其他作物，把这些粮食和相当一大笔钱的财产装上船后突然放弃该岛，回到意大利。他们之所以这样做是有原因的。不久前，托提拉任命罗马人中一个斯波莱提厄姆人斯皮努斯（Spinus）作自己的私人顾问，这个人碰巧在一个没有城墙的小镇卡塔纳逗留期间偶然被敌人俘虏。托提拉急着要救他，愿意以他俘虏的一个罗马贵族的妻子交换这个人，但罗马人不同意用一个女人交换一个财务官（quaestor），这个人害怕他会被敌人杀掉，就允诺罗马人说他会劝托提拉立即从西西里离开，率领全部军队前往意大利。于是罗马人首先让他发誓保证这一承诺，然后再把他还给哥特人，将那位妇女换回来。斯皮努斯获释后来到托提拉面前，断言哥特人没有顾及到他们自己的利益，因为他们在劫掠了整个西西里之后，为了几个无足轻重的要塞就留了下来。他最近在敌军中听说皇帝的侄子日耳曼努斯去世了，他的

---

[1] 现在的梅莱达（Meleda）。

女婿约翰和他的儿子查士丁尼率领由日耳曼努斯招募的全部军队已经到达达尔马提亚。他们在最短的时间内完成了全部准备工作,即将从那里出发直奔利古里亚,他们的目的很明显是要突袭哥特人,使妇女儿童沦为奴隶,抢劫所有有价值的东西,因此,他认为哥特人最好应该与敌人会一会,在那里过冬,同时还能保障同行家人的安全。"因为,"他补充道,"如果我们击败了那支军队,那么就有可能在初春重新开始军事行动,毫无顾虑地攻打西西里。"托提拉被他说服,在当地四个要塞中留下卫兵后,他本人率领其余所有部队带着全部战利品前往意大利。这就是这些事情的经过。

现在约翰率领皇帝的军队到达达尔马提亚后决定在萨洛尼斯过冬,等冬天过后,再从那里出发直奔拉文纳。但此时斯克拉维尼人又出现了,其中既包括前文提到的入侵皇帝土地的那伙人,还包括那些在此不久后渡过伊斯特河加入他们的人。斯克拉维尼人开始在罗马人的土地上肆意横行。事实上,一些人怀疑托提拉用重金贿赂了这些蛮族人,让他们入侵罗马人的土地,明显是要阻止皇帝一心处理对哥特人的战争,因为皇帝必须首先对付这些蛮族人。至于斯克拉维尼人是否在帮助托提拉,或者是否在无人唆使的情况下来到这里,我也不清楚。不管怎样,这些蛮族人分成三支,他们给全欧洲带来了不可弥补的破坏。他们不仅通过突袭的方式劫掠乡村,而且像在自己的土地上一样安稳过冬,根本不怕遇到敌人。然而,查士丁尼皇帝此后派来一支强大的军队前来围剿这些蛮族人。这支军队的统帅有康斯坦提亚努斯、阿拉提乌斯、纳扎里斯、日耳曼努斯的儿子查士丁和"贪吃者"约翰。他任命宫中的宦官之一斯克拉斯提库斯（Scholasticus）担任这支军队的总司令。

这支军队在亚得里亚波利斯[1]附近遇到了一部分蛮族人。亚得里亚堡位于色雷斯境内，距离拜占庭有5天的路程。因为这些蛮族人带走的战利品太多了，包括男丁、牲畜和所有有价值的东西，他们难以再进军了，就留在原地不动，想在敌人不知道的情况下突然发动进攻。现在斯克拉维尼人在山上扎营，罗马人却在离敌营不远的平原扎营。因为，罗马军队在阻断敌人的过程中消耗了大量的时间，士兵们开始有所不满，发生了骚乱，指控罗马军队的统帅们自己有充足的食物，却丝毫不关心士兵们的生活，士兵们已经因为缺少食物而度日艰难了，根本不愿与敌人交战。在士兵们的抗议下，将军们被迫立即与敌人开战。这是一场激烈的战斗，蛮族人最终取得决定性胜利，在这场战斗中，许多最杰出的士兵战死，将军们险些做了蛮族人的阶下囚，他们历尽千辛万苦率领残部逃跑了，各自寻求庇护。康斯坦提亚努斯的旗手也被蛮族人俘虏。现在蛮族人向前进军，根本不怕罗马军队。接着蛮族人劫掠了阿斯蒂卡（Astica）[2]的土地，根本无人抵抗他们。因为这里自古就未遭受敌人的劫掠，所以战利品不计其数。蛮族人在乡村大范围破坏之后，又来到距拜占庭有1天多一点的路程的

---

[1] 现在的埃迪尔内（Edirne）或亚得里亚堡。
[2] 在亚得里亚堡和君士坦丁堡之间。

长城处[1]，但不久之后，追击这些蛮族人的罗马军队遇上了另一部分蛮族人，发动突袭将蛮族人赶跑。他们不仅杀死了很多敌人，而且还解救了大批罗马战俘，找回并重新举起康斯坦提亚努斯的军旗。其余的蛮族人带着其余战利品回国去了。

---

[1]　"40里程"普罗柯比在《建筑》第4章中提到过。现在的城防线通过查塔尔德贾（Chataldja），距首都有10公里远。古代的城墙与现代的防线一样，从黑海沿岸一直延伸到马尔马拉海，长28公里，将拜占庭所在半岛的末端切断。

第 8 卷
哥特战争（尾声）[1]

第 1 章

到目前为止，我在前面的叙述中一直尽可能保持按照发生不同战争的国家分开来叙述的原则，这些部分作品都已经在罗马帝国全境出版了。但此后，我不再遵循这样的叙事原则了，因为我前面的作品问世之后，不可能再对战争后来发生的事情加以补充了。既然前面的已经问世，我将在这一卷中对波斯战争和其他战争后来的发展情况进行全面的叙述，这样才能留下有关这些事件完整的记录。

我在前几卷中[2]已经将罗马人和波斯人在休战五年中的前四年的情况作了叙述，但在第五年[3]波斯军队再次大举入侵科尔奇斯。这支军队的统帅是波斯人科里亚尼斯（Chorianes），他有着丰富的战争经验，其手下还有大量来自阿兰尼人部落的蛮族人同盟军。这支军队抵达拉齐卡的

---
[1] 这一卷是作者对全书的总结性续写，而非仅仅涉及哥特战争，因此其篇目应当为总结性的"尾声"。——中译者
[2] 即第 1 卷和第 2 卷。
[3] 即 550 年。——中译者

莫切里西斯（Mocheresis）后，选择一处合适的地点扎营留驻。那里有一条息皮斯河，这条河不宽，不能航行，但人们骑马、步行都可以涉水而过。于是他们在距该河右岸较远处沿着这条河开始挖壕沟。

　　讲到这里我觉得有必要打断一下，目的是让读这部历史的人清楚拉齐卡的地理位置，以便能了解这一地区居住的种族的情况，以免对一些模糊的问题产生争论或捕风捉影。下面我讲一下生活在黑海周边地区的居民分布情况。不是因为我忽视了前人的记载，而是认为他们的叙述并不是很准确，例如有一些作家[1]提出，特拉比仲德人的领土不是与萨尼人相邻，就是与科尔奇斯人相邻。萨尼人现在又被称为扎尼人，而科尔奇斯人也被称为拉齐卡人。这个名字沿用至今。其实这两种说法都不正确。首先，因为扎尼人生活在离大海很远的地方，与内陆的亚美尼亚人为邻，他们之间有许多山脉阻隔，这些山非常陡峭，完全无法通过，而且还有一块广阔的地区荒无人烟。那里的峡谷无法攀爬，高山上森林繁茂，除此之外，还有不可穿越的深沟，所有这一切都阻止扎尼人来到海边；其次，拉齐卡人不可能是科尔奇斯人，因为他们居住在法息斯河岸边，而科尔奇斯是现在这个时代才改称为拉齐卡的，包括他们的国家、民族和其他事物。除此之外，因为那些作品的写作年代久远，岁月流逝，世事变幻，许多过去的事物被新事物所取代，因为出现了民族国家的迁移和统治者的变更及国家名

---

[1] 色诺芬，《远征记》第 4 卷，第 8 章。和阿里安，*Periplus*，第 11 章中提出科尔奇斯人是特拉比仲德人（Trapezuntines）的邻居。

称的改变。我认为有必要调查这些名称，既不根据与之相关的神话故事，也不根据其他古代的史料，更不能引用史诗中所描述普罗米修斯被缚在黑海的位置（因为我认为历史是与神话截然分开的），准确叙述的目的就是要弄清楚这些地方的名称和现今在那里发生的事。

第2章

蓬塔斯河起源于拜占庭和察尔西顿，一直流到科尔奇斯人的土地。在这条河顺流航行时，右侧的土地上居住着比提尼亚人[1]，接着是奥诺里亚泰人和帕弗拉哥尼亚人[2]，他们除了拥有其他一些城镇之外，还拥有海滨城市赫拉克里亚（Heraclea）和阿马斯特里斯（Amastris）[3]，在他们前面远至特拉比仲德（Trapezus）城[4]都是蓬蒂西人（Pontici）的领土。那一地区有很多海滨城镇，其中包括锡诺普（Sinope）和阿米苏斯（Amisus）[5]，阿米苏斯旁边有一座泰米锡拉（Themiscyra）城[6]和一条塞尔莫顿

---

[1] 比提尼亚人（Bithynian）是活动在今土耳其东北黑海沿岸地区的古代民族。——中译者
[2] 帕弗拉哥尼亚人（Paphlagonian）和奥诺里亚泰人（Honoriatae）均为活动在今土耳其东北黑海沿岸地区的古代民族，位于比提尼亚人以西。——中译者
[3] 现在的埃雷利（Eregli）和阿马西亚（Amasra），位于土耳其北部黑海沿岸地区。——中译者
[4] 现代的特拉布宗，位于土耳其北部黑海沿岸地区。——中译者
[5] 现代的锡诺普（Sinob）和萨姆松（Samsun）。
[6] 现代的泰尔梅（Terme）。

河（Thermodon）[1]，据说这条河是亚马孙族女战士（Amazons）[2]的发源地。关于亚马孙族女战士的事我要在后面讲到。特拉比仲德人的领土从这里一直延伸到苏苏尔梅纳（Susurmena）村和里扎厄姆（Rhizaeum）[3]，从这里沿着去拉齐卡的海岸走，距特拉比仲德有2天的路程。在提到特拉比仲德时，不能不讲讲这里发生的怪事，在特拉比仲德附近所有地方出产的蜂蜜都是苦味的[4]，这也是唯一一处与它名声不符的地方[5]。此地的右侧是扎尼卡山脉，山的另一边生活着臣属于罗马人的亚美尼亚人。

博阿斯河（Boas River）[6]从扎尼山脉流下，穿越大片丛林和多山地区，沿着拉齐卡土地流过，注入黑海。当它接近黑海时，不再称博阿斯河了，而是根据它在那个位置的特点得到了一个新名称。当地人称这段河流为阿坎普西斯河[7]，很明显这是因为它水流湍急，入海之后引起前面的水回流，冲出很远一段距离后才与海融为一体，使得那个地点不能沿岸航行。在那一部分蓬塔斯河航行的人，无论是朝拉齐卡方向还是从那里出航都无法按直线航行，因为他们根本不能渡过这条河的急流，必须要绕行很远的海

---

[1] 现代的泰尔梅河（Terme Tschai）。
[2] 古代小亚细亚参战妇女的传说，古希腊神话和希罗多德多有涉及。——中译者
[3] 现代的叙尔梅内（Sürmene）和里泽（Rize）。
[4] 见色诺芬：《远征记》第4卷，第8章。
[5] 古书注释中讲到撒丁尼亚蜂蜜都是"pessimi saporis"。
[6] 现在的兹查鲁克河（Tscharukh Su）。
[7] Acampsis 的字面意思是"使转弯"，普罗柯比取这个词源于 ακαμπτος，即"变直"或"不易弯的"，实际上的含义不是这样的，他的解释无疑是异想天开。

路，通过蓬塔斯河中段的地方，只有这样才能避开湍急的河水。关于博阿斯河就说这么多。

在里扎厄姆的另一边，生活着一个独立的民族，他们的土地位于罗马人和拉齐卡人之间，当地有一个村庄名为雅典娜（Athenae）[1]，不是像人们想象的因为雅典的殖民者在此定居而得名，而是因为在古代曾有一位名叫雅典娜（Athenaea）的女王统治这块土地的人民，她的坟墓至今还在这里。在雅典娜的另一侧是阿尔恰比斯（Archabis）和阿普萨鲁斯（Apsarus）城[2]。阿普萨鲁斯是一座距里扎厄姆有3天路程的古城，在古代被称为阿普西尔图斯（Apsyrtus），是为了纪念一个遭到不幸的人。据当地人说，阿普西尔图斯是在这里被美狄亚和伊阿宋阴谋害死的[3]，因此该地以他的名字命名。这些事情都已经年代久远，数不清多少代人曾在这里繁衍生息，时光流逝，这个名字后来因为发生的事情被人们渐渐遗忘，此地的名字也变成了现在这个。在城东部还有阿普西尔图斯的坟墓。在古代这里是一座人口众多的城市，有长长的城墙环绕，城内设有剧院和竞技场以及所有其他能够表现城市规模的象征性建筑，但如今什么都没留下，只能看到这些建筑物的地基。

很明显，现在有充足的理由对认为科尔奇斯人与特拉比仲德人毗邻的人提出质疑。因为根据这一假说，伊阿宋和美狄亚联合骗取金羊毛后，没有逃回希腊和自己的家乡，

---

[1] 现代的阿蒂纳（Atina）。
[2] 现在的阿哈瓦（Akhava）和马克里亚罗斯（Makryalos）。
[3] 阿普西尔图斯（Apsyrtus）奉父命追赶其姐美狄亚（Medea），被伊阿宋（Iason）阴谋害死，均为希腊神话传说。——中译者

反而退居到遥远内陆的蛮族人和法息斯河那里。据说在罗马皇帝图拉真在位时,罗马军团士兵曾驻扎在那里,控制范围一直达到拉齐卡人和萨吉奈人(Saginae)地区。但现在这里的居民既不臣属于罗马人,也不归拉齐卡国王管辖,事实上,因为他们都是基督徒,所以由拉齐卡主教来任命当地的教士。他们希望能与这两国人民和平相处,友好往来,并签订了永久的和平协议,对经常在两国之间进行旅行的人加以保护,他们也为替两国国王相互送信的信使护航,直到今天还保持着这样的做法,而且他们从来都不是另一方的属国。两国的右侧只有陡峭高耸的山峰和一望无际的贫瘠土地,再远处就是佩尔萨门尼亚人和臣属于罗马人的亚美尼亚人生活的地方,从这里一直延伸到伊比利亚[1]边界。

从阿普萨鲁斯城到佩特拉和拉齐卡边界,也就是黑海之滨,大约要走1天的路程,这里是大海的尽头,海岸呈新月形,宽度大约550斯塔德(大约63公里),在它后面的整个国家就是为人熟知的拉齐卡,再后面是内陆国西姆尼亚(Scymnia)和苏阿尼亚(Suania),它们都是拉齐卡人的属国。事实上,尽管这些国家都有自己民族的首领,但当某个首领死后,习惯上由拉齐卡人国王为他们任命另一个统治者。在这块土地一侧和伊比利亚边界相邻的大部分土地上生活着梅齐人(Meschi),他们自古就是伊比利亚人的臣属,居住在山区中。这些山并不陡峭崎岖,可以种植谷物,因为梅齐人都是技术纯熟的农民,所以这里出产

---

[1] 大体相当于现代高加索以南的格鲁吉亚。

各种优良作物,还有大片的葡萄园,但他们的国土被高耸的山峰封闭,山上都是浓密的树林,难以进入。这些高山一直延伸到高加索,在梅齐后东侧是伊比利亚,领土一直延伸到佩尔萨门尼亚。

法息斯河(Phasis River)穿越这里的山峰后呈现在人们面前。这条河发源于高加索山,一直流入蓬塔斯河(Pontus River)新月地带的中心,因此有人认为它是欧亚大陆的分界处。当一个人顺流而下时,左边是亚洲,右边则是欧洲。碰巧所有拉齐卡的居民都在欧洲一侧,在对岸除了古罗马人建的佩特拉城外既没有要塞,也没有任何村庄和堡垒是属于拉齐卡人的,据当地居民讲,在这一部分拉齐卡的某处是著名的金羊毛的安放之处,他们所讲的金羊毛的故事和诗人在神话中讲的一样,当地人以寻找金羊毛的英雄阿尔戈(Argo)命名一种船只[1]。我认为他们说的并不是事实,因为我觉得,要不是法息斯河将宫殿和其他的科尔奇斯居民从金羊毛所在的地方隔开,伊阿宋是无法逃避阿伊德斯(Aeetes)、带着金羊毛与美狄亚一同从这个地方逃跑的。事实上,记录这个故事的诗人们都暗示了这一情况。法息斯河流经上述地方后,最终有可能注入黑海,新月地带的其中一端在亚洲有一座佩特拉城,在它对岸的欧洲是阿普西里人(Apsilii)的土地,他们臣属于拉齐卡人,与我到目前为止提到的其他民族一样,他们自古就是基督徒。

---

[1] 金羊毛的故事来自古希腊神话,作者此节所述多依据荷马史诗和希腊神话。——中译者

第 3 章

在这个国家以北就是高加索山脉。构成山脉的各个山峰极高,它们的顶端从未下过雨或雪,因为山顶都在云层之上,但山坡中段却积满冰雪,一直到山脚下都是白雪皑皑,因此可以推断山脚的海拔也很高,整个山脉都高出其他山脉很多。高加索山脉的支脉呈西北东南走向,西北向一直深入到伊利里亚和色雷斯[1],东南向一直延伸到当地匈奴人定居地区通向波斯和罗马领土的关口,其中一个关口称为楚尔(Tzur),另一个自古就被称为卡斯皮亚之门[2],从高加索山脉一直到卡斯皮亚之门都是一个阿兰尼人国家,他们有自治权,通常与波斯人联合攻打罗马人和波斯的其他敌人。关于高加索山我就讲这么多。

在匈奴人中有一支被称为萨比尔人(Sabiri)的部落和其他匈奴部落也居住在那一地区,据说亚马孙族女战士就是在这里兴起。她们在塞尔莫顿河(Thermodon)边的塞米西拉(Themiscyra)附近扎营,我在上文提到过,这个地方就是现在的阿米苏斯(Amisus)。但今天在高加索山脉周边地区已经没有任何与亚马孙族女战士相关的名称了,尽管

---

[1] 这是一个明显的荒唐说法,普罗柯比可能认为海穆斯(Haemus)山脉,即现在的巴尔干山是高加索山脉的支脉,而由顿河、第聂伯河和伊斯特河(多瑙河)形成的山谷则在两山之间。
[2] 见第 1 卷,第 10 章。

斯特拉波（Strabo）[1]和其他一些作家都留下许多关于他们的记载。我认为说出亚马孙族女战士真实情况的人，无论如何都比宣称如下看法的人更好一些，后者说，这里从未有过一个以妇女为主的民族被赋予男人气质，还说在高加索山区的人们从不偏离既定的规范；事实上，来自这些地区的蛮族男人与他们的女人一起大举入侵亚洲，他们在塞尔莫顿河边扎营，并把女人们留在那里，接着他们自己在入侵大部分亚洲大陆时，遇到了亚洲居民的抵抗被全歼，没一个男人回到妇女们的营地。这些妇女尽管害怕附近的居民，又缺少食物，被迫表现出男子般的气概，拿起武器，披上男人留下的盔甲，以一副英雄的武装姿态勇敢杀敌，直到全军覆没，这就是事情的真相。我相信亚马孙族女战士确实与她们的丈夫们一起出征，因为在我生活的时代常有这样的情况。从远古时代传下来的风俗习惯可以展现前代民族的性格，我的意思是，在许多时候，当匈奴人袭击罗马人统治地区与所遇到的人开战时，自然会有一些人阵亡。在蛮族人离开后，罗马人在搜索尸体时，的确发现有女人死在那里，但在亚洲或欧洲任何地区都没有发现其他民族的女兵。另一方面，我也没听说过高加索山区缺少男人的事。关于亚马孙族女战士的故事就说到这里。

在阿普西里人和新月形地带另一端[2]以外沿海地区生活着阿巴斯吉人（Abasgi），直到高加索山脉都是他们的国

---

[1]《地理学》第11卷第5章，第12卷第3章、第21章。斯特拉波（公元前63—公元24年）是古代地中海世界最伟大的地理学家，著有17卷本《地理学》，记载世界地理和民族风土。——（英）译者

[2] 即北端。

家。这些阿巴斯吉人自古就臣属于拉齐卡人,但他们一直都由两个本族人当国王,一个住在他们国家的西部,另一个住在东部。这些蛮族人直到我生活的时代都还崇拜丛林和树木,他们有一种蛮族人特有的原始信仰,认为树林皆为神灵。但他们的国王极其残暴,贪得无厌。这两个国王将国中相貌英俊、身材姣好的男孩从父母身边抢走,毫不犹豫地将他们变成太监,然后再以高价卖给罗马领土内的买主,同时杀掉这些男孩的父亲,以防止他们日后因为国王对孩子们做的恶事进行报复,这样在这个国家中就没有人可以反抗国王了。因此,在这个国家中容貌俊美的男孩会给全家带来灾难,那些可怜人的孩子的美貌给他们带来了厄运。因此在罗马帝国的太监,特别是在皇宫中的宦官,大部分都是阿巴斯吉人。

在现任皇帝查士丁尼统治期间,阿巴斯吉人的生活发生了巨变,他们过上了更加文明的生活,不仅皈依了基督教,而且查士丁尼皇帝还派了一名宫中太监阿巴斯吉人欧福拉塔斯(Euphratas)去命令他们的国王明文规定禁止阉割男孩、造成他们身体上的缺陷。阿巴斯吉人听到这个消息都很高兴,有了皇帝的支持,他们都鼓起勇气,全力消除这种行为。因为他们也害怕有一天会成为一个漂亮男孩的父亲。也正是在这个时候,查士丁尼皇帝在他们的国土上修了一座圣母教堂,委任主教,使他们全面地学会基督教的仪式,阿巴斯吉人立即推翻了他们的两个国王,重新获得了自由。这些事情就讲到这儿。

第 4 章

在阿巴斯吉人国家以外，沿着高加索山居住的是布鲁齐人（Bruchi），他们生活在阿巴斯吉人和阿兰尼人之间，在黑海沿岸还生活着泽齐人（Zechi）的部落。在古代，罗马皇帝为泽齐人任命国王，但现在这些蛮族人已不再臣服于罗马人了。在他们以外，生活着萨吉奈人（Saginae），罗马人自古就控制着他们的一部分海岸，在沿岸地区建立了两个要塞，即塞瓦斯托波里斯（Sebastopolis）和皮提乌斯（Pityus），两个要塞之间相隔两天的路程，一直都没有守备队。尽管罗马人古时在从特拉比仲德到萨吉奈沿岸所有的城镇都设有分遣队，这在前面已经叙述过，但最后只剩下了这两座要塞，它们直至我这个时代仍然设立守备部队，但现在已经没有了。当波斯国王科斯劳在拉齐卡人的邀请下去了特拉比仲德后，就急忙派军队去占领这些要塞并打算在那里设立守备队，但罗马士兵事先得知了这个消息，他们先发制人，烧毁了房屋，推倒城墙，然后毫无延误地用小船摆渡过海，投奔对面大陆的特拉比仲德，他们以这种方式毁了要塞，使罗马帝国后来遭受损失，但是也因敌人没有成为这块土地的主人而得益，结果波斯人毫无斩获，只能回到佩特拉。这件事就是这样的。

在萨吉奈人以北聚居着为数众多的匈奴人部落，再向北就是尤里西亚（Eulysia）国，蛮族人控制着此国沿海和内陆直到迈奥提克湖（Maeotic）[1]，以及注入这个湖的塔奈斯河（Tanais）[2]。迈奥提克湖在黑海海岸有一个出海口，当地居民古时被称为西莫兰斯人（Cimmerlans），现在被称为乌提古尔人（Utigur）。在他们以北就是无数安泰人部落的定居地，但就在迈奥提克湖入海口旁边居住着一群叫泰特拉克西泰人（Tetraxitae）的哥特人，他们人数不多，但尊敬并严格遵守各项基督教教义。与其他民族一样，这些居民称这个出海口为塔奈斯，起于迈奥提克湖，延伸至黑海，据说有20天路程，他们也把从那里刮来的风称为"塔奈提斯"（Tanaitis）。至于这些哥特人是否像其他哥特人部落一样曾经信奉阿里乌派，或者他们的信仰有哪些特殊性，我不得而知，因为他们自己也完全忽视了这个问题，但现在他们对信仰的崇尚完全是朴实的，无可质疑的。

这些人不久以前（在查士丁尼皇帝在位21年[3]）派四个使节去拜占庭，乞求皇帝指派给他们一个主教，因为他们的教士不久前刚刚死去，他们还听说皇帝派了一名主教去阿巴斯吉人那里。查士丁尼皇帝在会见结束之前欣然应允。这些使节在皇帝面前公开宣布此行目的时，害怕那些乌提古尔匈奴人——因为有许多人在场听演说——所以并没有公开向皇帝表明一切，除了主教一事。但通过秘密会见，他们说出了每一件事，讲明如果罗马人邻近的蛮族人都互相敌视，这对罗马帝国是非常有利的。至于泰特拉克西泰人是怎样定居在那里和迁移的，下面我将要讲到。

---

[1] 现在的亚速海。
[2] 现在的顿河。
[3] 548年。

第 5 章

　　古时候，在我刚才提到的那片土地上生活着一大群被称为锡摩里安人（Cimmerian）的匈奴人，由一个国王全权统治。曾经有这样一个在位的国王，有两个儿子，一个叫乌提古尔（Utigur），另一个叫库特里古尔（Cutrigur）。老国王死后，他的两个儿子平分了王权和国家。每个人都以自己的名字命名自己的臣民，所以直到今天他们还被称为乌提古尔人和库特里古尔人。这些人现在还生活在这一地区，安居乐业，不与生活在湖的另一边和入海口处的民族来往，仅仅是因为他们从来都没有尝试过河，也完全忽略了这种可能性，所以他们从来没有渡过河，也不觉得能渡过去。他们就是害怕这么简单的事。

　　在迈奥提克湖和它的入海口以北的第一个民族国家就是被称为泰特拉克西泰哥特人的国家，我刚刚提到，他们自古就沿着这条海峡岸边居住，而哥特人和西哥特人、汪达尔人都生活在离他们很远的地方，其他哥特民族也都是如此。古时候，这些泰特拉克西泰人也被称为西徐亚人（Scythian）[1]，因此生活在这一地区所有的民族都被称为西徐亚人，其中小部分人还有其他一些名称如绍罗马泰（Sauromatae）、迈兰齐拉奈（Melanchlaenae）等。

　　光阴荏苒，（如果这个故事是有道理的）据说有一次，一些锡摩里安年轻人外出打猎，追赶一只小雌鹿，眼看着

---

[1] 西徐亚人又称斯基泰人。——中译者

这只小雌鹿跳入水中，这些年轻人也许是因为对荣誉的渴望，也许是因为某种竞争，也许是因为某个神祇控制了他们，他们紧追着这只鹿，坚决不让它溜掉，一直追它到了对岸，而猎物却突然从他们眼前消失了，在我看来，这只能说明灾难可能要降临这个地区的哥特人头上了。这些年轻人虽然打猎失败，但却成功地渡过被认为是不可逾越的湖。意外的收获激起了他们战斗和抢劫的欲望。年轻的猎人尽快回到家乡，让所有的锡摩里安人都知道这里的湖是可以渡过的。他们立即拿起武器，团结起来，毫无延误地涉水到了湖对面。那时汪达尔人已经从那里迁走了，并在利比亚建国，西哥特人则已经在西班牙定居，于是他们袭击了生活在平原地区的哥特人，杀死了很多人，并把其他人赶跑了。逃跑的人绝大部分都带着自己的妻子儿女离开世代生活的地方，渡过伊斯特河来到罗马人的土地上。

锡摩里安人起初对当地罗马居民施了许多暴行。后来，他们在皇帝的允许下在色雷斯定居，有一段时间他们与罗马人一同对敌作战，每年和其他士兵一样从皇帝那里取得薪俸，被称为"外籍军团"，因为当时罗马人用拉丁语来称呼他们，我猜想它的含义是表示哥特人没有在战争中被罗马人打败，而是与他们在协议的基础上和平相处，因为在拉丁语中"foedera"就是战争协议之意，我在前面已经解释过了[1]。实际上在其他时候，他们都无故对罗马发动战争，直到他们在狄奥多里克的率领下前往意大利。这就是哥特人的事情。

---

[1] 第1卷，第11章；又见第3卷，第11章注释。

匈奴人在杀死一些哥特人并将其他人赶走之后占领了这块土地，其中的库特里古尔人将他们的妻子儿女接来在这里定居，直至今日都还住在同一个地方。尽管他们每年都从皇帝那里取得很多赏赐，但仍然经常渡过伊斯特河侵扰皇帝的土地，无论是在与罗马人的和平时期还是战争时期都是如此。然而，乌提古尔人却与他们的国王回到家乡，注定从此与世隔绝地生活在那里了。当这些匈奴人接近迈奥提克湖时，恰恰遭遇上了泰特拉克西泰哥特人。哥特人先是用盾牌组成一道屏障，用自己的防御装备抵挡袭击者，对自己的力量和有利位置充满信心，因为他们是那一地区所有蛮族人中最强壮的。泰特拉克西泰人就定居在迈奥提克湖的入海口处，这里新月形的海湾几乎形成了一个完整的包围圈，只有一个不是很宽的入口对敌人开放，地形对匈奴人十分不利，因此他们不愿在这里浪费时间了，哥特人也不指望能长时间挡住人数众多的敌人，因此双方在平等的基础上签订了协议，将军队混编，共同拥有这一关口。哥特人要在沿着入海口的对岸定居（他们在那里一直生活到今天），从此后成为乌提古尔的朋友和同盟者。这就是为什么这些哥特人会定居在那里，而库特里古尔人如上所述留在了该湖另一侧的土地上。乌提古尔人独自占有这块土地，没有再侵扰过罗马人，因为他们两国距离并不近，中间相隔着很多国家，他们只好作罢。

前文中我已经提到，迈奥提克湖和塔奈斯河以西地区的广大平原是库特里古尔匈奴人定居的地方。在他们以外的整个国家都是西徐亚人和陶里安人（Taurian），这个国家是至今还被称为陶里卡（Taurica）地区的一部分，据说是阿耳特弥斯（Artemis）女神神庙的所在地，阿伽门农的女儿依菲琴尼亚（Iphigeneia）曾经掌管这个神庙，而亚美尼亚人却宣称该神庙坐落在被他们称为塞莱森尼（Celesene）的土地上。当时这一地区所有的民族都被称为西徐亚人，我前文已经提到过的关于俄瑞斯忒斯（Orestes）和科马纳城（Comana）的故事提供了证据。但每个人都可以根据自己的意愿对这些事情加以评论，因为人们惯于把发生在其他城市或根本没有发生过的事情用于自己的国家，如果别人不同意他们的观点，他们就会怒火中烧。

在这些国家以外是一个海岸城市博斯普鲁斯（Bosporus），它不久以前归服了罗马人。从博斯普鲁斯城到自古就臣服了罗马人的海岸城市车绳（Cherson）[1]之间生活着蛮族匈奴人，车绳附近的另两个城镇切皮（Cepi）和帕纳古里斯（Phanaguris）从古至今都属于罗马人，但不久前刚刚被附近的蛮族人占领并遭到抢劫。从车绳至伊斯特（又被称为多瑙河）河口大约有10天的路程，这一片地区都被蛮族人占据。伊斯特河发源于切尔提克山区（Celtic）[2]，它沿着意大利边界一直流入达西亚、伊利里亚和色雷斯，最后注入黑海，从入海口到拜占庭城的土地都在皇帝的统辖之下。

这就是黑海沿岸从察尔西顿到拜占庭环状地带的情况。我无法准确表述这个环形的长度，因为上述众多的蛮族人在黑海岸边生活，除了偶尔有使节进行交流，罗马人没有

----

〔1〕 车臣半岛（Chersonnesus），靠近今天的塞瓦斯托波尔（Sevastopol）。
〔2〕 阿尔卑斯山。

与他们中的任何民族进行交往,事实上,那些想要测量其长度的人也难以说出准确数字,但有一点是明确的,在黑海右侧从察尔西顿到法息斯河,一个轻装旅行者要走 52 天[1],我们据此可以得出结论,即蓬塔斯[2]另一侧的长度与此大致相仿。

第 6 章

既然已经叙述到这里,那么我认为介绍一下专家们对亚欧两洲分界的争论也不算跑题。一方面,有些人认为这两个大陆被塔奈斯河分开,固执地坚持分界线必须是天然的界线,他们还进一步用事实来支持他们的观点,说大海是从西向东流,塔奈斯河则夹在两个大陆中间自北向南流,他们同样说,埃及的尼罗河刚好方向相反是自南向北流,夹在亚洲和利比亚之间。另一方面,其他人坚决认为这一说法不合理,他们认为这两个大陆最初是被源自海洋的加迪拉(Gadira)海峡[3]和从那里一直延伸的海洋分开,在海峡和大海右侧的陆地得名利比亚和亚洲,而在左侧的陆地直到黑海尽头都被称为欧洲。

根据这一假说,发源于欧洲境内的塔奈斯河流入迈奥提克湖,该湖又将水注入黑海,既不在黑海末端,也不在中间而是在海以外的地方[4],然而,这个海的左侧大陆属

---

[1] 大约 1248 公里,见第 3 卷,第 1 章。
[2] 蓬塔斯(Pontus)是黑海的古代称谓。——中译者
[3] 现代的加的斯(Cadiz),直布罗陀海峡。
[4] 即还在欧洲境内。

于亚洲的一部分，除此之外，塔奈斯河发源于欧洲的里派安（Rhipaean）山脉，实际上古代记录这些事的人也同意这一说法，而且大洋离里派安山脉非常远，因此，所有山和塔奈斯河以外的四周地区都应该属于欧洲。很难说清楚是在哪一点上塔奈斯河开始分开两个大陆。但如果一定让我说出有哪条河分开了两个大陆的话，那就是法息斯河，因为这条河的流向与加迪拉海峡的方向相反，因此穿过两个大陆之间，而这个海峡从大洋中分出一部分，形成了黑海，把两个大陆分开，法息斯河在靠近黑海末端的地方，注入新月形的中间地带，继续分隔大陆。这就是两派关于欧亚分界线问题的争论意见。

不单是前面的争论，而且我刚刚提到的两派观点都标榜自己有古物和古人的观点作依据。我发现，在一般情况下，如果人们就某一观点找到了古代的证据，就不愿再费时费力地进一步探索真相，也不去研究后来的理论，因为人们总是认为观点越古老就越有道理和值得信赖，现在的观点却被忽视，被认为是荒谬的。此外，人们是不会对思考得来或才智捕捉到的模糊概念以及其他荒谬的事情进行调查的，只会调查河流和陆地，它们是不会因时间的流逝而改变或消失的，因为事实就在眼前，自然景观能够提供最令人满意的证据，我认为热心要发现真理的人是不可阻挡的。哈利卡尔那索斯（Halicarnassus）的希罗多德在他所著的《历史》第 4 卷中称整个地球是一个整体，但被分成利比亚[1]、亚细亚和欧罗巴三个部分。它们两两之间即利比亚和亚洲的分界线是埃及的尼罗河,而亚洲和欧洲的分界线是科尔奇斯的法息斯河。他知道一些人认为塔奈斯河才是分界线,在后面也提到了这一观点。我认为应该在我的叙述中插入希罗多德的原话,他说:"我也不知道为什么一整块大地却有三个名字,而且又都是妇女的名字;不知道为什么埃及的尼罗河与科尔奇斯的法息斯河被定为它的界限(虽然,也有的人说,迈奥提克湖的塔奈斯河和锡摩里安的渡口[2]是它们的界限)。"悲剧诗人埃斯库罗斯在他的《被缚的普罗米修斯》中一开篇就称法息斯河为亚洲和欧洲大陆的分界线[3]。

讲到这里,我还要提到一个事实,就是精通这些事的人认为迈奥提克湖形成了黑海,湖水左右各流出一股细流,这就是为什么这个湖被称为蓬塔斯之母的原因。他们之所以这样说是因为他们从耶隆(Hieron)[4]观察到该海的出口一直流向拜占庭,它就像一条河一样,于是他们认为这里就是蓬塔斯河的边界。但持反对意见的人解释说,整个海都是大洋的一部分,一直流到拉齐卡,没有其他边界,除非有人认为仅仅改变名称能带来真正的差别,一定要称这个海为蓬塔斯。

---

[1] 作者此处的利比亚是指非洲,古代人通常也使用这个名称称呼非洲。——中译者
[2] 锡摩里安·博斯普鲁斯。现代的耶尼卡莱(Yenikale)海峡。
[3] 106 号残卷保存在阿里安(Arrian)的《黑海航行》(Voyage in the Euxine)第 99 章第 22 节中。埃斯库罗斯(公元前 525—公元前 456 年),古希腊悲剧诗人。——中译者
[4] 在博斯普鲁斯的上半部。

如果那条河真的从耶隆流向拜占庭，那么也不能作为论据，因为所有的海峡都存在着这种现象，容易受到地形的影响，没有任何人能够理解。事实上就是这个问题引起杰出哲学家斯塔吉拉（Stagira）的亚里士多德的兴趣，他亲自前往埃维亚（Euboea）的哈尔基斯（Chalcis）[1]观察尤里普斯（Euripus）海峡，仔细研究这一现象的物理成因，即为什么海峡的水流有时候从西部流出，其他时候又从东部流出。所有船只的航行都受其影响，例如当水流从东方流出时，船员们就按常规顺流航行，如果出现了水流方向改变的现象（这个现象经常在那里发生），那么船只就会被送回到它起航的地方，而从西方去往东方的船只即使在风平浪静时也能从那里顺利出航。这个斯塔吉拉人观察到这一切后沉思了很久，直到他因苦思冥想过度而达到生命的终点。这不是一个孤立的事件，在意大利和西西里之间的海峡也发生过许多奇怪的现象。因为从亚得里亚海流入这个海峡的水流与从大洋和加迪拉（Gadira）流向大海的水流的方向相反，但有大量漩涡突然无故出现，经常摧毁船只，因此诗人们就认为失踪的船只是被刚好位于海峡的卡律布狄斯女妖（Charybdis）[2]所吞噬。第二种观点的支持者认为所有这些出现在任何一个海峡的奇怪现象都是因为两岸距离过近的结果。他们认为水一旦被限制在有限的空间内，就会产生某种神秘力量。

因此，即使水流真的是从耶隆流到拜占庭，也不能断

---

[1] 今卡尔息斯。
[2] 古希腊神话中的女神，因偷窃被变为西西里海峡上的大岩洞，吞吐海水形成漩涡。——中译者

言这个海[1]和黑海是在此处分界的,因为这种观点没有坚实的事实基础,所以海峡狭窄又一次成为决定性因素。事实上这里发生的事还不止这些,因为据博斯普鲁斯城里的渔夫说,水流整体不是流向拜占庭方向,我们看到的表层水流流向拜占庭,而表层以下的深层水流的流向则恰恰与表层水流相反,因此不断地与表层水流相碰撞。于是每当他们捕鱼时,渔网撒在什么地方都会被流向耶隆的水流带动。[2]

而拉齐卡陆地则从各个方向阻止了大海前进,阻断了水流,使这里成为大海唯一的终点。很明显,克里特人就把这里设定为海陆的分界线,因为当海水流到这片海滩时,就不再继续向前进或升至更高的水平线了,尽管大海不断地吸收众多的来自各个方向河流注入的巨大水量,水位却不上升,而且又向回流,这使海滩始终保持一定的宽度。就像遵守某项法律一样保持着水陆的分界线。而所有其他的海岸都与它同在一侧。关于这些事情,每个人都可以根据自己的想法去猜测和评说。

第 7 章

我在前面章节中[3]已经大致讲述了科斯劳急于占领拉齐卡的原因,我已经描述了整个国家的情况,以便让读者

---

[1] 地中海,或更准确地说是马尔马拉海。
[2] 这一观察已经被现在的广泛经验所证实,下层水逆流的原因可能是因为水温的不同引起的。
[3] 见第 2 卷,第 28 章。

更清晰地了解我讲的这件事。在这里我将进一步说明，到底是什么高于一切的特殊想法驱使他和波斯人这样做。这些蛮族大军在科斯劳的率领下曾大举入侵罗马统治区，他们在冲突中遭到的损失一言难尽，我已经在前面章节中讲过了[1]。波斯人没有从这些入侵行动中得到任何好处，还要忍受失去财产和亲人的痛苦，因为他们每次入侵罗马领土都损失大量的士兵。幸存者回到自己国家后，私下里责骂科斯劳为波斯国家的毁灭者。有一次他们从拉齐卡出征回来，损失极为惨重，正要联合起来公开反对科斯劳，并想以最残忍的手段处死他，幸好他事先听说此事并以甜言蜜语取得了国内最有权威人士的支持，颠覆阴谋才没有得逞。但出于此事的影响，科斯劳希望能转移国内民众的视线，急于为波斯帝国建功立业。

于是他先对达拉城下手[2]，但在那里他遇到顽强抵抗，对占领该城彻底绝望了，这我已经讲过了[3]。他既不能以突袭的方式占领该城，因为守城的卫兵非常机警，也不抱希望通过任何手段进行围攻来打败他们，因为达拉城的人民为防遭到围攻，一直在城里存放着足量的供给，所以被围攻时能坚持很长一段时间。在距离很近的地方有一眼泉水，从悬崖峭壁上飞流直下，汇集成一条大河流入达拉城。想阻断水流的人因为地势崎岖，根本不能令它改变方向，也不能强行将其断流。这条河一流入城墙就会流经达拉全城，注满各个贮水池，然后流出城外，在接近外城

---

[1] 见第1卷和第2卷。
[2] 不是通过猛攻，而是通过计策。
[3] 见第2卷，第28章。

墙的地方流入一处深坑，然后消失在视线之外，人们至今都不知道它在哪里重新冒出来，这个深坑也不是自古就有的，而是阿纳斯塔修斯皇帝修建该城后过了很久自然形成的，因此企图攻城的人都无法利用这一水源，使该城因极度缺水而陷入困境。

科斯劳在失败后得出结论：即使他能取得其他罗马人的城市，他也不能在众多堡垒依然被控制在敌人手中的情况下，在罗马人中建立自己的地位。事实上，就是基于这个原因他才在占领安条克后将它夷为平地，然后离开罗马领土。从此，他的思想如同天空中翱翔的雄鹰，有着更远大的（原文是贬义）不可能实现的志向。当他听到报告得知生活在黑海左侧迈奥提克湖附近的蛮族人肆无忌惮地征服罗马统治区时，就不停地对自己说，如果波斯人能拥有拉齐卡，那他就不必渡过大海，可以随时毫不费力直接到达拜占庭，而不必像定居在那一地区的其他蛮族那样渡海去拜占庭，因此波斯人意图取得拉齐卡。

第 8 章

于是，科里亚尼斯（Chorianes）率领的波斯军队在希皮斯河（Hippis）附近扎营。科尔奇斯国王古巴泽斯（Gubazes）和罗马军队统帅达吉斯塔尤斯（Dagisthaeus）听说此事后，就准备率领罗马人和拉齐卡人联军共同抗敌。他们到达希皮斯河对岸并在那里扎营后，开始分析形势，讨论哪种方法更有利，是在那里等待敌人的进攻还是主动对敌出击，向波斯人展示他们的勇气，让敌人清楚地知道他们根本没把敌人放在眼里，这样就可以通过先发制人摧垮敌人的斗志，最终使进攻敌人的人占上风，于是，他们决定全军立即向敌军发动进攻。但是，拉齐卡人不再同意与罗马人并肩战斗，提出反对，说罗马人在这场战斗中并不是在为自己的祖国和最珍贵的财产冒险，而对他们来讲，危险会波及到自己的妻子儿女和世代生活的土地，如果他们被敌人打败，他们就无颜面对妻子家人。他们认为，这一思想压力能使他们自己在战斗前迅速激发极大的勇气。因此，他们提出自己先与敌军开战，以免罗马人在战斗中遭遇危险时因缺乏战斗热情而使整个军队陷入混乱。拉齐卡人表现的昂扬斗志有些逞强好胜，古巴泽斯却很高兴，就把他们单独召集到一起说：

"士兵兄弟们，我不知道是否有必要通过演讲来激起你们更大的勇气，因为我认为受环境驱使而充满热情的人不需要更多的鼓励。坦白地说，你们的妻子、儿女和世代生活的土地，甚至你们的一切都卷入到目前的危险中了，因为波斯人要通过战争夺走这一切。在这个世界上没人会对通过暴力掠夺其所有财产的人让步，天性迫使他为自己的财产而斗争。你们也知道，一旦波斯人得了实权，就没有任何东西能阻止他们的贪婪，如果这一次他们在战争中占了上风，他们就不仅仅统治我们，或把我们当臣属对待，想想不久前科斯劳对我们的所作所为就知道上述的话是否正确。我还要提到以前与波斯人斗争的经验，我们不能让拉齐卡人的名字从此消失。兄弟们，对抗波斯人的战争不是一场异常艰苦的斗争，因为我们已经多次与他们交锋并且取得胜利。要完成一件十分熟悉的任务并不困难，我们已在此前的练习和实践中付出了必要的努力。正因如此，现在我们更应该鄙视在过去战斗中败于我们的敌人，他们根本没有你们这样的勇气。一旦士气受到挫折，就不会再高涨了。你们要时刻记住这些话，满怀希望地进攻敌人。"

演讲过后，古巴泽斯率领拉齐卡人的军队排兵布阵：拉齐卡人的骑兵队直接对抗敌人的前锋，排列整齐地向敌人前进，罗马人的骑兵队跟在他们后面，并不是短距离拉开，而是跟在很远的后方，罗马骑兵队的统帅是格庇德人菲勒加古斯（Philegagus），一个精力充沛的战士，和亚美尼亚人托马斯（Thomas）的儿子约翰，他是一位极有才能的战士，其绰号"大肚汉"广为人知，这我在前面已经提到过了[1]。在他们的后面跟着由拉齐卡人国王古巴泽斯和罗马将军达吉斯塔尤斯率领的两军步兵队，这样一旦前面的骑兵队发生溃败，也能退居二线轻易获救。罗马人和拉齐卡人就这样列好方阵。同时科里亚尼斯也从他的军队中选出1000名身着铠甲全副武装的战士作先锋，他自己率其余部队紧跟其后，只在营中留下一支人数很少的守备队以防不测。走在前面的拉齐卡人骑兵队经验不足，他们此前唤起的激情此时丧失全无。当他们突然碰上敌人的前进部队，立即惊慌失措，阵脚大乱，掉转马头向后飞奔，结果与罗马人军队相互碰撞拥挤，一片混乱。此时，他们只能向以前不愿与之列队并肩战斗的罗马人那里寻求帮助了。当两支军队互相靠近时，双方都没有主动出击或反击，一方前进时另一方后退，双方轮流撤退，在拉锯过程中浪费

---

[1] 见第2卷，第30章。

了大量的时间。前面的人改变路线，后方的人也跟着改变。

在罗马军队中有一个佩尔萨门尼亚人（Persarmenian）叫阿塔巴尼斯（Artabanes）[1]，他碰巧在很久前逃到了臣属于罗马人的亚美尼亚人那里，他不仅自己逃过来，而且还杀死了120名波斯勇士向罗马人表示自己的忠心。他曾来到当时亚美尼亚将军瓦莱里安面前，请求他派给自己50名罗马士兵，等兵力充足后，向佩尔萨门尼亚的一个要塞进发，在这个要塞中有一支120人的波斯人守备队。他们还不知道阿塔巴尼斯已经投敌，对波斯人不再忠诚，于是就将他与他的伙伴们迎进要塞中，他乘机杀死了这120人并抢劫了要塞中所有钱财，将那里存有的巨额财富带到瓦莱里安和罗马军队那里，用自己的行动证明了对罗马人的忠心，此后他便与罗马军队在一起作战。在目前这场战斗中，阿塔巴尼斯也在军中，他带着两名罗马士兵冲到两军之间，敌军中也冲出几个人，向他们挑战。他向一个身强体壮、异常勇猛的波斯人开战，他用矛刺死了这个人，将他挑下马扔到地上，此时在倒下的波斯人旁边有一个蛮族人，用剑击打阿塔巴尼斯的头部，幸好他没有受致命伤。就在此人还抓着阿塔巴尼斯的头部时，随阿塔巴尼斯一起出击的一个哥特人发动攻击直刺入敌人的左侧腹部，杀死了那个波斯人。成千波斯士兵畏惧阿塔巴尼斯的悍勇，纷纷后退，等待科里亚尼斯和其余的波斯人和阿兰人军队上来，很快就与他们混编在一起。

这时古巴泽斯和达吉斯塔尤斯率领的步兵队与他们的

---

[1] 佩尔萨门尼亚是臣属于波斯的亚美尼亚的一部分。

骑兵队也冲上前去，两支军队短兵相接。菲勒加古斯和约翰考虑到他们的人数太少，不能抵御蛮族骑兵的进攻，尤其是他们对拉齐卡人军队没有信心，于是便命令所有的人都下马，包括罗马人和拉齐卡人，排列成步兵密集方阵，全都上前线持矛冲向敌人。蛮族人面对这种情况不知所措，他们既无法攻击徒步的敌人，也不能打乱敌人的方阵，因为他们的马匹因矛尖和铠甲的闪光而受惊，犹豫不前，他们只好拉弓放箭，壮起胆来希望通过发射大量的箭矢能轻易迫使敌人退却。罗马人和拉齐卡人也向敌人放箭，每一方都放出大量的箭射向另一方，两军中都有许多人倒下了，波斯人和阿兰人发射的弓箭连续不断，比敌人更迅速，但罗马士兵的盾牌抵挡了大部分箭。

在战斗中，波斯军队统帅科里亚尼斯被击中，但别人都不知道是谁击中他的，因为在一大群人中恰恰有一根长柄矛伸了出来，刺中他的脖子，他当场毙命。科里亚尼斯死后，罗马人在战斗中占了上风，因为当他从马背上坠下脸朝地面死去的时候，蛮族人都疯狂般地退回大营，罗马人和拉齐卡人紧跟其后杀死了很多敌人，希望能一举占领敌营。这时一名身强体壮极其勇猛的阿兰人大力士站在狭窄的营门口，他无论向哪边射击都非常顺手和迅速，出乎意料地挡住冲过来的罗马人很长时间，最后，托马斯的儿子约翰单独接近他，用矛刺死了他，罗马人和拉齐卡人占领敌营，杀死了大量的蛮族人，其余的蛮族人能逃的都逃回本国去了。就这样，波斯人入侵科尔奇斯的战争结束了。

与此同时，另一支波斯军队加强了佩特拉守备队，为那里提供了充足的食物供应和其他物资后，离开了那里。

第 9 章

这一期间还发生了这样的事,一些拉齐卡人到拜占庭来,在皇帝面前诽谤达吉斯塔尤斯,指控他投向波斯人犯有叛国罪,他们宣称他因被波斯人说服而拒绝攻占倒下城墙的佩特拉,而敌人却利用这一间歇以沙袋代替石头垒墙,恢复了倒塌的那部分城墙。他们还宣称达吉斯塔尤斯或者是因为受贿或者是忽视的原因,拖延了进攻的时间,让这再也不会有的宝贵机会白白溜走。于是皇帝就将他逮捕并关进监狱,严加看守,接着又任命刚从意大利回来的亚美尼亚将军贝萨(Bessas)去拉齐卡指挥那里的罗马军队,而布泽斯的兄弟韦尼鲁斯(Venilus)、色雷斯人奥多纳库斯(Odonachus)、巴巴斯(Babas)和埃吕利人乌里加古斯(Uligagus)已经率军进驻当地。

纳贝德斯(Nabedes)先前率领一支军队入侵拉齐卡,但他除了从阿巴斯吉贵族中带走 60 名儿童作为人质外一无所获,这些阿巴斯吉人在罗马人和拉齐卡人中挑起叛乱,他在那里待了一段时间,还在行军途中碰巧俘虏了奥普斯特斯(Opsites)的妻子塞奥多拉(Theodora)(奥普斯特斯是古巴泽斯的叔叔和拉齐卡国王),他是在阿普西里人那里发现她并把她带到波斯的。这个女人碰巧又是一个罗马人,因为拉齐卡国王自古就在皇帝的同意下派人到拜占庭选择与某个元老的家族联姻,并把妻子带回国。事实上,古巴泽斯的母亲也是罗马人。下面我将讲述阿巴斯吉人发动反叛的原因。

前文已经讲过，阿巴斯吉人废掉了他们的国王。在这之后，皇帝曾友好地派出罗马士兵到他们那里去住，此举的目的是扩大罗马帝国的版图，对当地人强加一些新的规定。这些规定很严厉，使得阿巴斯吉人越来越愤怒，他们害怕成为罗马人的奴隶，再一次拥立了自己的两个国王，奥普斯特斯统治国家的东半部，斯帕尔纳斯（Sceparnas）统治西半部。因为他们对未来已经不抱希望了，自然又恢复了以前的国家形式。虽然这种统治不好，但是现在的情况更糟糕。在这种变化下，他们害怕罗马人日益增长的权力，于是秘密投奔了波斯人。查士丁尼皇帝听说此事后，立即派贝萨率领一支精锐部队前去征讨，相应地，他还从罗马军里挑选了一大批人，让乌里加古斯和托马斯的儿子约翰率领他们立即从海路进攻阿巴斯吉人。当时，碰巧阿巴斯吉人的一个国王斯帕尔纳斯不久前应召去见科斯劳，人在波斯，另一个统治者听说罗马人来犯的消息，立即召集全体阿巴斯吉人准备应战。

阿普西里亚边界以外通往阿巴斯吉亚的路上有这么一处地方：高加索山脉中一条高耸的山脊，呈阶梯状延伸到低处。阿巴斯吉人自古就在这座山脉的低坡处修建了规模巨大的坚固堡垒，他们总是在遭到敌人入侵的时候到这里避难，以这里坚固的堡垒抵抗敌人的入侵。实际上，只有一条路可以通向这个堡垒和阿巴斯吉人其余的土地，这条路非常窄，两人无法并行，只能一个人勉强步行而过。这条路的一侧是极其陡峭的峡谷，一直从堡垒通向大海。因此这个地方也以峡谷来命名，居民用希腊语称之为特拉齐亚（Trachea）[1]。

　　罗马人的舰队在阿巴斯吉人和阿普西里人国家的边界靠岸，约翰和乌里加古斯指挥他们的部队迅速登陆步行前进，而船员们则驾驶所有船只沿着海岸与这支军队并行。当他们接近特拉齐亚时，看见了阿巴斯吉人的整支军队全副武装地沿峡谷排列，严阵以待。罗马军队面对这种情形，极其困惑，不知所措，约翰考虑良久，找到了一个解决的办法。他把乌里加古斯和一半的军队留在这里，他本人率领其他的人划船悄悄绕过特拉齐亚包抄到敌人的后面发动进攻。阿巴斯吉人发现敌人从前后两边压逼过来，顿时发生混乱，不再抵抗和保持队列，拼命向前挤，虽然还有人向前进攻，但因为胆怯与无助而大受影响，以至于在崎岖的山路中找不到平时熟悉的路，难以离开战场。同时，罗马人从各个方向追上他们，俘虏和歼灭了很多敌人。他们追击逃兵到堡垒时，发现那里开着一扇小门，因为逃兵还不断地向里涌，所以卫兵无法关门。于是追兵和逃兵全混在一起冲了进去，追兵想占领这个堡垒，逃兵想逃命，其他门也都开着，人不断涌进，而卫兵既不可能将敌人与阿巴斯吉人分清，又不可能再把门关上，因为要冲进来的人的力量势不可挡。

　　阿巴斯吉人逃进堡垒后松了一口气，实际上他们已经连人带要塞一起落入敌人手中，而罗马人本以为已经控制了局势，但却发现他们在堡垒内的战斗更加艰苦。因为众多的房屋互相靠近，事实上它们非常拥挤集中，就像一堵

---

[1] 即"不平坦的"、"艰辛的"。

围墙一样，阿巴斯吉人登上屋顶，全力保护自己，向敌人头顶开弓射箭，他们全力奋战，令人恐惧，而且还想救自己的妻儿，但在罗马人从各个方向点火烧毁房屋时，他们彻底绝望了，罗马人最终赢得了这次战斗的胜利。阿巴斯吉人的国王奥普斯特斯和少数几个人逃出城堡，撤到附近高加索山区的匈奴人那里，其余的人有的与他们的房屋一起化成灰烬，有的沦为阶下囚。罗马人还俘虏了阿巴斯吉国王所有的妻子和儿女，然后将该堡垒的防御设施夷为平地，使这一片广大的土地荒无人烟。这就是阿巴斯吉人反叛的后果。与此同时，在阿普西里人中也发生了叛乱事件。

第 10 章

阿普西里人自古就臣属于拉齐卡人，在这个国家里有一座被当地人称为齐比勒（Tzibile）的坚固要塞。担任本国"将军"（其官职是"magister"）[1]的是一个叫泰尔德特斯（Terdetes）的拉齐卡人贵族，他与拉齐卡人国王古巴泽斯发生了争执，怀恨在心，于是秘密允诺波斯人，要把该要塞拱手相让。他率领一支波斯人军队到阿普西里亚去接管要塞。当他们接近要塞时，他与他的拉齐卡人随从走在前面进入要塞中。这里的卫兵根本不怀疑他，没有违背这个拉齐卡人将领的命令，当波斯人军队来到后，泰尔德特斯就把他们迎进要塞。结果波斯人以为自己不仅征服了拉齐卡人，还征服了阿普西里人。与此同时，因为罗马人

---

〔1〕 军衔，相当于"将军"。

和拉齐卡人在佩特拉与波斯军队苦战,他们都无暇保护阿普西里人。

要塞守备队统帅的妻子是一位绝色的阿普西里人美女,波斯军队统帅疯狂地爱上了她,开始连连向她表白心意,但这个女人没有答应他,他就毫不犹豫地强迫她。这个女人的丈夫非常生气,在夜里杀死了这个统帅和所有进入要塞的波斯人,使他们变成了统帅贪色的牺牲品,他本人重新掌控要塞。以此事为诱因,阿普西里人对科尔奇斯[1]人发动了叛乱,指控他们说,尽管阿普西里人受到波斯人的压迫,拉齐卡人却不愿保护他们。古巴泽斯立即派托马斯之子约翰统率1000名罗马人前去镇压叛乱。约翰没有动用武力,通过长时间的调和说服了阿普西里人,使他们再次成为拉齐卡人的臣属。这就是阿普西里人和齐比勒要塞发生的事。

就在这个时候,残暴的科斯劳连他自己的子女也不放过。他的大儿子阿纳索扎杜斯(Anasozadus)(在波斯语中即为"不死的","流芳百世"之意)品行恶劣,尤其是他肆无忌惮地与父亲妃子们相好。一次,他跟科斯劳发生了争吵,立即被流放到波斯的瓦寨尼(Vazaïne)。这是一个美丽的地方,是贝拉帕顿(Belapaton)城的所在地,距泰西封城有7天的路程。

就在此时,科斯劳病入膏肓,因为他天生体弱,人们都说他活不了多久。的确,他身边有来自全国的名医,其中有一个巴勒斯坦名医特利布努斯(Tribunus)。他学识渊

---

[1] 即拉齐卡,见第1章。

博，医术高明，性格温和，虔诚敬神。有一次，他治好了科斯劳的重病，正要离开波斯的时候，后者送给他许多珍贵的礼物。当时正处于休战期，科斯劳便请求查士丁尼皇帝让特利布努斯到波斯一年，为他治病。皇帝答应了他的请求，这在前文已经讲到。当科斯劳询问特利布努斯想要什么东西时，他说只要科斯劳释放几个罗马俘虏就可以了，其余的什么都不要。于是科斯劳释放了3000人，还有特利布努斯指名要求释放的杰出人物。特利布努斯因此在罗马人中享有很高的声誉。这就是这件事情的原委。

阿纳索扎杜斯听说他父亲身患重病，便乘机发动政变篡夺王位，虽然他父亲康复了，他仍为战斗做好充分准备，在城中发动叛变。科斯劳听说此事后，就派帕布里祖斯（Phabrizus）作为将军率领一支军队前去镇压，不久后帕布里祖斯取得了胜利，俘虏了阿纳索扎杜斯并将他带到科斯劳面前。科斯劳命人残害了他儿子的眼睛，但不破坏其视力，而是用烧红的铁针在他闭眼时烧焦眼皮外部，破坏了眼睑，使上下眼皮扭曲成丑陋的样子。科斯劳这么做的唯一目的就是使他这个儿子从此失去取得王位的希望，因为波斯法律规定，波斯国王不能由身体有缺陷的人担当，这一点我在前文已经讲过。命运和性格决定了阿纳索扎杜斯的下场。

第 11 章

在休战期第15年结束时（550年），查士丁尼皇帝派贵族佩特鲁斯（Petrus）任"特使"（magister），到科斯劳那里安排解决东部问题协议的细节。但科斯劳却将他打发走了，还允诺说不久之后他就会派一个能以对双方有利的方式解决问题的人去拜占庭。不久他派伊斯迪古斯纳（Isdigousnas）第二次前往拜占庭。伊斯迪古斯纳是一个行为自负、华而不实、善于吹牛拍马的邪恶小人，罗马人都无法忍受他。他把妻子、儿女、兄弟以及一大群家臣都带来了，看样子好像要集体旅行一样，另外还有两个波斯显贵也与他在一起，他们头上都戴着金冠。而查士丁尼皇帝却以比普通使节更盛大和友好的仪式招待了他，这一举动激怒了拜占庭人。

布拉杜西乌斯（Braducius）没有和伊斯迪古斯纳一起去拜占庭，据说科斯劳处死了他，罪名仅仅是他曾与罗马皇帝同桌进餐，他说布拉杜西乌斯只是一名翻译人员，不可能从皇帝那里得到这么高的待遇，除非他背叛了波斯人。但也有人说是伊斯迪古斯纳诽谤他私下与罗马人勾结。伊斯迪古斯纳第一次见到皇帝时，没有提到任何与和平协议有关的话，而是指责罗马人破坏休战协定，声称阿里萨斯和萨拉森人（Saracens）都是罗马人的同盟者，他们在和平时期冒犯了阿拉芒达拉斯（Alamundarus），还提出了其他在我看来不值一提的指责。

当使节们在拜占庭协商时，贝萨率罗马全军开始围困佩特拉。他们首先在达吉斯塔尤斯推倒城墙之处沿墙挖战壕。现在我要解释一下他们为什么要在同一地点挖壕沟。最初修建该城的人把外城墙的地基大部分建在岩石上，只有零星几部分建在土地上。在该城西面就有这么一小段建在土地上的墙，而它的两侧城墙的地基都是坚硬的岩石。

这就是达吉斯塔尤斯以前和贝萨现在决定挖沟的位置，因为地形限制，他们无法向远处挖，所以自然只能在这一小段挖沟并占据它。

波斯人在达吉斯塔尤斯撤退之后，对这段倒塌的城墙进行重修，他们并不按照原定的建造模式，而是用沙砾填充挖空的部分，然后再压上用刨子刨得非常光滑的沉重木材，接着将木材绑在一起以增大受力面，以此作为石头地基的替代物，在其上巧妙地建筑城墙。罗马人不知道这些，他们以为自己是在地基之下挖壕沟。他们凿空了我刚才提到的木材下面的整个空间，对大部分地面都进行了施工，而后便损毁了城墙，其中一部分城墙突然陷下，这部分城墙没有向任何一侧倾斜，也没有任何一块石头错位，而是整体一块未受破坏地垂直下降，就像用机器操作下降一般，落入到被凿空的空间里，立在那里不动，只比以前略低一些，当木材以下的空间被全部凿空后，木材也随着上面的整个城墙陷进地里去了。

尽管陷下去了一些，这样的城墙对于罗马人来说，还是不可攻进去的，因为在梅尔梅罗与他的大队波斯人到这儿时，在原来的部分又砌了很多砖石，把城墙修得很高。所以罗马人看到那部分陷下去的城墙依然直立，感到非常困惑不知所措。他们见此办法难以奏效，便不再挖沟。使用机械撞击城墙也不可行，因为罗马军队的攻城机只能在平坦的地面上才能运到城墙前，而这面城墙建在斜坡上。

恰好，这支罗马军队中有一些萨比尔蛮族人，他们发挥了关键作用。萨比尔人是匈奴人的一支，生活在高加索山区，人数众多，分成很多个部落，每个部落都有自己的统治者。一些部落的统治者自古就与罗马皇帝有联系，其他的统治者则与波斯国王有来往，通常，罗马皇帝和波斯国王都付给与自己联盟的萨比尔人固定数额的黄金，不是每年都付，而是在需要帮助时付给他们。查士丁尼皇帝那时相应地邀请对自己友好的萨比尔人结成战争同盟，派人给他们送钱。使者因为两面都有敌人，绝不可能安全抵达高加索山区，尤其是他还带着重金，于是就到正在围攻佩特拉城的贝萨和罗马军队那去了，他从贝萨那里又派人去找萨比尔人，命令负责收钱的人尽快来罗马军队这儿，萨比尔人选出三个首领率领一支小型护送队来到拉齐卡，这几个人正是与罗马军队一起攻城的萨比尔人。

这些萨比尔人见到罗马人在攻城时无计可施，彻底绝望时，便发明了一种装置，是罗马人和波斯人有史以来从未想过的。虽然两国都已经拥有大量的攻城机械了，而且过去也都非常需要能够进攻坐落在山地或倾斜地面上的堡垒城墙的攻城机，然而却没有一个人想出现在这些蛮族人的点子。光阴荏苒，人类的创造力与新装置的发明也在发展。这些萨比尔人临时做了一种撞击机，与一般的不一样，而使用了一种创新的办法。他们没有在机器中使用任何横的或竖的梁木，而是把一些粗大的棍子绑在一起装在原是梁木的位置，然后用兽皮盖住整个机器，使其保持撞击的形状，再像通常那样在机器的中间垂下一根松弛的链子挂上一根横木，将它的一头削尖，包上铁皮，做成发射物倒钩的样子，可以对城墙发动反复袭击。整个机器非常轻，不再需要人在里面拉或者推，只用40个人在用兽皮包住的机器里面用肩膀轻松抬起，用的时候往回拉木梁再往墙上撞击即可。

　　这些蛮族人共造了三台这样的机器，机器带铁头的木梁都是从罗马人早已准备好却无法抬到墙边的攻城机中取下来的。罗马士兵选出了几组人，每组都不少于40个勇敢者，进入机器内部，抬到离墙很近的地方。其他的人则站在机器的侧面，都穿着铠甲戴着头盔，手中拿着带铁钩的长杆，打算在撞击机撞碎城墙上的石头后，他们就用杆子松开并勾下石头。于是罗马人开始工作。经过多次撞击，城墙已经松动，那些在机器两边的人一见砖墙上的石块凸出来就用钩杆勾掉石块，这座城市就要被攻破了。

　　然而，波斯人却按下述计划在城内进行反攻。他们把很早以前建好的木塔放在外城墙顶上，木塔内全是波斯勇士，他们的头部和身体都有铁甲保护，将硫磺和沥青还有一些波斯人称为"石油"[1]和希腊语称为"波斯油"的物质，装在罐子中，他们点火后将这些罐子投向撞击棚，几乎把整个机器都点燃了。而我刚提到的站在机器两边的人则坚决地用他们的钩杆把罐子清走，所以一有罐子从上面落到机器里，他们就把它们扔出来。但他们不能坚持太长时间，因为火碰到任何东西都很快燃烧起来，除非立刻把它们扔掉。这些事就讲到这。

　　贝萨全副武装后命令全军拿起武器，带上许多梯子向陷下去的那段城墙出发，发表简短演讲鼓足他们的勇气后，亲自率军付诸行动了。尽管他已年过七旬，身体也过了强壮时期，但他还是第一个爬上梯子。激烈的攻城战开始了，

---

[1] 沥青和石油都是波斯的产品。

罗马人与波斯人都表现得非常勇猛,至少我认为没有人见过这场面。蛮族军队人数达到2300人时,罗马人已达到6000人,双方士兵非死即伤,事实证明只有极少数人毫发无损。罗马人尽力向上攀登,波斯人则尽力将他们压下去,因此双方都失去了许多兵力,尤其在梯子顶端双方争夺城墙的战斗异常激烈,战斗中,罗马人受到上方敌人的进攻,很多人都牺牲了,贝萨将军也坠落到地上,伤重起不来。波斯人眼看要获得胜利了,蛮族人从各个方向聚到一起射击。就在此时,他的侍卫匆忙聚到他的旁边,他们全部都装备了头盔和铠甲,紧紧挨在一起,手持盾牌在头顶上形成一个防护罩,全力挡住敌人的发射物。双方军队都发出呐喊。敌人的发射物不断射下来撞到盾牌上和铠甲上,震耳欲聋,每个人都在大喊和喘气,竭尽全力奋战,其他的罗马人为了保护将军也向墙上的敌人射箭,一刻不停,要阻止敌人的进攻。

贝萨在危急关头表现得非常出色,尽管他盔甲沉重,年高体胖,行动不便,站不起来,但依然没有绝望,而是在这样危急的时刻还是临时想出了一个既能救自己又能救整个罗马军队的计划。他指挥侍卫们拉着他的脚将他转移到距离城墙很远处,当一些人拉他时,其他人与他们一同撤退,在他前面用盾牌护住,互相靠近,与拉他的人的速度保持一致,这样,尽管没有盾牌遮挡也不会被敌人击中。当贝萨撤离到安全地带后,他就站立起来,鼓励士兵向城墙前进,再次使用云梯向上攀登攻城,所有的罗马人都跟在他后面,表现得非常英勇,波斯人害怕了,乞求敌人能给他们一些时间,以便收拾好行装,在移交该城后能马上逃离。但贝萨认为他们是在要诡计，想利用间歇时间加强城墙防御，便说他无法停止战斗，但想与他会见讨论协议的人可以跟他一起去另一段城墙，并指明具体地点。

波斯人没有接受这个建议，又一场激战开始了，其中包括激烈的肉搏战，而这次冲突依然不是决定性战役。因为罗马人之前曾挖壕沟的城墙突然倒下了，结果双方军队中许多人都从这一地点冲了进来，罗马人尽管被分割成两部分，但仍在人数上占优势，他们继续逼压对手，一边以更快的速度放箭，一边以密集而强大的力量顽强向前推进。另一方面，波斯人不再继续保持抵抗了，他们放弃消极抵抗的策略，在两个战线上发动反攻，但是他们原本就人数少，在两条战线上兵力都不足，这样，战斗中出现了僵持局面：一方面波斯人兵力不足无法向前推进击退敌人；另一方面，罗马人也不能完全攻进城。这时一个年轻的亚美尼亚人即托马斯之子，绰号"大肚汉"约翰离开倒下的城墙，放弃在那里战斗，而是率领一些亚美尼亚人制服某一点的守卫后沿悬崖向上攀登。所有人都认为这个悬崖使得该城坚不可破，但约翰成功了。他们登上护墙后，用矛刺死了一个最勇敢的波斯卫兵，为罗马人打通了进攻的入口。

前面说过，木塔中的波斯人点燃了装有大量的易燃物的罐子，想通过大量投掷火油烧掉攻城机，但罗马人还有其他一些攻城武器。当时，罗马人无法用钩杆把所有罐子清到一边。突然一阵异常强劲的风怒吼着从南方吹来，不知怎的点燃了木塔上的一条木板，波斯人没有立即意识到危险，他们都在疯狂地呐喊作战，而形势紧迫使他们充满恐惧，处在极度混乱状态，于是火焰一点一点蔓延，再加上波斯油和其他塔中的易燃物质,将整个木塔完全吞噬。所有的波斯士兵都被烧死了,烧焦的尸体有的掉到城墙内,有的掉到攻城机和罗马人所在的地方。而另一边的波斯人在倒塌城墙处,由于已完全绝望,屈服于敌人,不再抵抗,那里的罗马人就进入城中,完全占领了佩特拉城。

大约有 500 名波斯人逃到卫城,占领并坚守那里的要塞,其余没有在战斗中被杀的人都被罗马人俘虏了,共有约 730 人,其中只有 18 个人没受伤。很多杰出的罗马将士也牺牲了,其中包括托马斯的儿子约翰,他出色地抗击敌人,但在进城时被一个蛮族人投掷的石头击中头部而死。

第 12 章

第二天,当罗马人围攻那些占领卫城的蛮族人时,先进行劝降,保证他们的人身安全,并允诺会发誓保证其有效性。罗马人满以为波斯人会接受这个条件投降,但他们没有接受,而是做好了抵抗的准备。这些波斯人不想在这绝望的形势中与敌人僵持,希望像英雄一样牺牲。但贝萨希望能说服他们改变主意,珍惜生命,就命令一名罗马士兵尽量接近敌人说一番劝告的话,并通过这个罗马人说了他想传达的话。

这个人于是接近卫城对里面的人说:"高贵的波斯人,你们到底在想什么啊,固执地选择毁灭的道路,凭着不理智的热情,付出精力只求一死,这明显是在给你们的勇气蒙羞。让自己与不可避免的事情抗争是缺乏男子气概的,而拒绝对取得统治权的人屈服是愚蠢的,再者说,审时度势求得生存也不是坏事。人在绝望的情况下偷生，就算他做的是最不光彩的行为，也可以摆脱耻辱的指责，因为在不可避免的情况下做出丑恶的事是可以得到原谅的。不要在危险中表现得像疯子一样，也不要因愚蠢而虚掷生命，要记住人死不能复生，如果活下来的人认为死亡是最好的选择，他们也会在不久后毁了自己。你们最好考虑一下自己的利益。要记住，当作决定的人仍有权改变初衷，他才能作出最好的决定。尽管你们是在和自己的朋友战斗，我们是出于真心可怜你们，在你们只求一死时赦免你们。尽管你们轻视生命，我们还是同情你们，这是身为基督徒的罗马人的善举。你们要做的事很简单，只要改变公民身份，离开科斯劳，投靠查士丁尼。事实上我们会保证这一承诺的。在可能获救时千万不要毁了你们自己，因为在危急时刻天真地犹豫不决是可耻的，这根本不表明勇敢，而只是鲁莽地去送死。高贵的人在有希望得到一些利益时会使自己坚强起来，忍受最恶劣的遭遇，因为当人们身处危险却看到希望时，决不会为自寻短见喝彩，无价值的牺牲是愚蠢的，假装严肃拿出无意义的勇敢导致死亡，根本不值得赞美，稍有思想的人都可以作出判断。而且，你们还要考虑到你们似乎对上帝不敬。同胞们，如果上帝真的要毁灭你们，我想他就不会让你们落入那些想让你们活下去的人的手里了。这就是我们的态度，你们可以为自己作出最合适的决定，这再明显不过了。"

然而波斯人甚至不愿意听到这番话，他们故意堵着耳朵假装不理解。最后，将军下令罗马士兵向卫城发射带火的箭矢，想以此办法迫使敌人投降。火焰熊熊燃烧，蛮族人面临眼前的灾难，清楚知道他们即将化成灰烬。他们不希望通过战斗拯救自己，也没有任何可能取胜。即使在这种情况下他们仍不愿投降，结果所有的人不久就被烧死了，整个卫城都被烧毁。罗马军队对于发生的事情非常震惊。这时，他们就能明白科斯劳把拉齐卡看得有多重要了。因为他从所有士兵中挑选出最杰出的人组成了佩特拉城的守备队，还在那里储存了大量的武器，罗马人缴获了它们后，每个士兵都可以得到足够五个人的装备，还不包括在卫城中被烧毁的那部分。他们还发现了大量的谷物、熏肉和其他供给品，这些东西足可以供守军在被围的情况下五年里衣食无忧。波斯人除了酸葡萄酒，没有其他储备酒，却运进了足量的豆类食品。当罗马人发现水渠中还有水流出，都非常惊讶和困惑，直到他们发现了被掩盖的水管才恍然大悟。现在我来解释一下这些导水管的事。

当科斯劳攻占佩特拉并在那里建立守备队时，清楚地知道罗马人会尽全力来进攻这里，并且一刻也不会延误地首先切断导水管。于是他就想出了一个计划：命人把进城的水分流成三个管道，挖了一条非常深的沟，将三条管道上下排列，在最底部有一条管道，用泥和石头填到沟的中间部位，在那上面藏了第二条管道，在它的上面是第三条管道，就铺在地面上，最显而易见。这样形成了三层水道，但敌人都不知道。罗马人在最初围城时并不清楚，先是切断了最表层的管道即第三条管道就没有继续往下挖，连第二条管道都没破坏就停止下来，认为这样就可以让被围困的人断水了，他们因轻率而被表面现象欺骗了。但随着围城时间的延长，罗马人从一些俘虏口中得知城里人还可以通过管道取水,于是他们又接着挖土,发现了第二道管道,马上切断了这条管道,认为这回可以完全破坏敌人的供水系统了,他们还是没有从第一次的经历中吸取经验教训。当他们占领该城后看到管子中还能流出水来,如上所述,感到非常惊奇和困惑。他们从战俘口中得知这个工程的构造,才意识到敌人在建造时有多么细心,自己的努力都徒劳无益。

贝萨立刻派人将所有的俘虏都押解到皇帝那里,然后拆毁佩特拉的城墙,这样敌人就不会再利用它制造麻烦了。皇帝表扬了他,特别是在战斗中表现出来的勇敢和拆毁这堵墙的妙计。于是贝萨再一次[1]受到众人的敬仰。不仅是因为好运气,还有他表现出来的勇气。此前,当他被任命为罗马守备队统帅时,罗马人都因他先前表现出来的巨大勇气而对他寄予厚望。但他后来遇到厄运即罗马城被哥特人占领,我在前文讲过[2],大部分罗马人被消灭。他回到拜占庭后,查士丁尼皇帝任命他为对抗波斯人的将军,当时几乎所有的人都激烈地批评这一举动,嘲笑皇帝的决定,认为他把对波斯的战争委托给贝萨这个又老又迟钝的哥特人手下败将是错误的。尽管所有人都这样想,事实证明将军交了好运,表现出巨大的勇气,这就说明事情的发展并非根据人们的判断,而是根据上帝的力量和权威决定的。人们不知道这个世界上的事情是如何发生发展,便称之为运气。因为运气通常每次都表现在与理性相反的结果上。

---

[1] 他上一次是在贝利撒留手下时,赢得了罗马城保卫战的胜利,见第 5 卷。
[2] 见第 7 卷,第 20 章。

至于这件事，让每个人根据自己的意愿去解释吧。

第13章

梅尔梅罗（Mermeroes）老早就担心佩特拉和那里的波斯军会遭遇到不测，再加上冬季已经过去了，他就率领全部军队向佩特拉进发，但在行军过程中得知佩特拉已被攻克，就彻底放弃了这次远征，因为他非常清楚拉齐卡人除了佩特拉之外在法息斯河那一边已经没有要塞了。于是他又率军返回，占据了从伊比利亚到科尔奇斯的关口。他们不仅从这些关口涉水渡过法息斯河，还轻易渡过了另一条名叫雷昂（Rheon）的河，这条河在那一段也是不可航行的。他们上了法息斯河的右岸，进攻一座名为阿齐欧波利斯（Archaeopolis）的城市，这是进入拉齐卡的第一座也是最大一座城市。梅尔梅罗的军队绝大多数都是骑兵，还有8头战象。波斯人站在大象身上向敌人头顶射箭就像在塔楼里一样。实际上我们应该惊叹波斯人在战争中表现出的勤奋与机智。他们完全控制了从伊比利亚到科尔奇斯的路，那里到处都有障碍：陡峭的山谷、灌木丛覆盖的艰难路况和大片森林，即使是一个没有负重的旅行者，也根本不能通过这条路，但他们却将这条路弄得如此平坦，不仅整个骑兵队可以毫不费力地通过，他们还可以带大象在这条路上毫不困难地行进。这时，萨比尔族中的匈奴人作为同盟者也赶来加入他们的队伍，他们的人数有12000人，梅尔梅罗唯恐这些蛮族人因为人多势重不仅抗令不遵，还会对波斯人做出可怕的事，因此只允许4000名匈奴人与他们一起行军,慷慨地给了其余人一笔钱打发他们回家去了。

现在罗马军队人数达到了12000人,但他们并不集中,在阿齐欧波利斯的守备队只有奥多纳库斯和巴巴斯统帅下的3000人,两人都是身经百战的勇士。其余的部队在韦尼鲁斯和乌里加古斯率领下驻扎在法息斯河对岸,无论敌人在什么位置发动袭击,他们都会从那里全速出发前去救援。佩尔萨门尼亚人瓦拉泽斯也和他们在一起,他最近刚从意大利回来,手下共有800名扎尼人。贝萨占领佩特拉之后,就不愿再次卷入战斗,于是撤退到蓬蒂西(Pontici)和亚美尼亚人那里,把全部精力都放在征税上。这一政策再次破坏了罗马人的大计。如果贝萨占领佩特拉之后,马上率军直接去拉齐卡与伊比利亚边界,阻断那里的关口,我认为,波斯军队就再也不会进入拉齐卡了,但事实上这个将军却忽视了这一点,等于将拉齐卡亲手交给了敌人。他根本不担心皇帝生气怪罪,因为查士丁尼皇帝在大多数情况下都原谅他的统帅们所犯的错误,这就造成了他们在军事活动和私生活中劣迹累累。

在拉齐卡境内几乎就在伊比利亚、斯堪达(Scanda)和萨拉帕尼斯(Sarapanis)边界上有两个要塞,它们都坐落在极其崎岖的荒野山区,难以进入。这些要塞在古代由拉齐卡人守卫。他们困难重重,因为此地根本不生长谷物,他们所需的供给不得不由人力肩扛上山。查士丁尼皇帝在战争一开始时就把拉齐卡人从这些要塞迁走,代之以罗马士兵守备队。这些罗马士兵不久后就粮食短缺了,又不能像科尔奇斯人那样长期靠吃小米生活,因为他们很少吃小米。拉齐卡人也不愿意坚持不懈地长途跋涉为他们运进食物，所以就放弃了这些要塞。波斯人乘机占领了这些要塞。后来根据双方的协议，罗马人以博伦姆（Bolum）和法兰吉姆（Pharangium）要塞作为交换又取回了这两个要塞，其中细节我在前文已经讲过了。于是拉齐卡人将这些要塞夷为平地，这样波斯人就不会以此为前哨基地对抗他们了。但后来波斯人又占据并重修了两个要塞中的一个，称为斯堪达。梅尔梅罗率领他的波斯军队继续前进。

在这个平原上曾经有过一座罗多波利斯城（Rhodopolis），是从伊比利亚进入科尔奇斯的第一个城市，因此极易进入并遭到进攻，所以拉齐卡人在很久以前害怕波斯人入侵，就将其夷为平地。波斯人知道后就向阿齐欧波利斯前进。但梅尔梅罗得知敌人在法息斯河口附近扎营，就向那个方向进发。他认为先征服这支军队，然后再围攻阿齐欧波利斯更好一些，以免敌人从后方打击波斯军。于是他接近阿齐欧波利斯要塞城墙，嘲弄那里的罗马人，洋洋自得地说，他要先去向那些驻扎在法息斯河附近的罗马人表达问候，很快就会回来。罗马人回答他说他可以去任何想去的地方，但他们宣称一旦他向那里的罗马人发动进攻，恐怕就永远也回不来了。当驻扎在法息斯河附近的罗马军队统帅听说这一消息后，非常害怕，认为自己人数太少不足以对抗敌人的进攻，于是乘上预先准备好的船，渡过法息斯河，每个人都将他们的物资尽可能装上船，装不下的就扔到河里，以免敌人得到。不久后，当梅尔梅罗率全军赶到时，见敌营中已经空无一人了，对这不可理喻的形势非常生气，愤怒之下烧毁了罗马人的大营，气冲冲地率军返回阿齐欧波利斯并发动进攻。

第 14 章

阿齐欧波利斯城坐落在一座陡峭的山上，有一条河从城前面的山上流经该城。该城有两个城门，一个在山脚下，这道门并非无法进入，但从平原通往城门的上坡路不是很平。更高一些的城门则在陡峭的斜坡上，在这扇城门前到处灌木丛生，蔓延到很远的地方，使这道门很难进入。因为该城没有其他的水源，所以修城的人就砌了两堵墙，一直从城市延伸到河边，这样居民们就可以安全地从河口取水了。

梅尔梅罗下定决心要以全军力量攻击城墙，非常心急，采取了下面的计划：他先命令萨比尔人制造大量可以扛在肩上的轻便攻城机，因为他的普通攻城机都设置在山坡低处，不可能将这些攻城机推上斜坡，运到阿齐欧波利斯城下。他听说罗马人的同盟者萨比尔人不久之前在佩特拉城墙下取得的辉煌战绩，他也想利用萨比尔人的新发明为自己服务。于是这些萨比尔人按照他的吩咐马上制造了大量的攻城机，样式与我上文提到的萨比尔人为罗马人做的机械一样。接着他命令多洛米蒂人到该城最陡峭的地方对那里的守军全力发动袭击。这些多洛米蒂人是生活在波斯中部的蛮族人，但他们从未臣属于波斯国王，因为他们生活在陡峭的山上，外人难以进入，所以他们自古至今都是独立的，但波斯人进攻敌人时，他们经常在波斯军队中充当雇佣军。多洛米蒂人都是步兵，每人装备一把剑、一个盾牌和三支投枪。他们身手极为敏捷，攀登悬崖峭壁如履平地，因此梅尔梅罗派他们进攻那段城墙。他本人则与余下的部队带上攻城机和大象进攻低处的城门。波斯人和萨比尔人并肩作战，向城墙万箭齐发，箭如雨下，那里的罗马人差一点就要被迫弃墙了。而多洛米蒂人（Dolomites）攀上外城墙以外的峭壁，用力投掷投枪，对城上面的罗马人造成的伤害更甚，罗马人四面受敌。事实上在每一个侧面，罗马人面临的形势都非常严峻，危险重重，因为他们遇上了强大的对手。

就在那时，奥多纳库斯（Odonachus）和巴巴斯也许是想表现勇敢，也许想考验士兵，也许是因为神的力量影响了他们，只留下了很少的士兵坚守岗位，指示他们在护墙上抵挡进攻城墙的人，将大部分士兵都召集到一起，发表了简短的动员演讲："士兵伙伴们，你们也感觉得到我们面临的危险和困境，我们绝不能向困难屈服。因为处于绝境的人们不能指望寻找安全而获救，对生命的热爱在大多数情况下都会遭遇毁灭的厄运，在目前的危急形势下你们还要认识到这样一个事实，虽然我们拿出最大的热情迎战，仅仅守卫城墙抵挡敌人是不可能保护自己的安全的。因为两军在远距离作战中没有人有表现自己勇敢的机会，而胜利往往是由运气决定的。然而，如果两支军队短兵相接那么士兵的斗志就会被激起，勇敢的一方就会获胜。除此之外，在城墙上作战的人即使胜利也不能从胜利中取得任何好处，因为他们只是一时成功地击退敌人，危险第二天就会再次降临，另一方面，如果他们稍有失利，其防御就会跟着全线崩溃。而在肉搏战中一旦征服了敌人，就可以保障安全了。让我们记住这些话，以全部热情进攻敌人，唤起上天对我们的帮助。上帝最愿意帮助那些身处绝境而充满希望的人。所以即使面对当前绝境,我们仍有胜利的希望。"

在奥多纳库斯和巴巴斯鼓励士兵之后,他们打开城门,军队冲出去对敌。只有一部分人没有加入,原因如下:该城居民中有一个拉齐卡人显贵,他在前一天与梅尔梅罗密谋出卖他的祖国。梅尔梅罗派人传话指示他只需为波斯人做一件事。无论何时只要波斯军开始进攻城墙,他马上秘密地在装有谷物和其他供给的建筑物上点火,只要这两件事同时发生,罗马人要么只关心灭火,精力都放在这上面,给波斯军顺利登上城墙的机会;要么罗马人急于击退进攻城墙的波斯人,不会注意这些起火的建筑物,这样一来谷物和其他供给被烧,波斯军将毫不费力地在极短的时间内占据该城。梅尔梅罗怀着以上目的给拉齐卡人下了指示。拉齐卡人也同意执行这一指示,当他看到城墙的战斗已进入白热化,就尽可能秘密点燃存放粮食食品的建筑物。当罗马人看到城内突然起火时,派一部分人前去救火,艰难地扑灭了大火。其他的人继续抗击敌人。这场火灾造成了一定的损失。

这支罗马军出其不意的进攻吓坏了敌人,他们根本无法抵抗,很多人被杀。事实上波斯人甚至不敢有一点反抗。因为他们人数极少,所以互相保持一定的距离占据不同的地点以进攻城墙,没有列成战斗队形。那些扛着攻城机的人自然没有武器装备,也没有做好战斗的准备,而其他人手上只有弓箭,也完全不能以密集队形抵抗敌人。于是罗马人从各个方向发动攻击,一阵砍杀,不断杀死敌人。那时碰巧一头大象据说因为受伤或仅仅是兴奋，失去控制突然转身，后退站立，把骑象的人抛了下来，打破了队形，结果蛮族人开始后退，而罗马人继续放手杀敌，在追击途中见一个杀一个。这里读者可能会奇怪，罗马人明显处于混战状态中，他们明知道应该如何击退大象的进攻，却没有任何行动，为什么还是取得同样的结果呢？下面我要详细讲一讲。

在科斯劳率波斯军进攻埃德萨城墙时，一头大象背上驮着很多波斯人中最善战的勇士，靠近城墙，似乎还差一小段距离就可以击退在塔楼上抵抗的守军了，因为守军面临来自上方的密集飞箭无力招架。这样波斯人就可以占领城市了。事实上，一头战象可以发挥一台攻城机的作用。然而罗马人把一头猪吊在塔上，以用来摆脱危险。因为当猪挂在那里时，它自然会发出各种尖叫声发泄恐惧，这叫声激怒了大象，使它失控，接连后退，挤压到后方，就这样埃德萨城得救了。在目前的形势下，罗马人因疏忽而忘记使用妙计，但激怒大象碰巧又是一件好事。既然我提到了埃德萨，我必须讲一讲此战前在那里出现的凶兆。当科斯劳即将打破所谓无限期和平条约时，该城的一名妇女生下一个婴儿，这婴儿除了有两个脑袋之外，其他方面都与常人无异。接下来发生的事情解释了这个凶兆：埃德萨（Edessa）和整个东部帝国以及北部罗马帝国的大部分成了两个统治者的争夺对象。这些事情的情况就是这样，下面言归正传。

在波斯军队出现混乱时，后面的人看到前面的人混乱一团，却根本不知道发生了什么事，也惊慌失措，混乱后退。多洛米蒂人也受到惊吓（因为他们在高处作战，能看到发生的一切），也都开始耻辱地逃跑。这样波斯军队的溃败变得不可逆转，有4000名蛮族人丧生，其中包括3名统帅，罗马人夺取了波斯人的4面战旗，他们立即把战旗送到拜占庭皇帝那里去邀功。据说波斯人有不少于2万匹马死在那里，不是因为受了箭伤或刀伤而死，而是因为长途旅行疲惫不堪，自从到达拉齐卡后又没有充足的草料，最终，用他们的话来讲，在饥饿和虚弱的重压下屈服于死亡。

在这次进攻失败以后，梅尔梅罗和他的全部军队撤到莫切里西斯（Mocheresis）。尽管他们没有攻克阿齐欧波利斯，但波斯人仍控制着拉齐卡大部分。莫切里西斯距阿齐欧波利斯城有一天的路程，这一地区有许多人口稠密的村庄。这里是科尔奇斯最肥沃的土地，出产葡萄酒等特产，和拉齐卡其他地方完全不同。雷昂河（Rheon）沿着这个地区奔流而过。自古科尔奇斯人就在河边修建了城堡，但后来他们又亲自将城堡的大部分夷为平地，因为城堡坐落在平原上，极易受到敌人入侵。当时这个堡垒希腊语称为Cotiaion，现在拉齐卡人称之为科泰斯（Cotais）[1]，因为他们不认识希腊语，出现了名称读音上的讹误。这是阿里安的说法[2]。其他人则认为，古时这里是一座被称为科伊泰昂（Coetaeon）的城市，阿伊德斯（Aeetes）[3]就出生在这里，因此诗人称他为科伊泰昂人，也用这个名称来称呼整个科尔奇斯这块土地。

---

〔1〕 很可能是Cytaea，即现在的库泰斯（Cutais）。
〔2〕 这一说法在阿里安的作品中没有找到。
〔3〕 见第8卷，第2章内容及注释。——中译者

梅尔梅罗急于重建这座城市，但缺乏建筑工具，加之当时冬天已经临近，他只能命人尽快用木头修复倒掉了部分城堡的废墟。在科泰斯旁边就是一个非常坚固的要塞，名为乌提莫里欧斯（Uthimereos），在这里有拉齐卡人部队严加看守，一小部分罗马人也与他们一起分担要塞的守卫工作。于是梅尔梅罗就将全军驻扎在莫切里西斯，控制了科尔奇斯的战略枢纽，既可以阻止敌人向乌提莫里欧斯运进任何供给，也能够阻止敌人进入波斯人属地苏安尼亚（Suania）和锡姆尼亚（Scymnia）。因为当敌人在莫切里西斯时，拉齐卡人和罗马人通往这一地区的道路都被切断。这就是拉齐卡驻扎军队的情况。

第 15 章

与此同时，科斯劳的使者伊斯迪古斯纳正在拜占庭与查士丁尼皇帝就和平问题进行和谈，浪费了大量时间。在长时间多次讨论之后，他们最终达成了 5 年的休战期，这在两国领地内有效，其间使节们往来于两国之间，大胆地就和平问题继续协商，直到圆满消除拉齐卡和萨拉森人的分歧。他们还进一步达成协议，波斯人可以从罗马人那里为 5 年的休战期取得 2000 磅黄金，罗马人还要为从上次休战结束到这次协商开始消耗的 18 个月另付款 600 磅黄金。波斯人宣称只有在这个条件下他们才能同意继续商讨条约的内容，伊斯迪古斯纳还要求当场收到 2000 磅，而皇帝则希望每年付给他们 400 磅，以保证科斯劳不违反协议，但后来罗马人还是把达成协议的全部的款项一次性付给了波斯人，这样人们就不会误以为罗马人每年向波斯人进贡。尽管不是事实，却落得不光彩的名声，人们通常都会以此为耻。

有一个名叫伯萨布斯（Bersabus）的波斯人，他声名显赫，是科斯劳国王非常亲密的朋友。瓦莱里安碰巧在一次亚美尼亚的战斗中遇上了这个人，俘虏了他，就立即派人将他押送到拜占庭皇帝那里。他在拜占庭被监禁很长一段时间。现在科斯劳愿意提供一大笔钱赎回伯萨布斯，让他回到波斯领地。然而，查士丁尼皇帝释放他并不是因为赎金，而是为伊斯迪古斯纳的请求，因为这位使节答应皇帝说，他能劝科斯劳从拉齐卡撤兵。于是罗马人和波斯人就在查士丁尼皇帝统治的第二十五年（551—552年）达成了停战协议，大部分罗马人都对条约感到非常不满，我无法说明他们的谴责是公正的还是庶民们不合理的抱怨。

这些反对者不断指出这份和平协议是在波斯人牢牢控制拉齐卡的时候达成的，他们的目的是在5年内不受骚扰，在此期间，他们会占领并控制科尔奇斯最好的土地，没有一点恐惧和困难，而罗马人从此再也不能将他们赶出拉齐卡。这样一来波斯人从那里去进攻拜占庭易如反掌。这种观点在罗马人中普遍存在，人们愤怒又悲观，他们也对罗马人必须向波斯人交纳贡赋这一事实感到不满。波斯人自古就为这一目标奋斗，但无论通过任何手段都没有取得成功。在现在的紧要关头由于休战他们达到了目的。科斯劳向罗马人强行索取400镑黄金的岁贡，他从一开始就做好了这种打算，至今已11年零6个月，总共以休战协议为名聚敛4600镑的黄金，而与此同时，他还在拉齐卡发动一系列暴力行为和战争。面临这一困境，罗马人对未来拯救自己完全丧失了希望，他们感到自己已经彻底地变成了波斯人的纳贡者。这就是罗马人对和平协议的看法。

伊斯迪古斯纳带着以前任何使节都没有得到过的巨额黄金踏上了回乡之路，我猜他已经成为最富有的波斯人，因为查士丁尼皇帝既在隆重的重要场合赋予他荣誉又在他离开之前赐给了他大量的金钱。这个人与其他使节的待遇完全不同，他从未被人看押过，他本人和其数量极多的所有随从长期行动自由，可以与他们想见的人见面或联系。他们走遍了拜占庭城各个角落，按照自己的意愿进行贸易。他们进行各种交易，就像在自己的城市里一样做买卖，而且没有一个罗马人陪伴左右，也没有像往常那样监视他们。

这时还发生了一件前所未有的事，我们所知的情况是这样的：尽管已经到了深秋季节，但有一段很长的时间天气还像仲夏那样干燥和炎热，大量玫瑰花盛开，看起来就像是春季，长出来的玫瑰也与普通玫瑰完全一样。所有的树都再次结出果实，丛生植物也在藤蔓下生长出来，事实上，早几天人们已经酿好了葡萄酒。聪明的人都会从这些事情中得出不同的结论，说会有出人意料的大事发生，可能是好事，也可能是坏事。但我认为这是一种巧合，因为南风持续了很长一段时间，以至于大量热空气下沉，使炎热季节延长，比往年时间更长，这种异常情况使得其后的天气没有随季节变化而变化。但如果真的如他们所说这暗示了会有一些出人意料的事情发生，我们在未来发生的事情中就会得到结论。

第 16 章

当罗马人和波斯人在拜占庭谈判和平协议时，在拉齐卡发生了这样的事：我在前面已经讲过，拉齐卡人国王古巴泽斯得知科斯劳正在设计害死他，便对罗马人友好起来。而大部分的拉齐卡人却因为在罗马士兵手下受到残酷的对待，对军队将领尤其不满。他们大部分人开始帮助波斯人。这并不是因为他们喜欢波斯人，而是因为他们想摆脱罗马人的统治，宁愿遭受其他困苦也不愿意保持现状。在拉齐卡人中有一个无足轻重的小人物叫塞奥福比乌斯（Theophobius），暗中与梅尔梅罗达成协议，允诺把乌提莫里欧斯要塞交给他。梅尔梅洛也给予他极大的希望，催促他完成此事，成为波斯国王科斯劳亲密的朋友，他会作为一个恩人被波斯人载入史册，声称他能因此名望大增，有钱有势。这些允诺使塞奥福比乌斯兴高采烈，更加热心地为达到这一目标而不断努力。

当时在拉齐卡，罗马人和拉齐卡人都没有行动自由，而波斯人在这个国家里完全不受限制地四处游荡，一些罗马人和拉齐卡人躲在法息斯河岸边，而其他人则占据了阿齐欧波利斯和其他的要塞，上述情况也表现在要塞里。与此同时，拉齐卡国王古巴泽斯本人固守在山顶上。于是塞奥福比乌斯毫不费力地实现了他的承诺。他进入要塞，对那里的拉齐卡人和罗马人守卫说，罗马军队已全军覆灭，拉齐卡国王古巴泽斯和他身边的拉齐卡人不知去向，整个科尔奇斯都被波斯人所占领，罗马人和古巴泽斯都没有再次夺回这块土地统治权的希望了。他指出，以前梅尔梅罗单方面率领7万多名波斯勇士和大量的萨比尔人取得了胜利，现在科斯劳国王本人又率领不计其数的军队来到这里与他们会合，科尔奇斯人的全部土地都不足以容下他们的军队。塞奥福比乌斯的夸张言辞令卫兵们非常恐惧和无助，他们以祖先神灵的名义哀求他尽力扭转目前的形势，使之对他们有利。于是他允诺说只要他们将该要塞交给波斯人，他就能从科斯劳那里带回安全的保证。

要塞守军欣然应允。塞奥福比乌斯立即离开这里，到梅尔梅罗面前汇报此事。于是梅尔梅罗挑选两名显赫的波斯人和他一起去乌提莫里欧斯，在保证要塞守卫士兵生命安全和钱财不失的前提下接管这个要塞。就这样，波斯人取得了乌提莫里欧斯要塞并强化了对拉齐卡的统治。波斯人不仅将整个拉齐卡的土地置于自己的统治下，而且还吞并了锡姆尼亚和苏安尼亚，使整个从莫切里西斯到伊比利亚的土地都成为罗马人和拉齐卡国王不能涉足的地区。罗马人和拉齐卡人都无法击退敌人，因为他们不敢从山上下来或是从要塞出来，更遑论向敌人发动进攻了。

冬季来临时，梅尔梅罗在科泰斯修建木墙，并在那里设立了一支不少于3000人的守备队，都是善战的波斯人。他还在乌提莫里欧斯留下了强大的军力，在被拉齐卡人称为萨拉帕尼斯的地方修了另一个要塞。萨拉帕尼斯位于拉齐卡领土边境，梅尔梅罗率波斯主力部队驻扎在这里。此后不久，他听说罗马人和拉齐卡人已经合兵一处并在法息斯河口扎营时，立即率全军前去迎战。当古巴泽斯和罗马军队统帅听说后，拒绝抵抗敌人的进攻，四处溃散，各自逃命。古巴泽斯和他的妻子儿女及特别亲密的人都逃到山顶过冬，由于当前无望的形势，他们得抵抗严寒，忍受着这个严酷的寒冬，但他们对未来充满希望，相信拜占庭一定会派援军，这样他就能在遭受厄运的同时得到一些安慰。一般人都惯于这样想，期望更好的明天。其余的拉齐卡人与古巴泽斯国王一起在悬崖上过冬，他们的想法与国王差不了多少。他们根本不用担心敌人制造麻烦，因为这里的山一年四季都易守难攻，尤其在冬天更是安全。但他们也不得不在那里忍受身体上的痛苦，包括饥饿、寒冷和其他困难的折磨。

同时梅尔梅罗有空的时候就在莫切里西斯的乡村里新建很多房屋用来储备大量的粮食，另外派一些逃兵到山顶上去劝降，以允诺的方式说服了许多敌人。这些人都缺少食物，他就慷慨地送给他们食物，还像对待自己人一样关心他们。实际上他在这里实行的行政管理是在平和的气氛下进行的，他们已经成为这块土地的主人了。接着他又致信古巴泽斯国王说："有两个条件可以使人们和睦相处，即权力和智慧。一些人因为他们的权力比邻人的权力大，却使两方都各自根据自己的意愿生活，同时还保持对比他们权力小的人的统治权，另一方尽管因弱小而受强者的奴役，却依然能通过自由选择弥补自己的无能，通过阿谀有权力的人依然能维持自己的生活，利用和解的态度享受因弱小而被剥夺的一切事物。并非只有一些国家的人持这样的态度，它就像人类的其他天性一样被深深植入到世界各地的人们的经历中了。所以，亲爱的古巴泽斯，如果你希望通过战争征服波斯人，那就不要犹豫，也不要让任何事物阻碍你前进的道路。因为你会发现在拉齐卡的任何地方都有我们的踪迹,你可以选择为进攻做好准备,列好战斗队形,为这片土地和我们全军作战。你们将有机会通过一场决战表现你们的勇敢。然而,如果你连自己都意识到你们根本不能对抗强大的波斯人,尊敬的先生,那就采取另一个选择,那就是'自知之明',承认科斯劳是你的国王、胜利者和主人,在他面前鞠躬并恳求他不计前嫌,宽厚地对待你们,以摆脱你所面临的危险。我个人可以保证科斯劳国王会对你从宽处理,并以波斯显赫管理者的儿子作为人质保证你、你的王国和一切财产都会永远安全。但如果这些都不是你希望的,你至少可以撤到别处,允许因你的愚蠢而遭到不幸的拉齐卡人振作起来摆脱目前的困境。不要再指望以骗人的幻想,我指的是罗马人的援助,来延长他们的不幸。因为罗马人永远不可能来保护你们,正如他们直到今天都没能保护你们一样。"梅尔梅罗的信依然不能劝服古巴泽斯,他依然留在山顶上等待罗马人的救援,对科斯劳的敌意使他不愿放弃对罗马人的希望。因为人们一般的决定都可以反映他们的愿望,一方面,他们倾向于令自己满意的观点,愿意接受由此产生的所有结果,没有调查过它是否错误;另一方面,又被侵扰他们的人激怒,根本不相信他,永远不会去查证他的话是否正确。

第 17 章

大约就在这个时候[1],一伙来自印度的僧侣听说查士丁尼皇帝正考虑禁止罗马人从波斯人那购买印度的丝绸,便来到皇帝面前,允诺说他们可以解决丝绸的问题,罗马人无须再从他们的敌人波斯人那里购买这种商品,也不必再从其他民族那里购买,因为他们曾在北印度众多国家中的一个名叫塞林达(Serinda)的国家中生活了很长一段时间,他们在那准确得知使罗马人的土地上可以出产丝绸的方法。皇帝诚恳地询问他们很多问题以确定他们说法的正确性。僧侣们解释道,有一种蠕虫可以吐丝,是大自然教会它们并要求它们不停工作的。虽然不可能把活的成虫带回拜占庭,但运送它们的后代却是可行的也很容易。这些蠕虫的后代有无数的卵,人们在这些卵产出后很久,将这些卵埋在粪便里,再加热足够长的时间,它们就会变成活的生物了。他们说完后,皇帝允诺用大量礼物重谢他们,并鼓励他们以行动证明自己的叙述。于是印度僧侣再一次去塞林达,并把蚕卵带回拜占庭,用他们介绍的方法使卵长成了虫。他们用桑叶来喂养这些虫。此后在罗马人的土地上也可以出产丝绸了[2]。

冬天过后,伊斯迪古斯纳带着钱回到科斯劳的宫中,并告诉他双方之间达成的协议。科斯劳收到钱后立即在停

---

[1]《罗马帝国衰亡史》,第 40 章。
[2] 在小亚细亚生产丝绸,尤其是在布鲁沙(Broussa, Prusa),一直到今天。

战协议上签字，但他不愿放弃拉齐卡，事实上他用这笔钱与一大群萨比尔匈奴人作交易，换得他们的结盟，派他们马上和一些波斯人赶到梅尔梅罗那里，指示他继续指挥其部下的所有力量执行自己的任务，另外还送去了很多大象。

于是梅尔梅罗率领波斯全军和匈奴人联军离开莫切里西斯，带着大象一起前去进攻拉齐卡人的要塞。但那里的罗马人根本没有抵抗，他们在马丁努斯的率领下去了靠近法息斯河口的一个天然的坚固要塞中，驻扎在那，非常安全。拉齐卡人国王古巴泽斯也和他们在一起。这支波斯军队因为发生了一些情况，没有对任何罗马人和拉齐卡人造成伤害。首先，因为梅尔梅罗听说古巴泽斯的妹妹藏在其中一个要塞中，他就率军前去攻打该要塞，不顾一切危险想占领它。但因为那里的守军顽强抵抗，也因为这个自然形成的坚固要塞使守军占得地理上的优势，蛮族人被击退，他们没有达到目的，只好撤军，从那里又赶去对抗阿巴斯吉人。在齐比勒守卫的罗马人占领了那个狭窄陡峭的关口，即我在前文已经讲过的，不可能强行通过。因此罗马人阻断了敌人的道路。梅尔梅罗无法击退敌人夺取关口，只能率军折返，又立即向阿齐欧波利斯前进，围攻该城，试图攻破城墙，还是没有成功，只好无功而返。罗马人追击撤退的敌人，在一个危险的关口处，一开始就杀死了很多敌人，其中包括萨比尔人的统帅，接着在尸横遍野的战场上又发生了激烈的战斗，最终在黄昏时打退敌人，彻底击败了他们。自己也撤退到科泰斯和莫切里西斯要塞中去了。这就是罗马人和波斯人的遭遇。

另一方面，利比亚的形势发生了对罗马人有利的转机，因为皇帝任命的利比亚将军约翰得到了一系列难以置信的好运,他巩固了与其中一个摩尔人统治者库齐纳斯的联盟之后,首先在战斗中打败了其他摩尔人,不久之后又迫使巴扎西姆和努米底亚的摩尔人统治者安塔拉斯和伊奥达斯臣服于罗马人,沦为奴隶,也加入了他的行列,使罗马人在利比亚暂时没有敌人了。但因为以前的战争和叛乱的破坏,这块土地大部分依然荒无人烟。

第 18 章

与此同时,在欧洲又发生了这样的事情。格庇德人首先与他们的敌人伦巴第人签订了协约,这我在前面讲过。但因为他们根本不能和睦相处,决定近期内重开战端。格庇德人和伦巴第人都做好了战争的充分准备,以全部力量进攻对方。格庇德人一方的军事统帅名叫托里辛(Thorisin),伦巴第人的统帅是阿杜因(Auduin),他们身后都跟着无数战士。这时两军已经相当接近了,然而还不能看见对方,两军士兵中都突然发生了恐慌,毫无缘由地逃跑,只有统帅带着很少的人留下,尽管他们尽力召回手下,阻止他们退却,但无论是低声下气的恳求还是令人生畏的威胁都没有任何效果。

阿杜因见手下人如此混乱地逃跑非常害怕(因为他不知道敌人也遭遇同样的命运),直接派他的一些随从作为大使到敌人那里乞求和平。但当这些人来到格庇德人的统帅托里辛面前,观察到发生的事,从自己的经历中明白了敌人的遭遇,询问他的军队在哪里,他没有否认发生的事情并说道："他们正四处逃跑呢，尽管没人追赶。"于是使节回答说："伦巴第人也发生了同样的事，因为你说了实话，国王，我们也不隐瞒任何事实，因为上帝不愿意我们双方的民族被灭绝，因此他取消了这场战争，以善意的恐惧使双方的军队极度不安，解散了战线。现在让我们都服从上帝的意愿结束这场战争吧。""非常好，那就顺其自然吧。"托里辛说，于是他们订下了两年的休战期，保持良好的外交关系，以便通过这期间不间断互相交流能够彻底解决他们的所有分歧。因此，他们当时在这个前提下各自撤退了。

但在此后不久，双方之间产生了一个争端，他们发现无法在休战期就分歧意见找到解决方法，无法达成协议。战争又一次迫在眉睫。但格庇德人害怕罗马人的力量（因为他们预计罗马人会与伦巴第人联盟），就想邀请一些匈奴人与他们结成攻守同盟，于是他们派人去见生活在迈奥提克湖西部库特里古尔的匈奴人首领，乞求他们援助格庇德人对付伦巴第人。这些匈奴人立即派12000人在几个统帅的率领下前往格庇德人那里，统帅中有杰出的勇士奇尼阿隆（Chinialon）。但格庇德人此时却因蛮族人的出现而一时感到尴尬，因为开战的时间还没到。此时尚有一年的休战期，所以他们就劝说这些匈奴人在这期间去进攻皇帝的土地，通过对罗马人的进攻使他们的尴尬转变为益处。但因为罗马人对在伊利里亚和色雷斯的交汇处的伊斯特河严加防守，格庇德人只能让这些匈奴人在他们自己的领土上连接这条河的地方渡河进入罗马人的土地，使他们不受束缚。

匈奴人在整个国家到处抢劫。查士丁尼皇帝派人去见生活在迈奥提克湖东岸的乌提古尔匈奴人首领，以不公正的罪名谴责他们,说他们没有对库特里古尔人采取任何行动,宁做旁观者任凭自己的朋友受害而毫不反对,这就是不公正的行为。他说:"因为库特里古尔人根本不把他们的邻居乌提古尔人当一回事,尽管每年都从拜占庭那里收到大量的金钱,却不愿停止他们对罗马人的非正义行为,反而每天都毫无理由地袭击抢劫。尽管乌提古尔人没有参与抢劫,也没有与库特里古尔人分享战利品,但也没有帮助受害的罗马人,尽管他们自古就是亲密的朋友。"查士丁尼皇帝把这个消息传到乌提古尔人那里,不仅赏赐他们大量的金钱,同时也提醒他们以前曾多次收到皇帝的礼物,劝他们立即进攻那些留在家里的库特里古尔人。

于是乌提古尔人先与他们的邻居泰特拉克西泰哥特人结盟,泰特拉克西泰人派出2000名士兵与他们一起渡过塔奈斯河。联军统帅是国王桑迪尔(Sandil),他既足智多谋又富有战斗经验、勇敢刚毅。渡过这条河后,他们立即与为数众多的阻挡他们前进的库特里古尔人开战。因为这支军队对袭击者顽强抵抗,所以战斗进行了很长时间,最后乌提古尔人打败并杀死了很多库特里古尔人,只有很少的库特里古尔人能逃到哪就逃到哪,保全自身,其妇女、儿童都沦为奴隶,乌提古尔人带着战利品回国去了。

第19章

在这些蛮族人正与对方相互拼杀、战斗到最激烈的时候,罗马人交了好运。因为在库特里古尔人中有大约几万名罗马战俘,他们趁着战争的混乱之机匆忙逃跑,既没有人察觉,也没有人追踪,他们平安回到了祖国,他们在最需要帮助的时候,从另一个国家的胜利中得益。查士丁尼皇帝这时派一位将军阿拉提乌斯(Aratius)到奇尼阿隆(Chinialon)和其他匈奴人那里,吩咐他把他们自己土地上发生的事情都告诉他们,给他们一笔钱,规劝他们尽快离开罗马人的土地。这些匈奴人得知乌提古尔人已经发动进攻,又从阿拉提乌斯那里收到大笔金钱,就同意不再杀戮或奴役任何一个罗马人,也不会伤害他们,而是撤离罗马领土,像朋友一样对待在路上所遇到的罗马人。他们还达成协议,一方面,如果这些蛮族人能够返回并定居在他们自己的祖国,他们就会留在那里,从今以后坚守与罗马人的同盟;另一方面,如果他们不能留在那块土地上时,就要再一次返回到罗马人的土地上,皇帝会把色雷斯的某块土地赐予他们,让他们在那里重建家园,永远与罗马人保持友谊和平并帮助罗马人守卫这块土地,抵抗所有蛮族人的进攻。

这时,战败后逃脱了乌提古尔人的2000名匈奴人带着他们的妻子儿女来到罗马帝国,队伍的几个首领中包括辛尼昂(Sinnion),他很久以前曾与贝利撒留一同进攻盖里莫尔和汪达尔人,现在又来哀求查士丁尼皇帝。皇帝仁慈地收留了他们,让他们定居在色雷斯。乌提古尔人国王桑迪尔(Sandil)听说此事后十分恼怒,因为他通过战争惩罚了自己的亲人——那些对罗马人做恶事的库特里古尔人,将他们逐出世代居住的地方,而这些人却被皇帝收留,定居在罗马人的土地上,过上了更加舒适的生活。于是他就派使节去皇帝那里对他做的事表示抗议,没有带去任何信件（因为匈奴人对书写一窍不通，直到今天都不熟练，他们之中从未有过能写作的作家，孩子们长大后也没有好好地写过一封信），只是指示他们用蛮族人的方式传去口信。

当这些使节来到查士丁尼皇帝面前时，告知桑迪尔嘱咐好的话。他们就像读信一样复述了桑迪尔国王的话："在童年时代我就知道有这样一句谚语，如果我没记错的话，这句谚语是：狼这种野兽也许可以改变皮毛颜色，性格却永远都不会改变，是天性不允许它们改变。这句话，我是从年长者那里听到的[1]。他们把人类的行为用隐晦的言语暗示出来。我也从自己的经历中学会了一些事情，其中一件是任何一个粗鲁的蛮族人都应该学会的：牧羊人在狗还没断奶时就把它们带走，开始无微不至地在家里养育它们了，狗会感激喂养它的人，对友善的行为特别留心。牧羊人这样做的目的就是为了在羊群遭到狼群袭击时，狗能够阻止它们的进攻，充当羊群的卫士和拯救者。我认为这样的事在全世界普遍存在。世界上任何时候都没有人看到过狗进攻羊群，狼保护羊群的事，大自然是法律的缔造者，是它建立了这种行为，作为一种法规，这条法规是为羊、狗和狼制定的。我认为你的帝国包罗万象，肯定有奇事，即便如此，也没有与这条规律不同的事情，即使是细微的差别。不然你就让我的使节们见识见识，让踏入年迈之门的我们还能学到新奇的事物。但如果这些自然规律在任何地方都是固定的，那么我认为你们友好地接受库特里古尔人，邀请罗马边界外的邻居——你们以前不堪忍受的乌合

---

[1] 字面意思是"有倾向性的或间接的叙述"。

之众到你的家乡定居是一件不公平的事。因为在不久之后他们就会向罗马人显露出他们真实的性格,此外,将来任何一个敌人在掠夺罗马人的土地时都会怀着这样的希望,即如果他们将来某一天失败了,落入罗马人手中反而会得到更好的待遇。而罗马人的朋友,也就是阻止罗马土地被占领的人,一个也不会留下,担心当他受到命运女神的帮助取得胜利后,却看到被击败的人在你们手上比他自己生活得更舒适,心想当他们在荒无人烟的贫瘠土地上挣扎求存时,库特里古尔人却自由买卖谷物,在酒窖中狂欢,生活在肥沃的土地上,他们肯定还能洗澡。这些流浪者穿金戴银,从来不缺带刺绣图案和镀金饰品的高贵服饰。然而最重要的是,一方面,库特里古尔人过去曾经奴役过成千上万的罗马人,把他们带回自己的领土。这些该死的恶棍毫不留情地把奴隶的耻辱强加给受害者,因为他们肯定准备好要鞭打这些无辜的人或置他们于死地。他们还实施其他暴行。他们天性如此,好像就是一个野蛮民族的典型。另一方面我们冒着生命危险去战斗,将罗马人从奴役他们的敌人那里解放出来,把他们交还给他们的父母,事实证明我们在战争中的所有努力都是为了他们。在这些事情上,我们的善举和库特里古尔人的恶行却在你那里得到了相反的回报,如果这是真的,我们还要继续过着和我们祖先一样艰苦的生活,而他们却平等地在你们的土地上分到了一块,而这片土地正是属于我们以巨大的勇气从他们手中解放出来的奴隶的。"乌提古尔的使节说了这番话。但皇帝用许多话哄骗他们和大量的赏赐安抚他们,不久后便将他们打发走了。这就是事情的经过。

第 20 章

与此同时，瓦尔尼人（Varni）和生活在布里提亚（Brittia）[1]岛上的士兵们发生了一场战争。战争的起因是这样的：瓦尔尼人生活在伊斯特河（多瑙河）的另一边，他们的国土顺着莱茵河一直延伸到北边的大洋，这条河将他们与法兰克人和其他生活在这一地区的民族分开。所有这些自古就生活在莱茵河两岸的民族，各个民族都有自己的族名，他们都被统称为日耳曼人。布里提亚岛坐落在大洋上，距离海岸很近，大约有200斯塔德远，大概是在莱茵河口的对面，位于不列颠岛和极北地区之间，因为不列颠位于西班牙西端以西[2]，与大陆的距离至少有400斯塔德远，布里提亚在高卢的北面，即在西班牙和不列颠的北部。就人类所知而言，极北地区位于大洋北部的尽头，关于不列颠和极北地区我在前面已经都描述过了。在布里提亚岛上居住着三个人口众多的民族，每个民族都有一个国王，这些民族的名字分别是安吉利（Angili）、弗里索尼斯（Frissones）和布里顿（Brittone），最后一个得名于该岛。这些民族的人口如此之多，以至于每年都带着妇孺成批迁移到法兰克人的土地上，法兰克人允许他们定居在人烟稀少的土地上，他们通过这种方式宣称自己取得了布里提亚岛的统治权。事实上，不久以前法兰克人国王曾派一些亲

---

[1] 可能是现在的丹麦。
[2] 普罗柯比想象的英格兰比实际的位置超出5倍远。

信出使拜占庭见查士丁尼皇帝，还派了一些安吉利人一起去，想以此向皇帝证实他们取得了该岛的统治权。这就是关于极北岛的事。

不久前，赫梅吉斯克鲁斯（Hermegisclus）成了瓦尔尼人的统治者，他急于巩固自己的王国，就与法兰克人国王希尔德伯特的妹妹成亲了，因为他的前妻刚刚去世，留给他一个儿子拉迪吉斯（Radigis），后来他为儿子订了一门亲事，女方出生在布里提亚岛，是那时安吉利族国王的妹妹，而且还诚心地送给她一大笔钱作为订婚礼。一次，此人[1]和瓦尔尼人中最显赫的一个人一起骑马出行时，看到有一只鸟儿停在树上大声鸣叫，也不知道他是真的听懂了鸟儿的话语，还是懂得其他知识，神秘地装作理解鸟儿的语言。他告诉同伴，这只鸟说他会在 40 天之后死去。他称是鸟儿的叫声告诉了他，说："现在我已经为你们以后安全自在的生活做好了准备。我从他们国家娶回了现在的妻子，使自己成为法兰克人的亲戚，而且我还通过订婚的方式将布里提亚赠给了我的儿子。但现在，因为我知道自己很快就会死去，现在的妻子却没有生下一男半女，我的儿子尚未娶妻，也还没有新娘，现在让我把自己的想法告诉你，如果这对你来说也有好处，一旦我死去，请你们同意并实现它。我认为对于瓦尔尼人来说与法兰克人联姻从而结盟比与岛上的人联姻更有利。因为一方面布里提亚人要经过长途跋涉才能与你们的军队联盟，危急关头很难及时援助我们。而另一方面法兰克人与瓦尔尼人只隔着一条莱茵河，离我

---

[1] 国王。

们非常近。他们国力强大，随时都可以为我们提供帮助，也可以对我们造成伤害。如果上述的联姻结盟阻止不了他们，他们一定会来伤害你们。当自己的邻国比自己更强大时，人们很自然会感到邻国国力对自己不利，感到他们随时都会做出不公正的事，因为一个强大的国家和无辜的邻国开战时，要取得胜利相对容易。基于这一事实，我认为我们应该放弃那个与我儿子[1]订婚的布里提亚岛上的女孩以及为了订婚而送给她的所有钱财，让她留着这些钱作为我们对这一侮辱行为的补偿。这是人类道德规定的。然后让我的儿子拉迪吉斯娶他的继母为妻，这也是祖先的法律允许的。"

他说完这番话，在听到鸟叫后第40天就生病了，果然如命运安排的那样死去。于是赫梅吉斯克鲁斯的儿子在继任国王接管了瓦尔尼王国之后，在这个蛮族中最显赫人物的同意下执行了他死去的父亲的忠告，立即放弃之前的订婚，娶他的继母为妻。但当拉迪吉斯的未婚妻听说这件事后，她无法忍受这奇耻大辱，决心要报复他对自己的侮辱。因为在这些蛮族人中，少女一旦订婚，虽未完婚但也被认为失去了处女之身，因此她的名誉受到了极大的侮辱。于是她先派一些亲属去问拉迪吉斯为什么要这样侮辱她，她从未做过不忠之事，也从未冤枉过他。但这次出使没有得到任何结果，于是她就像男人一样发动了战争。

她立即召集了一支包括400艘船和10万人以上的斗士，所有人都上船。她亲自指挥对瓦尔尼人的远征。其中

---

[1] 拉迪吉斯。

她的一个哥哥也与她同行，但不是以国王的身份，而是以一名普遍公民的身份在船上生活，帮她解决问题。这个岛上的居民比我们所知的任何一个蛮族人都勇敢，他们完全是步行战斗，这不仅是因为他们没有受过骑马的训练，事实上他们甚至不知道什么是马。他们在岛上甚至连一幅马的图都从未见过。显而易见，这种动物根本没在布里提亚生活过。他们中的一些人曾经作为大使或怀着其他使命去拜访罗马人、法兰克人或任何其他有马的国家。他们每次在那里迫不得已要骑马的时候，根本不会骑马，而需要其他人把他们举起来放在马背上，他们下马时又需要别人抬起他们放到地上。事实上，布里提亚人根本没有骑兵，全部都是步兵。这些就是岛上的蛮族人。在这支蛮族人的舰队中没有多余的人，因为所有人都得自己划船，他们的船上根本没有帆，完全靠划桨航行。

布里提亚人登陆后，统帅他们的公主下令在莱茵河口附近设立坚固的围栏扎营，在那里留下少量防守部队，然后，命令她哥哥率领所有剩余部队前去进攻敌人。因为这些瓦尔尼人当时在离海岸和莱茵河口不远的地点扎营，所以当安吉利人到那里后，两支军队迅速前进，向对方开战，瓦尔尼人被彻底打败，许多人都死在战场上，其余的人全部都与他们的国王一起撤退。安吉利人只追击了敌人一小段路程——这是步兵的惯例——就撤回营中。但当他们回到公主处，公主斥责了他们，还用最恶毒的语言攻击她哥哥，声称这支军队取得的成绩根本不值一提，只是因为他们没有把拉迪吉斯活捉回来。

于是，她又选出了军队中最勇敢善战的战士，立即派出去，命令他们务必将拉迪吉斯活捉回来，不许失误。这些人四处走动，彻底搜寻了整个国家，终于发现拉迪吉斯藏身在一片浓密的树丛中，将其绳捆索绑带到公主面前。拉迪吉斯面对她时，颤抖着，以为自己马上会被极刑处死，然而恰恰相反，她既不杀他，也不伤害他，而是责骂他曾经对她的侮辱，询问他为什么轻视他们的协定与另外一个女人结婚，尽管他的未婚妻并未不忠。他为了给自己作辩护，说出了他父亲的命令以及人民的热情，边恳求边祈祷边自辩，为自己开脱，说他的行为完全是不得已的。如果她愿意与他结婚，他答应他今后会弥补以前的过失。这个女孩同意了，拉迪吉斯被松绑，受到了友好的接待。他马上休掉了希尔德伯特（Theudibert）的妹妹，与布里提亚的公主结婚了，这就是这件事情的原委。

在布里提亚岛上，古代人修了一道长城，将该岛分成大小两部分，长城两边的气候、土壤和所有的一切都不同。在长城以东空气清新有益健康，四季分明，夏季凉爽，冬季温暖，人口众多，人们生活方式与常人无异，树上的果实在相应的季节里成熟，田地五谷丰登。此外，这片土地还有引以为豪的充足水源。而在西部则完全相反，那里寸草不生，蛇蝎遍地，猛兽横行，普通人连半个小时都活不过去，最奇怪的是，当地人说如果任何人翻过这堵墙来到另一边，他就会立即死亡，因为那里有令人窒息丧命的空气，同样，野生动物到了那边也会立刻死亡。

在这部历史讲到这里时，我认为有必要讲一个类似神话的故事，我认为这个故事根本不可信，尽管一直到现在已经有无数人记载过了，而且他们坚持说他们亲身体验和亲耳听说了这件事。这些事不完全是过眼烟云，然而我不能完全跳过这件事，以免在写到布里提亚岛的情况时继续被人指责说自己漠不关心那里发生的事。

据他们说，死人的灵魂经常被送到那里去。至于它们是如何被送过去的，下面我将作出解释。那里的人曾多次正经地向我描述过，但我得出的结论是，他们讲的故事都是梦的内容。沿着布里提亚岛对面的海岸分布着众多村庄，那里的居民以捕鱼、耕种或与布里提亚岛的居民进行海上贸易为生。他们臣属于法兰克人，但从不交纳贡赋，这项负担自古就被取消了。取而代之的是一种特殊的服务。下面我将描述一下。

据当地人说，他们轮流运送灵魂。所以每晚负责人都必须做同样的工作。只要天一黑，他们都回到家中睡觉，等待着安排他们工作的人的来临，深夜时分，他们会听到敲门声和召集他们到一起工作的微弱声音，他们都毫不犹豫地从床上爬起来，步行来到岸边，根本不想是否有必要这么做，而是必须这么做。他们在那里看到了准备好的小舟，上面根本没有人，而且小舟也不是他们的，而是不同样式的小舟。他们上船后就开始划桨，感觉到船上载着很多乘客，波浪溅湿了船板和船桨，海水就要漫过船边，连一个指头高的距离都没有，然而他们却连一个人也看不见，划船一个小时就到达布里提亚。然而，平时他们用自己的船过海时，根本不用帆只是靠划桨则需要一天一夜才能到达对岸，而且非常困难。当他们到达该岛，"乘客"下船后，就完成了他们的任务，以最快的速度离开，这时船突然变得非常轻，几乎要飘在浪上了，水面只达到船的龙骨处。

他们从未看到任何人坐在船上或离开小船,但他们说他们听到了从岛上传来的一种声音,似乎是接灵魂的人在宣读每个乘客的名字,告诉他们每个人从前的地位和荣誉,并且用他们的父姓和本名来称呼他们。如果碰巧在这些乘客中有妇女,她们会说出生前丈夫的名字。这就是这个国家的人讲的事情。现在我要继续前面的叙述。

第 21 章

这就是各个土地上的战争进程,哥特战争还在继续。前文讲到皇帝将贝利撒留召回拜占庭,给予他很高的荣誉,在日耳曼努斯去世时也没有打算再将他派去意大利,而是任命他为东部大将军和皇帝卫队的统帅,把他留在身边。贝利撒留被公认为罗马人中品德最高尚的人,尽管有一些贵族地位比他高,而且升至执政官之职,但他们还是认为贝利撒留是最高贵的人,当他们想利用法律或法律赋予他们的权力时,想到他的功绩便自愧不如,这种情况令皇帝非常高兴。与此同时,维塔里安的侄子约翰在萨洛里斯度过了冬天,在这段时间里,罗马军队统帅都在意大利期望他按兵不动,冬天就要过去了,哥特战争的第十六年(551年)也结束了,这部历史是普罗柯比撰写的。

第二年年初,约翰就想尽快率军离开萨洛尼斯对抗托提拉和哥特人。但皇帝阻止了他,命令他留在原地等待宦官纳尔泽斯赶到,因为他决定任命纳尔泽斯为这场战争的总指挥。至于皇帝为什么这么做,在这个世界上无人知道,因为任何人都不可能猜透皇帝的意图，除非他自愿让别人知道，我在这里要讲一讲人们的猜测。有人认为查士丁尼皇帝产生这样的想法，是因为在罗马军队中其他的统帅都不愿听从约翰的命令，他们不愿低他一级，结果皇帝担心他们由于冲动或妒忌破坏整个计划。

我还听到过这样的说法，这是我在罗马逗留期间听一位罗马绅士说的。他是元老院成员，说在狄奥多里克的外孙阿塔拉里克统治意大利期间，一天深夜，有一群牛从乡下路过和平集会广场进入罗马城。罗马人之所以称为和平集会广场，是因为在这里自古就有一座和平神庙，曾经遭过雷击。在广场前有一座古老的喷泉，还有一头铜制的公牛立在旁边，我认为这个作品是雅典的菲迪亚斯或利西普斯[1]雕刻的。因为在这一地区还有很多雕像是这两个人雕塑的，例如这里的另一尊雕像上就写明这是菲迪亚斯的作品。在这里还有米隆（Myron）的小牛像[2]，因为古代罗马人将希腊最好的装饰品不辞辛苦地运到罗马城。元老还说当牛群路过这里时，一头公牛离开牛群，登上泉水池高于黄铜公牛的地方，碰巧有一个朴实的托斯卡纳小伙子路过这里，他知道这一情景的含义[3]，因为托斯卡纳人直到我生活的时代仍有预言的天赋。他说有一天一位宦官会废黜罗马的统治者，然而，那个托斯卡纳人和他说的话只换来一阵嘲笑。因为在亲身经历之前，人们都惯于拿预言取

---

[1] 菲迪亚斯（公元前480—公元前430年），古希腊最伟大的雕刻家和建筑师。——中译者
[2] 在《希腊选集》（*Greek Anthology*）第9章第713—742、793—798页中介绍这一著名雕像原来是立在雅典市场的。
[3] 因为托斯卡纳人直到今天都精通预言。

笑，也没有证据能说服他们。因为在事情没有发生之前，他们的话就像荒谬的神话一样不可信。

现在所有的人都放弃了对事实的争论，而为这一预言惊叹不已，很可能就是这个原因纳尔泽斯才作为将军前去对抗托提拉的，因为皇帝判断洞察到了未来，或者这是命中注定的安排。于是，纳尔泽斯在从皇帝那里得到一支强大的军队和巨额军费后，率军出发了。当他们到达色雷斯中部时，因为有一支匈奴人军队入侵罗马人的土地，到处抢劫，无人能阻，于是纳尔泽斯军就在菲利普波利斯（Philippopolis）被阻断在路上，耽搁了一些时间。之后，有一些匈奴人去进攻塞萨洛尼基人，其余的朝拜占庭前进，而纳尔泽斯终于离开这里继续前进。

第 22 章

约翰在萨罗尼斯等待纳尔泽斯的到来，而纳尔泽斯因为受匈奴人的阻挡而行军缓慢。与此同时，托提拉也在等待着纳尔泽斯的军队，他事先做了这样的准备：他先把一部分罗马人和一些元老安置在罗马，将其他的人都留在坎帕尼亚，命令他们好好地照看罗马城，托提拉明显表现出对自己以前在罗马所做错事的悔过，因为他曾烧毁了大部分罗马城，尤其是在台伯河对岸的部分。这些罗马人都被降为奴隶身份和剥夺了所有的财产，既不能使用公款，也没有取回属于他们个人的钱财。

然而，罗马人比我所了解的任何人都更爱他们的城市，热心地保护所有祖先的财产，保存它们，所以没有任何一项古代罗马的光荣杰作遭到毁坏。因为，尽管他们有很长一段时间处于蛮族人的统治之下，但还是保存了城市建筑和大部分的装饰品。由于他们精湛的手工艺，这些艺术品才能经历这么长的时间，尽管人们有所忽视，但所有这些罗马民族的瑰宝都一直保存到今天，其中有该城奠基者埃涅阿斯（Aeneas）的船，那是一处令人惊叹的景观。因为他们在城中心的台伯河岸边修了一座造船场，它一直存放在那儿，保存至今。我现在要描述一下这艘船的外观，这是我亲眼看到的。

这是一艘只有一支船桨而且很长的船，大约有120步长，25步宽，其高度勉强可供航行。但这艘船上没有一根连接横木的钉子，也没有任何将木头固定拉紧的铁器，所有的横木都连成一片，这是一件非常奇怪的事，这我以前从未听说过。而且只有这艘船是这样的。因为船的龙骨也是一个整体，从船尾到船首逐渐下降，在船中间达到最低，然后又上升，使其垂直稳定地直立着，所有的沉重的横木[1]都插入到龙骨之中（诗人[2]称之为"桨的支柱"，而其他人则称之为"牧羊人"），每一根都从船的一侧搭到另一侧，这些肋材也是从两端向中间低落，形成完美的弓形，这样该船就可以拥有宽阔的船身。这些木材或者是人们考虑到未来的使用而在其生长过程中固定成这种形状，又或者是工匠通过技巧和其他工具把肋材弄弯。此外，从船头到船尾的每一块木板，都被固定成一体，工匠将这些

---

[1] 肋材。
[2] 这里指荷马。——中译者

横木固定形成船帮，只在这里用了长铁钉。见到此船构造的人都留下了无法用言语形容的深刻印象，因为那些巧夺天工的杰作总是让人难以描述，惊讶得令我们说不出话来，船上居然没有一根横木朽烂或出现任何不结实的迹象，整艘船完整无损就像船工刚刚造好一样，无论是谁造的船，他都以惊人的方式保持它的坚实，直到今天。这就是关于埃涅阿斯之舟的情况。

托提拉现在指挥着哥特人和 300 艘战船向希腊进军，指示他们尽一切努力征服路途上的居民。但这支舰队一直航行到费阿刻斯（Phaeacians）人的土地即现在被称为塞西拉[1]的地方却没有取得一点战绩，因为碰巧从卡里布迪斯（Charybidis）海峡[2]直到塞西拉（Cercyra）那一部分海上没有居民生活的岛屿，所以很多次路过这里时，我都不知道卡吕普索（Calypso）女神[3]岛到底在哪里，因为我在那片海域中只看到距费阿刻斯不远大约有 300 斯塔德的三个小岛。它们挤在一块，岛上什么也没有，不管是人、动物还是其他东西。此外就没有看到其他岛了。这些小岛现在称为奥索尼（Othoni）[4]，也许有人会说卡吕普索女神就住在这儿，而奥德修斯也曾经乘木筏从这里渡海去距离费阿刻斯不远的地方，这是荷马的说法，又或者是以其他方式而不是乘船，这只是一种可能的解释，因为我们从远古记载中准确地推断事实，在这么长的时间里通常都会出现地

---

[1] 现代的科孚（Corfu）。
[2] 现在的墨西拿（Messina）海峡。
[3] 希腊神话人物，阿特拉斯之女，奥德修斯漂泊中曾长住该岛。——中译者
[4] 现在的奥索尼亚（Othonia）群岛。

名改变和信仰改变的情况。

在费阿刻斯人领地的一个岛岸边有一艘用白石头砌成的船,有人猜测这很可能就是将奥德修斯(Odysseus)载到伊大卡(Ithaca)的船只,他那时交上了好运,在费阿刻斯人那受到了款待。这条船并不是一整块巨型石头,而是由大量的小石头拼成的,在上面刻有铭文,宣称是古代的一些商人为"卡西乌斯"宙斯(Zeus Casius)所建的贡品。因为当地人曾信仰"卡西乌斯"宙斯,该船所在城市直到今天都被称为卡索普(Casope),这艘由无数石头砌成的船与阿特柔斯(Atreus)之子阿伽门农在埃维亚的杰拉埃斯图斯(Geraestus)[1]为阿耳特弥斯女神建的船一模一样,他以这种方式作为对她侮辱的赎罪,当依菲琴尼亚受难时[2],阿耳特弥斯允许希腊人扬帆出航。这个故事被以六音步诗的形式刻在石船上,也许是当时刻的,也许稍晚一些。尽管随着时间的流逝,大部分都已经消失了,但第一句诗直至今日依然可辨,其内容是:

"阿伽门农在这里建造了我,一艘用大理石制成的船,希腊舰队扬帆远征特洛伊时的象征。"

最后还有那么几个词:"是廷尼库斯(Tynnichus)为阿耳特弥斯·博洛西亚(Artemis Bolosia)所建",他们以前曾使用埃雷图娅(Eileithuia)[3]作为船的名字,因为他们称辛苦劳作为"bolae"。现在言归正传。

---

[1] 现在的卡斯特里港(Porto Castri)。
[2] 她父亲阿伽门农为了抚慰因风向而耽误了特洛伊远征的阿耳特弥斯而拿她献祭。
[3] 古希腊生育女神。

当这支哥特人远征军到达塞西拉时，以突袭的方式对这里和附近被称为锡博泰（Sybotae）[1]的群岛大肆劫掠，然后突然登陆对面大陆，抢劫了多多纳（Dodona）附近的整个地区，特别是尼科波利斯（Nicopolis）和安齐阿鲁斯（Anchialus）。据当地人说，埃涅阿斯（Aeneas）的父亲安喀塞斯（Anchises）与埃涅阿斯一起从被占领的特洛伊城出航时，安喀塞斯就死在这里，这个地方由此得名。他们踏足整个海岸，遇到了很多罗马人的船只，于是占有了所有的船、船上的货物和其他东西。其中碰巧还有一些为纳尔泽斯大军从希腊向当地运送粮食的船只。这就是这些事情的经过。

第 23 章

很久之前，托提拉派哥特人中的杰出将领希普阿尔（Scipuar）、吉巴尔（Gibal）和贡达尔夫（Gundulf）率领哥特军队赶往皮森努姆占领安科纳。贡达尔夫曾是贝利撒留的卫兵，有人称他为因杜尔夫[2]。他还派给他们47艘战船，以便从水陆两面围攻该要塞，这样要征服该地就省力多了。这次围困持续时间很长，城中人饱受饥荒之苦。

当瓦莱里安听说此事时，他正在拉文纳等待，不能单独前去营救安科纳的罗马人，于是就派人送信给驻扎在萨洛尼斯的侄子约翰，信的内容是这样的："罗马人在海湾南

---

[1] 现在的锡博塔岛。
[2] 见第7卷，第35章。

部只剩下安科纳这一座城市了,如果它还未落入敌人手中的话。你对此非常清楚。目前形势如此紧迫,如果不快去援救被围在城中的罗马人,那我们就会错过最关键的时刻。我的信就写到这儿,因为被围困者的窘迫不允许我的信写得太长,它占用了宝贵的时间,人们在危险中需要的是帮助而不是言语。"当约翰读完这封信后,尽管皇帝不允许,他还是大胆地作出了自己的决定,认为突发的危急形势比皇帝的命令更重要,于是选出他认为军中最勇敢的战士,驾驶38艘专为海战而造的快速战船,带上一些供给品,从萨洛尼斯出航,到达斯卡尔顿(Scardon)[1],瓦莱里安不久后也率领12艘战船赶去。

两军会师之后,将领们共同商讨制定了一个对他们有利的计划。他们从这里出航,到达对岸大陆,在一个被罗马人称为塞诺加里亚(Senogallia)[2]的地方靠岸,这里离安科纳很近。当哥特将军听说此事后,也立即和杰出的哥特人配备好他们的47艘战船出航,迎战敌人,希普阿尔统率留下的军队继续围城,而舰队则由吉巴尔和贡达尔夫统帅。当两支舰队互相接近时,双方统帅都下令停船,各自将士兵聚到一起鼓舞士气。

约翰和瓦莱里安首先说:"士兵们,在目前的形势下,你们不要认为自己仅仅是代表安科纳城居民和被围困的罗马人而战斗,这次战役的结果也不仅仅只是解救该城的问题,你们必须考虑到,这次战争主要的问题都系于这场战

---

[1] 现在的斯卡多纳(Scardona)。
[2] 塞纳·加利卡(Sena Gallica),现在的锡尼加哥利亚(Sinigaglia)。

役,无论谁胜谁负,都为我们的命运作出最终的决定。现在的形势是:战争的胜负在很大程度上取决于军需品的供应,无粮食供应的军队不可避免地会被敌人打败。因为勇气不能与饥饿共存,由于人的本性,处于饥饿状态下的人会丧失斗志。现在除了安科纳以外,在德里乌斯到拉文纳之间我们已经没有其他的要塞了,我们无法在这里为自己储备粮食供应了,因为敌人已经完全占据了这一地区,原本从这些城镇我们可以得到一些粮食,哪怕很少。这里没有一个城镇对我们是友好的。只有安科纳是我们的希望所在,我们把军队安全登陆这块大陆的唯一希望都寄托在安科纳。如果今天我们获胜了,为皇帝解救安科纳城,那么很可能会使接下去的哥特战争出现对我方有利的转机。而且我们胜利的机会是很大的。然而,如果我们在这次战斗中失败了,很难说是否会有更大的灾难,那么罗马人能否成为意大利的长久主人就只有上帝决定了。我们还应该考虑到,如果我们在战斗中懦弱退缩,那么连逃跑的机会都没有,因为你们无路可逃,所有的地方都被敌人严密把守着,你们想从海路撤退也不可能,因为敌人也控制了海面,我们只能靠自己的力量取得安全的保障,在战斗中的表现将决定我们能够继续生存下去。勇敢起来,一旦你们这次失败了,就将一败涂地,无可挽回,但如果你们胜利了,那么不仅会赢得荣誉,而且也会幸运地得到荣升。"以上就是约翰和瓦莱里安的劝诫。

哥特人的统帅也发表了战前演讲:"这些该死的恶棍在被我们从整个意大利驱逐出去后,在我们不知道的地上或海上的某个角落躲了很长时间,现在又斗胆进攻我们,想要取得战争的转机。我们有必要坚定地阻止他们因愚蠢而唤起的胆量[1]，如果我们让步，他们就会更加肆无忌惮，因为一开始不阻止愚蠢的人，他们就会得寸进尺肆无忌惮，结果给其他人造成不可弥补的损失。我们应该尽快让他们明白他们天生懦弱，他们被打败后就不会再走这条冒险的路，他们只会装出大胆的模样，因为胆小鬼在受到轻视时会更加自夸，不断的鲁莽行为会令人不知道害怕。如果你们都是勇敢的人就千万不可认为他们将抵抗很长时间，因为当他们崇高的精神力量与实际力量不相符时，尽管他们的精神已提升到最高点，战斗开始后也会消退。这是事实，还记得以前多次的战斗，敌人面对你们的勇气时是如何变化的吗？他们这一次进攻也好不到哪里去，而仅仅表现出一种和以前一样的胆小懦弱，现在他们就要遭遇同样的命运了。"

在哥特人统帅发表演讲后，他们便向敌人发动冲锋，马上进入了近距离战斗。这场海战异常激烈，如同在陆地上一样，双方都将船头直对对方前进，互相射箭，所有勇敢的士兵都尽量将船靠到能碰到对方的距离，在甲板上以剑和矛像在平原上那样进行肉搏战。

但不久后，这些蛮族人因为缺少海战经验，变得混乱起来。一些船只相互之间距离很远，这样就给敌人提供了各个击破的机会；另一些人因为船只挤到一块，一大群人靠在一起互相妨碍。人们看到了还认为他们的船只甲板是连成一片的。他们既射不到在远处的敌人，在他们看到敌

---

[1] 字面意思是："拉着头发拽回来。"

人向自己发动进攻时，也难以使用剑和矛。他们的注意力都分散到互相之间的叫喊声和拥挤上了，不断相互碰撞，又用棍子推开，混乱不堪。他们有时将船首推到拥挤的角落中，有时又后退很远，给自己一方造成了很多麻烦。船员们都不停地发号施令，对靠近他们的人大喊，不是催促他们进攻敌人，而是让他们的船之间能保持一定的距离。由于距离过近，弓箭难以发挥威力，步兵的矛和剑也失去用武之地，他们都被互相造成的麻烦分散了精力，这成为敌人胜利的主要原因。

与他们相反，罗马人机智地把握了战机。他们自如地控制船只，齐头并进，互相相距不远不近，总是保持前进的态势，互相配合。当他们发现有个别敌船远离其他的船只，就能轻易地撞沉它，当他们看到有些敌人处于混乱之中时，就发射密集的弓箭，趁着敌人一片混乱、筋疲力尽的时候猛攻过去，敌人被一击丧命。最终蛮族人丧失斗志，放弃跟命运作斗争，无意弥补在战斗中犯下的错误，他们也不知该如何继续战斗，因为他们既不想继续海战，也不想像在陆地上一样站在甲板上作战，只想尽快结束这场战斗，一切都听任命运的安排。于是哥特人混乱而丢脸地后退了，他们不再考虑勇敢对敌，或有秩序安全地逃跑，或者其他能保全性命的做法。大部分人都分散在敌船之间，非常无助。哥特人损失十分惨重：只有少数人神不知鬼不觉地乘 11 艘船逃跑获救，剩下的哥特人尽皆落入敌手，罗马人亲手杀死了一部分哥特人，其余的人全部连船一起沉入大海，贡达尔夫将军在那 11 艘船中侥幸逃脱，其他的统帅都被罗马人俘虏。

这 11 艘船上的人登陆后，立即放火烧毁这些船，以防落入敌人手中，步行来到围困安科纳城的军队那里，当他们讲述了海战的情况后，哥特人就一起匆忙撤退，放弃了营帐，以最快的速度和极其混乱的队形撤退到邻近的奥克西姆城。不久之后，罗马人也来到安科纳，占领了空无一人的敌营，他们给城中的人运送供给后，从那里出海。瓦莱里安一行前去拉文纳，约翰则率领他的军队回到萨洛尼斯。这场战斗极大地挫伤了托提拉和哥特人的斗志，削弱了他们的力量。

第 24 章

大约同时，在西西里的罗马人又发生了这样的事：皇帝将利贝里乌斯（Liberius）从西西里传召回拜占庭，任命阿塔巴尼斯为西西里罗马军队统帅。他率军对留守在该岛要塞中的哥特人进行围攻。哥特军队人数很少，罗马人每一次进攻都打败了他们，最终他们陷入极度饥荒的状态，结果全部投降了。这时哥特人因为海战的惨败受到极为沉重的打击，非常害怕，对战争已彻底绝望，彻底无助。他们说现在这种情况下，他们已经被敌人打败，羞愧万分，士气低迷。即使有很少的罗马援军来到，他们也没有任何可以抵抗敌人的办法，也无法在意大利立足了，哪怕多坚持一秒钟。他们对与皇帝谈判取得成功也不抱希望，因为托提拉经常派使节去见查士丁尼皇帝，向他说明法兰克人占领了意大利的大部分，其余部分也因战乱几乎完全荒芜，但哥特人愿意从西西里和达尔马提亚收兵，这对罗马人有利。两个地区依然完好无损,他们同意为放弃的土地每年交纳贡赋和税金,并且与罗马人结成同盟共同对付任何皇帝希望进攻的敌人,在其他方面亦听从皇帝的命令。但皇帝根本不关心他们说的话,打发了所有的使节。他仇恨哥特人,想把他们彻底从罗马人的土地上驱逐出去。这就是这些事情的经过。

法兰克国王希尔德伯特不久前因病去世。他在位期间迫使利古里亚和科蒂安阿尔卑斯的一些地区及大部分维尼提亚(Venetia)向他交纳贡赋,却没有正当理由。法兰克人善于利用别国的战乱从中渔利,不必面临危险就获得了战斗双方还在争夺的土地。哥特人在维尼提亚还有一些要塞,罗马人还控制着沿海的城镇,而法兰克人却将所有其他地区都据为己有。我在前文讲到过,在罗马人和哥特人忙于互相之间的战争时,他们都不能再为自己树立新敌人了,于是哥特人和法兰克人经过谈判取得一致意见,只要哥特人与罗马人处于战争状态,他们双方都互不侵犯,和平相处。但如果托提拉幸运地在战争中打败了查士丁尼,哥特人和法兰克人就要以对双方都有利的方式解决问题。这就是关于协议的内容。法兰克王位由希尔德伯特的儿子提奥德巴尔德(Theudibald)继承,皇帝派阿塔纳修斯的女婿、元老院成员莱昂提乌斯出使法兰克,邀请法兰克国王与罗马人结成反对托提拉和哥特人的军事同盟,要求他从希尔德伯特因不正当想法擅自占据的那部分意大利领土撤军。

莱昂提乌斯见到提奥德巴尔德国王后说:"在某种情况下,事实与人们的期望相反,这也许是真的。但在目前情况下，你们对罗马人做的事，我认为是世界上任何其他民族都未遇到过的。查士丁尼皇帝在与法兰克人结成盟友之前，既没有与哥特人开战，也没有表现出将要与哥特人战斗的样子。直到法兰克人以盟友和友谊的名义收下他的一大笔金钱、同意在战斗中援助的情况下才卷入到与哥特人的战争中，然而，他们不但没有履行自己的诺言，而且还以难以想象的方式不公正地对待罗马人，你的父亲希尔德伯特没有任何正当理由就率军入侵了罗马皇帝通过战争辛苦夺回的土地。而在皇帝夺回土地期间，法兰克人完全袖手旁观。但是我现在到你这里来的目的不是谴责或指控你们，而是要对你们提出要求，商议对你们有益的事情。因此我建议，一方面你应该保持你们目前享有的繁荣，另一方面也应该允许罗马人拥有他们自己的繁荣。人们通过不正当手段获得东西，即使是微不足道的东西，很多时候都会损害该国自古就享有的好处。因为一个国家的强大繁荣不会与不法行为共存。此外，我还要求你履行你父亲与我们达成的协议，与我们共同对抗托提拉。一个亲生儿子最应该做的事情就是纠正他父母的错误，发掘并坚持他双亲做过的正确的事。事实上，这也是最聪明的人真心希望的事，希望孩子学习他们的善行，改正他们的恶行，而且只能由孩子来完成。事实上，你早应该主动与罗马人共同作战，因为我们要对抗的是哥特人，哥特人自古就是法兰克人最强大的敌人，你们之间互不信任，历代都在进行着无休止的战争[1]。当然，现在他们害怕我们，所以毫不犹豫

---

[1] 字面意思是"无预示的，突如其来的"；见狄摩西尼，《花冠》，第262页。

对你们甜言蜜语，如果他们消灭了我们，不久之后他们就会表现出对法兰克人真正的态度。因为邪恶的人无论是在强盛时还是在不幸时都不会改变他们的本性。尽管他们通常会在不幸的时候隐藏其真实的本性，尤其是当他们对邻居有所求时，这种需要迫使他们掩藏自己的卑鄙之心。记住这些话吧，与皇帝保持友谊，保卫你们自己，尽全力抗击你们的宿敌。"

莱昂提乌斯说完这番话后，提奥德巴尔德回答道："首先，你们现在邀请我们与你们结盟共同对付哥特人是与公正和正义背道而驰的，因为碰巧哥特人现在是我们的朋友，如果法兰克人对他们背信弃义，那么将来有可能也这样对待你们。因为曾对朋友有卑鄙想法的人将永远与正义背道而驰。其次，至于你提到的土地，我只能说我的父亲希尔德伯特从未想过要以武力进攻任何一个邻国，也从未想过夺取他人的财产。事实上，我根本不富有，这里足以证明这一点。他获得的这些土地并不是从罗马人那里抢过来的，而是托提拉送给他的礼物，托提拉把其得来的土地移交给我父亲，在这一点上，查士丁尼皇帝应该向法兰克人表示祝贺。因为人们看到掠夺自己私有财产的人受到其他人的控制自然会很高兴，相信那些对他做坏事的人受到了正义的惩罚。除非他私下里嫉妒那些实施暴力的人，因为人们在看到其他人占有敌人的掠夺物时都会嫉妒。但我们应该把这些事情的决定权留给公断人，如果证明了我父亲掠夺了罗马人的东西，那么我们有义务尽快归还它，不久我就会派使节去拜占庭处理这些事情的。"他用这些话打发了莱昂提乌斯，还派法兰克人莱乌达杜斯（Leudardus）和另外三个人去见查士丁尼皇帝，他们到了拜占庭就着手处理两国之间的事情。

现在，托提拉急于占领利比亚的岛屿，于是他马上组建了一支舰队，满载着士兵出海前往科西嘉岛和撒丁尼亚。这支舰队首先到达科西嘉岛，他们没遇到任何抵抗就占领了该岛，后来他们也同样轻而易举地占领了撒丁岛。托提拉还迫使两岛的居民向他交纳贡赋。当约翰听说此事时，他和罗马军队正在利比亚，就派一支强大的舰队和人数众多的军队赶往撒丁尼亚。他们在卡兰纳里斯城附近扎营准备围城，因为哥特人在这里留下了一支强大的守备队，所以他们认为无法以武力攻破城墙。当蛮族人听说罗马军队赶来的消息后，从城里冲出来对罗马军队发动突袭，轻而易举地将措手不及的敌人击败，杀死很多敌人，幸存的罗马人及时逃回船上，但不久之后就和整支舰队离开，前往迦太基。他们就在迦太基过冬，做好充足准备等春天一到再次发动对科西嘉和撒丁尼亚的远征。撒丁尼亚以前也被称为散多（Sando），该岛上生长着一种草药，一旦有人尝过它，立即全身痉挛，很快就会死去，而且表情是笑着的，这是痉挛的结果，人们根据该地的地名称这种笑为"散多式笑（Sandonic）"。科西嘉（Corsica）在古代一直被称为锡尔努斯（Cyrnus），在该岛上发现过像人一样的猿，这里还有一种只比绵羊大一点点的小马。关于这些事情就说这么多了。

第 25 章

一支庞大的斯克拉维尼人军队对伊利里亚发动了突袭,给那里造成了难以形容的损失。查士丁尼皇帝派日耳曼努斯的儿子们和其他人一起统率一支军队前去讨伐,但这支罗马军队人数大大少于敌人,根本不能与敌人正面开战,只能跟在后面,消灭掉队的蛮族人散兵,他们杀死了很多散兵,俘虏了一些,送到皇帝那里。蛮族人依然继续他们的破坏,这远征式的掠夺持续了很长时间,所到之处横尸遍地,他们将无数的百姓沦为奴隶,肆无忌惮地抢劫,最后带着所有的劫掠物踏上回家之路。罗马人在他们渡过伊斯特河时既无法伏击他们,也无法以其他方式伤害他们,因为,他们在格庇德人的帮助和掩护下渡河,而格庇德人也从中收取了大笔服务费,每个人都得到了一个金斯塔德。皇帝对此极为痛心和愤怒,因为他从此以后再也不能阻止蛮族人渡过伊斯特河劫掠罗马人,也不能阻止他们"远征"后带着战利品离开了,只能听任他们来去自由,因此他希望与格庇德人达成协议。

与此同时,格庇德人和伦巴第人又一次向对方进军,决心开战,而格庇德人害怕罗马人的力量(因为他们听说查士丁尼皇帝已经口头保证要与伦巴第人结成攻守同盟),便急于与罗马人结为盟友和朋友,于是他们就派使节去拜占庭,邀请皇帝与他们建立攻守同盟。皇帝毫不犹豫地对结盟作出了承诺。在这些使节的要求下,12名元老院成员也发誓坚守这一协议。但不久以后,当伦巴第人根据他们的联盟协议请求罗马皇帝派一支军队与他们共同进攻格庇德人时，皇帝派出了一支军队，借口是格庇德人在签订同盟协议后帮助运送了一些斯克拉维尼人渡过伊斯特河，这种行为伤害了罗马人。

这支罗马军队的统帅包括日耳曼努斯的儿子查士丁和查士丁尼、阿拉蒂乌斯、皇帝任命其统治埃吕利人的苏阿图阿斯（Suartuas）（我在前文讲过[1]，当来自极北岛的居民起来反对他时，他就逃到皇帝那里，马上就成为拜占庭罗马军队的一位将军）以及哥特人阿玛拉弗里达斯（Amalafridas）。他是哥特国王狄奥多里克的妹妹阿玛拉弗里达（Amalafrida）的外孙，是图林根前国王赫梅尼弗里杜斯（Hermenefridus）的儿子，贝利撒留将他与维提却斯一同带到拜占庭，皇帝任命他为罗马军队的一个统帅，并把其妹许配给伦巴第人国王阿杜因。这支军队除了阿玛拉弗里达斯和他的军队与伦巴第人会合，没有其他人出征。因为皇帝命令他们在伊利里亚的乌尔皮安纳（Ulpiana）[2]停留，那里的居民因为一些引起基督徒内讧的事情而发生了内战，我在有关章节中将会讲述此事。[3]

伦巴第人的军队和阿玛拉弗里达斯的军队一起抵达格庇德人的土地，与格庇德人进行了一场大战，结果格庇德人失败，据说他们在这次战斗中死伤惨重。此后，伦巴第人国王阿杜因派一些随从去拜占庭完成两项使命：其一是向皇帝汇报胜利的消息，因为敌人终于被征服了；其二，

---

[1] 第 6 卷，第 15 章。
[2] 现在的利普连（Lipljan）。
[3] 这个问题普罗柯比好像没有提到。

谴责皇帝,因为他没有按照联盟协议派军队参战,而大量的伦巴第人最近则被派去与纳尔泽斯一起进攻托提拉和哥特人。这就是这些事情的经过。

就在同一时候,全希腊发生了严重的地震,维奥蒂亚(Boeotia)、阿哈伊亚(Achaea)及沿克里塞(Crisae)海湾[1]的乡村地区都发生了强烈摇晃,8个大城市和无数的小城镇被夷为平地,其中包括海罗尼亚(Chaeronea)、科罗尼亚(Coronea)、帕特雷(Patrae)及纳夫帕克图斯(Naupactus)[2]所有的城市,众多居民丧生。当时有多处地面裂开,形成了巨大的深坑,现在有一些开口处重新合并,地面又恢复原状,其他地方依然裂开着,结果这些地方的人们无法互相交往,除非反复绕行。在塞萨利(Thessaly)和维奥蒂亚之间的海湾[3]之间,靠近维奥蒂亚的斯卡皮亚(Scarphea)和埃奇努斯城(Echinus)突然涌入大量海水,海水冲入陆地很远的地方,那里的城镇都被海水淹没,瞬间被夷为平地。大海长时间淹没陆地,所以人们很长一段时间里都可以步行到海湾中的小岛上去,因为海水明显已经不在原来的位置了,说来奇怪,它淹没了直到当地大山脚下的陆地。但当海水又退回到原来的位置时,很多怪鱼留在陆地上,因为这里的居民从未见过这种鱼,以为它们可以食用,就捡起来用沸水煮熟,但它们一碰到沸水,整个身体就变成了腐烂状的液体,让人难以忍受。当地有一个叫克莱夫特(Cleft)的地方,在这场特大

---

[1] 科林斯海湾北支。
[2] 现在的勒班陀(Lepanto)(纳夫帕克托斯)。
[3] 马利亚(Maliae)海湾。

地震中，这里死亡人数比希腊其他地区都要多。尤其是因为这一天正好是一个节日，来自希腊全境的人都到这里举行庆祝。

在意大利，由帕拉迪乌斯（Palladius）统帅的克罗顿居民和当地守备队被哥特人严密围困，出现食物短缺的情况，艰难度日。他们已多次派人逃过敌人的眼线去西西里面见罗马军队统帅们，尤其是阿塔巴尼斯（Artabanes），说如果他们还不尽快前去援助，不久后他们就得被迫投降，把克罗顿城交给敌人。冬天即将结束，这一年是普罗柯比所撰写的这场战争的第十七年（552年）。

第 26 章

当皇帝听说克罗顿的情况后，立即派人到希腊，命令塞尔莫庇莱（Thermopylae）的守备队以最快的速度赶去意大利，尽一切可能援助被困在克罗顿的人。后者接到命令后立即出航，碰巧遇到了合适的风向，并出其不意地在克罗顿港靠岸。蛮族人见到这支突然出现的舰队立即陷入了极大的恐慌之中，混乱地放弃围攻，其中有一部分人乘船逃到塔兰托港（Tarentum），其他人则从陆路撤到锡莱厄姆山（Mt. Scylaeum），这件事严重瓦解了哥特人的斗志。塔兰托守备部队统帅是一位杰出的哥特将领拉哥纳里斯（Ragnaris），发生了这样的事以后，他就顺着手下士兵的意愿和阿谢龙提亚（Acherontia）守卫军的统帅莫拉斯（Moras）与德里乌斯的罗马军队统帅佩拉尼乌斯的儿子帕库里乌斯（Pacurius）谈判，双方达成协议，这些哥特将领在得到皇帝对他们的安全作出的保证后，就和其率领的军队一起向罗马军队投降，交出他们负责守卫的所有要塞。帕库里乌斯前往拜占庭以进一步确定这一协议。

纳尔泽斯从萨洛尼斯出发，率领全部罗马军队前去攻击托提拉和哥特人，这可是一支庞大的军队。出发的原因是他已从皇帝那里得到大笔军费，一是用来组建一支强大的军队以及应付其他战争的需要，此外是用来把皇帝一直以来拖欠意大利士兵的军饷全数补给他们，因为士兵们不能像通常那样从公共财产中取得分配给他们的军饷，所以得由皇帝付薪。另外，军费还要用于拉拢那些叛逃到托提拉军队中的士兵，使得到这笔钱的士兵脱离敌人，重新效忠罗马。

尽管查士丁尼皇帝过去一直疏于直接指挥战争，但他在最后关头却总是对战争做最充分的准备。纳尔泽斯见皇帝再三催促他率军远征意大利，也表现出将军的雄心，宣称他一定不违背皇帝的命令，此行必须带上充足的军队，定将得胜而归。于是，他从皇帝那里得到了配得上罗马帝国称号的大笔金钱、大量的人力和充足的装备，纳尔泽斯本人也因此对此行毫不倦怠，组织了一支人数众多的军队，其中不仅包括从拜占庭带来的罗马士兵，还包括他从色雷斯和伊利里亚召募的大量士兵，约翰及其岳父日耳曼努斯也带着各自的军队加入其中。皇帝还用大笔金钱将伦巴第国王阿杜因也争取过来，根据联盟的协定，他从手下选出2500名伦巴第勇士和3000多名战士作为勇士的仆役与罗马军队一同并肩战斗。此外，约翰麾下还包括3000多名埃吕利人和大量匈奴人。埃吕利人全都是骑兵，由菲勒穆特

（Philemuth）和其他一些人率领。达吉斯塔尤斯也因此被释放，率领他的军队参战，还有科巴德率领的波斯逃兵（这个人是察梅斯［Zames］的儿子和波斯国王科巴德［Cabades］的孙子，前文曾经提过，他们在沙纳兰吉斯的帮助下从他的叔叔科斯劳那里逃了出来，来到罗马人的土地上已经很久了），英勇的格庇德年轻人阿斯巴杜斯（Asbadus）率领的 400 名格庇德勇士，能征惯战的埃吕利将军阿鲁特（Aruth）统领的一支庞大而勇猛善战的埃吕利人军队，阿鲁特从小就欣赏罗马人的习性，娶了蒙顿（Mundus）之子毛里西乌斯（Mauricius）的女儿为妻，最后就是"大肚汉"约翰率领的一大批罗马士兵，我在前文提到过他。

纳尔泽斯非常慷慨，总是为有需要的人提供帮助。由于皇帝赐予他很大权力，他在自己关心的事情上能更加自主地做决定，因此很多统帅和士兵都得到了他的恩惠。自然而然，当他被任命为征讨托提拉和哥特人大军的总司令时，每个人都更愿意纳入他旗下，一些人希望能报答他，其他的人大概是期望能从他手中得到大量的赏赐。埃吕利人和其他一些蛮族人尤其崇拜他，因为他们曾受到过他的善待。

罗马大军到达维尼提亚附近时，纳尔泽斯派人去见当地要塞中的法兰克人统帅，要求他们让他的军队像朋友一样自由通过这里。但法兰克人表示决不向纳尔泽斯让步，并没有说出真正的原因，而是尽可能地隐藏事实。那就是，这样做对法兰克人有利，而且他们更支持哥特人，所以才阻挡了罗马军队的道路。他们提出了一个不合情理的借口，说是纳尔泽斯将他们最恨的敌人伦巴第人带到这里。纳尔泽斯开始时很困惑,询问与他同行的意大利人该怎么办。但一些人得到消息,回答说即使法兰克人允许他们穿过这个国家,他们还是不能从这里去拉文纳,只能到达维罗纳城。他们报告说,因为托提拉组织了哥特军中所有精兵,让哥特勇士泰伊阿斯(Teïas)作总指挥,而且已经派他们前往臣属于哥特人的维罗纳城,以阻止罗马军队继续前进。事实的确如此。

泰伊阿斯一行人进入维罗纳城后,彻底切断了敌人的必经之路,通过人为手段使得波河边界的土地无法通行,他在一些地点设立灌木丛制造障碍物,设置壕沟和沟渠,而其他地方都是很深的泥沼和大片沼泽地。他本人率领哥特军严加守卫,等待罗马人从这里经过时与他们开战。托提拉设计这些障碍是因为考虑到,一方面,罗马军队不可能沿着爱奥尼亚湾行军,因为在那里有大量的可通航河流的河口,那条路线完全不能通过;另一方面,他认为敌人一定没有足够多的船只一次性将全部军队都摆渡过爱奥尼亚湾,如果敌人以小股部队航行,他本人和余下的哥特人军队就能毫不费力地在那个地点阻止他们登陆。这就是托提拉下命令的目的。泰伊阿斯按照指示一一部署完毕。

纳尔泽斯面对这样的情况,一筹莫展。但维塔利安的侄子约翰非常熟悉这些地区,建议他率领整个军队沿着海岸前进,因为这一地区的居民是他们的属民,另外一些船只和大量的小舟也与他们并行。这样无论什么时候,只要到达河口,他们都可以用这些小舟搭成舟桥过河,使渡河变得相对容易。这就是约翰的建议。纳尔泽斯采纳了他的建议，水陆并进向拉文纳进军。

第 27 章

与此同时，发生了如下事情。我以前提到过的伦巴第人伊尔迪吉萨尔[1]是阿杜因的死敌，因为他原本是伦巴第人的国王（事实上他一出生就是国王，但阿杜因以武力从他手中夺走了王位），他现在逃出了自己的国家，前往拜占庭。当他到达后，查士丁尼皇帝考虑周到地善待了他，任命他担任一支皇宫卫队的统帅，人们称这类守卫队为"皇帝卫队"（scholae）[2]，在他手下有 300 多名伦巴第勇士，这些伦巴第人起初是居住在色雷斯的。阿杜因基于他是罗马人的朋友和同盟者，便要求查士丁尼皇帝将伊尔迪吉萨尔（Ildigisal）交出来作为对他的友谊的报答，声称这个人背叛了他，但遭到查士丁尼皇帝的坚决拒绝。

但后来，伊尔迪吉萨尔开始抱怨他的军衔和待遇与他的身份和罗马人的美名不相称，表现得非常不满。一个哥特人戈阿尔（Goar）发现了这件事，戈阿尔是很久以前作为战俘从达尔马提亚来到罗马的，那时哥特国王维提却斯还在与罗马人开战。他是一名意气风发的小伙子，不断地与自己的命运作斗争。维提却斯倒台后，他参与了哥特人策划的一场武力反抗皇帝的革命，被以叛国罪逮捕，处以流刑，流放到埃及的安蒂努斯城，作为惩罚，他在那里生

---

[1] 第 7 卷，第 35 章，那里称为伊尔迪吉斯（Ildiges）。
[2] 意为"学校"。单数词为学校，复数词为"御林军"或"宫廷卫队"。——中译者

活了很久。后来，皇帝可怜他，就把他召回拜占庭。戈阿尔见伊尔迪吉萨尔不满现状，就不停地怂恿他叛逃，并发誓他会和他一起离开拜占庭。于是，他们做了个令双方满意的计划，只带了几个手下突然逃跑，到达色雷斯的阿普里（Apri）城后，与那里的伦巴第人军队汇合。碰巧他们经过皇室牧场，就带走了大量马匹，并在进军路上一直带着这些马。

当皇帝听说后，立即派人踏遍色雷斯和伊利里亚，指示所有的统帅和士兵要尽全力阻止这些逃跑的人。其中有少量的库特里古尔匈奴人，他们是从祖先生活的地方迁徙来的那一部分人，我在前文讲过，经皇帝允许定居在色雷斯。他们接到命令后，与这些逃亡者展开激战，但被打败，其中有一些人牺牲，其余的人都逃跑了，他们没有继续追击敌人，而是原地不动。于是伊尔迪吉萨尔和戈阿尔一行人顺利地穿过了整个色雷斯，但当他们到达伊利里亚时，发现了一支精心挑选出来对抗他们的军队。这支军队的统帅是阿拉蒂乌斯（Aratius）、雷西商古斯（Rhecithangus）、莱昂尼亚努斯（Leonianus）和阿里穆特（Arimuth）等人，他们骑马走了一整天，傍晚时分在一片小树林停止进军，决定在这里露营过夜。这些统帅对士兵们发布常规命令，指示他们照管好自己的马匹，在附近河边放松一下，消除长途跋涉的疲劳。这些将领们每人带了三四名侍卫在一个隐藏的地方饮用河水，他们长途行军饥渴难耐。碰巧戈阿尔和伊尔迪吉萨尔一行人就在附近，他们的侦察兵发现了这一情况。于是他们趁罗马将领们喝水之机发动突然袭击，杀死了所有罗马将领，这样他们就可以放心大胆地继续行军了。罗马士兵们发现统帅不见了,顿时一片困惑,不知所措,便开始撤退。于是戈阿尔和伊尔迪吉萨尔就顺利地沿着这条路逃到格庇德人那里。

这时,一个叫乌斯特里戈图斯(Ustrigothus)的人从格庇德人一方逃到伦巴第人一边。事情是这样的:格庇德人国王埃莱蒙顿(Elemundus)不久前因病去世,乌斯特里戈图斯是他的唯一活着的孩子,而托里辛(Thorisin)却将他废黜(因为他还是一个小男孩),自己夺取王位。这个男孩因无法与篡位者对抗,被迫离开自己的祖国,来到正与格庇德人交战的伦巴第人这边。不久后,格庇德人与查士丁尼皇帝和伦巴第人都进行了和谈,庄严发誓从此以后相互之间永久保持和平友好的关系。当和约的详细条款最后定下来时,查士丁尼皇帝和伦巴第国王阿杜因都派人去见格庇德国王托里辛,要求他交出他们共同的敌人:投降者伊尔迪吉萨尔,作为他们刚刚建立起的友谊的证明。

于是托里辛与显赫的格庇德人商议目前的形势,急切询问是否应该答应两位君主的要求。他们一致反对交人,宣称这样做对信仰不敬,玷污他们的名声,还不如立即让格庇德人与其女人和物品一起消失呢。托里辛听到这话,举棋不定,他一向尊重臣下的意见,同时他也不愿再一次与罗马人和伦巴第人开战,破坏他们历尽辛苦耗费时间才得来的和平。但后来,他想出了一个计策,他派人去阿杜因那里要求他用埃莱蒙顿的儿子乌斯特里戈图斯交换伊尔迪吉萨尔,刺激他与自己有一样的负罪感。他希望通过这个办法利用对方对毁约的恐惧来挫败对方,那么阿杜因就会受到打击。于是他们作出了决定,考虑到无论是伦巴第人还是格庇德人都不愿意得此恶名,他们根本没有公开行动,而是各自秘密地将对方的敌人伊尔迪吉萨尔和乌斯特里戈图斯处死,至于他们是怎么做的,我不想说,因为关于这件事的叙述大相径庭,没有一致的说法,而且又是暗中进行的。事情本来就是如此。这就是伊尔迪吉萨尔和乌斯特里戈图斯的结局。

第 28 章

纳尔泽斯的军队到达拉文纳后[1],瓦莱里安、查士丁将军率领当地所有罗马军队都加入进来。他们在拉文纳停留的第 9 天时,一位哥特人勇士、阿里米尼(Ariminum)守备队的统帅乌斯德里拉斯(Usdrilas)给瓦莱里安写了这样一封信:"尽管你们已经让全世界人都听到你的演讲,用你们力量的假象迷惑了整个意大利,表现得极其傲慢,尽管如你的臆想,以这种方式吓坏了哥特人,但是你现在却待在拉文纳无法向敌人展示自己的军队,也根本没有办法隐藏你的策略,反而使用庞杂的游牧部落的蛮族人去糟蹋根本不属于你们的土地,这无疑是你们保持傲慢的方式。尽快开战吧,向哥特人展示你们的勇气,不要再以希望折磨我们了,因为我们等待这一天很久了。"这就是信的内容。

当纳尔泽斯读过这封信后,他嘲笑了哥特人的厚颜无耻,并马上让全军做好出发的准备,留下查士丁和一支守

---

[1] 这里叙述的内容接着第 26 章。

备队在拉文纳。当他们接近阿里米尼城时,发现再往前的路都很难走。因为不久前哥特人毁坏了这里的桥,即便是没有武器装备的人在没有受到袭击或遇到路障的情况下步行过河也要花极大的力气,困难重重。这条流经阿里米尼城的河流几乎无法通过[1],而他们庞大的军队都全副武装,还面临着敌人进攻的危险,在这样的情况下,想要过河更是一点可能性都没有。于是纳尔泽斯带了一些人来到这座桥旁,他心存困惑,仔细考虑应该怎样解决这一难题,这时乌斯德里拉斯率领一些骑兵突然出现在那里,以便了解他不知道的事。纳尔泽斯的一个随从立即拉弓向他们射箭,射中了一匹马。马立刻丧命。乌斯德里拉斯的队伍见状马上撤回要塞,很快他们又从另一扇门向罗马人冲过去,又带上了其他善战勇士,企图出其不意发动袭击杀死纳尔泽斯。此时,纳尔泽斯为了进军渡河,已经派人过河侦察情况了,其中的一些埃吕利人碰巧遇到了敌人,并杀死乌斯德里拉斯,罗马人验明其身份后砍下他的头,随后他们来到罗马营中向纳尔泽斯展示头颅,罗马军队士气大振。他们从这件事情中感到上天在与哥特人作对,因为哥特人本想埋伏杀死敌人的将军,却突然失去了自己的将领,既没有人要阴谋,又没有泄露计划。

尽管阿里米尼守备队的统帅乌斯德里拉斯已被杀死,纳尔泽斯还是率军继续前进,因为他不想在阿里米尼或其他敌人占据的要塞制造麻烦,以免浪费时间,也不想让执

---

[1] 这座雄伟的奥古斯都桥位于马雷基亚(Marecchia)河上(古代的弗拉维乌斯·阿里米尼),虽然受到过严重的损害,但至今依然屹立,是对普罗柯比这一叙述的证明。

行任务中的插曲影响到最关键的胜利。阿里米尼守备队因为统帅已死,都静静地待在要塞中,不再阻拦罗马人,因此纳尔泽斯大胆地重新架设了一座桥,全军顺利过河。他们由此离开弗拉米尼亚大道向左前进。在这个地方有一座被称为佩特拉·佩尔图萨的自然形成的坚固要塞,前文中已经描写了这个要塞[1],很久之前就被敌人占领,所以这条路对于罗马人来讲也是不可通行的,至少就弗拉米尼亚(Flaminian)大道而言是不可通行的。于是纳尔泽斯舍弃近路,而走那条可通行的远路。这就是罗马军队行军的情况。

第 29 章

托提拉得知维尼提亚发生的事后,先在罗马城附近静候泰伊阿斯和他的军队,两军会合后,仍有 2000 名骑兵没赶到,托提拉决定不再等待,率领所有军队出征,以便能在预定地点截击敌军。但在行军中得知乌斯德里拉斯阵亡和敌人已经经过阿里米尼后,哥特军队直接穿过整个托斯卡纳,到达亚平宁山脉下靠近当地人称为塔吉奈(Taginae)的村庄[2]的地方扎营。纳尔泽斯率领下的罗马军队不久后也抵达亚平宁山下扎营,离其敌人的营帐有 100 斯塔德远,这个地方四周被群山环绕,是一块平坦的地面,他们说这里曾经是罗马将军卡米鲁斯率领罗马人打

---

[1] 第 6 卷,第 11 章。
[2] 很可能是塔迪纳姆(Tadinum),即现在的瓜尔多·塔迪诺(Gualdo Tadino)村。

败并全歼高卢军队的地点[1]。直到今天,这个地方的名字仍是将军战绩的见证,保留着高卢人灾难的记忆,被称为"高卢人的坟墓"(Busta Gallorum)[2],拉丁语中烧过的葬礼柴堆为"busta"。这里有大量埋葬尸体的坟堆。

纳尔泽斯立刻从这里派出一些使节去劝说托提拉先把战事放在一边进行和谈,因为他作为一个统帅必须意识到哥特军队兵力不足,且最近才联合起来,根本不能与罗马帝国长期对抗。但纳尔泽斯也告诉使节,如果托提拉决定决一死战,那就立刻催促他定下明确的开战日期。于是,这些使节来到托提拉面前,转达纳尔泽斯的话。托提拉虚张声势地吹牛说他们有能力、也必须战斗,使者们很快回答说:"非常好,陛下,那就为开战指定一个明确的时间吧。"托提拉马上说:"我们8天后进行较量吧。"就这样,使节们回到纳尔泽斯那里汇报了他们的协议。而纳尔泽斯猜测托提拉正在耍诡计,便为第二天开战做准备。事实上,他对敌人意图的判断是正确的,第二天,托提拉果然率全军对罗马人宣战,两支军队很快面对面摆好阵势,他们之间的距离还不到两箭之遥。

双方军队都急于占据附近一处小山包,因为小山的位置极为有利,不仅可以从高处向敌人射箭,而且也因为四周有很多山,这我在前面提到过,如果想包抄到罗马军营后面,就只能绕行一条沿着小山边缘的小径,因此双方军队都认为这里非常重要,哥特人的目的是为了能在战争中

---

[1] 这个说法不准确。
[2] "高卢人的坟墓",普罗柯比在这里说的不是事实,李维《罗马史》第5卷第48章中认为"高卢人的坟墓"是在罗马城。

包围敌人,前后夹攻,罗马人则竭力阻止敌人这样做。纳尔泽斯预计敌人会来抢占山头,便从一支步兵大队中选出50人,派他们趁深夜去占据小山。他们一路上没有遇到敌人,顺利到达目的地静静等候。在小山前面有一条小溪,沿着我刚才提到的那条小径流过,在哥特大营的对面。50名罗马士兵守在小溪处肩并肩地站着,因空间限制组成一个方阵队形。

第二天,托提拉看到制高点已被占领,就立刻派一支骑兵队,企图尽快把敌人从那里赶走。于是,骑兵们大声喊叫着向他们进攻,想一鼓作气击退敌人。罗马士兵们紧密集结到一个小空间里,以盾牌形成保护,伸出矛枪待战。哥特人冲了上来,匆忙进攻,队形因此变得十分混乱,毫无章法。50名罗马士兵沉着应战,向前移动盾牌步步为营,并迅速地刺出他们的矛,紧密配合,互不阻碍,勇敢地抗击敌人,不给敌人以可乘之机。一方面,他们撞击盾牌产生的嘈杂声使敌人的马受惊,另一方面,他们用矛尖对付敌人。马匹因地形陡峭和盾牌撞击的声音而惊慌起来,还因受到空间的限制无处可跑,所以焦躁不安。同时,哥特士兵也渐渐疲惫不堪。他们不但要和毫无漏洞可乘、阵形紧密排列的敌人战斗,而且还要控制不顺从的马匹,结果导致第一次进攻彻底失败,骑马后撤。第二次进攻也遭受了同样的命运。多次进攻都失败后,他们不想继续进攻了。托提拉又换上另一支部队,但他们同样受挫,其他的部队又来接替他们,托提拉就这样多次派军队进攻都一无所获,最终不得不宣告放弃。

这50名罗马士兵因表现勇猛赢得了很高的声誉,其中有两个表现得极为突出,他们是保卢斯和安西拉斯。这两个人在混战中以过人的勇气跳出方阵,拔出他们的剑放在地上,然后拉弓不断向敌人射箭,大部分都射中了目标,射死了许多敌人和马匹。最后,他们的箭都射光时,便重新拿起剑和盾牌,独自抵抗敌人的攻击。只要有骑兵从马背上用矛刺向他们,他们立即以剑削掉矛头,他们以这种方式阻击瓦解了敌人多次猛冲。其中叫保卢斯的勇士,他的剑因多次劈砍敌人的木矛杆而断成两半,他立即将其扔掉,双手从敌人那里把矛猛地抢过来,在众人眼前用这种方式从敌人那抢过来四根矛,他成为敌人放弃进攻的主要原因。因为他的这次战功,纳尔泽斯从此任命他为自己的贴身侍卫。这些事情就讲述到这。

第 30 章

两支军队已为开战做好准备。纳尔泽斯把将士们召集到一个小地方,鼓励他们说:"当一支军队与一支力量相当的敌军开战时,也许有必要来一段冗长的劝诫和鼓励以激起士兵的勇气。在勇气上胜于敌人,他们就会发现战事按自己的意愿发展。但对你们来说,你们要对抗的是一支在勇气、数量和装备各方面都远远次于你们的军队,我认为我们不需要做其他事情,只要带着上帝的支持投入战斗,你们一定要不停地祈祷上帝站在我们这边,带着对敌人的蔑视最终打败这些强盗。他们本来是伟大皇帝的奴隶,逃跑后拥立一个不值一提的暴民建立了僭主政治,因某种原因以强盗行为大范围破坏罗马帝国。有人还会这样想:如果哥特人考虑周全的话,他们甚至不应该列队与我们对抗,但他们却以不合理的鲁莽方式进行着一场绝望的游戏,表现得狂乱而轻率,他们在这样的状态下还敢拥抱明显等待他们的死亡,而不是以一种正当的希望保护自己,甚至没有从一连串突然出现转机的奇异事情中看到他们将遭到的命运,但准确无疑的是,上帝要因他们无法无天的暴行而惩罚他们,因为注定要受到天谴的人会一步一步走向天罚,没人救得了他们。除此之外,当你们投入到这场捍卫法治政府的斗争中时,他们却在发动叛乱,反抗法律,进行绝望的斗争,不期望给他们的继承者留下任何东西,反而非常确定这一切都要与他们一同被消灭,他们赖以生存的希望也会转瞬即逝,他们完全应该被鄙视。因为那些没有法治政府管理的人们毫无美德。所以胜利已经是我们的了,因为胜利与美德并存。"这就是纳尔泽斯发表的演讲。

托提拉见自己的手下非常害怕罗马军队,就把他们召集到一起说:"士兵兄弟们,我把你们召集到一起的目的是进行最后的劝诫,因为我相信在这次战斗中,这将是最后一次劝诫,这场战争将在一天之内分出胜负。因为我们和查士丁尼皇帝双方都已经在长期的战争中经历了阴谋、战斗、困苦,消耗了所有的力量,非常疲惫,我们已经完全不具备再打下去的能力了。如果我们这次打败敌人,他们以后将永远不会卷土重来,相反,如果我们失败了,哥特人就没有重新战斗的希望了,任何一方失败了都有充分的借口罢兵停战,因为人们一旦放弃对抗强大的敌人,他们就不再有勇气重开战争,即使有一天他们也许因实际需要被迫去抗争,他们的心里也不愿意再打仗了,因为失败的记忆令他们退缩。在这场战争中,我的伙伴们,你们要尽全力勇敢前进,不要为其他事保留任何力量。把你们所有的力量都投入到战斗中,要抱着必死的决心。不要吝惜武器和马匹,它们以后对你们也没用了,因为所有的一切都被命运摧毁了,只剩下眼下这最后的希望。鼓起勇气、充满斗志为无畏的行动做好准备吧。因为人们只剩下唯一的希望时,像我们现在这样,只有在最关键的时刻不失去勇气才能获得安全。因为在危急时刻过后,热情就不值一提了,尽管热情是无穷尽的,但事物的本质要求事情过后就不需要勇气了,一旦错过需要,那一切都晚了。我相信你们能以最好的方式利用行动中的一切机会勇敢作战,这样才能享受把握机会给你们带来的好处。你们都很清楚在目前的形势下逃跑的人会自食恶果,因为放弃岗位逃跑的人没有理由活下来。如果逃兵能看清逃跑会引起死亡,那么他敢于面对危险比逃跑要安全得多。我们有理由轻视为数众多的敌人,因为他们是多民族的大杂烩,把众多民族拼凑起来的这种联盟根本不能保证其忠诚和力量,因国别不同,目的自然也不同。你们不要认为他们用大笔钱雇佣匈奴人、伦巴第人和埃吕利人就能保证获胜,在死亡威胁面前,他们根本不会为钱而使自己陷入危险,因为在他们心中,生命还没有低贱到不如银子的地位,我清楚地知道,他们只是在战斗中敷衍了事后以最快的速度逃跑,或者因为雇佣金已拿到手,或者按照他们自己统帅的命令行事。即使是看上去令人鼓舞的事情——这与战事无关——如果没有按照人们自己的意愿去做,而是被迫或屈服于其他强制力,那些事也不会令人感到愉快,他们反而因为强制力的作用而显得可憎，如果他们不按照我们的意愿去做，如果他们被迫或受雇或迫于其他的压力，那这件事就不再令人愉快了，因为这种强制极其可恶。记住这些话，拿出所有的勇气与敌人战斗吧。"

第 31 章

托提拉讲完之后，双方军队列队迎战。双方所有军队都面对着敌人，列成纵深方阵。罗马军队先头部队很长：左翼由纳尔泽斯和约翰统帅，这一部队是罗马军队中的精兵，两将领身后除了士兵，还有一大批枪兵、侍卫和匈奴勇士，他们在小山附近摆开阵势；右翼由瓦莱里安、"大肚汉"约翰、达吉斯塔尤斯及所有其他将领统率的罗马人军队组成，左右两翼都设有大约8000名步兵弓箭手，他们是从正规部队中选出的；纳尔泽斯将伦巴第人、埃吕利人和其他所有蛮族人军队布置在方阵中间，命令他们都下马步行战斗，万一不巧他们在战斗中心存恐惧临阵害怕，也不会急于逃跑了；纳尔泽斯还在罗马前线部队的最左侧前锋安排了1500名骑兵，形成一个突出部，根据指示，其中500人是准备在罗马人被迫后退时侧翼出击扭转危局的，而那1000人则在敌人的步兵开始进攻时立即包抄到其后部，前后夹击。托提拉列的方阵与对方一样，他沿着阵线不断用自己的意见和感情鼓励其士兵们要大胆奋战。纳尔泽斯也这样做了，还把镯子、项链和金马勒等都挂在竿子上，还拿出其他贵重物品鼓励和刺激战士们的斗志。然而，在一段时间里双方军队都按兵不动，等待着对方发动进攻。

在哥特军中有一个享有很高声誉的勇士科卡斯（Coccas），他是以前逃到托提拉那里去的一个罗马士兵，这时骑马冲出来靠近罗马军队进行挑战，问是否有人有胆量出来与他单打独斗。纳尔泽斯的枪兵亚美尼亚人安扎拉斯（Anzalas）翻身上马，出阵应战。科卡斯首先冲上去，想用重矛直刺对方的腹部，而安扎拉斯突然把马转向一边，躲过了敌人的进攻，正好移到敌人的侧面，乘势用矛头刺进对手的左侧，科卡斯随即落马气绝身亡，罗马军队爆发出巨大的欢呼声，这时两军还没有正式开战。

托提拉一人来到两军中间，不是要单独较量，而是要阻止他的对手乘胜发动攻势，拖延时间。因为他听说落在后面的那2000名哥特骑兵就要赶到了，所以他想拖延时间等他们到来。他极其主动地在敌人面前展示自己，只见他穿着镀金的盔甲，盔甲和矛上都吊着饰品，饰有紫色的流苏，这是国王身份的象征。他骑在一匹高头大马上，开始在两军之间熟练地耍起武器来。他让马跑了一圈后又转头向回跑，一圈又一圈，他边骑马边向空中投掷矛枪，然后在武器落下的瞬间从上方的空中抓住它，其金枪在两手之间飞舞，上下翻飞，他以此展示高超的舞枪弄矛技术。他自恃武艺高强，得意万分，时而平躺在马背上，时而伸展双腿离开马镫，从这边挪向那边，好像他从小就受到过严格的舞艺指导，就这样，他以这一策略耗掉了整个清早的时间。为了无限期拖延这场战斗，他还派人去罗马军队中表达了希望与他们谈判的意愿，而纳尔泽斯则看清了他是以此消耗时间。因为在开战之前有机会提出和谈建议时，他已经在着手准备战斗，现在到了战场上，他又想要进行不可能的谈判，是在耍诡计。

第 32 章

与此同时，那 2000 名哥特人赶到了。当托提拉得知他们已经到达栅栏防御区时，见已到午饭时间，就回到自己的营帐中，哥特军队也打乱队形撤回来了。当托提拉回到自己地盘后，面见这 2000 名士兵，立即下令所有的哥特士兵吃饭，他自己则改变装束，一丝不苟地穿上战斗的装备，率领军队直冲向敌军，以为能够出其不意发动攻击从而击败敌人。尽管这样，他发现罗马人还是有准备的。因为，纳尔泽斯一直担心敌人发动突袭，所以不允许任何一个士兵坐着吃饭，也不允许他们睡觉，甚至不能脱下胸甲和取下马勒。同时，他也不准他们不吃饭，而是命令他们全副武装地保持在队伍中小吃一顿，时刻保持警惕对抗敌人的进攻。他们的队形有所改变，因为罗马军队的两翼各有 4000 名不骑马的步兵，纳尔泽斯命令他们向前移动，形成一个新月形，而哥特人的步兵则形成一个整体位于骑兵队的后面，目的是如果骑兵溃败，逃命的人就可以向后撤退而获救，并且全体哥特人军队能够继续前进。

托提拉不允许其军队在战斗中使用弓箭和其他的武器，只能用矛，结果反而被自己愚蠢的战略打败。我不知道托提拉为什么要让自己的军队在武器缺乏、侧翼受敌的情况下与敌人战斗，这样根本无法与对手抗衡。因为一方面，罗马人在战争中根据实际需要充分运用每种武器，射箭、刺矛、挥剑，或在某个战场上使用其他便利和适合的武器，一些人骑在马上，另一些人则步行参加战斗。他们根据实际情况配备人数，能够包围敌人和用盾牌抵挡敌人的进攻。而哥特骑兵则不同，他们把步兵丢在后面，只信任自己的矛，鲁莽进攻，一旦进入激战，就会因自己的鲁莽而吃亏，因为他们向敌人中心发动猛击时，渐渐地改变了前线两翼的队形，不知不觉就置身于那8000名步兵包围之中，受到来自两面弓箭的射击，弓箭手不断从两翼向中间移动，形成了上文说的新月形，迫使他们很快放弃战斗。于是，哥特人在与敌人尚未正式开战时就死伤了很多人马，在经历了惨重的伤亡后，艰难地到达敌军方阵前面。

在这里我很佩服这些罗马人和他们的蛮族盟军，因为他们都表现出同样的斗志、勇气和力量，每个人都拿出最大的勇气抵抗敌人的进攻。傍晚时分，双方军队突然发动攻击，哥特人后退，罗马人追击，哥特人因为能力削弱抵抗不住敌人的猛击，节节败退。他们害怕敌人众多的士兵和无懈可击的阵形，最后仓促地转身逃跑，一点也没有想过反抗，害怕得好像空中恐怖的幽灵要扑向他们一般，似乎上天在和他们作对。很快，哥特骑兵退到步兵队那里，使情况更加糟糕，因为他们不是有次序撤退的，根本没想到调整后杀个回马枪，在步兵援助下重新战斗，以众多士兵的反攻击退追击者，而只是混乱地逃窜，有些人甚至被攻势迅猛的步兵队杀了。这样，步兵队不但没有打开阵门接收他们或者原地援救，反而跟着骑兵队一起仓促逃跑，他们在溃败的过程中互相拥挤践踏，就像在夜里盲目战斗一样。罗马军队乘胜追击，大肆屠杀途中的敌人。哥特人心中充满恐惧，任敌人处置，根本不敢正视敌人，毫无还手之力。

是役哥特人损失了6000名士兵,更多的人被俘,罗马人开始时囚禁他们,不久后就将他们全部处死,其中不仅包括哥特人,还有大量的罗马逃兵,这我在前面已经提过,他们先前离开罗马军队逃到托提拉和哥特人那边。而哥特军中侥幸没有战死或被敌人俘虏的士兵有的骑马、有的步行从战场逃跑了。以上就是本战战果。

战斗结束时天已完全黑了,托提拉与另外5个人一起趁夜色逃跑,其中一人是希普阿尔(Scipuar),他们被一些罗马军追击,罗马人不知他们追击的逃敌中有托提拉。其中一个格庇德人阿斯巴杜斯在追击中靠近托提拉,用矛猛刺他的后背。在托提拉后面的一个哥特年轻人是托提拉的家人,见此情景气愤地大喊道:"你这只狗,你在干什么?要攻击自己的主人吗?"阿斯巴杜斯听后更是全力地向托提拉刺出了矛,但他因被希普阿尔击伤脚部而停下。阿斯巴杜斯因为被另一个追击者刺伤,停止追击,和阿斯巴杜斯一起追击的共有4个人,他们都放弃追击而来救援他,与他一起返回。托提拉的护卫认为敌人继续追击他们,拼命向前逃跑,尽管托提拉已经受了致命伤,昏迷了过去,他们还是坚持不肯停下救助。他们在疾奔逃窜了84斯塔德远后到达一处被称为卡普拉(Caprae)的地方[1],在这里休息并尽力处理了托提拉的伤口。托提拉不久之后就离开了人世,随从们就地埋藏了他的尸体,而后离开了此地。

这就是托提拉的统治和他生命的结束。他统治哥特人

---

[1] 可能是现在的卡普拉角(Caprara)。

11年，而他最后的结局却与过去的功绩大不相称，因为他在各个方面都堪称优秀，但他的结局却与他的事迹不相符。这里又一次明显看出，命运女神是在娱乐她自己，以她的任性和莫名其妙的意愿破坏了人间的事情，她长期按照自己的意愿无缘无故地把胜利赐给托提拉，现在又无缘无故地惩罚毁灭了他。我相信这些事情人们从未弄懂过，将来也永远不会理解。关于这件事有很多争论，各人观点不同，只要合他们心意，他们就会觉得忽略合理的解释也不要紧。我还是接着前文讲吧。

实际上罗马人不知道托提拉已经死去，是一个哥特女人告诉他们这件事并指出坟墓所在地的。他们开始不相信，于是就赶到那里，毫不犹豫地挖开坟墓，看到尸体并辨认出确是托提拉。眼前的景象满足了他们的好奇心，而后他们又把他埋入土中，然后立即向纳尔泽斯汇报此事。

还有一些人说托提拉之死和战争的情况与我讲的不一样，我似乎也该记录这个版本，他们说不是因为某种奇怪的、不可说明的原因，哥特军队才后退的，而是当一些罗马人从远处射箭时，碰巧有一支箭射中了托提拉，射箭人并非故意瞄准他。由于托提拉不希望敌人认出自己，当然，也不想成为攻击的目标，所以穿了一身普通士兵的装备，他站在方阵中的位置也是随意的，但运气之神把这厄运加在他身上，指引这支箭击中他，在受了致命伤后，他疼痛难忍，就与一些人撤离了方阵，缓慢后退，他到达卡普拉之前，一直忍住伤痛继续骑马，但到了那里就昏迷过去，并留在那里养伤，不久后因伤过重而死。与此同时，哥特军队完全无法与对手抗衡，加之其统帅突然从战场上撤离，设想一下，托提拉一个人混在军队中在敌人没有故意攻击他的情况下受了致命伤，哥特军队受到何种沉重的打击，最后变得惊恐不安，落入恐惧的无底洞，因此慌乱后退。关于这些事让每个人根据自己的想法去说吧。

第33章

纳尔泽斯为目前的胜利而狂喜，他不停地感激上帝，的确是这样的。喜悦过后，他着手安排各项紧急事宜，他首先急于制止伦巴第人的粗暴行为，因为他们普遍无法无纪，不断地放火焚烧路上每一座建筑物，强奸躲在教堂中的妇女。于是，他以大笔钱财赏赐安抚他们，打发他们回家，命令瓦莱里安和他的侄子达米亚努斯（Damianus）率旗下军队护送他们到罗马帝国边界，以防止他们在回家路上伤害无辜。伦巴第人离开罗马领土后，瓦莱里安在维罗纳附近扎营，想通过围攻为皇帝占领该城。城中的守备队因为陷于恐慌而公开与瓦莱里安谈判，达成投降献城的条件。当在维尼提亚城镇守卫的法兰克人得知此事后，全力阻止，宣称这块土地属于他们，他们有权处理这事。结果双方谈判没有取得任何进展，瓦莱里安率全部军队从那里撤离。

那些战败后逃跑幸存的哥特人，渡过波河后占领了提西纳姆城和附近的乡下地区，推举泰伊阿斯为其首领。他们找到了托提拉存放在提西纳姆的所有钱财后，想与法兰克人结盟。泰伊阿斯在条件允许的情况下尽可能重新组织哥特人，急于把他们召集到自己身边。当纳尔泽斯听说后，命令瓦莱里安率旗下全军守卫在波河附近，阻止哥特人自由渡河，他本人则率其余所有部队赶往罗马。当他们来到托斯卡纳时，纳尼亚（Narnia）城守军投降，他在没有城墙的斯波莱提厄姆留下了一支守备队，命令他们尽快修好那里被哥特人毁坏的城墙。而后派一些人去打探佩鲁西亚守备队的实力。佩鲁西亚守备队的统帅是两个罗马逃兵梅利杰迪乌斯（Meligedius）和乌利夫斯（Ulifus），乌利夫斯以前曾是西普里安的侍卫，托提拉以令其满意的承诺收买了他，促使他叛变杀死了当时此地的军队统帅西普里安，现在梅利杰迪乌斯想接受纳尔泽斯的建议，计划率领手下军队把城市交给罗马人，乌利夫斯与其手下觉察后，就联合起来公开反对。他们之间爆发了冲突，乌利夫斯和与他持相同意见的人全部被消灭，梅利杰迪乌斯将佩鲁西亚交给了罗马人。乌利夫斯在谋杀西普里安的地方死去，明显是受到上天的报应。这就是事情的经过。

　　守卫罗马的哥特人听说纳尔泽斯率领罗马军队前来进攻，已经兵临城下，急忙做好了顽强抵抗的准备。在托提拉第一次占领该城时，他下令烧毁了许多建筑……但最后，因为哥特人数锐减，只剩下很少人，无法守卫罗马全部城墙，因此他便以一小段城墙护卫住包括哈德良之墓的这一部分城市，通过这一部分与以前的城墙相连，形成了一个要塞。哥特人把他们全部的财富都储存在那里，在城墙上严加守卫，同时对罗马城墙的其他部分不加保护。

　　罗马城的外城墙极长，罗马人无法进行围攻，哥特人也难以守卫它。于是罗马人随机分散在各个地点开始进攻，其他人则尽可能防守夺取的部分，见机行事。纳尔泽斯率领大量弓箭手集中攻击要塞的一部分,他又命令维塔里安的侄子约翰在另一个地方攻击,菲勒穆特(Philemuth)和埃吕利人袭击其他部分,其余的人则在他们后面远距离留守。事实上,所有向城墙同时进攻的人之间都有相当的间距,蛮族人急忙聚到受攻击地点进行反击,在罗马人没有袭击的防御墙其他部分,根本没人守卫。如上所述,哥特人都聚到敌人攻击的方面去了。在这种形势下,纳尔泽斯指示达吉斯塔尤斯率领大量士兵,以及纳尔泽斯和约翰的旗手,带着许多梯子对无人守卫的城墙进行突袭,他们在无人抵抗的情况下迅速将梯子搭在城墙上,毫不费力地进入城中,自由打开了城门,哥特人很快发现形势不妙,根本无心抵抗,每个人都在拼命地逃跑,其中一些人冲进要塞中,其他人都逃到波图斯港去了。

讲到这里时,我想评论一下命运女神给人间事务开玩笑的方式。她并不是总以同样的方式光顾人间,照顾众生,而是随着时间和地点的变化而改变,她在与人类玩一种游戏,根据时间、地点和环境的不同去改变可怜人的命运。过去曾经失去罗马的贝萨,不久之后又为罗马人在拉齐卡夺回佩特拉,而达吉斯塔尤斯则相反,他曾失去了佩特拉,过了不久却为皇帝收回了罗马。这样的事从一开始就不断发生。只要人类的命运不变,这样的事也永远不变。纳尔泽斯现在集中全部军队列起战斗队形进攻要塞,蛮族人非常害怕,当他们得到保全性命的承诺后,立即投降并交出要塞。这一年是查士丁尼皇帝统治的第26年(552年),在他统治期间,罗马城第5次被占领,纳尔泽斯派人将城门钥匙交给了皇帝。

第 34 章

那时候全人类都清楚地知道,当人类注定要忍受痛苦时,即使那些貌似幸福的事情也都变成了毁灭性的灾难,当它们按照人们的意愿发展时,这些人很可能会和这份繁荣一起毁灭。这场胜利对于罗马元老和罗马人民来说是一场更大的灾难。哥特人放弃意大利的统治仓皇逃跑,在逃跑的路上,他们无情地杀戮遇到的罗马人,同时,罗马军队中的蛮族人,将进城后遇到的所有人都视为敌人而大肆杀戮。元老们也面临着这样的灾难,因为托提拉之前将许多元老院成员扣留在坎帕尼亚的城镇中。当他们一些人听说皇帝的军队已占领罗马时,便离开坎帕尼亚回到罗马。但坎帕尼亚要塞中的哥特人听说此事后,立即搜寻整个地区,杀死所有的贵族,其中包括马克西姆,我在前文中曾提到过他[1]。碰巧托提拉在从那里出发与纳尔泽斯决战之前,已把每个城市罗马贵族的孩子们都聚到一起,选出大约 300 名相貌俊美者,表面上对他们的父母说是要与他生活在一起,实际上就是做他的人质。当时托提拉仅仅要求他们留在波河以北地区,现在泰伊阿斯发现他们后,将他们全部处死。

塔兰托的哥特人守备队统帅拉哥纳里斯(Ragnaris)从帕库里乌斯那里得到皇帝的保证,表示愿臣服于罗马人,

---

[1] 第 5 卷,第 25 章;第 3 卷,第 20 章。

如前所述[1]，他还将6名哥特人作为人质交给罗马人保证协议的执行。他听说泰伊阿斯已成为哥特人国王，并邀请法兰克人与他结盟率全军共同对抗罗马人。这时，拉哥纳里斯又完全改变了主意，坚决拒绝履行协议，为了急于要回人质，他就想出了一个计策。他派人去帕库里乌斯那里要求派一些罗马士兵来他这里，护送他的手下安全到达德里乌斯[2]，再从那里渡过爱奥尼亚湾去拜占庭。帕库里乌斯完全没料到他的阴谋，就派50名手下士兵前去帮助他。当拉哥纳里斯将这些士兵迎进要塞后，立即将其全部监禁，传话给帕库里乌斯说，如果想要回他的士兵就要释放哥特人质。帕库里乌斯得知后，留下一些人守卫德里乌斯，立即亲自率领其余军队前去进攻敌人，拉哥纳里斯立即杀死了这50个人，从塔兰托率领哥特人前来迎战。一场大战后，哥特人战败，伤亡惨重，拉哥纳里斯和余下的人一起逃走，然而他无法回到塔兰托，因为罗马人已全面包围要塞。他去了阿谢龙提亚，并留在了那里。不久后，围攻的罗马人以招降的方式占领了波图斯和托斯卡纳的内巴[3]要塞，以及佩特拉·佩尔图萨要塞。

同时，泰伊阿斯考虑到哥特人的军队已不能与罗马军队相匹敌，就派人去见法兰克人国王提奥德巴尔德（Theudibald），送去大量金钱，邀请他们结成同盟。然而，我猜法兰克人完全出于自身的利益考虑，既不想为哥特人也不想为罗马人的利益卖命，只想为自己取得意大利，他

---

[1] 第26章。
[2] 现在的奥特朗托。
[3] 现在的内皮（Nepi）。

们只肯为此而冒战争的危险。我以前曾讲过，托提拉在提西纳姆存放了一些钱财，将大部分的钱财都运到坎帕尼亚一个极其坚固的要塞——库麦要塞中了，派驻了一支守卫队，还任命自己的兄弟和希罗狄安为守卫队的统帅。纳尔泽斯想俘虏这支守备队，而他本人正在罗马处理事务，就派一些人去库麦包围要塞，并事先向他们下达了指示。他还派了另一支军队前去包围森图姆塞勒（Centumcellae）。守卫这笔钱财的泰伊阿斯担心库麦（Cumae）的守备队早已丧失了对法兰克人的信心，只能整顿军队，列好阵形准备与敌人开战。

当纳尔泽斯察觉此事后，命令维塔里安的侄子约翰和菲勒穆特率领他本人旗下的军队进入托斯卡纳省，在那里占据一个地点，阻止敌人进入坎帕尼亚，以便使包围库麦城的军队能够不受干扰地通过强攻或招降的方式占领该城。库麦城军队为躲避敌人而放弃其右侧很远处的直路，取道爱奥尼亚湾海岸经过多次长距离绕行到达坎帕尼亚。纳尔泽斯获悉情报后，召回正在守卫通向托斯卡纳必经之路的约翰军和菲勒穆特军，又召回刚占领了佩特拉·佩尔图萨的瓦莱里安和军队，以便集中军力。他本人率领全部军队向坎帕尼亚进军，列队准备战斗。

第 35 章

在坎帕尼亚有一座维苏威（Vesuvius）火山，我在前文曾提到过[1]，经常发出咆哮声，同时喷出大量炙热的火山灰，我那时的叙述就在这里打住了。与西西里的埃特纳（Aetna）火山相类似，维苏威火山的中心也是一个天然形成的空洞，从山的底部一直到山顶，在空洞的底部，终年燃烧着大火。至于其深度，当一个人站在山顶时，如果他敢从那里的边缘向下看，是难以看到火焰的。每当这座山喷发热灰时，火焰就会从维苏威火山的底部冲出岩浆，烧化岩石，将它们推到山顶处，有的很小，有的非常大，从那里向外喷射，散在四周。同时一股火流也从山顶流出，一直流到山脚下，有时会流得更远，像埃特纳火山喷发的情景一样。岩浆流两边都形成了很高的岩床，当带火焰的岩浆流沿着岩床流动时，看起来像一股燃烧的水流，当火焰熄灭时，火流立即停止，不再向前流动，其沉淀物既像泥又像灰。

在维苏威火山的山脚下有几股适合饮用的泉水，德拉孔河（Dracon）发源于此，流经努切里亚（Nuceria）[2]城附近。两军那时就在这条河边扎营，分布在河流的两岸。虽然德拉科河是一条小溪，但骑马和步行都不能通过，因为它十分狭窄，又在地面以下很深的地方流过，使得两岸都远高于水面之上，显得非常陡峭。我不知道是否可以从泥土或水中寻找出它的成因。因为哥特人在离桥很近的地方扎营，首先占据了河上的桥，把木塔设置在桥上，在塔中有很多机械，其中有一种被称为"发射机"（ballistae）

---

[1] 见第6卷，第4章。
[2] 现在的诺切拉（Nocera）。

的机械，利用它从塔上向下射击敌人的头部，结果两军不可能发生直接的肉搏战，因为如上所述，他们中间隔了一条河。双方都沿河岸尽量靠近对方，大部分士兵都只用弓箭射击对方，也有过单打独斗的人，偶尔有一些哥特人为了迎接挑战而过桥去对敌搏杀。两军就以这种方式对峙了两个月的时间，只要哥特人还控制着那一部分海洋，就会以船只运送食物供给维持生活，因为他们扎营的地方离岸边不远。后来，罗马人通过收买一个负责所有运送补给工作的哥特人，从而俘获了敌人的船只。同时，还有无数的船只从西西里和帝国其他地区来到这里，纳尔泽斯也在河岸上设立木塔，在精神上成功地震慑了敌人。

哥特人因此万分惊恐，又因为缺少食物，就躲在附近的一座罗马人用拉丁文称为"牛奶山"[1]的山中避难，因为山路崎岖，罗马人不可能追击他们。但哥特人很快就后悔来到山上了，因为这里的食物更少，无法为他们和马匹提供食物。结果，他们计划，与其饿死不如战死，就出其不意地对敌人发动袭击。罗马人在形势允许的情况下，尽量防御，坚守阵地，既没有统帅或同伴号令他们列队，也没有人表现突出，更没有在战斗中听到命令，但每个人都顽强地坚守阵地，以其全部力量在各自的位置上对抗敌人。哥特人首先下马，徒步列成纵深形的方阵与敌人对阵，罗马人见状也跳下马列成同样的队形。

我应该把这场战斗描写成一场伟大的战斗，其中一人的英勇表现，我认为，绝不亚于传说中的英雄人物，他就

---

[1] 拉克塔利乌斯山（Mons. Lactarius）。

是泰伊阿斯。一方面，哥特人因为绝望的形势不得不保持最后的勇气；另一方面，罗马人尽管清楚看到敌人已经绝望，还是全力抗敌，以向弱小敌人让步为耻。因此，双方军队都以极大的愤怒打击身边的敌人，一方勇敢地面对死亡，另一方则渴望表现勇敢。这场战斗从黎明开始，泰伊阿斯和几个人冲在方阵的最前面，十分显眼。他一手拿着盾牌护卫自己，一手刺出矛枪。当罗马人看到他，心想只要将他击倒，那么罗马人很快就会赢得这场战争。于是所有勇敢的人都集中兵力，一大批人将矛头对准他，一些人向他身上猛刺，另一些人则扔掷矛枪。他以盾牌抵挡所有的矛尖，然后突然出击杀死了很多人。每当他发现盾牌上插满矛尖已经不能使用时，立即将其传给他的一个护卫，拿起另一个盾牌。就这样他一直坚持战斗到当天下午，那时他的盾牌上已插了12支矛，他无法自如移动盾牌，于是他急忙召唤一个侍卫，既没有后撤一步阵地，绝不让步，也不让敌人前进，甚至没有转身用盾护住后背。实际上他根本没转身，像钉子一样钉在地上，左手用盾挡开敌人的攻击，右手杀敌，大喊侍卫的名字。他的侍卫手拿盾牌冲到他旁边，泰伊阿斯想用自己手中的盾牌换侍卫手中的盾牌。但就在这一瞬间，泰伊阿斯的前胸要害暴露在外，被一支矛枪击中，他立即受伤而死。于是一些罗马人将他的头挑在一根竿子上四处走动，向两军展示，为罗马人增强士气，打击哥特人的斗志。

尽管哥特人知道国王已死，但仍没有放弃垂死挣扎，他们一直战斗直到夜晚来临。在天色渐黑时，两支军队各自分开，他们都全副武装地在战场上过夜。第二天黎明，他们又以同样的阵式列好队形，一直激战到傍晚，双方都不后退，绝不让步，也没有被敌人击败，尽管双方都死伤惨重。他们因极度憎恨对方内心都充满着野兽般的愤怒，哥特人知道这是他们最后的一战，罗马人也不甘心被击败。但最后，蛮族人派一些显赫的族人去见纳尔泽斯，说他们已经知道这场战争是对抗上帝的战争，因为他们已经意识到上天的力量在对抗他们，他们逐渐认识到发生一切事情的真相，从现在开始已经完全绝望，并打算放弃这场战斗了。但他们不愿臣服于皇帝，而是想和其他蛮族人一起过独立的生活。他们祈求罗马人允许他们和平撤退，理智仁慈地帮助他们，允许他们保留自己存放在意大利要塞中的钱财作为长途旅行的费用。纳尔泽斯同意考虑他们的要求，维塔里安的侄子约翰也建议他立即答应这些请求，不要再与这些求死的人继续战斗，也不要跟陷入绝境而大胆无畏的人战斗，因为他们的态度不仅使自己面临危险，而且对交战的另一方也极其危险。他说："点到为止是明智的选择，过度的贪求很可能会带来不利。"

纳尔泽斯采纳了他的建议，双方达成协议，罗马人同意余下的蛮族人在拿到他们自己的钱财之后立即离开意大利，不再以任何方式与罗马人开战了。在协议期间，有1000名哥特人从大部队中分出来，在几名统帅的率领下来到提西纳姆城和波河对岸的乡村地区，在这些统帅中有因杜尔夫，我在前文曾提到过他。而所有其余的哥特人都立下誓言，遵守协议的所有条款。罗马人占领了库麦城和所有其余的城镇，哥特战争的第十八年结束了（553年），哥特战争也结束了。这部历史是普罗柯比撰写的。

译 后 记

《战史》的翻译者崔艳红在其进行博士学位学习和研究工作中，对这部拜占庭历史上最伟大的作品进行了精心的阅读和研究，她首先对这部大书作了全文翻译。我们眼前的这部《战史》就是在其翻译初稿的基础上修改完成的。由于她对《战史》深有研究，其专题研究的博士论文不仅通过了答辩，而且在北京大学希腊研究中心的支持下正式修改问世（《古战争——拜占庭历史学家普罗柯比〈战史〉研究》，时事出版社，2006年）。正因为如此，她作为眼前这部《战史》的中文翻译者是十分恰当的，其对书中涉及的大量历史名词把握得比较准确。这不仅减轻了校对者的工作，而且能够为读者提供一个相对专业化的中文读本。

当然，由于译者是根据其博士在学期间翻译初稿整理本书，其中多有意译之处，且校对者精力所限不能逐字逐句地进行全文修改，故《战史》中文版还存在一些翻译上的不足，诚请读者不吝赐教，大胆指正，以便今后修改。

近年来，拜占庭研究工作在我国发展迅速，各种成果不断问世，包括对许多现代拜占庭学家名著的翻译，其中尤其值得重视的是对拜占庭原始作品的翻译工作取得了可喜的进展。《战史》中文本的问世使这个工作又向前迈进了一大步。我们相信,在全国有志于拜占庭学发展的同人共同努力下,我国的拜占庭学前途将更加美好。

另外,通过将更多古典的和中古的西方史学名著介绍给我国读者,以使更多人从中获得精神财富,这也是我们的理想。

陈志强